KB069509

직접교수법에 따른

효과적인 수학 수업

M. Stein · D. Kinder · J. Silbert · D. W. Carnine 공저

이대식 · 강옥려 공역

수학 학습부진 및 학습장애 학생 지도법

Designing Effective Mathematics Instruction

A Direct Instruction Approach (4th ed.)

학지사

Designing Effective Mathematics Instruction: A Direct Instruction Approach (4th ed.)
by Marcy Stein, Diane Kinder, Jerry Silbert and Douglas W. Carnine

Authorized translation from the English language edition,
entitled DESIGNING EFFECTIVE MATHEMATICS INSTRUCTION: A DIRECT INSTRUCTION APPROACH,
4th Edition, ISBN: 0131192442 by STEIN, MARCY; KINDER, DIANE; SILBERT, JERRY; CARNINE,
DOUGLAS W., published by Pearson Education, Inc, publishing as Merrill,
Copyright © **2006** Pearson Education, Inc.

KOREAN language edition published by HAKJISA PUBLISHER,
Copyright © 2017
The Korean translation rights published by arrangement with
Pearson Education, Inc.

역자 서문

국가수준 학업성취도 평가 결과에 따르면 적어도 30%에 가까운 학생들이 수학에서 보통 학력에도 이르지 못하고 있다. 이러한 수학 학습부진 현상의 원인 중 하나로 효과적인 교재와 교수법의 부재를 꼽지 않을 수 없다. 그동안 수학을 어떻게 가르쳐야 하는가에 관한 주장과 이론은 적어도 양적으로는 많이 축적되었다. 그런데도 수학 학습부진이나 수학 학습장애 학생을 가르치는 사람들은 여전히 마땅한 도구, 즉 프로그램이나 교재가 없다고 하소연하고 있다.

평소 역자들이 흥미 있는 현상 중 하나로 여겨 온 것은 문제집 형태의 학습서는 무수히 출판되었지만, 정작 그러한 문제집 속의 문제들을 푸는 방법을 모를 때는 어떻게 지도해야 하는지 구체적으로 안내하는 교사 혹은 강사용 지침서는 찾아보기 어려웠다는 점이다. 무엇을 어떻게 가르쳐야 수학을 잘 가르치는 것인가가 현장 교사는 물론 자녀들의 학업을 지도하는 학부모들에게 예전부터 중요한 사안이었음에도 학교 현장에서는 교사용 지도서 이외에 마땅한 지침서가 별로 없었다는 점은 아이러니다.

이 책에서는 직접교수법(Direct Instruction) 접근에 따라 수학 학습에 어려움을 겪고 있거나 겪을 가능성이 있는 학생들, 예컨대 수학 학습부진이나 수학 학습장애 학생을 지도하는 방법을 집중적으로 제시하고 있다. 직접교수법에 따른 수학 지도는 다음과 같은 몇 가지 특성을 보인다. 첫째, 매우 명시적이고 직접적이다. 명시적이란 어떤 문제를 풀거나 개념을 익히는 과정을 매우 상세하게 그리고 무엇보다 학습자가 알기 쉽게 제시한다는 뜻이다. 직접적이란 학습자 스스로 문제를 해결하기를 요구하기보다는 그 방법을 직접 보여 주고 가르친다는 뜻이다. 둘째, 점진적 지원 감소(scaffolding) 원리를 적용하여 지도 단계나 절차가 매우 상세하고, 구체적이며, 단계적이다. 철저한 과제 분석 결과를 토대로 맨 아래 단계나 첫 단계에서부터 맨 마지막 단계까지 지도할 내용과 절차를 매우 촘촘하게 구성하여 적용한다. 셋째, 충분하고 다양한 예나 문제를 제시한다. 보통 하나의 개념이나 기술을 가르치기 위해서 여러 개의 연습 및 복습 문제를 동원한다. 효과적인 수학 학습을 위해서는 충분한 개별 연습이 필수적이다. 넷째, 가르치는 사람의 언어와 행동을 거의 대본 수준으로 매우 구체적으로 제시한다. 이는 지도의 획일성이나 통일성을 강조하기 위함이 아니라 가르치는 사람이 누구이든 최소한의 질적 수준이 유지되도록 하기 위한 장치다.

이 책은 특히 수학 학습에 어려움을 겪는 학습자를 위해 수학 교재나 학습 자료, 수학 수업을 어떻게 설계하고 개발할지에 대해 매우 유용한 지침을 제공할 것이다. 아울러, 어떤 수학 교수-학습 프로그램이나 도구가 효과적일 것인지를 평가하는 데도 매우 구체적이고 유용한 기준을 제공해 줄 것이다.

끝으로, 번역에 시간이 오래 걸렸음에도 인내하며 기다려 주신 학지사 사장님과 수많은 오류를 잡아 주신 편집부 이상경 님께 감사를 드린다. 편집부의 노력에도 불구하고 매끄럽지 않은 문장이나 오역이 있다면, 이는 순전히 역자들의 부족함 때문이다.

2017년 봄
역자 일동

과학이 어떻게 교육에 이바지할 수 있는지를 보여 준 지도자 중 한 사람인
Wes Becker에게 이 책을 바칩니다.

저자 서문

　수학 수업은 이제 다양한 맥락에서 수학을 응용할 것을 강조하면서 점차 전체적으로 접근이 필요한 것으로 변해 가고 있다. 현재의 주요 수학교육 방법들이 달성하고자 하는 목표 자체는 그럴듯하지만, 그러한 목표를 달성하기 위한 방법은 충분하지 않은 경우가 많다. 수학교육 방법을 개선해야 할 필요성이 있다는 지적은 미국 내에서는 물론 국제적으로도 여러 번 제기된 바 있다. 아울러, 연구에 따르면 많은 교사가 다양한 학생의 요구를 충족시켜 줄 만큼 준비되어 있지도 않다. 우리가 교사들과 상호작용해 본 바에 따르면, 교사들은 수학을 학습하는 데 어려움을 겪고 있는 학생들을 어떻게 지도해야 하는지 구체적인 지침이나 안내가 부족하다는 점을 특히 강조했다. 이 책에서는 일부 교육 프로그램들이 어떤 점에서 불충분한지를 설명하고 교사들에게 그러한 프로그램을 수정하는 데 필요한 정보를 제공하였다.

　이 책에 제시된 절차나 방법이 효과적일 것이라고 믿지만, 그렇다고 이것들이 모든 경우에 효과적인 일종의 만병통치약이라고 주장하지는 않는다. 우리가 제시한 방법을 적용하기 위해서는 교사들의 많은 노력이 필요하다. 이 책에 제시된 체계적인 절차와 수업 전략들이 더 나은 수업 기법을 고안하는 데 자극이 되길 바란다.

이 책의 특징

　『직접교수법에 따른 효과적인 수학 수업』은 다음과 같은 특징이 있다.

- 각 수학 기술을 가르치는 데 꼭 필요한 수업 기술과 절차에 대한 자세한 설명
- 모든 수준의 학생들의 요구를 만족시켜 줄 수 있도록 수학 프로그램을 평가 · 선정 · 수정하는 절차
- 과제 진행 속도, 학생 동기화, 오류의 진단과 교정 등에 관한 기법을 포함한 효과적인 수업 진행 기법
- 학생이 수학 수업 시간에 온전히 몰두하는 시간을 최대화할 수 있도록 학급을 조직하는 방법

에 대한 제언
- 저학년, 중간 학년, 보충지도 담당 교사들이 이 책을 어떻게 활용하면 좋을지를 요약해 놓은 내용 목차

이 책의 구조

이 책은 제1부 '관점'과 제2부 '기술과 개념' 두 부분으로 조직되어 있다. 제1부 제1장에서는 직접교수법의 철학과 기법을 논한다. 제2장에서는 상업용 수학 교재나 프로그램을 평가하는 데 필요한 틀을 제시한다. 이 틀은 직접교수법에 따른 수업 설계 원리에 근거한 것이다. 제3장에서는 효과적인 수학 수업과 관련된 연구들을 간단히 검토한다.

제2부 '기술과 개념' 부분은 이 책의 핵심이다. 제2부 각 장에서는 다음과 같은 구체적인 수학 기술들을 다룬다. 수 세기, 수학 기호 식별과 자릿값, 기본 연산, 덧셈, 뺄셈, 곱셈, 나눗셈, 문제해결, 분수, 소수, 백분율과 비율, 시계 보기, 돈, 측정, 수학 학습 기술, 기하, 기초 대수학이다. 각장은 각 기술이나 개념을 소개하는 방법에 관한 제언, 구체적인 전략들을 가르치는 절차, 각 기술과 관련하여 발생하는 주요 문제 유형들에 대한 분석 등을 포함하고 있다.

또한 각 장에는 수업 순서와 평가 차트가 제시되어 있다. 이 수업 순서는 학생들의 실수를 최소화하고 학생들이 숙달 단계에 이르게끔 필요한 연습과 복습을 제공하도록 설계되었다. 평가 문항은 진단 검사와 개별화교육프로그램(IEPs)의 단기 목표를 설정하는 근거로 활용할 수 있다.

이 밖에도 제2부 각 장에서는 상업용 프로그램에 각 기술이 제시되어 있는 방식을 설명하고, 다양한 학생들의 요구를 충족시켜 주기 위해서 이러한 방식들이 어떻게 그리고 왜 자주 수정되어야 하는지를 논하고 있다.

제4판에서 개정된 사항

제4판에서는 상업용으로 개발된 수학 수업 자료들을 평가하고 수정하는 것에 관한 장(제2장)을 첨가하였다. 이 장은 교사들이 현재의 수학 교재는 물론 수학 프로그램을 선정하는 데 관여하고 있는 개별 학교 혹은 지역 교육청 수준의 교육과정 선정 위원회를 평가하는 데 도움을 줄 수 있을 것이다.

제3장에서는 주로 관련 수학 연구를 언급하는데, 요약된 수학교수 역사, 미국 학생들의 현재 수학 성취 정도에 관한 보고 내용, 수학교육과 효과적인 수학 수업 설계에 중요한 핵심 요소에 관한 현존하는 연구들에 대한 논의 등을 보완하여 수록하였다. 아울러, 독자는 부록 A에 제시된 논문을 읽어 보기를 바란다. 이 논문은 발표된 직접교수 수학 프로그램을 개관하고 요약하고 있다. 부록 B는 직접교수법에 관해 자주 하는 질문들을 다루고 있다.

제3판이 출간된 이후 사람들은 학생들에게 상급 수준의 수학을 준비시키는 것에 점차 많은 관심을 갖게 되었다. 이러한 관심에 부응하여 우리는 기초 대수학 기술 관련 장을 첨가하였다. 이 밖에도 여러 교사와 학생들의 다양한 피드백에 근거하여 이 책 전반에 걸쳐 소규모의 수정을 가했다.

마지막으로, 적용 문항의 해답을 담은 종합적인 교사 매뉴얼을 http://www.prenhall.com에서 온라인으로 이용할 수 있다. 해낭 사이트 내 책 설명 하단의 '교사 모듈을 위한 자원' 란에는 암호가 걸린 자료가 제시되어 있다.

감사의 말

무엇보다 먼저 감사를 표하고 싶은 분들은 수학에서의 실패가 불가피한 일이 아니라는 것을 증명해 준 직접교수 교사들이다. Zig Engelmann에게도 감사를 표한다. 논리적 분석과 경험주의를 절묘하게 융합한 그의 노력으로 매우 효과적인 수학 프로그램이 많이 개발되었다. 이 책에서 제시하고 있는 수업 절차의 많은 부분은 Zig Engelmann과 그의 동료들이 개발한 *DISTAR Arithmetic, Corrective Mathematics, Core Concepts in Mathematics, Connecting Math Concepts* 등에 나온 것들이다. Bernadette Kelly, Don Crawford, Paul Hill에게 특히 감사를 표한다. 이들의 제언과 아이디어는 제4판 발행에 크게 기여했다. 이 밖에도 Randy Williams, Kathy Jungjohann, Linda Carnine, Linda Olen, Frank Falco 등과 같은 우리 동료와 학생들이 여러 가지 아이디어를 제공하였다. Sara Contreras의 헌신적인 노력에 대해서도 감사를 표한다. 마지막으로, 이 책을 검토하고 소중한 피드백과 제언을 준 블룸스버그 대학교의 Ann L. Lee, 트로이 주립대학교의 Carol Moore, 오클라호마 주립대학교의 Kay Reinke, 다코타 주립대학교의 Dorothy Spethmann, 푸젯 사운드 대학교의 John Woodward에게 감사를 표한다.

Merrill Education Resources for Special Education 웹사이트 발견하기

기술공학은 끊임없이 성장하고 우리 전공 분야를 변화시켜 새로운 내용과 자료에 대한 필요를 창출하고 있다. 이러한 새로운 요구에 부응하기 위해 Merrill Education은 학생, 교사, 교수들을 위해 *Merrill Education Resources for Special Education* 웹사이트로 온라인 학습 환경을 구축하였다. 내용이 풍부한 이 웹사이트는 이 책의 내용과 관련하여 추가적인 자료를 제공해 주며, 교수 강의, 학급 교사 수업, 학생 수업 등에 도움이 될 자료를 제공할 수 있을 것이다.

우리의 목표는 이 책에서 제공하는 것을 더욱 강화하고 추가하는 것이다. 이를 위해 사용자 중심으로 구축된 웹사이트 내용은 주제별로 조직되어 있고, 교사·교수·학생들에게 한 페이지에서 다양하고 유용한 정보를 제공한다. 이 웹사이트를 통해 우리는 Merrill 출판사가 제공해야 하는 최선의 것들 — 텍스트 자료, 비디오 자료, 관련 사이트 목록, 개별 학습용 모듈 그리고 일반 및 특수 교육자들이 모두 흥미를 가질 주제들에 관한 다양한 정보 — 을 통합하여 같이 제시하고자 한다. 풍부한 내용, 적용, 능숙함은 학습을 더욱 향상시킬 것이다.

Merrill Education Resources for Special Education 웹사이트에는 다음과 같은 것들이 포함되어 있다.

강의자를 위한 자료

- 강의 계획서 관리자(Syllabus Manager™)는 온라인 강의 계획서 작성 및 관리 도구로, 강의자가 쉽고도 단계적으로 강의 계획서를 작성하고 수정하게 해 준다. 학생들은 강의자의 강의 계획서에 접속할 수 있으며, 강의 도중 인터넷이 연결된 모든 지역의 어느 컴퓨터에서도 접속이 가능하다. 이 강의 계획서에 접속하기 위해서 학생들은 해당 웹사이트 주소와 해당 강의 계획서에 할당되는 비밀번호가 필요하다. 날짜를 클릭하면 학생들은 수업 활동, 과제, 그 수업에 해당되는 참고문헌 등을 볼 수 있다.
- 앞에서 언급한 강의 계획서 관리자와 이것의 이점 외에, 강의자들도 학생들과 마찬가지로 모든 좋은 자료를 이용할 수 있다.

학생을 위한 자료

- 주제별 비디오 자료와 내용을 평가하고 중요한 이론 간의 실제 연결을 도와주는 질문들
- 학생들이 답을 하여 평가 목적으로 제출할 수 있거나 학급 토론과 강의 자료로 사용될 수 있는 사고를 자극하는 중요한 분석 질문들
- 수업 계획과 학급 관리를 포함한 학급 전략 및 다양한 방법과 관련된 여러 종류의 자료에의 접근
- 특수아동협회(CEC)와 프락시스(Praxis, 미국의 교사자격시험의 일종-역자 주)의 표준, 개별화교육프로그램(IEPs), 포트폴리오, 전문성 개발 등을 포함한 특수교육 및 일반교육 관련 최근의 주제들에 관한 정보
- 웹사이트에서 언급한 각 주제에 대한 광범위한 웹 자료와 개관
- 학생들이 수업 토론 주제에 대해 반응할 수 있고, 질문과 반응을 올릴 수 있으며, 혹은 과제에 관해 질문할 수 있는 토론 주제가 제시된 게시판
- 특정 정보를 빨리 찾게 해 주는 검색 서비스

앞의 자료와 기타 자료들을 활용하고 싶으면 *Merrill Education Resources for Special Education* 웹사이트(http://www.prenhall.com/stein)를 찾아보기 바란다.

교육자 학습 센터: 유용한 온라인 자료

Merrill 교육과 장학 및 교육과정 개발 연합회(Association for Supervision and Curriculum Development: ASCD)에서는 교육자들이 새로운 온라인 자료를 활용하도록 권장한다. 이 사이트는 ASCD와 Merrill 교육자 학습 센터(Educator Learning Center)와 관련된 최고 수준의 연구와 검증된 전략들을 제공한다. www.educatorlearningcenter.com에서 교육자들은 향후 연구에 유용한 것뿐만 아니라 학생들이 강의 주제와 현재의 주요 교육 주제들을 더 잘 이해하게 해 주는 자료들을 찾을 수 있을 것이다.

교육자 학습 센터가 어떻게 여러분의 학생들이 좀 더 나은 교사가 되도록 도울 수 있는가?

Merrill 교육과 ASCD를 통합한 자료를 통해서 교수와 학생들은 이후 강의 시간이 더 충실하도록 준비하게 해 주는 풍부한 도구와 자료들을 찾을 수 있을 것이다.

연구

- ASCD 저널인 *Educational Leadership*에서 600개 이상의 논문들이 현장 교사들이 매일 당면하는 문제들을 논한다.
- 연구 탐색(Research Navigator™) 사이트에 직접 연결되어 있어 학생들이 세부적인 연구 과정 내용은 물론 주요 교육 저널을 접할 수 있다.
- Merrill 교육 사이트 자료의 발췌본들을 통해서 학생들은 교육방법 관련 중요한 이슈, 다양한 인구집단, 평가, 학급 관리, 기술공학, 학급 수업의 세련화 등과 같은 중요한 주제에 관해 통찰을 얻기도 한다.

교실 수업

- 수백 개의 수업 계획서와 수업 전략이 수업 내용과 대상 학생들의 연령 범위에 따라 분류되어 있다.

- 사례 연구와 학급 비디오 장면들이 학생들의 반성적 사고를 위한 가상 현장 경험을 제공해 준다.
- 컴퓨터 시뮬레이션과 기타 전자 도구들이 학생들에게 오늘날의 학급과 현재 기술공학 발달이 보조를 맞추도록 해 준다.

교육자 학습 센터의 가치를 스스로 확인하기

교육자 학습 센터의 4개월 구독료는 25달러지만, Merrill의 교육 출판물과 같이 구입할 경우에는 무료다. 여러분의 학생들이 이 웹사이트에 접속하도록 하기 위해서는 여러분이 서점에서 교재를 구입할 때 다음 ISBN 숫자를 사용해야 한다. 0-13-218878-3. 그럴 경우, 여러분의 학생들은 무료 ASCD 코드가 딸린 텍스트북 사본을 받게 될 것이다. 여러분과 여러분의 학생들에게 이 웹사이트가 얼마나 유용할지 확인하고 싶다면 www.educatorlearningcenter.com의 'Demo'를 클릭하기 바란다.

요약 목차

세부 목차

제1부 관점

제1장 직접교수법 / 27

제2장 수학 교재 평가 틀 / 39

제11장 문장제 문제 해결 / 255

제12장 분수 / 299

주요 수학 수업 형식

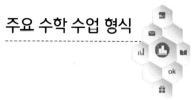

제1부

관점

제**1**장
직접교수법

많은 수학 교재에는 수학 교수 철학과 이론이 제시되어 있다. 이 교재들에서 제시하는 대부분의 수업 방법은 수학을 내용으로 하는 활동과 게임들이다. 하지만 소수의 방법들은 구체적인 수업 기법을 심도 있게 다룬다. 직접교수법에 따른 『효과적인 수학 수업 설계(*Designing Effective Mathematics Instruction: A Direct Instruction Approach*)』는 학생들의 학습을 최대화하기 위해 교사가 무엇을 할 수 있을 것인가에 초점을 맞추었다. 이 책이 근거하고 있는 학습이론은 여기에서 자세히 요약할 수 없기 때문에 다른 문헌(Engelmann & Carnine, 1991)에서 참조하길 바란다. 직접교수법은 학생들이 가능한 한 인간적이고 효율적이며 효과적으로 새로운 내용을 습득·유지하며, 일반화할 수 있도록 수업을 조직하는 일련의 구체적인 처방을 종합적으로 제시한다.

효과적인 수업에 대한 요구는 아주 빠르게 증가하고 있다. 여러 가지 변수가 학생들의 수학 성취에 영향을 미치지만, 특히 다음 변수들은 중요하다. (a) 수업 설계 (b) 수업 전달 (c) 학급 조직과 관리. 이 세 가지 변수는 두 성공적인 수학 프로그램의 핵심적인 요소들이다. 잘 설계된 프로그램과 좋은 교사라 하더라도 학급이 잘 관리되지 못하면 의미 있는 성과를 낼 수 없다. 이와 유사하게, 잘 설계된 프로그램과 잘 관리된 학급이라도 교사가 능숙하지 않으면 역시 의미 있는 성과를 낼 수 없다. 마지막으로, 학급이 잘 관리되고 교사가 능숙하다고 해도 교재가 잘 설계되어 있지 않다면 학생들에게 제대로 도움을 줄 수 없다. 다음은 이 중요한 세 가지 변수에 대한 보다 구체적인 논의다.

수업 설계

수학을 효과적으로 가르치기 위해서 교사는 학생들의 요구를 가장 잘 만족시켜 줄 수 있도록 수업을 구안하고 구체적인 수업 절차를 개발해야 한다. 이 책의 각 장에서는 교사들이 수학 수업을 설계하거나 그들의 학교에서 이미 채택하여 사용하고 있는 상업용 수학 프로그램을 평가하고 수정하는 것을 도와줄 중요한 수업 설계 원리 5가지를 강조하고 있는데 다음과 같다.

1. 기술과 개념의 계열화
2. 명시적인 수업 전략
3. 사전 기술
4. 예의 선정
5. 연습과 복습

수업을 설계하거나 수정하기 전, 교사는 가르치고 자 하는 수업 목표를 명료하게 확인해야 한다. 대부 분의 상업용 수학 프로그램들은 수업 단위별로 학생 들의 학습 목표를 제시하고 있다. 많은 지역 교육청 에서도 그들이 채택한 교육과정에 맞게 학년별 학습 목표를 제시하는 교육과정 운영 틀을 개발해 왔다. 이 러한 학습 목표들이 처음에 어떻게 설정되었든지 간 에 학습 목표는 교사가 해당 목표가 달성되었는지를 알 수 있도록 진술되어야 한다. 즉, 학습 목표는 구체 적이고 관찰 가능한 형태로, 그리고 가능한 한 정확성 과 속도 기준을 포함하여 진술되어야 한다. 예를 들 어, 한 자릿수 덧셈에 관한 1학년 학습 목표는 '25개의 한 자릿수 덧셈 문제를 주었을 때 1분에 적어도 22개 문제를 오류 없이 풀 수 있어야 한다.'가 될 것이다. 잘못 진술된 학습 목표는 '덧셈 개념을 이해할 수 있 다.' 등과 같이 측정하기 어려운 학생 행동을 모호하 게 진술한 경우다.

교사들은 학년별로 중요한 학습 목표를 선정하기 위한 지침의 하나로 이 책의 각 장 앞부분에 제시한 수업 순서와 평가 차트를 사용하면 된다. 이 표는 주 어진 문제 유형의 난이도에 따른 수업 순서를 제시하 고 있다. 교사는 목표 간 우선순위를 정하고 가르칠 문제 유형을 결정하며 어떤 문제 유형을 첨가하거나 삭제할 것인지를 결정할 때 이 표를 사용할 수 있다. 성적이 낮은 학생들을 가르치는 교사는 우선순위가 높은 기술에 먼저 초점을 맞추어야 한다. 우선순위가 높은 기술이라 함은 더 많이 사용되거나 상위 기술의 선수 기술이 되는 것을 말한다.

일단 해당 단원을 학습하고 나서 학생들이 풀 수 있 어야 할 문제 유형을 결정하고 나면 교사는 적절한 숙 달 수준을 결정해야 한다. 숙달 수준을 결정할 때에 는 정확성과 유창성을 모두 고려해야 한다. 불행하게 도, 정확성과 유창성 기준을 결정할 때 참고할 만한 연 구가 많지 않다. 일반적으로, 이전에 가르친 문제 유 형을 복습하는 학습지 과제 수준에서는 85~90% 정 도의 정확도에 이르기까지 교사 감독하에 연습을 시

켜야 한다. 유창성 기준은 대체로 문제 유형의 상대 적인 복잡성에 따라 달라진다. 대부분의 교육자는 보 다 유창하게 문제를 풀 수 있는 학생일수록 더 오랫동 안 문제 해결 전략을 잊지 않고 유지할 가능성이 크다 는 것에 동의한다. 유창성 기준에 대한 좀 더 자세한 내용은 이 장의 후반부에 "학습 진전도 점검" 부분에 제시되어 있다.

기술과 개념의 계열화

정보와 기술을 제시하는 순서는 학생들이 이것들 을 학습할 때 느끼는 어려움 정도에 영향을 미친다. 계열화는 새로운 정보와 전략을 제시하는 최적의 순 서를 결정하는 것을 말한다. 다음은 새로운 기술을 제시하는 일반적인 지침 세 가지다.

1. 전략의 사전 기술은 전략보다 먼저 가르친다.
2. 쉬운 기술을 어려운 것보다 먼저 가르친다.
3. 혼동될 가능성이 있는 전략이나 정보는 분리하 여 제시한다.

일반적으로, 전략의 하위 단계가 많고 이전에 가르 친 전략과 새 전략이 비슷할수록 학생들이 새 전략을 숙달하기가 어렵다고 느낄 가능성은 크다. 예를 들 어, 세로식 뺄셈에서 받아내림을 필요로 하는 문제가 그렇지 않은 문제보다 어렵다. 그렇지만 받아내림을 해야 하는 문제가 모두 동일한 정도로 어려운 것은 아 니다. 3002 − 89가 364 − 128보다 훨씬 어려운데, 이 는 대부분 앞의 문제가 0을 포함하고 있기 때문이다.

0을 포함하고 있는 뺄셈 문제에서 받아내림을 하는 데 필요한 사전 기술 중 하나는 몇백 빼기 1(300 − 1과 같은) 기술이다. 이 사전 기술은 3002 − 89 문제를 제 시하기 전에 가르쳐야 한다. 적절한 사전 기술을 확 인하여 가르치는 것에 관한 이러한 예가 첫 번째 계열 화 지침의 의미를 잘 보여 준다.

$$
\begin{array}{r}
3002 \\
-89 \\
\hline
\end{array}
$$

0을 포함하는 뺄셈 문제는 많은 학생이 어려워하기 때문에 0을 포함하지 않으면서 받아내림이 필요한 문제, 예컨대 4362 − 67과 같은 문제를 먼저 가르쳐야 한다. 쉬운 기술을 어려운 기술보다 먼저 가르치는 것이 두 번째 계열화 원리의 핵심이다.

세 번째 계열화 지침은 혼동될 가능성이 있는 정보나 전략을 분리하여 가르치는 것이다. 두 과제가 비슷할수록 학생들이 이를 서로 혼동할 가능성은 커진다. 예를 들어, 학생들은 6과 9를 혼동할 가능성이 있다. 따라서 6과 9는 바로 이어서 소개하면 안 된다. 마찬가지로, 6씩 뛰어 세기와 4씩 뛰어 세기는 12, 24, 36(6, 12, 18, 24, 30, 36과 4, 8, 12, 16, 20, 24, 28, 32, 36)을 모두 포함하기 때문에 매우 유사하다. 이 두 가지를 바로 이어서 소개하면 어떤 학생들에게는 혼동을 초래할 수 있다.

교사는 이러한 소개 순서 지침을 상업용 프로그램을 분석할 때 사용할 수 있다. 교사는 수업 순서상에 혼동을 야기할 만한 요소를 찾아내면, 별도의 수업을 제공하거나 소개 순서를 변경함으로써 프로그램을 수정할 수 있다.

명시적인 수업 전략

연구에 따르면, 학생들에게 명시적인 수업 전략을 가르칠 때 이들의 수학 성적이 향상된다. 명시적 전략이란 분명하고, 정확하며, 애매하지 않은 수업을 말한다(이러한 연구에 대해서는 제3장 참조). 잘 설계된 수업 전략은 명시적일 뿐만 아니라 일반화할 수 있어야 한다. 즉, 잘 설계된 수업 전략은 다양한 유형의 문제에 적용된다. 예를 들어, 많은 프로그램에서는 세 조각이나 네 조각으로 나뉜 과자 하나와 같이 한 단위만을 사용하여 진분수를 찾는 전략을 가르친다. 하지만 학생들이 가분수(예, $\frac{5}{4}$)를 접하면 한 단위(예, 과자 하나)를 사용하여 배운 전략은 더 이상 적용되지 않는

다. 학생들에게 분수 개념을 가르치기 위해 잘 고안된 전략은 진분수와 가분수 모두에 적용된다(잘 설계된 분수 전략에 대해서는 제12장 참조).

일부 상업용 수학 프로그램에서는 학생들로 하여금 동일한 기술에 대해 다수의 대안적인 문제 해결 전략을 생성해 보도록 한다. 하지만 대안적인 문제 해결 전략을 소개하는 것은 수학적 관계를 강조하는 개념적인 기본을 형성하기보다는 종종 수업을 잘 따라오지 못하는 학생들을 혼란에 빠뜨린다. 교사는 가장 일반화를 잘 할 수 있고, 유용하며, 명시적인 전략 — 이러한 전략은 가르칠 수학 기술과 개념 사이의 관계에 집중하게 한다 — 을 선정하여 학생들에게 가르쳐야 한다.

사전 기술

앞에서 언급했듯이, 수업 순서는 어떤 전략의 요소 기술들을 그 전략을 소개하기 전에 가르칠 수 있도록 짜야 한다. 이러한 요소 기술들을 사전 기술이라 부른다. 예를 들어, 비율 문제(예, 67의 23%는 얼마인가?)를 풀기 위해 학생은 (a) 비율을 소수로 전환할 수 있어야 하고(23% = .23) (b) 두 자릿수 이상의 두 수 곱셈을 할 수 있어야 하며(.23 × 67), (c) 곱셈 결과에 소수점을 정확히 찍을 수 있어야 한다(15.41).

$$
\begin{array}{r}
67 \\
\times .23 \\
\hline
201 \\
134 \\
\hline
15.41 \\
\end{array}
$$

어떤 단원에 나오는 전략의 필수 사전 기술들을 이전 단계에서 가르쳤을 가능성은 있다. 하지만 새로운 수업 전략을 소개하기 전에 학생들이 그 사전 기술을 완전히 습득했음을 확실히 하기 위해 교사는 학생들이 그 기술들을 갖고 있는지 검사해야 한다. 이 책의 각 장에서는 제시된 전략의 중요한 사전 기술들을 제시하여 사전 기술을 학생들이 이미 습득하였는지

아니면 가르쳐야 하는지를 교사들이 결정할 수 있게 하는 검사를 고안할 수 있도록 했다.

예의 선정

예를 선정한다는 것은 수업 시간에 시범을 보일 때 그리고 학생들이 연습할 때 사용할 적절한 문제들을 만들거나 선택하는 것을 의미한다. 예를 선정하는 것에 관한 다음의 지침들은 교사가 체계적으로 수업을 설계하여 학생들이 학업에 성공할 수 있게 해 준다. 예의 선정에 관한 첫 번째 지침은 명시적으로 가르친 전략을 사용해서만 해결할 수 있는 문제만을 포함시키는 것이다. 예를 들어, 학생들이 0이 없는 뺄셈의 받아내림 전략을 배웠지만 0이 있는 뺄셈에 대해서는 아직 배우지 않았다면 교사는 3004 − 87과 같은 문제를 제시하면 안 된다. 앞에서 언급했듯이, 0이 있는 뺄셈에서의 받아내림을 가르치기 위해서는 해당 사전 기술을 더 가르쳐야 한다. 만약 몇백 빼기 1(예, 300 − 1 = 299)과 같은 사전 기술을 배우지 않은 상태에서 0이 있는 뺄셈의 받아내림 문제를 받으면 많은 학생이 이 문제를 제대로 풀지 못할 것이다.

두 번째 지침은 현재 가르치고 있는 유형의 예(소개용 예)뿐만 아니라 이전에 소개한 문제 유형의 예 중 현재 가르칠 것과 유사한 것(변별용 예)도 포함시키는 것이다. 이전에 가르친 문제 유형의 예를 소개하는 목적은 학생들에게 새로운 전략을 사용할 경우와 이전 전략을 사용할 경우를 알도록 연습시키기 위함이다. 예를 들어, 세로식 덧셈에서 일의 자리에서 십의 자리로 반올림하는 방법을 배우고 난 후에는 연습문제 유형에 반올림이 필요한 문제와 그렇지 않은 문제를 모두 포함시켜야 한다. 일단의 변별 예를 가지고 연습을 시킴으로써 학생들이 따져 보지도 않고 그냥 '십의 자리 위에 1을 올리기'보다는 문제를 주의 깊게 살펴서 반올림 전략을 적용할 경우를 알게 할 수 있다. 변별해야 하는 예를 포함시키는 것은 매우 중요하다. 이전에 가르친 문제 유형을 포함시키지 않으면 학생들은 이전에 배운 전략을 잊어버리거나 잘못 적용할

가능성이 있다.

많은 상업용 프로그램은 수업 앞 부분에서 학생들이 숙달할 수 있을 만큼 충분한 수의 예를 제시하지 않고 있다. 또한 변별해야 하는 예를 충분히 제시하는 경우도 거의 없다. 그러므로 교사들은 학습지나 기타 다른 연습 활동을 구안하여 그러한 프로그램들을 보완해야 한다.

연습 때 다양한 문제 유형을 제시해야 하는 두 번째 이유는 학생들이 이전에 배운 기술을 계속 숙달 상태로 유지하는 데 꼭 필요한 복습을 제공하기 위함이다. 체계적으로 복습하지 않고서는 특히 저성취 학생들의 경우 이전에 배운 전략들을 잊어버리거나 혼동할 수 있다. 이 책의 각 장에서는 예의 선정 관련 지침에 대해 논의하고 있다.

연습과 복습

직접교수법의 중요한 수업 목표 중 하나는 기술이나 개념을 오랫동안 유지하도록 가르치는 것이다. 처음으로 숙달 상태에 이른 기술에 대해 충분한 연습을 제공하고 오랫동안 유지시키기 위해 충분한 복습을 시키는 것은 수업 설계의 핵심 중 하나다. 연구에 따르면, 학생들의 학업 성취와 충분한 연습과 복습 간에는 상관이 높다. 교사가 충분한 연습과 복습을 제공하는 데는 두 가지 지침이 있다.

첫째, 각 기술을 완전히 숙달할 때까지 아주 많은 연습을 제공해야 한다. 학생이 문제를 정확하고 빠르게 해결할 수 있을 때가 숙달된 상태다. 이 지침을 따르기 위해서 교사는 학생들이 숙달 상태에 도달했는지, 언제 도달했는지를 알아내기 위해 이들을 주의 깊게 그리고 자주 살펴보아야 한다. 만약 학생들이 처음에 의도한 때까지 숙달 상태에 이르지 못하면 교사는 연습 기회를 더 주어야 한다.

둘째, 이전에 가르친 기술을 체계적으로 복습하도록 해야 한다. 일단 학생들이 특정 기술을 어느 정도 수준으로 숙달했으면 교사는 그 기술을 연습하는 시간을 점진적으로 줄여 나간다. 하지만 연습을 완전히

중단해서는 안 된다. 체계적으로 그 기술을 복습시켜서 오랫동안 유지하도록 해야 한다. 어떤 경우에는 많은 상업용 프로그램이 적절한 복습 활동을 제공하지 않기 때문에 이전에 가르친 기술을 복습시키기 위한 계획을 잘 수립해야 한다. 그런가 하면 어떤 기술은 상위 문제 유형의 하위 요소 기술로 작용하기 때문에 자연스럽게 복습이 이루어지는 경우도 있다. 예를 들어, 받아내림이 있는 뺄셈을 숙달하고 나면 이 문제들을 문장제 문제 해결 연습에 적용한다. 문제 해결과 같은 상위 기술을 통해 이전에 배운 뺄셈의 받아내림 기술을 복습할 수 있다. 특정 기술에 초점을 맞추어 별도의 학습지를 작성하는 데 도움을 얻을 수 있는 웹사이트가 많이 있다.

수업의 전달

앞서 언급한 다섯 가지 요소를 적용하여 수학 수업을 설계하고 나면 수업 계획에 수업 전달 요소를 통합해야 한다. 수업 설계 요소는 **가르칠 내용**에 초점을 맞추고, 수업 전달 요소는 **최선의 가르치는 방법**에 초점을 맞춘다. 프로그램을 어떻게 투입할 것인가는 수업 전달 요소에서 다룬다. 여기에서 다루고자 하는 수업 전달 요소들은 다음과 같다.

1. 초기 평가와 학습 진전도 점검
2. 전달 기법
3. 오류 교정 절차
4. 진단과 교정

초기 평가와 학습 진전도 점검

모든 학생에게 수학 수업을 가장 효과적인 방식으로 전달하려면 현재 학생들이 어느 정도로 수행을 하고 있는지 알아낼 수 있는 평가 시스템을 고안하여 실행하고, 수업을 하고 나서는 학생들이 어느 정도나 진전을 보이는지 점검해야 한다. 학습 진전도 점검을 하는 이유는 크게 두 가지다. 첫째, 학습 진전도 점검

을 통해 교사는 학생이 수업 자료를 얼마나 숙달했는지 알 수 있다. 둘째, 학습 진전도 점검은 수업 진도를 얼마나 빨리 나가야 할지 결정을 내릴 때 도움이 된다.

초기 평가. 특정 단원을 가르치기 전에 교사는 어떤 기술을 가르쳐야 할지 알아내기 위해 사전 검사를 만들어 실시해야 한다. 사전 검사는 교사가 중요한 기술이나 개념을 소개하기 전에 가르쳐야 할 사전 기술을 빠뜨리지 않게 해 준다. 또한 사전 검사는 이미 학생들이 알고 있는 것을 다시 가르치는 데 시간을 낭비하지 않도록 해 준다. 사전 검사는 해당 단원이 끝났을 때 기술 습득 정도를 측정하기 위한 비형식적인 사후 검사로도 사용할 수 있다. 특정 단원에 대한 사전 검사에는 다음과 같은 것들이 포함되어야 한다.

1. 이전 학년에서 가르친 해당 기술 영역 내 문제 유형
2. 현 단원에서 가르친 새로운 문제 유형을 해결하기 위해 필요한 사전 기술
3. 현 단원에 제시된 새로운 문제 유형의 예

이전 학년에서 가르친 문제 유형을 포함하는 이유는 새로운 전략을 소개하기 전에 교정해야 할 어떤 결함이 있는지를 확인하기 위함이다. 일반적으로, 이러한 문제 유형들은 이전 두 개 학년 과정에서 선정해야 한다. 현재의 단원에 나오는 사전 기술과 문제 유형을 포함시키는 이유는 교사로 하여금 어디에서부터 수업을 시작해야 할지, 즉 사전 기술을 가르쳐야 할지 아니면 어떤 문제 유형을 직접 가르쳐야 할지 결정하기 위함이다.

문제 유형당 2개나 3개의 문제로 평가를 해야 한다. 제4장부터 제20장까지의 '수업 순서와 평가 차트'에는 뽑아서 쓸 수 있는 많은 수의 문항이 제시되어 있다. 이 차트에는 예상 학년 단계별로 각 문제 유형을 구체적인 예시 문항과 함께 순서에 따라 제시하였다. 예를 들어, 곱셈 단원을 소개하려는 5학년 교사의

경우 3학년부터 4학년까지의 '수업 순서와 평가 차트'에 나온 모든 곱셈 문제 유형을 이용하여 사전 검사를 제작할 수 있다. 하지만 이 차트에는 학생들이 접하게 될 모든 문제 유형이 제시되지는 않으므로, 단원에는 나오지만 이 차트에 없는 문제 유형이 있다면 교사는 그 문제 유형도 포함시켜야 한다.

학생들의 사전 검사 성적을 기록하는 데 사용할 수 있는 형식이 [그림 1-1]에 나와 있다. 첫째 칸에는 학생 이름을 적는다. 맨 윗줄에는 문제 유형을 기록한다. 사전 검사와 사후 검사에서의 학생 성적은 각각 '사전'과 '사후' 칸에 적는다. '+' 표시는 학생이 해당 문제 유형의 문제를 모두 맞게 풀었다는 것을 나타내며, '−' 표시는 한 개 이상의 문제를 틀렸다는 것을 나타낸다.

사전 검사 후 교사는 어디에서부터 수업을 할 것인지를 결정해야 한다. 일반적인 지침은 학급 내 학생의 $\frac{1}{4}$ 이상이 틀린 문제 유형부터 수업을 시작해야 한다는 것이다. 여기서부터 시작해야 학급 내 많은 학생에게 새로운 자료를 제시할 수 있게 된다. 하지만 이 절차를 따를 때는 아주 신중해야 한다. 교사는 모든 학생을 가르칠 책임이 있다. 그러므로 교사는 이전 문제 유형을 틀린 학생들을 대상으로 이들이 나머지 학생을 따라잡을 수 있을 때까지 개별적으로 가르칠 시간을 할애할 필요가 있다.

학습 진전도 점검.　학습 진전도를 점검하는 주요 목적은 학생들이 수업받은 내용들을 숙달했는지 확인하는 것이다. 그러므로 학생들의 학습 진전도 점검을 위해 선정할 문제들은 수업 시간에 나온 문제와 비슷하지만 동일하지는 않아야 한다.

학습 진전도 점검의 두 번째 목적은 학생들이 적절한 속도로 향상해 가고 있는지를 알아내는 것이다. 학생들이 적절한 속도로 학습 향상을 보이고 있는지 알게 해 주는 한 가지 연구-기반 접근을 교육과정중심측정(Curriculum-Based Measurement: CBM)이라고 한다(CBM 관련 연구에 대한 논의는 제3장 참조).

CBM은 대개 일관성이 부족한 비형식적인 관찰과 교사가 수업 관련 결정을 내리는 데 도움이 되기에는 너무 뜸하게 실시되는 학업성취 검사의 대안이 될 수 있다. Shinn(1998)에 따르면, CBM은 두 가지 점에서 교육과정중심평가와는 구별되는 독특한 특성이 있다. 첫째, 권장되는 검사 절차가 대부분의 표준화된 검사만큼 신뢰할 만하고 타당하다. 둘째, 학생의 수행 관련 정보를 교사들에게 지속적으로 제공할 수 있을 정도로 자주 실시할 수 있도록 검사 절차가 고안되었다.

CBM은 일반적으로 다음 네 단계의 과정을 거쳐 개발한다(Fuchs, Fuchs, Hamlett, & Stecker, 1990).

1. 장기 목표 확인: 예를 들어, 5학년 수학 교육과정에서 뽑은 일련의 연산 문제가 주어지면, 학생들은 2분 안에 일정 개수의 문제를 정확히 풀고 일정 개수의 기호를 정확하게 적을 수 있다.
2. 각 지역 교육과정에서 검사 문항 풀을 구축한다.
3. 학생의 수행 정도를 자주 측정한다.
4. 검사 결과를 평가하고 필요하면 수업을 변화시킨다.

(CBM에 관한 보다 자세한 정보는 부록 B의 관련 자료를 참조하기 바란다.)

CBM을 사용했을 때 강력한 장점 중의 하나는 학습 진전도를 자주 점검함으로써 학생이 또래에 비해 너무 뒤처지기 전에 문제를 확인하고 고칠 수 있다는 점이다. 마찬가지로, 교사는 CBM 자료를 수업 속도를 높이는 데도 사용할 수 있다.

전달 기법

직접교수법의 중요한 측면 중 하나는 일단의 내용 제시 기법에 주목한 점이다. 교사가 얼마나 수업을 능숙하게 제시하느냐 하는 것은 학생의 학습 속도와 자아개념에 중요한 영향을 미친다. 성공과 자아개념 간의 관계는 직접교수법 접근에서는 일차적인 원칙으로, 1969년 Engelmann이 다음과 같이 주장하였다.

[그림 1-1] 사전 검사 기록지

단원:

사전 검사 날짜: _____

사후 검사 날짜: _____

학생 이름	문제 유형																							
	사전	사후	사전	사후	사전	사후	사전	사후	사전	사후	사전	사후	사전	사후	사전	사후	사전	사후	사전	사후	사전	사후	사전	사후

교실에서 향상시킬 자아개념 영역은 자신의 입장을 고수하면서 당당하게 행동할 수 있는 아동의 능력, 배운 것에 대한 자신감, 자신은 똑똑하며 그렇기 때문에 성공할 수 있다는 것을 이해하고 학업에 임하는 자세와 관련이 있어야 한다. 아동이 자신에 대한 이와 같은 인상을 유지할 수 있으려면, 이렇게 규정한 자신의 모습이 맞다는 것을 실제로 체험할 수 있어야 한다. 만약 학교에서 자신이 실패하거나 교사를 실망시키고 있음을 알게 되거나, 자신이 무엇을 했는지 확신이 들지 않는다면, 그 아동은 자신을 재평가할 것이고 아마도 자신이 완전히 성공하지 않았다고 결론을 내릴 것이다(p. 68).

일반적으로, 저학년에서의 수학 수업은 교사 중심 수업 활동에 많이 의존한다. 그러므로 유치원에서 초등학교 2학년까지의 학생들을 가르치는 교사는 학생들이 구두 질의-응답 활동에 지속적으로 참여할 수 있도록 하기 위한 다양한 수업 진행 기법에 아주 능숙해야 한다. 이러한 구두 질의-응답 활동 중에 교사는 각 학생의 수행 정도를 주의 깊게 점검한다. 어느 학년 단계에서나 잘 설계된 수학 수업에는 교사 중심 수업이 필요하지만, 중간 학년 이후의 학생들에게는 혼자 연습하거나 집단으로 연습하는 시간을 더 많이 요구할 수 있다. 이 단계의 학생들을 담당하는 교사는 협동학습 활동을 잘 조화시키고 독자적으로 학습하는 학생들을 잘 관리할 수 있는 기법을 익혀야 한다.

여기서 언급한 내용 제시 기법은 효과적인 교사 중심 수업에서는 꼭 필요한 것들이다. 교사 중심 수업이 효과적인가 아닌가를 결정하는 한 가지 방법은 수업 중에 교사가 학생들의 주의를 얼마나 집중시키는가를 확인하는 것이다. 수업 중에 학생이 더 집중할수록 수업이 성공적일 가능성은 더 높다. 학생들의 주의는 이들이 적극적으로 몰입하도록 과제를 구조화함으로써 지속된다.

교사 중심 수업을 성공적이게 하는 몇 가지 요인이 있다. 예를 들어, 교사의 설명이나 시범의 길이는 학생들이 주의를 기울이는 정도에 영향을 준다. 교사의 설명은 짧고 간결해야 한다. 교사가 길게 이야기하면 할수록 학생들이 주의를 기울일 가능성은 적어진다. 저학년 학생이나 중간 학년 중에서 성적이 낮은 학생들을 지도하는 교사의 경우에는 학생들이 자주 질문에 대답을 하도록 수업을 구조화해야 한다.

모든 학생을 일일이 호명할 수 없기 때문에 교사 중심 수업에서는 합창식 반응(unison responses)을 하도록 해야 한다. 합창식 반응을 통해 학급 내 모든 학생이 수업에 적극적으로 참여하는지를 알 수 있다. 수업에서 합창식 반응을 활용하는 교사들이 반드시 갖추어야 할 내용 제시 기술이 두 가지 있는데, 하나는 신호의 적절한 사용이고, 다른 하나는 적절한 수업 진행 속도다.

신호. 신호란 교사가 학생들에게 언제 합창으로 반응할지를 알려 주는 단서를 말한다. 신호를 효과적으로 사용하면 다른 통제가 없을 경우 독점적으로 발표해 버리는 공부 잘하는 학생뿐만 아니라 모든 학생이 수업에 참여할 수 있게 할 수 있다.

합창식으로 반응하도록 신호를 주기 위해서는 (a) 지시를 내리고 (b) 생각할 시간을 잠시 준 다음 (c) 반응할 신호를 준다. 지시를 줄 때는 학생들에게 어떻게 반응해야 할지를 말해 주고 질문을 한다. 예를 들어, 간단한 덧셈 과제를 줄 때 다음과 같이 말한다. "잘 들으세요. 이 덧셈의 답이 얼마인지 대답할 준비를 하세요. 4 + 6."

지시를 한 다음에는 잠시 생각할 시간을 준다. 생각할 시간의 길이는 가장 성적이 낮은 학생이 대답하는 데 필요한 시간을 기준으로 결정한다(만약 그 학생이 다른 학생에 비해 심각하게 긴 시간을 필요로 한다면 그 학생에게 별도의 연습을 제공해야 할 것이다). 쉬운 문제(이전에 배운 기술을 회상하는 것과 같은)일 경우에는 생각할 시간을 0.5초만 주어도 되지만 좀 더 복잡한 문제일 경우에는 5~10초 정도의 생각할 시간이 필요할 수도 있다. 생각할 시간의 길이를 신중하게 잘 조절하는 것이 학생들의 주의를 유지하는 데 매우 중요한 요인 중 하나다.

신호 주기 절차 중 마지막 단계는 반응할 신호를 실제로 주는 단계다. 반응할 신호나 단서로는 손뼉치기, 손가락 튕겨 소리내기, 손 내리기, 칠판 치기 혹은 기타 유사한 행동을 사용할 수 있다. 이 단계는 과제의 성격에 따라 변형하여 사용할 수 있다. 생각할 시간을 오래 필요로 하는 과제일 경우에는 신호를 주기 직전에 '준비'라고 말한다. '준비'라고 말하는 목적은 학생들로 하여금 반응할 단서가 제시되는 때를 알도록 하기 위함이다. 생각할 시간의 길이는 질문의 난이도에 따라 달라지기 때문에 학생들은 생각할 시간 이후 언제 반응해야 할지 모른다. 따라서 각 학생이 반응할 기회를 동등하게 갖도록 하면서 집단 반응을 이끌어 내기 위해서는 '준비'라는 단서를 준다. 이 단서는 특히 교사 주도 학습지 과제 수행 시에 유용한데, 이는 학생들이 학습지를 보느라 교사의 손 신호를 볼 수 없기 때문이다.

좋은 신호의 필수적인 특징은 명료성이다. 신호는 학생들이 언제 반응해야 할지를 정확히 알 수 있도록 줘야 한다. 만약 신호가 명료하지 않다면 학생들은 합창식으로 반응하지 못할 것이다. 교사는 학생들의 반응을 통해 자신의 신호가 명료한지 아닌지를 평가할 수 있다. 반복해서 학생들이 합창식으로 반응하지 못한다면 이는 대개 교사의 신호가 학생들에게 명료하지 않거나 학생들에게 생각할 시간을 충분히 제공하지 않았음을 나타낸다.

개인별로 시켜 보기(즉, 개인 검사라고도 함)는 합창식으로 반응할 것을 요구하는 모든 수업 활동의 필수적인 부분이다. 교사는 합창식 반응을 통해서는 각 학생이 옆 학생을 따라 하지 않고 스스로 대답했는지 아닌지를 절대 알 수 없다. 개인별 시키기를 통해 교사는 모든 학생이 수업 활동에 잘 참여하고 있는지를 확인할 수 있다.

개인별 검사는 학급 내 모든 학생이 틀리지 않고 합창식 반응을 보이고 난 이후에만 실시해야 한다. 과제를 완전하게 익힐 만큼 충분히 연습하지 않은 상태에서 어떤 학생을 호명하면 자칫 그 학생이 또래 앞에서 불필요하게 망신을 당할 수도 있다. 개인별 검사는 시간이 많이 소요되기 때문에 모든 과제에 대해서 모든 학생을 대상으로 할 필요는 없다. 일반적으로 새롭거나 어려운 과제를 배울 때에는 성적이 낮은 학생은 모두 개별적으로 검사를 해 봐야 한다. 상위권 학생은 몇 명만 시켜 봐도 된다.

수업 진행 속도. 어린아이가 TV를 보거나 비디오 게임을 하는 것을 관찰해 본 사람이라면 누구나 진행 속도가 주의를 유지하는 데 어떠한 역할을 하는지 잘 알 것이다. 교사는 생동감 있게, 활기차게 그리고 주저함 없이 수업을 이끌어 갈 수 있도록 수업 자료에 아주 익숙해야 한다. 수업 자료를 철저히 준비한 교사는 생동감 있게 가르칠 수 있을 뿐만 아니라 학생들의 수행에 더욱 온전히 집중할 수 있다.

오류 교정 절차

집단 수업에서 학생이 범한 오류를 교정하는 첫 번째 단계는 오류의 원인을 찾아내는 것이다. 교사는 오류가 부주의해서 생긴 것인지 아니면 알지 못해서 생긴 것인지를 알아내야 한다.

학생이 범한 오류가 부주의에서 비롯된 것인지 아닌지는 문제를 제시했을 때 학생이 어디를 보고 있었는지, 혹은 무엇을 하고 있었는지를 확인함으로써 알 수 있다. 부주의가 원인인 오류에 대해서는 신중하게 반응해야 한다. 부주의하지도 않았는데 과제에서 이탈했다고 지적하지는 말아야 한다.

대부분의 오류 교정은 시범-검사-지연 검사의 3단계 절차를 거친다. 전략을 제시할 때 오류가 발생하면, 정확한 반응을 시범을 보이거나 혹은 전략에 관한 안내 질문을 제시하여 학생이 정확한 반응을 보일 수 있도록 해야 한다. 두 번째는 동일한 과제를 다시 제시하여 검사를 하며, 이때는 도와주지 않는다. 그런 다음, 원래의 과제 첫 부분으로 되돌아가서 과제 전체를 다시 제시하는 지연 검사를 실시한다. 지연 검사는 과제의 첫 부분부터 시작할 때 학생이 정확한 반응을 기억하는지를 확인할 수 있도록 해 준다.

합창식으로 반응해야 하는 과제에서 늦게 대답하거나 전혀 대답하지 않는 학생들도 교정해 주어야 한다. 이러한 오류들을 교정할 경우 학생들에게 모든 학생이 반응하지는 않았기 때문에(혹은 일부 학생들이 신호에 따라 반응하지 못했기 때문에) 과제를 반복해야 한다고 알려 주어야 한다. 오류를 범한 특정 학생을 지목해서는 안 되고, 잘 대답한 학생을 칭찬하고 과제에 주목하도록 해야 한다.

영역별로 학생들이 범할 가능성이 있는 오류에 대해 구체적인 권고사항을 각 장에 제시했다. 오류 교정이 보다 효과적으로 이루어질 수 있도록 별도의 권고사항과 함께 구체적인 오류 교정 지도안을 자주 제시하였다.

진단과 교정

진단은 오류 패턴의 원인을 찾아내는 것이고, 교정은 기술을 다시 가르치는 것이다. 이 책에서 제시하는 진단과 교정은 단순한 오류 교정과는 다르다. 오류 교정은 교사 중심 수업에서 학생이 실수를 하면 곧바로 이루어진다. 교사는 학생이 실수를 범한 문제가 정확히 무엇인지 알기 때문에 오류 교정을 위해서는 최소한의 진단만 필요하다.

그러나 진단은 일차적으로 학생이 개별 연습 때 범한 실수를 분석하는 활동들로 구성된다. 오류를 진단할 때 맨 먼저 해야 하는 것은 그 오류들이 '할 수 없는(can't-do)' 것인지 아니면 '하지 않은(won't-do)' 것인지를 알아내는 것이다. 하지 않은 경우는 학생이 필요한 기술은 갖고 있지만 부주의하거나 과제를 끝내지 않거나 혹은 집중하지 않은 경우를 말한다. '하지 않은' 오류를 진단해 내기 위해서는 동기를 강화하는 쪽으로 초점을 맞춘 교정이 필요하다. 할 수 없는 경우를 진단하기 위해서는 학생의 혼동이나 기술 결함에 초점을 맞춘 교정이 필요하다.

'할 수 없는' 오류는 학습지에서 틀린 문제를 검토

하거나 틀린 문제를 어떻게 풀었는지 학생과 면담을 해 봄으로써 진단해 낸다. 대부분의 문제에 대한 오류를 진단하고 교정할 때는 다음과 같은 기본적인 절차를 적용하도록 한다.

1. 학습지의 오류를 분석하여 오류의 원인이 무엇인지에 대한 가설을 설정한다.
2. 오류가 분명하지 않은 경우에는 학생을 면담하여 오류 원인을 찾아낸다.
3. 교사 주도 칠판 수업이나 학습지 활동을 이용하여 다시 가르친다.
4. 처음에 오류를 범한 것과 유사한 일단의 문제를 가지고 학생을 검사한다.

오류에는 다음과 같은 세 가지 기본 유형이 있다. 즉, 단순 연산 오류, 요소 기술 오류 혹은 전략 오류다. 기본 연산이란 두 개의 한 자릿수 수를 더하거나 곱한 결과 그리고 빼거나 나눈 결과를 말한다.

요소 기술은 이전에 가르친 기술로서, 좀 더 긴 문제 해결 전략 내의 하위 단계를 말한다. 다음은 요소 기술 오류로 학생이 오류를 범한 분수 문제의 예를 나타낸 것이다.

$$\frac{3}{4} + \frac{2}{5} =$$

틀린 풀이: $\frac{3}{20} + \frac{2}{20} = \frac{5}{20}$

옳은 풀이: $\frac{15}{20} + \frac{8}{20} = \frac{23}{20}$

틀린 풀이를 보면 이 학생은 두 분수의 분모를 최소공배수를 사용하여 변환하는 것은 알았지만 이를 사용하여 동등한 다른 분수로 고치는 요소 기술은 알지 못했음을 알 수 있다. 이러한 요소 기술 오류를 교정하기 위해서는 분수를 다른 동등한 분수로 고치는 것에 관해서만 수업을 제공한다. 일단 학생이 이 요소 기술을 습득하면 처음에 틀린 문제와 유사한 문제를 주어 다시 풀어 보게 한다.

　전략 오류는 학생이 특정한 유형의 문제를 푸는 데 필요한 단계들의 순서를 알지 못할 때 발생한다. 다음 예에서 학생은 가분수를 대분수로 고치라고 했을 때 분자에서 분모를 뺐다. 이는 이 학생이 가분수를 대분수로 고치는 전략을 알지 못함을 보여 준다. 이러한 전략 오류를 교정하기 위해서는 분수를 다른 분수로 고치는 전략 전체를 다시 가르쳐야 한다.

$$\frac{13}{6} = 7 \qquad\qquad \frac{15}{2} = 13$$

　여기서 제안하는 진단과 교정 절차는 학생들이 완전 숙달에 이르기까지 정확히 얼마나 더 가르쳐야 하는가를 교사들이 결정하는 데 도움을 줌으로써 수업의 효율성을 증가시킬 목적으로 고안된 것이다. 만약 학생의 오류가 기본 연산 지식 부족 때문이라면 긴 문제 해결 전략을 다시 가르칠 필요는 없을 것이다. 마찬가지로, 학생의 오류가 어떤 한 가지의 요소 기술 문제 때문에 발생했다면 전체 수업이 아닌 그 기술만 다시 가르쳐야 한다. 이러한 진단과 교정 절차를 적용하면 교정이 필요한 기술에만 초점을 맞출 수 있어 교사들의 소중한 수업 시간을 절약할 수 있을 것이다.

학급 조직과 관리

　직접교수법의 마지막 요소는 교실에서 수업을 조직하는 것과 자원, 그중에서도 시간을 효과적으로 활용하는 것이다. 효과적으로 수업을 하는 데 중요한 권고사항이 담긴 학급 조직과 관리 관련 쟁점들을 이미 여러 책에서 다루어 왔다. 이 책에서는 일상적인 수학 수업의 중요한 측면만 다루기로 한다.

일상적인 수학 수업의 요소들

　일상적인 수학 수업은 적어도 세 가지 요소를 포함한다. 교사 중심 수업, 학생 스스로의 공부 그리고 교사의 점검이다.

교사 중심 수업.　대부분의 교사 중심 수학 수업 시간은 대개 최소 30~90분 정도다. 교사 효과성 관련 문헌에 따르면, 학생들은 더 많은 시간 동안 학습할수록 더 많이 배운다(이와 관련된 연구에 대한 논의는 제3장 참조). 그러므로 교사들은 할당된 수업 시간을 신중하게 관리하고 활용해야 한다.

　앞에서도 언급했듯이, 잘 설계되고 제대로 전달된 교사 중심 수업은 수업 진행 속도가 빠른 가운데 교사와 학생 간 상호작용 정도가 높다. 이러한 형태의 수업에서는 대개 새로운 개념이나 기술을 소개하고 이전에 가르친 것을 교정해 준다.

새로운 기술의 소개.　새로운 기술을 소개할 때 대개 먼저 새로운 기술의 개념적 근거를 설명하고 그 기술을 적용하는 방법을 시범을 보인 다음, 몇 개의 예를 가지고 학생들을 안내하여 학생들이 혼자서도 잘 수행할 수 있을 때까지 점차 지원을 감소시킨다.

　직접교수법에서는 일반적인 수업 절차를 교사의 말이나 예, 오류 교정 절차 등을 구체적으로 기술한 수업 형식이나 수업 대본으로 작성하였다. 수업 형식은 교사의 설명이 명료하고 모호하지 않은 방식으로 설계되어 있기 때문에 교사들은 어떤 날의 자신의 설명이 다른 날의 설명과 다르지 않을까 염려할 필요가 없다.

　이 책에서 제시하는 수업 형식은 세심하게 설계한 수업 순서를 잘 보여 준다. 먼저 교사는 전략에 대해 설명하고, 학습지 활동을 안내한다. 그런 다음, 점차 교사의 지도를 줄이면서 학습지 활동을 하도록 한다. 다음에는 학생들의 활동을 감독만 하고, 마지막으로는 학생 혼자서 문제를 풀도록 한다.

　제4장부터 제20장은 대부분의 초등학교와 일부 중학교에서 다루는 주요 수학 내용에 관한 수업 형식을 담고 있다. 각 장에 제시된 대부분의 수업 형식은 앞에서 언급한 수업 순서를 반영하고 있고, 다음과 같은 네 부분을 포함한다. 즉, 구조화된 칠판 수업, 구조화된 학습지 활동 수업, 덜 구조화된 학습지 활동 수업, 개인 연습 관리다. 일상적인 교사 중심 수업 시간 중

에는 구조화된 칠판 사용 수업, 구조화된 학습지 활동 수업, 덜 구조화된 학습지 활동 수업을 한다. 개인 연습 관리는 대개 자율학습 시간에 이루어진다.

이전에 가르친 기술 교정. 수업 도중 교사는 이전에 배운 기술이나 문제 유형 중 학생이 어려움을 보인 것은 어떤 것이든 교정해 주어야 한다. 한두 명의 학생만이 그러한 어려움을 보일 경우에는 전체 학급 수업과 상관없이 이들을 개인적으로 지도해야 한다. 교정은 학생이 학습지를 어떻게 풀었는지에 근거해서 제공하도록 한다.

개인 연습. 개인 연습이란 교사 주도 수업 이외의 정해진 시간에 교사로부터 아무런 지원을 받지 않고 수행하는 공부 활동을 말한다. 개인 연습 활동에 해당하는 것에는 익힘책이나 교과서에 실린 문제, 칠판에 제시한 문제 혹은 협동활동 등이 있다. 개인 연습에는 최근에 소개한 문제 유형을 집중적으로 포함시킬 뿐만 아니라 이전에 소개한 연습과 복습도 포함시켜야 한다. 직접교수법을 사용하는 교사는 개인 연습 감독 시간에 학생이 성공적으로 끝내지 못한 과제는 절대로 개인 연습 과제로 제시하지 않는다.

공부한 것 확인하기. 공부 확인은 특별히 학생이 개인 연습 시간에 범한 오류를 교정할 목적으로 설계된 활동이다. 개인 연습 시간에 한 공부는 학생과 교사에게 유용한 피드백을 제공하기 위해서라도 매일 점검해야 한다. 학생의 약점이나 결함을 빨리 발견할수록 교정하기가 쉽다. 동시에 학생이 문제를 잘못된 방식으로 오래 연습하면 할수록 그만큼 교정하기가 어렵다.

어린 학생들을 가르치는 교사라면 교사보다 학생들이 먼저 스스로 점검해서 정해진 시간 동안에 오류를 교정하도록 하는 것이 가장 효과적이라는 점을 알 것이다. 좀 더 고학년 학생일 경우에는 답을 읽어 주고 학생들이 자신이 푼 것 위에 표시를 하고 오류를 교정하는 방식으로 공부한 것을 확인한다. 공부 확인을 통해 교사는 오류를 교정할 수 있고 교사 주도 수업 시간에 추가로 교정해야 할 기술이 어떤 것인가를 찾아낼 수도 있다.

제2장에서는 이 장에서 언급한 수업 설계 특징을 출판된 수학 프로그램을 평가하는 평가 틀로서 활용한다. 이 평가 틀은 수업 절차와 학생 평가도 평가 대상으로 한다. 교육청 단위의 교육과정 채택과 같은 규모가 큰 평가를 위한 제안사항도 제시된다.

제**2**장

수학 교재 평가 틀

요약

이 장에서는 상업적으로 개발된 수학 프로그램을 평가하는 틀을 제시한다. 이 틀은 직접교수법 수업 설계 원리에 근거한 것이다. 수학을 가르칠 준비가 잘 되어 있지 않은 교사들은 이러한 프로그램을 많이 사용할 것이기에, 상업용으로 개발된 수학 프로그램은 엄격하게 검토할 필요가 있다. 여기서 기술한 수학 교재 평가 틀은 새로운 수학 프로그램을 선정하거나 기존 프로그램을 수정하고자 할 때 교사들에게 도움을 줄 목적으로 고안되었다. 이 평가 틀이 완벽한 것은 아니지만, 교사들이 수학 교재를 평가할 때 무엇을 중점적으로 봐야 할지, 어떤 부분을 수정해야 할지 등을 안내하고 찾는 데 도움을 줄 수 있을 것이다. 마지막으로, 이 평가 틀은 상업용으로 개발된 수학 프로그램의 질을 평가할 신뢰롭고 타당한 교재 평가 도구를 만드는 데 첫걸음이 될 것이다.

2003년의 미국교육성과평가(National Center for Educational Statistics: NAEP) 자료에 따르면, 4학년 학생의 32%와 8학년 학생의 29%만이 수학에서 능숙한 수준에 해당하는 점수를 얻었다(National Center for Educational Statistics, 2003). 미국평가관리위원회(National Assessment Governing Board)에 따르면, 능숙(proficiency) 단계의 학생들은 수학 지식, 실제 생활에의 적용, 분석 기술 등과 같은 어려운 수학 내용을 능숙하게 해결할 수 있다. 이와 유사하게 Schmidt, Houang과 Cogan(2002)에 따르면, 수학과 과학 성취와 교육과정에 대한 현존하는 가장 광범위한 비교 연구인 제3 국제 수학과 과학연구(the Third International Mathematics and Science Study: TIMSS)에서 미국 고등학교 3학년 학생들은 국제적으로 바닥권에 해당하는 성취를 보였다. 더욱 심각한 것은 많은 학습장애 학생이 또래에 비해 수학 영역에서 매우 지체된 성적을 보인다는 점이다(Carnine, Jones, & Dixon, 1994). 일반교육과 특수교육 모두에서의 이와 같은 낮은 수학 성적에 대한 보고들로 인해 교육자들은 미국 내에서의 수학 수업을 보다 면밀히 검토해야만 했다.

미국의 전국수학교사협의회(National Council of Teachers of Mathematics: NCTM)는 모든 학생에게 질 높은 수학 수업을 제공하기 위해 효과적인 수학 수업 원리를 제시했다. 이러한 일반적인 원리들은 교육과정과 수업을 포함하는 중요한 영역을 모두 언급하고 있다

From the Journal of Direct Instruction, Vol. 4, No. 1, pp. 41-52. Copyright 2004 by the Association of Direct Instruction. Reprinted with permission.

(NCTM, 2000). 예를 들어, NCTM의 원리들은 잘 설계된 교육과정뿐만 아니라 핵심적인 수학 지식을 교사들에게 제공해서 실력 있는 교사를 양성할 필요가 있음을 강조한다. Ma(1999)는 중국과 미국 교사들의 수학 지식을 광범위하게 연구한 다음, 대부분의 미국 초등학교 수학 교사들이 중국 교사들만큼 수학 지식을 갖고 있지 않음을 확인했다. Schmidt 등(2002)도 TIMSS 자료를 분석하고 나서 교육과정과 수업 관련 쟁점을 언급했다. 이들은 "미국 학생과 교사들은 짜임새 있는 공통 교육과정과 교재, 자료, 그에 상응하는 훈련 자료 부족으로 많은 불이익을 받고 있다."(p. 10)라고 주장했다.

역사적으로, 수학 영역에서 특정 교수 방법이나 교육과정 요소에 대해 실험 연구가 이루어진 적이 별로 없다(Gersten, 2002). 그렇지만 직접교수법에서는 수학 교수 방법과 자료에 관해 많은 연구를 해 왔다. Adams와 Engelmann(1996), Przychodzin, Marchand-Martella, Martella와 Azim(2004) 등이 보고했듯이, 직접교수법 접근을 사용하여 수학을 가르쳤을 경우 다른 접근을 사용했을 때보다 수학 성적이 향상되었다.

직접교수법이 대부분의 다른 교육 접근과 다른 점 중의 하나는 수업 설계와 교재 개발에 관련하여 정확한 원리를 적용한다는 것이다(Carnine, 1997; Dixon, 1994; Engelmann & Carnine, 1991; Harniss, Stein, & Carnine, 2002). 이 설계 원리들은 읽기, 쓰기, 철자, 비판적 사고 등 다양한 영역에서 적용되어 왔다. 이 장의 목적은 이러한 원리들에 근거하여 수학 프로그램을 평가하기 위한 틀을 제시하는 것이다. 수학 프로그램을 채택해야 하는 교육자들은 잘 설계된 상업용 자료를 선정하기 위해 이 평가 틀을 사용할 수 있다. 또한 교육자들은 이 평가 틀을 학생들의 교육 요구를 더 잘 충족시켜 주는 방향으로 현재 사용하고 있는 수학 프로그램을 평가하고 수정하는 데 활용할 수 있다.

교재 채택 과정

교재 채택 과정은 질 높은 수업 자료를 선정하는 데 매우 중요하다. 그러므로 교육자들은 이러한 자료를 평가하기 위한 체계적인 평가 틀을 사용해야 할 뿐 아니라 채택 과정 또한 체계적인 방식으로 이행해야 한다. Stein, Stuen, Carnine과 Long(2001)은 읽기 프로그램을 선정하기 위한 체계적인 교재 선택 과정의 중요한 특징을 기술하였다. 당연히 이러한 특징들은 수학 프로그램을 선정할 때에도 준수해야 할 것이다. 지면 관계상 여기에서 그 채택 과정에 관한 모든 논의를 소개할 수는 없지만, 수학 영역에서 교재를 선정하는 데 필수적이라고 생각되는 특징들을 Stein 등의 연구에서 뽑아 강조하였다. 그 특징들은 시간 할당, 선정 위원회 책임, 선정 과정이다.

시간 할당

교재 채택 시에 고려해야 할 것 중 중요한 것은 자료를 선정하고 평가하는 데 충분한 시간을 할당하는 것이다. 많은 교재 선정 위원회는 방과 후 짧은 시간 동안만 교재 채택 작업을 한다. 하지만 수업 자료를 유의미하고 철저하게 검사하기 위해서는 방해받지 않은 상당 시간을 투입해야 한다. 따라서 교재 선정 위원들은 자료를 검토하고 검토 결과를 동료와 이야기할 시간을 충분히 가져야 한다. Stein 등(2001)은 선정 위원회가 교재를 선정하는 데 15일 정도의 심사 기간을 가질 것을 제안하였다. 그동안 교사들은 관련 연구를 검토하고 선정과 평가 기준을 마련하며, 제출된 모든 프로그램을 선별하고, 그중에서 3~4개의 프로그램을 집중적으로 검토한 다음, 최종적으로 하나를 선정한다.

선정 위원회 책임

흔히 학교나 교육청의 교사들은 선정 위원회가 작성한 선정 대상 프로그램 목록을 보고 하나를 선정하는 투표를 한다. 선정 위원들이 수학 프로그램을 철저하게 평가할 시간을 충분히 가졌다면 최종적으로 어떤 프로그램을 선정할 것인가는 선정 위원회에 맡겨도 될 것이다. 하지만 선정 위원회 결정에 안심하기 위해서는 대부분의 교사가 모든 선정 과정에 대해 정보를 접할 수 있어야 한다. 따라서 선정 위원들은 자신들이 대표하는 집단과 정기적으로 그리고 효과적으로 의사소통해야 한다.

수학 교재 선정 위원들은 종종 경력과 수학 지식에 따라 선출된다. 하지만 선정 위원회를 구성할 때에는 다른 요인도 고려해야 한다. 선정 위원회에는 각 학년을 대표하는 사람, 일반학생과 특수학생을 모두 대표하는 사람 그리고 뛰어난 의사소통 기술을 갖춘 사람들이 포함되어야 한다.

선정 과정

수업 프로그램 평가 과제를 신속히 처리하기 위해서 우리는 선정 위원회가 먼저 제출된 프로그램을 모두 살펴 선별할 것을 제안한다. 프로그램을 철저히 평가하기 위해서는 많은 시간이 필요한 만큼 선정 위원회가 나중에 평가할 프로그램 수를 줄이기 위해 선별하는 것이 좋다.

선별 과정의 첫 단계는 사용할 평가 준거를 결정하는 것이다. 〈표 2-1〉은 선별 과정을 촉진할 것으로 확신하는 평가 준거를 나타낸 것이다. 이 평가 준거는 다음과 같이 세 가지 중요한 영역에 관한 질문을 담고 있다. 즉, (a) 일반적인 수업 접근 (b) 효과 증거 (c) 중요한 내용이다. 일반적인 수업 접근 질문들을 통해 평가자로 하여금 프로그램의 이론적 접근, 즉 프로그램이 명시적이고 직접적인 접근을 하고 있는지, 구성주의적인 접근을 하고 있는지, 기타 다른 수학 수업 접근을 취하고 있는지를 확인한다. 효과 증거 질문들을 통해 그 프로그램이 학술지에 실린 잘 통제된 연구에서 체계적으로 평가되었는지 확인한다. 학술지에 게재된 논문 이외에도 실제 교육 현장에서 프로그램의 효과가 검증되었는지도 이 부분에서 고려한다.

중요한 내용 관련 질문들을 통해서는 서로 다른 프로그램에서 중요한 기술이나 개념을 어떻게 가르치는지 비교한다. 선정 목적을 위해서는 평가자가 두 개 학년(예, 저학년에서 하나, 중간 학년에서 하나)을 선정해서 각 프로그램에서 두 개의 기술을 어떻게 가르치고 있는지를 비교해 볼 것을 제안한다. 각 프로그램에서 동일한 기술을 어떻게 가르치는지를 확인함으로써 평가자들은 프로그램의 전반적인 설계에 대해 감을 잡을 수 있다. 이 부분에서의 질문들은 이 장의 후반부에서 제시하는 수학 평가 틀에 나오는 평가 질문들에서 선정 목적으로 추출한 것이다.

〈표 2-1〉 **수학 교재 평가 틀: 선정 준거**

A. 일반적인 수업 접근
1. 프로그램에 명시적 교수가 포함되어 있는가(즉, 교사와 학생을 위해 전략의 각 단계들이 명료하게 설명되고 있는가)?
2. 프로그램이 구성주의 접근을 취하고 있는가(즉, 학생의 발견과 탐구가 강조되고 있는가)?

B. 효과 증거
1. 프로그램의 효과에 대한 학술지 논문이 있는가?
2. 프로그램이 많은 수의 학생을 대상으로 현장 검증되었다는 증거가 있는가?

C. 중요한 내용
1. 선택된 전략의 각 단계들이 프로그램에서 명료하게 설명되고 있는가?
2. 수업은 논리적인 순서로 진행되고 있는가?
3. 학년별로 숙달에 이르게 할 만큼 충분한 연습 기회가 주어지고 있는가?

〈표 2-2〉 수학 교재 평가 틀

평가자: _____		학년: _____	
프로그램/출판사/연도: _____		날짜: _____	

평가 준거	평가자 의견	예
I. 일반적인 프로그램 설계 A. 프로그램 목적과 목표 1. 프로그램의 '큰 개념(big idea)'이 분명한가? 2. 목표는 관찰 가능한 형태로 진술되어 있는가? B. 프로그램 짜임새 1. 프로그램은 주제별 혹은 나선형 설계를 채택하고 있는가? 2. 연산과 문제 해결 수업이 균형을 이루는가? II. 수업 전략 설계 A. 전략 1. 전략의 각 단계가 프로그램에 명시적으로 제시되어 있는가? 2. 전략은 너무 일반적이거나 너무 세부적이지 않은 적절한 정도의 일반화 가능성이 있는가? B. 계열과 통합 1. 전략을 소개하기 전에 필수적인 요소 기술(사전 기술)을 먼저 가르치는가? 2. 프로그램이 새로운 전략과 이전에 소개한 전략과 관련 기술을 전략적으로 통합하고 있는가? C. 예 1. 초기 숙달을 위해 충분한 연습문제를 제시하는가? 2. 변별 연습 기회를 제시하는가? 3. 이전에 소개한 기술에 대해 누가적 복습 기회를 제공하는가? III. 수업 절차 A. 점진적 수업 1. 교사의 시범이 구체적인가? 2. 교사의 지원이 점진적으로 감소되는가? 3. 구체적인 오류 교정 절차를 제시하는가? IV. 평가 A. 평가와 수업 간의 연계 1. 프로그램에 배치 검사가 있는가? 2. 프로그램 평가에 속진과 교정을 위한 권고사항이 들어 있는가? 3. 프로그램 내의 평가가 수업과 밀접하게 연계되는가?		

수학 교재 평가 틀

앞에 상업용 수학 프로그램을 검토할 교재 평가 틀을 제시하였다. 교재를 평가할 때 평가 틀로 활용할 수 있도록 교사들에게 도움을 줄 문서를 개발하였다 (〈표 2-2〉 참조). 이 문서는 다음의 네 가지 요소, 즉 일반적인 프로그램 설계, 수업 전략 설계, 수업 절차, 평가로 구성되어 있다. 이 서류 형식의 세로 칸은 각각 평가 준거, 평가자 의견, 예 등으로 구분되어 있다. '예' 칸에는 평가자 의견을 설명하거나 지지해 주는 구체적인 예(즉, 프로그램의 특정 페이지 등)를 제시한다. 이러한 예들은 다른 심사위원들과 프로그램 질에 대해 객관적으로 논의할 때 필수적이다.

일반적인 프로그램 설계

일반적인 프로그램 설계 준거의 목적은 평가자들에게 프로그램의 목표와 목적 그리고 프로그램의 짜임새 등에 대해 개략적으로 알려 주기 위함이다. 이 항목의 질문들은 해당 프로그램의 학년별 설계 특징을 다룬다. 평가 질문들에 답하기 위해서는 평가자가 저학년과 중간 학년의 예시 수업뿐만 아니라 모든 학년별로 범위와 계열을 검토할 것을 제안한다. 프로그램 짜임새란 프로그램 내의 내용들이 학년 간 그리고 학년 내에서 얼마나 통합되어 있는지, 연산과 문제해결이 얼마나 균형을 이루고 통합되어 있는지의 정도를 말한다.

프로그램 목적과 목표
1) 프로그램의 '큰 개념'이 분명한가?

직접교수법 원리에 따르면 잘 설계된 수학 프로그램은 여러 상황과 맥락(예, 자릿값, 등식, 수 감각)에 적용될 수 있는 주요 원리(즉, 큰 개념이나 목표)를 중심으로 조직되어 있다. 비록 모든 프로그램이 큰 개념 (big idea)을 중심으로 한 수업을 포함하고 있지만, 평가자는 큰 개념들이 얼마나 잘 진술되어 있고 분명한

지에 관해 프로그램의 범위와 계열을 살펴보아 결정해야 한다. 수업 시간 중 많은 부분은 이러한 개념들을 다루는 데 할당되어야 하며, 평가자는 그 개념이 관련된 여러 맥락에서 어느 정도나 다루어지고 있는지를 확인해야 한다.

2) 목표는 관찰 가능한 행동으로 진술되어 있는가?

프로그램에 있는 목표는 교사들에게 제공된 수업 결과로써 학생들이 정확히 무엇을 할 수 있어야 하는지를 결정하게 해준다. 목표는 수업은 물론 프로그램 평가와도 연결되어 있어야 한다. 목표는 측정 가능한 행동 진술을 포함하고 있어야 한다. 많은 프로그램들이 학생 행동이 아니라 교사 행동을 기술하는 목표들을 포함하고 있다. 예를 들어, 우리는 몇 개의 수학 프로그램에서 "시각 말하기를 검토한다"와 유사한 것을 발견하였다. 목표는 교사가 해야 하는 것이 아니라 학생이 해야 하는 것이라는 것에 유의해야 한다. 아니면 시각 말하기 목표는 "학생은 시-분으로 시간을 표현할 것이다."와 같이 측정 가능한 행동으로 진술된다. 교사는 학생이 이 목표를 충족시키는지를 평가하는데 거의 어려움이 없을 것이다.

프로그램 짜임새
1) 프로그램은 주제별 혹은 나선형 설계를 채택하고 있는가?

Snider(2004)가 언급했듯이, 주제별 설계를 적용한 프로그램은 학생의 숙달을 목표로 오랜 기간에 걸쳐 소수의 주제를 가르친다. 반면, 나선형 설계를 적용한 프로그램은 깊이나 내용 간 통합에는 상대적으로 덜 관심을 두면서 되도록 많은 내용을 접하도록 하는 것을 목표로 짧은 기간에 많은 수의 주제를 가르친다. 교재를 평가하는 사람은 출판사가 제시하는 프로그램의 학년 단계별 내용의 범위와 계열성 그리고 전체 개요를 살펴봄으로써 해당 교재가 채택하고 있는 내용 설계 방식을 파악할 수 있다. 주제별 설계와 나선형 설계에 관한 보다 자세한 정보는 Snider의 논문을 참조하기 바란다.

2) 연산과 문제 해결 수업이 균형을 이루는가?

연산과 문제 해결 간 잘못된 이분법 현상을 최초로 발견한 사람은 Wu(1999)다. 그는 많은 교육자와 일반인들이 공통적으로 "학교 수학에서 기본 기술의 정확성과 유창성은 개념적 이해와 상충한다."(p.14)라고 수학에 대해 잘못 생각하고 있다는 점을 기술했다. Wu는 기본 기술 지도를 줄이고(심지어 없애고) 추상적인 개념 이해 수업을 늘리는 것에 대해 우려를 표했다. 수학자의 한 사람으로서 Wu는 수학을 깊이 있게 이해하기 위해서는 연산과 문제 해결을 모두 다루는 수업이 필요하다는 점 그리고 두 영역은 서로 배타적이 아니라는 점을 충분히 깨달은 것이다. 따라서 교재를 평가하는 사람은 각 프로그램의 내용 범위와 계열성을 신중히 검토하여 연산과 문장제 문제 해결을 균형 있게 다루고 있는지를 확인해야 할 것이다.

수업 전략 설계

수업 전략 설계 준거는 평가자들이 각 프로그램 내에서 중요한 내용들이 어떻게 가르쳐지고 있는지를 파악하는 데 도움을 주기 위해 만들어졌다. 우리는 학년별 선정 위원들이 학년별로 가능하면 큰 개념에 해당하는 3~4개의 서로 다른 학업 기술이나 개념을 선정한 다음, 〈표 2-2〉의 평가 준거를 사용하여 그 개념이나 기술들이 어떻게 체계적으로 가르쳐지고 있는지를 검토할 것을 제안한다.

수업 전략을 가장 잘 평가하기 위해서는 평가 대상 핵심 기술이나 개념에 대해 기술 추적(skill trace)을 해 볼 것을 권장한다. 기술 추적이란 프로그램 내의 평가 대상 전략은 무엇이든 모두 찾아놓는 활동을 말한다. 이러한 기술 추적은 평가자로 하여금 특정 교수 전략의 명시성과 일반화 가능성을 가장 잘 평가할 수 있도록 그 전략을 드러내는 데 도움을 준다. 기술 추적은 또한 요소 기술을 확인하여 전략을 가르치기 전에 먼저 가르쳤는지를 평가자가 확인하는 데도 도움이 된다. 마지막으로, 기술 추적은 전략들이 상호 간에 얼마나 통합되어 있는지에 대한 증거도 제시해 줄 수 있다.

전략

1) 전략의 각 단계가 프로그램에 명시적으로 제시되어 있는가?

전략이 얼마나 명시적인지 결정하기 위해서 평가자는 프로그램 내에서 전략이 맨 처음 소개되는 부분을 검토하여 그 프로그램이 학생들이 문제(연산 문제

[그림 2-1] 분류 문장제 문제 해결하기

📖 8명의 아이들이 있습니다. 그중 세 명은 남자아이입니다. 여자아이는 몇 명입니까?

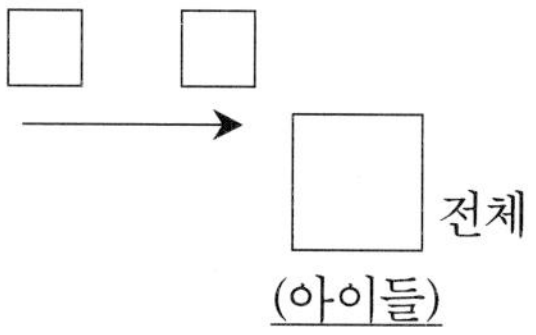

1. 문제를 읽는다. 문제는 아이들, 남자아이, 여자아이에 관한 것이다. 가장 큰 범주는 무엇인가?
2. 아이들이 가장 큰 범주라면 아이들이 전체 수다. 전체 칸 밑의 선 위에 아이들이라고 쓴다.
3. 문제에 아이들이 몇 명인지 나와 있는가? 그렇다면 전체 수는 얼마인가? 8을 전체 칸 안에 써 넣어라.
4. 이제 남자아이와 여자아이에 해당하는 수를 써 넣는다. 화살표 위의 두 칸 안에 써 넣는다. 남자아이가 몇 명인가? 첫째 칸 안에 3을 써 넣는다. 여자아이가 몇 명인지는 모르기 때문에 다른 칸 안에는 아무것도 쓰지 않는다.
5. 전체 수가 나와 있는가? 나와 있다면 어떻게 해야 하는가? 여자아이의 수가 얼마인지를 알아내기 위해 나 같으면 8명의 전체 아이 수에서 3명의 남자아이 수를 빼겠다. 식을 쓰고 문제를 푼다.
6. 전체 아이 수가 8이고, 남자아이 수가 3이라면 여자아이의 수는 얼마인가?

이든 문장제 문제이든)를 해결하기 위해서 그 전략을 사용할 때 밟아야 할 절차를 명확하게 설명하고 있는지를 확인해야 한다. 다음은 명시적이라고 볼 수 없는 문장제 문제 해결 전략의 예다: "1. 무엇을 구해야 하는지 결정한다. 2. 문제를 푼다. 3. 내가 맞게 풀었는가?" (University of Chicago School Mathematics Project, 1995, p. 44). 비록 문제 해결 전략의 각 단계가 명확히 기술되어 있긴 하지만 학생들이 문제를 해결하기 위해 필요한 인지 과정을 분명하게 가르치고 있지 않기 때문에 앞의 전략은 명시적이지 않다.

이와 반대로, 범주화 문장제 문제 해결을 위한 명시적인 직접교수법 전략이 [그림 2-1](Stein, Silbert, & Carnine, 1997)에 제시되어 있다. 학생들이 이 전략을 소개받기 전에 교사는 몇 가지 요소 기술을 가르치는데, 여기에는 사물의 집단 명칭을 확인하는 언어 기술(예, 톱, 망치, 드라이버 등을 지칭하는 연장 도구)과 덧셈이나 뺄셈을 하기 위해 수 가족 연산을 사용하는 방법 등이 있을 수 있다(예, 2, 4, 6은 2 + 4 = 6, 4 + 2 = 6, 6 - 2 = 4, 6 - 4 = 2 등을 만들어 낼 수 있는 수 가족의 구성원이다). 또한 전략을 소개하기 전에 학생들이 큰 네모와 작은 네모 그림에 친숙해지도록 할 수 있다. [그림 2-1]은 학생들에게 복잡한 유형의 문장제 문제를 푸는 방법을 가르치기 위한 명시적 전략의 예를 나타낸 것이다.

2) 전략은 너무 일반적이거나 너무 세부적이지 않은 적절한 정도의 **일반화 가능성**이 있는가?

잘 설계된 전략이라면 그 결과로서 가장 많은 수의 학생이 가장 많은 문제를 풀게 될 것이다. 그 전략은 모든 학생이 문제를 항상 풀 수 있게 해 주어야 할 것이다. 앞서 언급한 일반적인 문제 해결 전략의 단계들(무엇을 구해야 하는지 결정한다. 문제를 푼다. 내가 맞게 풀었는가?)은 너무 일반적이어서 이미 문제를 어떻게 푸는지 아는 학생만이 질문에 정확하게 대답할 수 있다.

이와 비슷하게, 적용 범위가 매우 제한적인 전략을 가르치기 위해 소중한 수업시간을 소비할 교사는 없을 것이다. 9의 1/3이 얼마인지 답을 알아내기 위한

쉬운 방법으로 9를 3으로 나누도록 가르치는 것은 분자가 1일 경우에만 효과적이다. 성적이 낮은 학생들은 9의 2/3가 얼마인지를 물었을 때에도 이 전략을 과잉 일반화하여 사용할 가능성이 있다.

어떤 수학 프로그램에 담긴 수업 전략의 질이야말로 그 프로그램을 평가할 때 핵심적인 요소여야 할 것이다. 평가자들이 특정 프로그램의 수업 전략을 평가하는 한 가지 실전적인 접근은 평가자 자신이 초보 학습자의 특성을 취해 보는 것이다. 평가자는 자신이 문제를 어떻게 푸는지 모른다고 가정하고 교사용 지침서에 나와 있는 전략의 단계들을 따라 문제를 풀어봐야 한다. 이렇게 해 봄으로써 평가자는 전략의 단계들이 명시적이고 유용한지를 확인할 수 있다.

계열과 통합

1) 전략을 소개하기 전에 필수적인 **요소 기술**(사전 기술)을 먼저 가르치는가?

종종 수학 프로그램들은 요소 기술과 새로운 전략을 동시에 소개하는 경우가 있다. 예를 들어, 어떤 프로그램은 어림하기(estimation)와 긴 나눗셈(long division)을 동시에 소개하는 경우가 있는데, 긴 나눗셈은 사실 어림하기를 사용해야 한다. 대부분의 학생은 특정 요소 기술을 적용해야 하는 전략을 소개받기 이전에 해당 요소 기술을 습득할 시간을 필요로 한다. 학생들은 긴 나눗셈을 소개받기 이전에 어림하기를 숙달해야 한다.

2) 프로그램이 새로운 전략과 이전에 소개한 전략과 관련 기술을 **전략적으로 통합**하고 있는가?

새로운 전략을 따로 분리하여 가르치는 것이 더 좋을 때가 있다는 것을 인정하지만, 학생들이 수학 개념을 온전하게 이해하도록 하기 위해서는 전략들 간의 관계도 가르쳐야 한다. 따라서 잘 설계된 프로그램의 특징 중 하나는 프로그램 전체에 걸쳐 수학 전략들의 전략적 통합이다. 전략 간 통합 여부를 확인할 수 있는 한 가지 방법은 새로운 전략이 이전에 소개한 관련성이 있는 전략과 통합되어 있는지를 보여 주는 증거

를 찾기 위해 기술 추적을 해 보는 것이다. 이상적으로는, 학생들이 특정 전략을 그 자체로 숙달한 후에 수업의 끝 부분에 가서 관련 있는 전략들을 통합하는 것이다. 예를 들어, 잘 설계된 프로그램은 학생들이 긴 나눗셈 문제를 그 자체로 완전히 숙달했을 때 문장제 문제에 이 연산을 신중하게 통합한다.

예

1) 초기 숙달을 위해 충분한 **연습문제를** 제시하는가?

기술적으로, 이 질문에 대한 답은 학생들의 수행에 관한 정보를 사용해서만 대답할 수 있다(즉, 학생들이 제시된 연습문제로 특정 기술을 숙달했는가?). 그러므로 평가자는 제시된 예의 수를 고려하여 프로그램을 비교해야 하고, 더 적은 수의 예보다는 더 많은 수의 예를 제시한 프로그램을 선정해야 한다. 연습문제를 줄이는 것이 연습이 더 필요한 학생을 위해 추가로 예를 더 만들어 내는 것보다 훨씬 쉽다.

2) **변별 연습** 기회를 제시하는가?

변별 연습이란 학생으로 하여금 언제 전략을 적용하고 또 언제 적용하지 말아야 하는지를 알도록 요구하는 연습문제를 포함시키는 것을 말한다. 예를 들어, 받아내림이 필요한 뺄셈을 가르친 후에는 받아내림이 필요한 예와 그렇지 않은 예가 포함된 것을 이용하여 학생들이 받아내림 연습을 하도록 해야 한다. 그러한 연습이 없다면 어떤 학생들은 두 자릿수 이상의 뺄셈 문제 모두에 받아내림 전략을 적용하려 할 것이다.

3) 이전에 소개한 기술에 대해 **누가적 복습** 기회를 제공하는가?

누가적인 복습이란 이전에 가르친 모든 전략을 각 학년에 걸쳐 체계적으로 복습하는 것을 말한다. 누가적 검토는 새로 소개하는 전략을 이전에 가르친 전략과 통합하고 복습시켜야 한다는 측면에서 전략적 통합 개념과 관련이 있다. 잘 설계된 프로그램은 교사와 학생 모두에게 이러한 복습이 누가적이며, 전략을 적용하는 **방법**은 물론이고 전략을 언제 적용해야 하는가에 대해서도 신중하게 주목하는 것이 필요함을

일깨워 준다.

수업 절차

수업 절차 준거는 프로그램이 얼마나 구체적으로 교사 지침을 제공해 주어 교사를 지원하는가 하는 정도에 초점을 맞춘다. 전통적으로, 수학 프로그램들은 교사들에게 한두 개의 예로 전략을 시범 보이고, 학생들에게 나머지 문제들을 혼자서 풀어 보도록 하는 방법을 제안했다(Harniss, Carnine, Silbert, & Dixon, 2002). 이와는 반대로, 직접교수법 수업 설계 원리에 근거한 수업 절차 중 가장 특징적인 것 중 하나는 비계화된 수업(scaffolded instruction)을 활용한다는 점이다. 비계화된 수업은 교사가 전략을 시범 보인 다음 학생들이 스스로 전략을 활용할 수 있을 때까지 점진적으로 지원을 감소한다. 우리는 평가자들이 프로그램에서 비계화된 수업을 이용하여 교사를 지원하는 증거를 찾아볼 것을 제안한다. 또 다른 중요한 수업 절차는 수업 도중 오류 교정 절차를 활용하는 것이다. 학생들의 오류를 교정해 주는 적절한 조치가 없으면 교사들은 학생들이 숙달에 이르도록 돕는 것이 매우 어려울 것이다. 이 부분에서의 질문들은 주어진 교수 전략에 대한 기술 추적을 검토해 봄으로써도 대답될 수 있는 것들이다.

점진적 수업

1) 교사의 시범이 구체적인가?

평가자들은 프로그램에 교사가 수업 전략의 각 단계를 분명하게 시범 보일 것을 요구하는 절차들이 포함되어 있는지를 확인하기 위해 특정 기술이나 개념을 가르치기 위한 초기 수업을 조사해 봐야 한다. 일부 프로그램에서는 교사가 전략 사용 시범을 보일 것을 제안하기는 하지만 교사용 지침서에 정작 그 전략의 단계들을 명시적으로 제시하지 않아 교사가 시범을 보이기가 어려운 경우가 있음을 주목해야 한다.

2) 교사의 지원이 점진적으로 감소되는가?

점진적 수업은 학생들이 새로운 전략을 적용하기

시작할 때 일시적인 지원을 제공한다. 점진적 지원 감소는 몇 가지 형식으로 수행할 수 있다. 프로그램 중에는 학생들이 문제를 푸는 데 필요한 단계들을 밟아 나갈 수 있도록 교사가 안내할 때 사용할 수 있는 일련의 질문들을 제공하는 것들도 있다. 학생들이 능숙해지면 교사는 안내 질문 수를 점차 줄여 간다. 이와는 달리 학생들이 새로운 전략을 적용할 때 그래픽 지원을 제공할 수도 있다. 예를 들어, 학생들이 분수를 더하거나 빼기 전에 그래픽 조직자를 통해 공통분모를 찾아낼 수 있도록 도와줄 수 있다. 이 책에서 제시하는 점진적 수업을 통해 교사는 학생들이 오류를 적게 범하면서 스스로 수학 문제를 해결할 수 있도록 하는 데 필요한 지원을 제공받을 수 있을 것이다.

3) 구체적인 오류 교정 절차를 제시하는가?

교사의 시범과 신중하게 고안된 점진적 수업을 통해 학생들이 오류를 범하는 경우를 줄일 수 있지만, 수학 프로그램이라면 학생의 어떠한 형태의 오류라도 교사가 교정할 수 있도록 절차를 제시해 주어야 한다. 이러한 절차에는 교사로 하여금 안내 질문이나 그래픽 같이 이전 수업에서 제공된 것들을 다시 사용하도록 제안하는 것도 해당한다. 그런가 하면, 그냥 정답을 시범 보인 다음 질문을 다시 제시하는 방안도 있다. 가장 중요한 고려사항은 프로그램 안에 교정 절차가 구체적으로 제시되어 있느냐 하는 것이다.

평가

마지막으로, 평가 준거는 프로그램에서 권고하는 배치와 평가 절차의 질을 평가와 수업 간의 연계성 측면에서 다룬다. 평가자들은 이 부분의 질문에 답하기 위해 모든 보조 평가 자료는 물론 교사용 지침서를 검토한다. 평가자들이 먼저 학생들이 자기에게 맞는 수준의 내용을 학습할 수 있도록 하는 대안적인 배치 옵션과 함께 배치 검사가 있는지를 검토할 것을 제안한다. 그런 다음, 평가자는 프로그램 평가 결과에 근거하여 속진과 교정을 위한 권고사항들이 포함되어 있

는지를 확인한다. 마지막으로, 평가자는 프로그램의 평가와 수업이 어느 정도나 잘 맞는지 알아본다. 이 연계성은 교사가 수시로 학생들의 진전도와 내용 숙달 정도에 관한 수업 결정을 내리는 데 필수적이다.

평가와 수업 간의 연계

1) 프로그램에 배치 검사가 있는가?

프로그램 배치 검사는 각 학생을 프로그램에 배치하는 것의 적절성에 관한 중요한 정보를 제공해 준다. 배치 검사는 교사에게 학생이 프로그램의 해당 수준을 시작하는 데 필요한 배경지식과 기술을 갖고 있는지를 확인하기 위한 정보를 제공해 준다. 또한 배치 검사는 프로그램의 내용을 이미 어느 정도 숙달한 학생들에 대해서는 어느 곳에서부터 시작해야 할지에 대한 정보를 제공해 줄 수 있다.

2) 프로그램 평가에 속진과 교정을 위한 권고사항이 들어 있는가?

평가와 수업 간의 연계성과 관련된 한 가지 질문은 프로그램이 학생들의 수행 정도에 근거하여 속진할 것인가 교정할 것인가에 관한 구체적인 권고사항을 제공해 주는가다. 이상적으로는, 내용을 숙달하는 데 교사의 지원을 많이 필요로 하는 학생과 적게 필요로 하는 학생이 누구인지를 교사가 알 수 있도록 해 주어서 수업이 각 학생 수준에 맞게 개별화되는 것이다.

3) 프로그램 내의 평가가 수업과 밀접하게 연계되는가?

프로그램 내의 평가 목적이 교사가 더욱 정확한 수업 결정을 내리도록 돕는 데 있기 때문에 평가는 프로그램 내용과 일치해야 한다. 평가 문항은 이전에 가르친 내용은 물론 새로 가르친 기술과 개념도 검사해야 한다.

결론

초등학교 수학 담당 교사가 학생들을 더욱 효과적으로 가르치기 위해서는 잘 설계된 프로그램이 필요하다. 이 장에서 제시한 수학 교재 평가 틀은 교사들

이 수학 수업 프로그램을 선정하고 그 프로그램이 학
생들의 학업 성취와 관련이 있는 수업 설계 특징을 얼
마나 포함하고 있는지를 평가하는 데 도움을 줄 목적
으로 고안되었다. 이러한 수업 설계 특징 각각에 대
한 연구는 많지 않지만, 상업용으로 발간된 직접교수
수학 프로그램에 대한 연구들에 따르면 이러한 특징
들이 수학 성적을 향상시키는 데 기여한다.

　상업용으로 개발된 수학 프로그램을 분석할 신뢰
도 높고 타당한 평가 준거와 객관적인 절차를 개발하
는 데 체계적인 연구가 필수적임은 분명하다. 현재는
이러한 프로그램들을 타당하고 신뢰도 높게 평가할
도구가 없다. 여기서 제시한 수학 교재 평가 틀은 그
러한 도구에 포함될 수 있는 준거들을 대략적으로 제
시한 것이다. 이러한 도구를 개발하고자 하는 교육자
들은 이 준거들을 타당화할 필요가 있고, 객관적인 평
가 절차를 개발해야 하며, 신뢰도 또한 확보해야 한
다. 아울러, 교육자들은 현장 사람들을 고려하여 평
가 절차를 설계할 필요가 있다. 즉, 평가 도구는 소비
자들이 사용하기 쉽고 유용한 정보를 제공해 줄 수 있
어야 한다. 신뢰할 수 있고 타당한 도구가 나오기 전
까지 여기에서 제시한 평가 틀을 사용하면 상업용으
로 개발된 수학 프로그램의 질을 더욱 철저하게 검사
할 수 있을 것이다.

참고문헌

Adams, G., Engelmann, S. (1996). *Research on Direct Instruction: 25 years beyond DISTAR.* Seattle, WA: Educational Achievement Systems.

Carnine, D. (1997). Instructional design in mathematics for students with learning disabilities. *Journal of Learning Disabilities, 30,* 130-141.

Carnine, D., Jones, E. D., & Dixon, R. (1994). Mathematics: Educational tools for diverse learners. *School Psychology Review, 23,* 406-427.

Dixon, B. (1994). Research based guidelines for selecting mathematics curriculum. *Effective School Practices, 13*(2), 47-61.

Engelmann, S., & Carnine, D. (1991). *Theory of instruction: Principles and applications.* Eugene, OR: ADI Press.

Gersten, R. (2002). *Mathematics education and achievement.* Retrieved August 6, 2002, from http://www.ed.gov/ offices/OESE/esea/research/gersten/html.

Harniss, M. K., Carnine, D. W., Silbert, J., & Dixon, R. C. (2002). Effective strategies for teaching mathematics. In E. J. Kame'enui, D. W. Carnine, R. C. Dixon, D. C. Simmons, & M. C. Coyne, *Effective teaching strategies that accommodate diverse learners.* (2nd ed., pp. 121-148). Columbus, OH: Merrill/Prentice Hall.

Harniss, M. K., Stein, M., & Carnine, D. (2002). Promoting mathematics achievement. In M. R. Shinn, G. Stoner, & H. M. Walker (Eds.), *Intervention for academic and behavior problems II: Preventive and remedial approaches* (pp. 571-587). Bethesda, MD: National Association of School Psychologists.

Ma, L. (1999). *Knowing and teaching elementary mathematics.* Mahwah, NJ: Lawrence Erlbaum Associates.

National Center for Educational Statistics. (2003). *The nation's report card:* Retrieved December 1, 2003, from http://nces.ed.gov/nationsreportcard/ mathematics/

National Council of Teachers of Mathematics. (2000). *Principles and standards for school mathematics: An overview of principles and standards.* Retrieved December 1, 2003, from http://standards. nctm.org

Przychodzin, A. M., Marchand-Martella, N. E., Martella, R. C., & Azim, D. (2004). Direct Instruction mathematics programs: An overview and research summary. *Journal of Direct Instruction, 4,* 53-84.

Schmidt, W., Houang, R., & Cogan, L. (2002). A coherent curriculum: The case of mathematics. *American Educator, 26*(2), 10-26.

Snider, V. E. (2004). A comparison of spiral versus strand curriculum. *Journal of Direct Instruction, 4,* 29-39.

Stein, M., Silbert, J., & Carnine, D. (1997). *Designing*

effective mathematics instruction: A Direct Instruction approach (3rd ed.). Columbus, OH: Merrill/Prentice Hall.

Stein, M. L., Stuen, C., Carnine, D., & Long, R. M. (2001). Textbook evaluation and adoption practices. *Reading and Writing Quarterly, 17*(1), 5-23.

University of Chicago School Mathematics Project. (1995). *Third grade everyday mathematics: Teacher's manual and lesson guide.* Evanston, IL: Everyday Learning Corporation.

Wu, H. (1999). Basic skills versus conceptual understanding. *American Educator, 23*(3), 14-19, 50-52.

제**3**장

수학 교수법 관련 연구

이 장에서는 수학 교수법 관련 정보들을 네 가지 영역 ─ 쟁점과 갈등을 중심으로 한 수학 교수법의 역사, 미국 학생들의 현재 수학 성적, 수학 교수법 관련 연구 개관, 효과적인 수학 교수법의 중요한 요소에 대한 연구 ─ 으로 나누어 수학 연구라는 큰 주제를 다룬다.

수학 교수법의 역사: 쟁점과 갈등

수학 전쟁

최근 발간된 『수학적 인지(*Mathematical Cognition*)』 중의 한 장에서 Klein(2003)은 20세기 유치원에서 고등학교까지의 수학 교육 역사를 제시했다. 그 장에서 Klein은 20세기에 있던 정치적 어려움과 그로 인한 정책 변화를 연대별로 정리하여 1990년대의 '수학 전쟁'을 이해할 수 있는 맥락을 제공하였다. 논의 부분에서 Klein은 수학 전쟁을 내용과 가르치는 방법 간의 갈등으로 특징지었다. 그는 무엇을 가르칠 것인가와 어떻게 가르칠 것인가가 반드시 충돌하는 것은 아니지만, 교사가 이 둘 중 어느 것을 더 선호하느냐에 따라 어느 하나 혹은 둘 다가 영향을 받는다고 설명한다. 예를 들어, 학생 중심, 발견 중심 수학 교육방법이 내용 선택보다 선호되면 학생들이 탐색하는 동

안에 발견하거나 '구성'하는 내용은 제한적이다. 마찬가지로, 내용의 양이 이미 결정되어 있다면 그 내용을 가르치기 위한 교육방법은 가장 효율적인 것이어야 하고 다른 교수법은 배제해야 한다고 Klein은 지적한다.

수학 교수법과 관련한 오래된 갈등을 이해하기 위해서는 교사와 교육행정가들이 교육방법과 교육 내용을 구분할 수 있어야 할 뿐 아니라 서로 다른 교육방법들을 구분할 수 있어야 한다. 최근 두 가지 주요 수학 교수법은 대개 구성주의적 접근과 명시적 접근으로 불린다. 구성주의적 접근은 Piaget와 Vygotsky의 이론에 근거한 것으로서 학생 중심, 발견 중심 접근과 잘 맞는다. 명시적 수업 접근은 직접교수법에 반영되어 있는 것으로, 교사 효과성 관련 연구 문헌들에서 도출되었다.

Klein은 1980년대에 발표된 것으로 수학 전쟁에서 나중에는 정반대의 관점을 대표한 두 개의 중요한 보고서 ─ 「실천 의제(An Agenda for Action)」(National Council of Teachers of Mathematics, 1980)와 「위기에 선 국가(A Nation at Risk)」(National Commission on Excellence in Education, 1983) ─ 를 제시했다.

「실천 의제」 보고서는 수학 교수의 새로운 방향을 요구했는데, 이는 미국의 전국수학교사협의회(NCTM)

가 1989년에 발표한 교육과정과 평가 표준의 전신이었다. 「실천 의제」에서는 문제 해결 부분을 아주 많이 강조할 것을 권고했는데, 이는 공학기술(즉, 계산기와 컴퓨터)의 발달로 이제는 학생들이 어려운 문제 해결 전략을 학습하기 이전에 기본적인 계산 기술을 숙달할 필요성이 없어졌음을 시사한다. 「실천 의제」에서는 또한 더 많은 협동학습, 구체물 사용, 대안적인 수단을 사용한 학생 평가 등을 제안했다. 「위기에 선 국가」 보고서에서는 미국 학생들과 다른 선진 국가 학생들 사이의 수학과 과학 성적 차이를 좁히기 위한 1960년대와 1970년대 교육 개혁 노력이 실패했음을 지적했다. 이 보고서는 대학 수준에서의 교정적 수학교육 필요성의 증대, 유능한 수학 교사의 부족 그리고 교과서의 정밀함 부족 등을 강조했다. 두 보고서는 NCTM이 개발한 1989년 수학 교육과정, 수학 교수법, 수학 평가 표준 등의 개발에 촉매제가 되었다.

NCTM 표준

1989년 발표된 수학 표준의 타당성과 유용성에 대한 논쟁이 수학자, 수학 교육자, 학부모들 사이에서 많이 있어 왔다(수학 전쟁에 관한 보다 자세한 내용은 Klein, 2003 참조). 1989년의 수학 표준에 대한 학문적인 논쟁과 일반인의 논쟁이 있자 NCTM에서는 「학교 수학의 원리와 표준(Principles and Standards for School Mathematics: PSSM)」이라는 새로운 문서를 발표했다(NCTM, 2000). 이 보고서 작성을 위해 NCTM에서는 1989년 보고서 작성 때 의견을 듣지 않은 많은 수학 관련 기관[예, 미국수학학회(American Mathematics Society)]으로부터 의견을 수집했다. 그 결과, PSSM에서는 연산 유창성을 더욱 강조하게 되었고, 산술적 알고리즘에도 약간의 관심을 더 기울였다. 하지만 보고서상의 이러한 차이에도 불구하고 수학자와 교육 연구자들은 그러한 변화의 상대적 가치와 권고사항의 연구 타당성 부족 등에 대해 심각한 우려를 표명했다(Hofmeister, 2004).

미국 학생들의 현재 수학 성적

불행하게도, 국내외적인 수학 성적 관련 연구에 따르면, 미국 학생들은 깊은 수준의 이해 정도까지는 수학 성적을 올리지 못하고 있다. 제3 국제 수학과 과학 연구(TIMSS)는 약 42개국이 참가하여 국가 간 학생들의 수학과 과학 성적을 비교하는 가장 광범위한 연구 중 하나다(Schmidt, Houang, & Cogan, 2002). 이 국제 비교 연구에 따르면, 미국의 4학년 학생들은 상위권에 위치해 있었지만, 8학년 학생들은 중하위권, 12학년 학생들은 거의 바닥권의 성적을 보였다. 다른 어떤 나라에서도 이와 같이 수학 성적이 갈수록 급격하게 낮아지는 경우는 없었다(Loveless & Diperna, 2000).

국제학업성취도 프로그램(The Programme for International Student Achievement: PISA) 역시 32개국 15세 학생들의 읽기, 수학, 과학 실력을 국제적으로 비교하는 연구다. PISA 연구 결과도 TIMSS와 비슷하게 미국 학생들은 국제 평균 이하의 성적을 보였다(Organization for Economic Co-Operation and Development, 2004).

전국 단위 시험에서도 고학년 학생들의 성적 하락이 확인되었다. '국가 성적표(Nation's Report Card)'라 불리는 미국교육성과평가(NAEP)에서는 1970년대부터 몇몇 과목을 대상으로 4학년, 8학년, 12학년 학생들의 성적을 평가해 왔다. 최근 이 보고서(National Center for Educational Statistics, 2000, 2003)에 따르면, 전반적으로 수학 성적은 지난 30년 동안 느리기는 하지만 꾸준하게 향상되어 왔다. 다만, 이 자료에 따르면 비록 4학년 학생들은 지난 몇 년간에 걸쳐 가장 많은 향상을 보였지만, 12학년 학생들은 지난 1990년 이후 눈에 띌 만한 향상을 보이지 않고 있다(National Center for Educational Statistics, 2003).

수학 교수법 관련 연구 고찰

책무성이 점점 강화되고 있고, 잘 교육받은 국민은 곧 그 나라가 세계 경제에 더 많이 참여함을 의미하는 이 시대에, 연구에서 타당화된 '효과적인' 교수방법에 대한 요구는 더 커지고 있는 듯하다. 국립연구위원회(National Research Council)는 최근의 「학교 수학 교육 실태에 관한 보고서(National Research Council, 2001, p. 14)」에서 다섯 가지 권고사항을 제시했는데, 그중 하나가 '수학 능력의 본질, 개발, 평가'에 대해 더 많은 연구가 필요하다는 것이었다. 많은 연구자(예, Baker, Gersten, & Lee, 2002; Gersten et al., 심사 중)는 수학 전쟁을 끝내는 유일한 방법은 '무엇이 실제로 효과가 있는가(what works)'에 초점을 맞추는 것이라고 느낀다. 수학적 인지와 수학 학습에 대한 기본적인 연구, 그 연구를 실제로 효과가 큰 수업 방법으로 전환하는 것 그리고 그렇게 하는 것이 학생의 수학 성적에 어떠한 효과가 있는지를 평가하는 것을 통해 수학 교육 개혁의 기초를 다질 수 있다. 이 목적을 달성하기 위해서 이 장의 이후 절에서는 수학 수업에 관한 많은 연구 검토, 연구 종합, 계량적 연구 종합 등을 소개할 것이다. 이러한 작업은 교사들이 수학 수업을 설계하고, 평가하며 수정하는 데 지침을 제공해 줄 수 있을 것이다. 선행 연구 검토에서는 교사 효과성(teacher effectiveness), 직접교수법(direct instruction), 학업 실패 위험 학생(students at risk for academic failure), 학습장애 학생 등에 대해 언급할 것이다.

교사 효과성

'교사 효과성 연구'에서는 학급 관찰과 표준화 검사에서의 학업성취도를 사용하여 교사 행위와 학생 성적 간의 관계를 탐구한다. Rosenshine(1983)은 대부분이 상관연구인 이러한 연구들을 검토하고 나서, 아주 상호작용적이고 수업 흐름이 매끄러우며 내용을 분명하게 제시하는 수업이 학생들의 높은 학습 성공률과 관련이 있다고 결론을 내렸다. 그는 이러한 유형의 수업을 '직접교수법(direct instruction)'이라고 명명했다.

Good과 Grouws(1979)는 수학 교수법 영역에서 교사 효과성에 관한 최초의 실험 연구 중 하나를 수행했

다. 미주리 수학 효과성 프로그램(Missouri Mathematics Effectiveness Project)이라 불린 이 연구에서 연구자들은 전통적인 수업 절차를 적용한 통제 학급 학생들의 성적과 5가지의 중요한 수업 특징 — 매일 복습, 수업 개발, 개인 연습, 숙제, 특별 복습 — 적용에 관해 광범위하고 전문적인 훈련을 받은 교사가 가르친 학급 학생들의 성적을 비교하였다(이 수학 교수법에 대한 보다 자세한 내용에 대해서는 Good, Grouws, & Ebmeier, 1983 참조).

이 연구는 몇 가지 이유에서 중요하다. 첫째, 연구자들은 광범위하게 교사들의 특정 전문성을 개발하면 학업 실패 위험이 있는 학생들의 성적에 영향을 미칠 수 있음을 보여 주었다. 둘째, 연구자들은 수학 성적 향상에 기여할 가능성이 높은 특정 수업 특징들을 강조했다. 셋째, 아마도 가장 인상적인 부분일 텐데, 연구자들은 처음에 수업을 개발하는 것(수업 전략을 고안하는 것)이 대부분의 교사가 파악하기에 가장 어려운 교수 부분 중 하나라는 것을 발견하였다. 이러한 발견은 특별히 놀라운 것은 아니지만, 교사들이 적용할 수 있는 괜찮은 수업 전략을 제공해 줄 프로그램이 필요하다는 점을 잘 보여 준다.

직접교수법에 관한 연구

원래 직접교수법(direct instruction)이란 용어는 Rosenshine이 효과적인 수업을 특징짓는 용어로 사용했지만, 이 절에서 기술하고 이 책이 기반으로 삼고 있는 직접교수법(Direct Instruction: DI)은 미국 교육부 지원하에 수행된 가장 큰 규모의 연구 중 하나인 Project Follow Through 일환으로 개발된 종합적인 수업 모델이다. 이전의 직접교수법과 다른 직접교수법(DI)의 가장 핵심적인 특징은 Engelmann과 Carnine (1991)이 개발한 교수 이론에 근거하여 세심하게 설계된 교육과정을 사용한다는 점이다.

Head Start 프로그램을 연장한 Project Follow Through는 유치원에서 3학년까지의 저소득층 학생들을 가르치는 서로 다른 교수 접근들을 비교하기 위해

식대로 학생들의 진전 정도를 점검했다. 두 방법 모두 학생들의 성적 향상에 효과적이었다. 하지만 교사들에게 학생들의 성적에 대한 정보뿐만 아니라 수업 지침까지 제공했을 때의 효과가 더 컸다.

결론

결론적으로, 수학 교수법 관련의 선행 연구 수는 그리 많지 않지만 지난 30년간 수행되어 온 연구에서 몇 가지가 공통적으로 나타나고 있다. 직접교수 연구, 교사 효과성 연구, 효과적인 수학 교수법 연구들에 대한 최근의 선행 연구 검토 결과들은 발견 지향적 전략보다는 명시적 교수, 수업의 면밀한 계열화, 사전 지식의 확인과 교수, 예들의 논리적인 선정, 충분한 연습과 복습, 학생 수행 정도의 체계적인 점검이 더 효과적이라는 것을 일관성 있게 지지하고 있다.

이 장과 다른 곳에서 간략하게 요약한 연구 결과들이 효과적인 수업에 대한 올바른 정보를 제공했기를 희망한다. 이상적으로는, 상업용 교재 출판업자들이 새로운 발달적·교정적 프로그램을 개발할 때 이러한 연구 결과들을 참조하는 것이다. 교사, 교육행정가, 교육과정 전문가들 역시 학급에서 사용될 자료를 선정할 때 이러한 연구 결과를 활용해야 한다. 앞 장에서 소개한 교재 평가 틀은 많은 부분이 이 장에서 소개한 선행 연구 결과에 근거한 것이고, 교육자들이 교육과정을 선정할 때 도움을 줄 수 있다. 교사들은 자신들의 수업 자료를 평가하다 보면 그 자료들을 더 보완하고 수정해야 한다는 점을 발견하게 될 것이다. 제2부 '기술과 개념'에서 교사들은 선행 연구들에 근거한 구체적인 지침들을 찾을 수 있을 것이다. 이 지침들은 교사들이 이미 출판된 교재를 수정하고 모든 학생에게 효과적인 수학 수업을 설계하고 투입하는 데 도움을 줄 수 있을 것이다.

제**2**부

기술과 개념

제4장

수 세기

용어와 개념

묶음(set).　　구체적 혹은 추상적인 요소들의 집합

기수(cardinal number).　　묶음의 요소 혹은 개체를 나타내는 수

숫자(numeral).　　기수를 나타내는 수학적 기호

단순 수 세기(rote counting).　　차례로 숫자를 말하는 것

사물 수 세기(rational counting).　　묶음, 즉 사물에 기수를 부여하는 행동, 종종 일대일 대응이라고 부름

서수(ordinal numbers).　　첫째, 둘째, 셋째 등과 같이 위치와 관계된 수

구체물(manipulatives).　　수학 개념을 가르치는 데 흔히 쓰이는 구체적인 사물

뛰어 세기(skip counting).　　수를 차례로 셀 때 특정 차례에 오는 수마다 말하는 것. 예를 들어, 2씩 뛰어 세기는 2, 4, 6, 8, … 등과 같이 세고, 8씩 뛰어 세기는 8, 16, 24 … 등과 같이 센다.

기술 위계

수 세기 기술은 그것 자체뿐 아니라 여러 가지 문제 해결 전략에도 중요한 선수 기술이다. '수업 순서와 평가 차트'에 다음과 같은 주요 수 세기 기술의 수업 순서가 제시되어 있다. 즉, 단순 수 세기, 사물 수 세기, 특정 수부터 세기, 뛰어 세기, 서수 세기다. 수 세기 수업은 1학년 수업의 중요한 부분이고 2학년과 3학년 때까지 지속되어야 한다는 것에 주목하기 바란다.

단순 수 세기는 앞에서부터 차례로 숫자를 말하는 것이다(예, 1, 2, 3, 4, 5, 6). 1학년 학생들은 99까지 세는 법을 배운다. 2학년 때는 1에서 999까지, 그리고 3학년 때는 천 단위까지 세기를 배운다.

사물 수 세기는 특정 사물의 양을 결정하기 위해 그 사물을 짚어 가면서 수를 세어 가는 것을 말한다. 단순 수 세기는 사물 수 세기의 선수 기술이다. 학생들이 사물만 짚으며 수를 말할 수 있으려면 먼저 수를 차례로 말할 수 있어야 한다. 따라서 나중에 두 묶음 이상의 사물들을 세는 연습이 곧 초기 덧셈의 선수 기술이 된다.

중간에서부터 세기는 덧셈의 선수 기술 중 하나다. 중간부터 수 세기 과제에서 학생들은 1이 아닌 다른 수부터 세기 시작한다. 예를 들어, 6부터 세어서 7, 8, 9와 같은 방법으로 수를 센다. 6 + 3과 같은 초기 덧셈 문제의 경우 학생에게 6을 길게 센 다음 다음 수를 세도록 가르친다(육~, 칠, 팔, 구).

뛰어 세기는 처음 시작하는 수의 배수를 말하며 수를 세는 것이다. 예를 들어, 5씩 뛰어 세기는 5, 10,

〈표 4-1〉 수업 순서와 평가 차트

학년 단계	문제 유형	수행 지표
K-1	1에서 20까지 수 세기	구술평가: 학생에게 20까지 세어 보게 한다.
K-1	선 묶음 세기	4개의 선을 긋고 선이 모두 몇 개인지 물어본다. 7개 선, 5개 선으로 다시 평가한다.
K-1	두 개의 선 묶음 세기	두 개의 선 묶음(ⅠⅠⅠⅠⅠ ⅠⅠⅠⅠ)을 주고 학생에게 모두 몇 개인지 세어 보게 한다.
K-1	1이 아닌 수부터 수 세기	구술평가: 6, 11, 8부터 각각 세어 보게 한다.
K-1	1에서 30까지 수 세기	구술평가: 학생에게 30까지 세어 보게 한다.
K-1	1에서 10까지 서수로 세기	구술평가: 칠판에 10개의 선을 그리고 세 번째와 일곱 번째 선을 짚도록 한다.
K-1	10에서 100까지 10씩 뛰어 세기	구술평가: 10에서 100까지 10씩 뛰어 세게 한다.
K-1	10부터 0까지 거꾸로 세기	구술평가: 10에서 0까지 거꾸로 세어 보게 한다.
K-1	1에서 100까지 세기	빈칸에 주어진 수 다음에 오는 수를 쓰시오.* 26, ___, ___, 29, ___ 46, ___, ___, 49, ___
K-1	2, 5, 100씩 뛰어 세기	빈칸에 주어진 수 다음에 오는 수를 쓰시오.* 2, 4, 6, ___, ___, ___, ___ 5, 10, 15, ___, ___, ___, ___ 100, 200, 300, ___, ___, ___, ___, ___, ___, ___, ___
2a	100에서 999까지 수 세기	빈칸에 주어진 수 다음에 오는 수를 쓰시오.* 349 ___ 299 ___ 599 ___ 699 ___ 499 ___ 704 ___ 889 ___ 509 ___
2b	뛰어 세기	빈칸에 알맞은 수를 쓰시오.* 9, 18, 27, ___, ___, ___, ___, ___, ___, ___ 4, 8, 12, ___, ___, ___, ___, ___, ___, ___ 3, 6, 9, ___, ___, ___, ___, ___, ___, ___ 8, 16, 24, ___, ___, ___, ___, ___, ___, ___ 7, 14, 21, ___, ___, ___, ___, ___, ___, ___ 6, 12, 18, ___, ___, ___, ___, ___, ___, ___
3	1,000에서 9,999까지 수 세기	빈칸에 주어진 수 다음에 오는 수를 쓰시오.* 3,101 ___ 2,529 ___ 5,499 ___ 7,308 ___ 3,999 ___ 7,999 ___
4	10,000에서 999,999까지 수 세기	빈칸에 주어진 수 다음에 오는 수를 쓰시오(위와 비슷한 문제 제시).*

* 만약 학생들이 수를 제대로 쓰지 못하면 교사는 구술평가로 학생들의 수행을 확인해야 한다.

15, 20, 25, 30 등과 같이 센다. 되도록 10씩 뛰어 세기를 먼저 가르치는 것이 나중에 보다 큰 수 세기를 가르치기에 유리하다. 뛰어 세기를 통해 학생들은 30 다음에 40이 온다는 것을 배운다. 따라서 39 다음에 40이 온다는 것을 더욱 쉽게 학습할 수 있다. 마찬가지로, 49 다음에 50, 59 다음에 60이 온다는 것도 쉽게 배울 수 있다.

10씩 뛰어 세기는 학생들이 30까지 셀 수 있을 때 가르친다. 5와 2씩 뛰어 세기는 1학년 말쯤 가르친다. 다른 수의 뛰어 세기는 2학년과 3학년 때 가르친다. 저학년 때 뛰어 세기를 배우면 이후에 기본적인 곱셈문제 해결에 많은 도움이 된다. 예를 들어, 2×3 은 2씩 세 번 뛰어 세기 한 것과 같은 6이 된다(제9장 '곱셈' 참조).

서수 세기(위치와 관련된 수 세기)는 학생들이 사물 수 세기를 완전히 습득했을 때 소개한다. 서수 세기를 가르치는 것은 이 수 세기가 일상생활에서 흔히 쓰이기 때문이다. 교사는 지시를 내릴 때, 예컨대 "세 번째 문제를 짚으세요."처럼 서수를 사용하는 경우가 종종 있다.

개념 소개

이 절에서는 주요 수 세기 기술을 가르치는 절차를 소개한다. 앞서 제시한 '수업 순서와 평가 차트'에는 각 수 세기 기술이 소개 순서에 따라 제시되어 있다. 먼저 30까지 단순 수 세기 지도 절차에 대해서 논한다. 다음에, 사물 수 세기를 논한다. 사물 수 세기는 학생들이 10까지 수를 셀 수 있을 때 소개한다. 따라서 매 차시는 단순 수 세기와 사물 수 세기 모두를 포함하게 될 것이다. 학생들이 한 묶음 안의 사물 개수를 세는 법을 배우고 나면 두 묶음 안의 수를 세어 모두 몇 개인지를 알아내게 한다. 그런 다음, 1이 아닌 수부터 수 세기, 서수 세기, 30에서 100까지 세기, 거꾸로 세기, 100에서 999까지 세기, 뛰어 세기 순서로 논한다.

사물 수 세기를 가르치는 초반에는 사물의 그림을 사용하는 것이 가장 효율적이다. 학급 내에서 학생들이 그림을 만지고 세는 활동을 한다면, 교사는 학생들의 수행 정도를 더 잘 점검할 수 있다. 학생들이 사물의 그림을 아주 잘 셀 수 있게 되면 곧바로 다른 유형의 구체물에도 이 수 세기 기술을 적용할 수 있게 된다. 많은 저성취 학생은 처음에 사물의 그림을 세는 법을 배움으로써 구체물 세는 것을 더 쉽게 학습한다.

30까지 단순 수 세기

수 세기 수업 첫날에는 학생들이 실수 없이 얼마까지 셀 수 있는지를 검사한다. 검사는 학생을 개별적으로 불러 셀 수 있는 데까지 세어 보게 하는 방식으로 진행한다. 각 학생이 센 가장 높은 수를 기록한다. 전체 학생 집단의 평균 수행 정도가 곧 새로 가르쳐야 할 수를 결정하는 기준이 된다. 어느 학생이든 가장 적게 센 수를 기록하고 수 세기 순서에 그 수 다음 두세 개의 수를 포함시킨다. 만약 어떤 학생이 사전 검사에서 11까지 세었다면 가르칠 수는 11, 12, 13이 된다(제대로 센 수 중 가장 높은 수는 11이고, 그다음 두 수는 각각 12, 13이다). 교사는 학생들을 매 수업 초기에 검사하여 어떤 수부터 가르쳐야 할 것인가를 결정해야 한다. 만약 학생이 제대로 수를 세면 서너 개의 새로운 수를 소개한다. 만약 학생이 오류를 범하면 이전에 가르친 수를 다시 가르친다.

새로운 수를 소개하는 형식이 〈수업 형식 4-1〉에 제시되어 있다. 교사는 먼저 이전에 가르친 수(1~10)에 대해 학생을 검사한다. 그런 다음, 1에서 13까지 수 세는 것을 시범 보인 후 새로운 수 부분인 11, 12, 13을 세는 부분만 시범을 보인다(〈수업 형식 4-1〉의 단계 2). 단계 3에서는 학생이 새로운 수들을 세도록 안내한다. 시범과 안내 단계에서 새로운 수를 소개할 때는(단계 2와 3에서) 그 부분을 큰 목소리로 말하여 강조함으로써 학생들이 정확하게 들을 수 있도록 해야 한다. 학생들이 새로운 수들을 혼자서도 제대로 세는 것 같으면 다시 검사한 다음(단계 4) 1에서 새로 배운

〈요약 4-1〉단순 수 세기: 수 세기에 새로운 수 소개하기

---

1. 이전에 가르친 수 세기 검사
2. 새로운 부분을 강조하면서 차례로 수 세는 것 시범 보이기
3. 학생이 세 번 연속하여 새로운 부분을 정확히 셀 수 있을 때까지 가르치고 검사
4. 어느 수까지 세어야 할지 말해 줌
5. 처음부터 새로 소개한 수까지 학생들이 세는지 검사
6. 하루 종일 새로운 수 부분을 되도록 자주 연습시킴

수까지 모두 다시 세어 보게 한다(단계 5). 학생들은 정확하게 셀 수 있을 때까지 여러 번 반복하여 수 세기를 해야 한다. 학생들이 정확하게 수를 셀 수 있을 때까지 충분한 연습 기회를 제공하는 것은 수 세기 기술을 유지시키는 데 중요하다. 교사는 각 학생에 대해 혼자 수 세기를 해 보도록 시켜 보는 것을 잊지 말아야 한다. 마지막으로, 학생들이 수 세기를 완전히 습득했는지 지연 검사를 실시한다. 〈요약 4-1〉에는 수 세기 수업 형식의 중요한 단계가 제시되어 있다.

종종 학생들이 생동감 있게 수 세기를 하는 연습 기회를 제공해야 한다. 이를 위해서는 시범-안내-검사 형식을 적용하여 학생들이 얼마나 빠르게 수 세기를 해야 하는지를 먼저 시범 보인다. 생동감 있는 수 세기를 통해 학생들은 수 순서에 주의를 기울이고 수 순서에 대한 학습을 더 잘할 수 있다. 처음에는 1초에 한 개의 수를 세는 정도의 속도를 유지하도록 한다. 이후 학생들이 더욱 수 세기에 능숙해지면 1.5초에 2개 수를 셀 수 있도록 한다.

저성취 학생은 생동감 있게 수를 세는 것이 어렵고 많은 연습을 필요로 한다. 어떤 학생은 새로운 수를 포함하여 수를 정확하게 셀 수 있게 되기까지 15~20번의 연습을 필요로 할 수 있다. 만약 첫 주 수업에서 충분한 반복 연습 기회를 제공하면 학생들은 이후 주에도 연습할 시간을 가질 수 있을 것이라고 생각할 것이다. 학생들이 익숙한 수를 생동감 있게 셀 수 있을 때 새로운 수를 소개한다.

수 세기 과제를 제시할 때는 학생에게 적절하지 않은 단서를 주지 않도록 조심해야 한다. 예를 들어, 일부 교사는 학생이 혼자 수를 세어야 할 때(단계 4와 5) 소리를 내지는 않지만 수를 따라 세는 경향이 있다. 어떤 경우에는 입술만 움직여서 수를 세기도 한다. 하지만 이러한 행동은 학생에게 다음 수가 무엇이라는 단서를 주기 때문에 스스로 수를 세어 나가도록 하는 데 방해가 된다. 전체 수업에서는 별 문제가 없었지만 개별적으로 시켜 보면 잘 세지 못하는 학생이 있다면 전체 수업 중에 별도의 도움을 제공해야 한다.

또한 학생의 오류를 교정할 때에도 신중해야 한다. 만약 학생이 멈춰야 할 수에서 멈추지 못하면 교사는 마지막 수를 강조하면서 정반응을 시범 보인다. "1에서 6까지, 6까지 세어 볼게요. 1, 2, 3, 4, 5, 6. 지금 6까지 세어 봤어요." 만약 학생이 어떤 수를 빼먹고 세면(1, 2, 3, 4, 6) 즉시 중단시키고, 빼먹은 수의 앞 두 숫자를 포함하여 4개의 숫자를 말하며 시범을 보여야 한다(3, 4, 5, 6). 그런 다음, 빼먹은 부분을 학생과 같이 세고, 그 부분을 검사하고, 다시 처음 수부터 세어 보도록 한다.

이와 같이 오류 교정을 할 때는 아주 신중해야 한다. 만약 수 세기 오류를 적절하게 교정하지 않으면 학생은 아주 혼란스러워할 것이다. 교사가 범하지 말아야 할 실수는 학생이 오류를 이미 범한 후에 빼먹은 수를 지적하는 것이다. 예를 들어, 학생이 "1, 2, 3, 4, 6."이라고 한 후 교사가 "5."라고 하면, 학생은 "1, 2, 3, 4, 6, 5."라고 듣게 되는 셈이다. 학생이 오류를 범한 순간 "그만!"이라고 외친 후 해당 부분 전체를 시범 보임으로써 이러한 실수를 피할 수 있다. 학생이 연속해서 세 번 완전하게 수를 셀 수 있을 때까지

단순 수 세기 연습을 계속 시켜야 한다. 어떤 학생들은 정확하게 수를 세기까지 여러 번의 실수를 범할 수 있다. 충분한 연습 기회를 제공하지 않으면 학생들은 다음 날 정확하게 수를 세지 못할 가능성이 있다.

저성취 학생은 단순 수 세기를 완전히 학습하는 데 더 많은 연습을 필요로 한다. 수 세기를 하면서 학생이 좌절하지 않도록 하는 한 가지 방법은 한 번에 2~3분 동안만 단순 수 세기 과제를 수행하도록 하되, 수업 차시당 여러 번 과제를 제시하는 것이다. 분산하여 수 세기 연습을 하는 것이 한 번에 10~15분 동안 연습하는 것보다 낫다. 수 세기 과제가 너무 혹독하면 학생은 해 보려 하지 않고 과제가 끝날 때까지 아무렇게나 대답할 것이기 때문이다. 또한 수 세기 연습은 수학 연산에 할당된 수업 시간에만 이루어져서도 안 된다. 수 세기 연습은 쉬는 시간을 갖기 위해 줄을 섰을 때도, 점심 먹으러 가기 직전에도, 아침 운동 시간에도, 혹은 수업 종료 직전 5분 동안에도 실시할 수 있다. 매일 이러한 조각 시간을 이용한 연습을 통해 학생들은 새로 배운 수를 더 잘 기억할 수 있을 것이다. 마지막으로, 교사는 수 세기가 재미 있는 것이 되도록 다루어야 한다. 이렇게 하는 한 가지 방법은 수 세기 연습에 게임 활동을 집어넣는 것이다. 예를 들면, 한 번은 손을 무릎 위에 놓고 세게 하고, 또 한 번은 손을 머리 위에 놓고 수를 세게 한다.

사물 수 세기: 한 묶음 안의 사물 수 세기

사물 수 세기는 사물을 짚어 가면서 하나씩 수를 세어가는 것을 말한다. 앞에서도 언급했듯이, 효율성 측면에서 처음에는 그림을 이용하여 사물 수 세기를 가르칠 것을 권고한다. 사물 수 세기의 사전 기술은 단순 수 세기다. 사물 수 세기 첫 연습은 학생들이 1에서 10까지 단순 수 세기를 할 수 있을 때 시작한다. 사물 수 세기를 처음 할 때는 그림이나 선을 하나씩 짚어 가면서 그에 해당하는 수를 차례로 말해 가며 수를 센다.

수업의 형식(《수업 형식 4-2》 참조)은 두 부분으로 구성되어 있다. Part A에서는 교사가 선을 짚을 때 학생에게 그 선의 수를 세게 한 다음, 몇 까지 세었는지 물어본다. 선을 짚을 때 교사는 매우 분명한 신호를 사용해야 한다. Part B에서 학생은 학습지에 있는 사물의 그림을 보고 그 수를 센다. 그림들은 서로 간에 1.3cm 정도 떨어지게 배치해서 학생들이 그림들을 짚으며 수를 셀 때 혼동을 느끼지 않도록 해야 한다. 주목할 것은 학생들이 첫 번째 그림을 짚으면서 시작하는 것이 아니라 세고자 하는 그림을 가리키는 것으로 과제를 시작한다는 점이다. 교사는 "준비."라고 말하며 신호를 주고 손뼉을 친다. 학생이 먼저 그림을 짚으면 손뼉을 칠 때는 두 번째 그림을 짚을 가능성이 있다. 교사는 손뼉을 1~1.5초 간격으로 친다. 너무 빨리 손뼉을 쳐서 학생들이 잘못 따라오는 일이 없도록 해야 한다. 박자를 일정하게 예측 가능하게 유지해서 학생들이 불필요한 오류를 범하지 않도록 해야 한다.

이 수업 형식에서는 학생들의 수행 정도를 점검하는 것이 특히 중요하다. 사물을 짚으면서 그에 맞게 수를 세는 것이 핵심적인 행동이기 때문에 학생들이 수를 세는 것을 듣는 것만으로는 충분하지 않다. 사물 수 세기 기술을 처음 가르칠 때 교사는 모든 학생이 사물을 짚으면서 수를 셀 수 있을 때까지 반복해서 가르쳐야 한다. 사물 수 세기 과제를 어떻게 시작하는지 첫 부분을 점검하는 것 역시 중요하다. 만약 학생들이 첫 사물부터 시작하지 않으면 곧 오류를 범하게 될 것이다. Part B의 1단계에서 교사가 수 세기는 왼쪽이나 오른쪽 어느 쪽에서도 시작할 수 있다는 점을 시범 보이고 있음을 주목하기 바란다. 하지만 학생 수행 점검을 원활히 하기 위해서는 학생들로 하여금 언제나 왼쪽부터 오른쪽으로 세도록 해야 한다.

학생들은 수를 세는 것과 사물을 짚는 것을 맞추지 못하거나 단순 수 세기에서 오류를 보일 수 있다. 만약 수 세기와 사물 짚는 것을 맞추지 못하면, 즉 사물의 그림을 짚기 전에 수를 말하면 반드시 사물을 짚을 때만 수를 세도록 말한다. 그런 다음 "첫 번째 사물로 되돌아가서 가리키세요."라고 말하면서 과제를 다시 해 보도록 한다. 학생이 확실히 사물을 짚는지 확인한 후 과제를 다시 수행하도록 한다. 초기 수 세기 수업에서의 모든 오류 교정 절차처럼 일단 오류가 발생하면 학생은 여러 번 연속해서 정반응을 보일 때까지 그 과제를 반복해야 한다. 만약 학생이 사물을 짚는 것과 수 세기를 맞추는 데 어려움을 겪으면 박자를 2초에 한 번 정도로 늦추면서 학생의 손을 잡고 같이 세면서 검지를 사물에서 떼도록 안내한다. 학생으로 하여금 혼자서 사물을 세면서 수를 세어 보도록 검사하기 전에 적어도 세 번 이상 이 절차를 반복할 필요가 있을 것이다.

만약 학생이 단순 수 세기 오류를 많이 범하면(예, 1, 2, 3, 5, 6) 사물 수 세기 소개를 늦추고 단순 수 세기 연습을 추가해야 한다. 학습지를 이용한 사물 수 세기는 몇 주 동안 매일 실시해야 한다. 일단 학생들이 선이나 그림을 빠르고 정확하게 셀 수 있게 되면 구체물을 주어 세어 보게 한다. 처음에는 사물을 가로로 나열하는데, 이렇게 하면 수를 세는 것이 훨씬 쉽다. 가로 방향으로 사물을 세는 것은 가로 방향으로 그림을 세는 것과 같다. 일단 가로 방향으로 사물을 셀 수 있게 되면 이번에는 사물을 아무렇게나 나열한다. 교사는 필요하다면 무작위로 놓인 사물을 세는 것을 시범 보이고, 안내하고, 검사한다.

사물 수 세기: 두 묶음 안의 사물 수 세기

두 묶음의 선의 개수를 세는 활동은 학생들이 한 묶음 안의 6~8개의 선을 셀 수 있을 때 소개한다. 두 묶음 안의 사물 수 세기 수업에서는 학생들에게 '모든'이라는 단어의 기능을 가르치고, 덧셈을 할 수 있는 준비를 시킨다. 학생들이 처음으로 더할 때 두 묶음 안의 모든 선의 개수를 센다. 〈수업 형식 4-3〉에는 두 묶음 안의 사물 수 세기 지도 방법이 제시되어 있다. Part A에서 교사는 칠판에 두 개의 묶음을 그리고 학생들에게 첫 번째 묶음, 두 번째 묶음, 모든 묶음의 선의 개수를 세도록 한다. Part B는 두 묶음 안의 사물들의 개수를 세는 활동들로 구성된 학습지 연습이다.

Part A에서 학생들이 범할 수 있는 오류는 묶음 안의 선의 개수를 모두 세라고 했을 때 발생한다. 첫 묶음 안의 선의 개수를 센 다음 두 번째 묶음 안의 선의 개수를 셀 때 이어서 세지 않고 다시 "일."이라고 말할 가능성이 있다. 이 오류를 교정하기 위해서는 그 단계를 시범 보이고 검사한다. 그런 다음 단계 2를 반복한다. 예를 들어, 학생이 |||| ||와 같은 선을 1, 2, 3, 4, 1, 2라고 센다면 "모든 선의 개수를 셀 때는 계속 이어서 수를 말합니다. 잘 보세요. 1, 2, 3, 4, 5, 6." 그리고 나서 학생이 모든 선의 개수를 세는 것을 검사한다. 그런 다음 이 단계를 반복한다. 학생들은 첫 번째 묶음 안의 선의 수를 세고, 두 번째 묶음 안의 선의 개수를 센 다음, 모든 선의 개수를 센다. 그런 다음에는 처음에 오류가 발생한 과제에 대해 지연 검사를 실시한다.

구체물로의 확장

일단 학생들이 사물의 그림 묶음을 잘 셀 수 있게 되면 구체물을 세거나 교실 안의 사물 세는 연습을 많이 제시할 수 있다. 예를 들어, 교실 안의 창문 수를 센다거나 각 모둠의 학생 수, 상자 안의 연필 개수 등을 교사가 가르치거나 짚을 때 셀 수 있다. 둘씩 짝을 지어 한 학생이 물건을 떨어뜨리거나 용기 안에 넣을 때 다른 학생이 셀 수도 있다. 역할을 바꾸어 한 학생이 넣은 물건을 꺼낼 때 다른 학생이 이를 셀 수 있다. 동일한 사물들을 세고, 위치를 바꾼 다음 다시 센다거나 흩어져 있는 사물을 셀 수도 있다.

일단 학생들이 두 묶음 안의 사물 개수를 능숙하게 세면 짝을 이루어 서로 다른 색의 사물을 세어 보게 하거나 나중에 응용 문제를 풀 수 있도록 준비시키기 위해 교사가 질문을 할 수도 있다. 예를 들어, 세 명의 여학생과 다섯 명의 남학생을 교실 앞에 정렬시키고 "여학생이 몇 명이지?" "남학생은 몇 명이지?" "이제 모든 학생의 수를 세어 봅시다. 학생 수가 모두 몇 명이지?" 등과 같이 물어본다.

1이 아닌 수부터 수 세기

1 이외의 수부터 수 세기는 단순 수 세기부터 높은 수까지 수 세기를 가르칠 때 시간을 절약해 준다. 예를 들어, 38, 39, 40 등을 세도록 가르칠 때 1부터 40까지 세도록 가르치기보다는 36부터 세도록(36, 37, 38, 39, 40) 시범을 보인다. 만약 학생들이 1 이외의 수부터 시작할 수 있다면 교사는 일련의 수 가운데 당장 가르쳐야 할 부분에 초점을 맞출 수 있다. 중간부터 수 세기를 가르쳐야 하는 두 번째 이유는 이 기술이 초기 덧셈 전략의 한 요소 기술이 되기 때문이다. 4 + 3 = □와 같은 문제는 먼저 4를 말한 다음 두 번째 묶음의 각 선의 개수를 세면서(5, 6, 7) 풀도록 한다.

〈수업 형식 4-4〉는 1이 아닌 수부터 수를 세는 법을 어떻게 가르칠 수 있는지 제시하고 있다. 이 수업 형식은 학생들이 단순 수 세기를 15까지 할 수 있을 때 소개한다. 수업 형식은 두 부분으로 구성되어 있다. 첫 번째 단계에서는 학생에게 '숫자 길게 말하기(get it going)'라는 말의 의미를 가르친다(교사가 '준비'라고 하면 학생들은 교사가 신호를 주는 동안 내내 지시된 숫자를 말한다. 예, 4는 사~라고 한다). 이 단계에서 주는 신호는 단순 수 세기 과제 때 주는 신호와 아주 다르다. 오랫동안 학생들이 숫자를 말하도록 하기 위해 교사는 자신의 손을 양쪽으로 왔다갔다 움직인다. 학생들은 교사가 (손을 들어) 신호를 주기 시작하면 특정 숫자를 길게 말하기 시작했다가 교사가 (손을 내려) 신호 주기를 중단하면 숫자 말하기를 멈춘다. 이러한 준비 신호의 목적은 학생들이 합창으로 잘 대답할 수 있게 하기 위함이다.

교사는 Part B를 제시할 때마다 적어도 세 개의 예를 함께 제시해야 한다. 처음에 드는 예들은 모두 10 이하여야 한다. 학생들이 제시된 예들을 모두 정확하게 셀 수 있을 때까지 연습을 반복한다. 이렇게 하면 학생들이 나중에 다른 숫자에 일반화할 가능성이 높아진다. 주어진 모든 예에 정확하게 반응해야 한다는 것은 만약 학생이 어느 한 예에 대해 오류를 범하면 여러 번을 연속해서 정확하게 셀 수 있을 때까지 해당 예들을 모두 반복해서 가르쳐야 한다는 것을 의미한다. 학생들이 모든 예를 셀 수 있게 되려면 여러 번의 반복이 필요할 것이다. 그렇지만 처음에 높은 숙달 기준을 달성하면 이후 예들을 셀 때 필요한 연습의 양은 점차 줄어들 것이다.

일부 학생은 중간부터 셀 때 오류를 범할 수 있다(예, 사~, 1, 2, 3, 4). 이럴 경우 첫 숫자를 강조하면서 시범을 보이고, 여러 번 안내해서 교정을 하도록 한다. 만약 학생이 계속해서 오류를 범하면, 1부터 세고자 하는 중간 숫자까지 재빨리 세도록 하는 절차를 소개하고 나서 학생으로 하여금 그 중간 수 다음 숫자를 말하도록 신호를 준다. 예를 들어, 다음과 같이 말한다. "내가 먼저 세다가 신호를 줄 테니 그때 나와 같이 세어 보아요. 1, 2, 3(신호), 사~, 5, 6, 7, 8, 9." 학생과 여러 번 같이 숫자를 세다가 학생들이 잘 알고 있는지 검사한다. 여러 번 연속해서 제대로 반응하는 학생들은 1부터 시작하는 단서를 더 이상 필요로 하지 않는다.

서수 세기

서수 세기는 첫 번째, 두 번째, 세 번째, 네 번째, 다섯 번째, 여섯 번째 등과 같이 상대적인 위치와 관련해서 수를 세는 것이다. 서수 세기는 1에서 15까지 수 세기를 할 수 있을 때, 그리고 묶음 안의 수를 기수로 나타낼 수 있을 때 소개한다. 서수를 소개할 때도 시범-안내-검사 절차를 적용한다. 달리기에 학생들을 참여시키면서 서수를 소개할 수 있다. 달리기 후에 교사는 각자의 등수를 얘기한다. "누가 1등이지? 누가 2등이지?" 그런 다음 서수 세는 시범을 보이고 학생들을 검사한다.

30부터 100까지 수 세기

30부터 100까지 수 세기 절차는 각 십의 자리 간 관계를 보여 주어야 한다. 다시 말하면, 각 십의 자리는 일의 자리가 0, 1, 2, 3, 4, 5, 6, 7, 8, 9 순서로 반복된다. 예를 들어, 40대의 수는 40, 41, 42, 43, 44, 45, 46, 47, 48, 49와 같이 센다. 큰 수를 셀 때는 1이 아닌 수부터 수 세기(예, 5부터 시작하여 6, 7, 8)와 10씩 뛰어 세기(10, 20, 30, 40, 50, 60, 70, 80, 90, 100)의 두 가지 사전 기술이 필요한데 이 장의 후반부에서 논의한다.

30부터 100까지 수 세기 수업 형식은 초기 수 세기에서 새로운 수를 소개하는 다음의 수정을 제외하고는 〈수업 형식 4-1〉과 비슷하다. 첫째, 십의 자리에서 새로운 숫자로 시작하되 일의 자리는 7부터 시작하여 다음 십 단위 수의 2까지 센다(예, 27, 28, 29, 30, 31, 32, 혹은 47, 48, 49, 50, 51, 52). 너무 높은 수(예, 8이나 9)에서 시작하면 학생에게는 다음 십의 자리로 넘어갈 시간이 너무 짧다. 그렇다고 너무 낮은 수부터 시작하면(예, 21, 22) 시간이 너무 많이 걸린다. 둘째, 1부터 수 세기를 검사하기보다는 새로 배울 수보다 10~20 정도 작은 수부터 세도록 한다.

첫 번째 수 세기 연습은 30대의 수부터 40대의 수까지 세는 것을 가르치는 것으로 해야 한다. 40대의 수부터 더 높은 십 단위 수를 세는 것은 며칠이 지난 후 혹은 학생이 낮은 십 단위 수를 완전히 습득할 때마다 소개해야 한다. 새로운 십 단위 수 세는 것을 2일 정도 연습한 후에는 일반화 능력을 향상시키기 위해 예를 매일 수정한다. 예를 들면, 하루는 27에서 42까지 세고, 다음 날에는 25에서 47까지 세고, 그다음 날에는 27에서 49까지 센다.

거꾸로 수 세기

50까지 수를 셀 수 있으면 거꾸로 세기를 소개한다. 거꾸로 세기는 몇몇 뺄셈 전략에 중요한 선수 기술이다. 처음에는 5부터 거꾸로 세는 법을 배운다. 그 후 시작하는 수를 20까지 단계적으로 높여 간다. 처음 활동으로 교사는 칠판에 0부터 5까지 표시된 다음과 같은 수직선을 그린다.

수직선 위의 숫자를 짚어 가면서 거꾸로 세기를 시범 보이고, 안내하고, 검사한다. 그런 다음 수직선 위의 숫자를 한 번에 하나씩 지워 가면서 그때마다 학생들로 하여금 5부터 거꾸로 세게 한다. 이상적으로는 하루 종일 지연 검사를 실시하는 것이다. 만약 학생이 다음 날 시각적 단서 없이도 거꾸로 셀 수 있으면 2~3개씩의 새로운 숫자를 더해 간다.

100에서 999까지 수 세기

보통 2학년 때 100부터 999까지 수 세는 것을 배운다. 먼저 100부터 1,000까지 백씩 뛰어 세기를 가르친다. 100씩 뛰어 세기는 2~3일 정도만 필요할 만큼 학생들이 학습하기에 아주 쉽다. 학생들이 1에서 99까지 세고 100에서 1,000까지 100씩 셀 수 있으면 100의 자릿수를 1씩 세는 법을 소개할 수 있다. 이때는 3단계 절차를 사용한다. 첫 단계에서 학생들로 하여금 같은 백의 자리 내에서 같은 십대의 수를 세게 한다(예, 350~359). 매일 4~5개의 백 단위 수 목록을 시범-안내-검사 절차를 사용하여 가르친다. 학생들이 완전히 습득할 때까지 다음과 같은 예들을 매일 제시한다.

350, 351, 352, 353, 354, 355, 356, 357, 358, 359
720, 721, 722, 723, 724, 725, 726, 727, 728, 729
440, 441, 442, 443, 444, 445, 446, 447, 448, 449
860, 861, 862, 863, 864, 865, 866, 867, 868, 869

두 번째 단계의 목표는 하나의 십대의 수에서 다른 십대의 수로 전환하는 것이다(예, 325~335). 수 세기 과제 예는 일의 자리를 5부터 시작하여 다음 십 단위 수 일의 자리 숫자가 5가 되는 수까지 포함하도록 구성해야 한다. 다음에 제시된 예와 비슷한 수들을 학생들이 완전히 습득할 때까지 매일 연습시킨다. 저성취 학생들은 2~3주의 연습을 더 필요로 할 수 있다.

325, 326, 327, 328, 329, 330, 331, 332, 333, 334, 335
785, 786, 787, 788, 789, 790, 791, 792, 793, 794, 795
435, 436, 437, 438, 439, 440, 441, 442, 443, 444, 445
115, 116, 117, 118, 119, 120, 121, 122, 123, 124, 125

세 번째 단계는 하나의 백대의 수에서 다음 백대의 수로 전환하는 것에 초점을 맞춘다(예, 495~505). 수 세기 과제 예는 일의 자리를 5부터 시작하여 다음 백 단위 수 일의 자리가 5로 끝나도록 구성해야 한다. 매일 연습할 수 있는 예는 다음과 같다.

495, 496, 497, 498, 499, 500, 501, 502, 503, 504, 505
295, 296, 297, 298, 299, 300, 301, 302, 303, 304, 305
795, 796, 797, 798, 799, 800, 801, 802, 803, 804, 805
595, 596, 597, 598, 599, 600, 601, 602, 603, 604, 605

복습을 위해서는 10개의 줄이 쳐진 학습지를 만들어 각 줄의 첫 부분에 교사가 수를 미리 써 주고 그다음 수 10개를 학생들이 채우도록 하는 방법이 있다. 이러한 활동에 필요한 수를 선택할 때는 학생들이 제대로 받아 쓸 수 있는 수만 포함시키도록 주의를 기울인다.

뛰어 세기

뛰어 세기는 어떤 수의 배씩 뛰어 세는 것을 말한다. 5씩 뛰어 세기는 '5, 10, 15, 20, 25, 30, 35, 40, 45, 50' 등과 같이 센다. 8씩 뛰어 세기는 '8, 16, 24, 32, 40, 48, 56, 64, 72, 80' 등과 같이 센다. 이 책에서는 뛰어 세기를 몇씩 건너세기(count-by series)라고 칭할 것이다. 2, 3, 4, 5, 6, 7, 8, 9, 10과 같은 수들을 가지고 뛰어 세기를 하는 것은 기본적인 곱셈과 나눗셈 연산을 암기하는 데 중요한 선수 기술이다. 학생들은 (5를 제외하고) 이들 각 수에 대해서 10번까지 뛰어 세기를 할 수 있어야 한다. 예를 들어, 2에서 20, 3에서

30, 4에서 40, 6에서 60까지 등과 같이 말이다. 5에 대해서는 60까지 뛰어세는 법을 배워야 한다. 시간을 말하는 데 이 기술이 필요하기 때문이다. 또한 돈 세는 것의 선수 기술로서 25에서 100까지 뛰어세는 것을 가르칠 필요도 있다(미국에는 25센트짜리 동전이 있다. 이것이 4개면 1달러가 된다. 역자 주).

첫 번째로 가르쳐야 할 것은 10씩 뛰어 세기다. 이 기술은 1에서 100까지 단순 수 세기를 하는 데 필요한 선수 기술이기 때문이다. 10씩 뛰어 세기는 학생들이 1에서 30까지 단순 수 세기를 할 수 있을 때 소개하는데, 이때는 대략 초등학교 1학년이 몇 달 지난 후가 된다. 그다음에 가르칠 것은 2씩 뛰어 세기인데 10씩 뛰어 세기를 가르치고 몇 주가 지난 후에 가르친다. 이후 숫자들은 이전에 배운 뛰어 세기를 학생들이 빠르고 정확하게 할 수 있을 때 소개한다. 대개 8초 안에 어떤 수의 뛰어 세기를 뒤로 10개 이상 말할 수 있으면 유창하다고 말할 수 있다.

뛰어 세기는 다음과 같은 순서로 누가적으로 가르치는 것이 좋다. 10, 2, 5, 9, 4, 25, 3, 8, 7, 6. 이러한 순서는 같은 수를 많이 포함하고 있는 뛰어 세기끼리는 서로 떨어지도록 짠 것이다. 예를 들어, 4씩 뛰어 세기 안에 있는 수의 상당수가 8씩 뛰어 세기 안에도 포함되어 있다(4, 8, 12, 16, 20, 24). 따라서 4씩 뛰어 세기와 8씩 뛰어 세기는 최소한 다른 두 개의 수를 사이에 두고 소개한다.

비슷한 수가 많이 나오는 뛰어 세기를 분리하여 소개하면 학생들이 중간에 다른 수로 뛰어 세기를 해 버리는 오류를 방지하는 데 도움을 줄 수 있다. 이 오류는 뛰어 세기에서 흔히 나오는데, 어떤 수로 뛰어 세기를 하다가 다른 수의 뛰어 세기로 바꾸어 버리는 것을 말한다. 예를 들면, 4로 뛰어 세기를 하다가 16, 24, 32와 같이 8로 뛰어 세기 할 때와 같은 수가 나오면 8로 뛰어 세기를 해 버리는 경우를 들 수 있다(예, 4, 8, 12, 16, 24, 32, 40). 이러한 오류를 범할 가능성은 두 수의 뛰어 세기를 분리하여 가르칠 때 줄어든다. 따라서 앞서 제시한 뛰어 세기의 순서를 적용하면 학

> **〈요약 4-2〉 뛰어 세기: 새로운 뛰어 세기 소개하기**
>
> 1. 새로운 뛰어 세기 부분을 칠판에 적고 뛰어 세기 시범을 보인다(학생의 이전 수행에 근거하여 한 번에 어느 정도 양을 소개할 것인지 결정한다).
> 2. 칠판을 이용한 뛰어 세기 활동을 안내한다.
> 3. 뛰어 세기 연습 활동이 진행되어 가면 일부 숫자를 점차 지워 나간다.
> 4. 학생이 외워서 뛰어 셀 수 있는지 검사한다.
> 5. 이전에 가르친 것과 새로 가르친 것을 번갈아 가며 연습시킨다.

생들이 뛰어 세기를 배우는 것이 훨씬 쉬워질 것이다.

뛰어 세기 수업의 형식은 두 부분으로 구성되어 있다(〈수업 형식 4-5〉 참조). Part A에서는 학생들에게 1씩 세거나 다른 수로 건너 세거나 동일한 수로 끝난다는 것을 보여 준다. 또한 1이 아닌 다른 수로 뛰어 셀 경우 시간이 절약될 수 있음도 보여 준다. Part A는 2와 5씩 뛰어 세기를 가르치는 첫 시간에만 제시한다. Part B에서는 여러 가지 수들의 뛰어 세기를 암기하는 것을 가르친다. 또한 이 부분에서는 이전에 가르친 뛰어 세기를 복습시킨다. 이전에 배운 뛰어 세기를 매일 2~3개씩은 연습시킨다.

교사는 시범-안내-검사 절차를 적용하여 새로운 뛰어 세기를 혼자 말하고, 학생들과 같이 말하고, 학생 혼자서 말해 보게 한다. 저성취 학생을 가르치는

교사는 한 번에 3번째까지만 새로운 뛰어 세기를, 그리고 상위권 학생을 가르치는 교사는 한 번에 5~6번째 수까지 새로운 뛰어 세기를 소개한다. 예를 들어, 9씩 뛰어 세기를 처음 가르친다면 저성취 학생에게는 세 번째 수까지인 9, 18, 27까지 뛰어 세어 보도록 가르치고 상위권 학생에게는 9, 18, 27, 36, 45, 54까지 뛰어 세어 보도록 가르친다. 중위권 학생을 가르친다면 모든 뛰어 세기를 며칠 안에 끝낼 수 있겠지만 저성취 학생들의 경우에는 완전하게 학습하는 데 2주 정도는 필요로 할 수 있다.

뛰어 세기 수업 2일 차에는 첫날에 가르친 뛰어 세기를 검사해 본다. 만약 학생이 오류를 보이면 Part B의 2단계와 3단계의 시범-안내-검사 절차를 반복한다. 만약 전날에 배운 것을 정확히 셀 수 있거나 단 몇

적용 문제 수 세기

1. 학생이 "5, 6, 7, 9."라고 수를 센다. 학생이 "9."라고 말하자마자 교사가 즉시 "8."이라고 교정해 주었다. 이 교정의 문제점은 무엇인가? 교사는 뭐라고 말해야 하고, 무엇을 해야 하는가? 교사의 적절한 말을 구체적으로 제시해 보시오.
2. 1에서 10까지 수를 세는 동안 어떤 학생이 8에서 오류를 보였다. 교사는 그 부분을 시범 보이고 검사를 했다. 학생은 정확하게 반응했다. 이 교정은 충분한지 설명하시오.
3. 2일 전에 교사는 16까지 단순 수 세기를 소개했다. 오늘 수업 초반에 교사는 학생들을 검사했고, 모든 학생이 16까지 수를 셀 수 있었다. 오늘 단순 수 세기 수업은 어떻게 해야 하는가? 만약 학생들이 16까지 수를 셀 수 없다면 어떻게 해야 하는가?
4. 교사가 학생들에게 45까지 수를 세라고 했다. 한 학생이 39까지 센 다음 50이라고 했다. 이 오류를 교정하기 위해 교사는 어떻게 해야 하는가?
5. ||||과 같은 5개의 선을 셀 때 한 학생이 8까지 수를 셌다. 이러한 오류의 두 가지 이유는 무엇인가? 각각의 경우 오류 교정 절차는 어떻게 다른가?

차례의 연습만 필요할 경우 서너 개의 새로운 뛰어 세기를 소개한다. 새로운 부분을 가르칠 때에는 이전에 배운 숫자 2개와 새로 배울 숫자 3개 정도를 섞어서 제시한다. 예를 들어, 전날 학생이 36까지 뛰어 세기를 배웠다면(9, 18, 27, 36), 새로 수업을 할 때는 27과 36을 포함시킨 다음, 새로 가르칠 45와 54를 포함시킨다. 처음에는 27에서 54까지, 그다음에는 처음부터 54까지 9씩 뛰어세는 것을 시범-안내-검사 절차를 사용하여 가르친다.

다른 단순 수 세기처럼 뛰어 세기도 학생들이 완전 숙달하려면 충분한 반복 연습이 필요하다. 저성취 학생들은 틀리지 않고 유창하게 뛰어 셀 수 있으려면 5~10번 정도 반복 연습을 필요로 할 수 있다. 학생들을 안내할 때는 처음에 목소리를 크게 내고, 특히 어려운 부분에서 더욱 그래야 한다. 큰 목소리를 사용하는 이유는 모든 학생이 정반응을 확실히 듣도록 하기 위함이고, 또한 잘못 수를 세는 학생들에게서 다른 학생들이 영향을 받지 않도록 하기 위함이다. 뛰어 세기를 잘 숙달할 수 있도록 하기 위해서는 발 구르기나 손뼉치기 등을 이용한 경쾌하고 일정한 리듬을 사용해야 한다. 뛰어 세기의 각 숫자를 말하는 속도는 1초에 숫자 하나보다는 약간 빠르게 해서 9에서 90까지 9씩 뛰어 세기를 약 8초 안에 셀 수 있

도록 해야 한다.

뛰어 세기 오류 교정은 시범-안내-검사의 교정 절차를 적용한다. 오류를 들으면 교사는 즉시 모든 학생을 중지시키고 어려운 부분을 시범 보인 다음(오류가 발생한 숫자 앞의 두 숫자와 뒤의 한 숫자를 포함하여), 어려운 부분을 여러 번 반복하여 안내하며, 그 부분을 검사하고 처음부터 전체를 다시 말해 보도록 한다. 예를 들어, 어떤 학생이 "8, 16, 24, 32, 40, 48, 54."라고 세었다면 교사는 학생이 56 대신 54라고 말한 순간 중지시킨다. 그런 다음, 어려운 부분인 40, 48, 56, 64를 시범-안내-검사한다. 학생이 어려운 부분을 잘 수행하면 처음부터 끝까지 8씩 다시 뛰어 세도록 한다.

새로운 뛰어 세기는 학생이 이전에 배운 뛰어 세기를 모두 알고 있을 때만 소개한다. 새로 소개한 것이 앞에서 소개한 것과 유사할 때에는 학생이 오류를 많이 범할 것이라는 점을 예상해야 한다. 6씩 뛰어 세기를 가르쳤다면 4씩 뛰어 세기를 할 때 학생은 오류를 범할 수 있다. 두 경우에 24가 모두 포함되어 있기 때문이다. 학생은 4씩 뛰어 세다가 6씩 뛰어 셀 수 있다(4, 8, 12, 16, 20, 24, 30, 36, 42). 이러한 혼란은 충분한 연습을 통해 감소시킬 수 있다. 이전에 배운 것을 복습할 때는 또래교수나 다른 형식의 짝과의 활동을 활용할 수 있다.

〈수업 형식 4-1〉 새로운 수 세기 소개

교사	학생
1. 10까지 수 세기를 해 보겠습니다.	
몇까지 수를 센다고요?	10
1부터 시작하세요. 준비, 시작.	1, 2, 3, 4, 5, 6, 7, 8, 9, 10
2. 13까지 내가 세어 볼게요. 몇까지 센다고요?	13
예, 그래요. 13까지예요.	
잘 들으세요. 1, 2, 3, 4, 5, 6, 7, 8, 9, 10, 11, 12, 13	
(10까지는 빨리 세고 11, 12, 13을 강조한다)	
새로운 부분을 잘 들으세요. 11, 12, 13.	
3. 내가 손을 내리면 새로운 부분을 나와 같이 세어 봅시다. (10을 길게 센다)	11, 12, 13
십~ (손을 내리고 학생과 같이 센다), 11, 12, 13.	11, 12, 13
다시 한 번. 십~ (손을 내리고), 11, 12, 13.	

(학생들이 연속해서 여러 번 제대로 수를 셀 수 있을 때까지 반복한다)

4. 새로운 부분을 여러분 스스로 세어 보세요. 십~.	11, 12, 13
5. 이제 13까지 세어 보세요. 몇까지 센다고요?	13
1부터 세어 보세요. 준비, 시작. (각 학생을 불러 시켜 본다)	1, 2, 3, 4, 5, 6, 7, 8, 9, 10, 11, 12, 13

〈수업 형식 4-2〉 사물 수 세기

교사	학생
Part A: 구조화된 칠판 수업	
1. (칠판에 네 개의 선을 긋는다)	
내 차례예요. 내가 각 선을 짚을 때마다 수를 셀게요. 잘 보세요.	
(선들을 1초 간격으로 짚는다) 1, 2, 3, 4.	
내가 몇까지 세었죠?	4
(7개 선을 가지고 1단계를 반복한다)	
2. 칠판에 여섯 개의 선을 그린다. (1번의 첫 괄호 형태로)	
내가 각 선을 짚을 때마다 여러분이 수를 세세요.	1, 2, 3, 4, 5, 6
(선의 맨 왼쪽을 가리킨다) 준비.	
(학생들이 수를 셀 때 왼쪽부터 오른쪽으로 선을 1초 간격으로 짚어간다)	
3. 몇까지 세었죠?	6
4. 선의 개수가 모두 몇 개죠?	6
5. (3개의 선 혹은 7개의 선을 가지고 단계 2~4를 반복한다.	
몇몇 학생을 개별적으로 시켜 본다.)	

Part B: 구조화된 학습지 수업

학습지 문항 예:

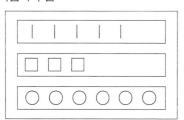

1. (학습지를 들고 그림을 가리킨다) 이제 여기 있는 그림을 모두 세겠습니다. 내가
　세는 것을 잘 보세요. (왼쪽부터 그림을 짚어 가며 센다)
　1, 2, 3, 4, 5. 내가 세는 것을 다시 잘 보세요. (왼쪽부터 그림을 짚어 가며 센다)
　1, 2, 3, 4, 5.

2. 자, 모두 첫 번째 그림에 여러분이 손가락으로 가리키세요. (모든 학생이 그림
　을 짚는 것이 아니라 가리키고 있는지 확인한다)
　내가 손뼉을 칠 때마다 그림을 하나씩 짚고 수를 세어 보세요. 준비. (1초에　　1, 2, 3, 4, 5
　한 번 정도 손뼉을 친다. 학생들이 그림을 짚는 것을 확인하면서 학생과 같이 그림의
　수를 센다)

3. 이제 여러분 스스로 그림의 수를 세어 보겠습니다. 첫 번째 그림을 손가락　　1, 2, 3, 4, 5
　으로 가리키세요. (확인한다)

준비. (1초에 한 번꼴로 손뼉을 친다) 선이 모두 몇 개인가요?	5

4. (다른 예를 가지고 단계 2와 단계 3을 반복한다. 서너 명의 학생을 개별적으로 시켜 본다)

〈수업 형식 4-3〉 두 묶음 안의 선의 개수 세기

교사	학생

Part A: 구조화된 칠판 수업

1. (칠판에 다음과 같이 선을 그린다) ｜｜｜｜｜　｜｜｜
   여기 두 묶음의 선이 있어요. (첫 번째 묶음을 짚는다) 이것이 첫 번째 묶음이에
   요. (두 번째 묶음을 짚는다) 이것이 두 번째 묶음이에요.

2. 첫 번째 묶음 안의 선의 개수를 세어 봅시다. (학생들이 수를 셀 때 선을 짚어 나	1, 2, 3, 4, 5
간다) 첫 번째 묶음 안의 선의 개수는 얼마죠?	5
3. 두 번째 묶음 안의 선의 개수를 세어 봅시다. (학생들이 수를 셀 때 선을 짚어 나	1, 2, 3
간다) 두 번째 묶음 안의 선의 개수는 얼마죠?	3
4. 이제 모든 선의 개수를 세어 봅시다. 첫 번째 묶음 안의 선의 개수를 센 다음	1, 2, 3, 4, 5, 6, 7, 8
계속해서 두 번째 묶음 안의 선의 개수까지 세기 바랍니다.	
(학생들이 수를 셀 때 선을 짚어 나간다)	
5. 선의 개수는 모두 몇 개인가요?	8

6. (｜｜｜　｜｜, ｜｜　｜｜｜｜｜의 예를 가지고 단계 1~5를 반복한다)

Part B: 구조화된 학습지 수업

a. ｜｜｜　｜｜｜｜   b. ▢▢▢▢　▢▢

c. 🐦🐦　🐦🐦🐦🐦🐦   d. ○○○○　○○○

1. a를 짚으세요. (확인한다)

2. 첫 번째 묶음 안의 선을 짚으세요. 내가 손뼉을 칠 테니 여러분은 첫 번째 묶	
음 안의 선의 개수를 세기 바랍니다. 첫 번째 그림에 손가락을 짚으세요. (멈	
춘 다음 확인한다)	
준비. (1초에 한 번꼴로 손뼉을 친다)	
첫 번째 묶음 안의 선은 모두 몇 개죠?	3

3. (두 번째 묶음을 가지고 단계 2를 반복한다)

4. 이제 모든 선의 개수를 세기 바랍니다. 첫 번째 묶음부터 시작하세요. 첫 번	
째 선에 손가락을 짚으세요. (멈추고 확인한다)	
준비. (1초에 한 번꼴로 손뼉을 친다)	
5. 모두 몇 개죠? (학생들을 개별적으로 시켜 본다)	7

6. (b, c, d의 예를 가지고 단계 1~5를 반복한다)

〈수업 형식 4-4〉 1 이외의 수부터 수 세기

교사	학생
Part A: 선수 기술−숫자 길게 말하기(get-it-going)	
1. 숫자 길게 말하기는 내가 손가락을 움직이는 동안 계속 수를 말하는 것을 뜻합니다.	
2. (손을 든다) 내 차례예요. 4를 길게 말해 볼게요. (4를 길게 말하며 손을 들어 원을 그린다. 몇 초 후에 손을 내리고 4를 말하는 것을 중단한다)	
3. (숫자 6과 9를 가지고 단계 2를 반복한다)	
4. 같이 해 봅시다. 여기 숫자 4가 있어요. 무슨 숫자라고요? 숫자를 길게 말해 보세요. 사~. (8과 12를 가지고 단계 4를 반복한다)	4 사~
5. 여기 숫자 5가 있어요. 무슨 숫자라고요? 숫자를 길게 말해 보세요. (7과 3을 가지고 단계 5를 반복한다)	5 오~
Part B: 구두 수업	
1. 숫자를 길게 말하고 수를 세어 보겠습니다. 내 차례예요. 여기 숫자 4가 있어요. 길게 말해 보세요. (손을 들어 원을 그리며 신호를 준다. 2초 후에 손을 내린다) 사~, 5, 6, 7, 8, 그만. (1초에 2개꼴로 수를 센다)	
2. 나와 같이 숫자를 길게 말하고 수를 세어 봅시다. 여기 숫자 4가 있어요. 무슨 숫자라고요? 숫자를 길게 말해 보세요. (신호를 주기 시작한다) 사~. (2초 후에 손을 내린다) 5, 6, 7, 8.	4 사~ 5, 6, 7, 8
3. 이번에는 여러분이 해 보세요. 여기 숫자 4가 있어요. 숫자를 길게 말해 보세요. (신호를 시작한다. 2초 후에 손을 내린다. 아이들이 8을 세고 나면 '그만'이라고 말한다)	사~, 5, 6, 7, 8
4. (7과 3을 가지고 단계 1~3을 반복한다. 7, 4, 3 숫자를 가지고 개별적으로 시켜 본다)	

〈수업 형식 4-5〉 뛰어 세기

교사	학생
Part A: 뛰어 세기 소개하기	
1. (칠판에 선을 다음과 같이 두 개씩 그린다) ‖ ‖ ‖ ‖ ‖ 여기 선이 몇 개인지 세어 봅시다. 내가 짚으면 여러분은 수를 세세요. 선이 모두 몇 개죠? (오른쪽 끝에 10을 쓴다) 이제 이 선들을 빠르게 세는 법을 보여 줄게요. (선을 두 개씩 손가락으로 동그라미를 그려 묶는다. 각 묶음에 대해 "여기 선이 몇 개죠?"라고 묻는다. 다섯 묶음 모두에 대해 물은 다음 "각 묶음에 몇 개의 선이 있죠?"라고 묻는다) 두 개씩의 묶음으로 세면 선들을 빨리 셀 수 있어요.	1, 2, 3, 4, 5, 6, 7, 8, 9, 10 10 2

2. 어떻게 2씩 세어서 전체 개수를 셀 수 있는지 알아봅시다. 첫 번째 묶음의   1, 2
선의 개수를 세어 보세요. (학생이 수를 셀 때 묶음 안의 선을 가리킨다)
예, 두 개의 선이 있으니 각 묶음 위에 2라고 쓸게요. (첫 번째 묶음 위에 2를 쓴다)
첫 번째와 두 번째 묶음 안의 선의 개수를 세어 보세요.
지금까지 4개의 선을 세었으니 두 번째 묶음 위에 4라고 쓸게요.   1, 2, 3, 4
(4를 쓴다)
(계속해서 학생들로 하여금 각 묶음의 수를 앞에서부터 이어서 세도록 하고, 각 묶음
위에 해당하는 수를 다음과 같이 쓴다.

 2   4   6   8 10
| | | | | | | | | |

학생들이 수를 모두 세면 선과 그 위에 쓴 수는 이와 같아야 한다)

3. 이제 2씩 뛰어 셀 때 어떻게 세는지 알게 되었을 거예요. 다시 선의 개수를   2, 4, 6, 8, 10
세어 보는데, 이번에는 2씩 뛰어 세기를 해 봅시다. (학생들이 수를 셀 때 각 해
당 숫자를 가리킨다)

4. 2씩 뛰어 세기를 통해 몇까지 세었죠?
(마지막 묶음 위의 2를 가리킨다) 보통의 방법으로 수를 세었을 때는 몇까지 세   10
었죠?   10
봤죠? 이렇게 빠르게 세는 방법이 있어요.

Part B: 구조화된 칠판 수업

1. (칠판에 다음과 같은 수를 적는다) 6, 12, 18, 24, 30
오늘 우리는 6씩 뛰어 세기를 배울 겁니다.

2. 내가 먼저 차례로 세어 볼게요. 6, 12, 18, 24, 30.

3. 내가 각 숫자를 짚을 때 6씩 뛰어 세기를 같이 해 봅시다. 준비.
(신호) 6, 12, 18, 24, 30.   6, 12, 18, 24, 30

4. 스스로 6씩 뛰어 세기를 해 보세요. 준비. (신호)
(몇몇 학생을 개별적으로 시켜 본다)   6, 12, 18, 24, 30

5. (나와 있는 수 중 하나를 지운다) 빠진 수를 포함하여 다시 6씩 뛰어 세기를 해   6, 12, 18, 24, 30
보세요.
(학생들이 도움 없이도 수를 잘 셀 수 있을 때까지 다른 수를 빼 가면서 이 단계를 반복
한다)

6. (이전에 배운 뛰어 세기 과제를 새로운 것으로 바꾼다)

제**5**장
수학 기호 알기와 자릿값

용어와 개념

수(number).　묶음 안의 요소 혹은 낱개의 양을 나타내는 것으로 기수

숫자(numeral).　수를 나타내는 수학적 기호

자릿값(place value).　소수점을 기준으로 각 자리가 나타내는 값을 나타내는 방식

자릿값 풀어 쓰기(expanded notation).　각 자릿값을 더하기 식으로 풀어서 나타낸 것. 예를 들어, 342에서 3, 4, 2의 자릿값을 300 + 40 + 2와 같이 나타내는 것

자리 맞추기(column alignment).　일의 자리, 십의 자리, 백의 자리를 서로 맞추어 세로식으로 나타내는 것. 예를 들어, 32 + 426은 다음과 같이 자리를 맞춘다.

$$\begin{array}{r} 32 \\ +\ \ 426 \\ \hline \end{array}$$

기술 위계

수학 기호 알기와 자릿값은 다음 세 부분으로 나눌 수 있다. 즉, (a) 수 읽고 쓰기 (b) 자리 맞추기 (c) 자릿값 풀어서 쓰기다. 가르칠 기술 위계를 보면 이 세

영역 내에서의 각 기술들 간의 관계를 알 수 있다. 숫자 알기(0에서 10까지 읽고 쓰기)와 숫자-사물 대응 개념이 이러한 기술들의 맨 첫 단계는 아니다. 숫자-사물 대응을 알려면 학생들이 묶음 안의 사물 개수에 해당하는 수를 나타내는 숫자를 쓸 수 있어야 한다(예, 다음의 네모 안에 동그라미가 몇 개인지 숫자 쓰기).

$$\Box$$
$$\bigcirc \bigcirc \bigcirc \bigcirc$$

혹은 거꾸로 숫자가 나타내는 사물의 개수를 선으로 그릴 수 있어야 한다(예, 숫자 5에 해당하는 개수만큼 선 그리기).

자릿값 개념은 다음 활동들을 통해 소개한다. 십의 자리·백의 자리·천의 자리·백만 자리 수 읽고 쓰기, 자릿값 풀어서 나타내기, 자리 맞추기다. 여러 자릿수 읽기에서 학생들은 각 자릿수를 그 위치에 해당하는 자릿값으로 바꾼 후 수 전체를 안다. 예를 들어, 58을 읽을 때 학생들은 5가 10이 다섯 개라는 것을 나타낸다는 것을 알고 그 수를 '오십'이라고 읽을 수 있

〈수업 순서와 평가 차트〉

학년 단계	문제 유형	수행 지표
K-1	0부터 10까지 수 읽기	이 수들을 읽는다: 4 2 6 1 7 3 0 8 5 9 10
K-1	0부터 10까지 수 쓰기	이 수들을 쓴다: 4 2 6 1 7 3 0 8 5 9 10
K-1	숫자에 해당하는 묶음 안의 선의 개수 나타내기	$\boxed{4}$ ___ $\boxed{6}$ ___
K-1	묶음 안의 선의 개수에 해당하는 숫자 쓰기	$\Box$ $\Box$ ||| ||||||
1a	십 단위 수 읽기	이 수들을 읽는다: 15 11 13 12 17 19 14 16 18
1b	십 단위 수 쓰기	이 수들을 쓴다: 15 11 13 12 17 19 14 16 18
1c	20부터 99까지 수 읽기	이 수들을 읽는다: 64 81 44 29
1d	20부터 99까지 수 쓰기	이 수들을 쓴다: 47 98 72 31
1e	자리 맞추기 가로식 덧셈과 뺄셈을 세로식으로 다시 쓰기	$85 + 3 =$ ____ $4 + 25 =$ ____ $37 - 2 =$ ____
1f	자릿값 풀어서 쓰기	$63 =$ ____ $+$ ____ $92 =$ ____ $+$ ____
2a	100부터 999까지의 수 중 십의 자리에 0이 있는 수를 제외한 수 읽고 쓰기	다음 수를 읽는다: 320 417 521 칠백오십 쓰기: ____ 사백삼십육 쓰기: ____ 삼백오십 쓰기: ____
2b	100부터 999까지의 수 중 십의 자리에 0이 있는 수를 포함한 수 읽고 쓰기	다음 수를 읽는다: 502 708 303 사백팔 쓰기: ____ 칠백이 쓰기: ____ 삼백삼 쓰기: ____
2c	가로셈을 세로셈으로 쓰기: 세 수 중 하나는 백 단위 수	$305 + 8 + 42 =$ ____ $428 - 21 =$ ____ $31 + 142 + 8 =$ ____
2d	백 단위 수 자릿값 풀어서 쓰기	$382 =$ ____ $+$ ____ $+$ ____ $417 =$ ____ $+$ ____ $+$ ____ $215 =$ ____ $+$ ____ $+$ ____
3a	1,000부터 9,999까지의 수 중 백 또는 십의 자리에 0이 없는 수 읽고 쓰기	다음 수를 읽는다: 3,248 7,151 1,318 오천삼백사십 쓰기: ____ 이천육백사십삼 쓰기: ____ 천백사십일 쓰기: ____

3b	1,000부터 9,999까지의 수 중 백의 자리에 0이 있는 수를 포함한 수 읽고 쓰기	다음 수를 읽는다: 7,025 8,014 2,092 오천칠십이 쓰기: _____ 천사십 쓰기: _____ 육천팔십팔 쓰기: _____
3c	1,000부터 9,999까지의 수 중 백의 자리와 십의 자리 모두에 혹은 둘 중 어느 하나에 0이 있는 수를 포함한 수 읽고 쓰기	다음 수를 읽는다: 7,025 2,002 1,409 육천팔 쓰기: _____ 구천사 쓰기: _____ 오천이 쓰기: _____
3d	자릿값 맞추기: 가로식을 세로식으로 다시 쓰기	35 + 1,083 + 245 = _____ 4,035 − 23 = _____ 8 + 2,835 = _____
4a	10,000과 999,999까지의 모든 수 읽고 쓰기	다음 수를 읽는다: 300,000 90,230 150,200 이십만 쓰기: _____ 구십사만 쓰기: _____ 십만 이백 쓰기: _____
4b	100만에서 900만까지의 수 읽고 쓰기	다음 수를 읽는다: 6,030,000 5,002,100 1,340,000 칠백만 쓰기: _____ 삼백팔만 쓰기: _____ 팔백육십만 쓰기: _____
5	1,000만에서 9억 9,900만까지 수 읽고 쓰기	다음 수를 읽는다: 27,400,000 302,250,000 900,300,000 천만 쓰기: _____ 사천이십만 쓰기: _____

어야 한다. 일 8개는 '팔'로 읽는다. 그런 다음 이 두 부분을 합쳐서 숫자 58을 '오십팔'로 읽는다. 숫자를 쓰기 위해서는 이와 정반대로 각 숫자를 분리해야 한다. 58을 쓰라고 하면 학생들은 각 숫자를 50과 8로 분리해야 한다. 오십은 십의 자릿수가 5이기 때문에 그 숫자를 쓰고 팔은 일의 자릿수가 8이기 때문에 그 숫자로 쓴다. 요약하면, 숫자를 읽기 위해서는 각 자릿수의 자릿값을 알아서 서로 합쳐야 한다. 숫자를 쓰기 위해서는 자릿수별로 분리한 다음 각 자릿값을 나타내는 숫자를 써야 한다.

자리 맞추기와 자릿값 풀어서 쓰기 소개는 수를 읽고 쓰는 것과 병행한다. 예를 들어, 학생들이 백 단위 수를 읽고 쓸 수 있으면 백 단위 수를 가지고 자리 맞추기를 하도록 가르친다.

$$342 + 8 \text{ 는} \quad \begin{array}{r} 342 \\ + \quad 8 \\ \hline \end{array}$$

백 단위 수 풀어서 쓰기는 다음과 같이 한다.

$$342 = 300 + 40 + 2$$

'수업 순서와 평가 차트'에는 구체적인 기술들이 소개 순서와 함께 나와 있다. 유치원과 1학년 단계에서는 많은 과제에 대해 교사가 학생들을 개별적으로 검사해야 함에 주목하기 바란다. 이후 학년 단계에서는 수를 읽는 과제에 대해서만 학생들을 개별적으로 시켜 본다.

개념 소개

이 부분에서는 유치원과 초등학교 저학년 때 주로 가르치는 기술들에 대해 다룬다. 이러한 기술들은 덧셈과 뺄셈을 개념적으로 이해하게 해 주는 등식 기반 전략의 사전 기술들이다. 이 기술들을 순서대로 제시하면 다음과 같다.

1. 숫자 인식하기(0부터 10까지)
2. 숫자 쓰기(0부터 10까지)
3. 기호 인식하고 쓰기(+, −, □, =)
4. 등식 읽고 쓰기
5. 수로 표현하기 과제

숫자 인식하기

숫자 인식하기 과제는 학생들이 8까지 셀 수 있을 때 시작한다. 이때까지 숫자 인식하기를 늦추는 이유는 학생들이 수 세기와 숫자 인식하기를 혼동하지 않도록 하기 위함이다. 수 세기를 알고 학교에 입학한 학생은 곧바로 숫자 인식하기를 배우기 시작할 수 있다.

숫자를 소개하는 순서가 중요하다. 기본적으로, 비슷하게 보이거나 비슷한 소리가 나는 숫자는 서로 분리하여 소개한다. 6과 9는 비슷하기 때문에 학생들이 혼동할 수 있다. 마찬가지로 4와 5는 영어로 동일한 소리(f)로 시작되기 때문에 학생들이 혼동할 수 있다. 따라서 이러한 숫자들은 몇 차시 정도 간격을 두고 서로 분리하여 소개하는 것이 좋다. 0부터 10까지의 숫자를 소개하는 한 가지 방법은 4, 2, 6, 1, 7, 3, 0, 8, 5, 9, 10 순서로 소개하는 것이다. 6과 9, 1과 0, 10 그리고 4와 5를 분리하여 소개하는 순서에 주목하기 바란다. 이러한 순서는 하나의 예에 불과하며 학생들의 오류를 최소화하는 유일한 순서는 아니다.

두 번째 소개 순서 지침은 새로운 숫자는 누가적으로 소개하는 것이다. 새로운 숫자는 학생들이 이전에 배운 숫자를 완전히 학습하기 전에는 소개하지 않는다. 숫자에 대해 전혀 모르거나 조금만 알고 입학하는 학생을 가르치는 교사는 일반적으로 새로운 숫자를 3~5차시당 하나꼴로 소개한다.

새로운 숫자를 소개하는 형식(〈수업 형식 5-1〉 참조)은 다음과 같은 요소들로 구성되어 있다. 시범 단계에서 교사는 새로운 숫자를 가리키고 학생들에게 그 숫자의 이름을 말한다. 검사 단계에서는 새로운 숫자를 학생들에게 말해 보게 한다. 변별 연습 단계에서는 학생들에게 새로운 숫자와 이전에 배운 숫자를 말해 보게 한다.

[그림 5-1] 가리키고, 떼었다가, 붙이고, 짚는 신호

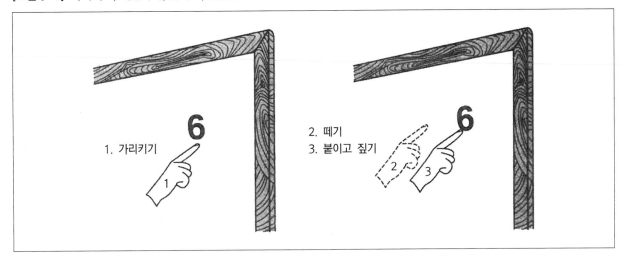

이 수업 형식에서 교사는 먼저 일단의 숫자들을 칠판에 쓴다. 이전에 배운 숫자들은 한 번씩만 쓴다. 새로운 숫자는 여러 번 써서 학생들이 새로운 숫자의 위치가 아닌 모양에 집중할 수 있도록 한다. 새로운 숫자를 소개할 때 가장 중요한 부분은 수업 형식 단계 2와 단계 3의 변별 연습이다. 새로운 숫자를 소개하는 방식이 새로운 숫자, 이전에 소개한 숫자 1개, 새로운 숫자, 이전에 소개한 숫자 2개, 새로운 숫자, 이전에 소개한 숫자 3개 등과 같이 교대 패턴을 보이고 있음에 주목하기 바란다. 이전에 배운 숫자의 수를 늘려 가기 때문에 새로운 숫자를 암기해야 할 시간은 점점 길어진다. 이러한 패턴은 학생들이 새롭거나 어려운 숫자를 더 잘 기억하도록 하는 데 도움을 주기 위해 고안된 것이다. 변별 연습을 제시한 후에는 개별적으로 시켜 본다. 개별 연습 중에 학생이 숫자를 인식하지 못하거나 반응을 하지 못하면 교사는 그 숫자를 확인하고, 그 숫자와 이전에 인식한 숫자들에 초점을 맞추면서 교대 패턴을 이용한다.

명료한 수업 진행을 위해서는 명확하게 가리키고 짚는 신호(point-and-touch)가 필수적이다. 좋은 신호 예가 [그림 5-1]에 나와 있다. 신호를 줄 때는 교사의 손 어느 부분에 의해서도 학생의 시야가 가려지지 않도록 숫자 밑을 가리킨다(칠판을 짚는 것이 아니다). 숫자 밑을 1~2초 동안 가리킨 다음 손가락을 칠판에서 떼었다가 다시 칠판에 붙여 해당 숫자 밑을 짚는다. 손가락을 칠판에서 떼었다가 다시 붙이는 동작은 손가락을 칠판에서 15센티미터 정도 떼었다가 즉시 다시 날렵하게 붙이는 방식으로 한다. 학생들은 손가락이 숫자 밑을 짚을 때 해당 숫자를 말한다. 손가락을 떼었다 붙이는 동작은 매번 동일해야 한다. 조금이라도 주저하거나 동작에 일관성이 없으면 학생들은 언제 대답을 해야 할지 모르기 때문에 다 같이 대답하는 것을 어려워할 수 있다.

효과적인 수업에는 진행 속도가 아주 중요하다. 일반적으로, 교사는 숫자를 1~2초 동안 가리키고, 신호를 주어야 한다. 학생들이 그 숫자를 읽고 나면 학생들의 반응이 맞는지 틀리는지 확인해 주어야 한다("그래요. 이 숫자는 6이에요"). 아니면 오류를 교정해 주어야 한다("이 숫자는 6이에요. 이 숫자가 무엇이라고요?"). 그리고 나서 즉시 다음 숫자를 가리키고, 1~2초 동안 멈춘 후 신호를 준다. 새로 소개하는 숫자나 이전에 학생들이 어려움을 겪은 숫자를 가리킬 때는 신호를 주기 전에 3~4초 동안 멈출 수도 있다. 진행 속도를 적절하게 하는 일차적인 목적은 짧은 시간 안에 학생들에게 피드백과 함께 충분한 연습 기회를 제공하기 위함이다.

단순 수 세기 때와 마찬가지로 숫자 인식하기 과제도 한 번에 오랫동안 가르치는 것보다 한 번에 3~5분

씩 여러 번에 걸쳐 가르치는 것이 더욱 효과적이다. 숫자 인식하기는 또한 하루 중 여러 차례에 걸쳐 연습시킬 수 있다. 많은 교사가 숫자들을 카드에 적어 칠판이나 교실 벽에 붙여 놓는다. 그런 다음 아침 일찍, 쉬는 시간이나 점심 시간 직전 혹은 다른 적절한 시간에 학생들에게 그 숫자를 인식하도록 가르친다. 이렇게 하루 중 여러 차례에 걸쳐 짧은 과제를 통해 제시되는 연습으로 저성취 학생들이 수학 숫자를 인식하는 속도에 큰 차이를 가져올 수 있다.

숫자 쓰기

숫자 쓰기는 그것 자체로도 중요한 기술이지만 숫자 인식을 강화시킨다. 일반적으로, 새로운 숫자 쓰기 수업은 새로운 숫자 인식하기 수업 형식에서 해당 숫자를 소개한 후 서너 차시 후에 실시한다. 기호 인식하기에서도 봤듯이, 기호는 누가적으로 소개한다. 수업 이해도가 낮은 학생들은 3~5차시마다 하나꼴로 새로운 숫자를 배울 수 있을 것이다. 한 자리 숫자를 쓰는 법을 가르치는 데 세 가지 기본 단계가 있다.

1. 학습지에 적힌 숫자 따라 써 보기
2. 숫자 보고 베껴 쓰기
3. 숫자 듣고 쓰기

4 2 3

학생들이 학습지에 적힌 숫자 따라 쓰기를 하도록 돕기 위해서 점과 선을 사용할 것을 권장한다.

처음 몇 차시 동안에는 학생들을 주의 깊게 살펴보면서 숫자를 따라 쓰는 활동을 안내한다. 필요하다면 학생들이 선을 그릴 수 있도록 손을 직접 잡아 이끌어 준다. 학생들은 숫자를 쓸 때마다 그 숫자를 읽는다. 도움 없이도 숫자를 쓸 수 있게 되면 보고 베껴 써 보도록 한다. 베껴 쓰기 초기 단계에서는 첫 숫자는 점과 점선을 모두 표시해 주지만 나머지 숫자는 점만

표시해 준다.

학생들이 이 연습을 문제없이 수행하면 점과 점선 모두 없이 숫자를 베껴 써 보게 한다. 처음 숫자를 소개하는 동안에는 점이나 점선 없이 숫자당 최소 매일 10~20번 정도는 반복 연습을 해야 한다. 반복 횟수는 학생들이 더 잘 수행해 나감에 따라 점진적으로 줄여 나간다.

숫자 쓰기의 세 번째이자 마지막 단계는 교사가 숫자를 불러 주면 학생이 이를 받아 적는 숫자 받아 적기 연습이다. 일부 학생들은 해당 숫자가 어떤 모양인지 기억해야 할 뿐 아니라 쓰는 방법까지 알아야 하기 때문에 숫자 받아 적기가 매우 어렵다고 생각한다. 숫자 받아쓰기의 선수 기술은 숫자를 인식하고 베껴 쓸 수 있는 것이다.

숫자 받아 적기 연습 때 교사는 숫자 인식하기에서 사용한 번갈아 쓰기를 적용한다. 예를 들어, 학생이 써야 할 숫자가 4, 2, 6, 1이고 받아 적기 연습 때 7이 추가되었다면 교사가 제시할 숫자 순서는 7, 4, 7, 6, 1, 7, 4, 2, 6, 7이 될 수 있다. 학생들이 숫자를 적을 학습지는 각 숫자를 쓸 수 있을 정도로 충분한 빈칸을 마련해야 한다.

숫자 받아 적기에서 점검하고 적절한 속도를 유지하는 것 모두 교사의 중요한 수업 행동이다. 교사는 각 숫자를 쓴 다음 모든 저성취 학생의 반응을 확인해야 한다. 상위권 학생들의 경우에는 2~3개의 숫자마다 확인하면 된다. 가장 낮은 수준의 학생이 오류 없이 숫자 쓰기를 마치는 순간, 교사는 바로 이어 다음 숫자를 받아 적게 해야 한다. 숫자와 숫자 사이에 시간 간격을 너무 많이 주면 학생들은 과제 이외의 다른 행동을 할 가능성이 있다.

오류 교정은 시범-검사-번갈아 쓰기 검사의 절차를 적용한다. 숫자를 어떻게 쓰는지 시범을 보이고, 학생들에게 이를 베껴 쓰게 하고, 오류를 범한 숫자와 그렇지 않은 숫자를 번갈아 가며 쓰도록 한다.

숫자를 얼마나 반듯하게 써야 하는지의 기준은 너무 엄격하게 정하지 않도록 주의한다. 쓰기 경험이

별로 없는 학생들의 경우에는 반듯하게 숫자를 쓸 수 있게 되기까지 여러 달의 연습을 필요로 할 수 있다. 반듯하게 써야 하는 기준을 점진적으로 높여 가야 한다. 숫자 쓰는 연습 초기에는 그럴듯하게 숫자 모양을 그리는 것이 아주 중요하다. 만약 학생이 숫자를 거꾸로 쓰면 숫자 자체는 맞았다고 인정을 해 주고 대신 숫자 쓰는 몸 자세를 바꾸어 준다. 이때 "잘했어요. 숫자 4는 맞지만, 이렇게 써야 해요."라고 말하는 식으로 오류 교정을 긍정적으로 하고 있음에 주목하기 바란다.

수학 기호 인식과 쓰기

더하기, 빼기, 등호, 빈칸 등과 같은 수학 기호는 숫자를 가르칠 때 적용한 것과 동일한 절차를 적용하여 가르친다. 빈칸은 '얼마인가'로 소개하는데, 이는 식을 읽는 것을 촉진한다. 예를 들어, $6 + 5 = \square$는 다음과 같이 읽는다. "육 더하기 오는 얼마인가?"

다양한 수학 기호는 숫자를 소개하는 수업의 여러 차시에 걸쳐 산발적으로 소개한다. 첫 번째 기호는 숫자 수업이 몇 차시 지난 다음 소개한다. 그다음 기호는 두세 차례 숫자 수업 후에 소개한다.

등식 읽고 쓰기

등식 읽기는 문제 해결과 단순 연산을 학습하는 데 필요한 사전 기술이다. 답을 도출하고 그 답과 다른 등식의 관계를 파악할 수 있으려면 학생들은 등식을 유창하게 읽을 수 있어야 한다.

아동들은 $6 - 3 = \square$와 같은 식에서 비록 각각의 숫자, 기호를 알아도 이 식을 읽는 것을 어려워할 수 있다. 식을 읽을 때는 숫자와 기호를 같이 연결해야 하는데, 이를 위해서는 연습이 필요하다.

등식 읽기는 등식을 만들 수 있을 정도까지 학생이 숫자와 기호를 충분히 알 때 소개한다. 등식을 읽기 전에 학생들은 숫자를 거의 보자마자 읽을 수 있어야 한다. 숫자만 제시했을 때 이를 재빨리 인식하도록 충분히 연습을 하지 않으면 등식을 읽는 데 훨씬 많은 어려움을 겪게 될 것이다. 등식을 가르치는 수업 절차는 자명하기 때문에 수업 형식을 제시하지는 않았다. 시범-안내-검사 절차를 따라 교사는 칠판에 여러 개의 등식을 적는다.

$$4 + 3 = \square \quad 7 - 3 = \square$$

교사는 먼저 1초당 숫자 혹은 기호를 1개 정도로 등식을 읽는 시범을 보인다(학생들이 추측을 해 버릴 가능성이 있기 때문에 처음에 너무 빨리 읽는 것은 피한다). 그런 다음, 학생들과 같이 등식을 읽는다. 저성취 학생은 10번 이상 연습을 필요로 할 수 있다. 학생들이 스스로 읽을 수 있게 되면 먼저 전체 집단을 상대로, 그후에는 개인별로 불러서 시켜 본다. 등식마다 시범-안내-검사의 절차를 적용한다.

등식 읽기는 여러 주 동안 매일 연습시킨다. 연습은 덧셈을 소개할 때 중단하는데, 이는 등식을 읽는 것으로 덧셈 수업 형식을 시작하기 때문이다. 학생들이 등식을 읽는 속도는 점진적으로 높인다.

등식 쓰기를 위해서는 교사가 불러 주는 등식을 받아써야 한다. 예를 들어, "잘 들으세요. 4 더하기 3은 몇과 같죠? 따라 말해 보세요."와 같이 등식을 불러 준다. 등식 쓰기는 학생들이 등식을 어느 정도 잘 읽고, 숫자나 기호를 능숙하게 잘 쓰며, 대부분의 숫자를 교사가 불러 주면 2~3초 이내에 쓸 수 있을 때 소개한다.

등식 쓰기 수업 형식은 교사가 등식을 불러 주고 쓰게 하기, 학생이 보통의 속도로 등식을 따라 말하기, 천천히 그 등식을 말하기(2~3초에 하나씩), 등식 쓰기 등을 포함하고 있다(〈수업 형식 5-2〉 참조). 학생으로 하여금 등식을 천천히 말하게 하는 목적은 등식의 앞부분을 쓸 때 등식의 뒷부분을 기억하도록 돕기 위함이다.

등식 쓰기에서 흔히 나타나는 오류는 숫자나 기호의 순서를 바꿔 쓰는 것이다. 학생이 쓴 등식에 오류가 있으면 교사는 즉시 등식을 읽으며 각 기호와 숫자를 가리킨다. 예를 들어, 학생이 $6 + 2 = \square$를

6 + □ = 2라고 썼다면 교사는 '6'이라고 읽으며 숫자 6을 가리킨다. '더하기'라고 읽으며 + 기호를 가리킨다. '2'라고 읽으며 학생이 쓴 □를 가리킨다. 바로 이어서 교사는 "이것은 2가 아니에요. 다시 한 번 등식을 써 봅시다."라고 말한다. 학생으로 하여금 문제를 지우거나 줄로 긋게 하고, 등식을 한 번 더 읽어 준 다음, 등식을 말하게 하고, 그 등식을 쓰게 한다.

수량화 과제: 숫자/사물 대응시키기

수량화(Numeration) 과제에는 두 가지가 있다. 첫째는 숫자를 알고 그에 적절한 수의 선을 긋는 것이다. 예를 들어, 숫자 2를 인식하고 그 숫자 밑에 두 개의 선을 긋는 것이다. 둘째는 선이나 사물의 개수를 세고 그 수에 해당하는 숫자를 쓰는 것이다. 다음 과제에서 학생은 빈칸 안에 2를 적는다.

이 두 과제는 덧셈과 뺄셈을 하기 위해 학생에게 가르쳐야 할 등식 기반(equality-based) 전략의 요소 기술이다. 따라서 이 두 과제는 학생들이 약 다섯 개의 숫자를 알고 쓰며 묶음 안의 사물 개수를 셀 수 있게 된 이후 비교적 일찍 가르쳐야 한다. 두 가지 수량화 기술은 비교적 학습하기 쉽기 때문에 짧은 시간 간격을 두고 소개할 수 있다. 학생들이 새로운 숫자를 배우면 교사는 곧바로 그 숫자를 수량화 과제에 포함시켜야 한다.

기호 인식하고 선 그리기. 특정 숫자에 해당하는 선을 그리는 과제를 소개하기 전에 저성취 학생들에게는 단순히 선을 그리는 연습을 시킬 필요가 있을 수 있다. 학생에게 밑줄에서 약 1.7센티미터 위에 약 0.6센티미터 간격으로 점을 찍은 점선이 그려진 학습지를 준다. 교사가 먼저 선을 그리는 방법을 시범 보

인다. 이 연습이 끝나면 점선 없이 밑줄만 그어진 연습장에 교사가 손뼉을 칠 때마다 선을 그리는 연습을 실시한다(손뼉은 2초에 한 번꼴로 친다).

이 과정에서 학생들은 굽은 선을 그리거나 선들을 붙여 \/\ \/\ 등과 같이 그릴 수 있다. 이러한 오류는 선을 서로 겹쳐 그리거나 × 표시로 선을 긋게 만들 수 있다. 교사는 신중하게 학생들을 점검하고 시범을 보임으로써 교정하되, 필요하면 학생들이 선을 그릴 때 직접 학생의 손을 붙잡고 안내해야 한다. 교사가 손뼉을 치는 속도에 맞추어 선을 그릴 수 있으면 교사는 학생 자신이 선을 그리고 그 수를 세는 연습을 시킨다. 교사의 손뼉에 맞추어 선을 세고 그릴 수 있게 되면 숫자를 포함한 연습을 소개할 수 있다.

〈수업 형식 5-3〉에는 숫자에 해당하는 선을 그리는 법을 가르치는 내용이 나와 있다. 이 수업 형식에서 학생들은 먼저 숫자를 확인하고, 그 숫자가 자신들이 그려야 할 선의 개수를 나타낸다는 것을 말하며, 그 선을 그린다. 대부분의 학생이 이 기술을 쉽게 학습하기 때문에 2~4차시 후에 이 문제 유형을 개별 연습에 포함시켜도 충분할 것이다. 교사 설명 칸에 얼마인가를 묻는 빈칸이 들어 있음에 주목하기 바란다. 이것은 이 과제가 우선 배우기 쉽고, 모든 기호가 반드시 선을 그리라는 것을 의미하지 않는다는 점을 학생들이 알아야 하기 때문이다.

만약 학생들이 개별 연습 때 오류를 범하면 그 오류의 원인이 무엇인지 알아내야 한다. 학생들이 숫자를 제대로 인식했는가? 그렇지 않다면 이것이 오류의 원인일 수 있다. 만약 숫자는 제대로 인식했다면 선 그리기 오류 때문일 수 있다. 이 오류는 〈수업 형식 5-3〉을 참조하여 교정할 수 있다.

사물 수를 센 후 숫자 적기. 일단의 사물 수에 해당하는 숫자를 쓰는 것은 그 자체로도 중요하지만 덧셈과 뺄셈의 개념 기초를 가르치는 전략으로도 필수적인

부분이다. 학생들이 등식의 왼쪽에 각 숫자에 해당하는 선을 그릴 수 있게 되면 그에 해당하는 숫자를 쓸 수 있어야 한다. 예를 들면, 다음 예에서 학생들은 선 여섯 개를 세고, 빈칸에 6을 쓴다.

$$4 + 2 = \square$$
$$\text{||||} \quad \text{||}$$

사물의 개수에 해당하는 숫자를 쓰도록 하는 수업의 형식(〈수업 형식 5-4〉 참조)은 빈칸 밑의 선의 기능을 설명하는 것으로 시작한다. "빈칸 밑의 선의 개수는 빈칸에 들어가야 할 숫자를 나타낸다." 학생들에게 빈칸 밑의 선의 개수를 세게 하고 그 결과를 숫자로 빈칸에 적도록 한다. 학생들이 수 세기와 숫자 쓰기 선수 기술을 모두 익혔다면 별 문제가 없을 것이다. 2~3차시 정도 수업 후 개별 연습을 위한 학습지에 이러한 종류의 문항들을 포함시켜 제시한다.

이 과제를 수행할 때 학생들이 범할 수 있는 두 가지 실수는 선을 잘못 세는 것과 엉뚱한 숫자를 쓰는 것이다. 학습지만 봐서는 학생들이 어떻게 이런 오답을 도출하게 되었는지 분명하지 않은 경우가 종종 있다. 그럴 때는 여러 문제를 주고 교사 앞에서 수를 큰소리로 세어 가면서 문제를 풀어 보도록 해서 오류의 원인을 확인하고 적절하게 교정해야 한다. 만약 학생이 여러 문제에서 반복해서 선의 개수를 제대로 세지 못하면 선을 세는 법을 가르쳐야 한다(제4장 참조). 학생이 숫자를 잘못 쓰면 숫자 인식하기와 숫자 받아적기 연습을 시켜야 한다.

숫자를 거꾸로 쓰는 것과 같은 기술적인 오류는 별로 중요치 않다. 학생이 쓴 숫자를 알아볼 수만 있다면 답은 맞는 것으로 하고 칭찬을 해 주어야 한다. 하지만 학생을 칭찬한 후에는 숫자가 거꾸로 쓰여 있다는 점을 지적해 주어야 한다. 어떤 학생들은 숫자를 일관되게 제대로 쓸 수 있게 되기까지 여러 달이 소요될 수도 있다. 숫자를 거꾸로 쓰는 학생에게 제대로 쓰도록 지나치게 압력을 가하는 것은 하지 말아야 한다.

구체물 조작활동

일단 학생이 숫자에 해당하는 선을 잘 그리고 사물의 묶음에 해당하는 수를 잘 쓸 수 있게 되면 학습과제를 구체물을 포함하는 유사 활동으로 확장한다. 예를 들어, 숫자에 해당하는 선을 긋게 하기보다는 다른 사물을 제시해 준다. 주어진 숫자 밑이나 옆에 그에 해당하는 사물을 놓아 보게 한다. 또래와 같이 이 활동을 해 보게 해서 숫자를 읽고 그에 맞게 사물을 놓았는지 서로 확인해 보게 한다.

큰 공간을 마련하여 여러 숫자를 주고 각 숫자 밑 빈칸에 해당하는 수만큼 사물을 놓아 보게 하는 활동을 해 보게 할 수도 있다. 다양한 종류의 사물(10자루씩의 연필, 동일한 모양의 플라스틱 장난감, 블록, 도형 등)을 늘어놓을 수 있다. 한 학생이 빈칸에 각 숫자에 해당하는 유사한 사물들을 자신의 방식대로 모아 놓으면 다른 학생이 그 숫자에 해당하는 다른 종류의 사물들을 모아 보게 한다.

자릿값 기술

이 절에서 설명하고자 하는 자릿값 기술(place value skills)은 다음 세 가지다. 즉, (a) 수 읽고 쓰기 (b) 자리 맞추기 (c) 자릿값 풀어서 쓰기다. 십의 자리, 백의 자리, 천의 자리, 백만 자리 등 자릿값별로 읽고 쓰는 것을 지도하는 절차에 대해 논하고자 한다. 이 지도 절차는 다른 자릿값 읽고 쓰는 것을 가르치는 것과 매우 유사하다. 수를 읽을 때 학생들은 각 자릿값의 숫자(예, 백이 2이고 일이 4), 그 숫자들의 값(예, 십이 2이면 20), 그리고 그 값을 붙여 수 전체를 읽는다(예, 20 + 4 = 24). 수를 쓸 때 학생들은 먼저 수를 각 자릿값으로 풀어서 쓴 다음(예, 24 = 십이 2개, 일이 4개) 해당 자릿값에 해당하는 수를 쓴다.

이와 같은 지도 절차는 가운데 0이 있는 수의 경우에 약간 변형한다. 가운데 0이 있는 수는 종종 읽을 때 그 부분을 빼고 읽어야 하지만(예, 306은 삼백영십육이 아니라 삼백육으로 읽는다) 쓸 때는 비록 들리지 않아도 0 부분을 써야 하기 때문이다. 수를 읽고 쓰는 것을 가르치는 수업은 아주 신중하게 계획해야 한다. 먼저 학생들에게 특정 수에 해당하는 값을 파악하게 한 후 그 수에 해당하는 숫자를 쓰도록 가르친다.

10에서 19까지의 수 읽고 쓰기

10에서 19까지의 수 읽기. 10에서 19까지의 수 읽기는 학생이 0에서 10까지의 모든 수를 읽을 수 있을 때 소개한다. 규칙적으로 읽을 수 있는 수를 먼저 소개한다. 14, 16, 17, 18, 19는 뒤 숫자에 '틴'만 붙이면 되는 규칙적 수들이고, 11, 12, 13, 15는 불규칙적 수들이다. 예를 들어, 14는 '포틴'이라고 읽지만, 12는 '투틴,' 15는 '파이브틴'이라고 읽으면 안 된다.

10에서 19까지 수 읽는 법을 가르치는 방법이 〈수업 형식 5-5〉에 나와 있다. 이 형식은 세 부분으로 구성되어 있다. Part A는 구조화된 칠판 수업으로, 교사는 칠판에 십의 자리와 일의 자리 공간이 있게 차트를 그린다. 10의 1을 '틴'이라고 읽는다고 말해 주고 몇 개의 숫자를 가지고 시범을 보인다. 그런 다음 학생이 읽어 보도록 한다. 수업 첫날에는 14, 16, 17, 18, 19 숫자들만 소개한다. 다음 날에는 하나의 불규칙 숫자를 소개한다. 새로운 불규칙 숫자는 학생이 이전에 소개한 규칙 숫자를 읽는 데 어려움을 보이지 않는다면 매일 하나씩 소개한다. 새로운 불규칙 숫자를 소개할 때에는 이전에 소개한 규칙으로 읽을 수 있는 숫자와 새로운 숫자를 번갈아 가며 제시한다 (예, 13, 14, 13, 16, 18, 13, 17, 14, 19, 13).

Part B는 덜 구조화된 연습 단계로, 이 단계에서 학생은 단서 없이 10에서 19까지 수를 읽는다. Part B는 몇 주 동안 매일 제시한다. Part C는 자릿값 개념을 더욱 공고히 하기 위한 학습지 연습 단계. 이 단계에서는 학생에게 차트를 보여 주고 이에 해당하는 숫자에 동그라미를 치라고 한다. 10에서 19까지 수 쓰는 것을 소개하고 나면 학생은 해당하는 숫자에 동그라미를 치는 대신 그 숫자를 쓸 수 있게 될 것이다.

10에서 19까지의 수 쓰기. 10에서 19까지의 수 쓰기는 학생이 이 수들을 어느 정도 유창하게 읽을 수 있을 때 소개한다. 이 수 읽는 법을 가르칠 때와 마찬가지로 규칙 수(14, 16, 17, 18, 19)를 먼저 소개하고 불규칙 수(11, 12, 13, 15)를 나중에 소개한다. 불규칙 수는 규칙 수를 소개하고 나서 2일 후에 소개할 수 있다. 학생이 어려움을 별로 혹은 전혀 안 느낀다면 매일 하나씩의 불규칙 수를 소개할 수 있다.

〈수업 형식 5-6〉은 10에서 19까지의 수 쓰기를 지도하는 방법을 제시하고 있다. Part A에서는 '14는 10과 4로 구성되어 있다.'와 같이 수의 각 부분을 말할 수 있도록 가르치는 절차를 담고 있다. Part B는 구조화된 칠판 수업 단계다. 교사는 칠판에 차트를 그리고, 각 자리에 해당하는 숫자를 적는다. Part C는 구조화된 학습지 연습 단계로, 학생이 숫자를 쓸 때 교사는 단서를 준다. Part D는 각자 수 받아 적기 단계로, 교사가 수를 불러 주면 학생은 이를 받아 적는다. 학생이 주어진 수를 정확히 읽을 수 있으면, 수 받아 적기 연습은 말로 적힌 수를 아라비아 숫자로 적는 학습지 연습으로 대체할 수 있다.

10에서 19까지의 수 쓰기 연습은 유창성 향상을 위해 몇 주 동안 지속한다. 자릿값 차트는 처음 몇 주 동안만 제시하고 나중에는 빼도록 한다.

구체물 조작활동

[그림 5-2]에는 10개 사물로 구성된 한 묶음과 여러 개의 낱개 사물들이 나와 있다. 학생들은 십의 자리와 일의 자리에 숫자를 적는다. 자릿값 개념을 강화시켜 주는 이 연습은 학생들이 숫자를 읽고 쓰는 것에 능숙해질 때 소개할 수 있다.

이 밖에도 연필, 10개들이 색연필 상자, 낱개 물건 등과 같은 일상적인 사물들이 담긴 학습지를 이용하여 자릿값 개념을 강화시킬 수 있다. 마지막으로, 학생들에게 구체물 묶음 — 예컨대, 10개의 이쑤시개로 묶인 한 묶음과 낱개, 10개의 꽃 묶음과 여러 개의 낱개 꽃 등 — 을 준다. 혹은 학생들이 10원짜리와 100원짜리 동전의 값을 안다면 100원짜리 한 개와 9개의 10원짜리를 준비한다. 학생들은 각 예를 가지고 10부터 19까지의 수를 센다(영어의 11부터 19까지는 ten-one, ten-two …와 같이 읽는 것이 아니라 eleven, twelve … 등과 같이 읽는다- 역자 주).

[그림 5-2] 십 단위 수(10~19) 학습지

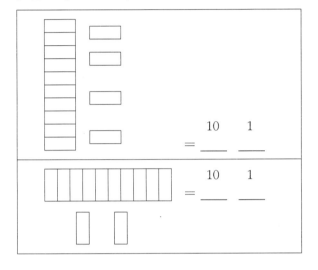

20부터 99까지의 수 읽고 쓰기

20부터 99까지의 수 읽기. 20부터 99까지의 수 읽기는 학생들이 19까지의 수를 정확하게 그리고 유창하게 읽을 수 있을 때(즉, 8초에 5개의 수를 읽을 때) 소개한다. 이때 학생들은 또한 100까지 하나씩 혹은 10씩 뛰어 셀 수 있어야 한다(10, 20, 30, 40, 50, 60, 70, 80, 90, 100). 20부터 99까지의 수를 읽도록 지도하는 수업 형식이 〈수업 형식 5-7〉에 나와 있다.

수업 형식 Part A와 Part B는 십 단위 수의 자릿값 개념 이해를 촉진하기 위해 10개들이 블록을 사용한다. Part A에서 교사는 여러 개의 10개들이 블록을 그린다. 그런 후 학생들로 하여금 전체 블록들의 개수를 10개 묶음으로 세어서 알아보도록 하고 십 단위 수의 자릿값(예, 10이 5개면 50과 같다)을 확인하게 한다.

Part B에서 교사는 시범-검사 절차를 사용하여 다양한 십의 자리 숫자를 대상으로 그 자릿값을 잘 기억하도록 한다. 어떤 학생들은 10이 2개, 3개, 5개일 때 각각을 올바른 수로 말하는 데 어려움을 겪을 수

있다. 영어로 20은 'twoty'가 아닌 twenty이고, 30은 'threety'가 아닌 'thirty'이며, 50은 'fivety'가 아닌 fifty이기 때문이다.

Part C와 Part D는 자릿값표에서 실제로 숫자를 읽는 것을 가르친다. Part C에서 교사는 학생들에게 십의 자리부터 읽도록 가르친다. 십의 자리 숫자가 무엇인지 묻고 그 숫자에 해당하는 값이 얼마인지 묻는다. 마지막으로, 십의 자리와 일 단위 수를 합치도록 한다(30 + 5 = 35).

Part D에서 학생들은 교사의 도움 없이 수를 읽는다. Part D에서 학생들이 많이 어려워하면 이는 Part C에서 Part D로 너무 빨리 진도가 나갔음을 의미한다. 여러 개의 예를 가지고 구조화된 칠판 수업으로 되돌아간다. 학생들이 자신 있게 과제를 해결하면 Part D의 덜 구조화된 수업 형식으로 진행한다(Part D의 마지막 5차시 동안에는 자릿값 표를 사용하지 말아야 함에 주목하기 바란다). Part D의 예 중 $\frac{1}{4}$ 은 10부터 19까지의 수이어야 한다.

Part E에서 학생들은 제시된 블록들의 수에 해당하는 숫자를 고른다. 학습지에는 10개들이 묶음과 낱개를 그린 그림을 제시한다. 학생들은 처음에는 10개들이 묶음의 개수를 세어 전체 수가 무엇인지 결정한다. 그런 다음 그 묶음 수에 해당하는 숫자를 알아낸다(10이 3개면 30). 마지막으로, 10개들이 묶음 수를 알아낸 십의 자리부터 시작해서 다른 수를 세는 사전 기술이 있다는 전제하에 낱개의 블록을 센다(예, 31, 32, 33, 34).

20부터 99까지의 수 쓰기. 20부터 99까지의 수 쓰기는 학생들이 이 숫자들을 읽을 수 있을 때 소개한다. 이것을 가르치는 형식은 〈수업 형식 5-8〉에 나와 있다. Part A와 Part B는 사전 기술이다. Part A에서 학생에게 숫자의 각 부분(예, 97은 90과 7)을 말하는 것을 가르친다. Part B에서는 십의 자리에 10이 몇 개인지 말하도록 가르친다(예, 50은 10이 5개). Part C에서는 20부터 99까지의 수를 쓰는 방법을 소개한다.

교사가 수를 불러 주면 학생은 그 수의 각 부분을 말한다. 교사는 10이 몇 개인지 묻고 십의 자리 숫자를 쓰도록 한다. 그런 다음 예컨대 "84는 80 몇과 같죠?"라고 묻는다. 학생들이 "4."라고 말하면 교사는 일의 자리에 4를 쓴다. Part D는 학생들이 숫자를 쓰는 것만 빼고는 Part C와 같다. Part E는 숫자 받아 적기 연습이다. 교사가 숫자를 불러 주면 학생들은 그 숫자를 받아 적는다. 이 부분에서 약 $\frac{1}{3}$의 숫자 예들은 10부터 19까지의 숫자여야 한다. 숫자 읽을 때와 마찬가지로 학생들이 덜 구조화된 수업 단계 때 자주 실수를 범하면 도움을 주는 단계에서 도움이 없는 단계로 너무 빨리 진행한 것이다. Part D의 구조화된 칠판 수업 단계로 되돌아간다. 학생들이 여러 개의 예들을 자신 있게 해결하면 Part E의 받아쓰기 단계로 간다.

교정 대상 학생을(혹은 보충지도를 필요로 하는 학생을) 지도하는 교사들은 이 학생들이 1로 끝나는 숫자들을 앞뒤를 바꾸어 쓰는 문제를 보일 수 있음을 예상해야 한다. 예를 들어, 31을 13, 71을 17, 혹은 21을 12로 쓸 수 있다(영어로 31은 thirty-one인데, 이는 thirteen과 유사하게 소리가 나기 때문이다. 다른 숫자도 마찬가지다－역자 주). 이 문제를 교정하기 위해서는 10부터 19까지의 숫자 쓰기 형식(〈수업 형식 5-6〉 참조)의 Part B, C, D를 1로 끝나는 모든 두 자릿수(예, 21, 31, 41, 51)를 제외한 십 단위 수 쓰기 수업 형식(〈수업 형식 5-8〉 참조)과 동시에 한두 차시에서 제시한다. 1로 끝나는 두 자릿수 숫자를 제외하는 이유는 앞뒤를 바꾸어 쓰는 수를 소개하기 전에 좀 더 쉬운 수를 완전히 숙달하도록 하기 위함이다. 며칠 동안 교사의 도움 없이도 두 자릿수 숫자를 쓸 수 있게 되면 앞뒤를 바꾸어 쓰기 쉬운 1로 끝나는 두 자릿수를 가르친다. 10부터 19까지의 수 쓰기 형식(〈수업 형식 5-6〉 참조)의 Part C를 약간만 차이가 나는 예들을 가지고 가르치되, 13과 31, 17과 71같은 수들을 변별하는 데 초점을 둔다. 어려워하는 학생들에게는 Part C를 몇 주에 걸쳐 매일 복습하도록 할 필요가 있을 것이다. 약간만 차이가 나는 예들은 이 기술을 처음 배

우는 어린 학생이 아닌 특별 지도가 필요한 학생들에게만 사용하고 있음에 주목하기 바란다.

100부터 999까지의 수 읽고 쓰기

백 단위 수 읽기.   백 단위 수 읽기는 보통 2학년 때 가르친다. 백 단위 수를 소개하기 전에 학생들은 100 미만의 수를 읽고 쓸 수 있어야 한다. 가르치는 절차는 십 단위 수 읽기 형식과 매우 유사하다. 이 수업은 〈수업 형식 5-9〉에 나와 있다. Part A에서 교사는 백의 자리 숫자는 백이 몇 개인지를 의미하는 것이라고 설명하면서 백의 자리를 소개한다. 그런 다음, 학생들로 하여금 백의 자리 숫자를 읽어 보게 한다. 맨 왼쪽 수부터 가리키면서 그 숫자가 무슨 자릿수이고, 그 숫자가 얼마를 의미하는지 다음과 같이 묻는다. "이 수는 무슨 자리부터 시작하죠?" "백이 몇 개죠?" "백 다섯 개는 무엇과 같죠?" 이어서 나머지 사릿수에 대해서도 이와 동일하게 다음과 같이 묻는다. "십이 몇 개죠?" "십이 4개이면 무엇과 같죠?" "일은 몇 개죠? 일이 8개이면 무엇과 같죠?" 십의 자리에 1이 있을 때는 이 수업 형식을 약간 변형시킨다. 이 변형은 Part A의 끝 부분에 나와 있다. Part B에서 학생들은 교사의 도움 없이 백 단위 수를 읽는다.

몇 주 동안 매일 백 단위 수 읽는 것을 지속시킨다. 그런 다음 수 읽는 것을 계산 전략에 결합시켜야 하는데, 이 계산 전략의 첫 단계는 문제를 읽는 것이다. 또한 수 읽는 연습을 [그림 5-3]과 같이 학습지 연습을 통해 시키는데, 이 연습에서 학생들은 글로 쓰여 있는 수를 읽고 그에 해당하는 아라비아 숫자에 동그라미를 친다. 물론 이 연습은 단어를 읽을 수 있는 학생에게만 적절하다.

백 단위 수를 소개하는 순서가 중요하다. 십의 자리에 0이 없는 백 단위 수를 먼저 소개해야 한다. 십의 자리에 0이 있는 백 단위 수는 그 자리를 말하지 말아야 하기 때문에 학생들에게 어렵다. 이 어려운 부분은 좀 더 쉬운 수를 가르친 지 약 1주일 후에 소개할 수 있다. 이 때 수업 형식을 다음과 같이 약간 변형할 필요

가 있다. Part A의 단계 3에서 교사는 다음과 같이 말한다. "십의 자리에 0이 있네요. 따라서 내가 십의 자리를 짚으면 아무 말도 하지 않습니다." 단계 5에서 학생들은 교사가 0이 있는 자릿수를 가리키면 아무 말도 하지 않는다. 예를 들어, 608을 읽을 때 교사가 6을 가리키면 학생들은 '600'이라고 읽지만 0을 가리키면 말을 하지 않고 있다가 8을 가리키면 '8'이라고 읽는다.

십의 자리에 0이 있는 백 단위 수를 읽는 연습을 시킬 때에는 다음과 같이 수들을 묶어서 제시한다. 38, 308, 380; 42, 420, 402; 703, 730, 73. 각 묶음을 서로 간에 최소한으로만 다른 수들로 구성하였음에 주목하기 바란다. 십 단위 수 하나와 백 단위 수 2개로 구성했다. 2개의 백 단위 수는 십의 자리와 일 단위 수만 바꾸어 하나는 0을 십의 자리에, 다른 하나는 0을 일의 자리에 배치한다.

백 단위 수 쓰기.   대개 학생들은 백 단위 수를 읽는 것보다 쓰는 것을 더 어려워한다. 수를 소개하는 순서는 읽기 때와 동일하다. 백 단위 수는 두 단계에 걸쳐 소개하는 것이 좋다. 첫 번째 단계에서는 십의 자리에 0이 있는 수를 제외한다. 248은 적절하지만 208은 적절하지 않다. 208을 말할 때는 십의 자리를 말하지 않기 때문이다. 두 번째 단계에서 십의 자리나 일의 자리에 0이 있는 수를 사용한다.

〈수업 형식 5-10〉에는 십의 자리에 0이 없는 백 단위 수를 쓰는 법을 가르치는 형식이 나와 있다. Part A에서 교사는 백 단위 수의 각 자릿값을 말해 보게 한다(예, 382 = 300 + 80 + 2). Part A의 단계 3과 4의 교사의 말에 주목하기 바란다. 십의 자리와 일 단위 수

[그림 5-3] 백 단위 수 읽기를 위한 학습지 연습

맞는 수에 ○표 하시오.			
삼백육십이	320	362	360
사백팔십육	48	468	486
이백칠십일	217	270	271
구백삼십이	732	932	923

를 들었는지 교사가 묻는다. 이 멘트는 학생들을 십의 자리나 일의 자리에 0이 있는 수에 대해 준비시키기 위함이다.

Part B에서는 학생들이 999까지의 백 단위 수를 쓰도록 안내한다. 예를 들어, 486을 쓰도록 안내할 때 첫 번째 수(400)를 말하도록 하고, 이 수가 백의 자리 숫자이기 때문에 백의 자리에 숫자 4를 쓰기 시작해야 한다고 지시한다. 백이 몇 개인지 묻고, 그 숫자(4)를 백의 자리에 쓰도록 한다. 그런 다음, 다음 자릿값이 무엇인지 묻는다(10의 자리). 이 질문은 학생들에게 언제나 십의 자리에도 숫자를 써야 함을 상기시키기 위함이다. 십의 자리 숫자(80)를 말하게 하고, 10이 몇 개인지 물으며(8), 그 숫자 8을 십의 자리에 쓰도록 한다. 그런 다음 일의 자리 숫자 6을 쓰도록 한다.

Part C는 말로 쓰인 수를 숫자로 바꾸어 쓰게 하는 개별 연습 활동이다. 글자를 읽을 줄 모르는 학생이 있으면 수를 읽어 준다. 몇 주 동안 매일 연습을 실시한다. 처음 몇 주 동안에는 자릿값 표를 사용하다가 이후에는 표 없이 연습을 하도록 한다.

자릿수 맞추는 개념을 강화시키기 위해 Part C에 몇 개의 십 단위 수를 포함시킨 것에 주목하기 바란다. 백 단위 수의 첫째 수는 백의 자리에 쓰지만 십 단위 수의 첫째 수는 십의 자리에 쓴다.

십의 자리에 0이 있는 수를 쓰는 활동은 학생들이 십의 자리에 0이 없는 세 자릿수를 정확하게 쓸 수 있을 때 소개한다. 십의 자리나 일의 자리에 0이 있는 수를 지도하기 위해서는 〈수업 형식 5-10〉의 Part B 단계 3을 변형시켜야 한다. 예를 들어, 학생들이 십 단위 수를 듣지 않았다고 말하면, "그러면 십의 자리에 무슨 수를 쓰나요?"라고 묻는다. 학생들이 "영이요."라고 하면 "십의 자리에 0을 쓰세요."라고 말한다. 그리고 나서 단계 4로 간다.

세 자릿수 쓰기 연습에 사용될 예들은 십의 자리에 0이 있는 세 자릿수 읽기 연습 때와 동일하다. 즉, 서로 간에 최소한으로만 다른 예를 세 개씩 묶어 제시한다. 902, 92, 920; 48, 480, 408; 702, 72, 720. 두 자

릿수의 경우, 일단 학생들이 십 단위 수를 써야 할 자리를 알게 되면(단계 1) 그 수를 쓸 수 있게 됨에 주목하기 바란다.

1,000~999,999까지의 수 읽고 쓰기

천 단위 수 읽기. 천 단위 수는 대개 3학년 때 소개한다. 천 단위 수를 소개하는 수업 형식은 매우 간단하다(〈수업 형식 5-11〉 참조). 학생들에게 쉼표 바로 앞 숫자는 천이 몇 개인지를 나타낸다고 가르친다. 학생들은 쉼표 앞의 숫자를 읽고, 쉼표를 '천'이라 읽으며 나머지 숫자를 읽는다. 3,286을 읽을 때 '3' '천' 그리고 '286'이라고 읽는다.

이 형식에서 학생들은 4개에서 6개의 숫자로 구성된 수를 읽어야 한다. 천 단위 수를 소개하는 순서는 신중하게 짜야 한다. 천 단위 수는 다음과 같은 순서로 소개하는 것이 좋다.

1. 1,000에서 9,999까지의 수 중에서 십의 자리와 백의 자리에 0이 없는 수
2. 1,000에서 9,999까지의 수 중에서 십의 자리나 백의 자리 혹은 둘 모두에 0이 있는 수
3. 10,000부터 99,999까지의 수
4. 100,000부터 999,999까지의 수

처음에는 십의 자리와 백의 자리에 0이 있는 수를 포함시키지 않는 것이 좋다. 자칫 천 단위 수를 자리값의 개수보다 0의 개수와 관련이 있는 것으로 잘못 인식할 수 있기 때문이다. 0이 들어 있는 수를 소개할 때는 예를 선정할 때 특히 조심해야 한다. 예의 $\frac{1}{4}$은 백의 자리와 십의 자리에 0이 들어 있는 수로 하고, $\frac{1}{4}$은 백의 자리에만 0이 있는 수, $\frac{1}{4}$은 십의 자리에만 0이 있는 수, 그리고 마지막 $\frac{1}{4}$은 0이 전혀 없는 수로 구성한다. 이에 따른 예의 구성 예는 다음과 같다. 2,000, 2,058, 2,508, 2,815; 7,002, 7,020, 7,200, 7,248; 9,040, 9,400, 9,004, 9,246.

4학년 기간 중에는 학생들에게 쉼표 없이 1,000부터 9,999까지의 수를 소개해야 한다. 학생들이 보는 참고서나 문제집 중에는 천의 자리에 쉼표가 없을 수 있다. 쉼표가 없는 천 단위 수를 소개할 때 교사는 학생들에게 어떤 수가 네 자릿수이면 그것은 천 단위 수를 나타낸다고 가르치고, 천 단위 수와 백 단위 수를 혼합한 숫자들을 제시한다.

천 단위 수 쓰기. 천 단위 수 쓰기는 천 단위 수 읽기처럼 4학년 때 가르친다. 첫 단계 동안에는 모든 수를 천의 자리와 십의 자리에 0이 아닌 숫자가 오도록 구성한다. 두 번째 단계에서 백의 자리나 십의 자리 중 어느 하나나 둘 모두에 0이 있는 수를 소개한다(〈수업 형식 5-12〉에 있는 예들은 백의 자리에 0이 있는 수들로 두 번째 단계에서 뽑은 것들이다). 백의 자리에 0이 있는 수는 0을 빼먹고 읽을 수 있기 때문에 학생들에게 어려울 수 있다. 간혹 학생들은 사천팔십오를 백의 자리의 0을 쓰지 않은 채 4,85로 쓸 수 있다. 종종 학생들은 자신이 들은 대로 사천, 팔십, 오를 써 버릴 수도 있다. 천 단위 수 쓰기 지도 절차는 각 자리에 해당하는 숫자를 천의 자리, 백의 자리, 십의 자리, 일의 자리에 각각 써야 한다는 자릿값 개념 학습을 강화하는 방향으로 설계해야 한다. 백의 자리나 십의 자리에 0이 있는 천 단위 숫자는 좀 더 쉬운 숫자를 소개한 후 약 1주일 후쯤 소개해야 한다. 천 단위 수 읽기 때처럼 서로 간에 최소한으로만 다른 예들을 다음과 같이 한 세트로 구성하여 제시한다. 4,028 4,208, 4,218, 4,280; 6,200, 6,002, 6,020, 6,224; 5,090, 5,900, 5,009, 5,994.

천 단위 수 쓰기 〈수업 형식 5-12〉는 백 단위 수 쓰기 〈수업 형식 5-10〉과 매우 유사함에 주목하기 바란다. 학생들이 수를 쓰기 전에 교사는 학생들에게 천의 자리에는 긴 선을, 백의 자리, 십의 자리, 일의 자리에는 짧은 선을 긋도록 한다. 그런 다음 천이 몇 개인지 묻고 그에 해당하는 숫자를 천의 자리에 쓰도록 한다. 학생들은 천이란 말 대신 쉼표를 쓴다. 쉼표는 선에서 시작하여 아래 방향으로 약간 굽은 선으로 표시

한다. 많은 학생은 쉼표를 선 중간에 써서 마치 숫자 1과 같이 보이게 할 수 있다. 교사는 이 오류가 일어나는지 잘 보고 있다가 오류가 발생하면 즉시 쉼표를 제대로 쓰는 시범을 보이면서 교정해야 한다. 쉼표를 쓰고 나면 써야 할 수를 다시 한 번 읽어 주고, 학생들로 하여금 백 단위 수를 들었는지 물어본다. 듣지 못했다고 하면 학생들은 0을 쓴다. 십의 자리와 일의 자리에 대해서도 동일한 절차를 적용한다. Part B에서 학생들은 교사의 도움 없이 천 단위 수를 쓴다.

천 단위 수 쓰기는 몇 주에 걸쳐 매일 연습하도록 한다. 연습은 [그림 5-3]의 백 단위 수 읽기와 비슷한 학습지를 이용하여 하도록 한다. 학생들은 말로 된 수를 읽고 그에 해당하는 숫자를 쓴다.

백만 단위 수 읽고 쓰기

백만 단위 수는 대개 4학년 후반과 5학년 때 가르친다. 백만 단위 수 읽기는 천 단위 수 읽기 수업과 비슷한 절차를 사용하여 가르칠 수 있다. 교사는 주어진 수에 쉼표가 몇 개 있는지를 통해 백만 단위 수를 알아내도록 가르친다. 쉼표가 두 개 있으면 첫 번째 쉼표는 백만을 의미하며 두 번째 쉼표는 천을 의미한다. 처음에는 학생들에게 한 번에 한 부분씩 말해 보도록 함으로써 단서를 준다. 〈요약 5-1〉을 참조하기 바란다.

백만 단위 수 읽기를 위한 예에는 백만 단위 수와 천 단위 수를 혼합해서 학생들이 쉼표가 하나만 있지 않고 두 개 있는 수를 보았을 때 어떻게 이 수들을 변별해야 할지 연습하도록 한다.

백만 단위 수 쓰기는 주어진 수의 각 자리를 나타내는 밑줄을 사용하고 쉼표를 정확히 찍어 가르친다.

―――, ――― ――― ―――, ――― ――― ―――.

기본적으로 천 단위 수 쓰기 지도 형식과 동일한 단계를 사용하여 다음과 같이 백만 단위 수 쓰는 방법을 안내한다(〈수업 형식 5-12〉 참조). "잘 들으세요. 5백만, 203천, 450. 백만이 몇 개죠? 백만 자리에 5를 쓰세요 … 5백만 203천. 천이 몇 개죠? 천의 자리 쉼표 앞에 203을 쓰세요. 잘 들으세요. 5백만, 203천, 405. 나머지 숫자를 쓰세요."

3,064,800, 2,005,000, 8,000,124와 같이 십만 자리, 만의 자리, 천의 자리에 0이 있는 수는 학생들이 쓰기에 특히 어렵다. 이 숫자들은 학생들이 이보다 쉬운 수를 잘 쓸 수 있을 때만 소개한다. 천 단위 때처럼 여기에도 다음과 같이 최소한으로만 다른 수들을 묶어서 제시한다(예, 6,024,000, 6,204,000, 6,024, 6,240,000, 6,240). 이 묶음은 백만 단위 수와 천 단위 수를 반드시 혼합하여 구성해야 한다. 학생들이 숙달 상태에 이르기까지 백만 단위 수 쓰기 연습을 아주 많이 해야 한다. 이 연습은 여러 달에 걸쳐 구두와 학습지 연습 방법을 사용하여 지속되어야 한다.

자리 맞추기

자리 맞추기(column alignment)는 일단의 수들을 세로로 적절한 자리에 잘 맞추어 쓰는 것이다. 자리 맞추기는 중요한 기술인데, 이는 좀 더 어려운 연산이나 식이 제시되지 않는 다음과 같은 문장제 문제 해결에 이것이 사전 기술이 되기 때문이다. "Fred는 4,037개의 구슬을 갖고 있다. 이 중 382개를 동생에

〈요약 5-1〉 기호 식별하기: 백만 단위 수 읽기

1. 주어진 수에 쉼표가 몇 개 있는지 학생에게 묻는다.
2. 첫 번째 쉼표 앞 숫자의 자릿값이 무엇인지 묻고, 그 수가 얼마인지 말해 보도록 한다.
3. 두 번째 쉼표 앞 숫자의 자릿값이 무엇인지 묻고, 그 수가 얼마인지 말해 보도록 한다.
4. 수 전체가 얼마인지 말해 보도록 한다.

게 주었다. 몇 개 남았는가?" 또한 자리 맞추기를 통해 학생들의 자릿값에 대한 개념을 검사할 수 있다. 예를 들어, 앞의 문제를 풀기 위해 다음과 같이 식을 세운 학생은 정답을 얻을 수 없을 뿐만 아니라 중요한 자릿값 기술을 숙달하지 않았음을 보여 준다.

$$4,037$$
$$-362$$

자리 맞추기 문제 예로는 자리 수가 서로 다른 수들을 가로로 적어 제시한다. 자리 맞추기 과제는 자리 수가 늘어남에 따라 더욱 복잡해진다. 처음에는 십 단위 수와 한 자릿수를 더하는 예(32 + 5 + 14)를 포함시킨다. 그러다가 백 단위 수, 십 단위 수, 한 자릿수(142 + 8 + 34)를, 나아가 천 단위 수, 백 단위 수, 백 단위 수, 십 단위 수, 한 자릿수(3,042 + 6 + 134 + 28)를 포함시킨다.

제시하는 수들의 순서를 잘 조정하는 것이 필요하다. 가장 큰 수를 앞에 쓰고, 나머지 수들을 그 아래에

적용 문제 | 기호와 자릿값

1. 숫자 4, 2, 5가 쓰인 과제를 제시한다. 교사가 4를 가리키며 "무슨 수죠?"라고 물으면 학생은 "5."라고 대답한다. 이것을 교정하는 절차는 무엇인가?
2. 한 아이가 5개의 선이 들어 있는 네모 위의 빈칸에 7이라고 썼다. 이러한 오류의 가능한 원인을 말해 보시오. 정확한 원인이 무엇일지 어떻게 알 수 있는가? 교정 방안을 제시해 보시오.
3. 수를 쓰는 검사 중에 한 학생이 5 대신 2를 썼다. 교사는 어떻게 해야 하는가?
4. 다음은 어떤 학생이 학습지에 문제를 푼 것이다. 문제는 각 그림에 해당하는 숫자를 빈칸에 쓰는 것이다. 학생이 보인 오류를 지적하고 그 원인을 제시해 보시오. 교정 방안을 제시해 보시오.

②	⑤	⑥	④	③	⑦
‖	‖‖	‖‖‖	‖‖‖	‖‖	‖‖‖‖

5. 십 단위 수 읽기를 가르치는 〈수업 형식 5-7〉의 Part C에서 어떤 학생이 71을 17로 읽었다. 이를 교정하기 위해서 교사는 무슨 말을 해야 하는가?
6. 두 교사가 백 단위 수 읽기 문제를 다음과 같이 제시하고 있다. 어느 교사의 문제가 더 적절한가? 그 이유는 무엇인가?

　　교사 A: 306, 285, 532, 683, 504
　　교사 B: 724, 836, 564, 832, 138

7. 백 단위 수 개별 쓰기 연습 도중 학생들이 자주 오류를 범한다(예, 어떤 학생이 삼백팔을 38로 썼다). 이럴 때 교사는 어떻게 해야 하는가?
8. 다음의 수는 다양한 유형을 각각 대표하는 예다. 각 수가 나타내는 유형이 무엇인지 말해 보시오. 적절한 순서로 예를 나열해 보시오.

　　836; 13; 18; 305; 64; 5,024; 5,321

9. 다음 수업 형식의 특정 부분을 제시하는 데 사용할 수 있는 예를 6~8개로 구성해 보시오.
　　a. 백 단위 수 읽기 수업 형식: 십의 자리에 0이 있는 백 단위 수 읽기를 가르치기 위한 덜 구조화된 칠판 수업
　　b. 천 단위 수 읽기 수업 형식: 백의 자리와 십의 자리 중 어느 하나 혹은 양쪽에 0이 있는 천 단위 수 읽기를 가르치기 위한 덜 구조화된 칠판 수업

쓴다. 그 이유는 각 자릿값의 위치를 정해 놓기 위해 서다. 수 읽기 지도는 구조화된 학습지를 이용한 시범-검사와 같은 단순한 절차(〈수업 형식 5-13〉 참조)를 사용한다. 교사는 먼저 가장 큰 수를 먼저 써야 한다고 말해 주고 나머지 수들을 어느 자리부터 써야 하는지 에 대해 학생들을 안내한다. 구조화된 학습지 연습은 여러 차시에 걸쳐 실시한다. 그런 다음 몇 주 동안 하루에 5개 정도의 문제를 주어 개별 연습하도록 한다.

풀어서 쓰기

풀어서 쓰기는 수를 각 자릿값 수로 나누어 쓴 다음 이를 더하기 형식을 쓰는 것을 말한다. 예를 들어, 3,428은 3,000 + 400 + 20 + 8로 쓰거나 다음과 같 이 세로셈으로 쓴다.

$$\begin{array}{r} 3,000 \\ 400 \\ 20 \\ +\quad 8 \\ \end{array}$$

풀어서 쓰기 문제들을 소개하는 순서는 수를 읽고 쓰는 것을 가르칠 때 사용한 순서와 동일하게 10~19 까지의 수, 20~99, 100~999, 1,000~9,999 등으로 한다.

말로 숫자를 풀어서 쓰는 것을 가르치는 순서는 앞 에서 언급한 수 쓰기 수업 형식에 포함시킨다. 예를 들어, "382에 십 단위 수가 있나요? 그 십 단위 수가 무엇이죠?"와 같이 말하며 지도한다(〈수업 형식 5- 10〉 참조). 이러한 배경지식을 알고 있으면 학생들은 수를 풀어서 말로 하는 데 별 어려움을 겪지 않을 것 이다(354 = 300 + 50 + 4). 이것이 구조화된 칠판 수 업의 핵심이다(〈수업 형식 5-14〉 참조). 구조화된 학 습지 위에다가는 수를 풀어서 이야기한 다음 그 수를 쓴다. 덜 구조화된 학습지 활동은 필요하지 않기 때 문에 바로 개별 연습으로 나아간다.

〈**수업 형식 5-1**〉 **새로운 숫자 소개하기**
참고: 이 수업 형식은 각각의 새로운 숫자를 소개할 때 사용한다. 이 수업 형식에서는 1, 4, 6, 2를 이전에 소개했고, 7을 새로운 숫자로 소개하는 것으로 가정한다.

교사	학생
1. (칠판에 다음 숫자들을 쓴다) 　　7　　2 　4　　6　　7 　　7　　1 (시범을 보이고 검사한다. 7을 가리킨다) 이것은 칠입니다. 이것이 무엇이라고요? (7을 짚는다)	7
2. (변별 연습) 숫자를 짚으면 무엇인지 말해 보세요.	
3. (2를 가리킨 다음 1초 동안 멈춘다) 이것이 무슨 숫자죠? (2를 짚는다) (3단계를 7, 1, 6, 1, 7, 2, 1, 6, 7 등의 순서로 반복한다)	2
4. (개인별로 시켜 보기: 개별 학생들에게 몇 개의 숫자를 읽어 보라고 한다)	

〈수업 형식 5-2〉 등식 쓰기

교사	학생
1. (학생에게 연필과 종이를 준다)	
2. 지금부터 불러 주는 문제를 쓰세요. 문제를 불러 줄 테니 잘 들으세요. 육 더하기 이는 얼마죠? 다시 잘 들으세요. 육 더하기 이는 얼마죠? 따라해 보세요. 교정하기: 학생들이 보통의 속도로 식을 따라 말할 수 있을 때까지 학생과 같이 반응한다.	육 더하기 이는 얼마죠?
3. 이번에는 식을 천천히 말해 봅시다. 손뼉을 칠 때마다 식의 각 부분을 말해 볼게요. (학생과 같이 반응한다) 준비. (손뼉) 육 (2초 멈춘 후에 손뼉) 더하기 (2초 멈춘 후에 손뼉) 이 (2초 멈춘 후에 손뼉) 는 (2초 멈춘 후에 손뼉) 얼마죠? (학생들이 스스로 반응할 수 있을 때까지 단계 3을 반복한다)	육 더하기 이 는 얼마죠?
4. 자, 이제 내가 손뼉을 치면 여러분이 스스로 식을 말해 보세요. (멈춤) 준비. (2초 간격으로 손뼉을 친다)	육 더하기 이는 얼마죠?
5. 이제 식을 쓰세요.	6 + 2 = □ 라고 쓴다.
6. (다음 식을 가지고 단계 1~5를 반복한다. 8 − 3 = □; 4 + 5 = □; 7 − 2 = □)	

〈수업 형식 5-3〉 숫자 식별하고 선 그리기: 구조화된 학습지

4	6	□	2

교사	학생
1. 모두 자신의 학습지 위에 첫 번째 숫자를 짚으세요. (학습지를 들고 4를 가리킨다) 이것이 무슨 숫자죠? 숫자 4는 네 개의 선을 그어야 한다는 것을 말합니다. 숫자 4가 무엇을 말한다고요? 손뼉을 칠 때마다 선을 긋고, 그 수를 세어 보세요. (2초 간격으로 손뼉을 치면서 신호를 준다) 몇 개 그었죠? 예, 네 개였어요.	4 네 개의 선을 긋는 것이요. 학생들은 선을 긋고 그 수를 센다. 1, 2, 3, 4 4
2. 다음 숫자를 짚으세요. 무슨 숫자죠? 6은 6개의 선을 그어야 하는 것을 말해요. 숫자 6이 무엇을 말한다고요? 손뼉을 칠 때마다 선을 긋고, 그 수를 세어 보세요. (2초 간격으로 손뼉을 치면서 신호를 준다) 몇 개 그었죠? 예, 여섯 개였어요.	6 여섯 개의 선을 긋는 것이요. 학생들은 선을 긋고 그 수를 센다. 6

3. 다음 기호를 짚으세요. 무엇이죠?   빈칸이에요.

   빈칸은 선을 몇 개 그으라고 말하고 있나요? 아니에요. 빈칸은 선을 몇 개 그
   으라고 말하고 있지 않아요.

   빈칸은 선을 몇 개 그으라고 말하고 있나요?   아니요.

   그러면 선을 그을 것인가요?   아니요.

4. 다음 숫자를 짚으세요. 무슨 숫자죠?   2

   2는 선을 몇 개 그으라는 뜻이죠?   두 개의 선을 그어요.

   선을 그으세요.   학생들은 두 개의 선을 긋는다.

   선을 셀 준비를 하세요. 준비. (2초에 한 번꼴로 손뼉을 친다)   1, 2

   선을 몇 개 그었나요?   2

   (다음 날, 학생이 자신감을 보이면 새로운 예를 가지고 단계 4를 사용하여 수업한다)

〈수업 형식 5-4〉 사물의 개수에 해당하는 숫자 쓰기: 구조화된 학습지

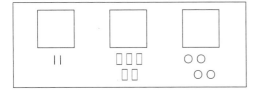

교사	학생
1. 여러분, 여기 한 가지 규칙이 있어요. 빈칸 밑의 사물은 빈칸에 어떤 숫자를 넣어야 할지를 나타내요. 빈칸 밑의 사물을 셀 준비를 하세요. (학습지의 첫 번째 문제를 가리키고 학생들이 첫 번째 선을 가리킬 때까지 기다린다)	
손뼉을 치면 선을 세어 보세요. 준비. (1초에 한 번씩 손뼉을 친다)	1, 2
빈칸 밑에 선이 모두 몇 개죠?	2
그러면 빈칸에 무슨 숫자를 써야 하죠?	2
그 숫자를 쓰세요.	
2. (나머지 예를 대상으로 단계 1을 반복한다)	

〈수업 형식 5-5〉 십 단위 수 읽기

교사	학생

Part A: 구조화된 칠판 수업

1. (칠판에 다음과 같이 쓴다)

십의 자리	일의 자리
1	4
1	6
1	7
1	8
1	9

2. (십의 자리 칸을 가리키며) 이것은 십의 자리입니다. (일의 자리 칸을 가리키며) 이것은 일의 자리입니다.

3. 이 수들은 모두 십의 자리가 1로 시작합니다. 십의 1이면 십이라고 합니다. 내가 이 수들을 읽을 테니 잘 들으세요. (14를 가리킨다) 14. (16을 가리킨다) 16. (17을 가리킨다) 17. (18을 가리킨다) 18. (19를 가리킨다) 19.

4. 이제 여러분이 수를 읽어 보세요. (무작위로 여러수를 가리킨다)

5. (몇 명의 학생을 대상으로 2개씩 수를 읽어 보도록 개별적으로 시킨다)

Part B: 덜 구조화된 칠판 수업

1. (칠판에 14를 쓴다. 14를 가리킨다) 무슨 수죠?　　　　　　　　　　　　　　14

2. (단계 1을 19, 17, 18, 16 수에 대해 반복한다)

Part C: 자릿값 학습지

1. (다음과 같은 문제가 적힌 학습지를 학생들에게 준다)

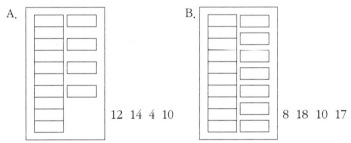

　A.　　　　　　　　　　　　B.

　　　　　　　12 14 4 10　　　　　　　　　8 18 10 17

2. 그림 A를 보세요. 큰 탑에는 10개의 블록이 있어요. 작은 탑에는 4개의 블록이 있어요. 내가 블록들을 세어 볼게요. 10 (멈춤), 11, 12, 13, 14. 블록이 모두 몇 개죠?　　　　　　　　14

3. 모두 14개의 블록이 있어요. 14에 동그라미 표를 하세요.

4. 그림 B를 보세요. 큰 탑에는 10개의 블록이 있어요. 10부터 시작하여 블록을 세어 보세요. 준비.　　　　　　　　10, 11, 12, 13, 14, 15, 16, 17

5. 블록이 모두 몇 개죠?　　　　　　　　17

6. 17에 동그라미 표를 하세요.
　 (다른 예를 대상으로 단계 4~6을 반복한다)

〈수업 형식 5-6〉 십 단위 수 쓰기

교사	학생
Part A: 십 단위 수 구성 요소	
1. 여러분은 이제 십 단위 수를 쓰게 될 거예요. 잘 들으세요. 16. 십의 자리에 1을 쓰고 일의 자리에 6을 쓰세요. 잘 들으세요. 19. 19를 어떻게 쓰죠? 잘 들으세요. 14. 14를 어떻게 쓰죠?	십의 자리에 1을 쓰고 일의 자리에 9를 쓴다. 십의 자리에 1을 쓰고 일의 자리에 4를 쓴다.
2. 여러분 차례예요. 14. 어떻게 쓰죠?	십의 자리에 1을 쓰고 일의 자리에 4를 쓴다.
3. (16, 19, 17, 18을 가지고 단계 2를 반복한다)	
4. (몇 명의 학생을 대상으로 단계 2나 3을 개별적으로 시켜 본다)	
Part B: 구조화된 칠판 수업	
1. (칠판에 다음과 같이 쓴다) 십의 자리 | 일의 자리	
2. (십의 자리 칸을 가리키며) 이것은 십의 자리입니다. 여기에 십 단위 수 1을 적습니다.	
3. 14를 어떻게 쓰죠? (십의 자리에 1을 쓰고, 일의 자리에 4를 쓴다)	십의 자리에 1, 일의 자리에 4를 쓴다.
4. (17, 19, 16, 18을 가지고 단계 3을 반복한다)	
5. (학생들을 지명한다) 각 수를 읽어 보세요. (학생이 읽을 때 각 수를 가리킨다)	
Part C: 구조화된 학습지 – 수 받아 적기	
1. (학생들에게 다음과 비슷하게 만든 학습지를 준다) 십의 자리 | 일의 자리 a. b. c. d.	
2. a 칸을 짚으세요. 여기에 14를 쓰려고 합니다. 무슨 수를 쓴다고요?	14
3. 14를 어떻게 쓰죠?	십의 자리에 1을 쓰고 일의 자리에 4를 쓴다.
4. 14를 쓰세요. 방금 쓴 수를 읽어 보세요.	(학생들이 14를 쓴다) 14
5. (16, 19, 14, 17, 18을 가지고 단계 1~4를 반복한다)	

Part D: 덜 구조화된 학습지 — 수 받아 적기

1. (학생들에게 자릿값 표를 준다) 여러분은 첫 번째 줄에 14를 쓰게 될 것입니다.   14
   무엇을 쓰려고 한다고요? 14를 쓰세요.

2. (16, 18, 19, 17을 가지고 단계 1을 반복한다)

〈수업 형식 5-7〉 20~99 수 읽기

교사	학생

Part A: 십의 자리 자릿값 소개하기(사전 기술)

1. (다음과 같은 다이어그램을 학생들에게 보여 준다)

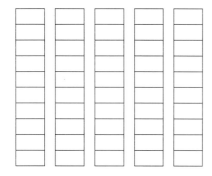

2. 각 모둠에는 10개씩의 블록이 있어요. 각 모둠에 몇 개씩의 블록이 있다고요?   10

3. 내가 각 모둠을 짚으면 10씩 세어 보세요. (모둠을 짚는다)   10, 20, 30, 40, 50

4. 블록이 모두 몇 개죠?   50
   그래요. 10이 5개면 50과 같아요.
   (단계 3과 4를 이십과 사십을 가지고 반복한다)

Part B: 십의 자리 연습하기(사전 기술)

1. (칠판을 지우고 시범을 보인다) 10개씩 몇 개가 무엇과 같은지 연습해 봅시다.
   잘 들으세요. 10이 3개면 30과 같아요. 10이 3개면 무엇과 같다고요?   30
   (이십, 오십으로 이 단계를 반복한다)

2. (검사) 십이 2개면 무엇과 같죠?   20
   (오십, 삼십, 육십, 팔십, 사십을 대상으로 학생들이 모든 예에 대해 정확히 답할 수 있
   을 때까지 반복 연습한다)

3. (단계 2를 학생 개인별로 시켜 본다)

Part C: 구조화된 칠판 수업

1. (칠판에 다음과 같은 틀을 그린다)

십의 자리	일의 자리
4	6

2. (십의 자리를 가리키며) 무슨 자리죠?   십의 자리

   (일의 자리를 가리키며) 무슨 자리죠?   일의 자리

3. 십의 몇 개죠?   4

   십이 4개면 무엇과 같죠?   40

4. 일이 몇 개죠?   6

   40과 6을 합하면 무엇이죠?   46

   그러면 전체 수는 무엇이죠?   46

   (52, 38, 93, 81을 가지고 단계 1~4를 반복한다)

Part D: 덜 구조화된 칠판 수업

1. (칠판에 다음과 같은 틀을 그린다)

십의 자리	일의 자리
7	2

   이 수는 전체로 무슨 수죠? (2~3초간 멈춘 후 신호를 준다)   72

2. (95, 20, 16, 31, 47, 50, 12를 대상으로 단계 1을 반복한다)

3. (몇 명의 학생을 개별적으로 시켜 본다)

Part E: 덜 구조화된 학습지

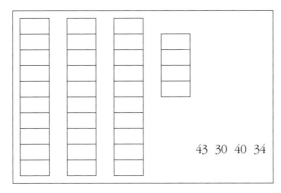

43 30 40 34

1. (학생용 학습지를 들고) 이 그림 속에 블록이 모두 몇 개인지 알아봅시다. 10개
   씩 묶음이 몇 개죠?   3

2. 십이 3개면 무엇과 같죠?   30

3. 아직 끝난 게 아니에요. (남은 블록을 가리킨다) 이 블록들을 세어야 해요. (십의
   모둠을 가리키며) 여기에 30개의 블록이 있어요. 30부터 세고, 그다음을 셀 때
   오른쪽 블록을 짚으세요. (30, 31, 32, 33, 34를 센다)   30, 31, 32, 33, 34

4. 그림 속의 블록은 모두 몇 개죠?   34
   34란 숫자에 동그라미 표를 하세요.

〈수업 형식 5-8〉 20~99 수 쓰기

교사	학생
Part A: 자릿값 풀어 쓰기 사전 기술	
1. 이 숫자를 읽어 보세요. 84	84
2. 팔십 사는 80과 4와 같습니다. 84는 무엇과 같다고요?	80과 4
84의 첫 부분은 무엇입니까?	80
3. 팔십 사는 80하고 무엇과 동일합니까?	4
4. (72, 95, 88, 43을 대상으로 단계 1~3을 반복한다)	
Part B: 십 단위 수 자릿값(사전 기술)	
1. 이십은 십이 2개입니다. 이십에 십이 몇 개 있다고요?	2
2. (60과 30을 대상으로 단계 1을 반복한다)	
3. 40에는 10이 몇 개 있나요?	4
4. (80, 30, 60, 20, 50을 대상으로 단계 3을 반복한다)	
5. (몇 명의 학생을 개별적으로 시켜 본다)	
Part C: 구조화된 칠판 수업	
1. (칠판에 다음과 같은 틀을 그린다)	

십의 자리	일의 자리

교사	학생
2. 여기에 뭔가 큰 수를 쓰고 싶어요. 큰 수를 쓸 때는 먼저 십 단위 수를 써요.	
그런 다음 일 단위 수를 써요.	
먼저 무엇을 쓴다고요?	십 단위 수
그다음에 무엇을 쓰나요?	일 단위 수
3. 잘 들으세요. 84. 84의 첫 부분은 무엇인가요?	80
4. 80에는 10이 몇 개 있나요?	8
맞아요. 그래서 십의 자리에 8을 쓸게요. (십의 자리에 8을 쓴다)	
팔십은 십이 8개와 같아요.	
5. 잘 들으세요. 팔십사는 80하고 무엇하고 같죠?	4
맞아요. 그래서 일의 자리에 4를 쓸게요. (일의 자리에 4를 쓴다)	
6. 방금 쓴 수가 무엇이었나요?	84
7. 84에는 십이 몇 개죠?	8
84에는 일이 몇 개죠	4
8. (몇 개의 예를 가지고 단계 3~6을 반복한다)	

Part D: 구조화된 학습지 수업

1. (다음과 같은 틀이 그려진 학습지를 학생들에게 준다)

십의 자리	일의 자리
a. _____	_____
b. _____	_____
c. _____	_____
d. _____	_____
e. _____	_____
f. _____	_____

2. a를 짚으세요. 이제 여러분은 a 옆에 79를 쓸 것입니다. 무엇을 쓸 것이라고 요?   79

3. 79의 첫 부분은 무엇입니까?   70

    70에는 10이 몇 개죠?   7

    십의 자리에 7을 쓰세요.

4. 79는 70하고 무엇하고 같죠?   9

    일의 자리에 8을 쓰세요.

5. 여러분이 쓴 숫자는 무엇인가요?   78

6. 79에는 십이 몇 개죠?   7

7. 79에는 일이 몇 개죠?   9

8. (몇 개의 다른 예를 가지고 단계 1~6을 반복한다)

Part E: 덜 구조화된 학습지－수 받아 적기

1. (학생들에게 다음과 같이 틀이 그려진 학습지를 준다)

    a. _____
    b. _____
    c. _____
    d. _____
    e. _____
    f. _____

2. 이제 여러분은 각 줄에 수를 쓰게 될 거예요.

3. a 줄을 짚으세요.

4. 여러분은 49를 쓸 거예요. 무슨 수를 쓴다고요?   49

5. 49를 쓰세요.   학생들이 49를 쓴다.

6. (73, 20, 99, 14, 51, 42, 61, 17을 대상으로 단계 2~4를 반복한다)

〈수업 형식 5-9〉 100~999 수 읽기

교사	학생

Part A: 구조화된 칠판 수업

1. (칠판에 다음과 같은 틀을 그린다)

백의 자리	십의 자리	일의 자리
5	4	8

(다음과 같이 말할 때 해당 자리를 가리킨다)

이곳은 백의 자리 칸입니다.

이곳은 십의 자리 칸입니다.

이곳은 일의 자리 칸입니다.

각 칸의 자릿값 이름을 말해 보세요.   백의 자리, 십의 자리, 일의 자리

(백의 자리부터 시작하여 각 칸을 가리킨다. 학생들이 제대로 응답할 때까지 반복한다)

2. 수를 읽을 때 우리가 맨 먼저 해야 할 일은 처음에 읽어야 할 숫자의 자리를 확인하는 것입니다. (548의 5를 가리킨다)

이 수는 무슨 자리부터 시작하나요?   백의 자리

백이 모두 몇 개죠?   5

백이 다섯 개면 무엇과 같죠?   500

3. (4를 가리키며) 여기는 무슨 자리죠?   십의 자리

십의 몇 개죠?   4

십이 4개면 무엇과 같죠?   40

4. (8을 가리키며) 여기는 무슨 자리죠?   일의 자리

일이 몇 개죠?   8

어떻게 읽죠?   8

5. 이제 수를 전체로 읽어 봅시다. 내가 수를 짚으면 여러분은 그 수를 읽어 보세요.

(5를 가리키고, 1초 정도 멈춘 후에 5를 짚는다)   500

(4를 가리키고, 1초 정도 멈춘 후에 4를 짚는다)   40

(8을 가리키고, 1초 정도 멈춘 후에 8을 짚는다)   8

6. 전체 수를 읽어 보세요.   548

7. (자릿값 표에 적힌 697, 351, 874, 932를 대상으로 단계 2~6을 반복한다)

참고: 십 단위 수가 1인 세 자릿수를 제시할 때는 수업 형식의 단계 3, 4, 5 대신 밑의 단계를 제시한다. 밑의 단계는 514를 읽는 법을 보여 준다.

8. 여기는 무슨 자리죠?   십의 자리

십이 몇 개죠?   1

9. 일이 몇 개죠?   4

십이 하나이고, 일이 네 개입니다. 그럼 무슨 수가 되죠?   14

10. 수를 전체로 읽어 봅시다. (5를 가리키며) 이 수를 뭐라고 읽죠?   500

(14를 가리키며) 이 수를 뭐라고 읽죠?   14

Part B: 덜 구조화된 칠판 수업

1. (칠판에 다음과 같은 틀을 그린다)

백의 자리	십의 자리	일의 자리
4	4	6

2. 이제 수의 앞 부분을 말하지 않고 곧바로 수를 읽어 볼 거예요.
   이번에는 내가 가리키면 여러분이 수를 전체로 읽어 보세요.
   (446을 가리키고 2~3초 동안 멈춘다)

3. (249, 713, 321, 81, 720, 740을 대상으로 단계 1을 반복한다)

4. (몇 명의 학생을 불러 개별적으로 시켜 본다)

〈수업 형식 5-10〉 백 단위 수 쓰기

교사	학생

Part A: 자릿값 풀어서 쓰기

1. 100씩 900까지 뛰어 세어 보세요. 준비, 시작. — 100, 200, 300, 400, 500, 600, 700, 800, 900

   이번에는 10씩 90까지 뛰어 세어 보세요. 준비, 시작. — 10, 20, 30, 40, 50, 60, 70, 80, 90

2. 이 수를 잘 들으세요. 362. 362에 백 단위 수가 있나요? — 예.
   백 단위 수가 무엇이죠? — 300

3. 다시 잘 들으세요. 362. 362에 십 단위 수가 있나요? — 예.
   십 단위 수가 무엇이죠? — 60

4. 다시 잘 들으세요. 362. 362에 일 단위 수가 있나요? — 예.
   일 단위 수가 무엇이죠? — 2

5. 362 = 300 + 60 + 2. 나와 같이 읽어 봅시다. — 362 = 300 + 60 + 2
   이제 여러분 스스로 읽어 보세요. — 362 = 300 + 60 + 2

6. (428, 624, 139를 대상으로 단계 2~5를 반복한다)

7. (몇 명의 학생을 대상으로 단계 2~5를 개별적으로 시켜 본다)

Part B: 구조화된 학습지 수업—수 받아 적기

1. (학생들에게 다음과 같은 틀이 그려진 학습지를 나누어 준다)

	백의 자리	십의 자리	일의 자리
a.			
b.			
c.			
d.			
e.			

이제 여러분은 여기에 백 단위 수를 쓸 것입니다. 백의 자리를 짚으세요. 십의 자리를 짚으세요. 일의 자리를 짚으세요. (학생들의 반응을 점검한다)

2. 648의 첫 부분이 무엇이죠?   600

   그러면 어느 자리부터 시작하나요?   백의 자리

   600에는 백이 몇 개죠?   6

   백의 자리에 6을 쓰세요.

3. 다음 자리는 무슨 자리죠?   십의 자리

   648에 십 단위 수가 있나요?   예.

   십 단위 수가 무엇이죠?   4

   십의 자리에 4를 쓰세요.

4. 다음 자리는 무슨 자리죠?   일의 자리

   648에 일 단위 수가 있나요?   예.

   일 단위 수가 무엇이죠?   8

   일의 자리에 8을 쓰세요.

5. 다 했어요. 648에 백이 몇 개였죠?   6

   648에 십이 몇 개였죠?   4

   648에 일이 몇 개였죠?   8

   여러분이 쓴 수를 읽어 보세요.   648

6. (326, 463, 825, 253, 866을 대상으로 단계 2~5를 반복한다)

Part C: 교사 감독하의 개별 연습

1. (다음과 같은 틀이 그려진 학습지를 학생들에게 준다)

   빈칸에 다음 수들을 써 넣으시오.

	백의 자리	십의 자리	일의 자리
a. 이백육십일			
b. 사백십팔			
c. 팔			
d. 구백육십이			
e. 사십팔			
f. 사백팔십			
g. 십이			
h. 구백칠			
i. 사십일			
j. 삼백구십칠			

2. 이것은 빈칸에 수를 쓰는 문제입니다.

3. 문항 a를 읽어 보세요.   이백육십일

4. 수를 쓰세요.

5. (나머지 문항들을 가지고 단계 2와 3을 반복한다)

〈수업 형식 5-11〉 천 단위 수 읽기

교사	학생
Part A: 구조화된 칠판 수업	
1. 큰 수에 쉼표가 있으면 그 쉼표는 천의 자리를 나타냅니다. 여기에는 규칙이 있어요. 쉼표 바로 앞의 숫자는 천이 몇 개인가를 나타냅니다. 쉼표 바로 앞의 숫자가 무엇을 나타낸다고요? (6,781을 칠판에 쓴다)	천이 몇 개인가
2. 쉼표 바로 앞의 숫자가 무엇이죠? 그러니까 이 수의 첫 부분은 어떤 수가 되죠?	6 6천
3. (781을 가리키며) 이 수의 나머지 부분을 읽어 보기 바랍니다.	781
4. 이제 수 전체를 읽어 보세요. (6, 쉼표, 781 순서로 가리킨다)	6,781
5. (2,145, 3,150, 5,820, 6,423을 대상으로 단계 2~4를 반복한다)	
Part B: 덜 구조화된 칠판 수업	
1. (칠판에 3,820을 쓴다) 이 수를 읽어 보세요. (몇 초 동안 멈춘다) 교정: Part A의 단계 2~4를 반복한다.	3,820
2. (9,270, 3,174, 3,271, 9,563, 4,812를 대상으로 단계 1을 반복한다)	
3. (몇 명의 학생을 대상으로 개별적으로 시켜 본다)	

〈수업 형식 5-12〉 천 단위 수 쓰기

교사	학생
Part A: 구조화된 학습지	
1. (칠판에 다음과 같이 선을 긋는다) _____ _____ _____ 이 긴 선은 천의 자리를 나타내고, 나머지 선들은 각각 백, 십, 일의 자리를 나타냅니다. 여러분의 학습지에 천, 백, 십, 일의 자리를 나타내는 선을 그으세요.	
2. 이 수를 잘 들으세요. 8,024. 천이 몇 개죠? 천의 자리 선 위에 8을 쓰세요. 천 단위 수 다음에 무엇을 써야 하죠? 쉼표를 붙이세요.	8 학생들은 8을 쓴다. 쉼표 학생들은 쉼표를 쓴다.
3. 다시 잘 들으세요. 8,024. 이미 여러분은 천의 자리에 8을 썼습니다. 남은 수는 뭐죠?	24

교사	학생
4. 24 안에 백 단위 수가 있나요? 그러니까 백의 자리에 0을 쓰세요.	아니요. 학생들은 0을 쓴다.
5. 24 안에 십 단위 수가 있나요? 십의 자리 선 위에 무슨 숫자를 써야 하나요? 그 숫자를 쓰세요.	예. 2 학생들은 2를 쓴다.
6. 24 안에 일 단위 수가 있나요? 일의 자리 선 위에 무슨 숫자를 써야 하나요? 그 숫자를 쓰세요.	예. 4 학생들은 4를 쓴다.

7. (8,204, 8,042, 8,240을 대상으로 단계 1~6을 반복한 다음, 6,008, 6,806, 6,800, 6,080을 대상으로 역시 반복한다)

Part B: 교사 감독하의 개별 연습─수 받아 적기

1. 이제 여러분은 스스로 몇 개의 수를 쓰게 될 거예요.

2. 천의 자리에 긴 선을, 나머지 백, 십, 일의 자리에는 약간 짧은 선을 그으세요.

3. 잘 들으세요. 9,028. 무슨 수였죠? 9,028을 쓰세요. (학생들의 반응을 점검한다)	9,028

4. (9,208, 9,218, 9,280을 대상으로 단계 3을 반복한 다음, 8,004, 8,400, 8,420, 8040을 대상으로 반복한다)

〈수업 형식 5-13〉 자릿수 맞추기 가르치기: 구조화된 학습지

교사	학생

1. (학생들에게 다음과 같이 적은 학습지를 준다)
  a. 42 + 361 + 9   361
            42
          +   9
  b. 7 + 604 + 32
문제 a를 짚으세요. 내가 읽어 볼게요. 42 + 361 + 9. 문제 a를 세로식으로 다시 써 봤어요. 세로식 문제를 짚으세요. 가장 큰 수가 맨 위에 있어요. 그 수가 361이에요. 42의 4는 십의 자리에 씁니다. 가장 작은 수는 맨 아래에 씁니다. 9를 짚으세요. 이 수는 일의 자리에 씁니다.	

2. 문제 b를 짚으세요. 문제를 읽으세요.	학생들은 7 + 604 + 32를 짚는다. 7 더하기 604 더하기 32
3. 이 수들을 세로식으로 써서 더할 것입니다. 가장 큰 수를 먼저 씁니다. 가장 큰 수가 무엇이죠? 그 수를 쓰고 가로식에서 604를 선으로 그으세요.	604 학생들은 604를 쓴다.

4. 이제 604 밑에 32를 쓸 준비를 하세요.

32는 무슨 자리부터 쓰나요?
십의 자리

32를 쓰고 가로식에서 그 수를 선으로 그으세요.
학생들은 32를 쓴다.

5. 이제 7을 쓸 준비를 하세요. 7은 어느 자리에 쓰나요?
일의 자리

7을 쓰고 가로식 문제에서 7을 선으로 그으세요.
학생들은 7을 쓴다.

```
  604
   32
    7
```

6. 가로식 문제에서 모든 수를 선으로 그었나요?
예.

이 문제는 어떤 셈을 해야 하는 문제인가요?
덧셈

덧셈 기호를 쓰세요. 이제 문제를 다 썼으니 푸세요.

```
    604
     32
  +   7
```

7. (4개의 예를 가지고 단계 2~6을 반복한다)

〈수업 형식 5-14〉 자릿값 풀어서 쓰기

교사	학생
Part A: 구조화된 칠판 수업	
1. 이 수를 잘 들으세요. 624. 방금 들은 수를 말해 보세요.	624
2. 이제 624를 덧셈 문제로 말하는 것을 잘 들어 보세요. 600 + 20 + 4	
3. 여러분 차례예요. 624를 덧셈 문제로 말해 보세요.	600 + 20 + 4
4. (55, 406, 317, 29, 871, 314를 대상으로 단계 3을 반복한다)	
Part B: 구조화된 학습지	

1. 잘 들으세요. 472를 덧셈 문제로 말해 보세요.
   내가 472를 덧셈 문제 형태로 써 볼게요.
   (칠판에 400 + 70 + 2라고 쓴다)
	400 + 70 + 2

2. 잘 들으세요. 528을 덧셈 문제로 말해 보세요. 528을 덧셈 문제 형태로 써 보세요.	500 + 20 + 8 학생들은 문제를 쓴다.
3. (94, 427, 35, 53, 704, 266을 대상으로 단계 2를 반복한다)	
Part C: 교사 감독하의 개별 연습	

1. (다음과 같이 적힌 학습지를 학생들에게 준다)
   a. 624 = _____ + _____ + _____
   b. 386 = _____ + _____ + _____	

제**6**장

기본 연산

덧셈 100개, 뺄셈 100개, 곱셈 100개, 나눗셈 90개 등 390개의 기본적인 연산이 있다. 기본 덧셈 연산은 10 미만의 정수들 간의 모든 가능한 덧셈 조합을 말한다. 기본 뺄셈 연산은 빼는 수와 그 답이 모두 한 자릿수가 되는(c − a = b에서 a와 b) 10 미만 정수 간의 모든 가능한 뺄셈을 말한다. 〈표 6-1〉과 〈표 6-2〉는 기본 덧셈과 뺄셈 연산 모두를 나타낸 것이다.

기본 곱셈 연산은 곱하는 두 수가 모두 한 자릿수인 모든 가능한 조합을 말한다(즉, a × b = c에서 a와 b가 한 자릿수다). 기본 나눗셈 연산은 나누는 수와 몫이 모두 한 자릿수인(예, c ÷ a = b에서 a와 b는 한 자릿수이고, 몫은 0이 아님) 모든 가능한 두 수의 조합을 말한다. 〈표 6-3〉은 기본 나눗셈 연산을 모두 나타낸 것이다.

수업 절차

Ashlock(1971)은 기본 연산을 가르치기 위해 고안

〈표 6-1〉 기본 덧셈 연산

피가수	가수									
	0	1	2	3	4	5	⑥	7	8	9
0+	0	1	2	3	4	5	6	7	8	9
1+	1	2	3	4	5	6	7	8	9	10
2+	2	3	4	5	6	7	8	9	10	11
3+	3	4	5	6	7	8	9	10	11	12
4+	4	5	6	7	8	9	10	11	12	13
5+	5	6	7	8	9	10	11	12	13	14
6+	6	7	8	9	10	11	12	13	14	15
⑦+	7	8	9	10	11	12	⑬	14	15	16
8+	8	9	10	11	12	13	14	15	16	17
9+	9	10	11	12	13	14	15	16	17	18

주: 맨 첫 줄의 숫자에 맨 첫 칸의 수를 더해서 나온 결과임. 예를 들어, 7 + 6 = 13에 해당하는 숫자에 동그라미가 표시되어 있음.

〈표 6-2〉 기본 뺄셈 연산

피감수	감수									
	0	1	2	3	4	5	6	(7)	8	9
1-	1	0								
2-	2	1	0							
3-	3	2	1	0						
4-	4	3	2	1	0					
5-	5	4	3	2	1	0				
6-	6	5	4	3	2	1	0			
7-	7	6	5	4	3	2	1	0		
8-	8	7	6	5	4	3	2	1	0	
9-	9	8	7	6	5	4	3	2	1	0
10-		9	8	7	6	5	4	3	2	1
11-			9	8	7	6	5	4	3	2
12-				9	8	7	6	5	4	3
(13-)					9	8	7	(6)	5	4
14-						9	8	7	6	5
15-							9	8	7	6
16-								9	8	7
17-									9	8
18-										9

주: 맨 첫 칸의 숫자에서 맨 첫 줄의 수를 빼서 나온 결과임. 예를 들어, 13 − 7 = 6에 해당하는 숫자에 동그라미가 표시되어 있음.

된 세 가지 서로 다른 유형의 교수 활동을 이해를 위한 활동, 관련짓기 위한 활동, 숙달을 위한 활동으로 제시했다. 이해를 위한 활동으로는 연산을 구체적으로 보여 주는 것으로, 이 책의 제7장부터 제10장에 걸쳐 제시하는 것과 유사하다.

관련짓는 활동들은 여러 가지 기본 연산 간 관계를

〈표 6-3〉 기본 곱셈/나눗셈 연산

÷/×	0	1	2	3	4	5	6	(7)	8	9
0	0	0	0	0	0	0	0	0	0	0
1	0	1	2	3	4	5	6	7	8	9
2	0	2	4	6	8	10	12	14	16	18
3	0	3	6	9	12	15	18	21	24	27
4	0	4	8	12	16	20	24	28	32	36
5	0	5	10	15	20	25	30	35	40	45
(6)	0	6	12	18	24	30	36	(42)	48	54
7	0	7	14	21	28	35	42	49	56	63
8	0	8	16	24	32	40	48	56	64	72
9	0	9	18	27	36	45	54	63	72	81

주: 맨 첫 칸의 숫자에 맨 첫 줄의 숫자를 곱해서 나온 결과임. 예를 들어, 첫 칸의 6과 첫 줄의 7을 곱하면 42가 나오고, 6 × 7 = 42, 42 ÷ 6 = 7에 해당하는 숫자에 동그라미가 표시되어 있음.

가르치기 위해 고안된 활동이다. 이러한 관계를 가르치는 가장 좋은 방법은 연산 가족들(fact families)을 활용하는 것이다. 연산 가족은 더하기 일(3 + 1, 4 + 1, 5 + 1 등), 더하기 4(5 + 4, 6 + 4, 7 + 4 등), 동일한 수 더하기(2 + 2, 3 + 3, 4 + 4 등)와 같은 연속적인 것과 4개의 연산을 만들 수 있는 관련된 세 개의 수들로 이루어진 묶음들로 구성할 수 있다. 다음은 세 개의 서로 관련된 수로 구성한 연산 가족의 예다.

덧셈과 뺄셈

3, 5, 8

$3 + 5 = 8$
$5 + 3 = 8$
$8 - 3 = 5$
$8 - 5 = 3$

곱셈과 나눗셈

3, 5, 15

$3 \times 5 = 15$
$5 \times 3 = 15$
$3\overline{)15} = 5$
$5\overline{)15} = 3$

덧셈식($3 + 5 = 8$, 따라서 $5 + 3 = 8$)과 곱셈식($3 \times 5 = 15$, 따라서 $5 \times 3 = 15$) 각 부분들의 상호 교환 가능성이 어떻게 학생들의 기억 부담을 크게 줄여 주고 있는지를 주목하기 바란다. 각 기본 연산($5 + 3$과 $3 + 5$)을 따로따로 기억하는 대신 하나를 알면 그것의 순서를 바꾼 연산도 알 수 있다고 학생들에게 가르칠 수 있다. 이러한 상호 교환 가능성에 기반한 수업 절차에 대해서는 나중에 다시 논의한다.

연산 가족 단위로 기본 연산을 묶는 방법에 대한 우리의 제안이 [그림 6-2]부터 [그림 6-5]까지에 나와 있다. 이 묶음들이 기본 연산을 제시하기 위한 기반이 된다. 이 그림들에 나타난 관계 형식에 대한 논의

는 다음 절 이후에 논의된다.

숙달 활동은 기본 연산을 암기하는 것을 촉진하기 위해 고안되었다. 숙달을 촉진하는 것으로 확인된 활동들에는 기본 연산 제시 순서, 관계 활동과 암기 활동의 조화, 집중적이고 체계적인 복습, 언제 새로운 기본 연산을 소개할 것인가에 대한 구체적인 수행 기준, 교사가 학생의 기본 연산 숙달 정도를 점검할 수 있게 해 주는 기록 보관 절차, 그리고 동기화 절차 등이 필요하다.

관련짓기 활동들

Ashlock이 권장하는 이해 활동은 해당 연산 장에서 제시되고 있기 때문에 이 장에서는 관계와 숙달 활동에 대해서만 초점을 맞추기로 한다. 관련짓기 활동을 가르치기 위한 수업 절차로는 (a) 연속성(예, 3×1, 3×2, 3×3)에 기반하여 수 가족(number family)으로 연습하는 것과 (b) 덧셈과 뺄셈, 곱셈과 나눗셈 간의 역 관계(예, $4 + 2 = 6, 2 + 4 = 6, 6 - 4 = 2, 6 - 2 = 4$)를 연습하는 것을 들 수 있다. 수업 절차는 다른 장에서 소개한 전략들과 유사하지만 이 장에서 소개하는 전략들의 의도는 다르다. 문제를 해결하는 데 관계 전략을 사용할 수는 있지만 그 전략들의 목적은 수 가족들 간의 관계를 보여 주어 기본 연산 암기를 쉽게 해 주기 위함이다. 수 가족과 같이 서로 연결된 정보 형태로 암기하는 것이 낱낱으로 정보를 기억하는 것보다 쉬울 것으로 보인다. 관계 활동을 가르치기 위한 수업 절차를 논한 다음, 숙달 활동을 가르치기 위한 수업 절차를 논한다.

사전 기술

덧셈 기본 연산을 소개하기 전에 교사는 학생들에게 어떤 수 더하기 1을 알기 위한 전략을 가르쳐야 한다(30개 이상의 기본 연산을 아는 학생은 이 사전 기술에 대한 수업이 필요하지 않다). 기본 연산을 배우기 전에는 학생들은 대부분 그림이나 구체물을 사용하여 연

산 문제를 해결하려 할 것이다. 어떤 수 더하기 1을 가르치는 수업 형식(〈수업 형식 6-1〉 참조)은 이 기술을 가르칠 뿐만 아니라 학생들에게 수들이 서로 체계적으로 관련되어 있다는 것을 가르쳐 준다. 더하기 1 연산은 1학년 때 소개하는데, 바로 이 규칙을 적용하여 가르친다. 이 규칙으로부터 학생들은 연산 식의 앞 부분 수가 연산 합과 체계적으로 관련되어 있다는 것을 학습한다.

$$6 + 1 = 7 \qquad 9 + 1 = 10$$

학생들이 더하기 1 규칙을 배울 준비가 되어 있도록 수업 형식 Part A에서는 **다음 수**(next number)라는 용어를 가르친다. 먼저 교사는 맨 마지막 수를 몇 초 동안 길게 끌며 소리내면서 몇 개의 수를 센다(예, "3, 4, 5, 유…욱."). 그러면 학생들은 다음 수인 7을 말한다. 교사가 수들을 순서에 따라 말한 다음 학생들이 그다음 수를 말하는 것을 몇 개 연습한 다음(단계 2), 교사는 연속하는 수를 모두 말하지 않고 하나의 수만을 말하고 학생이 그다음 수를 말하도록 한다(단계 3). 이 과정에서 학생들이 흔히 범하는 오류는 바로 다음 수를 말하고 멈추는 대신 계속해서 수를 세는 것이다. 만약 학생이 바로 다음 수 이외에 다른 수까지 세면 즉시 중단시키고 바로 다음 수만 말하는 것을 시범 보인 후, 다른 예를 가지고 연습하기 전에 같은 예로 몇 번 더 반복 연습을 시킨다.

Part B는 학생들이 Part A에서 가르친 다음 수 기술을 완전히 습득하기 전까지 소개하면 안 된다. Part B에서 교사는 더하기 1 규칙을 소개하고, 몇 개의 예로 시범을 보이고, 검사한다. 도움 단서로 연산의 첫 부분 수를 강조하여 몇 초 동안 길게 말하고 더하기 1이란 말은 약하게 말할 수 있다(예, 유…욱 더하기 1에서 더하기 1은 조용히 말해 학생들이 육-칠로 수를 세는 것을 쉽게 연상할 수 있도록 한다).

Part C에서 교사는 도움 단서 없이 더하기 1 연산을 제시한다. 처음에는 질문한 후 대답 신호를 주기

전에 2~3초 동안 멈추어서 학생들이 대답을 생각해 낼 시간을 갖도록 해야 한다. 며칠 동안 연습한 후에는 멈춤 시간을 1초대로 줄일 수 있다. 학생들이 어떤 문제라도 즉시 대답할 수 있을 때까지 며칠 동안 더하기 1 문제를 연습시킨다.

연속하는 수 말하기

연속하는 수 말하기는 주요 관련짓기 활동의 하나로서 학생들에게 연속해 있는 일련의 연산들을 말하도록 가르치는 것이다. 연속하는 수 말하기는 학생들에게 다음 그림에서 동그라미 친 부분에 나타나 있는 것과 같은 연산 간의 수 세기 관련성에 주목하게 해 준다.

$$6 + 2 = 8$$
$$7 + 2 = 9$$
$$8 + 2 = 10$$

연속하는 수 말하기는 사칙연산 어느 것과도 결합될 수 있다. 〈수업 형식 6-2〉는 연속하는 수 말하기 가르치기 내용을 담고 있다. 비록 이 수업 형식에서는 덧셈을 다루지만 다른 연산에도 동일한 수업 형식을 적용할 수 있다.

연속하는 수 말하기 지도 절차는 네 부분으로 구성되어 있다. Part A에서 학생들은 연속하는 연산을 읽는다. Part B에서 교사는 답을 지우고 학생들은 그 답을 말한다. Part C에서 교사는 모두 지우고 학생에게 연속하는 수를 기억해서 말해 보도록 한다. Part D는 무작위로 제시된 연산을 가지고 반복 연습을 한다. 교사는 기본 연산을 답 없이 무작위로 칠판에 쓴다(예, 7 + 2, 5 + 2, 8 + 2, 6 + 2). 그런 다음, 각 연산을 가르치고, 멈추고, 학생들이 반응할 신호를 준다. 학생들이 1초 멈춘 후 반응할 수 있을 때까지 이 연습을 반복한다. 연산은 무작위로 제시하여 학생들이 순서에 따라 답을 암기하지 않도록 한다.

연산식을 빠르고 유창하게 읽도록 가르치는 것(Part A)이 중요한데, 이는 저성취 학생들의 경우 연

산식을 느리게 혹은 부정확하게 읽기 때문이다. 만약 학생들이 연산식을 빠르고 유창하게 읽지 못하면 연속하는 연산을 기억해서 말하거나 무작위 연습(Part D)에서 특정 연산을 기억해 내는 데 아주 많은 어려움을 겪게 될 것이다. 학생들이 연속하는 연산을 빠른 속도로 말할 수 있게 되도록 충분한 연습을 제공해야 한다.

연산식을 말하는 속도는 대략 2~3초에 하나씩 말할 수 있을 정도로 기준을 정한다(고학년 학생은 2초, 저학년 학생은 3초). 또한 각 연산식 사이마다 약 1초간의 멈춤이 있어야 한다. 과제 제시 순서가 [그림 6-1]에 나와 있다. 첫 번째 줄은 경과한 시간을 나타낸 것이다. 두 번째 줄은 교사가 말하는 연산식이다. 이와 동일한 속도가 Part B와 Part C에서도 유지되어야 한다.

너무 늦게 연산식을 말하는 것을 교정하기 위해서는 적절한 속도로 말하는 것을 안내하고(학생과 같이 말해 봄) 안내를 점진적으로 줄여 학생들이 연산식을 혼자서도 적절한 속도로 말할 수 있도록 한다. 교사는 가급적 유쾌한 방식으로 충분히 반복 연습을 시킬 수 있도록 신중해야 한다. 저성취 학생을 가르치는 교사들은 Part C와 Part D로 나아가기 전에 Part A와 Part B를 여러 날 연습해야 함을 알게 될 것이다. 상위 수준의 학생들을 가르치는 교사는 하루나 이틀 안에 모든 수업 형식을 다 나갈 수 있을 것이다.

Part D를 처음 제시하는 날에는 다루게 될 연속하는 연산 중 처음 3개만 다루어야 한다. 새로운 연산식은 그다음 이틀 연속 Part D에서 제시할 수 있다.

세 개의 수로 구성된 연산 가족

연산들 간의 관계를 보여 주기 위해 고안된 또 하나의 수업 형식은 세 개의 수로 구성된 연산 가족을 소개하는 것이다. 이것은 세 개의 수 묶음으로, 학생들이 이 세 수를 이용하여 덧셈, 뺄셈, 곱셈, 나눗셈의 연산식을 만들도록 하는 것이다. 예를 들어, 세 수가 3, 4, 7이라면 $3 + 4 = 7, 4 + 3 = 7$ 등으로 덧셈식을 만든다. 나중에 이 동일한 세 수를 이용하여 뺄셈식을 $7 - 4 = 3, 7 - 3 = 4$와 같이 만든다.

수 가족을 가르치는 수업 형식에는 두 가지가 있다. 첫째는 덧셈과 뺄셈의 교환법칙($a + b = c$이면 $b + a = c, a \times b = c$이면 $b \times a = c$)을 가르치는 것이다. 둘째는 덧셈식과 곱셈식에서 각각 뺄셈식과 나눗셈식을 생성하도록 가르치는 것이다. 교환법칙은 암기해야 할 연산식의 수를 아주 획기적으로 줄여 주기 때문에 매우 중요하다. 모든 연산식은 교환법칙을 사용하여 빠르고 쉽게 앞뒤 순서가 다른 동일 연산식으로 바꿀 수 있다. 예를 들어, $5 + 3 = 8$이라는 것을 암기했다면 $3 + 5$의 답도 알 것이다. 여기서 주목할 것은 **교환법칙**이라는 용어를 직접 가르치지는 않는다는 것이다. 단지 교환법칙의 기능만을 가르친다.

첫 번째 수업 형식은 세 부분으로 구성되어 있는데, 〈수업 형식 6-3〉에 제시되어 있다. 제시되는 예는 덧셈의 교환법칙을 보여 주지만, 동일한 수업 형식을 사용하여 곱셈의 교환법칙도 가르칠 수 있다. Part A에서 학생들은 주어진 세 개의 수를 이용하여 두 개의 덧셈식을 만드는 방법을 배운다. 예를 들어, 2, 5, 7이 있을 때 $2 + 5 = 7, 5 + 2 = 7$을 만든다. 이 두 개의 연산식 중 하나는 이전의 연속하는 연산식 말하기 수업 때 나온 것이다. 두 번째 연산식은 첫 번째 연산식의 순서를 바꾼 것이다. 예를 들어, 어떤 수 더하기 2(예, $5 + 2, 6 + 2$)를 가르쳤다면 새로운 연산은 2 더하기 어떤 수(예, $2 + 5, 2 + 6$)가 되는 것

[그림 6-1] 연속하는 연산식 말하는 속도

시간(초)	1	2	3	4	5	6	7	8	9	10	11
연산식 진술문	$6 + 2 = 8$			멈춤	$7 + 2 = 9$			멈춤	$8 + 2 = 10$		

이다. Part B에서 학생들은 새로운 연산식을 말해 보도록 검사를 받는다. Part C는 다음과 같은 그림이 그려진 학습지를 연습하는 단계다.

$$\boxed{} \quad \boxed{2} \atop \boxed{5}$$

$$\underline{} + \underline{} = \underline{}$$
$$\underline{} + \underline{} = \underline{}$$

학생들은 두 수의 합한 결과를 쓰고(이 수를 큰 수라고 부른다) 두 개의 덧셈식을 말한다.

세 수로 구성된 수 가족을 가르치기 위한 두 번째 수업 형식은 연산식들이 연산의 종류를 넘나들며 어떻게 관련될 수 있는지를 보여 준다(〈수업 형식 6-4〉참조). 이 수업 형식을 이용하여 덧셈에서 뺄셈을, 그리고 곱셈에서 나눗셈을 만든다. 교사는 뺄셈식과 나눗셈식을 어떻게 만들 수 있는지 시범을 보인다. 예를 들어, 3 + 4 = 7, 4 + 3 = 7을 보인 다음, 학생들에게 7 − 4 = 3, 7 − 3 = 4를 가르친다.

뺄셈식과 나눗셈식을 만드는 수업 형식은 두 부분으로 구성되어 있다. [그림 6-4]는 뺄셈의 예를 보여 주지만 동일한 수업 형식을 나눗셈 연산을 소개하는 데도 사용할 수 있다. Part A에서 교사는 3, 5, 8과 같은 세 개의 수를 이용하여 두 개의 뺄셈식을 만드는 방법을 시범 보여 준다. 먼저 학생에게 두 개의 작은 수(3과 5)를 더하라고 말한 다음, 두 개의 뺄셈식을 만들 수 있음을 지적해 준다. 이때 뺄셈을 할 때는 항상 큰 숫자부터 시작한다는 규칙을 소개하는데, 이 규칙은 3 − 8 = 5와 같은 오류를 범하지 않게 해 준다. Part B는 학습지 연습 단계로, 학생들은 3개의 숫자를 이용하여 두 개의 덧셈식과 두 개의 뺄셈식을 작성한다.

단순 연산 소개 순서

단순 연산을 소개하는 순서는 신중하게 결정해야 한다. 새로운 단순 연산을 소개할 때는 혼란 가능성을 피하고 학습을 촉진하기 위해 체계적으로 해야 한

다. [그림 6-2] [그림 6-3] [그림 6-4] [그림 6-5]는 사칙 단순 연산을 소개하는 순서를 제시하고 있다. 각 그림은 3개나 4개의 연산으로 이루어진 25쌍의 단순 연산을 제시한다. 이 단순 연산 쌍들은 제시 순서에 따라 알파벳 순서로 나열되어 있다. 따라서 세트 A를 먼저 소개하고 이어서 세트 B, C, D 순서로 소개한다. 각 세트 안에서는 역시 각 단순 연산들이 이 책의 저자들이 권장하는 순서대로 나열되어 있다. 예를 들어, [그림 6-3]의 뺄셈 단순 연산에서 세트 G는 세 개의 숫자를 사용하여 6 − 3, 8 − 4, 10 − 5, 12 − 6의 순서로 제시한다. 6 − 3 연산인 경우, 교사는 Part A에서 칠판에 다음과 같이 쓴다. 6, 3, 3의 수를 통해서는 한 개의 뺄셈식 6 − 3만이 가능하기 때문에 하나의 연산식을 쓸 빈칸을 마련한다. Part A를 네 개의 연산 세트와 함께 제시한 다음 Part B를 역시 네 개의 연산 세트와 같이 제시한다. 교사가 새로운 연산 세트를 소개하는 동안 학생들에게는 이전에 제시한 연산들을 학습지를 통해 암기하는 연습을 계속하도록 한다. 뺄셈 세트 G처럼 세 수를 이용하여 여러 가지 식을 만드는 연습은 숙달 연습 전까지 며칠 동안 지속한다.

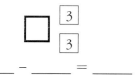

이와 같은 수업 순서를 짜는 데 다음 세 가지 지침을 적용하였다. (a) 쉬운 연산을 먼저 제시한다. (b) 관련된 연산은 같이 제시한다. (c) 특정 연산을 거꾸로 쓴 연산은 원래의 연산을 소개한 후 비교적 속히 가르친다. 이러한 수업 순서는 연산을 소개하는 여러 가지 순서 중 하나에 불과하며, 이러한 순서가 꼭 최선이라는 뜻은 아니다.

학년별 수학 프로그램에서는 덧셈, 뺄셈, 곱셈, 나눗셈순으로 소개되고 있다. 정확히 언제 뺄셈, 곱셈, 나눗셈을 소개해야 하는가는 어려운 질문이다. 더 구체적으로, 다른 연산으로 나아가기 전에 특정 연산을

[그림 6-2] 덧셈 연산 제시 순서

더하기 1 수업 형식은 〈수업 형식 6-1〉
연속하는 수 말하기 수업 형식은 〈수업 형식 6-2〉
세 수 수업 형식은 〈수업 형식 6-3〉

새로운 연산 세트	관련짓기 지도 수업 형식
A. $2+1, 3+1, 4+1, 5+1$	더하기 1, 연속하는 수 말하기
B. $6+1, 7+1, 8+1, 9+1$	더하기 1, 연속하는 수 말하기
C. $2+2, 3+2, 4+2, 5+2$	연속하는 수 말하기
D. $6+2, 7+2, 8+2, 9+2$	연속하는 수 말하기
E. $3+3, 4+4, 5+5, 6+6$	연속하는 수 말하기
F. $2+3, 3+3, 4+3, 5+3$	연속하는 수 말하기
G. $6+3, 7+3, 8+3, 9+3$	연속하는 수 말하기
H. $1+2, 1+3, 1+4, 1+5$	세 수-덧셈(1, 2, 3)(1, 3, 4)(1, 4, 5)(1, 5, 6)
I. $1+6, 1+7, 1+8, 1+9$	세 수-덧셈(1, 6, 7)(1, 7, 8)(1, 8, 9)(1, 9, 10)
J. $2+4, 2+5, 2+6$	세 수-덧셈(2, 3, 5)(2, 4, 6)(2, 5, 7)(2, 6, 8)
K. $2+7, 2+8, 2+9$	세 수-덧셈(2, 7, 9)(2, 8, 10)(2, 9, 11)
L. $3+4, 3+5, 3+6$	세 수-덧셈(3, 4, 7)(3, 5, 8)(3, 6, 9)
M. $3+7, 3+8, 3+9$	세 수-덧셈(3, 7, 10)(3, 8, 11)(3, 9, 12)
N. $7+7, 8+8, 9+9, 10+10$	연속하는 수 말하기
O. $1+0, 2+0, 3+0 \cdots 9+0$	연속하는 수 말하기
P. $0+1, 0+2, 0+3 \cdots 0+9$	세 수 더하기-덧셈(1, 0, 1)(2, 0, 2)
Q. $5+4, 6+4, 7+4$	연속하는 수 말하기
R. $7+6, 8+6, 9+6$	연속하는 수 말하기
S. $4+5, 4+6, 4+7$	세 수-덧셈(4, 5, 9)(4, 6, 10)(4, 7, 11)
T. $6+7, 6+8, 6+9$	세 수-덧셈(6, 7, 13)(6, 8, 14)(6, 9, 15)
U. $7+4, 8+4, 9+4$	연속하는 수 말하기
V. $7+7, 8+7, 9+7$	연속하는 수 말하기
W. $9+8, 8+9, 4+8$	세 수-덧셈(8, 9, 17)(8, 9, 17)(8, 4, 12)
X. $6+5, 7+5, 8+5, 9+5$	연속하는 수 말하기
Y. $7+8, 7+9, 4+9$	세 수-덧셈(7, 8, 15)(7, 9, 16)(9, 4, 13)
Z. $5+6, 5+7, 5+8, 5+9$	세 수-덧셈(5, 6, 11)(5, 7, 12)(5, 8, 13)(5, 9, 14)

[그림 6-3] 뺄셈 연산 제시 순서

연속하는 수 말하기 수업 형식은 〈수업 형식 6-2〉
세 수 수업 형식은 〈수업 형식 6-3〉

새로운 연산 세트	관련짓기 지도 수업 형식
A. $3-1, 4-1, 5-1, 6-1$	연속하는 수 말하기
B. $7-1, 8-1, 9-1, 10-1$	연속하는 수 말하기
C. $4-2, 5-2, 6-2, 7-2$	연속하는 수 말하기
D. $8-2, 9-2, 10-2, 11-2$	연속하는 수 말하기
E. $1-0, 2-0, 3-0, 4-0, 5-0, 6-0, 7-0, 8-0, 9-0$	세 수-뺄셈(1, 0, 1)(2, 0, 2)(3, 0, 3)(4, 0, 4) $\cdots$

F.　1 − 1, 2 − 2, 3 − 3, 4 − 4, 5 − 5, 6 − 6, 7 − 7, 8 − 8, 9 − 9	세 수−뺄셈(1, 1, 0)(2, 2, 0)(3, 3, 0)(4, 4, 0) ⋯
G.　6 − 3, 8 − 4, 10 − 5, 12 − 6	세 수−뺄셈(6, 3, 3)(8, 4, 4)(10, 5, 5)(12, 6, 6)
H.　5 − 3, 6 − 3, 7 − 3, 8 − 3	연속하는 수 말하기
I.　9 − 3, 10 − 3, 11 − 3, 12 − 3	연속하는 수 말하기
J.　3 − 2, 4 − 3, 5 − 4, 6 − 5	세 수−뺄셈(3, 2, 1)(4, 3, 1)(5, 4, 1)(6, 5, 1)
K.　7 − 6, 8 − 7, 9 − 8, 10 − 9	세 수−뺄셈(7, 6, 1)(8, 7, 1)(9, 8, 1)(10, 9, 1)
L.　5 − 3, 6 − 4, 7 − 5	세 수−뺄셈(5, 3, 2)(6, 4, 2)(7, 5, 2)
M.　8 − 6, 9 − 7, 10 − 8, 11 − 9	세 수−뺄셈(8, 6, 2)(9, 7, 2)(10, 8, 2)(11, 9, 2)
N.　6 − 3, 7 − 4, 8 − 5, 9 − 6	세 수−뺄셈(6, 3, 3)(7, 4, 3)(8, 5, 3)(9, 6, 3)
O.　10 − 7, 11 − 8, 12 − 9	세 수−뺄셈(10, 7, 3)(11, 8, 3)(12, 9, 3)
P.　14 − 7, 16 − 8, 18 − 9	세 수−뺄셈(14, 7, 7)(16, 8, 8)(18, 9, 9)
Q.　8 − 4, 9 − 4, 10 − 4, 11 − 4	연속하는 수 말하기
R.　12 − 6, 13 − 6, 14 − 6, 15 − 6	연속하는 수 말하기
S.　9 − 5, 10 − 6, 11 − 7	세 수−뺄셈(9, 5, 4)(10, 6, 4)(11, 7, 4)
T.　13 − 7, 14 − 8, 15 − 9	세 수−뺄셈(13, 7, 6)(14, 8, 6)(15, 9, 6)
U.　10 − 4, 11 − 4, 12 − 4, 13 − 4	연속하는 수 말하기
V.　14 − 7, 15 − 7, 16 − 7	연속하는 수 말하기
W.　17 − 8, 17 − 9, 12 − 8	세 수−뺄셈(17, 9, 8)(12, 8, 4)
X.　11 − 5, 12 − 5, 13 − 5, 14 − 5	연속하는 수 말하기
Y.　15 − 8, 16 − 9, 13 − 9	세 수−뺄셈(15, 8, 7)(16, 9, 7)(13, 9, 4)
Z.　11 − 6, 12 − 7, 13 − 8, 14 − 9	세 수−뺄셈(11, 6, 5)(12, 7, 5)(13, 8, 5)(14, 9, 5)

[그림 6-4] 곱셈 연산 제시 순서

연속하는 수 말하기 수업 형식은 〈수업 형식 6-2〉
세 수 수업 형식은 〈수업 형식 6-3〉

새로운 연산 세트	관련짓기 지도 수업 형식
A.　1 곱하기 모든 수	연속하는 수 말하기
B.　$5 \times 2, 5 \times 3, 5 \times 4, 5 \times 5$	연속하는 수 말하기
C.　$2 \times 2, 3 \times 2, 4 \times 2, 5 \times 2$	연속하는 수 말하기
D.　$2 \times 5, 3 \times 5, 4 \times 5, 5 \times 5$	세 수−곱셈
E.　$2 \times 2, 2 \times 3, 2 \times 4, 2 \times 5$	세 수−곱셈
F.　0 곱하기 모든 수	연속하는 수 말하기
G.　$5 \times 6, 5 \times 7, 5 \times 8, 5 \times 9$	연속하는 수 말하기
H.　$2 \times 6, 2 \times 7, 2 \times 8, 2 \times 9$	연속하는 수 말하기
I.　$6 \times 5, 7 \times 5, 8 \times 5, 9 \times 5$	세 수−곱셈
J.　$6 \times 2, 7 \times 2, 8 \times 2, 9 \times 2$	세 수−곱셈
K.　$2 \times 0, 3 \times 0, 4 \times 0, 5 \times 0$	연속하는 수 말하기
L.　$0 \times 6, 0 \times 7, 0 \times 8, 0 \times 9$	세 수−곱셈
M.　$9 \times 2, 9 \times 3, 9 \times 4, 9 \times 5$	연속하는 수 말하기
N.　$4 \times 2, 4 \times 3, 4 \times 4, 4 \times 5$	연속하는 수 말하기
O.　$2 \times 9, 3 \times 9, 4 \times 9, 5 \times 9$	세 수−곱셈

P.	$2 \times 4, 3 \times 4, 4 \times 4, 5 \times 4$	세 수-곱셈
Q.	$9 \times 6, 9 \times 7, 9 \times 8, 9 \times 9$	연속하는 수 말하기
R.	$4 \times 6, 4 \times 7, 4 \times 8, 4 \times 9$	연속하는 수 말하기
S.	$6 \times 9, 7 \times 9, 8 \times 9, 9 \times 9$	세 수-곱셈
T.	$6 \times 4, 7 \times 4, 8 \times 4, 9 \times 4$	세 수-곱셈
U.	$3 \times 6, 3 \times 7, 3 \times 8, 3 \times 9$	연속하는 수 말하기
V.	$6 \times 6, 6 \times 7, 6 \times 8, 6 \times 9$	연속하는 수 말하기
W.	$6 \times 3, 7 \times 3, 8 \times 3, 9 \times 3$	세 수-곱셈
X.	$7 \times 6, 8 \times 6, 9 \times 6$	세 수-곱셈
Y.	$7 \times 7, 8 \times 7, 9 \times 7$	연속하는 수 말하기
Z.	$7 \times 8, 8 \times 8, 9 \times 8$	세 수-곱셈

[그림 6-5] 나눗셈 연산 제시 순서

세 수 수업 형식은 〈수업 형식 6-3〉

새로운 연산 세트	관련짓기 지도 수업 형식
A. 모든 수 나누기 1	세 수-나눗셈(8, 1, 8)(4, 1, 4)(7, 1, 7)
B. 같은 수로 나누기	세 수-나눗셈(3, 1, 3)(9, 1, 9)(8, 1, 8)(2, 1, 2)
C. $10 \div 5, 15 \div 5, 20 \div 5, 25 \div 5$	세 수-나눗셈(2, 5, 10)(3, 5, 15)(4, 5, 20)(5, 5, 25)
D. $4 \div 2, 6 \div 2, 8 \div 2, 10 \div 2$	세 수-나눗셈
E. $10 \div 2, 15 \div 3, 20 \div 4, 25 \div 5$	세 수-나눗셈
F. 0 나누기 모든 수	
G. $4 \div 2, 6 \div 3, 8 \div 4, 10 \div 5$	세 수-나눗셈
H. $30 \div 5, 35 \div 5, 40 \div 5, 45 \div 5$	세 수-나눗셈
I. $12 \div 2, 14 \div 2, 16 \div 2, 18 \div 2$	세 수-나눗셈
J. $30 \div 6, 35 \div 7, 40 \div 8, 45 \div 9$	세 수-나눗셈
K. $12 \div 6, 14 \div 7, 16 \div 8, 18 \div 9$	세 수-나눗셈
L. $18 \div 9, 27 \div 9, 36 \div 9, 45 \div 9$	세 수-나눗셈
M. $8 \div 4, 12 \div 4, 16 \div 4, 20 \div 4$	세 수-나눗셈
N. $18 \div 2, 27 \div 3, 36 \div 4, 45 \div 5$	세 수-나눗셈
O. $8 \div 2, 12 \div 3, 16 \div 4, 20 \div 5$	세 수-나눗셈
P. $54 \div 9, 63 \div 9, 72 \div 9, 81 \div 9$	세 수-나눗셈
Q. $24 \div 4, 28 \div 4, 32 \div 4, 36 \div 4$	세 수-나눗셈
R. $54 \div 6, 63 \div 7, 72 \div 8, 81 \div 9$	세 수-나눗셈
S. $24 \div 6, 28 \div 7, 32 \div 8, 36 \div 9$	세 수-나눗셈
T. $18 \div 3, 21 \div 3, 24 \div 3, 27 \div 3$	세 수-나눗셈
U. $36 \div 6, 42 \div 6, 48 \div 6, 54 \div 6$	세 수-나눗셈
V. $18 \div 6, 21 \div 7, 24 \div 8, 27 \div 9$	세 수-나눗셈
W. $42 \div 7, 48 \div 8, 54 \div 9$	세 수-나눗셈
X. $49 \div 7, 56 \div 7, 63 \div 7$	세 수-나눗셈
Y. $56 \div 8, 64 \div 8, 72 \div 8$	세 수-나눗셈

족할 때마다 로켓의 해당 세트 글자 부분을 색칠한다. 다음 차시에 학생은 그다음 학습지를 순서에 따라 연습한다.

수정. 이질 집단 프로그램을 적용하기 위해서는 학년도 초에 많은 준비를 해야 한다. 여러 권의 학습지 자료집이 필요하기 때문이다. 또한 연습 순서를 가르치는 것이 필수적이다. 이 시스템의 장점은 일단 학습지가 마련되고 학생들이 무엇을 어떻게 해야 할지를 알면 각 학생이 자신에게 가장 적합한 속도로 학습을 해 나가도록 해 줄 수 있다는 점이다.

이 시스템은 또한 개인지도 프로그램으로 쉽게 바꾸어 활용할 수 있다. 동 학년 또래가 지도하든, 상급 학년 학생이 지도하든, 혹은 성인 자원자가 지도하든 동일한 자료와 기본 절차를 사용한다. 즉, 학생들은 구두로 연습하고 지도자는 피드백을 제공하며 시간 제한 검사를 치른 다음 그 결과를 기록한다.

만약 학생이 숙달하는 데 더 많은 연습을 필요로 하면 특히 어려운 연산에 대해 플래시 카드를 만들어 구두 학습지 연습 전에 사용할 수 있다. 플래시 카드는 집으로 가져가 연습하도록 하거나 쉬는 시간에 게임을 하는 데 사용하도록 할 수 있다. 또한 플래시 카드는 누가적인 복습에 아주 좋은 도구다. 새로운 연산 세트를 소개하기 전에 이전에 배운 연산 14개 정도를 플래시 카드를 이용하여 복습시킬 수 있다.

연산 숙달 프로그램에서 동기는 중요한 요소다. 학생이 집에서 혹은 학교에서 수업 시간 이외의 시간에 연습을 한다면 학습 속도가 빨라질 가능성이 있다. 학생의 수행 정도에 따라 인센티브를 제공하여 학생들이 공부하도록 권장한다. 인센티브가 꼭 물질일 필요는 없다. 하지만 컴퓨터를 사용할 시간, 쉬는 시간 연장, 기타 학생들이 많이 원하는 활동 등을 인센티브로 사용할 수 있다.

학부모 참여

학부모들은 집에서 자녀들을 돕고 싶어도 무엇을 어떻게 해야 할지, 혹은 학교에서 교사가 가르치는 것을 방해하지는 않는지 모를 경우가 많다. 수학 연산 연습은 학부모가 개입하기 좋은 소재다. 교사는 1주일에 3~4일, 하루에 10분 정도 집에서 학부모가 자녀들을 가르친다는 약속을 받아 놓도록 노력해야 한다. 가능하면 학부모 연수 시간을 마련하여 현재 가르치고 있는 연산 시스템을 설명하고 집에서 자녀를 돕는 방법을 알려 주도록 한다.

학부모용 지도 지침서를 마련하여 정확히 집에서 어떻게 가르쳐야 할 것인지를 구체화해야 한다. 학부모 연수 때 교사는 권장하는 절차를 시범 보여 주고 동기에 대해 이야기해 준다. 학부모들이 자녀와 긍정적으로 상호작용하여 집에서의 연습이 해당 학생이 연산을 성공적으로 하는 데 기회가 될 수 있게 해야 한다. 학부모에게 어떤 연산 세트를 도와줄 것인지를 의사소통하기 위한 연락망을 구축해야 한다. 학생의 성적과 함께 집에서 도와줄 연산 세트를 담은 주간 소식지를 가정으로 보내는 방법도 있다.

별도의 연습 활동

학교에서 별도의 보충 연습을 할 수 있어야 한다. 대부분의 학생이 재미있어 하는 활동 중 하나는 수학 연산 경주 게임이다. 칠판에 다음과 같이 교사 줄과 학생 줄을 만들어 그린다.

☺ T
☺ S

그런 다음 연산 문제를 하나 제시하거나 플래시 카드를 보여 주고 1~2초 후에 학생 한 명을 호명한다. 교사는 1~2초를 더 머뭇거린 후 답을 말한다. 교사가 답을 말하기 전에 학생이 답을 말하면 학생은 점수를 얻는다. 학생을 호명하기 전에(그렇지만 연산 문제를 말하고 나서) 잠깐 멈추면 모든 학생이 문제에 집중할 가능성이 높아짐에 주목하기 바란다.

이 경주 게임은 학생 집단끼리 경쟁하도록 수정할 수 있다. 학급을 반으로 나눈 다음, 각 집단에 잘하는 학생과 그렇지 않은 학생이 동일하게 분포되도록 한다. 연산 문제를 제시하고 1~2초 동안 멈춘 다음 학생 한 명을 호명한다. 만약 그 학생이 정답을 말하면 그 팀은 점수를 얻는다.

이 게임을 할 때 성적이 낮은 학생이 당황하지 않도록 해야 함에 주목하기 바란다. 게임을 시작하기 전에 적절한 행동을 권장하는 규칙을 말해 주고, 게임 중간에 이 규칙이 지켜지도록 해야 한다. 이 게임을 할 때는 '다투지 않기' 혹은 '불평하지 않기'와 같은 규칙이 도움이 된다.

자유 시간에 학생들은 일련의 연산 플래시 카드에서 카드 한 장을 뽑는 보드 게임을 할 수 있다. 만약 그 학생이 답을 말하면 돌림판을 돌려 나온 숫자를 보드에 기록한다.

교정 대상 학생

많은 교정 대상 학생은 연산 문제를 풀 때 손가락에 의존한다. 처음부터 손가락 셈을 못하도록 하면 안 된다. 단순 연산을 암기하는 데는 여러 달이 소요되기 때문이다. 학생들에게 나중에는 손가락 셈을 사용할 필요가 없지만 연산을 암기하는 연습 시간 외에 지금 당장은 손가락 셈을 사용해도 된다고 말해 준다. 어떤 학생들은 손가락 셈을 사용해도 답이 틀릴 수 있다. 이러한 학생들은 효과적인 손가락 셈 전략을 갖고 있기는 하지만 부주의한 학생과 효과적인 손가락 셈 전략을 아예 갖고 있지 않은 학생으로 구분한다.

학생이 보이는 오류를 보면 그가 효과적인 손가락 셈 전략을 갖고 있는지 아닌지를 알 수 있다. 80~90% 이상이 손가락 셈이 맞으면, 그리고 답이 1만큼 더 크거나 작아서 틀릴 경우(예, 15 − 9 = 5, 8 + 6 = 15, 9 + 7 = 15)에는 아마도 효과적인 손가락 셈 전략을 갖고 있기는 하지만 너무 빨리 세거나 손가락을 세는 것과 손가락을 움직이는 것을 잘 조정하지 못하는 등 부주의하게 그 전략을 적용하는 것으로 볼 수 있다.

이러한 학생들을 교정하는 방법은 강한 인센티브 프로그램과 함께 매일 연습을 시키는 것이다. 학생에게 30~50개의 기본 덧셈과 뺄셈 연산이 담긴 학습지를 준다. 인센티브는 답을 맞힌 연산 개수에 따라 다르게 제공한다. 매일 연습은 학생이 1주일 동안 안정적으로 95% 이상의 숙달을 보일 때까지 계속 시킨다.

기본 연산 중 20% 이상을 틀리거나 정답에서 한참 다르게 답을 제시하는 등 오류에 일정한 패턴이 없는 학생의 경우(예, 15 − 8 = 4, 8 + 6 = 19, 9 − 3 = 8)에는 연산을 풀기 위한 효과적인 전략을 갖고 있지 않을 가능성이 크다. 구체적인 문제점을 찾아내기 위해 이러한 학생들을 주의 깊게 관찰해야 한다. 그리고 나서 교정을 제공하고, 만약 학생이 여전히 혼란스러워하면 다른 전략을 가르친다. 다음은 손가락 셈 전략으로, 하나는 덧셈, 두 개는 뺄셈용이다. 이것은 3학년이 되어서도 덧셈이나 뺄셈 단순 연산을 알지 못하는 학생에게 가르칠 수 있다.

덧셈을 위한 전략은 다음과 같다.

1. 두 수 중 작은 수가 어느 것인지 파악한 다음 그 수에 해당하는 손가락 수를 더한다(예, 8 + 5면 손가락 다섯 개를 더하고, 3 + 6이면 손가락 세 개를 더한다).
2. 한 손가락에 하나의 숫자를 말하며 두 수 중 큰 수부터 수를 센다(예, 8 + 3에서 학생은 세 개의 손가락을 펴고 "팔~, 9, 10, 11."과 같이 센다).

몇 개의 예를 가지고 이 전략을 시범을 보인 후 "어느 수가 더 작지? 손가락을 펴 보세요. 수를 세고 답을 말해 보세요."라고 말하며 안내된 연습을 시킨다. 학생이 30~40개의 덧셈 연산을 무작위로 제시했을 때 2주 동안 95% 이상 맞힐 때까지 매일 연습을 시킨다.

뺄셈 전략은 학생들이 덧셈 연산을 잘 알기 전까지는 소개하지 않는다. 기본 뺄셈 연산을 위해 두 가지 손가락 셈 전략이 가능하다. 하나는 거꾸로 세기 전략이고, 다른 하나는 대수 기반 작은 수부터 세기 전략이다.

거꾸로 세기 전략을 사용할 때에는 빼는 수를 니티
내는 수만큼 손가락을 편다. 예를 들어, 12 – 7에서
7개 손가락을 편 다음 큰 수(12)부터 거꾸로 센다("십
이, 십일, 십, 구, 팔, 칠, 육, 오"). 큰 수를 말할 때는 손가
락을 세지 않음에 주목하기 바란다.

산술 전략은 뒤의 빼는 수부터 앞의 수까지 센다
(예, 11–6에서 6부터 11까지 손가락을 펴 가며 센다).

학생들이 거꾸로 세는 것을 그리 어렵지 않게 할
수 있으면 이 전략을 가르치는 것이 좋다. 절차가 세
는 방향만 빼고는 덧셈과 같기 때문이다. 거꾸로 세
기 전략의 또 다른 장점은 학생들이 받아올림을 할
때 혼란을 겪을 가능성이 낮아지는 것이다. 어느 전
략을 가르치든 매일 30~40개의 무작위 뺄셈 연산을
연습시켜야 한다.

상업용 프로그램

기본 연산

교수 전략. 대부분의 프로그램에서 덧셈과 뺄셈
연산은 연산 가족을 강조하면서 가르친다. 몇몇 프로
그램에서는 연산을 다르게 조직하여 가르치고 있다.
이와 같이 관련된 연산끼리 지도하는 것을 강조하는
것은 기본 연산 습득에 관한 최근 연구에서도 지지되
고 있다.

덧셈과 뺄셈 연산을 가르치는 초기 지도 방법과 관
련하여 한 가지 주의해야 할 점은 그림 사용이다. 그
림을 사용하는 것이 학생들로 하여금 연산 문제를 해
결하는 수 세기 전략을 사용하는 데 도움이 되기는
하지만 연산 암기에는 역효과를 낼 수 있다. 만약 셀 수
있는 그림이 있다면 학생들은 구태여 연산 답을 암기
하려 하지 않을 것이다. 예를 들어, 어떤 프로그램에
서는 연산 연습문제의 $\frac{1}{3}$ 정도가 그림을 포함하고
있었다. 그런 문제를 풀 때 학생들은 연산을 암기해

적용 문제 기본 연산

1. 여러분 학교의 교장이 학생들의 단순 연산 학습을 촉진하기 위해 어떤 절차를 사용할 것인지를 설명하라고 했다
   고 하자. 여러분이 이질적인 연산 프로그램 시스템(heterogeneous fact program system)을 사용한다고 가정하
   고, 그 시스템에 대해 기술해 보시오.

2. 여러분 학생의 학부모가 왜 여러분이 단순 연산 암기 활동에 많은 시간을 들이는지 궁금해한다고 하자. 어떻게 설
   명할 것인가?

3. 여러분이 뺄셈 연산 연습용 학습지를 만들고 있다고 가정하자. 더 구체적으로 세트 U 학습지를 만들고 있다고 하
   자. (a) 학습지의 상단에 제시할 연산의 종류를 열거해 보시오. 각 연산 옆에 상단에 몇 번이나 제시해야 하는지
   그 횟수를 적으시오. (b) 학습지의 하단을 작성하고자 할 때 참고해야 할 지침을 기술해 보시오.

4. 곱셈의 세트 M 연산 지도를 위한 관계 틀(relationship format)을 제시하고자 한다. 어떻게 해야 하는가?

5. 곱셈을 잘 못하는 새로운 학생을 지도할 자원봉사자를 훈련시키려 한다고 하자. 그 사람들에게 훈련시킬 내용을
   적어 보시오.

6. 이 교재에서 제시한 곱셈 세트 A~M을 학생들이 학습했다고 하자. 어떤 연산 문제가 이 학생들에게 적절하거나
   적절하지 않은가?

$$
\begin{array}{ccc}
34 & 82 & 34 \\
\times\ 5 & \times\ 6 & \times\ 9
\end{array}
$$

$$
\begin{array}{ccc}
64 & 87 & 48 \\
\times\ 7 & \times\ 8 & \times\ 2
\end{array}
$$

서 답을 하기보다는 그림을 세기만 하면 된다. 따라서 실제로 연산 연습을 위해 제공된 예의 수는 훨씬 적은 셈이 된다. 교사가 명심해야 할 것은 만약 단순 연산 연습의 목적이 답을 기억에서 빨리 찾도록 하는 것이라면 그림이나 기타 도움 단서를 주지 말아야 한다는 것이다.

연습과 복습. 어떤 단순 연산 지도 프로그램이든 그것의 가장 중요한 측면은 숙달할 때까지 충분한 연습을 제공하는 것이다. 충분한 연습의 핵심적인 요소는 이전에 배운 연산과 새로 배운 연산을 같이 누가적으로 연습하는 것이다. 이러한 유형의 연습과 복습이 대부분의 현재 기본 프로그램에는 나와 있지 않다. 예를 들어, 어떤 3학년용 프로그램의 경우 모든 덧셈 연산이 단 3차시(학습자 연습 분량은 6페이지)에 걸쳐서만 제시되고 있었다. 그리고 나서 6차시 후에나 돼서야 덧셈과 뺄셈 간의 관계를 설명할 때 동일한 연산(모두 18문제)이 다시 제시되고 있었다. 그 중간에는 어떤 덧셈 연습도 제시되지 않았다.

기본 곱셈 연습 또한 충분치 않게 제공되고 있었다. 대부분의 학습 프로그램에서는 기본 곱셈을 대개 한 단원에서만 다룬다. 곱셈 연산은 대부분 $3 \times 0, 3 \times 1,$ $3 \times 2, 3 \times 3$ 등과 같이 동일한 약수를 포함한 것들로 소개되고 있다. 세 개의 연산에 모두 한 번에 소개되고 있음에 주목하기 바란다.

저자들이 검토해 본 프로그램들에서 빠져 있던 것 중 주목할 만한 연산 연습 유형은 유창성 연습(즉, 시간 제한 연산 연습)이었다. 대개 연산 지도 프로그램들이 연산의 정확성(연산의 맞고 틀린 개수)은 강조하지만 특정 정답률 기준을 충족해야 하는 연습은 포함하지 않고 있었다. 연구에 따르면, 더욱 복잡한 연산 문제를 풀 때 학생들이 보다 빠르게 답을 생각할 수 있으려면 일정 수준 이상으로 자동적으로 그 답을 정확하게 기억해 낼 수 있어야 한다. 따라서 이러한 프로그램을 사용하는 교사는 더욱더 많은 연습을 제공하고 학생들이 성취해야 할 유창성 기준을 설정하여 이 부분을 보완해야 한다.

〈수업 형식 6-1〉 더하기 1 단순 연산 지도 방법 예

교사	학생
Part A: 다음에 오는 수 말하기	
1. 내가 손을 내리면 맨 마지막 수 다음에 오는 수를 말해 보세요.	
2. (손을 들고 있다가) 1, 2, 3, 4, 5…(길게 '오~'라고 한다)	
(손을 내리며 신호를 준다)	6
(아이들이 오류를 범할 경우) 내가 말해 볼게요. 1, 2, 3, 4, 5… (길게 '오~'라고 한다)	
(손을 내리고) 6.	
자, 다른 문제를 해 봅시다. 다음에 오는 숫자를 말해 보세요. 3, 4, 5, 6, 7…	
(손을 내린다. 3, 4, 5와 7, 8, 9를 가지고 단계 2를 반복한다)	8
3. 내가 손을 내리면 다음 숫자를 말해 보세요.	
유~욱~ (손을 내린다)	7
(아이들이 오류를 범할 경우) 내 차례예요. 유~욱~	
(손을 내리고) 7.	
4. (8, 4, 9, 2, 5를 가지고 단계 3을 반복한다. 몇 명의 학생을 대상으로 개별적으로 시켜 본다)	

Part B: 단서 길게 주고 더하기 1 하기

1. 모두 잘 들으세요. 더하기 1을 하면 그다음 수를 말하면 됩니다. 내가 해 볼
   게요. 4~+1은 5. 8~+1은 9.

2. 더하기 1 문제에 답을 말할 준비를 하세요. 그다음 수를 말한다는 것을 잊지
   마세요. 5 + 1, 오~더하기 일은? (신호)   6

   예, 5 + 1 = 6.

   오류 교정: 잘 들으세요. 5. 다음 수가 무엇이죠? 그러니까 5 + 1 = 6.

3. 잘 들으세요. 3 + 1. 삼~더하기 일은? (신호)

   예, 3 + 1 = 4   4

   (학생들이 능숙하게 대답할 때까지 9 + 1, 7 + 1, 2 + 1, 8 + 1, 4 + 1 문제를 가지고
   단계 3을 반복한다)

Part C: 단서 없이 더하기 1 하기

1. 더하기 1을 하면 다음 수를 말한다는 것을 잊지 마세요.

2. 8 + 1 = (멈춤. 신호) 전체 식을 말해 보세요.   9

                                                                                 8 + 1 = 9

3. (4 + 1, 7 + 1, 5 + 1, 9 + 1 등의 예로 단계 2를 반복한다)

〈수업 형식 6-2〉 연속하는 수 말하기

교사	학생
Part A: 식 읽기	

1. (칠판에 다음과 같이 적는다)
  5 + 2 = 7
  6 + 2 = 8
  7 + 2 = 9
  8 + 2 = 10
  모두 보세요. 내가 각 식을 짚을 테니 여러분은 그 식을 읽어 보세요. 준비.
  (각 식의 숫자와 부호를 가리킨다. 학생들이 3초에 식 하나를 읽을 수 있을 때까지 이
  단계를 반복한다)
	5 + 2 = 7
	6 + 2 = 8
	7 + 2 = 9
	8 + 2 = 10

Part B: 답이 없는 식 읽기	

1. 이번에는 답을 모두 지울 거예요. (답을 지운다)
  이제 각 식을 읽고 답을 말해 보세요.
  (학생들이 오류를 범했을 때, 학생들이 도움 없이도 대답할 수 있을 때까지 학생들과
  같이 해 본다)
	5 + 2 = 7
	6 + 2 = 8
	7 + 2 = 9
	8 + 2 = 10

Part C: 식 말하기

1. 이번에는 좀 더 어렵게 식을 모두 지울 거예요. (식을 모두 지운다) 5 + 2부터
   시작해 봅시다. (손뼉을 치거나 다른 소리를 내서 학생들이 적절한 속도로 반응하도
   록 한다)

   $5 + 2 = 7$
   $6 + 2 = 8$
   $7 + 2 = 9$
   $8 + 2 = 10$

2. (Part C를 학생들이 모두 제대로 대답할 때까지 반복한다. 그러고 나서 개별적으로 시
   켜 본다)

Part D: 불규칙적인 연산 연습

1. (칠판에 다음과 같이 순서 없이 문제를 적는다)

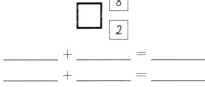

   내가 신호를 주면 전체 식과 답을 말해 보세요.

2. (7 + 2 문제의 왼쪽을 가리킨 다음, 2초 멈추고 칠판을 가볍게 두드린다) $7 + 2 = 9$

3. (나머지 문제를 가지고 단계 2를 반복한다)

4. (단계 2와 3을 이번에는 1초 멈춤만으로 반복한다)

5. (학생들이 모든 문제를 1초 이내로 대답할 수 있을 때까지 단계 4를 반복한다)

〈수업 형식 6-3〉 세 수 연산 가족: 덧셈과 곱셈

교사	학생
Part A: 구조화된 칠판 수업	

1. (칠판에 다음과 같이 적는다)

   □ 8
     2

   _____ + _____ = _____
   _____ + _____ = _____

   8과 2를 사용해서 덧셈식을 만들려고 해요. 8과 2를 합해 나오는 큰 수는 무
   엇이죠? (멈춤)   10
   큰 수를 큰 네모에 쓸게요. (큰 네모에 10을 쓴다) 8 + 2는 얼마죠?   10
   (8 + 2 = 10을 쓴다)

2. 다른 방식으로 덧셈식을 만들 수 있어요. 8 + 2가 10이면 2 + 8도 10이에
   요. (2 + 8 = 10을 쓴다) 8로 시작하는 덧셈식을 읽어 봅시다. 2로 시작하는 $8 + 2 = 10$
   덧셈식을 읽어 봅시다. $2 + 8 = 10$

3. (식을 모두 지운다) 8, 2, 10을 가지고 두 가지 덧셈식을 말해 봅시다. 8로 시작
   하는 덧셈식을 말해 보세요. 2로 시작하는 덧셈식을 말해 보세요.

4. (칠판에 다음과 같이 적는다)

$$\boxed{}\ \boxed{5}\atop\boxed{2}$$

5와 2를 더해서 나오는 수는 무엇이죠?

아이들이 틀릴 경우: 5 + 2는 얼마죠?

이 수를 이용해서 덧셈식을 만들어 봅시다. 5로 시작하세요. (멈춤)

2로 시작하는 덧셈식을 만들어 봅시다. (멈춤)

(4와 6, 9와 2로 단계 4를 반복한다)

	$8 + 2 = 10$
	$2 + 8 = 10$
	7
	$5 + 2 = 7$
	$2 + 5 = 7$

Part B: 변별 연습

1. 여러분이 다른 문제도 잘할 수 있는지 봅시다. 2 + 6은 얼마죠? (멈춤) 8

   (2 + 8, 2 + 5, 2 + 7 문제를 가지고 단계 1을 반복한다. 학생들이 어떤 단순 연산이
   든 1초 이내로 답할 수 있을 때까지 Part B를 반복한다)

Part C: 교사 감독하의 학습지

$\boxed{}\ \boxed{2}\atop\boxed{7}$	$\boxed{}\ \boxed{6}\atop\boxed{8}$	$\boxed{}\ \boxed{2}\atop\boxed{5}$	$\boxed{}\ \boxed{8}\atop\boxed{2}$
__ + __ = __	__ + __ = __	__ + __ = __	__ + __ = __
__ + __ = __	__ + __ = __	__ + __ = __	__ + __ = __

1. 학습지의 큰 네모를 채우고 주어진 숫자를 이용해서 두 개의 다른 덧셈식을
   써 보시오.

〈수업 형식 6-4〉 세 수 연산 가족 지도안 예 – 뺄셈과 나눗셈

교사	학생

Part A: 구조화된 칠판 수업

1. (칠판에 다음과 같이 적는다)

$$\boxed{}\qquad \boxed{}\qquad \boxed{}$$

$$\text{__ } - \text{ __ } = \text{ __}\qquad \text{__ } - \text{ __ } = \text{ __}\qquad \text{__ } - \text{ __ } = \text{ __}$$

$$\text{__ } - \text{ __ } = \text{ __}\qquad \text{__ } - \text{ __ } = \text{ __}\qquad \text{__ } - \text{ __ } = \text{ __}$$

5와 3을 더해서 나오는 큰 수는? (멈춤) 8

아이들이 틀릴 경우: 5 + 3 = 무엇이죠?

(네모 안에 8을 쓴다)

2. 5, 3, 8을 이용하여 뺄셈식을 만들 수 있어요. 뺄셈식을 만들 때는 항상 큰 수
   부터 시작합니다. 큰 수가 무엇이었죠? 이 뺄셈식 첫부분에 8을 먼저 쓸게요. 8

3. 잘 들으세요. 8−3. 답은 얼마죠? 자, 뺄셈식을 말해 봅시다. (8 − 3 = 5를 적   5
   는다)   8 − 3 = 5
   8 − 5
   답은 얼마죠?   3
   두 번째 뺄셈식을 말해 봅시다. (8 − 5 = 3을 적는다)   8 − 5 = 3

4. 두 가지 뺄셈식을 말해 봅시다.   8 − 5 = 3
   (3과 4, 6과 3을 가지고 앞의 단계 1~4를 반복한다)   8 − 3 = 5

Part B: 구조화된 학습지

1. (학생들에게 다음과 유사한 학습지를 나누어 준다)

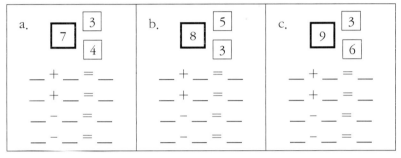

   a 칸을 짚으세요. 주어진 세 개의 수를 이용하여 덧셈식과 뺄셈식을 만들어
   야 합니다. 먼저 덧셈식을 만들어 보세요.

2. 3으로 시작하는 덧셈식을 말해 보세요. (멈춤)   3 + 4 = 7
   다른 덧셈식을 말해 보세요.   4 + 3 = 7
   두 덧셈식을 적어 보세요.   덧셈식을 적는다.

3. 이번에는 뺄셈식을 만들어 봅시다. 뺄셈식에서는 어느 수가 첫 번째에 와야
   하나요?   7
   7 − 3은 얼마죠?   7 − 3 = 4
   7 − 4은 얼마죠?   7 − 4 = 3
   두 뺄셈식을 적어 보세요.   뺄셈식을 적는다.
   (나머지 예를 가지고 단계 1~3을 반복한다)

제**7**장

덧셈

용어와 개념

덧셈(addition). 덧셈은 (a) 작은 부분을 모아 큰 것으로 만들어 더 큰 것의 전체 수를 결정하는 과정, 혹은 (b) 분리된 두 세트를 합친 것을 말한다. 두 개의 세트는 공통의 수를 갖지 않는다.

가수(addend). 덧셈 식에서 작은 부분의 수(예, 4 + 3 = 7에서 가수는 4와 3)

더해야 할 수 찾기(missing addend). 덧셈식에서 가수를 찾아야 하는 문제(예, 6 + □ = 9)

합계(sum). 작은 부분을 합쳐서 나온 새로운 수(예, 4 + 3 = 7에서 7)

덧셈의 교환법칙(commutative law of addition). 더하는 수의 순서를 바꾸어도 덧셈의 답은 같다(예, 4 + 3과 3 + 4는 모두 7)

덧셈의 결합법칙(associative law of addition). 어느 수와 먼저 더해도 그 합은 같다[(1 + 2) + 3 = 6이고 1 + (2 + 3)도 6이다].

덧셈의 항등원(identity element for addition). 정수와 0을 더하면 항상 그 답은 그 정수가 된다.

받아올림(renaming). 덧셈의 합이 10 혹은 그 이상일 때 이것을 십의 자릿수와 일의 자릿수로 전환시키는 것. 예를 들어, 17은 10과 7로 전환한다. 19 + 28에서 일 단위 수의 합은 17이고, 이것은 10과 7로 전환할 수 있다. 따라서 10은 십의 자리에 쓸 수 있다. 이전에는 이 과정을 올리기(carrying)라고 했다. 덧셈에서 자리조정은 자릿값의 풀어 쓰기와 비슷하다. 뺄셈에서 자리조정은 10의 자릿수는 하나의 10과 나머지 십의 자릿수로 조정한다. 예를 들어, 70은 60과 10으로 조정한다. 74 − 16의 경우 70은 60과 10으로 자리조정하여 10과 4를 합한 후 14에서 6을 뺀다. 십 단위 수는 이제 6이 되었다.

사물 다시 묶기(regrouping). 숫자 대신 사물을 대상으로 한 자리 조정하기. 8 + 4는 10 + 2로 자리가 조정되기 때문에 12개의 막대(||||||||||||)는 10개(||||||||||)와 2개(||)로 다시 묶을 수 있다.

기술 위계

덧셈 부분은 두 부분으로 나누어 설명한다. 첫째 부분에서는 덧셈 과정의 개념적 이해를 확립하는 전략들에 대해 언급할 것이다. 이 전략들은 대개 구체물이나 상징을 사용하여 가르치는데 유치원이나 초등학교 1학년 때 소개한다. 두 번째 부분은 상징이나 구체물 대신 머릿속으로만 풀어야 하는 문제들을 가르치는 것에 대해 언급한다. 이 부분은 초등학교 1학년

〈수업 순서와 평가 차트〉

학년 단계	문제 유형	수행 지표		
1a	단순 연산 암기 시작	제6장 참조		
1b	한 자릿수와 하나 혹은 두 자릿수 더하기 — 받아올림 없음	$\begin{array}{r}35\\+\ 21\end{array}$	$\begin{array}{r}64\\+\ 23\end{array}$	$\begin{array}{r}35\\+\ 2\end{array}$
2a	세 개의 한 자릿수 더하기	$\begin{array}{r}1\\3\\+\ 2\end{array}$	$\begin{array}{r}4\\4\\+\ 3\end{array}$	$\begin{array}{r}1\\3\\+\ 5\end{array}$
2b	두 개의 세 자릿수 덧셈 세로식 — 받아올림 없음	$\begin{array}{r}325\\+\ 132\end{array}$	$\begin{array}{r}463\\+\ 124\end{array}$	$\begin{array}{r}386\\+\ 100\end{array}$
2c	세 자릿수 + 하나 혹은 두 자릿수 덧셈 세로식 — 받아올림 없음	$\begin{array}{r}326\\+\ 21\end{array}$	$\begin{array}{r}423\\+\ 5\end{array}$	$\begin{array}{r}570\\+\ 21\end{array}$
2d	세 자릿수 이하 다양한 자릿수끼리 덧셈 세로식 — 받아올림 없음	$\begin{array}{r}4\\21\\+\ 2\end{array}$	$\begin{array}{r}14\\71\\+\ 10\end{array}$	$\begin{array}{r}21\\14\\+\ 33\end{array}$
2e	두 개의 두 자릿수 덧셈 세로식 — 십의 자리로의 받아올림	$\begin{array}{r}37\\+\ 46\end{array}$	$\begin{array}{r}48\\+\ 14\end{array}$	$\begin{array}{r}57\\+\ 27\end{array}$
2f	세 자릿수 이하 다양한 자릿수끼리 덧셈 세로식 — 십의 자리로의 받아올림	$\begin{array}{r}247\\+\ 315\end{array}$	$\begin{array}{r}258\\+\ 13\end{array}$	$\begin{array}{r}276\\+\ 8\end{array}$
3a	복잡한 연산: 십 단위 수와 한 자릿수 덧셈 — 합이 20 이하	개별적으로 검사; 교사는 묻는다. $13 + 3 =$ $14 + 4 =$ $12 + 2 =$		
3b	세 자릿수와 두 자릿수 덧셈 세로식 — 백의 자리로의 받아올림	$\begin{array}{r}374\\+\ 261\end{array}$	$\begin{array}{r}83\\+\ 43\end{array}$	$\begin{array}{r}187\\+\ 81\end{array}$
3c	두 개의 세 자릿수 덧셈 세로식 — 십의 자리와 백의 자리로의 받아올림	$\begin{array}{r}376\\+\ 185\end{array}$	$\begin{array}{r}248\\+\ 164\end{array}$	$\begin{array}{r}437\\+\ 275\end{array}$
3d	세 개의 두 자릿수 덧셈 세로식 — 일의 자리 합이 20 이하	$\begin{array}{r}98\\14\\+\ 12\end{array}$	$\begin{array}{r}39\\16\\+\ 23\end{array}$	$\begin{array}{r}74\\24\\+\ 12\end{array}$
3e	3~4개의 세 자릿수 이하 다양한 수끼리의 덧셈 세로식 — 십의 자리와 백의 자리로의 받아올림. 받아올릴 합이 각각 20 이하	$\begin{array}{r}385\\6\\24\\+\ 120\end{array}$	$\begin{array}{r}157\\23\\245\\+\ 3\end{array}$	$\begin{array}{r}8\\156\\280\\+\ 42\end{array}$
4a	복잡한 연산: 십 단위 수와 한 자릿수 덧셈 — 합이 20 이상	개별적으로 검사; 교사는 묻는다. $16 + 6 =$ $18 + 8 =$ $17 + 6 =$		
4b	세 개의 두 자릿수 덧셈 세로식 — 일의 자리 합이 20 이상	$\begin{array}{r}28\\17\\+\ 28\end{array}$	$\begin{array}{r}29\\16\\+\ 35\end{array}$	$\begin{array}{r}38\\18\\+\ 15\end{array}$
4c	네 개 이상의 다양한 자릿수 덧셈 세로식 — 일부 혹은 모든 자릿수에서 받아올림 있고, 그 합도 20 이상	$\begin{array}{r}896\\1486\\38\\286\\+\ 35\end{array}$	$\begin{array}{r}8\\4086\\85\\193\\+\ 242\end{array}$	$\begin{array}{r}3856\\2488\\1932\\+1584\end{array}$

하반기부터 초등학교 중간 학년까지 지속된다. 교정을 위해 개념적 소개로 되돌아가지 말고 '수업 순서와 평가 차트'에 제시한 기본연산과 계산을 가르칠 것을 염두해 두어야 한다.

초기 단계 동안 학생들은 두 개의 더할 수를 나타내는 구체물이나 반구체물로 단순 덧셈 문제를 푸는 방법을 지도받아야 한다. 예를 들어, 4 + 2 문제를 풀기 위해 숫자 4 밑에 네 개의 선을 긋고 2 밑에 2개의 선을 긋도록 배운다. 그리고 나서 그 선들을 모두 세어 합이 얼마인지 알아낸다. 이러한 문제를 풀기 위해서는 수 세기, 숫자, 등식 등에 대한 사전 기술을 모두 알고 있어야 함에 주목해야 한다. 두 개의 더할 수 중 하나를 알아내야 하는 문제(예, 4 + □ = 7)도 이 단계에서 제시한다. 등식의 개념을 이해하는 것이 더할 수 중 하나가 빠진 문제를 푸는 데 핵심적이다.

두 번째 단계에서는 두 자릿수 이상의 수를 더할 때 구체적인 그림이나 삽화를 사용하지 않고 문제를 푼다. 세로식의 덧셈 문제를 푸는 데 필수적인 새로운 사전 기술은 단순 덧셈 기본 연산을 아는 것이다(100개의 한 자릿수 덧셈이 단순 덧셈 기본 연산이다). 단순 덧셈을 빠르고 정확하게 대답하는 것은 여러 자릿수 덧셈의 하위 기술이다. 하지만 우리는 학생들이 단순 기본 연산을 암기하는 방법을 배우는 과정에 별로 주목을 해 오지 않았다. 이러한 중요한 사전 기술을 학습하는 것을 도울 수 있도록 우리는 덧셈, 뺄셈, 곱셈, 나눗셈별로 각각 한 장을 할애하여 집중적으로 다루었다(제6장 참조).

첫 번째 세로 덧셈식 유형은 각 자릿수의 합이 10을 넘지 않는 십 단위 이상의 수들을 더하는 것이다. 예를 들어, 받아올림이 필요하지 않은 36 + 13과 같은 연산이다. 다음으로 가르쳐야 할 주요 덧셈 유형은 각 자릿수 합이 10을 초과하여 받아올림이 필요한 십 단위 이상의 수들을 더하는 것이다(36 + 15). 두 번째 단계의 초기에는 45 + 37과 같이 십 단위 수 두 개를 더하는 것이다. 백 단위 수와 천 단위 수 덧셈은 학생들이 그 단위 수들을 읽고 쓸 수 있게 된 다음에 소개한다.

세 번째 주요 덧셈 유형은 백 단위 이상의 수들을 더하는 것이다. 각 자릿수들의 합이 커짐에 따라 이 덧셈의 난이도도 높아진다. 예를 들어, 23 + 14 + 32는 각 자릿수 합이 10을 넘지 않기 때문에 어렵지 않다. 하지만 39 + 16 + 27의 경우 앞의 두 개의 일의 자리 합이 10을 초과한다(9 + 6 = 15). 학생들은 받아올림을 해야 할 뿐 아니라 십의 자릿수에 어떤 수를 더한 값도 알 수 있어야 한다. 앞 두 수의 일의 자릿수의 합은 9와 6을 더해 15다. 그런 다음 일의 자릿수의 전체 합을 구하기 위해 7을 15에 더해야 한다. 암산으로 두 자릿수에 한 자릿수의 수를 더해야 하는 문제를 우리는 복잡한 덧셈 연산(complex addition facts)이라고 부르고자 한다. 이 복잡한 덧셈 연산을 숙달하기 위해서는 많은 연습이 절대적으로 필요하다.

〈수업 순서와 평가 차트〉에는 우리가 제안한 수업과 평가 순서가 제시되어 있다.

개념 소개

초기 덧셈 지도의 주요 목적은 덧셈이란 나누어져 있는 사물을 합치는 것이라고 개념적으로 이해하도록 하는 것이다. 대부분의 교육자들은 이 단계에서는 구체물을 예로 들어야 한다는 데 동의한다. 수학 교육자들은 덧셈을 소개하는 수많은 방법을 제안한다. 묶음(sets)이라는 용어를 사용하고 두 묶음을 합치는 시범을 보이는 방법이 일부 상업용 프로그램에 제시되어 있다.

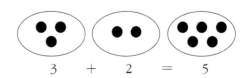

수평선을 사용한 시범 역시 제안되고 있다.

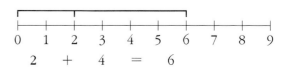

이 책에서 제안하고 있는 직접교수 전략은 묶음 안의 수를 나타내기 위한 반구체물로 막대선을 사용하는 것이다. 구체물을 사용해도 아무런 문제가 없지만 학생들로 하여금 막대선을 그려 보게 하면 몇 가지 장점이 있다. 첫째, 막대선을 그리는 것은 등식(equality) 개념을 보여 준다(등호 양쪽에 동일한 수의 막대선이 있다는 것). 둘째, 교사는 집단 속 학생들의 수행을 좀 더 빨리 확인할 수 있다. 셋째, 막대선을 통해 학생의 수행이 적힌 것을 얻을 수 있으며, 이것은 학생에게 부족한 기술이 무엇인가를 좀 더 쉽게 찾게 해 준다.

덧셈 과정을 소개하는 직접교수법 전략의 독특한 점은 등식 규칙을 전략과 통합한다는 점이다. 등식을 이해하는 것은 이후 보다 복잡한 연산(예, $7 + n = 12$)을 하는 데 필수적이기 때문에 초기 전략을 통해 등식 규칙 적용을 시범 보이는 것은 중요하다.

등식은 기능적인 개념 정의를 해 주고 일련의 긍정적인 예와 부정적인 예를 제시함으로써 가르칠 수 있다. 등식의 개념 정의는 등식 규칙이 적용되기 위해 충족시켜야 할 조건을 기술하기 때문에 기능적이다. 우리는 등호 양쪽에 동일한 수를 놓아야 한다. 〈수업 형식 7-1〉은 등식을 소개하는 수업의 형식을 제시하고 있다. 이 형식은 덧셈을 소개하기 전 초기 단계에 제시해야 한다. 수업의 형식은 세 부분으로 구성되어 있다. Part A에서 교사는 등호와 등식 규칙을 소개한다. Part B에서 교사는 등식 규칙이 적용되는 예와 그렇지 않은 예를 제시한다. 다음과 같이 그 안에 막대선이 그려진 다이어그램을 칠판에 그린다.

두 그림 사이에 등식 기호를 쓸 수 있는지 혹은 없는지를 학생들이 알 수 있도록 지도한다. Part C는 Part B와 유사하지만 덜 구조화된 학습지 연습 단계다. Part B와 C에서 학생들이 등식 규칙을 말하도록 하고 있음에 주목하기 바란다. 등식 규칙을 말한다는 것이 저성취 학생들에게는 매우 어려울 수 있다. 이

것을 좀 더 쉽게 해 주기 위해 교사는 처음에 시범을 보인 후에 안내하고 나서, 등식 규칙을 절반만 말해 주고 나머지를 말해 보도록 검사한다(우리는 등호 양쪽에……). 저성취 학생은 5~10회의 반복 연습을 필요로 할 수 있다. 며칠 후 교사는 등식 규칙 후반부를 말해 주면서 연습을 시키고, 다시 전체를 말해 주면서 연습을 시킨다.

두 개의 더할 수에 해당하는 선을 긋고 그 선들의 개수를 세는 덧셈 방법을 느린 덧셈(addition the slow way)이라고 한다. 학생들은 각 숫자 밑에 해당하는 수만큼의 선을 긋는다.

$$4 + 2 = \boxed{}$$
$$|\,|\,|\,|\ \ |\,|$$

선의 개수를 세고 등호 오른쪽에 그에 해당하는 수만큼 선을 그린 다음 네모 안에 그에 해당하는 숫자를 쓴다.

$$4 + 2 = \boxed{6}$$
$$|\,|\,|\,|\ \ |\,|\ \ |\,|\,|\,|\,|\,|$$

선을 하나씩 세고 등호 오른쪽에 그 수에 해당하는 선을 그림으로써 학생들은 등식 개념을 더욱 확실히 알게 된다. 이 전략에서 더하기(plus)가 동사로서 사용되고 있음에 주목하기 바란다. 학생들에게 "더하기 기호는 선을 모두 세라는 뜻이에요."라고 가르친다. 덧셈이라는 용어는 나중에 소개한다.

더해야 할 수 찾기(미지 가수)를 묻는 덧셈 문제는 학생들이 초기 덧셈을 완전히 숙달했을 때 소개한다.

$$4 + \boxed{} = 7$$
$$|\,|\,|\,|\ \ \ \ \ |\,|\,|\,|\,|\,|\,|$$

어떤 수를 더해야 할지 찾는 문제를 풀 때 교사는 등호 양쪽이 아직 같지 않다는 것을 지적해 준다. 학생들은 양쪽이 같아지도록 선을 그어야 하고, 그 후에 더해진 선의 수에 해당하는 숫자를 적는다.

학생들이 선 긋기 전략을 사용하여 덧셈 문제와 미지 가수 덧셈 문제를 풀 수 있게 되면 새로운 전략인 **빠른 덧셈**(addition the fast way)을 소개한다. 이 전략을 쓸 때 학생들은 더해야 할 수 밑에만 선을 긋고 다음 덧셈식의 첫 숫자부터 시작하며("사~, 오, 육.") 선의 개수를 센다. 그런 다음 그 숫자를 빈칸 안에 쓴다. 빠른 덧셈은 묶음 안의 사물 수를 나타내기 위해 반구체물을 그리던 것에서 구체물을 사용하지 않는 단계로의 전환을 나타낸다. 이와 유사한 빠른 덧셈 전략을 더할 수 하나를 찾는 문제를 풀 때도 가르칠 수 있다.

느린 덧셈

느린 덧셈은 첫 번째로 가르치는 문제 해결 전략이기 때문에 중요한 전략이다. 다음 항목은 학생들이 느린 덧셈을 배우기 전에 먼저 알고 있어야 하는 사전 기술이다.

1. 0에서 10까지의 수와 +, −, =, □ 기호를 알고 쓸 수 있다.
2. 등식 규칙
3. 식 읽기
4. 숫자에 해당하는 선 긋기
5. 두 묶음의 선의 개수 세기
6. 묶음 속 사물에 해당하는 숫자 쓰기

느린 덧셈으로 덧셈하는 방법을 가르치는 수업방법이 〈수업 형식 7-2〉에 제시되어 있다. 단계 A에서는 칠판에 문제를 쓰면서 가르친다. 양쪽이라는 개념을 강조하기 위해 등호 양쪽에 동그라미를 친다. 이 지도 절차는 〈요약 7-1〉에 요약되어 있다.

$$(5 + 2) = (\square)$$

Part A를 제시할 때 학생들이 정확하게 모든 문제를 답할 수 있을 때까지 문제를 반복해야 한다. 만약 학생이 머뭇거리거나 대답이 틀렸으면 문제를 반복하고, 정답 시범을 보이며, 다시 문제를 반복한 후 답을 물어본다. 교정 후에는 처음부터 모든 단계를 다시 한번 반복한다. 이 마지막 반복을 통해 모든 단계가 어떻게 서로 들어맞는지를 보여 준다.

Part B는 구조화된 학습지 연습 단계이고, Part C는 덜 구조화된 학습지 연습 단계다. 학습지 연습용 예들은 학생들이 읽고 쓸 수 있는 숫자들만 포함하고 있어야 한다. 각 자릿수의 합은 10을 넘지 않아야 한다. 학습지의 숫자 밑에는 학생들이 선을 그을 수 있도록 여백을 두어야 한다. 학생들이 80~90% 정확성을 갖고 문제를 풀 수 있으면 교사 감독하의 연습을 그만해도 된다. 향후 수 주 동안 매일 학습지에 8~10개 정도의 문제를 제시해야 한다. 각 학습지의 숫자 밑에 선을 그을 수 있도록 여백을 두었음에 주목하기 바란다.

더해야 할 수 찾기 전략

여기서 소개하는 전략은 학생들에게 5 + □ = 8과 같은 문제에서 빈칸에 들어갈 수를 찾도록 하는

〈요약 7-1〉 초기 덧셈 전략

1. 학생이 등식을 읽는다. 5 + 2 = 얼마죠?
2. 등식 규칙을 암송한다. "등호 양쪽 수가 같아야 해요."
3. 첫 번째 가수 밑에 선을 긋고, 두 번째 가수 밑에 선을 긋는다.
4. 등호 양쪽의 선의 개수를 모두 센다.
5. 등식 규칙을 적용하여 등호 반대쪽의 □ 밑에 해당하는 수만큼 선을 긋는다.
6. 선의 개수에 해당하는 수를 쓴다.

전략이다. 이 전략은 등식 규칙(등호 양쪽 수가 같아야 한다)에 근거한 것이다. 학생들에게 이와 같은 형식의 문제를 제시하는 이유는 그들이 등식 규칙을 잘 이해하고 이 규칙이 다양한 형태의 문제를 해결하는 데 사용될 수 있음을 보여 주기 위함이다.

단순한 더해야 할 수 찾기 덧셈 문제를 풀기 위해서 학생들은 먼저 등호 양쪽을 확인하여 양쪽 수가 각각 얼마가 되어야 하는가를 찾아내야 한다. 그런 다음 교사는 학생이 등호 양쪽 수를 같게 만들 때까지 등호 양쪽이 같지 않음을 지적한다. 빈칸이 있는 쪽에 선을 그어 양쪽이 같아지도록 만드는 더해야 할 수 찾기를 찾아내도록 지도한다.

〈수업 형식 7-3〉은 더해야 할 수 찾기 전략을 사용한 지도방법을 제시하고 있다. Part A에서는 학생들에게 어느 쪽부터 시작해야 할지를 결정하는 요소 기술을 가르친다. 이 과정에서 교사는 빈칸은 얼마나 많은 수의 선을 그어야 할지 알려 주는 바가 없기 때문에 빈칸이 있는 쪽에서 시작할 수 없음을 강조한다. Part B와 Part C는 각각 구조화된 칠판 수업과 학습지 연습이다. Part B의 단계 5와 Part C의 단계 7에서 교사가 학생들에게 빈칸 밑의 선은 그 칸에 어떤 수를 써야 할 것인지를 말해 주는 것이라고 상기시켜 주고 있음에 주목하기 바란다. 이렇게 함으로써 학생이 다른 쪽의 수만큼 선의 개수를 생각해서 5 + 7 = 7과 같이 적을 오류를 방지할 수 있다.

Part D는 덜 구조화된 학습지 연습으로 더해야 할 수 찾기와 정규 덧셈 문제를 반반씩 제시한다. Part D에서 학생들로 하여금 더해야 할 수 찾기 전략을 언제 사용해야 할지 알도록 고안된 단계들을 밟아 가도록 가르친다. 그런 후 등호 양쪽을 같게 하고 최종적으로 더해야 할 수 찾기를 하도록 지도한다. 저성취 학생들은 덜 구조화된 학습지 연습 단계와 교사 감독하의 개별 연습 단계에서 일반적인 덧셈과 더해야 할 수 찾기 전략을 구분할 수 있게 되기까지 많은 양의 연습이 필요하다. 이때 사용하는 문제는 합이 10보다 적어야 한다. 덧셈이 너무 과중한 부담을 주지 않도록 하기 위해서는 이러한 제한이 필요하다.

8 + □ = 8과 같이, 더해야 할 수 찾기가 0일 경우에는 Part C의 단계 6, 7, 8을 다음과 같이 바꾸어서 사용할 수 있다.

단계 6. "이 문제는 조금 특별해요. 등호 양쪽이 이미 똑같아요. 양쪽이 모두 8이에요. 따라서 선을 하나도 그을 필요가 없어요. 0개의 선을 더하기만 하면 돼요. 빈칸에 0을 쓰세요."
단계 7. "8에 얼마를 더하면 8이 되죠?"
단계 8. "전체 덧셈식을 말해 보세요."

Part C의 마지막 날에 8 + □ = 8과 2 + □ = 2 등과 같이 비슷한 문제를 두 개 정도 제시해야 한다. 또한, Part D에서 더해야 할 수 찾기가 0인 문제도 지속적으로 제시해야 한다.

빠른 덧셈

빠른 덧셈(〈수업 형식 7-4〉 참조)은 더할 수에 해당하는 선을 긋는 전략과 덧셈 단순 연산을 기억하여 푸는 이후 연습의 중간 단계로 가르친다. 수학 수업 시간이 제한되어 있을 때는 빠른 덧셈 단계를 생략하고 곧바로 단순 연산 지도로 나아갈 수 있다(제6장 참조). 빠른 덧셈과 느린 덧셈은 학생이 더하기 기호 뒤의 숫자 밑에 선을 긋는다는 점에서 다르다.

$$7 + 4 = \square$$
$$|\,|\,|\,|$$

덧셈 문제를 풀 때 학생은 앞 부분의 수부터 세기 시작하여 선의 개수를 센다(예, 앞의 문제에서 학생은 "칠~, 팔, 구, 십, 십일."). 그런 다음 등호 오른 쪽의 빈칸에 합에 해당하는 수를 쓴다. 빈칸 밑에 선을 긋지는 않는다. 이 덧셈 전략의 유일한 새로운 사전 기술은 1 이외의 수부터 수를 세는 것이다.

빠른 덧셈은 학생이 덧셈과 더해야 할 수 찾기 문제를 80~90% 정확성을 보이며 해결할 수 있을 때 소개한다. 일부 학생은 1 이외의 수부터 수를 선을 짚어 가며 세는 것에 어려움을 겪을 수도 있다. 지속적으로 이런 어려움을 보이는 학생이 있다면 이 기술에만 초점을 맞추어 집중적으로 연습을 시켜야 한다. 다음과 같은 예를 가지고 연습을 시킬 수 있다.

$$5 + 3 \qquad 7 + 2$$
$$|||\qquad\qquad ||$$
$$3 + 4 \qquad 9 + 5$$
$$||||\qquad\quad |||||$$

학생이 연속해서 네 문제를 정확하게 할 수 있을 때까지는 교사가 1 이외의 수를 선을 짚으며 세는 시범을 보이고 검사를 한다. 예를 들어, 5 + 3 문제의 경우 교사는 "오~"라고 말한 다음에 선을 짚고 "육, 칠, 팔."과 같이 수를 센다. 그런 다음 7 + 2 문제를 가지고, 7부터 시작하여 선을 세어 가라는 의미로 7을 짚으며 "준비."라고 말하며 학생이 제대로 하는지 검사한다.

빠른 덧셈을 하기 위해 예를 선정하는 기준은 느린 덧셈을 위한 예를 선정하는 기존과 약간 다르다. 덧셈식의 앞 수 밑에 선을 그을 필요가 없기 때문에 좀 더 큰 수를 식의 앞부분에 배치한다. 하지만 식의 두 번째 수는 가능한 한 1부터 8까지의 작은 수로 배치해야 한다. 또한 문제 속의 숫자는 학생들이 쓸 줄 아는 숫자들로 구성해야 한다.

학생들이 빠른 덧셈을 정확하게 할 수 있으면 뺄셈을 소개할 수 있다(제8장 참조). 유창하게 덧셈 문제를 풀 수 있으면 덧셈 연산 암기하기를 시작해야 한다(제6장 참조).

진단과 교정

이 절에서는 초기 덧셈에서의 오류를 진단하고 교정하는 기본적인 절차를 제시한다. 먼저 해당 오류가 '할 수 없던(can't-do)' 문제인지 '하지 않으려 한(won't-do)' 문제인지 결정한다. 이 절에서는 오직 할 수 없던 문제만 다룬다. 다음에 제시한 기본적인 진단과 교정 절차는 모든 문제 유형에 적용된다.

1. 학습지 오류를 분석하고 각 오류의 원인에 대해

가설을 세운다.
2. 만약 오류 원인이 분명하지 않으면 학생을 면담한다.
3. 칠판 수업과 학습지 연습을 통해 다시 지도한다.
4. 처음 오류가 발생한 문제와 유사한 문제를 제시하여 검사한다.

일단 학생이 어떤 전략을 사용하여 혼자서 덧셈 문제를 풀 수 있으면 학생들이 범하는 오류는 다음 둘 중 하나에 속한다(연산 오류는 이 단계에서 가능하지 않다. 연산을 사용하지도 않을뿐더러 가르치지도 않았기 때문이다).

1. 요소 기술 오류(component-skill errors)로서, 이것은 전략을 구성하는 하나 혹은 그 이상의 요소에 결함을 보이는 것을 말한다.
2. 전략 오류(strategy errors)로서, 이것은 전략(전략 오류는 종종 학생이 적용 절차를 잊어버려서 발생한다)을 적용하는 데 문제를 보이는 것을 말한다.

각 문제 해결 전략의 진단과 교정을 다룰 때 우리는 두 가지 유형의 오류를 모두 다룰 것이다. 각 오류 유형에 대해 우리가 제안하는 교정사항들이 비슷함에 주목해 주기 바란다.

요소 기술 오류. 요소 기술 오류는 기호 식별과 쓰기, 선의 수를 세고 그리기, 등식 규칙 적용하기 등에서 발생할 수 있다. 만약 오류가 요소 기술 결함 때문에 발생했다면 오류 패턴이 더욱 분명하다. 따라서 교사는 학습지를 주의 깊게 살펴봄으로써 이러한 오류의 원인을 찾아낼 수 있다. 예를 들어, 빠른 덧셈 학습지에 다음과 같이 오류를 보였다고 하자.

학생이 범한 오류를 분석하여 식의 앞 숫자부터 수를 세는 것에 어려움을 겪는지 혹은 두 번째 수 밑의 선의 개수를 셀 때 첫 번째 수를 포함하여 수를 세는 것인지 확인해 볼 수 있다. 예를 들어, 앞의 첫 번째 문제에서 2 밑의 선을 짚으면서 "육~."이라고 말하고 합이 7이라고 말했을 가능성이 있다.

$$a.\ \overset{\frown}{(6 + 2)} = \boxed{7}$$
$$\text{||}$$

$$b.\ \overset{\frown}{(2 + 3)} = \boxed{4}$$
$$\text{|||}$$

$$c.\ \overset{\frown}{(7 + 4)} = \boxed{10}$$
$$\text{||||}$$

요소 기술 오류를 교정하기 위해서 좀 더 높은 수준의 문제를 다루기 전에 여러 차시 동안 해당 요소 기술을 별도로 연습시켜야 한다. 예를 들어, 앞의 예에서 오류를 교정하기 위해서 교사는 수 세기와 선을 짚는 것을 잘 조절하는 연습을 시킬 수 있다. 학생이 해당 요소 기술에서 90% 이상의 정답률을 보일 때까지 연습을 집중적으로 시킨다. 그리고 나서 혼자 풀 연습문제를 제시한다.

또 다른 가능한 요소 기술 오류는 기호 식별에서 생길 수 있다. 만약 학생이 숫자를 잘못 읽어(예, 6을 9로) 오류를 범했다면 여러 차시에 걸쳐 두 숫자를 구분하는 연습을 시킨다. 이 기간에 6이나 9가 들어간 문제를 풀도록 해서는 안 된다.

전략 오류. 전략 오류는 문제 해결 전략의 각 단계들이 어떤 순서로 진행되어야 하는지에 대해 근본적으로 이해하지 못하는 것을 말한다. 한 가지 가능한 전략 오류는 각 숫자 밑에 선을 다 긋고 나서 빈칸에 선의 합의 개수(다음 예에서 9)를 쓰지 않고 나와 있는 수의 다음 숫자(10)를 쓰는 경우다. 이러한 행동은 학생이 전략을 적용하지 않고 있음을 명백하게 보여 준다.

$$3\ +\ 6\ =\ 10$$
$$\text{|||}\ \ \text{||||||}$$

전략 오류를 교정하기 위해서 구조화된 칠판 수업부터 시작하여 구조화된 학습지, 덜 구조화된 학습지 순으로 수업 형식을 다시 제시한다. 더해야 할 수 찾

기 문제를 풀 때 학생들이 흔히 범하는 오류는 6 + 15 = 9와 같이 가수와 합을 더하는 것이다. 이러한 오류는 등식 규칙을 적용하지 않고 있음을 보여 준다. 이러한 유형의 오류에 대해 〈수업 형식 7-3〉의 Part B를 제시하고 Part C와 Part D로 진행한다.

여러 자릿수 덧셈 문제의 직접교수 절차

세로 덧셈식은 세 유형으로 나누어 볼 수 있다. 가장 간단한 것은 받아올림이 필요 없는 것이다.

$$\begin{array}{r} 24 \\ +\ \ 15 \\ \hline \end{array}$$

다음 유형은 받아올림을 해야 하는 두 개의 여러 자릿수 덧셈이다.

$$\begin{array}{r} 424 \\ +\ \ 317 \\ \hline \end{array}$$

가장 어려운 문제 유형은 받아올림이 있는 세 개 이상의 여러 자릿수 덧셈이다.

$$\begin{array}{r} 671 \\ 424 \\ +\ \ 317 \\ \hline \end{array}$$

학생들은 세로 덧셈식을 풀 때 연산 지식을 사용한다. 따라서 제시할 문제는 학생들이 배운 연산을 사용하여 개발해야 한다.

받아올림이 필요하지 않은 문제

받아올림이 필요하지 않은 세로식 덧셈 문제는 대체로 학생들이 99까지 읽고 쓸 수 있으며 25개의 단순 덧셈 연산을 암산으로 할 수 있을 때 소개한다. 기본적인 덧셈 연산에는 더할 수가 한 자리인 수들의 모든 가능한 덧셈 쌍이 모두 포함된다는 것을 기억하기 바란다. 모든 기본 덧셈 연산을 암기하려면 몇 달이 걸릴 수 있다. 하지만 여러 자릿수끼리의 덧셈을

그때까지 늦출 필요는 없다. 그렇지만 처음에 소개하는 덧셈 문제가 좀 더 쉬운 덧셈 연산을 포함하도록 할 필요는 있다. 단순 덧셈 연산을 암산으로 익히는 방법에 대해서는 제6장에서 설명했다.

받아올림이 필요하지 않은 덧셈식을 가르치는 절차는 비교적 단순하다. 학생들로 하여금 문제를 읽게 하고, 각 자릿값을 가리킨 다음, 일의 자리를 먼저 더하고 다음에 십의 자리를 더하도록 말한다. 언제나 먼저 일의 자리부터 하도록 함으로써 받아올림이 있는 보다 복잡한 덧셈을 할 때 범할 수 있는 오류를 예방할 수 있다. 비록 받아올림이 필요하지 않은 덧셈 문제에서 당장은 십의 자리부터 더해도 정답을 낼 수 있지만, 결국에는 받아올림이 있는 문제를 풀 때 어려움을 겪게 될 것이다. 따라서 언제나 일의 자리부터 덧셈을 시작하도록 해야 한다.

$$
\begin{array}{r} 24 \\ +\ 12 \\ \hline 6 \end{array}
\quad \text{다음은} \quad
\begin{array}{r} 24 \\ +\ 12 \\ \hline 36 \end{array}
$$

$$
\text{하지만} \atop \text{이것은} \atop \text{아님}
\quad
\begin{array}{r} 24 \\ +\ 17 \\ \hline 3 \end{array}
\quad \text{다음은} \quad
\begin{array}{r} 24 \\ +\ 17 \\ \hline 311 \end{array}
$$

문제를 어디서부터 푸는지 배운 이후에는 일의 자리를 더하고 다음에 십의 자리를 더하여 각 자리의 합을 적는다. 교사는 십 단위 수가 얼마의 크기인지를 묻기보다는 십이 몇 개인지를 묻는다. 즉, 다음 식에서

$$
\begin{array}{r} 34 \\ +\ 21 \\ \hline \end{array}
$$

학생에게 십의 자리를 더하고 있음을 상기시켜 주기 위해 30과 20을 더하는 것이 아니라 십 3개와 2개를 더하는 것임을 알려 준다. 이것을 가르치는 수업 형식을 이 책에서는 따로 제시하지 않았는데, 그 이유는 수업 절차가 다음과 같이 매우 단순하기 때문이다. 먼저 구조화된 칠판 수업 형식을 사용한 다음 구조화된 학습지 연습, 덜 구조화된 학습지 연습 순서

로 진행한다. 구조화된 칠판 수업에서 독립적인 학습지 연습까지는 4차시 정도면 될 것이다.

받아올림이 필요한 문제

받아올림이 필요한 덧셈 문제는 대개 2학년 때 소개한다. 사전 기술에는 받아올림이 없는 덧셈하기, 숫자 읽고 쓰기, 기본 덧셈 연산 알기, 십의 자리와 일의 자리 확장하여 표기하기 등이 있다.

사전 기술. 받아올림에 필요한 독특한 사전 기술은 세 개의 한 자릿수를 더하는 것이다. 예를 들어, 십의 자리에 어떤 수를 다음과 같이 더할 때 학생은 먼저 1과 3을 더해 4를 얻고, 전체 십 단위 수의 합을 얻기 위해 2를 다시 더해야 한다. 저성취 학생들에게는 두 개의 수를 더하는 것보다 세 개의 수를 더하는 것이 훨씬 어렵다. 세 개의 수를 더하기 위해서는 처음 두 수의 합을 기억하고 있다가 세 번째 수를 그 합에 더해야 한다.

$$
\begin{array}{r} 1 \\ 37 \\ +\ 29 \\ \hline 6 \end{array}
$$

받아올림을 가르치기 전에 세 개의 한 자릿수 덧셈을 몇 주에 걸쳐 가르쳐야 한다. 이때 사용할 수 있는 전략을 가르치는 형식이 〈수업 형식 7-5〉에 제시되어 있다. 이 수업 형식은 구조화된 칠판 수업, 구조화된 학습지 수업 등 두 개 형식만 포함하고 있다. 수업 단계가 많이 필요치 않기 때문에 덜 구조화된 학습지 수업은 필요하지 않다.

이 수업 형식에서 가장 많이 발생하는 오류는 Part A의 단계 6과 Part B의 단계 4로, 학생이 그다음에 더해야 할 두 수를 찾아야 할 때다. 종종 학생들은 처음 두 수를 더하고 세 번째 수를 더하는 것보다는 두 번째와 세 번째 수의 합을 더한다. 예를 들어, 다음과 같은 문제에서 학생들은 5 + 4라고 답하기보다는 3 + 4를 해야 한다고 응답한다. Part A에서 교사는

문제가 어려운 부분이라고 언급함으로써 정반응 단서를 주도록 한다. 만약 학생이 오류를 범하면 교사는 시범을 보이고 정답을 검사한 다음 처음부터 문제 전체를 다시 반복한다("이제 5에 4를 더하세요. 지금 무엇과 무엇을 더하고 있나요? 5 + 4는 얼마죠? 처음부터 문제를 다시 풀어 봅시다").

$$\begin{array}{r} 2 \\ 3 \\ + \quad 4 \\ \hline \end{array}$$

이 수업 형식을 구안할 때 두 가지 지침에 따라 예를 선정한다. 절반 정도의 예는 가장 위의 수가 1이어야 한다. 대부분의 덧셈에서 십의 자리에 받아올림하는 수는 1이기 때문이다. 처음에는 세 수의 합을 10 이하로 하여 학생들이 더 어려운 연산의 답을 알도록 하기보다는 세 수를 더하는 데 집중할 수 있도록 한다.

덧셈 문제 소개. 처음에 소개하는 받아올림이 있는 문제 유형은 두 자릿수에 하나 혹은 두 자릿수를 더하는 것이어야 한다. 받아올림은 십의 자리 숫자는 일의 자리에 쓸 수 없기 때문에 십의 자리로 옮겨야 한다고 지적하는 방식으로 그 의미를 학생들에게 설명한다. 예를 들어, 다음 문제에서 7+5가 무엇과 같은지 묻는다. 학생들이 12라고 하면 "여기 문제가 있네요. 12는 십 1개와 일 2개를 뜻해요. 십의 자리 숫자는 일의 자리에 쓸 수 없어요. 따라서 십 단위 수 1을 십의 자리 맨 위에 써요(3 위에 1을 쓴다). 그리고 2개의 일의 자리는 선 밑에 써요(5 밑에 2를 쓴다)." 〈수업 형식 7-6〉은 받아올림을 소개할 때 사용할 수 있다.

$$\begin{array}{r} 37 \\ + \quad 25 \\ \hline \end{array}$$

Part A에서는 학생들이 일의 자리에 십 이상의 수를 쓸 수 없음에 주목하게 했다면, Part B에서는 학생 스스로 문제를 풀 때 이행해야 하는 일련의 단계를 제시하고 있다. 이 수업 형식에서 사용하고 있는 용어는 학생들의 연산 이해를 촉진하기 위해 선정되었다. 예를 들어, Part A의 단계 6에서 학생에게 십의 자리를 더하고 있기 때문에("십 단위 수는 얼마가 되나요?") 각 개별 숫자로서의 수를 생각하지 말고 수의 값을 생각하도록 하는 것이 중요하다. Part B의 단계 3에서 13이 무엇과 같은지를 알아내도록 하는 것은 덜 강조하고 있음에 주목하기 바란다. 학생에게 13 = 10 + 3이라고 말하는 대신 답을 스스로 찾아내도록 독려한다.

받아올림이 있는 덧셈 문제에서 흔히 범하는 오류는 잘못된 수를 위로 올리는 것이다. 예를 들면, 37+27 문제를 풀 때 일의 자리에 1을 쓰고 4를 십의 자리로 올리는 오류를 범할 수 있다. 이와 같이 학생이 잘못 쓰면 단순히 올바른 자리에 올바른 수를 쓰도록 시범을 보이는 것만으로는 부족하다. 학생에게 중요한 질문을 제시하여(Part B의 단계 3) 왜 특정 숫자를 특정 자리에 적어야 하는지를 알게 해야 한다. 학생이 답을 맞추면 교사는 받아올린 수를 십의 자리에 어떻게 더하는지 시범을 보일 수 있다.

만약 학생이 특정 단계에서 머뭇거리면 교사는 정답을 말해 주고 질문을 반복한 다음 학생으로 하여금 다시 풀어 보도록 한다. 이러한 교정 절차를 밟은 뒤 교사는 준비한 문제를 모두 제시하여 학생이 전략을 사용하는 모든 단계를 성공적으로 수행할 기회를 제공해야 한다.

학생이 보다 큰 수를 읽고 쓸 수 있게 되면 이 수들로 구성된 받아올림이 필요한 문제들을 소개한다. 첫째, 백의 자리에 백 단위 수 하나를 더하는 유형의 문제를 소개한다. 십의 자리에서 백의 자리로 받아올림하는 것을 가르치는 수업의 형식은 일의 자리에서 십의 자리로 받아올림하는 수업의 형식과 매우 유사할 것이다(〈수업 형식 7-6〉 참조). 예를 들어, 학생이 다음 문제를 푼다고 가정하자.

$$\begin{array}{r} 283 \\ + \quad 185 \\ \hline \end{array}$$

학생들에게 8개의 10과 8개의 10을 합하면 10이

몇 개가 되냐고 묻고 다음과 같이 말한다. "문제가 하나 있네요. 10 16개는 백 1개와 십 6개를 더한 것과 같아요. 그런데 십의 자리에 백 단위 수를 쓸 수 없어요. 따라서 그 수를 백의 자리 위에 써야 하고(백의 자리 위에 1을 쓴다) 십의 자리에 십 6개를 써요(답 칸의 십의 자리 밑에 6을 쓴다)."

십의 자리와 백의 자리에서 연속해서 받아올림을 해야 하는 문제는 그다음에 소개한다. 이 문제와 보다 어려운 문제는 2~3일 정도만 소개해도 되는데, 이는 일단 학생들이 받아올림 과정을 이해하면 그것을 일반화하는 데는 별 어려움을 겪지 않을 것이기 때문이다. 하지만 저성취 학생들의 경우에는 다양한 문제로 구성된 학습지 연습을 교사 감독하에 좀 더 시킬 필요가 있을 것이다.

구조화된 칠판 수업과 구조화된 학습지 수업 형식을 사용하여 받아올림 전략을 소개할 때는 현재 소개하고 있는 유형의 예만을 사용해야 한다. 덜 구조화된 칠판 수업과 교사 감독하의 개별 연습 때는 누가적인 학습지 연습을 시킨다. 학습지는 누가적인 연습을 할 수 있는 형태로 구안하여 이전에 가르친 문제 유형도 체계적으로 복습할 수 있도록 한다. 학습지의 문제 중 $\frac{1}{3}$ 혹은 절반 정도는 최근에 소개한 문제 유형으로 구성한다. 나머지는 이전에 가르친 유형의 덧셈 문제와 뺄셈 문제로 구성한다. 문제는 무작위로 기술한다. 새로운 유형의 문제 여러 개를 학습지의 첫 부분에 제시한다. 그것을 제외하고는 같은 유형 문제를 2~3개 이상 연속해서 제시하지 않도록 한다.

누가적인 복습은 받아올림을 소개할 때 특히 중요하다. 받아올림을 언제 해야 하는지 잘 모르면 아직 받아올림을 완전히 익힌 것이 아니다. 받아올림이 필요치 않은 덧셈 문제도 포함시켜서 학생들이 항상 십의 자리에 1을 더하는 일이 없도록 해야 한다. 마찬가지로 뺄셈 문제도 포함시켜 학생들이 덧셈 문제와 뺄셈 문제를 구분할 수 있도록 해야 한다.

십의 자리와 백의 자리에서 연속해서 받아올림을 해야 하는 덧셈 문제를 소개하는 수업 형식에서 며칠 동안 사용할 학습지 예가 [그림 7-1]에 나와 있다. $\frac{1}{3}$ 이상의 문제가 연속해서 두 번 받아올림을 해야 하는 문제로 구성되어 있음에 주목하기 바란다. 나머지 문제 중 일부는 십의 자리에서만 받아올림이 필요한 문제이거나 받아올림이 필요 없는 문제다. 나머지 $\frac{1}{3}$ 문제는 뺄셈 문제다.

[그림 7-1] 받아올림이 있는 덧셈 학습지 예

356	486	395	495	386
+ 277	+ 281	− 243	+ 235	− 241
489	37	523	924	924
+ 232	+ 28	+ 206	− 201	+ 31
372	938	356	284	565
+ 472	− 214	+ 217	+ 382	+ 265
87	87	299	468	98
+ 47	− 47	+ 91	− 354	+ 97

〈요약 7-2〉 받아올림이 있는 덧셈

1. 학생이 문제를 읽는다.
2. 일의 자리부터 수를 더한다.
3. 일의 자릿수의 합이 10을 넘으면 받아올림을 해야 한다.
4. 일의 자릿수의 합 중 십의 자리에 올릴 수와 일의 자리에 쓸 수를 결정하기 위해 풀어서 쓰기를 사용한다.
5. 십의 자리에 올리는 수를 적고 일의 자리에 남은 수를 적는다.
6. 십의 자릿수에 있던 두 개의 수를 더하고 받아올린 수를 여기에 더한다.
7. 십의 자릿수의 합을 답 칸에 적는다.

3개 이상의 수 더하기

덧셈 지도의 마지막 단계는 3개 이상의 여러 자리 수들을 더하는 것이다. 이 문제 중 일부는 학생들에게 매우 어려운데, 이는 한 자릿수를 두 자릿수에 더하는 것을 암산으로 해야 하기 때문이다. 예를 들어, 다음 문제를 보기 바란다.

$$
\left.\begin{array}{r} 36 \\ 16 \\ +\ 24 \end{array}\right] 12 + 4
\qquad
\left.\begin{array}{r} 47 \\ 24 \\ +\ 13 \end{array}\right] 11 + 3
$$

$$
\left.\begin{array}{r} 5839 \\ 2467 \\ 3589 \\ +\ 2849 \end{array}\right] \begin{array}{l} 16 + 9 \\ 25 + 9 \end{array}
$$

각 문제에서 처음 두 수의 합이 십 단위 수(12, 11, 16)가 된다. 다음 단계는 여기에 한 자릿수를 더하는 것이다(예, 12 + 4, 11 + 3, 16 + 9). 앞서 언급했듯이, 두 자릿수에 한 자릿수를 더해야 하는 덧셈을 복잡한 덧셈 연산이라고 부른다. 이 복잡한 덧셈 연산은 완전히 습득하는 데는 여러 달이 걸리는 매우 중요한 사전 기술이다. 학생들이 50개 정도의 기본 덧셈 연산을 할 수 있을 때 이 덧셈을 소개해야 한다. 평균적인 발달속도를 보이는 학생의 경우 이 복잡한 덧셈

연산은 2학년 초나 중간에 소개할 수 있을 것이다.

복잡한 덧셈 연산의 첫 번째 문제 유형은 십 단위 수에 한 자릿수를 더하는데 단 그 합이 19를 넘지 않는 경우다(예, 14 + 3, 15 + 2, 15 + 4). 〈수업 형식 7-7〉은 이 기술을 어떻게 지도하는지를 보여 주고 있다. 학생들은 복잡한 연산을 두 개의 간단한 연산으로 전환하는 방법을 배운다. 예를 들어, 16 + 3은 10 + 6 + 3으로 만들고, 6 + 3을 한 다음, 10 + 9를 한다. 이러한 연습을 매일 30일 동안 하도록 하고 있음에 주목하기 바란다.

학생들이 이 첫 번째 유형의 덧셈 문제를 암산으로 할 수 있게 되면 받아올림을 해야 하는 세 개 이상의 수들을 세로셈으로 더하는 문제를 할 수 있게 된다. 이 문제들은 비교적 간단하게 소개할 수 있다. 학생들로 하여금 먼저 일의 자릿수를 모두 더하게 한다. 10을 십의 자리에 받아올리고 나머지 일의 자릿수를 일의 자리에 적도록 한다. 비슷한 절차를 십의 자리, 백의 자리, 천의 자리에서도 수행하도록 한다. 연습 문제에는 이전에 가르치지 않은 복잡한 덧셈 문제가 포함되지 않도록 신중하게 문제들을 구성하고 있음에 주목하기 바란다.

두 번째 복잡한 덧셈 문제 유형은 십 단위의 수에 일의 자릿수를 더하는데, 그 합이 20이 넘는 경우다

〈표 7-1〉 복잡한 덧셈 문제 예

	합이 20 이상							합이 20 미만							
1.	11+9							11+1	11+2	11+3	11+4	11+5	11+6	11+7	11+8
2.	12+8	12+9							12+1	12+2	12+3	12+4	12+5	12+6	12+7
3.	13+7	13+8	13+9							13+1	13+2	13+3	13+4	13+5	13+6
4.	14+6	14+7	14+8	14+9							14+1	14+2	14+3	14+4	14+5
5.	15+5	15+6	15+7	15+8	15+9							15+1	15+2	15+3	15+4
6.	16+4	16+5	16+6	16+7	16+8	16+9							16+1	16+2	16+3
7.	17+3	17+4	17+5	17+6	17+7	17+8	17+9							17+1	17+2
8.	18+2	18+3	18+4	18+5	18+6	18+7	18+8	18+9							18+1
9.	19+1	19+2	19+3	19+4	19+5	19+6	19+7	19+8	19+9						

(예, 16 + 6 = 22, 18 + 7 = 25, 14 + 7 = 21, 15 + 8 = 23). 이러한 유형의 문제는 3학년 후반부나 4학년 초기에 소개한다. 44개의 복잡한 덧셈 문제 유형이 〈표 7-1〉에 제시되어 있다.

〈수업 형식 7-8〉은 좀 더 어려운 덧셈 연산을 가르치는 방법을 제시하고 있다. 합이 20이 넘는 수를 학생들은 다음과 같은 방식으로 변환시킨다. 17 + 9는 10 + 7 + 9가 된다. 7 + 9를 더하고 10에 16을 더한다. Part A에서 학생들은 10을 십 단위 수에 더하는 방법을 배운다(예, 14 + 10, 18 + 10). 이 기술은 Part B에서도 사용된다(19 + 3의 마지막 단계는 10과 12를 더하는 것이다. 13 + 8의 마지막 단계는 10과 11을 더하는 것이다). Part C는 새로운 복잡한 덧셈 문제와 이전에 소개한 복잡한 덧셈 문제를 교사 감독하에 연습하는 단계다.

Part D는 스스로 연습하는 단계로, 합이 20이 넘는 수와 20 미만인 수를 다양하게 섞어서 문제를 제시해야 한다. 이렇게 섞어서 문제를 제시해야 학생들이 과잉 일반화를 해서 언제나 십의 자리에 10을 더하는 것을 방지할 수 있다(예, 14 + 4 = 28). 연산 유창성을 향상시키기 위한 학습지 연습은 제6장에서 제시한 것과 비슷하다. 일단의 둘 혹은 세 개의 복잡한 연산을 각각 여러 날 동안 제시한다. 새로운 연산은 이전에 소개한 연산과 함께 개별적인 학습지에 여러 번 제시한다. 문제는 가로로 제시한다. 학생들에게는 문제를 암산으로 풀도록 지시한다. 문제가 어려워질수록 더 많은 수의 문제를 연습하도록 한다.

자기 점검. 세 수를 더하고 받아올림을 해야 하는 덧셈 문제에 학생이 익숙해지면 답을 점검하도록 가르친다. 덧셈 정답을 점검하는 절차는 문제를 풀 때 위에서부터 더했을 것으로 가정하고 각 자리의 맨 밑의 수부터 더하도록 한다. 교사는 학습지로 점검하는 것을 소개한다. 학생이 첫 번째 문제를 풀면 다음과 같이 이야기한다. "여러분이 제대로 답을 풀었는지 이렇게 점검하세요. 각 자리의 맨 밑의 수부터 더하

세요. 더해야 할 처음 두 수가 무엇이죠? 두 수를 합하면 얼마죠? 다음 두 수를 합하면 얼마죠? 여러분이 일의 자리에 적은 숫자와 십의 자리에 받아올린 숫자가 맞나요? 다시 맨 밑 수부터 시작해 봅시다. 십의 자리에서 더해야 할 첫 두 수는 무엇이죠? 두 수를 합하면 얼마죠? 그다음에 더해야 할 수는 무엇이죠? 여러분이 적은 답이 맞았나요?"

학생들이 자기 점검을 제대로 했는지 안 했는지 확인하는 것은 어렵다. 자기 점검을 하는 데에는 별도로 무엇인가를 적지 않아도 되기 때문이다. 자기 점검을 권장하는 한 가지 방법은 절반 정도는 틀리게 누군가가 이미 풀어 놓은 문제를 학생들에게 주고 답을 확인하고 오류가 있으면 수정해 보도록 하는 것이다.

진단과 교정

앞서 언급했듯이, 학습지에 나타난 학생의 오류가 동기 부족 때문이 아닌 것으로 나타나면 교사는 어떤 특정 기술 결함인지를 알아내어 적절하게 교정해야 한다. 학생이 범하는 오류는 연산 오류, 요소 기술 오류, 전략 오류 등 크게 세 가지다. 덧셈 영역에서 가장 흔한 오류는 연산 오류, 받아올림 기술 오류(잘못된 수를 받아올리거나 받아올리지 못함), 문제 연산 기호에 주의를 기울이지 않는 것 등이다.

연산 오류. 연산 오류는 가장 흔한 세로 덧셈 오류다. 이 오류는 다음의 경우처럼 대개는 확인하기 쉽다.

a.		b.		c.	
	11		*1*		*1*
	357		228		648
+	248	+	744	+	281
	606		971		919

각 예에서 학생들은 연산 오류(예, a 문제에서 학생은 7 + 8을 16으로 계산했다) 때문에 답이 틀렸음에 주목하기 바란다. 하지만 어떤 경우에는 연산 오류 때문에 오답을 했는지를 얼른 확인하지 못할 수 있다. 예를 들어, 다음 문제에서 오류는 받아올린 수를 위의 자리에 더하지 못한 것일 수도 있고 단순히 연산

결함 때문일 수도 있다. d 문제에서 학생은 십의 자리에서 1 + 5 + 4를 잘못 더했을 수도 있고 받아올린 십의 자릿수를 더하지 않았을 수도 있다.

```
    d.      1        e.      1
          357              228
      +   248          +   743
          595              961
```

오류의 원인을 구체적으로 파악하기 위해서는 오류 패턴을 살펴봐야 한다. 예를 들어, 동일한 단순 연산을 지속적으로 잘못 계산하는지를 확인해 봐야 한다. 또한 최근 연산 연습에서 해당 학생이 보여 준 수행에 관한 정보를 활용해야 한다. 진단이 정확한지 확인하기 위해 이전에 틀린 문제를 학생이 푸는 모습을 관찰해야 한다.

교정 절차는 연산 오류의 특징에 따라 달라질 수 있다. 만약 학생이 동일한 연산을 지속적으로 틀리면 해당 연습 시간을 늘려 연습시키면 된다. 그런데 어떤 학생은 동일한 연산을 어떤 때는 맞고 어떤 때는 틀릴 수가 있다. 이런 학생들의 경우 교사는 정확하게 연산했을 때 제공하는 강화물을 증가시킨다.

마지막으로 언급할 학생들은 고학년임에도 불구하고 손가락 셈으로 기본 연산을 수행하는 학생들이다. 불행하게도 저학년 때 기본 연산을 완전하게 습득하도록 하는 연습량이 충분하지 않기 때문에 많은 학생이 기본 연산을 하기 위해 손가락 셈을 사용할 수가 있다. 만약 손가락 셈을 사용해야만 기본 연산의 답을 정확하게 낼 수 있다면 학생들이 손가락 셈을 사용하는 것을 금지하지는 말아야 한다. 오히려 보다 능률적으로 그리고 보다 정확하게 손가락 셈을 사용할 수 있도록 해 주어야 한다. 손가락 셈을 하는 데서 오류가 발생했다면 이는 학생이 수 세기를 잘못하거나 손가락 펴고 오므리는 것을 수 세기와 맞추지 못하기 때문일 것이다.

만약 연산 오류의 원인이 손가락 셈 전략을 잘못 사용한 것이라면 교사는 하루에 몇 분씩 그 전략을 검토하는 데 할애해야 한다. 명심할 것은 손가락 셈

교정은 기본 연산을 아직 습득하지 못했고 손가락 셈 전략 이외에는 사용할 전략을 모르는 학생에게만 사용해야 한다는 점이다. 손가락 셈을 교정하는 것 이외에 교사는 또한 제6장에서 제안하는 기본 연산 습득 촉진을 위한 연습 방법을 복습하는 데 더 많은 수업 시간을 할애해야 한다. 연산 교정의 궁극적인 목표는 더 이상 손가락 셈에 의존하지 않고 기본 연산을 습득할 수 있도록 하는 것이다.

요소 기술 오류. 첫 번째 요소 기술 결함은 받아올림에 관한 것이다. 다음 문제에서 오류에 주목하기 바란다.

```
                    5
        6          39
       48          27
    +  28       +  19
      121         112
```

첫 번째 예에서 학생은 십의 자릿수 대신 일의 자릿수를 받아올림했다. 이처럼 엉뚱한 수를 받아올리는 것은 매우 심각한 문제인데, 왜냐하면 이는 곧 해당 학생이 자릿값의 기본 개념을 근본적으로 잘못 이해하고 있음을 보여 주기 때문이다. 이러한 요소 기술 결함에 대한 한 가지 가능한 교정 방법은 십의 자릿수와 일의 자릿수를 넣을 빈칸을 마련해 주는 것이다. 각 문제에 대해 교사는 일의 자릿수들의 합을 적도록 한 다음 그 합의 십의 자릿수와 일의 자릿수가 각각 무엇인지 물어본다. 학생이 대답을 하면 각 빈칸을 채우도록 한다. 교정 연습문제에는 다음과 같은 형식의 문제를 약 10개 정도 제시한다.

```
      □        □        □        □
     68       45       24       86
   + 19     + 29     + 18     + 27
     □        □        □        □
```

첫 3~4개의 예는 받아올림이 필요한 문제로 제시한다. 하지만 이 예에는 받아올림이 필요하지 않는 변별 문제도 제시해서 학생들이 언제나 십의 자리 위

에 1을 적는 습관에 젖지 않도록 해야 한다. 교정 중에 학생이 자릿값 관련 결함을 보이면 자릿값의 풀어 쓰기 연습을 다시 시켜야 한다. 만약 학생이 4~6개의 수정된 문제를 연속해서 맞추면 〈수업 형식 7-6〉의 Part C를 사용하여 4~6개의 덧셈 문제를 풀도록 한다. 그런 다음에는 교사의 지시 없이 4~6개의 문제를 풀어 보도록 한다. 이 교정 절차는 학생이 남은 문제에서 90% 이상의 정답률을 보일 때까지 반복한다.

엉뚱한 수를 받아올림하는 것과 유사한 요소 기술 오류는 십의 자리에 전혀 받아올림을 하지 않는 것이다. 십의 자리에 받아올림을 하지 않는 오류는 다음과 같다.

$$\begin{array}{r} 48 \\ +\ 36 \\ \hline 74 \end{array} \qquad \begin{array}{r} 32 \\ +\ 19 \\ \hline 41 \end{array}$$

일의 자리에는 정답을 제자리에 썼기 때문에 여기서 나타난 오류는 단순히 십의 자리에 받아올림을 하지 않은 오류로 보인다. 이 오류 유형을 교정하기 위한 절차는 앞에서 십의 자릿수 대신 일의 자릿수를 받아올렸을 때 사용한 절차와 유사하다. 해당 학생의 오류가 받아올림의 오류인지 연산 오류인지를 알기 위해 개별적으로 검사를 해 보는 것이 필수적이라는 것을 기억해야 한다.

연산부호에 주목하지 않는 오류는 세로식 덧셈에서 흔히 나타나는 오류다. 이러한 오류는 다음과 같이 세로셈에서 틀린 연산을 수행한 것으로 확인할 수 있다.

$$\begin{array}{r} 342 \\ +\ 131 \\ \hline 211 \end{array} \qquad \begin{array}{r} 304 \\ -\ 201 \\ \hline 505 \end{array}$$

만약 이러한 오류가 전체 문제의 10% 이상에서 보인다면 덧셈과 뺄셈 연산 문제를 반반씩 섞되 순서를 무작위로 한 다음과 같은 특별 학습지를 제공해 주어야 한다.

$$\begin{array}{r} 37 \\ -\ 15 \end{array} \quad \begin{array}{r} 28 \\ +\ 13 \end{array} \quad \begin{array}{r} 47 \\ +\ 24 \end{array} \quad \begin{array}{r} 38 \\ -\ 16 \end{array} \quad \begin{array}{r} 47 \\ +\ 25 \end{array} \quad \begin{array}{r} 86 \\ -\ 23 \end{array} \quad \begin{array}{r} 48 \\ +\ 20 \end{array}$$

덜 구조화된 학습지 연습을 시킬 때 교사는 학생들에게 문제를 풀기 전에 연산 기호에 동그라미를 치고 그 기호를 말해 보도록 한다.

전략 오류. 전략 오류는 전략의 몇 단계를 부정확하게 이행하는 데서 발생한다. 전략 오류의 예는 다음과 같다.

$$\begin{array}{r} 35 \\ +\ 27 \\ \hline 512 \end{array} \qquad \begin{array}{r} 68 \\ +\ 18 \\ \hline 76 \end{array}$$

이 오류는 다소 심각한 오류로, 학생이 받아올림 개념을 이해하지 못하고 있음을 보여 준다. 모든 전략 오류 교정 절차는 특정 문제 유형에 관한 수업 형식을 다시 가르치는 것이다. 교사는 먼저 구조화된 칠판 수업을 통해 여러 개의 문제를 제시하고 구조화된 학습지, 덜 구조화된 수업 순서로 여러 장의 학습지를 풀도록 한다.

세로 덧셈에서 흔히 공통적으로 나타나는 오류와 오류별 적절한 진단 및 교정 절차가 [그림 7-2]에 제시되어 있다. 별다른 사항이 없다면 각 교정 후에 교사는 학생에게 학습지를 줄 때 처음에 오류를 보인 문제와 비슷한 문제를 주어 교정이 효과적으로 이루어졌는지 확인하는 것이 필요하다.

상업용 프로그램

덧셈: 받아올림

교수 전략. 대부분의 프로그램에서는 막대 묶음과 기타 구체물을 사용하여 덧셈 받아올림 전략을 가르치고 있었다. 네 개의 상업용 참고서에서 사용하고 있는 이 전략의 단계는 다음과 같았다.

단계 1: 일의 자릿수를 더한다.

단계 2: 10 혹은 10이 넘으면 십의 자리로 넘긴다.

단계 3: 십의 자릿수에 1을 더한다.

덧셈 받아올림 전략은 단도직입적인 것처럼 보인다. 하지만 우리 분석 결과, 필요한 사전 기술을 충분히 언급하지 않거나 충분하고도 체계적인 안내된 연습을 제공하지 않고 있는 것으로 보인다.

사전 기술. 상업용 참고서들은 종종 제자리에 적힌 수들이 무슨 자리 수인지를 학습자로 하여금 추적해 보도록 하는 방법으로 자릿값을 가르치고 있었다.

그런 다음, 학습자가 스스로 문제를 풀도록 하고 있었다. 하지만 이러한 방식의 문제는 분명하다. 만약 옮겨야 할 수를 미리 제시해 준다면 학생들은 어떤 수를 옮겨야 할지 말아야 할지 생각할 필요가 없을 것이다. 그 결과, 어떤 학생들은 단서를 주지 않으면 유사한 문제를 풀 때 여전히 어려움을 느낄 것이다.

이러한 문제를 해결하기 위해서는 그 전략의 중간 단계로서 답을 실제로 적기 이전에 어디에 쓸 것인지를 물어보도록 해야 한다. 그래야 교사는 오류를 수정하고 더 이상 오류가 발생하거나 굳어지지 않도록 할 수 있을 것이다.

또 다른 중요한 문제는 기본 연산과 받아올림 문제

[그림 7-2] 덧셈 오류 진단과 교정

오류 유형	오류 진단	교정 절차	교정 예
단순 연산 오류			
a. $\begin{array}{r} 46 \\ +\ 17 \\ \hline 64 \end{array}$ $\begin{array}{r} 263 \\ +\ 174 \\ \hline 447 \end{array}$	기본 연산 오류: 6+7을 모름	집중 연습 단순 연산 암기 연습 시 6+7을 강조함(제6장 참조)	
요소 기술 오류			
b. $\begin{array}{r} 3 \\ 46 \\ +\ 17 \\ \hline 81 \end{array}$ $\begin{array}{r} 2 \\ 53 \\ +\ 29 \\ \hline 91 \end{array}$	받아올림 오류: 십의 자리와 일의 자리 교환 오류	받아올림 관련 교사의 명료한 시범이 포함된 구조화된 칠판 수업 제공(〈수업 형식 7-6〉, Part B, 단계 1~3)	다음과 같은 형식의 문제 10개 $\begin{array}{r} \square \\ 69 \\ +\ 36 \\ \hline \square \end{array}$ $\begin{array}{r} \square \\ 46 \\ +\ 29 \\ \hline \square \end{array}$
c. $\begin{array}{r} 46 \\ +\ 17 \\ \hline 53 \end{array}$ $\begin{array}{r} 25 \\ +\ 17 \\ \hline 32 \end{array}$	받아올림 오류: 받아올림 잊어버림	앞과 동일	
d. $\begin{array}{r} 49 \\ +\ 17 \\ \hline 32 \end{array}$ $\begin{array}{r} 253 \\ -\ 174 \\ \hline 427 \end{array}$	연산 부호 변별 오류: 더하는 대신 빼거나 빼는 대신 더한 오류	덜 구조화된 학습지 연습 연산 전에 부호에 동그라미를 치도록 함(수업 형식 7-6. Part C 단계 1~4)	덧셈과 뺄셈 문제 혼합
전략 오류			
e. $\begin{array}{r} 46 \\ +\ 17 \\ \hline 513 \end{array}$ $\begin{array}{r} 253 \\ -\ 174 \\ \hline 3127 \end{array}$	받아올림 생략: 모든 합계 칸에 수를 쓰는 오류	받아올림 관련 교사의 명료한 시범이 포함된 구조화된 칠판 수업 제공(〈수업 형식 7-6〉의 Part A)	

를 풀 때 풀어야 하는 연산 간에 조정을 세심하게 하지 않았을 때 발생한다. 많은 경우, 상업용 참고서에서는 학습자가 실제로 문제를 풀기 전까지 기본 연산 암기 연습을 충분히 시키지 않는 경우가 많다. 그래서 종종 학생들이 손가락 셈을 사용하는데, 이는 연산과정 학습을 늦추거나 방해할 수 있다.

적용 문제   덧셈

1. 다음 문제의 유형을 기술하시오. 각 문제를 제시해야 할 순서대로 나열하시오. 각 문제가 제시되어야 할 학년 단계를 쓰시오.

   a.
   $$\begin{array}{r} 462 \\ + \ 371 \\ \hline \end{array}$$
   b.
   $$\begin{array}{r} 35 \\ 16 \\ + \ 24 \\ \hline \end{array}$$

   c.
   $$\begin{array}{r} 46 \\ 87 \\ + \ 19 \\ \hline \end{array}$$
   d.
   $$\begin{array}{r} 84 \\ + \ 13 \\ \hline \end{array}$$

   e.
   $$\begin{array}{r} 348 \\ + \ 135 \\ \hline \end{array}$$
   f.
   $$\begin{array}{r} 368 \\ + \ 259 \\ \hline \end{array}$$

2. 다음은 〈수업 순서와 평가 차트〉의 2e 유형 문제(일의 자리에서 십의 자리로 받아올림이 필요한 두 개의 두 자릿수 더하기)를 이제 막 정확하게 풀 수 있게 된 학생에게 제시한 개별 학습지 내용의 일부를 발췌한 것이다. 교사는 해당 학습지를 만들 때 몇 가지 오류를 범했다.

   a. 적절하지 않은 예를 지적하시오.
   b. 개별 학습지에 포함되었어야 할 문제 유형이 있다면 무엇인지 제시하시오.

   a.
   $$\begin{array}{r} 462 \\ + \ 183 \\ \hline \end{array}$$
   b.
   $$\begin{array}{r} 75 \\ + \ 16 \\ \hline \end{array}$$
   c.
   $$\begin{array}{r} 141 \\ + \ 324 \\ \hline \end{array}$$
   d.
   $$\begin{array}{r} 38 \\ + \ 26 \\ \hline \end{array}$$
   e.
   $$\begin{array}{r} 582 \\ + \ 15 \\ \hline \end{array}$$

   f.
   $$\begin{array}{r} 1 \\ 3 \\ + \ 6 \\ \hline \end{array}$$
   g.
   $$\begin{array}{r} 46 \\ + \ 15 \\ \hline \end{array}$$
   h.
   $$\begin{array}{r} 617 \\ + \ 124 \\ \hline \end{array}$$
   i.
   $$\begin{array}{r} 58 \\ + \ 25 \\ \hline \end{array}$$

3. 단원 지도 초에 교사는 Leslie 학생을 검사했다. 문제 유형 2e~3c에 대한 이 학생의 수행은 다음과 같았다. 지도를 해야 할 문제 유형을 규명하고, 그 이유를 설명하시오.

   2e.
   $$\begin{array}{r} \overset{1}{3}7 \\ + \ 46 \\ \hline 83 \end{array} \quad \begin{array}{r} \overset{1}{4}8 \\ + \ 14 \\ \hline 61 \end{array} \quad \begin{array}{r} \overset{1}{5}7 \\ + \ 27 \\ \hline 84 \end{array}$$
   2f.
   $$\begin{array}{r} \overset{1}{2}47 \\ + \ 315 \\ \hline 562 \end{array} \quad \begin{array}{r} \overset{1}{2}58 \\ + \ 13 \\ \hline 272 \end{array} \quad \begin{array}{r} \overset{1}{2}76 \\ + \ 8 \\ \hline 284 \end{array}$$

   3a. $13 + 3 = 16$
   $14 + 4 = 18$
   $12 + 2 = 14$

   3b.
   $$\begin{array}{r} 374 \\ + \ 261 \\ \hline 535 \end{array} \quad \begin{array}{r} 248 \\ + \ 364 \\ \hline 511 \end{array} \quad \begin{array}{r} 437 \\ + \ 285 \\ \hline 652 \end{array}$$

3c.
$$
\begin{array}{ccc}
\overset{1}{} & \overset{1}{} & \overset{1}{} \\
276 & 248 & 437 \\
+\ 185 & +\ 365 & +\ 285 \\
\hline
461 & 512 & 622
\end{array}
$$

4. 다음 문제는 Ash 교사가 맡고 있는 수학 시간에 학생들에게 제시된 개별 학습지 문제다. 각 학생의 이름 옆에는 해당 학생이 오류를 범한 문제들이 제시되어 있다. 학생별로 해당 오류의 원인을 제시해 보시오.

교정 절차를 구체적으로 기술하시오. 교정 절차별로 해당하는 수업 형식과 시작할 수업 형식 부분을 제시해 보시오. 해당 문제 유형에 맞는 수업 형식이 없다면 해당 문제 유형을 언급한 부분(페이지)을 이 책에서 찾아보시오.

$$
\begin{array}{cccccccccccc}
37 & 364 & 57 & 36 & 48 & 72 & 58 & 57 & 48 & 34 & 514 \\
+\ 26 & +\ 212 & -\ 23 & +\ 22 & +\ 28 & +\ 26 & -\ 32 & +\ 34 & -\ 24 & +\ 26 & +\ 23
\end{array}
$$

오류: Bill

$$
\begin{array}{cc}
\overset{3}{} & \overset{6}{} \\
37 & 48 \\
+\ 26 & +\ 28 \\
\hline
91 & 121
\end{array}
$$

Ann

$$
\begin{array}{ccc}
37 & 48 & 34 \\
+\ 26 & +\ 28 & +\ 26 \\
\hline
513 & 616 & 510
\end{array}
$$

Julie

$$
\begin{array}{cc}
& \overset{1}{} \\
37 & 48 \\
+\ 26 & -\ 24 \\
\hline
11 & 72
\end{array}
$$

5. 다음은 더해야 할 수 찾기가 있는 문제를 풀기 위한 〈수업 형식 7-3〉의 일부이다.
   학생의 반응이 제시되어 있다. 교정에 필요한 교사의 말을 적어 보시오.
   더해야 할 수 찾기 문제 수업 형식

Part B: 구조화된 칠판 수업	
교사	학생
(칠판에 다음 문제를 적는다) 4 + □ = 6 |||| ||||||	
4. 등호 양쪽이 같은 수로 끝나야 해요. (4 + □를 가리키며) 이쪽은 현재 선이 몇 개죠?	4
그럼 왼쪽에 몇 개의 선이 있어야 할지 생각해 보세요.	4

6. 다음의 학생별로 진단과 교정 방안을 구체적으로 제시하시오.
   a. 학생별로 나타난 오류의 원인으로 볼 수 있는 것 혹은 잘못 적용한 전략을 지적하시오.
   b. 교정 방안별로 수업 형식과 그 수업 형식에서의 수업 전개 단계를 제시하시오. 만약 해당 오류에 적합한 수업 형식이 이 책에 없다면 그 문제 유형을 언급한 페이지를 기록하시오.

학생 A

3 + ⏹7⏹ = 7   5 + ⏹8⏹ = 8
\|\|\|\| \|\|\|

4 + ⏹9⏹ = 9   2 + ⏹6⏹ = 6
\|\|\|\|\| \|\|\|\|

학생 B

6 + 3 = ⏹8⏹   7 + 2 = ⏹8⏹
\|\|\| \|\|

2 + 4 = ⏹5⏹   3 + 5 = ⏹7⏹
\|\|\|\| \|\|\|\|\|

7. 다음 문제 유형을 가르치기 위한 구조화된 학습지 단계에 필요한 교사의 말을 기술하시오.

$$
\begin{array}{r}
162 \\
+\ 283 \\
\hline
\end{array}
$$

8. 다음은 일의 자리에서 십의 자리로 받아올림이 필요한 덧셈 문제를 지도하기 위한 덜 구조화된 수업을 위해 세 명의 교사가 작성한 학습지다. 그중 두 명의 교사는 수용할 수 없는 학습지를 작성하였다. 어떤 교사가 이에 해당하는지 밝히고 왜 수용할 수 없는지를 설명하시오. 수용할 수 없는 학습지에 대해서는 어떻게 하면 수용 가능할지 대안을 제시해 보시오.

a.
$$
\begin{array}{r} 37 \\ +\ 25 \\ \hline \end{array}
\quad
\begin{array}{r} 37 \\ -\ 25 \\ \hline \end{array}
\quad
\begin{array}{r} 237 \\ +\ 86 \\ \hline \end{array}
\quad
\begin{array}{r} 481 \\ +\ 110 \\ \hline \end{array}
\quad
\begin{array}{r} 374 \\ -\ 213 \\ \hline \end{array}
\quad
\begin{array}{r} 48 \\ +\ 24 \\ \hline \end{array}
\quad
\begin{array}{r} 786 \\ +\ 346 \\ \hline \end{array}
$$

b.
$$
\begin{array}{r} 48 \\ +\ 26 \\ \hline \end{array}
\quad
\begin{array}{r} 78 \\ +\ 25 \\ \hline \end{array}
\quad
\begin{array}{r} 37 \\ +\ 8 \\ \hline \end{array}
\quad
\begin{array}{r} 58 \\ +\ 24 \\ \hline \end{array}
\quad
\begin{array}{r} 73 \\ +\ 28 \\ \hline \end{array}
\quad
\begin{array}{r} 57 \\ +\ 18 \\ \hline \end{array}
$$

c.
$$
\begin{array}{r} 47 \\ +\ 25 \\ \hline \end{array}
\quad
\begin{array}{r} 47 \\ -\ 25 \\ \hline \end{array}
\quad
\begin{array}{r} 385 \\ +\ 214 \\ \hline \end{array}
\quad
\begin{array}{r} 68 \\ +\ 48 \\ \hline \end{array}
\quad
\begin{array}{r} 28 \\ +\ 36 \\ \hline \end{array}
\quad
\begin{array}{r} 74 \\ +\ 23 \\ \hline \end{array}
\quad
\begin{array}{r} 92 \\ -\ 31 \\ \hline \end{array}
\quad
\begin{array}{r} 75 \\ +\ 38 \\ \hline \end{array}
\quad
\begin{array}{r} 342 \\ +\ 26 \\ \hline \end{array}
$$

〈수업 형식 7-1〉 등식 개념

교사	학생

Part A: 구조화된 칠판 수업

1. (칠판에 다음과 같이 쓴다)

  (등호 표시를 가리키며) 이것은 등호 표시입니다. 이것이 무엇이라고요? | 등호

2. 여기 규칙이 있어요. 등호 표시의 왼쪽(왼쪽을 가리킨다)과 오른쪽은 수가 같아야 합니다.

3. (등호 표시의 왼쪽을 가리키며) 등호 표시의 왼쪽과 오른쪽 수가 같은지 확인해 봅시다.

4. (등호 표시의 왼쪽을 가리키며) 내가 손으로 짚으면 이쪽의 개수를 세어 봅시다.
  (학생이 수를 셀 때 각각을 가리킨다) | 1, 2, 3, 4, 5

5. 왼쪽 개수가 얼마죠? | 5

6. 따라서 오른쪽도 5가 되어야 합니다. (오른쪽을 가리킨다)

7. 오른쪽의 선의 수를 세어 봅시다. (학생이 수를 셀 때 각 선을 가리킨다) | 1, 2, 3, 4, 5
  다섯 개였나요? | 예.
  그래서 양쪽은 같습니다. 양쪽이 같은 수로 끝났습니다.

Part B: 덜 구조화된 칠판 수업

1. (칠판에 다음과 같이 쓴다)

  등호 규칙을 잘 들으세요. 등호 표시의 왼쪽과 오른쪽 수는 같아야 합니다. 등
  호 규칙을 말해 보세요. (도움 없이도 이 규칙을 말할 수 있을 때까지 반복한다)

2. 양쪽이 같은지 확인해 봅시다.

3. (왼쪽을 가리키며) 이 쪽의 수는 몇이죠? (멈춘 후 신호)   4

4. (오른쪽을 가리키며) 이 쪽의 수는 몇이죠? (멈춘 후 신호)   2

5. 이쪽 (오른쪽을 가리키며) 수와 다른 쪽 (왼쪽을 가리키며) 수가 같은가요?   아니요.

6. 양쪽은 같은가요?   아니요.

7. 양쪽은 같지 않아요. 따라서 여기에 등호 표시를 쓰지 않아요.
  (절반은 양쪽이 같고 절반은 같지 않은 예를 가지고 단계 1~7을 반복한다. 몇 명의 학
  생을 개별적으로 시켜 본다)

C. 덜 구조화된 학습지

1. (학생들에게 다음 문제가 적힌 학습지를 나누어 준다)

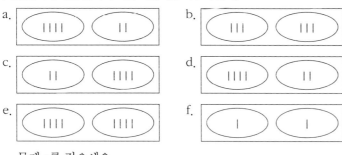

  문제 a를 짚으세요.

2. 등호 규칙을 말해 보세요.   등호의 양쪽 개수가 같아야 합니다.

3. 선의 개수를 세고 양쪽이 같은지 확인해 보세요. (멈춤) 양쪽이 같은가요?   아니요.
  교정하기: (왼쪽을 가리키며) 이 선들을 세어 보세요. 몇 개인지 말해 보세요.
  (오른쪽을 가리키며) 이 선들을 세어 보세요. 몇 개인지 말해 보세요. 양쪽 수
  가 같은가요?   아니요.

4. 등호 표시를 써야 하나요?   아니요.

5. (앞 3단계 위 답이 예이면) 등호 표시를 하세요.
  (나머지 문제를 가지고 단계 1~5를 반복한다)

〈수업 형식 7-2〉 느린 덧셈 가르치기

교사	학생
Part A: 구조화된 칠판 수업	
1. (칠판에 다음과 같이 쓴다)	
5 + 3 = ☐	
── ─── ───	
문제를 읽으세요.	5 + 3은 얼마인가?
(등호 기호를 가리키며) 이것은 무엇인가요?	등호
2. 등호 규칙을 잘 들으세요. 이쪽(5 + 3을 동그라미 치면서)과 다른 쪽(네모 칸을 동그라미 치면서)이 같은 수로 끝나야 해요.	
3. (5를 가리키며) 이 수는 몇 개를 의미하죠?	5
숫자 5 밑에 선을 다섯 개 그릴거예요. 내가 선을 그릴 때 세어 보세요.	
(다섯 개의 선을 그린다)	1, 2, 3, 4, 5
4. (+3을 가리키며) 이것을 '더하기 3'이라고 말해요. 더하기는 선을 더 그어야 함을 의미해요. 따라서 숫자 3 밑에 세 개의 선을 더 그릴거예요. 내가 선을 그리면 선의 개수를 세어 보세요. (세 개의 선을 그린다)	1, 2, 3
5. 왼쪽 숫자에 해당하는 선을 모두 그렸어요. 선을 세어 얼마인지 알아봅시다. 내가 선을 짚으면 세어 보세요. (선을 짚는다) 모두 몇 개였죠?	1, 2, 3, 4, 5, 6, 7, 8 8
등호 왼쪽과 오른쪽이 모두 같은 수로 끝나야 합니다.	
6. (5 + 3을 가리키며) 왼쪽이 8로 끝나야 해요. 그럼 다른 쪽은 얼마로 끝나야 하나요?	8
선을 그릴 거예요. 여러분이 선의 수를 세다가 내가 언제 멈추어야 할지 말해 주세요.	1, 2, 3, 4, 5, 6, 7, 8, 멈춤
(네모 칸 밑에 선을 그리기 시작한다)	
5 + 3 = ☐	
ⅠⅠⅠⅠⅠ ⅠⅠⅠ ⅠⅠⅠⅠⅠⅠⅠⅠ	
교정하기: 만약 아이들이 8 이후에도 멈추라고 하지 않으면 계속 선을 그린다. 그리고 나서 "앗, 우리가 실수를 했어요. 여러분이 멈추라고 해야 해요."라고 말한다.	
(단계 5부터 반복한다)	
7. 네모 칸 밑의 선의 개수에 해당하는 숫자를 네모 안에 써 넣어야 해요.	
네모 칸 밑의 선은 모두 몇 개인가요?	8
그럼 네모 칸 안에 어떤 숫자를 써야 하죠?	8
(네모 칸 안에 8을 쓴다) 5 + 3은 얼마와 같죠?	8
8. 이제 식을 답까지 포함하여 읽어 보세요.	5 + 3 = 8
9. (학생들이 오류 없이 답을 말할 수 있을 때까지 단계 1~8을 반복한다. 몇 개의 문제를 가지고 단계 1~9를 반복한다)	

Part B: 구조화된 학습지 수업

(다음은 학습지 문항의 예다)

a. 5 + 3 = ☐

—— —— ——

1. 문제 a를 짚으세요.

2. 내가 손뼉을 치면 문제를 읽으세요. 준비. (1초 간격으로 손뼉을 친다)
   5 + 3은 얼마죠?

3. 첫째 숫자는 선 몇 개를 의미하죠?   5
   그 개수만큼 선을 그리세요.   다섯 개 선을 그린다.

4. 그다음 부분으로 더하기 3을 하라고 되어 있어요. 더하기 3을 하기 위해서
   는 무엇을 해야 하죠?   세 개 선을 더 그린다.

5. 숫자 3 밑에 해당하는 개수의 선을 그리세요.   세 개 선을 그린다.

6. 등호 왼쪽의 선의 개수를 모두 세어 봅시다. 첫 번째 선 위에 손가락을 짚으
   세요. (점검) 내가 손뼉을 칠 때 선을 짚고 개수를 세어 보세요. (1초에 한 번 간
   격으로 손뼉을 친다)   1, 2, 3, 4, 5, 6, 7, 8

7. 선이 모두 몇 개였죠?   8

8. 그럼 등호 오른쪽 수도 얼마가 되어야 하나요?   8

9. 그 개수만큼 선을 등호 오른쪽에 그리고 숫자를 쓰세요.

10. 5 + 3은 무엇과 같죠?   8

11. 식 전체를 읽어 보세요. (나머지 문제를 가지고 단계 1~11을 반복한다)   5 + 3 = 8

Part C: 덜 구조화된 학습지

1. (문제가 적힌 학습지를 학생들에게 나누어 준다)
   문제 a. 6 + 3 = ☐를 짚으세요.

2. 문제를 읽으세요.   6 + 3은 얼마인가?

3. 먼저 선 여섯 개를 그리고 더하세요. 더하기 3을 어떻게 하죠?   세 개 선을 더 그린다.

4. 양쪽을 같게 하고 빠진 숫자를 써 넣으세요.

5. 6 + 3은 무엇과 같죠?   9

6. 식 전체를 읽어 보세요. (나머지 문제를 가지고 단계 1~5를 반복한다)   6 + 3 = 9

〈수업 형식 7-3〉 더해야 할 수 찾기 풀기

교사	학생
Part A: 사전 기술―먼저 시작하는 쪽 알기	

1. (칠판에 다음과 같이 적는다)

    $4 + \square = 6$

    $1 + \square = 3$

    $3 + 2 = \square$

    $8 + \square = 9$

    $5 + 3 = \square$

    잘 들으세요. 여러분이 먼저 어느 쪽부터 시작해야 하는지에 대해서 말하겠어요. 먼저 몇 개의 선을 그려야 하는지 알 수 있는 쪽부터 시작하세요. 다시 잘 들으세요. 몇 개의 선을 그려야 하는지 알 수 있는 쪽부터 시작하세요.

2. 내 차례예요. (첫 문항의 $4 + \square$를 가리킨다) 내가 이쪽부터 시작할 수 있나요? 아니에요. 어떻게 알죠? 빈칸 때문에 몇 개의 선을 그려야 하는지 알 수 없기 때문이에요. (6을 가리키며) 그럼 이쪽부터 시작할 수 있을까요? 예. 어떻게 알죠? 왜냐하면 6은 몇 개의 선을 그려야 하는지 알려 주기 때문이죠.

3. 이제 여러분 차례예요. (첫번째 문제의 $4 + \square$을 가리키며) 이쪽부터 시작할 수 있나요?

    아니요.

    어떻게 알죠?

    빈칸으로는 선을 몇 개 그려야 하는지 모르기 때문입니다.

4. (6을 가리키며) 이쪽부터 시작할 수 있나요? (남은 문제를 가지고 1~4단계를 반복한다)

    예.

Part B: 구조화된 칠판 수업

1. (칠판에 다음과 같이 적는다)

    $4 + \square = 6$

    ⎯⎯ ⎯⎯ ⎯⎯

    문제를 읽으세요.

    4+얼마는 6과 같다.

2. 여기 새로운 문제가 있어요. 얼마를 더해야 하는지 아직 우리는 몰라요. 얼마를 더해야 하는지 알아내야 해요. 무엇을 알아내야 한다고요?

    얼마를 더해야 하는가?

3. 등호 규칙을 이용합시다. 등호 규칙에 따르면 이쪽($4 + \square$를 가리키며)과 이쪽(6을 가리키며)이 같은 수로 끝나야 해요. 먼저 우리가 숫자를 셀 수 있는 쪽부터 시작할 거예요.

    ($4 + \square$를 가리키며) 이쪽부터 시작할 수 있나요?

    아니요.

    왜 안 되죠?

    빈칸으로는 선을 몇 개 그려야 하는지 모르기 때문입니다.

    (6을 가리키며) 이쪽부터 시작할 수 있나요?

    예.

    숫자 6으로부터 여섯 개의 선을 그려야 함을 알 수 있어요. (숫자 6 밑에 여섯 개의 선을 그린다)

    예.

4. 등호 양쪽이 같은 수로 끝나게 해야 해요. (4 + □를 가리키며) 이쪽은 현재 선이 몇 개죠? 4

   네 개의 선을 그려 볼게요. (숫자 4 밑에 4개의 선을 긋는다) 이쪽이 몇 개의 선이 있어야 할까요? 생각해 보세요. 6

   교정하기: 등호 양쪽이 같은 수로 끝나게 만들어야 해요. 다른 쪽이 숫자 몇 으로 끝났죠?

   이쪽 첫째 숫자는 4예요. 그런데 6으로 끝나야 해요. 내가 선을 그리면 그 선의 개수를 세어 보세요. 내가 멈추어야 할 때를 말해 주세요. (4를 가리키며) 선이 몇 개여야 하죠? 4

   준비. (학생들이 선의 개수를 셀 때 네모 칸 아래에 선을 그린다) 사....오, 육, 멈춤

   교정하기: 6이 넘었음에도 학생들이 중단을 하지 않으면 다음과 같이 말한다. "이쪽이 6으로 끝났기 때문에 이쪽도 6이 되어야 해요." 단계 4를 반복한다.

5. 무슨 숫자로 끝났죠? 6

   양쪽을 같게 했어요. 네모 칸 안에 6을 쓸까요? 아니요.

   교정하기: 만약 아이들이 예라고 답하면 다음과 같이 말한다. "네모 칸 아래의 선의 개수를 세어서 어떤 숫자가 네모 칸 안에 들어가야 하는지를 살펴봐야 해요."

   네모 칸 아래 선의 개수에 해당하는 숫자가 네모 칸 안에 들어가야 해요. 그럼 어떤 숫자를 써야 하죠? (2를 쓴다) 2

6. 4+얼마는 6과 같은가요? 4 + 2 = 6

   문제를 읽어 보세요. (나머지 문제를 가지고 단계 1~6을 반복한다)

Part C: 구조화된 학습지 수업

   (다음은 학습지 문항의 예다)

   5 + □ = 8

   ―― ―― ――

1. 문제 a를 짚고 읽으세요. 5+얼마는 8과 같다.

2. 수 세기를 시작할 쪽을 짚으세요. 8쪽을 짚는다.

3. 8 밑에 선을 그으세요. 8개 선을 긋는다.

4. '5 + □' 쪽을 짚으세요. 그쪽을 짚는다.

5. 현재 등호 왼쪽은 몇 개죠? 5

   5 밑에 선을 다섯 개 그리세요. 5개의 선을 긋는다.

6. 등호 왼쪽이 모두 몇 개여야 하는지 생각해 보세요. 8

   교정하기: 우리는 양쪽의 개수를 같게 해야 해요. 등호 오른쪽은 8이에요. 따라서 등호 왼쪽도 8이 되어야 해요.

7. 5를 짚으세요. 현재까지 선이 다섯 개 있어요. 빈칸 밑에 선을 더 그려서 모두 합해 8개가 되게 만들어야 해요. 선을 더 긋는다.

   등호 왼쪽이 모두 몇 개가 되었나요? 8

   빈칸에 8을 써야 할까요? 아니요.

   아니에요. 빈칸 밑에 있는 선의 개수에 해당하는 숫자를 빈칸에 써야 해요.

8. 빈칸 밑에 그린 선의 개수를 세어서 그 숫자를 쓰세요.

5+얼마는 8이죠?   3을 쓴다.

전체 식을 말해 보세요. $5 + 3 = 8$

Part D: 덜 구조화된 학습지

1. (다음과 같이 중간에 빈칸이 있는 식과 그렇지 않은 식을 동일한 수로 구성하여 학습
   지를 학생들에게 준다)

   a. $5 + 3 = \square$ b. $4 + \square = 6$

   c. $3 + \square = 8$ d. $3 + 4 = \square$

   e. $6 + \square = 7$ f. $5 + 3 = \square$

   문제 a를 짚고 읽으세요.   5 + 3은 얼마인가?

2. 먼저 수를 셀 쪽을 짚으세요.

3. 수를 센 쪽에 선을 그리고 그 쪽이 모두 몇 개인지를 말해 보세요. (멈춤) 모
   두 선이 몇 개가 되어야 하죠?   8

4. 등호 오른쪽을 짚으세요. (멈춤) 모두 몇 개죠?   8

5. 등호 양쪽이 같아지도록 선을 그리세요.   선을 긋는다.

6. 빈칸 밑에 그려진 선의 개수를 세어 그에 해당하는 숫자를 빈칸에 써 넣으
   세요.   빈칸에 8을 쓴다.

〈수업 형식 7-4〉 빠른 덧셈 가르치기

교사	학생

Part A: 구조화된 칠판 수업

1. (칠판에 다음과 같이 적는다)

   5   +   3   = $\square$
          —

   내가 문제를 짚으면 여러분이 문제를 읽으세요.   5 + 3은 얼마인가?

2. 이 문제를 빠르게 풀어 봅시다. 덧셈 기호 다음의 숫자 밑에 선을 그릴 거예
   요. (+3을 가리킨다)

   이 부분을 뭐라고 읽죠?   더하기 3

   그러니까 몇 개의 선을 그리면 되죠?   3

   그럼 선을 세 개 그릴 거예요.

   (숫자 3 밑에 선을 세 개 그린다)

3. 이제 내가 빠르게 선의 개수를 세는 것을 잘 보세요. (5를 짚은 다음 각 선을 짚
   는다)

   오~, 육, 칠, 팔

   이제 여러분이 빠르게 수를 세어 볼 차례예요. 첫 숫자가 뭐죠? 준비~시작

   (5를 2초 동안 짚은 다음 각 선을 짚는다)   오...육, 칠, 팔

4. 등호 왼쪽 선이 모두 몇 개였죠? 그러니까 등호 오른쪽이 모두 몇 개여야 하죠?   8

   빈칸에 8을 써 넣을 거예요. (빈칸에 8을 써넣는다)   8

5. 전체 식을 읽어 보세요. (7 + 4, 9 + 5를 가지고 단계 1~5를 반복한다)   5 + 3 = 8

Part B: 구조화된 학습지

1. (칠판에 다음과 같이 쓴다)

   4 + 2 = □

   _____

   (4 + 2 = □를 가리키며) 학습지의 이 문제 부분을 짚으세요.

   (멈춤) 문제를 큰 소리로 읽어 보세요. 준비. (각 부분에서 손뼉을 친다)   4 + 2는 얼마인가?

2. 이 문제를 빠르게 풀어 봅시다. 덧셈 기호 다음의 숫자를 짚으세요. (멈춤)

   몇 개의 선을 더해야 하죠?   2

   밑에 필요한 선의 수만큼 그리세요. (확인)

3. 4를 짚은 다음 빠르게 수를 셀 준비를 하세요. 사~. 시작. (학생들이 짚으면서   사~, 오, 육

   수를 셀 때 손뼉을 친다) 수를 세어 보세요.

   교정하기: (교사 시범) 내 차례예요. … (필요하다면 수를 셀 때 학생의 손가락을 움

   직여 준다)

4. 처음 시작한 쪽에 수가 모두 몇이었죠?   6

   그럼 빈칸이 있는 쪽에는 모두 몇 개의 선이 있어야 하죠?   6

   그래요. 여섯이에요. 그럼 네모 안에 어떤 숫자를 써야 하죠?   6

   그렇게 하세요.

5. 식 전체를 읽으세요.   4 + 2 = 6

Part C: 덜 구조화된 학습지

1. (문제를 읽고 먼저 할 쪽을 결정한다) 모두 첫 번째 문제를 읽으세요. 준비. (각 부   4 + 3은 얼마인가?

   분에서 손뼉을 친다)

2. (문제를 푼다) 이제 선들을 더하고 그 수를 빠르게 셀 준비가 되었어요. 이제

   무엇을 할 예정이라고요?

   시작하세요. (학생들이 제대로 하는지 확인한다)   선을 더하고 수를 빨리 셉니다.

3. 문제 전체를 읽으세요.   4 + 3 = 7

〈수업 형식 7-5〉 세 개의 한 자릿수 덧셈

교사	학생
Part A: 구조화된 칠판 수업	
1. (칠판에 다음과 같이 적는다)	
$$\begin{array}{r} 1 \\ 3 \\ +\ 2 \\ \hline \end{array} \qquad \begin{array}{r} 1 \\ 2 \\ +\ 4 \\ \hline \end{array} \qquad \begin{array}{r} 3 \\ 1 \\ +\ 6 \\ \hline \end{array}$$	
이제 여러분은 오늘 특별한 종류의 덧셈을 배우게 될 거예요. 문제를 읽어 보세요.	1 + 3 + 2
2. 내가 하는 것을 잘 보세요. 먼저 1 + 3을 합니다. 먼저 무엇을 한다고요?	1 + 3
1 + 3은 얼마죠? (멈춤)	4
3. 1 + 3 = 4입니다. 이제 4 + 2를 합니다. 다음에 무엇을 한다고요?	4 + 2
4 + 2는 얼마죠? (멈춤)	6
4. 그래서 식 밑에 6을 쓰겠어요.	
5. 자, 여러분이 얼마나 잘 기억하고 있는지 봅시다. 내가 처음에 무엇을 더하죠?	1 + 3
6. 1 + 3은 얼마죠? (멈춤)	4
여기가 좀 어려워요. 그다음에는 무엇을 더하죠?	4 + 2
교정하기: (만약 학생들이 3 + 2라고 말하면 단계 2~6을 반복한다) 4 + 2는 얼마죠? (멈춤. 6을 쓴다)	6
7. 문제를 읽으세요.	1 + 3 + 2 = 6
(2개의 예제를 사용하여 위 단계를 반복한다. 몇 명의 학생을 불러 개별적으로 시켜 본다)	
Part B: 구조화된 학습지 수업	
(학생의 학습지에 다음과 같은 문제를 10개 제시한다)	
$$\begin{array}{r} 2 \\ 4 \\ +\ 3 \\ \hline \end{array} \qquad \begin{array}{r} 1 \\ 4 \\ +\ 3 \\ \hline \end{array} \qquad \begin{array}{r} 5 \\ 2 \\ +\ 2 \\ \hline \end{array}$$	
1. 첫 번째 문제를 짚고 읽어 보세요.	2 + 4 + 3
2. 첫 번째 더해야 할 수를 짚으세요. (반응을 점검한다) 어떤 수들을 먼저 더해야 하죠?	2 + 4
3. 2 + 4는 얼마죠? (멈춤)	6
4. 이제 다음에 무슨 수를 더해야 하는지 말해 보세요. (멈춤)	6 + 3
그래요. 6 + 3이에요.	
5. 6 + 3은 얼마죠? (멈춤. 신호)	9
선 밑에 9를 쓰세요.	
6. 문제를 읽으세요.	2 + 4 + 3 = 9
(나머지를 문제를 가지고 Part B를 반복한다)	

⟨수업 형식 7-6⟩ 받아올림이 있는 두 자릿수의 덧셈

교사	학생
Part A: 구조화된 칠판 수업	
(칠판에 다음과 같이 적는다)	
$\begin{array}{r} 36 \\ +\ 27 \\ \hline \end{array}$ $\qquad$ $\begin{array}{r} 48 \\ +\ 26 \\ \hline \end{array}$ $\qquad$ $\begin{array}{r} 26 \\ +\ 16 \\ \hline \end{array}$	
1. 첫 번째 문제를 읽어 보세요.	36 + 27은 얼마인가?
2. 무슨 자리부터 시작하죠?	일의 자리
3. 더하려고 하는 첫 두 수는 무엇인가요?	6 + 7
(틀렸을 때 교정: 6과 7을 가리킨다. 단계 3을 반복한다)	
4. 6 + 7은 얼마죠?	13
5. 이런! 문제가 생겼네요. 13은 10이 1개이고 1이 3개입니다. 일의 자리에 10의 개수를 쓸 수가 없어요. 따라서 십의 자리 맨 위에 1을 적어야 해요. 1을 어디에 적는다고요?	10의 자리 맨 위
(3 위에 1을 쓴다) 일의 자리 밑줄 아래에 3을 씁니다. 3을 어디에 쓴다고요? (7 아래에 3을 쓴다)	일의 자리 밑에
6. 십의 자리에 더해야 할 처음 두 수는 무엇인가요?	1 + 3
1 + 3은 얼마죠? (멈춤)	4
이제 무엇과 무엇을 더해야 하죠?	4 + 2
4 + 2는 얼마죠?	6
십의 자리는 몇이 되었나요?	10이 6개
십의 자리는 6이 되었어요. 따라서 십의 자리 밑줄 아래에 6을 쓰겠어요. (십의 자리의 행에 6을 쓴다)	
7. 이제 계산을 다 했어요. (63을 가리킨다) 36 + 27은 얼마죠?	63
문제를 읽고 답을 말해 보세요.	36 + 27 = 63
(남은 문제로 단계 1~5를 반복한다)	
Part B: 구조화된 학습지 수업	
(학생들에게 다음 문제들이 들어 있는 학습지를 준다)	
$\begin{array}{r} 45 \\ +\ 38 \\ \hline \end{array}$ $\quad$ $\begin{array}{r} 57 \\ +\ 37 \\ \hline \end{array}$ $\quad$ $\begin{array}{r} 36 \\ +\ 16 \\ \hline \end{array}$ $\quad$ $\begin{array}{r} 47 \\ +\ 26 \\ \hline \end{array}$	
1. 첫 번째 문제를 짚고 읽어 보세요.	45 + 38은 몇인가?
2. 어느 자리부터 풀어야 하죠?	일의 자리
더해야 할 첫 두 수는 무엇이죠?	5 + 8
5 + 8은 얼마죠? (멈춤)	13

3. 문제가 있네요. 13은 무엇과 같죠?   10이 1이고 1이 3

   일의 자리에 10의 개수를 쓸 수 있나요?   아니요.

   따라서 10의 개수를 어디에 써야 하죠?   십의 자리 맨 위

   십의 자리 맨 위에 1을 쓰세요. (학생들의 반응을 점검한다)   13은 10 1개와 1 3개와 같음

   1은 몇 개죠?   3

   일의 자리의 아래에 그 수를 쓰세요. (점검한다)

4. 십의 자리를 보세요. 십의 자리에서 더할 첫 두 수는 무엇이죠?   1 + 4

   1 + 4는 얼마죠? (멈춤)   5

   이제 어떤 수를 더해야 하죠?   5 + 3

   5 + 3은 얼마죠?   8

   10의 자리는 무엇이 되었죠?   10이 8

   십의 자리 아래에 10이 몇 개인지 쓰세요. (학생의 반응을 점검한다)

5. 이제 계산을 다 했어요. 45 + 38은 얼마죠?   83

   문제를 읽고 답을 말해 보세요.   45 + 38 = 83

   (남은 문제로 단계 1~5를 반복한다)

Part C: 덜 구조화된 학습지

   (학생들에게 다음과 같이 받아올림이 있는 문제와 없는 문제를 포함하고 있
   는 학습지를 준다)

47	53	42	78
+ 25	+ 24	− 31	+ 18

78	56	75	26
+ 21	+ 36	− 23	+ 43

1. 모두 학습지에서 첫 번째 문제를 읽어 보세요.   47 + 25

   이것은 덧셈인가요, 뺄셈인가요?   덧셈

2. 처음 더해야 할 두 수는 무엇이죠?   7 + 5

   7 + 5는 얼마죠? (멈춤)   12

3. 십의 자리로 10 하나를 받아올려야 하나요?   예.

4. 이제 스스로 풀어 보세요. (멈춤)

5. 47 + 25는 얼마죠?   72

   (남은 문제로 단계 1~5를 반복한다)

〈수업 형식 7-7〉 합이 20 이하인 복잡한 덧셈

교사	학생
Part A: 구조화된 수업	
1. 암산으로 15 + 3을 하고 싶어요.	
2. 15는 10 + 5와 같아요. 그래서 15 + 3을 할 때는 10, 그리고 (멈춤) 5 + 3을 합니다. 15 + 3을 할 때 우리는 10과 무슨 수를 더한다고요?	5 + 3
3. 5 + 3은 얼마죠? (멈춤)	8
10 + 8은 얼마죠?	18
그러니까 15 + 3은 얼마죠?	18
4. 문제와 답 전체를 읽어 보세요.	15 + 3 = 18
(14 + 2, 11 + 4, 14 + 3, 15 + 3, 12 + 2를 가지고 단계 1~4를 반복한다. 단계 1~3은 개별적으로 시켜 본다)	
Part B: 덜 구조화된 수업	
1. 잘 들으세요. 14 + 3, 14는 무엇과 같죠?	10 + 4
2. 그러니까 14 + 3을 할 때 10과 무엇을 더하죠?	4 + 3
3. 4 + 3은 얼마죠? (멈춤)	7
4. 식과 답을 읽어 보세요.	14 + 3 = 17
5. 14 + 3은 얼마죠?	17
(14 + 5, 12 + 3, 16 + 3, 13 + 4, 15 + 3을 가지고 반복한다. 개별적으로 시켜 본다)	
Part C: 교사 감독하의 개별 연습	
1. 11 + 4는 무엇과 같죠? (멈춤)	15
교정: (Part B의 단계 1을 사용하여) 문제 전체를 말해 보세요.	
(17 + 2, 14 + 5, 12 + 6, 16 + 3, 11 + 6, 13 + 5를 가지고 반복한다. 학생을 개별적으로 시켜 본다)	

〈수업 형식 7-8〉 합이 20 이상인 복잡한 덧셈

교사	학생
Part A: 사전 기술—더하기 10 연산	
1. 14 + 10은 24예요. 14 + 10이 얼마라고요?	24
문제와 답을 말해 보세요.	14 + 10 = 24
(17 + 10, 12 + 10을 가지고 반복한다)	

2. 13 + 10은 얼마죠?   23

    교정하기: (답을 말하고 문제를 반복한다) 문제와 답을 말해 보세요.   13 + 10 = 23

    (10 + 10, 18 + 10, 11 + 10, 13 + 10, 15 + 10을 가지고 단계 2를 반복한다. 모든

    문제를 연속해서 맞힐 때까지 반복한다)

3. (개별적으로 시켜 본다)

Part B: 구조화된 칠판 수업

1. 15 + 7을 할 때 10과 무슨 수를 더하나요?   5 + 7

2. 5 + 7은 얼마죠? (멈춤)   12

    12 + 10은 얼마죠?   22

    그럼 15 + 7은 얼마죠?   22

    문제와 식을 말해 보세요.   15 + 7 = 22

    (17 + 7, 16 + 5를 가지고 반복한다)

Part C: 교사 감독하의 개별 연습

1. 15 + 7은 무엇과 같죠? (멈춤)   22

    교정하기: 15와 7을 더할 때 10과 무엇을 더하죠? 5 + 7은 얼마죠? 10 + 12는

    얼마죠? 그러니까 15 + 7은 얼마죠?

2. (17 + 7, 16 + 5, 18 + 8, 15 + 5, 17 + 8을 가지고 단계 1을 반복한다)

Part D: 개별 연습

    (학생들에게 합이 20 이상인 복잡한 덧셈 문제와 합이 20 이하인 복잡한 덧셈 문제를

    섞어서 제시한다) 이 문제들을 암산으로 해 보세요. 답을 쓰세요.

제**8**장

뺄셈

용어와 개념

뺄셈(subtraction). 전체에서 일부를 빼내는 것. 뺄셈은 덧셈의 반대다.

감수(subtrahend). 빼는 양

피감수(minuend). 일부를 빼내기 전의 처음 양

차이(difference). 처음 양에서 일부를 빼내고 남은 양

받아내림(renaming). 윗자리에서 하나를 빌려 아랫자리에 더하는 것. 예, 75 − 19에서 75를 60 + 15로 쓰는 것

빌려오기(borrowing). 뺄셈에서 윗자리 내려 다시 쓰기를 지칭하는 말.

집단으로 다시 묶기(regrouping). (숫자가 아닌) 사물의 양을 윗자리와 아랫자리로 다시 배열하는 것 예, ｜｜｜｜｜｜｜｜｜｜｜｜｜｜｜｜｜｜｜｜｜｜｜｜｜를 ｜｜｜｜｜｜ ｜｜｜｜｜｜｜｜｜｜｜｜｜로 묶기

기술 위계

덧셈 지도와 마찬가지로 뺄셈 지도도 두 단계로 나누어 볼 수 있다('수업 순서와 평가 차트' 참조). 첫 단계는 개념 소개 단계로, 이 단계 동안에는 9 − 6 = 과 같이 간단한 한 자릿수 뺄셈 해결 전략을 가르친다.

이 전략이란 뺄셈 문제의 각 숫자를 나타내는 반구체물을 사용하는 것이다. 덧셈에서와 마찬가지로 뺄셈 기술 위계에서도 수 세기, 숫자 알기, 등식 개념이 사전 기술이다. 뺄셈을 가르치고 나서 빼어야 할 수를 찾는 문제를 가르칠 수 있다. 이러한 문제에서 계산을 단순화하기 위해 모든 숫자는 10 미만이어야 한다 (예, 7 − □ = 3과 5 − □ = 3). 앞에서도 말했지만, 지도 전략은 문제 안의 숫자를 나타내기 위해 반구체물을 사용하는 것이다. 고학년 학생들을 대상으로 보충수업을 할 때에는 처음부터 다시 개념을 소개하는 것이 아니라 '수업 순서와 평가 차트'에 제시된 기본 연산과 여러 자릿수 계산을 가르쳐야 한다.

두 번째 단계에서는 보통 1학년 후반부터 시작되는 여러 자릿수 계산을 가르치는 단계로, 학생들은 기본 연산은 반구체물 단서 없이 암산으로 하도록 한다. 기본 뺄셈이란 한 자릿수 혹은 두 자릿수에서 한 자릿수를 빼어 그 답이 10 미만이 되는 약 100개의 뺄셈식을 말한다. 이 기본 뺄셈에 답하고 궁극적으로는 모두 외우도록 가르치는 절차가 제6장에 제시되어 있다.

여러 자릿수 뺄셈 단계에서 제시되는 세로식 뺄셈 유형에는 세 가지 기본형이 있다. 그중 가장 쉬운 유형은 다음과 같이 모든 자리에서 감수가 피감수보다 더 작아서 받아내림이 필요하지 않은 경우다.

〈수업 순서와 평가 차트〉

학년 단계	문제 유형	수행 지표			
1a	개념 소개				
1b	두 자릿수 빼기 한 자릿수 혹은 두 자릿수-받아내림 없음	$\begin{array}{r}57\\-20\end{array}$	$\begin{array}{r}45\\-3\end{array}$	$\begin{array}{r}28\\-4\end{array}$	
2a	두 자릿수 빼기 한 자릿수 혹은 두 자릿수-받아내림 있음	$\begin{array}{r}54\\-18\end{array}$	$\begin{array}{r}46\\-9\end{array}$	$\begin{array}{r}70\\-38\end{array}$	
2b	세 자릿수 빼기 세 자릿수 이하의 수-십의 자리에서 일의 자리로 받아내림	$\begin{array}{r}382\\-37\end{array}$	$\begin{array}{r}393\\-174\end{array}$	$\begin{array}{r}242\\-6\end{array}$	
3a	세 자릿수 빼기 세 자릿수 이하의 수-백의 자리에서 십의 자리로 받아내림	$\begin{array}{r}425\\-171\end{array}$	$\begin{array}{r}418\\-83\end{array}$		
3b	세 자릿수 빼기 세 자릿수 이하의 수-백의 자리와 십의 자리에서 연거푸 받아내림	$\begin{array}{r}352\\-187\end{array}$	$\begin{array}{r}724\\-578\end{array}$	$\begin{array}{r}534\\-87\end{array}$	
3c	두 자릿수 빼기 1	$70-1=\square$	$40-1=\square$	$80-1=\square$	
3d	십의 자리에 0이 있는 세 자릿수 빼기 세 자릿수 이하의 수-백과 십의 자리에서 연거푸 받아내림	$\begin{array}{r}503\\-87\end{array}$	$\begin{array}{r}504\\-21\end{array}$	$\begin{array}{r}700\\-86\end{array}$	$\begin{array}{r}905\\-164\end{array}$
3e	네 자릿수 빼기 셋 혹은 네 사릿수-천의 자리에서 받아내림	$\begin{array}{r}4689\\-1832\end{array}$	$\begin{array}{r}5284\\-4631\end{array}$	$\begin{array}{r}3481\\-1681\end{array}$	
3f	네 자릿수 빼기 넷 이하의 자릿수 빼기-받아내림 두 번 이상	$\begin{array}{r}5342\\-68\end{array}$	$\begin{array}{r}6143\\-217\end{array}$	$\begin{array}{r}5231\\-1658\end{array}$	
4a	네 자릿수 빼기 네 자릿수-백의 자리나 천의 자릿수가 0	$\begin{array}{r}4023\\-184\end{array}$	$\begin{array}{r}5304\\-1211\end{array}$	$\begin{array}{r}5304\\-418\end{array}$	
4b	세 자릿수 빼기 1	$700-1=\square$	$400-1=\square$	$800-1=\square$	
4c	네 자릿수 빼기 넷 이하의 자릿수-십의 자리와 백 단위 수가 0	$\begin{array}{r}4000\\-1357\end{array}$	$\begin{array}{r}2001\\-1453\end{array}$	$\begin{array}{r}8000\\-4264\end{array}$	
4d	피감수가 1,000이고, 나머지는 4c와 동일	$\begin{array}{r}1000\\-283\end{array}$	$\begin{array}{r}1000\\-82\end{array}$	$\begin{array}{r}1000\\-80\end{array}$	
4e	피감수가 1,100이고, 나머지는 4c와 동일	$\begin{array}{r}1100\\-241\end{array}$	$\begin{array}{r}1100\\-532\end{array}$	$\begin{array}{r}1100\\-830\end{array}$	
4f	다섯 자릿수 이상의 수들끼리 빼기-받아내림 있음	$\begin{array}{r}342523\\-18534\end{array}$	$\begin{array}{r}480235\\-1827\end{array}$	$\begin{array}{r}38402\\-15381\end{array}$	
5a	천 단위 수 빼기 1	$5000-1=\square$	$3000-1=\square$	$1000-1=\square$	
5b	0이 네 개 있는 수에서 여러 자릿수 빼기	$\begin{array}{r}80000\\-826\end{array}$	$\begin{array}{r}50000\\-8260\end{array}$	$\begin{array}{r}10000\\-284\end{array}$	

```
      49
  -   24
```

두 번째 문제 유형은 다음과 같이 일의 자리 혹은 그 이상의 자리에서 감수가 피감수보다 큰 경우다.

```
      374              5437
  -    28          -  2859
```

이러한 문제를 풀기 위해서는 다음과 같이 재배열 혹은 받아내림이 필요하다.

```
                           21
      34                   3̸4̸
  -   15   이것을 고치면   -   15
```

받아내림이 필요한 뺄셈 문제를 접하기 전에 학생들이 모든 기본 뺄셈 연산을 다 외워야 하는 것은 아니다. 그렇지만 교사가 받아내림이 필요한 다양한 문제들을 제시할 수 있을 만큼은 충분히 알아야 한다.

세 번째 유형은 받아내림이 필요한 보다 복잡한 문제다. 예를 들어, 다음과 같이 피감수에 0이 포함된 경우다.

```
                            291
      306                  3̸0̸6̸
  -   219   이것을 고치면  -   219
```

```
                           3991
      4000                 4̸0̸0̸0̸
  -    258   이것을 고치면  -   258
```

그리고 연속해서 받아내림이 필요한 문제는 다음과 같다.

```
      421                  6342
  -   247   혹은        -  4971
```

나머지 문제 유형과 권장하는 수업 순서는 '수업 순서와 평가 차트'에 나와 있다.

개념 소개

뺄셈은 대체로 1학년 때 반구체물로 시범을 보이면서 소개한다. 다양한 시범 방법이 초등학교 교과서에 나와 있다. 그중 하나는 사물의 모양을 사용한 다이어그램이다. 예를 들어, 5 – 3은 다음과 같이 나타낸다.

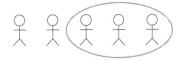

또 다른 방법은 수평선을 사용하는 것이다. 예를 들어, 8 – 3은 다음과 같이 나타낸다.

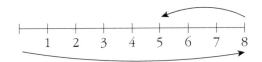

여기서는 반구체물로 막대선을 사용하는 전략을 권장한다. 이 전략에서는 막대선을 제거하면서 빼는 것을 가르친다. 예를 들어, 7 – 4는 다음과 같이 나타낸다.

학생들이 덧셈 전략을 충분히 숙달한 후 뺄셈을 가르칠 것을 권장한다. 하지만 더해야 할 수를 찾는 덧셈 문제 전 또는 후에 뺄셈을 가르치기 시작할 수 있다.

초기 뺄셈 전략

막대선을 제거하는 전략을 사용할 때 학생은 다음 그림과 같이 먼저 피감수에 해당하는 수만큼 막대선을 긋고, 감수 수만큼 막대선을 제거한다.

$$6 - 4 = \boxed{}$$

| | | † † † † †

그런 다음, 남은 막대선의 개수를 센 후 등호 반대쪽 빈칸 밑에 그 개수만큼 막대선을 그린다.

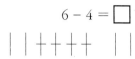

$$6 - 4 = \boxed{}$$

마지막으로, 자신이 그린 막대 개수에 해당하는 숫자를 빈칸에 써 넣는다.

$$6 - 4 = \boxed{2}$$

〈수업 형식 8-1〉은 뺄셈을 처음 소개하는 수업 형식을 보여 준다. 내용 중 다음과 같이 '빼기(minus)'란 단어가 동사로 쓰이고 있음에 주목하기 바란다. "몇 개의 선을 뺄 것인가? (How many lines are you going to minus?)" 학생들은 이미 빼기 기호를 배웠기 때문에 빼기는 곧 선을 제거하는 것이라는 것을 배운다. 나중에 뺄셈(subtraction)이란 말을 소개한다. 그때 학생들은 마이너스가 곧 뺄셈을 의미한다는 것을 배운다.

Part A와 Part B에서 교사는 막대선을 제거하고 남은 막대선의 개수를 세는 등의 사전 기술에만 초점을 맞추어 구조화된 칠판 수업과 학습지 연습을 진행한다. 막대선을 그리는 것은 세밀한 동작을 요하기 때문에 많은 어린 학생은 해당하는 수만큼 막대선을 능숙하게 제거할 수 있게 되기까지 많은 연습을 필요로 한다. Part C는 구조화된 학습지 연습 단계로, 식의 왼쪽 첫째 부분에 해당하는 수만큼 막대선을 그리고,

'빼야 할(to be minused)' 수만큼 막대선을 제거하고, 남은 막대선의 개수를 세며, 등식 규칙을 적용하도록 지도한다. 피감수는 10보다 작거나 같아야 한다. 그래야 막대선을 그리는 것이 복잡해지지 않는다. Part D는 덜 구조화된 학습지 연습 단계로, 이 수업 형식의 중요한 부분이다. 학습지에는 덧셈과 뺄셈을 섞어서 제시한다. 저성취 학생의 경우 비슷한 문제 해결 전략을 구분하는 데 어려움을 겪을 수 있다. 이 수업 형식에서는 학생들이 덧셈 해결 전략과 뺄셈 해결 전략을 구분할 수 있도록 체계적인 연습을 많이 시켜 주어야 한다. 덜 구조화된 학습지와 개별 연습용 학습지에도 덧셈과 뺄셈 문제가 같은 수로 포함되어 있어야 한다. 교사 감독하의 개별 연습은 학생들이 80~90% 정답률에 도달할 때까지 계속되어야 한다.

빼야 할 수를 찾는 문제

빼야 할 수를 찾는 문제(예, 7 − □ = 3, 8 − □ = 1)는 학생들이 덧셈과 쉬운 뺄셈, 더해야 할 수를 찾는 덧셈 문제를 80~90% 정도 맞출 수 있을 때 소개한다. 이러한 유형의 문제를 해결하는 전략을 가르치는 것이 비교적 어렵기 때문에(일부 막대선을 동그라미로 묶고 나머지는 제거해야 하기 때문), 우리는 학교의 교육과정 지침에 반드시 가르쳐야 하는 것으로 언급되어 있지 않는 한 초기 단계에서는 가르치지 말 것을

〈요약 8-1〉 뺄셈: 빼야 할 숫자 찾기

1. 학생이 문제를 읽는다.

2. 피감수 밑에 해당 수량만큼 막대선을 그린다.

7 빼기 얼마는 3이 될까요?

$$7 - \boxed{} = 3$$
ⅠⅠⅠⅠⅠⅠⅠ

3. 등호 양쪽에 같게 나와야 할 수를 결정한다.

4. 7개 막대선 중에서 3에 동그라미를 친다. 등호 양쪽이 같은 수가 되어야 하기 때문이다.

$$7 - \boxed{} = 3$$
Ⓘ ⅠⅠⅠⅠ

5. 동그라미 치지 않은 막대선을 지운다.

$$7 - \boxed{} = 3$$
Ⓘ ⊬⊬⊬⊬

6. 제거된 막대선의 개수를 센 다음 그에 해당하는 숫자를 네모 안에 쓴다.

$$7 - \boxed{4} = 3$$
Ⓘ ⊬⊬⊬⊬

권장한다. 빼야 할 수를 찾는 문제는 등식의 법칙이 적용되는 예를 충분히 보여 준다.

빼야 할 수를 찾는 문제를 해결하는 전략은 〈요약 8-1〉에 단계별로 제시되어 있다.

빼야 할 숫자 찾기 수업 형식은 제시하지 않았는데, 이는 많은 프로그램이 이 기술을 가르치는 내용을 담고 있지 않기 때문이다. 수업 형식은 더해야 할 숫자를 찾는 수업 형식과 유사하다. 교사는 학생으로 하여금 (a) 숫자 밑에 막대선을 그리게 하고 (b) 차이를 나타내는 수량만큼 막대선을 동그라미로 묶으며 (c) 남은 막대선을 제거한 다음 (d) 제거된 막대선의 수를 세고 그에 해당하는 숫자를 빈칸에 써 넣도록 한다.

전략 전체를 등식 법칙을 강조하면서 구조화된 칠판 수업과 구조화된 학습지 연습 단계를 소개한다. 마지막으로, 뺄셈, 빼야 할 수를 찾는 문제, 덧셈, 더해야 할 숫자를 찾는 문제 등을 섞어서 만든 덜 구조화된 학습지를 제시한다.

진단과 교정

초기 뺄셈 지도 단계의 진단과 교정 절차는 초기 덧셈 지도 단계의 그것과 매우 흡사하다. 기본적으로 진단과 오류 교정 절차는 다음과 같다.

1. 학습지상의 오류를 분석하고 오류 원인에 대한 가설을 설정한다.
2. 오류 원인이 분명하지 않으면 학생을 면담하여 오류 원인을 찾아낸다.
3. 칠판 수업 혹은 학습지 수업을 통해 다시 가르친다.
4. 처음 오류가 발생한 문제와 유사한 문제로 학생을 검사한다.

일단 학생이 스스로 학습지 문제를 풀 수 있게 되면 이들이 범하는 오류는 다음 두 가지 중 하나에 속한다.

1. 요소 기술 오류로서, 해결 전략을 구성하는 요소 중 하나 혹은 그 이상에서 결함을 보이는 것이다.
2. 단계가 생략되었거나 잘못된 순서로 적용되거나 부정확한 단계로 대체되는 경우다. 전략 오류는 구조화된 칠판 수업 혹은 구조화된 학습지 수업을 다시 함으로써 교정한다. 교정이 완전히 이루어지기 전까지는 오류를 보인 문제 유형이 개별 학습지에 포함되어서는 안된다.

요소 기술 오류. 요소 기술 오류는 종종 진단하기가 어렵다. 다음 문제 예에서 오류는 3을 4로 잘못 생각했거나 혹은 그냥 단순히 정확한 수의 막대선을 제거하지 않았기 때문일 수 있다. $9 - 3 = \boxed{5}$

교사는 유형을 찾아봄으로써 특정 오류 원인을 찾아낼 수 있다. 만약 학생이 다른 문제는 다 푸는데 3이 포함된 문제만 틀렸다면 오류의 원인은 숫자 3을 잘못 인식했기 때문일 것이다. 유형 이외에 학생이 문제를 푸는 과정을 관찰하면서 각 문제를 읽고 무엇을 어떻게 할 것인지 물어보는 방법도 있다.

일단 구체적인 요소 기술 결함을 확인하고 나면 여러 차시에 걸쳐 그 결함을 교정한다. 만약 파악된 오류 기술이 여러 문제를 틀리도록 하는 것이라면(예, 막대선을 지우는 것), 학생이 그 기술을 숙달할 때까지 뺄셈 문제를 제시하지 말아야 한다. 하지만 오류 기술이 특정 문제 하나만 틀리게 하는 것이라면(예, 숫자를 잘못 인식), 그 학생이 해당 기술을 숙달할 때까지 학습지 문제에서 해당 숫자가 들어간 문제를 제외시킨다.

흔히 발생하는 요소 기술 오류는 학습지 활동 직후에 많이 일어나는 것으로, 연산 기호를 혼동하여 빼기를 하지 않고 더해 버리는 것이다. 사실 많은 학생이 이러한 실수를 가끔 범할 수 있다. 하지만 이러한 오류가 자주 발생하면(문제의 10% 이상에서 발생) 교정 절차가 필수적이다. 교정 절차는 덧셈 문제와 뺄셈 문제를 구분하는 안내된 연습을 담고 있는 덜 구조화된 수업 형식을 다시 적용하는 것이다.

단순 뺄셈 연산 암기

학생들은 막대선 제거 전략이 담고 있는 뺄셈 이행 과정을 이해할 필요가 있다. 그뿐만 아니라 여러 자릿수 뺄셈을 학습하는 데서의 어려움을 경감시키기 위해서는 기본 뺄셈 연산도 암기해야 한다. 단순 뺄셈 암기는 학생들이 교사 감독하의 개별 연습에서 80~90% 정답률에 이르는 순간 실시되어야 한다.

여러 자릿수 뺄셈 문제

이 절에서는 여러 자릿수 뺄셈 문제를 다룬다. 핵심적인 요소 기술은 받아내림이다. 수학 교과서에는 두 가지 받아내림 전략이 소개되고 있다. 첫째는 더해서 균형 잡기(additive balancing) 혹은 동등 가수 방법으로, 10 단위를 감수와 피감수에 더해 주는 방식이다. 두 자릿수 뺄셈에서 10을 일 단위 수에 더하고 대신 빼는 십 단위 수를 하나 올려 주는 것이다.

$$\begin{array}{r} 73 \\ -\ 48 \\ \hline 25 \end{array} \quad \text{이것을 고치면} \quad \begin{array}{r} \overset{1}{7}3 \\ -\ 5\!\!\!/48 \\ \hline 25 \end{array}$$

이 방법은 다음과 같은 보상 원칙(compensation principle)을 적용한 것이다. 두 수의 차이는 양쪽에 같은 수를 더해도 변하지 않는다. 보상 원칙은 등식 원칙을 포함한다. 보상 원칙을 아는 학생이 드물고 많은 학생이 등식 원칙을 모르기 때문에 동일한 수를 더하는 전략은 대부분의 학생이 이해하지 못할 수 있다.

두 번째 방법은 가끔 분리 혹은 빌려 오기 방법이라 불리기도 하는 것으로, 다음과 같이 피감수의 상위 자릿 수에서 하나를 그 아래 자릿수로 옮겨 다시 쓰는 방법이다.

$$\begin{array}{r} 73 \\ -\ 48 \\ \hline 25 \end{array} \quad \text{이것을 고치면} \quad \begin{array}{r} \overset{6}{7}\overset{1}{3} \\ -\ 48 \\ \hline 25 \end{array}$$

피감수 73을 60과 13으로 다시 쓴 점에 주목하기 바란다.

수업 절차

직접교수 절차는 받아내림 방법에 근거하고 있는데, 이는 미국 전역에서 가장 많은 교사가 이 방법을 사용하고 있기 때문이다. 이 절차는 언제 받아내림을 해야 하는지를 아는 것과 받아내림 절차를 강조하고 있다. 받아내림에 대한 개념적 이해 역시 강조되지만, 이는 받아내림 문제를 해결하는 구체적인 방법을 지도하는 것과는 별도로 행해지는 수업에서 강조된다. 이러한 구분은 받아내림 절차 지도 수업 형식을 단순화하기 위해서였다.

이 장에서는 다음의 세 가지 주요 문제 형태에 대해 논한다. (a) 받아내림이 필요하지 않은 문제 (b) 바로 윗 자리에서 10을 빌려 받아내림을 하는 문제 (c) 연속해서 두 자리 이상에서 받아내림을 해야 하거나 빌려줘야 할 자리 숫자가 0인 문제다.

세로식 뺄셈 – 받아내림 없음

받아내림이 없는 세로식 뺄셈 지도 방법은 받아올림이 없는 덧셈 문제 지도 방법과 기본적으로 동일하기 때문에 여기에서는 특별히 수업 형식을 제시하지 않았다. 또한 덧셈과 마찬가지로 학생들이 최소 12개 정도의 기본 연산을 암기하기 전까지는 세로식 뺄셈을 소개하지 말 것을 권장한다. 뺄셈을 할 때 학생들은 일의 자리 뺄셈을 먼저 하고 다음에 십의 자리 뺄셈을 해야 한다. 또한 덧셈 때와 마찬가지로 학생들이 십의 자리 숫자가 의미하는 수량보다는 그 숫자가 의미하는 십의 개수를 읽도록 해야 한다. 예를 들어, '30 빼기 20'이라고 하기보다는 '세 개의 십에서 두 개의 십 빼기'라고 해야 한다.

받아내림이 있는 뺄셈

간단한 형태의 받아내림이 필요한 뺄셈은 수업 순서와 평가 차트의 2a, 2b, 3a, 3b 유형이다. 문제 유형 2a가 받아내림이 필요한 뺄셈의 첫 번째 유형이다. 보통 이러한 문제 유형은 2학년 중간쯤에 소개한다. 이러한 문제를 푸는 데 필요한 세 가지 선수 기술은 a) 10 이상의 수를 읽고 쓰는 데 필요한 자릿값 관련 기술 b) 받아내림에 필요한 적어도 6개 이상의 단순 연산(즉, 피감수가 10 이상인 수) c) 받아내림의 개념 이해다. 〈수업 형식 8-2〉는 사물을 가지고 받아내림하여 수를 다시 쓰는 개념을 가르치는 절차를 나타낸다. 이것은 숫자를 가지고 받아내림을 하는 데 기초가 된다.

〈수업 형식 8-2〉에서는 열 개를 한 묶음으로 하는 여러 개의 묶음과 낱개 그림을 제시하고 있다. 교사는 이 사물에서 일부를 내보내는 내용을 담은 이야기를 다음과 같이 들려준다. "한 소년이 34개의 못을 가지고 있어요. 그중 8개를 여동생에게 주고 싶어 해요." 교사는 그 소년이 8개의 못을 여동생에게 주려면 10개들이 묶음을 풀어야 한다는 것을 지적해 준다. 한 묶음을 풀어 10개를 꺼내어, 그중 8개의 못을 지우고, 남은 묶음의 개수와 낱개 못의 수를 센다. 유사한 예를 가지고 연습을 하는 이러한 수업 형식을 받아내림 수업을 실시하기 전까지 수차례 더 실시한다.

받아내림 계산 방식을 소개하는 수업 절차가 〈수업 형식 8-3〉에 다섯 부분에 걸쳐 제시되고 있다. Part A에서 학생들은 언제 받아내림이 필요한지를 구분한다. 이 연습은 윗수가 무엇이든 학생들이 무조건 큰 수에서 작은 수를 빼는 잘못(예, 74 - 38에서 8에서 4를 빼는 것)을 저지르지 않도록 하는 데 매우 중요하다. 교사는 다음 법칙을 제시한다. **주어진 수보다 더 큰 수를 빼야 할 때는 받아내림을 해야 한다.** 이 법칙은 반드시 수학적이지는 않지만 적어도 받아내림 개념을 가르치는 데는 제 기능을 한다. 이 법칙을 제시한 다음에는 학생들로 하여금 이 법칙을 적용하도록 안내한다. 세로식의 윗수를 가리키며 무슨 수에서 빼

야 하는지를 묻고, 그 수에서 밑 수를 빼려면 받아내림을 해야 하는지를 묻는다. 이 수업 형식에서 예를 어떻게 구성할 것인가가 매우 중요하다. 학생들이 예측할 수 없도록 받아내림이 필요한 예와 그렇지 않은 예를 섞어야 한다.

Part A는 여러 수업 차시 동안 제시해야 한다. 그런 후에 약 7개 정도의 문제를 가지고 "이 문제에서 받아내림이 필요할까요?"라고 물으며 학생들을 개별적으로 검사해야 한다. 학생 수행 정도에 따라 다음에 무엇을 가르칠 것인가를 결정한다. 만약 학생이 1개 이하로만 오류를 보인다면 Part B를 소개할 수 있지만, 2개 이상 오류를 보이면 Part A를 몇 차시 더 제시해야 한다.

Part B에서는 받아내림 요소 기술을 소개한다. 학생들에게 십의 자리에서 하나를 빌려서 일의 자리에 더해 주는 방식으로 받아내림을 한다고 설명한다. 75 - 38에서 7개의 십에서 하나의 십을 빌려 온 다음 이것을 5에 더한다. 몇 개의 문제를 가지고 시범을 보인 후 학생들을 검사한다. 이 과정에서 학생들이 받아내림 절차를 확실히 잘 수행하도록 한다.

Part C와 Part D는 구조화된 칠판 수업과 학습지 연습 단계로, 받아내림 전략을 처음부터 끝까지 소개한다. Part E는 덜 구조화된 학습지 연습 단계로, 받아내림이 필요한 문제와 그렇지 않은 문제를 반반씩 섞어서 제시한다. 교사 감독하의 개별 연습은 학생들이 문제의 80~90%를 맞출 수 있을 때까지 계속 시킨다. 뺄셈 문제만을 가지고 며칠 동안 이러한 개별 연습을 실시한 후에는 변별 연습을 위해 덧셈 문제도 포함시킨다.

자릿수가 늘어남에 따라 받아내림을 해야 하는 문제 풀기도 더 어려워진다. 새로운 문제 유형을 지도하는 수업 형식은 방금 설명한 구조화된 수업 형식과 매우 유사하다. 예를 들어, 백의 자리에서 받아내림을 해야 하는 문제일 경우 교사는 먼저 학생들에게 십의 자릿수는 무엇으로 시작하고 얼마를 빼야 하는지 확인하게 한 다음 받아내림을 해야 하는지를 묻는

다. 그런 다음 문제를 푸는 과정을 이행하도록 안내한다. 여러 자리에서 받아내림을 해야 하는 큰 수의 뺄셈일 경우 각 자릿수를 풀이 나가는데 그때마다 항상 "무엇에서 무엇을 빼야 하지요? 받아내림이 필요한가요?"를 묻도록 한다.

덜 구조화된 수업, 교사 감독하의 개별 연습, 개별 연습 때 사용할 예에는 이전에 가르친 문제 유형과 현재 배우고 있는 문제 유형을 섞어서 포함시켜야 한다. 십의 자리에서 받아내림을 해야 하는 문제들이라면 $\frac{3}{4}$ 정도는 뺄셈 문제, $\frac{1}{4}$ 정도는 덧셈 문제로 제시해야 한다. 뺄셈 문제 중에서는 절반만 받아내림을 필요로 하는 문제로 제시한다. 백의 자리에서 받아내림을 해야 하는 문제라면 뺄셈 문제의 절반은 백의 자리에서 받아내림을 하는 문제로, $\frac{1}{4}$ 은 십의 자리에서 받아내림을 해야 하는 문제로, 나머지 $\frac{1}{4}$ 은 받아내림이 필요하지 않은 문제로 구성한다.

덧셈 문제도 일부 포함시켜야 한다. [그림 8-1]은 백의 자리에서 받아내림을 해야 하는 문제를 가르치고 나서 제시할 수 있는 학습지 예를 나타낸 것이다. 여러 문제 유형이 섞여 있음에 주목하기 바란다. c, e, h, j 유형은 백의 자리에서 받아내림이 필요한 문제이고, b, i는 십의 자리에서 받아내림이 필요한 문제다. a와 g는 받아내림이 필요 없고, d와 f는 덧셈 문제다.

[그림 8-1] 받아내림 문제가 포함된 학습지 예

a.	392	b.	346	c.	423	d.	723	e.	547
	− 81		−118		−180		+324		− 83
f.	547	g.	285	h.	248	i.	347	j.	236
	+ 38		− 84		− 58		−109		− 46

자기 점검. 학생들이 받아내림 문제에 능숙해지면 자신이 푼 답을 검토할 수 있도록 지도해야 한다. 뺄셈 검토는 감수와 차이를 더하는 것이다. 교사는 이러한 검토 방법을 학습지 연습을 통해 소개한다. 학생이 첫 번째 문제를 푼 다음 교사는 다음과 같이 말한다.

뺄셈 문제의 답을 검토할 때는 다음과 같이 하세요. 세로식의 답과 바로 그 윗수를 더하세요. 그 답이 얼마죠? 그 답이 맨 윗수와 같나요? 그러면 여러분의 답이 맞는 것입니다.

이렇게 검토하는 것이 왜 맞는지를 보여 주기 위해 $12 - 8 = 4$와 같이 간단한 문제로 예를 들어야 한다. 교사는 동일한 질문을 사용한다. "밑의 두 수를 더하세요 … 그러면 답이 얼마죠? … 그 답이 처음 수와 같나요? …" 익숙한 예를 사용하면 학생들은 보다 쉽게 왜 그렇게 검토하는지 알 수 있게 될 것이다. 덧셈 결과를 검토하는 방식을 뺄셈 검토에도 사용할 수 있다. 학생들에게 어떤 문제는 맞게 풀고 어떤 문제는 틀리게 푼 학습지를 나눠 준다. 그리고 자기 점검 방법을 사용하여 틀린 문제를 골라 내도록 한다.

복잡한 받아내림 문제

여기에는 여러 자리에 걸쳐 연속해서 받아내림을 해야 하는 문제들이 포함된다. 먼저 피감수에 0이 포함되지 않은 수를 다루고자 한다. 그러한 문제를 풀 때에는 새로운 기술이 필요하지 않고 그냥 받아내림 기술을 연속해서 적용하면 된다. 오류가 가끔 발생하는 것은 학생들이 수를 지우고 새로운 수를 연속해서 쓰는 과정에서 혼란스러워하기 때문이다. 327 − 149 문제에서 십의 자리 위에 11이 적혀 있는데, 이 두 숫자는 원래 문제로부터 제대로 받아내림해서 나온 숫자가 아니다.

$$\begin{array}{r} 2\,1\!\!1 \\ \cancel{3}\cancel{2}7 \\ -\ 149 \\ \hline 178 \end{array}$$

수업 절차 중 중요한 측면 중 하나는 학생들이 학습지에 답을 쓸 때 그 과정을 면밀히 관찰해야 한다는 것이다. 주의를 기울이지 않는 학생은 원래 숫자를 지우지 않거나 새로 쓰지 않기 때문에 오류를 범할 수 있다. 따라서 새로운 숫자를 정확히 어디에 써야 하는지를 강조해야 한다.

0의 자리에서 받아내림을 해야 하는 문제는 학생들이 더 어려워한다. 〈수업 순서와 평가 차트〉의 3d, 4a, 4c, 4d, 4e, 5b 문제는 0에서 받아내림을 해야 하는 문제를 포함하는 문제 유형이다. 가르칠 기본 전략은 한 번에 여러 자리를 다시 쓰는 것이다. 예를 들어, 다음과 같은 문제에서 3백을 십이 30개인 것으로 처리한다.

$$\begin{array}{r} 304 \\ -\ 87 \\ \hline \end{array}$$

이렇게 하면 30개의 십에서 한 개의 십을 빼면 30을 지우고 거기에 29를 쓴다.

$$\begin{array}{r} 29\,1 \\ \cancel{30}4 \\ -\ \ 87 \\ \hline \end{array}$$

백의 자리와 십의 자리 모두에 0이 있는 수에서 뺄 때에도 유사한 절차에 따라 받아내림을 한다.

$$\begin{array}{r} \cancel{300}2 \\ -\ \ 89 \\ \hline \end{array}$$

학생들은 3천을 백이 30개인 것으로 처리하여 300을 지우고 그곳에 299를 쓴다. 그리고 나서 10을 일의 자리에 더한다. 이 절차는 Cacha(1975)가 0에서 받아내림을 연속해서 해야 하는 문제를 쉽게 풀기 위해 고안한 방법이다.

0에서 받아내림을 해야 하는 문제 풀기의 사전 기술은 60 – 1, 90 – 1, 40 – 1 등과 같이 몇 십에서 1을 빼는 단순 연산을 학습하는 것이다. 이러한 연산은 다음과 같은 문제를 소개하기 1주일 전쯤에 소개한다.

$$\begin{array}{r} 407 \\ -\ 129 \\ \hline \end{array}$$

몇십 빼기 1을 가르치는 수업 형식은 두 단계로 구성되어 있다. 첫째, 교사가 십의 자리 숫자(끝이 0인 두 자릿수 숫자)를 말하고 학생들에게 그 바로 전 숫자가 무엇인지 다음과 같이 묻는다. "80보다 하나 적은 숫자는 무엇이죠?" 둘째, 1을 뺄 때는 하나 적은 숫자를 말하면 된다는 규칙을 말해 준다. 그리고 나서 학생들로 하여금 몇 개의 예를 가지고 이 규칙을 적용하도록 한다. 이러한 수업 절차는 〈수업 형식 8-4〉에 나와 있다.

일단 학생들이 사전 기술인 몇십 빼기 1을 잘하게 되면 〈수업 형식 8-5〉에서 다루는 0이 있는 수에서 받아내림하기를 공부할 준비가 된 셈이다. 이 수업 형식은 세 부분으로 구성되어 있다. Part A에서는 문제를 푸는 방법을 구조화된 칠판 수업을 통해 시범을 보인다. Part B에서는 학생들이 각자의 학습지를 풀 수 있도록 안내한다. Part C는 덜 구조화된 학습지 단계다. 구조화된 칠판 수업이나 학습지 활동 단계 중에는 모든 문제가 받아내림을 필요로 해야 한다. 하지만 덜 구조화된 학습지 단계인 Part C에서는 절반은 받아내림을 필요로 하고 절반은 그렇지 않은 문제들을 섞어서 제시한다. 예를 들어, [그림 8-2]는 이때 사용할 수 있는 학습지의 한 예를 나타낸 것이다.

[그림 8-2] 0이 포함된 수에서 받아내림하기 학습지 문제

a. $\begin{array}{r}402\\-\ 69\end{array}$	b. $\begin{array}{r}503\\-161\end{array}$	c. $\begin{array}{r}305\\-\ 65\end{array}$	d. $\begin{array}{r}302\\+\ 86\end{array}$	e. $\begin{array}{r}504\\-128\end{array}$
f. $\begin{array}{r}703\\-\ 42\end{array}$	g. $\begin{array}{r}500\\-\ 36\end{array}$	h. $\begin{array}{r}300\\-\ 40\end{array}$	i. $\begin{array}{r}700\\-\ \ 4\end{array}$	j. $\begin{array}{r}206\\-\ 36\end{array}$
k. $\begin{array}{r}508\\-\ 32\end{array}$	l. $\begin{array}{r}500\\-\ 26\end{array}$	m. $\begin{array}{r}300\\-\ 20\end{array}$	n. $\begin{array}{r}501\\-\ 61\end{array}$	o. $\begin{array}{r}302\\-\ 48\end{array}$

여기에 제시된 문제 중 절반은 일의 자리의 숫자들이 받아내림을 필요로 하고 나머지는 그렇지 않다. 이렇게 문제를 섞어서 내는 것은 학생들이 십의 자리에 0이 있으면 항상 받아내림을 하려고 하는 것을 방지하는 데 매우 중요하다. 덜 구조화된 학습지, 교사 감독하의 개별 연습, 개별 연습용 학습지에 문제를 이와 같이 섞어서 내는 것은 매우 중요하다. 만약 제시된 문제들이 변별 연습을 할 수 있게끔 세심하게 설

계되지 않았다면 학생들은 다음과 같이 언제나 백의 자리 숫자와 0을 지우고 받아내림을 하려고 하는 심각한 오류를 범할 수도 있다.

$$
\begin{array}{r}
{\scriptstyle 29} \\
{\scriptstyle 3\cancel{0}2} \\
- \quad 41 \\
\hline
251
\end{array}
\qquad
\begin{array}{r}
{\scriptstyle 39} \\
{\scriptstyle 4\cancel{0}2} \\
- \quad 52 \\
\hline
340
\end{array}
$$

수가 커짐에 따라 뺄셈 문제 유형도 더욱 복잡해진다. 특히 0을 포함한 수에서 받아내림을 해야 할 때 더욱 그러하다. '수업 순서와 평가 차트'의 4c 문제 유형은 다음과 같이 0이 두 개 포함된 수에서 받아내림을 하는 문제다.

$$
\begin{array}{r}
3004 \\
- \quad 86 \\
\hline
\end{array}
$$

이러한 문제 유형을 풀기 위한 사전 기술은 몇백 빼기 1(예, 800 − 1, 300 − 1) 연산이다. 이것을 가르치기 위한 수업 절차는 기본적으로 몇십 빼기 1을 가르칠 때와 같다. 교사는 〈수업 형식 8-5〉에서와 동일한 말을 하면서 구조화된 칠판 수업과 학습지 수업을 진행한다. 유일한 차이점은 교사가 다음과 같이 말하면서 다음과 같은 문제에서 300개의 십에서 받아내림을 할 것을 지적해 주는 것이다. "십 한 개를 어디에서 빌려 올 것인가요? 300 빼기 1은 얼마죠? … 그럼 300을 지우고 그 위에 299라고 쓰세요." 여기서도 덜 구조화된 학습지 연습이 이 수업 형식의 중요한 부분이다. 학습지에는 [그림 8-3]에서처럼 여러 문제를 섞어서 제시해야 한다.

$$
\begin{array}{r}
3004 \\
- \quad 128 \\
\hline
\end{array}
$$

어떤 문제에서는 일의 자리 숫자를 다시 써야 하고 또 다른 문제에서는 십의 자리 숫자를 다시 써야 한다. 그런가 하면 어떤 문제에서는 백의 자리 숫자를 다시 써야 한다. 당연히 학생들이 이러한 문제들을

정확하게 잘 풀게 되기까지는 많은 양의 연습이 필요할 것이라는 점을 인식하고 있어야 한다.

[그림 8-3] 0이 두 개 이상 포함된 수에서 받아내림하기 학습지 예

a. 3004 − 289	b. 3004 −302	c. 3001 −1394	d. 7005 −2101	e. 7005 −2104
f. 7005 −1149	g. 6000 − 80	h. 6000 − 8	i. 4000 − 50	

학생들에게 받아내림을 어렵게 하는 두 가지 문제 유형이 또 있는데 이는 10, 100, 1000, 1100 등의 수에서 받아내림을 하는 경우다(문제 유형 4d와 4e). 10, 100, 1000 등의 숫자에서 받아내림을 하는 것이 학생들에게 어려운 이유는 이들이 다음과 같이 모든 자릿수를 다른 수로 대체해야 함에도

$$
\begin{array}{r}
{\scriptstyle 7991} \\
{\scriptstyle 8\cancel{0}\cancel{0}4} \\
\hline
\end{array}
$$

다음과 같이 세 자리 중 두 자리 숫자만 다른 수로 고치기 때문이다.

$$
\begin{array}{r}
{\scriptstyle 99} \\
{\scriptstyle 1\cancel{0}0} \\
\hline
\end{array}
$$

$$
\begin{array}{r}
{\scriptstyle 991} \\
{\scriptstyle 1\cancel{0}\cancel{0}4} \\
\hline
\end{array}
\quad \text{혹은} \quad
\begin{array}{r}
{\scriptstyle 7991} \\
{\scriptstyle 8\cancel{0}\cancel{0}4} \\
\hline
\end{array}
$$

제대로 가르치지 않으면 다음과 같이 99라는 숫자를 제 자리가 아닌 옆 칸에 쓸 수 있다.

$$
\begin{array}{r}
{\scriptstyle 99} \\
{\scriptstyle 1\cancel{0}\cancel{0}0} \\
- \quad 193 \\
\hline
9807
\end{array}
$$

이러한 문제들을 가르치는 수업 절차는 특별히 자세하게 언급하지 않겠다. 교사는 몇 개의 예를 가지고 푸는 시범을 보여 주고 학생들이 문제를 풀 때 옆에서 지켜보면 된다.

진단과 교정

계산 오류. 기본적인 계산 오류는 대개 쉽게 알 수 있다. 예를 들어, 다음과 같은 문제에서 13 – 6과 12 – 8을 잘못 계산했다.

a.
$$
\begin{array}{r}
\overset{31}{4}35 \\
-\ 162 \\
\hline
283
\end{array}
$$

b.
$$
\begin{array}{r}
\overset{41}{5}28 \\
-\ 186 \\
\hline
352
\end{array}
$$

계산 오류 교정 절차는 얼마나 자주 그러한 오류가 나타나느냐에 달려 있다. 가끔 보이는 오류에 대해서는 연습 때 잘못 계산한 것에 주의를 환기시켜 준다. 만약 학생이 여러 문제에서 해당 계산 오류를 보이면 보다 완전한 교정 절차가 필요하다. 먼저, 학생이 연산을 할 때 사용하는 전략을 찾아낸다. 이것은 학생이 문제를 푸는 과정을 관찰해 봄으로써 알 수 있다. 어떤 학생은 손가락 셈에 의존할 수 있다. 이러한 학생을 교정하는 절차는 제6장에서 제시하였다. 어떤 학생은 손가락 셈을 사용하지는 않지만 어떤 문제에서는 기본 계산을 제대로 하고 어떤 문제에서는 틀리게 계산할 수 있다. 이러한 학생을 교정하기 위해서는 먼저 기본 연산 계산의 정확성을 향상시키는 연습을 하게 한다. 그 결과로 세로 뺄셈 수행 성적이 향상되어야 한다. 하지만 학생이 지속적으로 세로 뺄셈식에서 무작위로 연산 오류를 보이면 잠정적으로 학습 동기에 문제가 있는 것으로 보고 학습 동기를 향상시킬 전략을 투입해야 할 것이다.

전략 오류. 받아내림을 잘못해서 보이는 오류 예가 다음에 제시되어 있다. 문제 a에서 오류는 일의 자리에서 발생하고 있다. 문제 b에서 오류는 백의 자리에서 발생하고 있다.

a.
$$
\begin{array}{r}
342 \\
-\ 128 \\
\hline
226
\end{array}
$$

b.
$$
\begin{array}{r}
2584 \\
-1827 \\
\hline
1361
\end{array}
$$

교정 전략을 세울 때는 마찬가지로 오류 빈도를 고려해야 한다. 열 번 중 한 번 정도와 같이 이따금 일어나는 오류에 대해서는 광범위한 교정이 필요하지는 않다. 그냥 문제를 다시 풀어 보도록 하면 된다. 하지만 이러한 오류가 보다 빈번하게 발생하면 〈수업 형식 8-3〉의 Part A부터 시작하는 등 보다 심층적인 교정이 필요하다. Part A에서는 언제 받아내림이 필요한지에 대해 초점을 맞추고 있다. 학생이 오류를 범한 문제와 유사한 문제를 여러 개의 칠판에 쓴다. 각 자릿수를 짚으면서 받아내림이 필요한지를 묻는다. 이러한 연습은 학생이 연속해서 5문제 중 4문제를 정확히 대답할 수 있을 때까지 계속한다. 그런 다음, 여러 개의 문제(〈수업 형식 8-3〉의 Part D)를 가지고 구조화된 학습지 연습을 하고, 이어서 덜 구조화된 학습지의 문제들(Part E)을 가지고 연습을 시킨다. 마지막으로, 학생들로 하여금 일단의 문제들을 풀도록 하면서 그 과정을 세밀히 관찰한다. 이때 문제들은 받아내림이 필요한 것들과 그렇지 않은 것들을 섞어서 구성하여 학생들이 언제 받아내림을 하거나 하지 않는지를 확실히 변별하도록 한다. 이러한 연습은 학생들이 적어도 며칠 동안 연속해서 문제들을 정확하게 풀 수 있게 될 때까지 지속한다.

요소 기술 오류. 받아내림을 하는 세부적인 절차나 기술상의 오류는 다음과 같다.

a.
$$
\begin{array}{r}
\overset{1}{}3\,5 \\
-\ 16 \\
\hline
29
\end{array}
$$

b.
$$
\begin{array}{r}
\overset{61}{}54 \\
-\ 28 \\
\hline
46
\end{array}
$$

c
$$
\begin{array}{r}
\overset{201}{3}02 \\
-\ 54 \\
\hline
8
\end{array}
$$

문제 a는 받아내림 후 3개의 10에서 한 개의 10을 뺀 것을 잊어버린 경우다. 이러한 오류는 받아내림을 처음 배울 때 흔히 볼 수 있다. 교정은 학생들에게 두 자릿수 숫자를 다시 쓰는 연습을 하도록 시키는 것이다. 다음과 같이 말하면서 교정을 시도할 수 있다.

이제 여러분은 받아내림 연습을 할 것입니다. 첫 번째 숫자를 짚으세요. (확인) 받아내림을 하기 위해서 먼저 무엇을 해야 하나요? 그렇게 하세요. 십 단위 수 하나를 표시하기 위해 1을 쓰세요. 이전의 십 단위 수를 지우고 새로운 숫자를 써 넣는 것을 기억하세요.

문제 b는 받아내림을 할 때 10을 빼지 않고 더한 경우다. 교정은 10을 빌려 올 때 그 십 한 개를 처음의 수에서 하나 빼야 한다는 것을 강조하는 것에서부터 시작한다. 그런 다음 문제 a에서와 같은 교정 절차를 밟아 나간다.

문제 c는 십의 자리에서 1을 빼는 연산에 어려움을 겪거나 이 전략을 사용하는 데 혼란을 겪고 있음을 보여준다. 학생이 몇 개의 문제를 푸는 과정을 잘 관찰해야 한다. 만약 오류 원인이 몇십 빼기 1(예, 60 – 1, 30 – 1, 80 – 1) 연산에 있다면 〈수업 형식 8-4〉를 이용하여 몇십 빼기 1을 다시 가르친다. 학생이 몇십 빼기 1을 완전히 숙달하면 수업 형식 중 덜 구조화된 칠판 수업을 제시한다. 오류 유형이 전략 오류라면 전체 수업 형식을 반복한다.

학생들에게 특별한 어려움을 줄 수 있는 문제는 다음과 같이 피감수의 일의 자리에 0이 있거나 빼야 할 수가 0으로 끝나는 경우다.

$$\begin{array}{r} 70 \\ -\ 34 \\ \hline \end{array} \qquad \begin{array}{r} 74 \\ -\ 30 \\ \hline \end{array}$$

학생들은 종종 70 – 34를 44로 답하거나 74 – 30을 40으로 말하는 등 0이 포함된 수의 뺄셈에 어려움을 보인다. 만약 이러한 유형의 오류가 발견되면 다음과 같은 유형의 문제들을 구성하여 특별 연습을 시켜야 한다. 먼저 0이 포함된 수를 뺄 때는 그 자리에 처음에 있던 수를 그대로 써야 한다는 점을 지적하며 어떤 수에서 0이 포함된 수를 빼는 방법을 복습시킨다. 그런 다음 학생들로 하여금 나머지 문제를 풀어보게 한다. 이 연습은 학생들이 여러 날 동안 적어도

90% 이상 정확하게 문제를 풀 수 있게 될 때까지 계속한다.

$$\begin{array}{r} 60 \\ -\ 34 \\ \hline \end{array} \qquad \begin{array}{r} 64 \\ -\ 30 \\ \hline \end{array} \qquad \begin{array}{r} 40 \\ -\ 20 \\ \hline \end{array} \qquad \begin{array}{r} 43 \\ -\ 20 \\ \hline \end{array}$$

$$\begin{array}{r} 40 \\ -\ 23 \\ \hline \end{array} \qquad \begin{array}{r} 78 \\ -\ 30 \\ \hline \end{array} \qquad \begin{array}{r} 70 \\ -\ 38 \\ \hline \end{array}$$

진단과 교정 절차를 요약한 것이 [그림 8-4]에 제시되어 있다.

상업용 프로그램

뺄셈: 받아내림

교수 전략. 받아올림이 필요한 덧셈처럼 대부분의 학습교재들에서는 뺄셈에서 받아내림을 소개할 때 구체물을 사용할 것을 주장한다. 흥미롭게도, 우리가 조사해 본 많은 프로그램은 교재 앞부분에서 구체물의 그림(예, 막대기 그림)을 사용하고 있었다. 하지만 구체물 없이는 어떻게 문제를 풀어야 할지에 대해 학생들에게 주어진 지침은 거의 없었다.

사전 기술. 대부분의 프로그램에서는 교수 전략을 소개하기 전에 사전 기술을 확인하고 이를 가르치고 있었다. 하지만 전략을 소개하기 하루 전이나 소개하는 날 아주 소수의 예만 사용하고 있었다. 새로운 전략을 소개하기 전에 학생들이 사전 기술을 숙달할 수 있도록 시간을 주어야 한다. 또한 필요한 사전 기술이 모두 확인되고 다루어졌는지 확인해야 한다(받아내림 전략을 소개하기 전에 가르쳐야 할 사전 기술에 대한 보다 자세한 논의는 제7장 참조).

연습과 복습. 일부 프로그램에서는 두 자릿수 받아내림 뺄셈에 대해 충분한 연습 기회를 제공하고 있었다. 이는 초기 연습으로서는 충분한 양이지만, 다음 단계로 나아가기 전까지 추가적인 복습은 거의 제공되지 않았다. 이처럼 복습 기회가 적게 주어지는 것

은 대부분의 프로그램들이 적용하고 있는 나선형 교육과정 특성에 기인했을 수 있다. 오랜 시간에 걸쳐 학생들이 뺄셈을 잘하도록 하려면 지속적으로 충분한 복습이 이루어지도록 해야 한다.

[그림 8-4] 뺄셈 오류의 진단과 교정

오류 패턴 예	진단 예	교절 절차	교정 예
a.　31 　4̸37　　63 　− 180　− 28 　247　　34	단순 연산 오류: 13-8	13-8의 반복 연습	
b.　1　　　1 　34　　352 　− 18　− 71 　26　　381	요소 기술 부족: 받아내림을 하지 않았음	숫자 다시 쓰기를 연습할 거예요. 첫째 숫자를 짚으세요. (확인) 숫자 다시 쓰기를 위해 맨 처음 무엇을 해야 하죠? … 쓰세요. 십 하나를 나타내기 위해 1을 쓰세요. 이전 숫자를 지우고 새로운 숫자를 쓰는 것을 기억하세요.	예, 다음 숫자로 교체된 문제를 제시한다. a. 27　　b. 38 c. 71　　d. 42
c.　34　　72 　− 18　− 36 　24　　44	전략 오류: 받아내림 안 했음	〈수업 형식 8-3〉의 Part A에 나온 받아내림 지도 수업 형식을 이행한다.	〈수업 형식 8-3〉에 나온 문제 참조
d.　291　　51 　3̸0̸4　　6̸4 　− 21　− 24 　2713　310	전략 오류: 받아내림 부정확	c와 동일	c와 동일
e.　71　　31 　6̸3　　5̸1 　− 48　− 2 　35　　39	단순 연산 오류: 빼기 1	a. 몇십 빼기 1 지도 b. 특정 유형의 문제 해결을 위한 구조화된 학습지 제공	혼합: 일부 문제가 받아내림 요구. 나머지 문제는 받아내림 필요 없음. 받아내림 문제 유형은 이때까지 배운 모든 형식 포함
f.　35 　− 14 　49	요소 기술 부족: 부호 혼동-빼는 대신 더함	a. 〈수업 형식 8-3〉의 덜 구조화된 수업 부분 제공. 학생들로 하여금 부호에 동그라미를 치고 문제를 풀도록 함	덧셈과 뺄셈 문제를 동일하게 혼합
g.　2110 　3̸0̸4 　− 26 　288	요소 기술 부족: 10의 자리에 0이 있는 경우 어려움-부적절한 받아내림	a. 필요하다면 몇십 빼기 1 사전 기술 지도하기 b. 0이 포함된 수에서의 받아내림하기 형식(〈수업 형식 8-5〉) 진행	6~8 문제 〈수업 형식 8-5〉에 나온 문제 예 참조

h.

291	391	
~~302~~	~~402~~	전략 오류: 받아내림 부정확 〈수업 형식 8-5〉 Part C
− 41	− 52	
2511	3410	

〈수업 형식 8-5〉에 나온 문제 예 참조

적용 문제 뺄셈

1. 다음은 Mary와 Alex의 뺄셈 답안지다. 학생별로 지도를 해야 하는 문제 유형이 무엇인지 밝히시오.

Mary

3a.

	3		3		1
	4~~2~~3		4~~1~~8		228
−	171	−	83	−	137
	252		335		91

3b.

	4₁		1₁		2₁
	352		724		534
−	187	−	578	−	87
	245		266		567

3c. 70 − 1 = 69
40 − 1 = 39
80 − 1 = 79

3d.

	4		4₁		
	503		504		700
−	87	−	26	−	86
	486		428		786

3e.

			4₁		
	4689		5284		3481
−	1832	−	4631	−	1681
	3257		653		2201

Alex

3a.

	3₁		3₁		1
	4~~2~~3		4~~1~~8		228
−	171	−	83	−	137
	252		335		91

3b.

	4₁		1₁		2₁
	352		724		534
−	187	−	578	−	87
	245		266		567

3c. 70 − 1 = 69
40 − 1 = 39
80 − 1 = 79

3d.

	49₁		49		69
	~~503~~		~~504~~		~~700~~
−	87	−	26	−	86
	415		478		614

3e.

	1				
	4689		5284		3481
−	1832	−	4631	−	1681
	3857		1453		2200

2. 다음 문제는 방금 3a 유형의 뺄셈 문제를 정확하게 풀 수 있음을 보인 학생들에게 개별 연습용으로 줄 학습지 일부를 나타낸 것이다. 교사는 이 학습지를 만들면서 몇 가지 오류를 범했다.

a. 부적절한 예를 지적하고, 문제 유형을 말하시오.

b. 학습지에 포함되어야 하지만 빠진 문제 유형이 있다면 그것이 무엇인지 말하시오.

a. 524   b. 504   c. 324   d. 533
  − 186   − 328   − 192   − 261

e. 824   f. 602   g. 523   h. 65
  − 161   − 159   − 186   − 32

3. 다음 문제가 나타내는 문제 유형을 기술하시오. 이 문제를 가르칠 순서대로 나열하시오. 각 문제 유형을 대개 언제 지도하는지 해당 학년을 제시하시오.

  63   353   48   523   346   503
− 18   − 182   − 23   − 486   − 128   − 87

4 다음은 Dean 교사의 학급 학생들이 혼자 풀어야 할 학습지에 나온 12개의 문제다. 학생 이름 옆의 문제는 각 학생이 오류를 보인 문제를 나타낸다. 각 학생에 대해서,

a. 학생 오류의 원인을 규명하시오.

b. 교정 절차를 구체적으로 제시하시오. (즉, 해당 수업 형식의 해당 단계)

  4023   4702   8346   342   7304   430
− 1857   − 2563   − 1895   − 185   − 1286   − 82

  2036   3248   3852   402   3826   8306
− 518   − 1026   − 1624   − 81   −   63   − 1243

James   39   29   Debbie   3911   691
         402   8306   4023   4702
       − 81   − 1243   − 1857   − 2563
         311   7053   2165   1138

Dylan   79   Jack
         4702   342   3852
       − 2563   + 185   + 1624
         2239   157   228

5. 다음 문제를 가르칠 때 교사가 구조화된 학습지 단계에서 사용할 말을 적어 보시오.

          314
        − 182

6. 〈수업 형식 8-3〉의 Part A에서 받아내림 문제를 소개하기 위한 구조화된 칠판 수업에서 교사가 다음 문제에 대해 다음과 같이 물었다. "받아내림을 해야 하나요?" 이에 대해 학생들은 "아니요."라고 했다. 이를 교정하기 위한 교사의 말을 기술하시오.

           57
         − 28

7. 다음은 백의 자리에서 받아내림을 해야 하는 뺄셈을 학생들에게 가르치는 수업 형식의 덜 구조화된 학습지 수업을 위해 교사들이 작성한 학습지의 일부다. 두 명의 교사는 부적절하게 학습지를 구성하였다. 어느 교사인지 밝히고, 왜 그런지 설명하시오. 부적절한 예에 대해서는 어떻게 해야 하는지 설명하시오.

a. 342	623	483	362	534	235	427	329	427
− 181	− 182	− 193	− 181	− 184	+ 132	− 193	− 152	− 121
b. 383	432	342	282	346	425	524	473	392
− 195	− 150	− 186	− 195	− 138	+ 132	− 187	− 197	− 161
c. 428	328	526	48	362	364	325	436	329
− 368	− 209	− 385	− 29	− 182	− 148	+ 132	− 214	+ 142

〈수업 형식 8-1〉 막대선을 이용한 뺄셈

교사	학생
Part A: 구조화된 칠판 수업-막대선 사전 기술	
1. (칠판에 다음 문제와 막대선을 적는다)	
6 − 2	
||||||	
자, 모두 이 문제를 읽으세요.	6 − 2
이것은 뺄셈 문제예요. 이것은 무슨 문제라고요?	뺄셈 문제
2. (빼기 2를 가리키며) 이것은 무슨 뜻이죠?	빼기 2
빼기 2는 막대선 두 개를 지우라는 뜻입니다.	
빼기 2가 무엇을 뜻한다고요? 내가 막대선 두 개를 지울 테니 잘 보세요. (두 개의 막대선에 사선을 긋고 그 수를 센다) 빼기 1, 빼기 2.	막대선 두 개를 지워요.
3. 이제 막대선이 몇 개 남았는지 봅시다. 내가 짚으면 여러분이 개수를 세어 보세요.	1, 2, 3, 4
막대선이 몇 개죠?	4
(7 − 4, 5 − 3을 가지고 단계 1~4를 반복한다)	
Part B: 구조화된 학습지−막대선 지우기 사전 기술	
(학생들의 학습지에 다음과 같은 문제를 4~6개 정도 제시한다)	
6 − 2	
||||||	
(각 문제의 첫 번째 숫자 밑에는 이미 막대선이 그려져 있음에 주목하기 바란다)	
1. 문제를 짚으세요. (점검) 문제를 읽으세요.	6 − 2
이것은 무슨 문제인가요?	빼기 문제
2. 첫 번째 선 묶음을 짚으세요. 몇 개의 막대선이 있나요?	6
몇 개의 막대선을 지워야 하죠?	2
막대선 두 개를 지우세요. (학생들이 막대선 두 개를 지우는지 점검한다)	
교정하기: 빼기 2를 할 때는 막대선 두 개를 지우세요.	
3. 이제 남은 막대선이 모두 몇 개인지 확인해 보세요. (멈춤)	

몇 개 남았죠?   4

(남은 예를 가지고 단계 1~3을 반복한다)

Part C: 구조화된 학습지–전략 전체

$5 - 3 = \square$

1. 문제를 짚으세요. (첫 번째 문제를 가리키며) 이 문제를 읽으세요. $5 - 3$

2. 이것은 무슨 문제인가요?   빼기 문제

    첫 번째 묶음을 짚으세요. 몇 개의 막대선을 그려야 하나요?   5

    숫자 5 밑에 다섯 개의 막대선을 그리세요.

3. 몇 개의 막대선을 지워야 하죠?   3

    막대선을 지우세요. (답을 점검한다)

4. 이제 몇 개의 막대선이 남았는지 세어 보세요.

    (멈춤) 몇 개의 막대선이 남았죠?   2

5. 그러면 등식 부호 반대 편의 숫자는 몇이 되어야 하죠?   2

    그 숫자만큼 막대선을 그리세요.

6. 식 전체를 읽어 보세요. $5 - 3 = 2$

    $5 - 3 =$ 얼마인가?   2

    식 전체를 다시 말해 보세요. $5 - 3 = 2$

    (남은 예를 가지고 단계 1~3을 반복한다)

Part D: 덜 구조화된 학습지

1. (학생들에게 다음과 같이 절반은 덧셈 문제, 절반은 뺄셈 문제로 구성된 학습지를 준다)

    a. $4 + 3 = \square$ b. $8 - 2 = \square$

    c. $7 - 5 = \square$ d. $5 - 4 = \square$

    e. $7 + 0 = \square$ f. $7 - 0 = \square$

    g. $8 - 2 = \square$ h. $2 + 4 = \square$

    i. $5 + 3 = \square$

    이 학습지는 재미있어요. 어떤 문제는 더하기 기호가 있고 또 다른 문제에

    는 빼기 기호가 있어요. 더하기 기호가 있을 때는 막대선을 더 그리세요. 더   막대선을 더 그려요.

    하기 기호가 있으면 어떻게 한다고요?

    빼기 기호가 있으면 막대선을 지웁니다. 빼기 기호가 있으면 어떻게 한다고요?   막대선을 지워요.

2. 문제 a를 짚고 읽으세요. $4 + 3 =$ 얼마인가?

    덧셈 문제인가요, 뺄셈 문제인가요?   더하기 문제

    더하기 기호가 있으면 어떻게 하죠?   막대선을 더 그려요.

3. 식의 왼쪽 밑에 막대선을 그리세요. 그런 다음 더하든지 빼든지 하세요.

4. 등식의 양쪽을 같게 한 다음 빈칸을 채우세요.

    (남은 문제를 가지고 단계 2~4를 반복한다)

〈수업 형식 8-2〉 **받아내림을 위한 수 다시 쓰기 지도**

교사	학생
1. (칠판에 다음과 같이 그린다)	

```
           |
 10  10  10  |
           |
           |
```

한 소년이 못을 가지고 있어요. 10개씩 못이 들어 있는 봉지 3개와 낱개 못 4개를 갖고 있어요. 모두 몇 개의 못을 가지고 있는지 알아봅시다. (수를 셀 때 각각을 짚으면서) 10, 20, 30, 31, 32, 33, 34.

교사	학생
2. 그 소년은 못 8개를 여동생에게 주고 싶어 해요. 그런데 문제가 있네요. 지금 현재 상태로는 8개의 못을 여동생에게 줄 수 없어요. 낱개 못 4개와 10개들이 못 3팩을 갖고 있어요. 그러니 못들을 다시 묶어야 해요. 다시 묶을 때는 10개들이 못을 풀어 4개와 합쳐야 해요. 이 문제에서 다시 묶을 때는 무엇을 해야 한다고요?	10개들이 묶음을 풀어 4개와 합쳐요.
3. 이제 10개들이 한 묶음을 풀겠어요. (10개들이 한 묶음을 지운다) 그리고 못 10개를 여기에 놓겠어요. (다음과 같이 칠판에 그린다)	

```
        |||||  |
        |||||  |
 10  10         |
               |
```

교사	학생
4. 여전히 못의 개수는 34개예요. 아까와 다른 방식으로 묶였을 뿐이에요. 이제 10개들이 못이 두 묶음이고, 낱개 못이 14개예요.	
이제 8을 빼 봅시다. (낱개 못 8개를 지운다) 그럼 얼마가 남죠? (낱개 못 6개를 가리키며) 여기 몇 개가 있죠?	6
10이 두 묶음이면 무엇과 같죠?	20
20과 6을 합하면 얼마죠? 그래요, 26이에요. 그 소년은 34를 갖고 있었는데 8개를 주어 이제 26개가 남았어요.	26
5. (하나 혹은 두 개의 예를 더 들어 준다)	

〈수업 형식 8-3〉 **받아내림이 있는 뺄셈**

교사	학생
Part A: 받아내림이 필요할 때	
1. (칠판에 다음 문제를 적는다)	

```
    75
 -  49
```

교사	학생
뺄셈에서 받아내림을 할 때 규칙은 이렇습니다. 처음 수보다 다음 수가 더 크면 받아내림을 해야 합니다. 내 차례예요. 언제 받아내림을 해야 한다고요? 처음 수보다 다음 수가 더 클 때입니다. 여러분 차례예요. 언제 받아내림을 한다고요?	처음 수보다 다음 수가 더 클 때입니다.
(학생들이 스스로 잘 말할 때까지 이 단계를 같이 반복한다)	

2. (5를 가리키며) 일의 자리 처음 수가 무엇이죠?   5

    그럼 5에서 9를 빼야 합니다. 받아내림을 해야 하나요?   예.

    (멈춘 후 신호를 준다)

    맞아요. 처음 수보다 다음 수가 더 크기 때문에 받아내림을 해야 합니다. 9는
    5보다 큽니다.

3. (칠판에 다음 문제를 적는다)

    $$\begin{array}{r} 75 \\ -\ 43 \\ \hline \end{array}$$

    일의 자리 처음 수가 무엇이죠?   5

    어떤 수를 빼죠?   3

    3을 빼면 받아내림을 해야 하나요? (멈춘 후 신호를 준다)   아니요.

    받아내림을 하지 않죠. 일의 자리 처음 수가 무엇이죠?

4. (칠판에 다음 문제를 적는다)

    $$\begin{array}{r} 38 \\ -\ 27 \\ \hline \end{array}$$

    일의 자리 처음 수가 무엇이죠?   8

    무슨 수를 빼죠?   7

    받아내림을 해야 합니까?   아니요.

    왜 그렇죠?   일의 자리 처음 수보다 더 큰 수를 빼
                                                                             지 않기 때문입니다.

5. (다음 문제를 가지고 단계 4를 반복한다)

    $$\begin{array}{rrrr} 38 & 42 & 42 & 42 \\ -\ 29 & -\ 37 & -\ 30 & -\ 33 \\ \hline \end{array}$$

    (몇 명의 학생을 대상으로 개별적으로 시켜 본다)

Part B: 받아내림 절차

1. (칠판에 다음 문제를 적는다)

    $$\begin{array}{rrr} 53 & 75 & 92 \\ -\ 26 & -\ 28 & -\ 15 \\ \hline \end{array}$$

    (첫 번째 문제를 가리키며) 이 문제를 읽어 보세요.   53 - 26

    일의 자리를 보면 3에서 6을 빼도록 되어 있어요.

    일의 자리에서 무엇에서 무엇을 뺀다고요?   3에서 6을 뺍니다.

    받아내림을 해야 하나요? (멈춘 후 신호를 준다)   예.

    맞아요. 3에서 이보다 더 큰 수를 빼야 합니다.

2. 받아내림은 이렇게 해요. 첫째, 다섯 개의 10에서 하나를 빌려 옵니다. 첫   5개의 10에서 하나의 10을 빌려 옵니다.
    째, 무엇을 한다고요?

    그다음에 빌려 온 10을 일의 자리 3에 더합니다. 그다음에 무엇을 한다고요?   빌려 온 10을 일의 자리 3에 더합니다.

    (두 번째와 세 번째 문제를 대상으로 단계 1과 2를 반복한다)

3. 자, 첫 번째 문제를 다시 봅시다. 문제를 읽어 보세요.   53 − 26
   일의 자리에서 무엇에서 무엇을 빼야 하나요?   3에서 6을 뺍니다.
   받아내림이 필요하나요?   예.

4. 받아내림 방법을 말해 보세요. 맨 먼저 무엇을 하나요?   5개의 10에서 하나의 10을 빌려 옵니다.
   그다음에는 무엇을 하나요?   빌려 온 10을 일의 자리 3에 더합니다.
   (나머지 문제를 가지고 단계 3과 4를 반복한다)

Part C: 구조화된 칠판 수업

1. (칠판에 다음 문제를 적는다)

   ```
        53
    −   26
   ────────
   ```

   문제를 읽어 보세요.   53 − 26
   일의 자리에서 무엇에서 무엇을 빼야 하나요?   3에서 6을 뺍니다.
   받아내림이 필요하나요? (멈춘 후 신호를 준다)   예.
   아이들이 틀렸을 때 교정하기: 일의 자리에서 무슨 수부터 시작하나요? 3보
   다 큰 수를 빼나요? 그렇다면 받아내림을 해야 하나요?

2. 받아내림을 하기 위해서 맨 먼저 무엇을 해야 하나요?   5개의 10에서 하나의 10을 빌립니다.
   (5를 가리키며) 5개의 10에서 하나의 10을 빌리면 몇 개의 십이 남나요?   4개요.
   그래서 4개의 10이 남았다는 것을 보이기 위해 5를 지우고 4를 쓰겠습니다.
   (5를 지우고 4를 쓴다)

3. 10 하나를 빌렸습니다. 다음에는 무엇을 하나요?   빌려온 10을 3에 더합니다.
   맞아요. 빌려 온 10을 3에 더합니다. (3 앞에 1을 쓴다)
   13 − 6이 얼마인지 계산해 보세요. (멈춤) 13 − 6은 얼마죠? (멈춘 후 신호를 준다)   7
   일의 자리 밑에 7을 적습니다. (일의 자리 줄 밑에 7을 쓴다)

4. 십의 자리를 보면 4개의 10에서 2개의 10을 빼도록 되어 있습니다. 4개의 10
   에서 2개의 10을 빼면 몇 개의 십이 남죠? (멈춘 후 신호를 준다)   2개요.
   십의 자리에 2를 씁니다. (십의 자리 줄 밑에 2를 쓴다)

5. 53에서 26을 빼면 얼마죠?   27
   (남은 문제를 가지고 단계 1~5를 반복한다)

Part D: 구조화된 학습지

1. (학생들에게 다음 문제가 적힌 학습지를 준다)

   ```
        92        86        64
    −   35    −   17    −   49
   ─────────────────────────────
   ```

   첫 번째 문제를 읽으세요.   92 − 35

2. 일의 자리를 보면 무엇에서 무엇을 빼야 하나요?   2에서 5를 뺍니다.
   받아내림을 하나요? (멈춘 후 신호를 준다)   예.

3. 받아내림을 위해서 맨 먼저 무엇을 하나요?   9개의 10에서 1개의 10을 빌립니다.

9개의 10에서 하나의 10을 빌리면 몇 개의 십이 남나요?	8
그러니 9를 지우고 8을 그 위에 쓰세요. (점검한다)	(학생들은 9에 줄을 긋고 8을 쓴다)
4. 이제 무엇을 해야 하나요?	빌려 온 10을 일의 자리 2에 더합니다.
그렇게 하세요. 일의 자리 2 앞에 1을 쓰세요. (점검한다) 이제 일의 자리가 무엇이 되었죠?	12
5. 12 − 5는 얼마죠? (멈춘 후 신호를 준다)	7
7을 일의 자리 줄 밑에 쓰세요.	
6. 십의 자리를 보세요. 십의 자리를 보면 무엇에서 무엇을 빼나요?	8에서 3을 뺍니다.
8개의 10에서 3개의 10을 빼면 얼마인가요?	5개의 10이 됩니다.
십의 자리 줄 밑에 5를 쓰세요.	
7. 92에서 35를 빼면 얼마인가요?	57
(나머지 문제를 가지고 단계 1~7을 반복한다)	

Part E: 덜 구조화된 학습지

1. (학생들에게 받아내림이 필요한 문제와 그렇지 않은 문제를 섞어서 다음과 같이 학습지로 제시한다)

a. 84	b. 95	c. 46	d. 56
− 23	− 38	− 8	− 32

e. 78	f. 42	g. 34	h. 58
− 38	− 26	− 26	− 52

문제 a를 짚으세요.

2. 문제를 읽으세요.

3. 일의 자리를 보고 받아내림이 필요한지 말할 준비를 하세요. (멈춤) 받아내림을 해야 하나요?   아니요.

('예'라고 하면 단계 4를 제시한다. '아니요'라고 하면 단계 5로 간다)

4. 10 하나를 어디에서 빌려 오나요?

빌려주고 나면 10이 몇 개 남나요?

5. 문제를 푸세요.

(남은 문제를 가지고 단계 1~5를 반복한다)

⟨수업 형식 8-4⟩ 사전 기술: 몇십 빼기 1

교사	학생
1. 내가 이제 어떤 수를 말하면 바로 앞에 오는 수를 말해 보세요. 잘 들으세요.	
60 바로 앞 수는 무엇이죠? (2초간 멈춘 후 신호를 준다)	59
교정하기: (답을 말해 준 다음 문제를 반복한다)	
2. (30, 80, 40, 70을 가지고 단계 1을 반복한다)	

3. 잘 들으세요. 1을 뺄 때는 바로 앞에 오는 수를 말하면 됩니다. 내가 문제를 말하면 여러분이 답을 말해 보세요. 잘 들으세요. 60 − 1은 ⋯ (멈춘 후 신호를 준다)

   교정하기: (질문한다) 60 바로 앞의 수가 뭐죠?   59

   (30 − 1, 80 − 1, 40 − 1, 70 − 1을 가지고 단계 3을 반복한다)

〈수업 형식 8-5〉 0이 있는 수에서의 받아내림

교사	학생
Part A: 구조화된 칠판 수업	
1. (칠판에 다음 문제를 쓴다)	
$$\begin{array}{r} 304 \\ -\ 186 \\ \hline \end{array}$$	
문제를 읽으세요.	304 − 186
2. 일의 자리를 어떻게 해야 하나요?	4에서 6을 빼야 해요.
받아내림을 해야 하나요?	예.
3. 문제가 있네요. 0에서 10 하나를 빌려 올 수 없어요. 그래서 30개의 10에서 하나를 빌려 와야 해요. 30개의 십에서 한 개의 십을 빌려 오려고 해요. (손가락으로 30에 동그라미를 친다)	
한 개의 십을 어디에서 빌려 오려 한다고요?	30개의 십
30개의 십에서 한 개 십을 빼면 얼마죠?	29개의 십
그래서 30을 지우고 그 위에 29를 쓸 거예요.	
4. 이제 한 개의 십을 낱개 4와 합치겠어요. 십 한 개와 낱개 4를 합치면 얼마죠?	14
14 − 6은 얼마죠? (멈춘 후 신호를 준다)	8
그래서 일의 자리에 8을 쓰겠어요.	
5. 이제 십의 자리를 보세요. 이제 십의 자리 숫자가 얼마죠?	9
9 − 8은 얼마죠?	1
그래서 십의 자리 밑에 1을 쓰겠어요.	
6. 이제 백 단위 수가 얼마가 되었죠?	2
2 − 1은 얼마죠?	1
그래서 백의 자리 밑에 1을 쓰겠어요.	
7. 문제의 답이 얼마죠?	118
(504 − 327, 602 − 148을 가지고 단계 1~7을 반복한다)	
Part B: 구조화된 학습지	
$$\begin{array}{r}406 \\ -\ 287\\ \hline\end{array} \qquad \begin{array}{r}905 \\ -\ 626\\ \hline\end{array} \qquad \begin{array}{r}403 \\ -\ 248\\ \hline\end{array}$$	
1. 첫 번째 문제를 짚고 문제를 읽어 보세요.	406 − 287

2. 일의 자리를 어떻게 해야 하죠?　　　　　　　　　　　　　　　6에서 7을 빼야 합니다.

　　받아내림을 해야 하나요? (멈춤)　　　　　　　　　　　　　예.

3. 십의 자리가 하나도 없는 데서 십 하나를 빌려 올 수 있나요?　아니요.

　　그럼 어디에서 십 하나를 빌려 올까요?　　　　　　　　　40개의 십에서요.

　　40개의 십에서 하나의 십을 빼면 얼마죠?　　　　　　　39개의 십이요.

　　40을 지우고 그 위에 39를 쓰세요. (반응 확인)

　　이제 10을 낱개 6개와 합치세요. (반응 확인)

4. 일의 자리 계산을 하세요.

　　십 하나와 낱개 6을 합치면 얼마죠?　　　　　　　　　16

　　16 − 7은 얼마죠?　　　　　　　　　　　　　　　　9

5. 이제 십이 몇 개 되었죠?　　　　　　　　　　　　　　9

　　9 − 8은 얼마죠?　　　　　　　　　　　　　　　　1

　　답을 쓰세요.

　　(반응 확인)

6. 이제 백이 몇 개가 되었죠?　　　　　　　　　　　　　3

　　3 − 2는 얼마죠?　　　　　　　　　　　　　　　　1

　　식 전체를 읽고 답을 말해 보세요.　　　　　　　　　　$406 - 287 = 119$

　　(남은 예를 가지고 단계 1~6을 반복한다)

Part C: 덜 구조화된 학습지

$$\begin{array}{llllll}
\text{a.} & 804 & \text{b.} & 905 & \text{c.} & 609 \\
& -\,619 & & -\,164 & & -\,426
\end{array}$$

$$\begin{array}{llllll}
\text{d.} & 605 & \text{e.} & 302 & \text{f.} & 508 \\
& -\,197 & & -\,42 & & -\,349
\end{array}$$

1. 문제 a를 짚으세요.

2. 문제를 읽으세요.　　　　　　　　　　　　　　　　804 − 619

3. 일의 자리를 보고 받아내림이 필요할지 말해 보세요. (멈춤) 받아내림이 필　예.

　　요한가요? 십을 어디에서 빌려 오나요?　　　　　　　　80개의 십에서요.

4. 문제를 푸세요.

　　(남은 문제를 가지고 단계 1~4를 반복한다)

제**9**장

곱셈

용어와 개념

곱셈(multiplication).　동일한 수량의 요소가 들어 있는 묶음들을 보다 큰 하나의 묶음으로 결합하는 과정

승수(multiplicand).　각 묶음에 속해 있는 요소들의 수

피승수(multiplier).　곱셈 과정에서의 묶음의 수

약수(factors).　곱셈에서 승수와 피승수

곱한 결과(product).　곱셈 문제의 답. 곱셈에서 결합된 묶음 속의 모든 요소의 수, 즉 모든 요소의 합

교환법칙(commutative property).　곱셈의 교환법칙은 승수와 피승수의 위치를 바꾸어 곱해도 그 답은 동일하다는 것이다. a와 b가 정수라면 $a \times b = b \times a$다. 예를 들어, $3 \times 4 = 4 \times 3$이다. 교환법칙은 곱셈을 가르칠 때 매우 유용한 개념이다. 일단 학생이 $3 \times 4 = 12$라는 것을 안다면 $4 \times 3 = 12$라는 것을 새로운 연산으로 학습할 필요는 없다. 4×3이 이전에 배운 3×4와 같다는 것을 알아 새로운 연산을 보다 빠르게 학습할 수 있다.

결합법칙(associative property).　결합법칙은 세 수 a, b, c가 정수라면 $(a \times b) \times c = a \times (b \times c)$임을 나타낸다. 예를 들어, $(3 \times 2) \times 4 = 3 \times (2 \times 4)$다.

항등원(identity element).　곱셈의 항등원은 1이다. 어떤 수에 1을 곱하면 그 수 자신이 된다. 예를 들어,

$4 \times 1 = 4, 6 \times 1 = 6$이다(덧셈의 항등원은 0이다. $4 + 0 = 4, 6 + 0 = 6$. 하지만 곱셈에서 0을 곱하면 그 답은 언제나 0이 된다. $4 \times 0 = 0, 6 \times 0 = 0$).

곱셈의 항등원은 종종 분수 계산에도 적용된다. 예를 들어, $\frac{1}{4}$과 $\frac{1}{2}$을 더하기 전에 $\frac{1}{2}$을 1과 같은 분수로 곱해 주어 변화시켜야 한다. $\frac{1}{2} \times \frac{2}{2} = \frac{2}{4}$. $\frac{2}{4}$는 $\frac{1}{2}$로 약분하여 계산을 종료한다. 학생들은 $\frac{2}{2}$를 곱해 주는 것이 성립하는 이유는 오직 이 분수가 항등원인 1과 같기 때문이며, 이는 $\frac{1}{2}$이 변화되지 않음을 의미한다는 것을 기억해야 한다.

분배법칙(distributive property).　곱셈의 분배법칙은 a, b, c가 정수일 때 $a \times (b + c) = (a \times b) + (a \times c)$임을 의미한다. 이 법칙은 4×27과 같이 두 자릿수 이상의 수 곱셈을 이해하는 데 필수적이다. 풀어서 쓰면 27은 20 + 7로 나타낼 수 있다. 4×27은 $4 \times (20 + 7)$로 바꿀 수 있고, 이는 다시 $(4 \times 20) + (4 \times 7)$로 쓸 수 있다. 이 법칙은 나중에 분수, 등식, 대수 등에 중요하다.

기술 위계

곱셈 지도는 크게 두 단계로 나누어 할 수 있다. 첫 단계는 곱셈 과정을 개념적으로 이해시키는 전략을

소개하는 단계다. 이 전략들은 대개 초등학교 2학년 때 가르친다. 두 번째 단계에서는 구체물 그림보다는 암산으로 여러 자릿수 곱셈을 할 수 있도록 지도하는 단계다. 이 단계는 3학년부터 이후 학년까지 지속된다.

초기 단계 동안에는 구체물 혹은 반구체물을 사용하여 단순 곱셈 문제 해결 과정을 보여 준다. 예를 들어, 다음과 같은 그림에서 모양의 총 개수를 알아내고자 할 때 3개씩 4번을 더하면 12개가 되는 것을 보여 준다. 3 × 4를 풀 때 학생들에게 손가락을 4개 펴고 손가락마다 3씩 건너뛰며 세도록 한다. 3, 6, 9, 12(뛰어 세기 지도 절차는 제4장에서 다루었다). 학생들은 곱셈이 소개되기 전에 적어도 세 개의 뛰어 세기 요소를 숙달해야 한다.

곱해야 할 수를 찾는 문제(예, 4 × □ = 12)도 초기 단계에 제시한다. 이 문제의 경우 곱해야 할 수가 나와 있지 않기 때문에 학생들은 펼쳐야 할 손가락 개수를 모르는 상황이다. 이럴 경우 학생들은 먼저 주먹을 쥔 다음 뛰어 세기를 할 때마다 손가락 하나씩을 펴서 답(12)이 나올 때 멈춘다. 3 × □ = 15에서 주먹을 쥔 다음, 3을 말할 때 첫째 손가락을 펴고, 6을 말할 때 둘째 손가락, 9를 말할 때 셋째 손가락, 12를 말할 때 넷째 손가락, 15를 말할 때 다섯째 손가락을 편다. 학생들로 하여금 15 이후는 세지 않도록 하는데, 이는 양쪽이 모두 15로 끝나야 하기 때문이다. 학생들이 5개 손가락을 폈기 때문에 구해야 할 숫자는 5가 된다(5: 3 × 5 = 15). 이후 교사는 15는 3이 몇 개 있는지를 물어봄으로써 이제까지 가르친 것을 요약해 준다. 곱셈에 대해 어느 정도 아는 초등학교 중간 학년 저성취 학생을 지도하는 교사라면 손가락 사용 전략을 제시하지 않고, 기본 곱셈 연산 지도를 즉시 시작하는 것을 고려해 볼 수 있다. 고학년 보충반 학생에게 곱셈을 할 때 손가락 전략을 사용하도록 가르

치다 보면 자칫 연산을 암기하기보다는 손가락 사용 전략에 너무 의존하게 만들 수 있다.

곱셈 지도 두 번째 단계에서는 여러 자릿수 곱셈을 다루게 되는데, 이 단계에서 학생들은 곱해야 할 수를 찾기 위해 손가락을 펴거나 뛰어 세기를 하지 않고 곱셈 문제를 풀도록 한다. 뛰어 세기를 하지 않기 때문에 학생들은 새로운 기술, 즉 단순 곱셈을 배워야 한다. 한 자릿수 곱하기 한 자릿수 곱셈 100개를 단순 곱셈이라고 한다. 단순 곱셈 암기를 촉진하기 위한 연습은 학생들이 곱셈 문제를 풀기 위해 일정 수씩 뛰어 세기 전략을 배운 후 한 달쯤 후에 실시한다(단순 곱셈 지도법에 대해서는 제6장 참조). 단순 곱셈 이외에 받아올림과 약간 윗 단계 덧셈(여러 자릿수에 한 자릿수 수 더하기) 역시 사전 기술이다. 72 + 4와 같이 이 두 자릿수 더하기 한 자릿 수 덧셈에 대한 지식이 여러 자릿수 곱셈 문제들을 풀 때 필요하다. 예를 들어, 95 × 8을 풀 때 학생은 먼저 5 × 8을 하고 나서 40의 숫자 4를 9 × 8 결과인 72에 더해야 한다.

$$
\begin{array}{r}
4 \\
95 \\
\times 8 \\
\hline
760
\end{array}
$$

두 자릿수 더하기 한 자릿수 덧셈 지도의 필요성은 좀 더 쉬운 곱셈 절차 지도를 통해 해소할 수 있다. 좀 더 쉬운 곱셈 절차에서 학생들은 곱셈을 할 때마다 그 곱한 결과를 적는다. 그렇게 되면 다음과 같이 받아올림을 할 필요가 없게 된다.

$$
\begin{array}{r}
32 \\
\times 24 \\
\hline
8 \\
120 \\
40 \\
600 \\
\hline
768
\end{array}
$$

이와 같이 한 다음 모든 수를 더하면 좀처럼 받아올림을 할 일이 없게 된다. 이 장의 끝에서도 다시 언

⟨수업 순서와 평가 차트⟩

학년 단계	문제 유형	수행 지표		
1a	10씩 100까지 세기 2씩 20까지 세기 5씩 60까지 세기			
2a	9씩 90까지 세기			
2b	한 자릿수 곱하기 한 자릿수	$2 \times 7 =$ $9 \times 3 =$ $5 \times 6 =$		
2c	곱할 수 찾기-한 자릿수끼리 곱하기	$2 \times \square = 8$ $5 \times \square = 10$ $9 \times \square = 36$		
2d	4씩 40까지 세기 25씩 100까지 세기 7씩 70까지 세기 3씩 30까지 세기			
3a	8씩 80까지 세기 6씩 60까지 세기			
3b	한 자릿수 곱하기 두 자릿수-받아올림 없음	43 × 2	31 × 5	32 × 4
3c	한 자릿수 곱하기 두 자릿수-받아올림 있음	35 × 5	43 × 9	17 × 2
3d	한 자릿수 곱하기 두 자릿수 혹은 세 자릿수 곱하기-가로셈	$5 \times 35 =$ $9 \times 34 =$ $7 \times 56 =$		
4a	한 자릿수 곱하기 세 자릿수 곱하기	758 × 2	364 × 5	534 × 9
4b	한 자릿수 곱하기 세 자릿수 곱하기-십 단위 수가 0	405 × 3	302 × 5	105 × 9
4c	한 자릿수 곱하기 세 자릿수 곱하기-가로셈	$352 \times 9 =$ $7 \times 342 =$ $235 \times 5 =$		
4d	두 자릿수 곱하기 두 자릿수	37 × 25	26 × 52	34 × 25
4e	한 자릿수 곱하기 세 자릿수	324 × 29	343 × 95	423 × 29
5a	세 자릿수 곱하기 세 자릿수	284 ×346	242 ×195	624 ×283
5b	세 자릿수 곱하기 세 자릿수-십 단위 수가 0	382 ×506	320 ×402	523 ×703

[그림 9-1] 확장 표기를 이용한 여러 자릿수끼리의 곱셈 설명

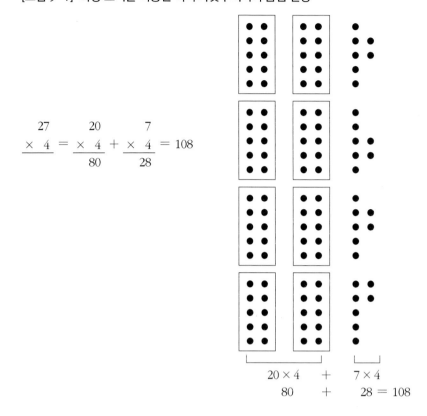

$$\frac{\times\ \ 4}{}^{27} = \frac{\times\ \ 4}{80}^{20} + \frac{\times\ \ 4}{28}^{7} = 108$$

$$20 \times 4 \ + \ 7 \times 4$$
$$80 \ \ + \ \ 28 = 108$$

급하겠지만, 이 알고리즘의 가장 큰 단점은 대부분의 미국 내 학교에서 받아들여지지 않고 있다는 점이다.

여러 자릿수 곱셈을 위한 또 다른 사전 기술은 자릿값 풀어서 표기하기다. 34×7을 할 때 학생들은 4×7과 30×7을 해야 하는데, 이는 34를 30과 4로 풀어서 표기할 수 있음을 전제로 하는 것이다([그림 9-1] 참조).

여러 자릿수 곱셈 유형에는 두 가지가 있다. 첫 번째 유형은 한 자릿수 곱하기 여러 자릿수 문제다. 이 유형의 문제는 받아올림이 필요한 경우와 그렇지 않은 경우가 있다. 보다 쉬운 문제는 첫째 곱하기 결과가 10을 넘지 않으며, 그래서 받아올림이 필요하지 않은 경우다. 예를 들어, 32×3에서 첫 번째 곱하기 ($2 \times 3 = 6$)는 10을 넘지 않고 따라서 받아올림이 필요하지 않다. 32×7과 같이 좀 더 어려운 문제의 경우에는 $2 \times 7 = 14$로 곱하기 결과가 10을 초과하며 따라서 받아올림이 필요하다. 두 번째 유형은 여러 자릿수 곱하기 여러 자릿수 곱셈이다(예, 32×13, 189×43, 342×179). 곱셈의 유형에 대한 보다 자세한 소개는 '수업 순서와 평가 차트'에 제시되어 있다.

개념 소개

곱셈의 의미는 다양한 방법으로 소개할 수 있다.

[그림 9-2] 벡터곱으로서의 곱셈 개념

2×3의 경우

		3	
	a	b	c
2	● ●a	●b	●c
	△ △a	△b	△c

3×5의 경우

			5		
	a	b	c	d	e
3	□ □a	□b	□c	□d	□e
	○ ○a	○b	○c	○d	○e
	△ △a	△b	△c	△d	△e

Underhill(1981)은 집합(sets), 배열(arrays), 선형 모형(linear models), 벡터곱(cross products), 더하기 등 다섯 가지 방식을 제시했다. Jerman과 Beardslee(1978)는 곱셈 개념을 소개하는 가장 흔한 방법은 동등한 집합(equivalent sets)과 벡터곱이라고 제안했다. 벡터곱으로서의 곱셈 개념이 [그림 9-2]에 2 × 3을 예시로 제시되어 있다. 그림에서 2 × 3의 경우에는 곱하기 결과로 6쌍의 사물을 제시하고 있고, 3 × 5의 경우에는 15쌍의 사물을 제시하고 있음에 주목하기 바란다. 두 집합의 모든 가능한 곱하기 결과는 데카르트(Cartesian) 곱이라 불리기도 한다.

동등한 집합으로서의 곱하기 개념은 2 × 3의 경우 다음과 같이 나타낼 수 있다.

곱셈 초기 단계

한 자릿수 곱하기

한 자릿수 곱하기는 학생들이 세 가지 종류의 뛰어 세기(예, 2씩, 5씩, 9씩)를 숙달하고 1에서 99까지의 모든 수를 다 읽고 쓸 수 있을 때 소개한다. 한 자릿수 곱하기는 대개 2학년 중간쯤 소개한다. 한 자릿수 곱하기 수업 형식은 5개 부분으로 나뉜다(〈수업 형식 9-1〉 참조). 데카르트 곱보다 동등한 집합 그림이 더 이해하기 쉽기 때문에 여기서는 Part A에서 동등한 집합 그림으로 곱셈 개념을 소개하고자 한다. 학생들에게 일단의 묶음 그림을 보여 주고 각 묶음의 낱개 개수가 같을 때 전체 낱개 개수의 합을 더 '빠르게' 알아낼 수 있음을 말해 준다. 각 묶음의 낱개 수가 같음을 확인시켜 준 다음 이를 곱셈 식으로 쓰는 방법을 시범보인다. 그런 다음 전체 개수의 합을 알아내기 위해 뛰어 세기를 어떻게 적용하는지 시범을 보인다. Part A의 마지막 단계에서는 곱셈을 이용한 답이 맞음을 묶음 내 낱개의 개수를 한 번에 하나씩 세어 봄으로써

확인하도록 한다. Part A는 수업 형식을 시작한 첫 2~3일 동안만 다루어야 한다.

Part B에서 학생들은 곱셈식을 곱셈 문제를 해결하는 방법을 지칭하는 말로 바꾸는 방법을 학습한다. 예를 들어, 곱하기 기호(×)를 '몇씩 뛰어 세기'로 읽도록 하여 5 × 2의 경우에는 '5씩 2번 뛰어 세기'로 읽도록 한다. 이렇게 곱셈식을 읽도록 함으로써 학생들은 답을 얻기 위해 무엇을 어떻게 해야 할지 정확히 알게 될 것이다. '5씩 두 번 뛰어 세기'라는 말은 학생들로 하여금 손가락 두 개를 펴서 두 번 뛰어 세되, 5씩 뛰어 세어야 함을 알도록 해 준다. 몇 주 후에 학생들은 보통의 방법(예, 4 × 3은 4 곱하기 3)으로 곱셈식을 읽는 방법을 배운다.

Part B에서 곱셈식을 읽을 때 학생들로 하여금 곱하기 기호를 '뛰어 세기'로 말하도록 하여 '첫 번째 숫자를 두 번째 숫자만큼 뛰어 세기'로 말하도록 한다. 예를 들어, 5 × 2는 '5씩 2번 뛰어 세기'로 말하도록 한다. 곱셈식을 이렇게 읽음으로써, 학생은 답을 도출하기 위해 무엇을 해야 할지 정확히 알게 된다. "5씩 두 번 세기"라고 하면 이는 학생들에게 손가락을 두 개 펴면서 뛰어 세기를 하라는 것이고, 이어서 5씩 뛰어 세기를 하라는 것을 의미한다. 이렇게 한 후 몇 주가 지나면 학생들은 보통의 방법(4×3은 '사 곱하기 삼'으로 읽음)에 따라 곱셈 문제를 읽는 법을 배운다.

Part B에서 곱셈 문제를 읽을 때 학생은 곱셈 기호부터 "뛰어 세기"라고 말하면서 읽고, 그런 다음 첫 번째 숫자를 말한다. 즉, 5 × 3은 "5씩 세 번 뛰어 세기"라고 읽는다. 곱셈 문제를 읽는 것은 언제나 왼쪽부터 오른쪽으로 읽던 덧셈이나 뺄셈 문제를 읽는 것과 다르기 때문에 곱셈 문제는 약간 다른 신호를 필요로 한다. 교사는 학생들이 곱셈식을 말로 표현할 때 숫자와 곱셈 기호 모두를 가리키도록 한다. 학생에 따라서는 곱셈 기호를 먼저 읽도록 하기 위해서 먼저 곱셈 기호를 가리키고 나서 첫 번째 숫자를 가리킬 필요도 있다.

Part C에서는 학생이 구조화된 칠판 수업을 통해

학생이 여러 개의 곱셈 문제를 풀도록 안내한다. 먼저 학생이 문제를 읽고 앞에서 설명한 대로 말로 표현한다. 문제에 맞게 학생이 뛰어 셀 수만큼의 손가락을 펴면, 교사는 펴진 손가락 하나씩을 접으며 뛰어 세기 시범을 보인다. 그런 다음 이번에는 학생들이 펴진 손가락을 접으며 뛰어 세기를 한다. 마지막으로 교사의 시범 없이 학생 스스로 3개의 새로운 문제를 푼다.

Part D는 구조화된 학습지 수업 단계다. 학생으로 하여금 뛰어 셀 수만큼 손가락을 펴고, 뛰어 셀 횟수를 결정한 다음, 문제를 풀도록 한다. Part E는 덜 구조화된 학습지 단계다. 학생들은 일단의 문제를 스스로 풀어 보고, 교사는 그 과정을 주의 깊게 점검한다. 집단 교수에서 학생들이 정확하게 문제를 풀면 하루에 5~10개 정도 개별 학습지를 내 준다.

Part C의 2단계에서 펴진 손가락을 접으며 수를 세도록 할 때 학생들이 손가락을 접은 것과 그에 해당하는 수 말하는 것을 잘 일치시키도록 주의해야 한다. 저성취 학생들의 경우 첫 번째 손가락을 접기 전에 첫 번째 수를 말할 수 있다. 예를 들어, 2×5에서 2를 먼저 말하고 손가락을 접으며 차례로 4, 6, 8, 10, 12라고 말할 수 있다. 이러한 오류를 교정하기 위해서는 시범을 보이고, 학생의 손가락을 붙잡고 안내하고, 학생이 혼자서 손가락을 접으며 뛰어 세는 것을 검사하도록 한다. 그런 다음, Part C의 전체가 아닌 손가락을 펴고 뛰어 세는 것만을 몇 번 연습하도록 시킨다. Part C 전체를 다시 가르치는 대신, 문제와 접어야 할 손가락 개수를 말해 준다. 그런 다음 학생으로 하여금 손가락을 접으며 뛰어 세도록 한다. 예를 들어, 다음과 같이 말하면서 몇 개의 문제를 제시한다: "5씩 3회 뛰어 세도록 해요. 손가락 세 개를 펴세요. 좋아요. 이제 5씩 뛰어 세어 보세요. 5씩 셀 때마다 손가락을 하나씩 접으세요." 이렇게 교정함으로써 교사는 곱셈 전략을 소개하기 전에 중요한 하위 요소 기술을 집중적으로 연습시키도록 한다.

이 수업 형식을 위해 문제를 선정할 때는 두 가지 지침이 있다. 첫째, 문제를 선정할 때에는 뛰어 세기 지도와 조화를 이루도록 한다. 곱셈의 첫 번째 숫자는 학생이 이전에 이미 숙달한 뛰어 세기 목록에서 고르도록 한다. 예를 들어, 6×7은 6씩 뛰어 세기를 배우기 전까지는 소개하지 않도록 한다. 일반적으로 곱셈의 첫 번째 숫자는 그 숫자씩 뛰어 세기를 배운 지 2주 정도가 지난 다음에 포함시키도록 한다. 둘째, 문제는 다양하게 섞어서 제시한다. 일반적으로, 앞이나 뒤의 숫자가 같은 식을 한 줄에 두 개나 세 개 이상은 제시하지 않도록 한다. 다음은 적절한 예 제시 방식 중 하나다. 이렇게 문제를 섞어서 다양하게 제시하면 학생들이 곱셈식의 두 숫자에 주의를 기울이는 습관을 형성하는 데 도움이 된다.

5×2	2×2
2×4	5×4
9×3	9×1
9×5	5×3

미지수 곱셈

미지수 곱셈은 그것 자체로도 유용한 기술일 뿐만 아니라 다음 장에서 소개될 단순 나눗셈에 아주 중요한 사전 기술이다. 미지수 곱셈 문제를 풀기 위해서는 몇 번을 뛰어 세어야 할지를 결정해야 한다. 예를 들어, $5 \times \square$ 문제에서 학생들은 15까지 가기 위해 5를 몇 번 뛰어 세어야 하는지를 알아내야 한다. 뛰어 셀 때마다 손가락을 펴서 5일 때 첫 번째 손가락, 10일 때 두 번째 손가락, 15일 때 세 번째 손가락을 편다. 세 개의 손가락이 곧 답을 나타낸다.

미지수 곱셈 문제는 학생이 일반적인 곱셈 문제를 숙달했을 때 소개한다. 대개 일반적인 곱셈 문제를 소개한 뒤 3~4주 후에 미지수 곱셈 문제를 소개하는 것이 좋다.

수업 형식은 〈수업 형식 9-2〉에 제시되어 있다. Part A에서 학생들은 문제 유형을 바꿔서 말하는 방법을 배운다. 예를 들어, $5 \times \square = 20$ 문제는 "5씩 몇 번 뛰어 세면 20이 되는가?"로 바꾸어 말한다. 그런 다음, 전략을 시범 보인다. 교사는 몇 번 뛰어 세어야 할지를 모른다는 표시로 주먹 쥔 손을 학생들에게 보인 후 뛰어 셀 때마다 손가락을 하나씩 편다. 다음 단계에서는 여러 개의 예를 가지고 학생들이 이해했는지 못했는지를 확인한다. Part B의 구조화된 학습지 단계에서 학생들은 교사가 시범을 보인 전략 ― 주먹을 쥐고, 뛰어 셀 횟수를 결정한 다음, 손가락을 하나씩 펴면서 뛰어 세는 ― 을 실제로 적용해 본다. Part C는 덜 구조화된 학습지 단계로, 학생들에게 일반적인 문제와 대수 문제를 변별하도록 가르친다(예, $2 \times 8 = \square$, $2 \times \square = 8$).

예를 선정하는 지침은 기본적으로 보통의 곱셈 경우와 같다. 곱셈의 첫 번째 수는 학생들이 이미 숙달한 뛰어 세기 수 범위에서 정해져야 한다. 예마다 곱셈식의 첫 번째 수는 다른 예와 달라야 한다. 학습지에는 일반적인 곱셈 문제와 미지수 곱셈 문제를 섞어서 제시한다.

진단과 교정

초기 곱셈 단계에서는 4가지 정도의 오류 ― 두 가지는 요소 기술 오류이고, 다른 두 가지는 전략 오류 ― 가 대부분이다. 첫 번째 오류 유형은 뛰어 세기를 잘못하는 데서 비롯된다. 뛰어 세면서 그다음에 오는 수를 잊어버리거나 다른 수로 대체하여 수를 세는 오류다. 이러한 뛰어 세기 오류는 대개 학습지에서 분명하게 확인 가능하지만, 큰 소리로 문제 푸는 과정을 말해 보도록 해야 더 정확하게 확인할 수 있다. 뛰어 세기 오류가 나타난 학습지 예는 다음과 같다.

$$5 \times 4 = 20 \qquad 9 \times 3 = 27$$
$$10 \times 3 = 30 \qquad 10 \times 6 = 60$$

$$2 \times 7 = 14 \qquad 9 \times 5 = 47$$
$$9 \times 6 = 50 \qquad 5 \times 2 = 10$$

앞의 예에서 8개 문제 중 2문제만 틀렸음에 주목하기 바란다. 이 틀린 문제는 모두 첫 숫자가 9이고 나머지 한 숫자는 모두 5 이상의 수다. 그러니까 이 오

[그림 9-3] 한 자릿수 곱셈 오류 진단과 교정

오류 유형	진단	교정 절차	교정 예
a. $9 \times 6 = 51$ $8 \times 4 = 32$ $6 \times 5 = 30$ $9 \times 3 = 26$	요소 기술: 9씩 뛰어 세는 것을 모름	Part B - 〈수업 형식 4-5〉 뛰어 세기 사전 기술.	9씩 뛰어 세기 연습
b. $9 \times 6 = 63$ $8 \times 4 = 40$ $6 \times 5 = 36$	요소 기술: 손가락 펴는 것과 뛰어 세기 불일치	Part C - 〈수업 형식 9-1〉 한 자릿수 곱셈	일반적인 곱셈 문제
c. $9 \times 6 = 15$ $8 + 4 = 12$ $6 \times 5 = 11$	전략: 덧셈과 곱셈 혼동. 연산 기호에 주의를 기울이지 않음	〈수업 형식 9-1〉 일반 곱셈 지도를 위한 덜 구조화된 학습지. 문제를 풀기 전에 연산 기호에 동그라미 치게 하기	덧셈 문제와 곱셈 문제를 섞어서 제시
d. $2 \times \boxed{16} = 8$ $6 \times 5 = \boxed{30}$ $9 \times 6 = \boxed{54}$ $4 \times \boxed{32} = 8$	전략: 일반적인 곱셈과 미지수 곱셈 혼동	〈수업 형식 9-2〉 미지수 곱셈의 덜 구조화된 학습지 부분	일반 곱셈과 미지수 곱셈 문제 섞어서 제시

류는 해당 학생이 9씩 5회 이상 뛰어 세는 것을 어려워하고 있음을 보여 준다. 이러한 뛰어 세기 기술 결함을 교정하기 위해서는 9씩 뛰어 세기를 여러 차시에 걸쳐 연습시킨다. 9씩 뛰어 세는 것을 정확히 수행하기 전에는 9씩 뛰어 세기가 들어간 곱셈을 요구해서는 안 된다.

두 번째 오류 유형은 $9 \times 6 = 63, 7 \times 6 = 49, 5 \times 6 = 35$ 등과 같이 뛰어 세기를 한 번 덜하는 경우다. 이러한 오류가 일어나는 이유는 대개 손가락 세는 것과 뛰어 세는 것을 동시에 하지 않고 어느 것 하나를 먼저 하거나 나중에 하기 때문이다. 예를 들어, 4×3의 경우 손가락을 펴기 전에 먼저 4를 말하고 손가락을 펴면서 8, 12, 16 등과 같이 말하는 오류를 범할 수 있다.

이러한 오류를 교정하기 위해서는 Part C의 곱셈의 구조화된 칠판 수업 형식에 따라 수업을 진행하면서 시범과 안내하기를 통해 오류 교정을 시도한다. 학생이 연속해서 네 문제 이상을 맞출 때까지 연습을 시킨다. 학생 스스로 문제를 풀게 하기 전까지 며칠 정도 이러한 연습을 제공해야 한다.

세 번째 오류 유형은 학생이 곱셈과 덧셈을 혼동할 때 발생한다. 교정 절차는 곱셈과 덧셈 문제를 섞어서 일반적인 곱셈 방식에 대한 덜 구조화된 수업을 진행한다. 교정 목적을 위해서는 문제를 풀기 전에 연산 기호에 표시를 하도록 가르칠 수도 있다.

네 번째 오류 유형은 한 자릿수 곱셈에서 흔히 일어나는 것으로, 일반적인 곱셈과 빠진 수 곱셈을 혼동하여 $5 \times \boxed{50} = 10$ 혹은 $2 \times \boxed{8} = 4$와 같이 답하는 경우다. 교정 절차는 일반적인 곱셈과 대수 곱셈 문제를 섞어서 덜 구조화된 수업 형식으로 복습한다. 교사는 덜 구조화된 학습지에 10문제 정도를 주면서 오류 여부를 검토하고 교정해 주어야 한다. 이러한 교정은 교사의 도움 없이 10문제 중 9문제를 여러 날 동안 연속하여 정확히 풀 수 있을 때까지 계속한다. 진단과 교정 정보가 [그림 9-3]에 나와 있다.

여러 자릿수 곱셈

대부분의 상업용 교재에서는 여러 자릿수 곱셈을 푸는 데 두 가지 알고리즘을 소개하고 있다. 하나는 흔히 풀어서 쓰는 장제법 혹은 쉬운 알고리즘이라 불리는 것이고, 다른 하나는 단제법이라 불리는 알고리즘이다. 두 형식이 [그림 9-4]에 제시되어 있다.

두 가지 알고리즘은 곱셈의 분배법칙에 근거하고 있는데, 이는 곱하는 수와 곱해지는 수의 합은 각 자릿수와의 곱하기 결과를 합한 것과 같다는 법칙이다. 예를 들면, $3 \times 24 = (3 \times 20) + (3 \times 4)$이다.

[그림 9-4] 곱셈의 두 가지 알고리즘

풀어서 쓰는 장제법의 곱셈	단제법의 곱셈
232	21
× 7	232
14	× 7
210	1624
1400	
1624	

풀어서 쓰는 장제법의 곱셈의 장점은 곱셈과 덧셈을 왔다 갔다 하지 않고 받아올림이 거의 필요하지 않다는 점이다. 또한 이 방식은 곱셈의 분배법칙을 잘 보여 준다. 하지만 단점은 다음과 같이 답을 내기 위해서는 많은 계산 결과를 길게 써야 한다는 점이다.

$$
\begin{array}{r}
245 \\
\times\ 37 \\
\hline
35 \\
280 \\
1400 \\
150 \\
1200 \\
6000 \\
\hline
9065
\end{array}
$$

단제법의 곱셈의 장점은 여러 자릿수의 수들끼리 곱셈을 효율적으로 할 수 있다는 점과 널리 통용되고 있다는 점이다. 단점은 배우는 단계의 학생에게는 곱셈과 덧셈을 오가야 하는 것과 받아올림 과정에서 복잡한 덧셈을 해야 하는 과정을 이해하는 것이 어려울 수 있다는 점이다.

이 책에서는 대부분의 학급에서 사용하고 있는 단제법의 곱셈에 대해서 설명하고자 한다. 단제법의 알고리즘 내용은 두 부분으로 나누어 설명하고자 한다. 첫 번째 부분에서는 한 자릿수 곱하기 두 자릿수 곱셈식을 다루고, 두 번째 부분에서는 여러 자릿수끼리의 곱셈에 대해서 다룬다.

한 자릿수 곱하기 여러 자릿수

한 자릿수 곱하기 여러 자릿수 곱셈은 대개 3학년 중간쯤에 소개한다. '수업 순서와 평가 차트'의 3b부터 4c까지의 문제가 이에 해당한다.

사전 기술.   이 유형의 곱셈을 위해서는 세 가지 사전 기술이 필요한데 a) 곱셈 구구 b) 확장 표기와 천단위 숫자 쓸 때 적절한 곳에 쉼표를 찍는 것을 포함한 자릿값 기술 c) 두 자릿수 더하기 한 자릿수 덧셈 능력이다.

곱셈 구구에는 모든 한 자릿수 곱하기 한 자릿수가 포함된다. 곱셈 구구를 암기하는 것은 매우 힘들고도 오래 걸리는 일이다. 모든 학생이 3학년 중반 때까지 곱셈 구구를 암기할 수 있을 것이라고 생각하는 것은 비현실적이다. 그러므로 한 자릿수 수 곱하기 여러 자릿수 수 곱셈을 가르치는 초기에는 학생들이 확실히 암기했을 것이라 여겨지는 문제들로 한정해야 한다. 그러다가 학생들이 곱셈 구구를 더 많이 알아가면 그 수들도 포함시킨다.

곱셈 구구를 학생들에게 소개할 때는 〈표 9-1〉과 같은 곱셈 지도가 유용할 수 있다. 각 지도는 어떤 수를 포함한 곱셈 구구 학습을 촉진할 목적으로 설계되었다. 이 지도를 마음 속에 시각화할 수 있는 학생은 곱셈 구구를 더 쉽게 배우고 암기할 수 있을 것이다.

각 지도에는 독특한 패턴이 있다. 9단의 경우 뒷자리는 1씩 감소하고 앞자리는 1씩 증가한다. 5단의 경우 첫째 칸 뒷자리 숫자는 5이고, 두 번째 칸 뒷자리 숫자는 0이다. 4단의 경우 두 번째 자리 숫자는 20 이상부터 4, 8, 2, 6, 0처럼 반복되고 있다. 3단의 경우 첫 번째 줄 아래에 있는 모든 숫자는 두 번째 숫자가 그 위의 숫자보다 1이 적다. 7단의 경우 각 수의 두 번째 자리 숫자는 그 위의 숫자보다 1이 크다. 학생으로 하여금 특정 지도를 소개한 후 이러한 패턴을 발견해 내도록 하면 유용할 것이다. 만약 학생들이 그 패턴을 알아내면 더 오래 곱셈 구구를 기억할 수 있을 것이다.

교사는 학생들에게 말로 뛰어 세기를 연습시키는 것 이외에 이 숫자 지도 연습을 많이 하도록 시켜야 한다. 연습하는 과정에서 학생들은 빠진 숫자, 빠진 자리, 혹은 빈칸을 채우게 될 것이다.

만약 학생이 짧은 형식의 곱셈 알고리즘에서 받아올림 절차를 이해하려면 확장된 표기에 관한 자릿값 기술이 필요하다. 자릿값 개념 지도 절차는 제5장에 제시되어 있다.

두 번째 자릿값 기술인 쉼표 제 위치에 찍기는 사소한 것 같지만 가르칠 필요가 있다. 큰 수를 배우고 나면 학생은 답이 큰 수일 때 쉼표를 찍을 수 있어야 한다. 절차는 간단하다.

교사는 다음과 같이 이에 관한 규칙을 알려 준다. 백의 자리 숫자와 천의 자리 숫자 사이에 쉼표를 찍는다. 그런 다음 이 규칙을 시범 보이고 학생들이 제대로 하는지 검사한다. 칠판에 3, 4, 5자리 숫자들을 쓰고 어디에 쉼표를 찍어야 하는지를 시범 보인다. 일의 자리부터 시작하여 '일의 자리, 십의 자리, 천의 자리' 등과 같이 말하면서 쉼표를 백의 자리와 천의 자리 사이에 찍는다. 몇 번 시범을 더 보인 후 학생들이 제대로 하는지 검사한다.

복잡한 덧셈식에는 암산으로 두 자릿수 더하기 한 자릿수 덧셈(예, 35 + 7, 27 + 3, 42 +5)이 포함된다. 복잡한 덧셈 연산에 대해서는 덧셈 단원에서 여러 자릿수 여러 개를 연속으로 더할 때 사전 기술로 설명

〈표 9-1〉 9단, 5단, 3단, 7단, 4단 곱셈 지도

9단

9	9	9	9	9
18		_8	1_	
27	27	_7	2_	
36		_6	3_	
45	45	_5	4_	
54		_4	5_	
63	63	_3	6_	
72		_2	7_	
81	81	_1	8_	
90		_0	9_	90

5단

5	10		5			_	1_		5	_0		5	
15	20		15			1_	2_		_5	_0			30
25	30		25			2_	3_		_5	_0			
35	40		35			3_	4_		_5	_0		45	
45	50		45			4_	5_		_5	_0			

3단

3	6	9		_	_	_		3	6	9		3		
12	15	18		1_	1_	1_		_2	_5	_8				
21	24	27		2_	2_	2_		_1	_4	_7			24	
30				3_				_0						

7단

7	14	21		_	_	_		7	14	21		7		
28	35	42		2_	3_	4_		_8	_5	_2				
49	56	63		4_	5_	6_		_9	_6	_3			56	
70				7_				_0						

4단

4	8	12	16	20		_	_	1_	1_	2_		4	8	_2	_6	_0
24	28	32	36	40		2_	2_	3_	3_	4		_4	_8	_2	_6	_0

한 바 있다. 복잡한 덧셈식은 두 자릿수 더하기 한 자릿수 덧셈 과정에서 필요하다. 예를 들어, 35 × 9에서 먼저 9 × 5를 하여 45를 도출하면 다음과 같이 십 단위 수 4를 십의 자리로 올리고, 5는 일의 자리에 쓴다.

$$\begin{array}{r} 4 \\ 35 \\ \times\;\;9 \\ \hline 5 \end{array}$$

그런 다음 9와 3을 곱하여 27을 도출한다. 이어서 암산으로 27과 4를 더한다.

$$\begin{array}{r} 4 \\ 35 \\ \times\;\;9 \\ \hline 315 \end{array}$$

복잡한 덧셈식 중에는 이보다 어려운 것도 있고 쉬운 것도 있다. 좀 더 쉬운 유형은 전체 합의 십의 자리 숫자가 원래 더하는 숫자의 십의 자리 숫자와 같은 경우(64 + 3 = 67, 43 + 5 = 48, 75 + 4 = 79)다. 좀 더 어려운 유형은 전체 합의 십의 자리 숫자가 원래 더하는 숫자의 십의 자리 숫자보다 커지는 경우(36 + 7 = 43, 58 + 8 = 66, 48 + 4 = 52, 49 + 9 = 58)다.

복잡한 덧셈은 2학년 초기에 가르친다. 먼저 십 단위 수에 한 자릿수를 더하는 것(14 + 3, 16 + 2, 17 + 6, 15 + 8)을 배운다. 몇 달 정도 이것을 연습한 후에 이십 단위 이상의 수 더하기 한 자릿수 더하기(예, 24 + 3, 36 + 2)를 배우고, 이어서 좀 더 큰 수와 한 자릿수 더하기(예, 49 + 6, 45 + 8)를 배운다. 유창성을 늘리기 위해 여러 달 동안 이 연습을 시키도록 한다. 좀 더 어렵거나 쉬운 덧셈식을 가르치는 절차는 제7장에서 제시했다.

전략. 세로식 곱셈은 받아올림이 없는 문제부터 소개한다. 일의 자릿수끼리의 곱셈 결과는 10보다 작아야 한다.

$$\begin{array}{r} 34 \\ \times\ 2 \\ \hline \end{array} \qquad \begin{array}{r} 43 \\ \times\ 2 \\ \hline \end{array} \qquad \begin{array}{r} 31 \\ \times\ 5 \\ \hline \end{array} \qquad \begin{array}{r} 32 \\ \times\ 4 \\ \hline \end{array}$$

이런 유형의 문제를 소개할 때는 일의 자릿수끼리 먼저 곱한 다음 십의 자릿수와 곱하도록 지도한다. 받아올림 수업 형식과 매우 흡사하기 때문에 수업 형식을 따로 소개하지는 않았다(〈수업 형식 9-3〉 참조).

받아올림이 필요한 곱셈 문제는 받아올림이 필요하지 않은 문제를 소개한 후 며칠 후에 소개한다. 〈수업 형식 9-3〉의 Part A는 구조화된 칠판 수업 단계로, 학생들은 문제를 두 부분으로 나눈다. 5×47은 5×7과 5×4로 나눈다. 일의 자리를 곱한 후 교사는 받아올리는 방법, 십의 자릿수와 곱하는 방법, 받아올린 수를 더하는 방법, 답을 도출하는 방법 등을 시범 보인다. Part B는 구조화된 학습지 단계, Part C는 덜 구조화된 학습지 단계다.

수업 형식에서 덧셈을 특정 방식으로 해 나가는 이유에 대한 설명과 문제를 푸는 절차를 명료하게 안내하는 것을 잘 조화시키고 있음에 주목하기 바란다. 또한 자릿값 표를 사용하고 있음에도 주목하기 바란다. 이 표를 사용하는 목적은 학생들로 하여금 곱셈을 하고 난 후 적절한 자리에 그 결과를 써 넣도록 하기 위함이다. 제자리에 정확한 숫자를 적어 넣는 능력은 비록 이 곱셈을 하는 데서 중요한 요소는 아니지만 두 자릿수 이상 수끼리의 곱셈에서는 중요한 요소다. 이 자릿값 표는 학생용 학습지에 최소 1주일 정도는 제시하고, 그 후에 삭제하도록 한다. 자릿값 표를 삭제하는 날에는 여러 문제를 가지고 제자리에 정확히 숫자를 적는 방법을 강조하면서 지도한다. 또한 학생들의 학습지를 세밀히 검토하여 자리를 제대로 맞추는지 봐야 한다.

가로 곱셈은 학생들이 세로 곱셈을 정확히 풀 수 있으면 소개하도록 한다. 교사는 두 자릿수 밑에 한 자릿수 수를 넣어 세로식으로 바꾸어 계산하는 전략을 소개한다. 고학년에 가서는 가로셈을 그대로 하되 다음과 같이 두 자릿수 이상의 수에 받아올릴 수를 적는 전략을 소개하도록 한다.

$$\overset{\textit{12}}{}\\ 5 \times 324 = 1620$$

이 전략은 분수와 여러 자릿수의 곱셈과 나눗셈을 소개하기 전에 가르치도록 하는데, 이 두 경우에는 모두 가로식 곱셈을 포함하고 있다.

$$\frac{5}{4} \times 324 \qquad 324\overline{)1620}$$

세 자릿수 곱하기 한 자릿수(예, 243×5, 342×9)는 3학년 후반부에 소개한다. 이 유형의 문제를 지도하는 형식은 본질적으로 두 자릿수 곱하기 한 자릿수 문제와 동일하다. 일의 자리에서 곱한 결과를 십의 자리로 받아올리는 절차를 십의 자리에서 백의 자리로 올릴 때도 사용한다. 543×5에서 학생들은 십의 자릿수의 4와 5를 곱한 후에 일의 자리에서 받아올린 십을 더한다. 그런 다음, 십의 자리에 21을 쓸 수 없으니 2를 백의 자리에 쓰고 1을 답란의 십의 자리에 쓴다. 이 시점에서는 십 2개는 200을 의미하는 것이라고 학생들로 하여금 말하게 할 필요는 없고, 그냥 백의 자리에 2를 쓰도록 하고 있음에 주목하기 바란다.

약간 특별한 문제는 십의 자리에 0이 들어 있는 세

자릿수 곱하기 한 자릿수 곱셈(예, 403 × 5, 306 × 2)이다. 이 경우 학생들은 십의 자리에 받아올리는 것을 어려워할 수 있다. 이런 유형의 문제는 세 자릿수 곱하기 한 자릿수를 소개하고 약 1주일 후에 소개한다. 십의 자리에 0이 있는 문제는 매일 약 2주 동안 연습시키도록 한다. 처음 며칠 동안에는 교사가 시범을 보이고, 나머지 기간에는 학생들이 스스로 문제를 푸는 것을 잘 지켜보도록 한다.

예 선정.   예를 선정하는 데는 두 가지 규칙이 있다. 첫째, 문제에 나오는 곱셈 구구는 학생들이 이미 숙달한 것을 대상으로 해야 한다. 둘째, 덜 구조화된 연습, 교사 감독하의 개별 연습 그리고 개별 학습지에는 여러 문제를 섞어서 제시해야 한다. 문제의 절반은 최근에 배우고 있는 문제 유형으로, 나머지는 이전에 배운 문제 유형으로 구성한다. 문제의 약 10%는 덧셈 문제로 구성하여 학생들이 문제를 풀기 전에 연산 기호에 주의를 기울이는 습관을 형성하도록 해야 한다.

자기 점검.   4학년 중반부터 혹은 학생들이 한 자릿수를 곱하거나 나누는 것에 능숙해지고 나면 자신의 답을 스스로 점검할 수 있도록 가르쳐야 한다. 곱셈 결과를 점검하는 절차 중 하나는 답을 한 자릿수로 나누는 것이다. 몫이 나누는 수와 같으면 답이 맞는 것이다. 교사는 학습지에서 답을 확인하는 방법을 소개한다. 학생들이 첫 번째 곱셈 문제(예, 7 × 35)를 풀면, "정답 확인은 이렇게 하세요. 7을 곱했는데, 이번에는 답을 7로 나누어 보세요. 답이 35가 나오면 답이 맞은 것입니다. 곱셈 답이 무엇이었죠? 245를 7로 나누세요. 문제를 쓰고 풀어 보세요. 나눗셈 결과 몫이 처음에 곱한 수와 같은가요? 그러면 맞게 곱셈을 한 거예요."

곱셈 답을 확인하는 것이 덧셈 답을 확인하는 것보다 어렵다. 학생들이 곱셈 답을 확인하기 위해서는 나눗셈 문제를 써야 하기 때문이다. 자기 점검 습관을 독려하는 한 가지 방법은 절반 정도는 답이 틀린, 이미 누군가가 푼 문제를 제시하는 것이다. 교사는 학생들에게 이 문제를 수고 답을 점검하고 오류가 없는지 확인하도록 한다.

두 자릿수 곱셈하기

두 개의 여러 자릿수 곱셈은 대개 4학년 중반에 소개하는데, '수업 순서와 평가 차트'의 4개의 문제 유형(수업 순서와 평가 차트의 4d, 4e, 5a, 5b)이 이에 속한다. 그중 가장 간단한 것은 두 자릿수의 수 두 개를 곱하는 것이다. 그다음으로 난이도가 높은 것은 두 자릿수와 세 자릿수를 곱하는 것이다. 이러한 문제들은 4학년 후반부에 소개한다. 마직막 문제 유형은 5학년때 소개하는데, 두 개의 세 자릿수를 곱하는 것이다.

두 자릿수 이상의 수를 두 개 이상 곱하는 것의 사전 기술에는 한 자릿수와 두 자릿수 이상의 수를 곱하는 것의 사전 기술(즉, 곱셈 구구, 자릿값 기술, 복잡한 덧셈 등)과 새로운 사전 기술인 받아올림이 있는 세로 덧셈이 있는데, 이 세로 덧셈은 곱셈을 하는 과정에서 각각의 곱셈 결과를 더할 때 꼭 필요하다.

〈수업 형식 9-4〉는 곱하는 두 수가 두 자릿수일 때 문제 유형을 제시하는 방식을 보여 준다. 이 문제 유형을 지도하는 첫 몇 주간에는 자릿값 표를 사용할 것을 권장하고 싶다. [그림 9-5]는 자릿값 보조선을 활용하여 곱셈을 하는 방식을 보여 주고 있다. 보조선은 학습지에 미리 그려서 제시해 주어야 한다. 교사에게는 이 일이 별도의 시간을 요하겠지만 수업 시간에 이 자릿값 보조선을 그리는 방법을 학생들에게 가르치는 것보다는 시간을 절약할 수 있다. 학생에게 중요한 과제는 해당하는 칸에 숫자를 잘 써 넣는 것이다.

[그림 9-5] 자릿값 보조선을 이용한 여러 자릿수끼리의 곱셈

$$
\begin{array}{r}
3\;4\;2 \\
\times \quad 2\;5 \\
\hline
1\;7\;1\;0 \\
+\;6\;8\;4\;0 \\
\hline
8\;5\;5\;0
\end{array}
\qquad
\begin{array}{r}
4\;6 \\
\times \quad 2\;6 \\
\hline
2\;7\;6 \\
9\;2\;0 \\
\hline
1\;1\;9\;6
\end{array}
$$

Part A에서 교사는 곱셈 순서에 따라 숫자를 제시한다. 예를 들어, 52×37을 제시하고 "먼저 7×2를 하고, 7×5, 3×2, 3×5 순서로 곱할 거예요."라고 말한다.

$$
\begin{array}{r}
52 \\
\times \quad 37
\end{array}
$$

이 부분에서는 단순히 기계적인 순서 측면에 초점을 맞추도록 한다. Part B는 구조화된 칠판 수업 단계로, 교사가 문제 푸는 방법과 절차를 시범 보인다. 특히 Part B의 단계 3과 5에서 그 지점까지 행해졌어야 할 것을 교사가 다음과 같이 요약하고 있음에 주목하기 바란다. "먼저 52×7을 했어요. 이제 52를 30과 곱할 거예요." 3단계에서는 또한 십 단위 수에 다른 수를 곱할 때 다음과 같이 0을 일의 자리에 먼저 적어야 함을 지적한다. 이 단계는 매우 중요하다.

$$
\begin{array}{r}
52 \\
\times \quad 37 \\
\hline
175 \\
\hline
0
\end{array}
$$

Part C는 구조화된 학습지 단계다. Part C의 4단계는 교사가 십의 자리에 어떤 수를 곱하는 것을 안내하는 단계로, 대부분의 학생이 어려워할 수 있는 단계다. 어디에 숫자를 적어야 하는지에 대해 아주 구체적으로 언급하고 있음에 주목하기 바란다. Part D는 덜 구조화된 학습지 수업이다. 여기에서는 두 자릿수 혹은 한 자릿수를 곱하는 문제와 일부 한 자릿수를 더하는 덧셈 문제가 제시된다.

진단과 교정

어떤 오류의 원인은 다음의 문제 a처럼 때로 분명하지만 다른 경우는 문제 b 경우처럼 그렇지 않다. 문제 a에서 7×6을 48이 아닌 58로 했기 때문에 학생이 곱셈 구구를 잘못했음을 쉽게 알 수 있다. 그렇지만 b의 경우에서는 오류의 원인을 확신할 수 없다. 학생이 곱셈을 잘못했을 수도 있고 덧셈을 잘못했을 수도 있다. 만약 오류의 원인이 분명하지 않으면 교사는 학생으로 하여금 다시 한 번 자기 앞에서 문제를 풀어 보도록 해서 오류의 원인을 알아내야 한다.

$$
\text{a.}\quad
\begin{array}{r}
5 \\
36 \\
\times \quad 7 \\
\hline
268
\end{array}
\qquad
\text{b.}\quad
\begin{array}{r}
4 \\
36 \\
\times \quad 7 \\
\hline
242
\end{array}
$$

곱셈 구구 오류. 기본적인 곱셈 구구 오류 교정 절차는 학생이 범하는 오류의 횟수에 달려 있다. 오류 횟수가 적으면 학생이 오류를 범한 곱셈 구구단을 기록해 두었다가 이후 몇 차시에 걸쳐 학습지에 해당 구구단 연습을 포함시킨다. 만약 학생이 오류를 10% 이상 범한다면 왜 어떻게 틀리는지 알아보기 위해 개별적으로 검사를 한다. 학생이 틀린 구구단을 구두로 물어볼 수 있다(예, 8×7은? 9×4는? 8×6은?). 만약 학생이 틀린 것을 잘 대답하면 교사는 학생이 충분히 주의를 하지 않고 서둘러서 계산하느라 그랬을 것이라고 잠정적으로 단정지을 수 있다. 이 경우 교정 절차는 정확하게 계산을 하고 싶어 하도록 동기화하는 것에 초점을 두도록 한다. 만약 학생이 기본적인 곱셈 구구를 많이 모르는 것으로 나타난다면 교사는 곱셈 구구 연습에 더 많은 시간을 투입해야 하고, 가능하면 곱셈 문제도 학생이 이미 알고 있는 곱셈 구구 범위에서 제시하든지 아니면 곱셈 구구 답을 알게 해 주는 다른 전략(예, 구구단표)을 제시해 주어야 할 것이다.

요소 기술 오류. 세로식 곱셈에서 많은 요소 기술 오

류는 곱셈과 관련이 있다. 받아올림 오류에는 (a) 틀린 수를 받아 올리거나 틀린 숫자에 받아올리는 경우와 (b) 받아올리는 것을 잊어버리는 경우가 있다.

(a) 오류   (b) 오류

$$
\begin{array}{cc}
2 & 1 \\
58 & 312 \\
\times\ 9 & \times\ 7 \\
\hline
477 & 2274
\end{array}
\qquad
\begin{array}{cc}
7 & 1 \\
58 & 82 \\
\times\ 9 & \times\ 7 \\
\hline
452 & 564
\end{array}
$$

학생이 아주 자주(10% 이상) 십의 자리에 받아올리는 오류를 범하면 이는 받아올림 개념을 이해하지 못했기 때문일 수 있다. 이 경우 교사는 십의 자릿수(〈수업 형식 5-8〉 참조)에 숫자를 제대로 쓰는 과제를 제시하고, 필요하다면 수 쓰기 맥락에서 자릿값 기술을 가르친다. 학생이 57에 십이 몇 개인지 묻는 것과 같은 과제를 지속적으로 정확히 푼다면, 구조화된 학습지 단계에서부터 시작하여 곱셈 수업 형식을 이행하도록 한다.

만약 학생이 받아올릴 수를 더하지 않아 문제를 많이 틀린다면, 구조화된 학습지 단계를 이행하고 십의 자리에 받아올리는 것을 잊지 않도록 강조하면서 덜 구조화된 학습지 단계로 이행한다.

덧셈에서의 오류가 학생 오류의 상당 부분을 차지한다. 다음은 그러한 덧셈 오류의 예다.

$$
\begin{array}{ll}
\text{a.}\quad 5 & \text{b.}\quad 3 \\
\quad\ \ 88 & \quad\ \ 34 \\
\quad \times\ 7 & \quad \times\ 9 \\
\quad \overline{\ \ 626} & \quad \overline{\ \ 296}
\end{array}
$$

$$
\begin{array}{l}
\text{c.}\quad 5 \\
\quad\ \ 28 \\
\quad \times\ 7 \\
\quad \overline{\ \ 186}
\end{array}
$$

앞에서 언급한 것처럼, 학생의 오류가 전적으로 덧셈 오류에서 기인한 것이라고 확신할 수는 없지만 그랬을 확률은 높다. 예를 들어, 문제 a에서는 56에 5를 더했는데 61이 아닌 62가 나왔다. 만약 학생이 덧셈 오류를 자주 범한다면 처음에는 두 자릿수를 더하고

다음에는 한 자릿수를 더하는 것과 같은 복잡한 덧셈 연산 지도를 별도로 더 하도록 한다. 기본 덧셈 연산을 잘 모르는 고학년 학생을 지도하는 경우에는 복잡한 덧셈을 할 때 손가락을 사용하도록 허용해야 한다. 하지만 대신 정확성을 강조해야 한다. 학습지에는 오로지 복잡한 덧셈식 문제만을 포함시켜 제시하도록 한다. 이러한 학습지는 학생이 95% 이상 정확하게 풀 수 있을 때까지 며칠에 걸쳐 제시한다.

학생들은 종종 306 × 7처럼 십의 자리에 0이 있는 곱셈식을 어려워한다. 이 경우 학생은 받아올린 수에 곱해 버릴 수도 있고(왼쪽), 십의 자리 0이 1이던 것처럼 곱셈을 해 버릴 수도 있다(오른쪽).

$$
\begin{array}{cc}
24 & 14 \\
306 & 306 \\
\times\ 7 & \times\ 7 \\
\hline
2382 & 2212
\end{array}
$$

이러한 오류 유형을 교정하는 절차는 먼저 검사하는 것으로 시작하고 필요하다면 다음과 같이 0에 어떤 수를 곱하는 방법을 지도한다. "0에 어떤 수를 곱하면 그 답은 0이 됩니다. 5×0은 얼마죠? 8×0은? 3×0은?" 지도 후에는 10~20개의 문제를 포함한 학습지를 학생들에게 나누어 준다. 문제 중 절반은 십의 자리에 0이 포함된 문제로 구성하고 문제의 $\frac{1}{4}$은 십의 자리에 1, 나머지 문제의 $\frac{1}{4}$에는 십의 자리에 다른 숫자가 포함되게 문제를 구성한다. 구조화된 학습지 수업을 통해 학생들을 안내하고, 그런 다음 덜 구조화된 학습지 연습 단계를 거친다. 마지막으로는 도움 없이 학생들 스스로 문제를 풀어 보게 한다.

여러 자릿수끼리의 곱셈에서 독특하게 나타나는 오류는 다음의 왼쪽처럼 아래 수의 십의 자리 숫자를 위의 수와 곱할 때 다음처럼 일의 자리에 0을 쓰지 않는 것이다. 또 다른 오류는 다음 오른쪽처럼 중간 곱셈 결과를 틀린 위치에 적음으로써 틀리게 합산을 하는 경우다.

```
      46            425
    × 24          ×  37
     184           2975
      92          12750
                  42455
```

두 오류 유형 모두 학생의 학습지를 세밀히 살펴봐야만 알아낼 수 있다.

0을 쓰는 것을 잊어버린 첫 번째 오류를 교정하기 위해서는 여러 자릿수끼리의 곱셈에 대한 덜 구조화된 학습지 단계인 〈수업 형식 9-4〉의 Part D를 이용하여 3개 정도의 곱셈 문제를 제시하고 문제 푸는 것을 안내한다. Part D에서 교사는 십의 자릿수를 위의 수와 곱할 때에는 일의 자리에 0을 쓰도록 안내하되, 모든 곱셈 단계를 안내하지는 않도록 한다. 나머지는 학생 스스로 완성하도록 한다. 학습지 문제 중 4~5개는 한 자릿수 곱하기 여러 자릿수로 구성하고, 나머지 10~15개 문제는 두 자릿수끼리의 곱셈으로 구성한다. 한 자릿수와의 곱셈 문제를 섞어서 제시함으로써 십의 자리에 0이 있는 문제만 제시하는 것보다 더 연습을 잘 시킬 수 있다. 이는 학생들이 기계적으로 일의 자리에 0을 쓰도록 하기보다는 0에 어떤 수를 곱할 때 어떻게 해야 하는가에 관한 규칙을 기억하고 적용하도록 할 수 있기 때문이다. 이 연습은 학생들이 연속해서 여러 차시에 걸쳐 10문제 중 9문제를 정확히 풀 수 있을 때까지 지속한다.

틀린 곳에 중간 곱셈 결과를 무심코 적는 오류를 교정하기 위해서는 학생에게 그 오류를 지적해 주고 자리를 잘 맞추도록 해 주어야 한다. 가끔은 왜 문제를 틀렸는지 알려 주기만 해도 학생이 자리를 잘 맞추도록 하는 데 효과적일 수 있다. 하지만 학생이 지속해서 자리를 못 맞추면 교사는 자릿값 보조선을 사용하는 것을 다시 지도해야 한다. 〈수업 형식 9-4〉의 Part C 구조화된 학습지 단계의 서너 개 예를 사용하여 문제 푸는 것을 안내하고, 학생들로 하여금 나머지 문제들은 스스로 풀어 보도록 지도한다. 아마도 며칠 동안 자릿값 보조선을 이용하여 문제를 풀도록

한 다음에 보조선 없이 문제를 풀도록 해야 할 필요도 있을 것이다.

학생들은 또한 곱셈 결과를 합하는 과정에서 오류를 범함으로써 오답을 내놓을 수 있다. 다음 문제 a는 받아올림을 잘못한 경우이고, 문제 b는 기본 곱셈 구구를 잘못한 경우다.

```
a.     688       b.     688
     ×  94            ×  94
      2752            2752
     61920           61920
     63672           64572
```

받아올림 오류는 종종 숫자를 지저분하게 쓰는 데서 비롯된다. 학생으로 하여금 숫자를 깨끗이 쓰도록 지도해야 한다. 받아올림 오류를 교정하기 위해서는 10개 정도의 문제를 담은 학습지를 제시한다. 문제마다 곱셈을 미리 해 놓도록 한다. 학생들의 과제는 미리 해 놓은 곱셈 결과를 합하는 것이다. 학생이 이 학습지를 정확히 풀면 나머지 문제 전체도 스스로 하는지 잘 살펴본다.

전략 오류.　　전략 오류는 학생이 곱셈 알고리즘 단계를 아직 학습하지 않았음을 나타낸다. 다음은 그러한 전략 오류의 예를 나타낸 것이다.

```
     428            32
   ×   3          × 57
   12624         160224
```

이러한 오류를 교정하기 위해서는 구조화된 칠판 수업부터 시작하여 특정 문제 유형에 대한 수업 형식 전체를 이행하도록 한다. 진단과 교정 관련 정보가 [그림 9-6]에 요약되어 있다.

상업용 프로그램

곱셈: 두 자릿수 이상의 수 곱하기

수업 전략.   상업용 프로그램에서는 두 자릿수 이상의 수끼리의 곱셈을 지도할 때 곱셈 순서를 보여주기 위해 화살표를 제시한다. 하지만 교사용 지도서에는 실질적인 전략이 명확히 언급되어 있지 않고, 교사로 하여금 동일한 예를 사용하여 시범을 보이도록 지침만 제시하고 있다.

　일부 상업용 프로그램은 빠르게 곱셈을 하는 방법을 가르치기 위해 다양한 곱셈 알고리즘을 사용한다.

교사용 지침서 내용이 대개 명료하지 않기 때문에 왜 우리가 교사들에게 처음에는 대부분의 학생이 이런 종류의 곱셈 알고리즘을 배울 때 어려워할 것이라고 했는지 잘 알게 될 것이다.

연습과 복습

　많은 상업용 프로그램에는 학생들이 복잡한 곱셈 문제에 능숙해지도록 할 만큼의 충분한 수의 문제가 제시되어 있지 않다. 또한 학생들이 전략의 다양한 단계를 적용할 때 연습할 수 있을 만큼의 다양한 유형의 문제를 제시하지 않는다.

[그림 9-6] 여러 자릿수끼리의 곱셈 오류 진단과 교정

오류 유형	오류 진단	교정 절차
두 자릿수 × 한 자릿수		
a. 34 / 156 / × 7 / 1090	단순 연산 오류: 6×7이 포함된 문제에서의 오류	6×7을 집중적으로 반복 연습
b. 8 / 46 / × 3 / 201 32 / 156 / × 7 / 1074	요소 기술 오류: 일의 자리에 십 단위 수를, 십의 자리에 일 단위 수를 씀	10에서 19까지 수 쓰기 연습 제공(〈수업 형식 5-8〉 참조). 그런 후 교사의 명료한 시범이 포함된 구조화된 칠판 수업 제공(〈수업 형식 9-3〉 참조)
c. 46 / × 3 / 128 156 / × 7 / 752	요소 기술 오류: 십의 자리에 받아올림을 하지 않음	구조화된 학습지 연습으로 시작(〈수업 형식 9-3〉 참조)
d. 1 / 46 / × 3 / 148 34 / 156 / × 7 / 982	요소 기술 오류: 받아올린 수를 정확하게 더하지 못함	복잡한 덧셈 연산 지도. 복잡한 덧셈이 포함된 학습지 제공
십의 자리에 0이 있는 문제		
a. 1 / 406 / × 3 / 1238 24 / 106 / × 7 / 982	요소 기술 오류: 받아올린 수를 곱해 버림	곱하기 0 문제를 검사하고 가르침. 그런 후 구조화된 학습지 연습 시작(〈수업 형식 9-3〉 참조)
b. 1 / 406 / × 3 / 1248 4 / 106 / × 7 / 712	단순 연산 오류: 0을 1처럼 곱해 버림	곱하기 0 문제를 검사하고 가르침
c. 406 / × 3 / 1208 106 / × 7 / 702	요소 기술 오류: 십의 자리에 받아올림을 하지 않음	〈수업 형식 9-3〉을 수정하여 한 자릿수 곱하기 십의 자리에 0이 있는 세 자릿수의 곱셈을 포함시킴
두 자릿수 × 두 자릿수		
a. 1 / 46 / × 23 / 138 / 92 / 230 4 / 56 / × 17 / 392 / 56 / 448	요소 기술 오류: 십의 자릿수를 곱했을 때 일의 자리에 0을 붙이지 않음	덜 구조화된 연습으로 시작(〈수업 형식 9-4〉 참조). 문제 아랫부분에 두 자릿수 수 곱하기 문제와 한 자릿수 곱하기 문제를 섞어서 제시함
b. 1 / 46 / × 23 / 138 / 920 / 9338 4 / 56 / × 17 / 392 / 560 / 5992	요소 기술 오류: 덧셈 오류 − 자릿수 맞추기 실패	자릿값 보조선을 포함한 학습지 작성. 구조화된 연습으로 시작(〈수업 형식 9-4〉 참조)
c. 96 / × 78 / 768 / 6720 / 6488	각 부분의 곱셈한 결과를 더하는 데 초점을 맞춘 학습지를 제공하고 곱셈 문제 개별 연습을 관찰함	덧셈 연습을 하고 곱셈을 연습하도록 함.

곱셈

1. 다음 각 문제의 유형을 말해 보시오. 각 문제 유형을 지도 순서에 맞게 제시해 보시오. 각 문제 유형을 지도하는 학년 단계를 제시해 보시오.

   a.
$$\begin{array}{r} 758 \\ \times\ \ 2 \\ \hline \end{array}$$
   b. $9 \times 4 = \boxed{}$
   c. 3×26
   d.
$$\begin{array}{r} 34 \\ \times\ \ 2 \\ \hline \end{array}$$

   e.
$$\begin{array}{r} 37 \\ \times\ \ 2 \\ \hline \end{array}$$
   f.
$$\begin{array}{r} 258 \\ \times\ \ 37 \\ \hline \end{array}$$
   g.
$$\begin{array}{r} 37 \\ \times\ \ 24 \\ \hline \end{array}$$
   h. $5 \times \boxed{} = 20$

2. 단원 학습 초기에 교사는 Jack을 검사했다. 이 학생이 3b~4b까지의 문제 유형을 푼 결과가 다음에 제시되어 있다. 지도를 해야 하는 문제 유형을 제시하고, 그 이유를 설명해 보시오.

Jack

3b.
$$\begin{array}{rrr} 43 & 31 & 32 \\ \times\ 2 & \times\ 5 & \times\ 4 \\ \hline 86 & 155 & 128 \end{array}$$

3c.
$$\begin{array}{ccc} 1 & & 2 \\ 35 & 43 & 17 \\ \times\ 5 & \times\ 9 & \times\ 2 \\ \hline 165 & 377 & 34 \end{array}$$

3d. $5 \times 35 = 175$
    $9 \times 34 = 296$
    $7 \times 56 = 392$

4a.
$$\begin{array}{rrr} 758 & 364 & 534 \\ \times\ 2 & \times\ 5 & \times\ 9 \\ \hline 1516 & 1820 & 4806 \end{array}$$

4b.
$$\begin{array}{rrr} 403 & 302 & 105 \\ \times\ 5 & \times\ 5 & \times\ 9 \\ \hline 2105 & 1600 & 1305 \end{array}$$

3. 다음은 Ash 교사가 가르치는 수학시간에 학생들이 스스로 푼 학습지에 제시된 10개의 문제다. 각 학생 옆에는 해당 학생이 틀린 문제가 제시되어 있다. 학생별로 해당 오류의 원인을 밝히시오. 교정 절차도 제시해 보시오.

$$\begin{array}{cccccccccc} 24 & 342 & 61 & 23 & 203 & 60 & 21 & 28 & 432 & 48 \\ \times\ 37 & \times\ 7 & \times\ 84 & \times\ 53 & \times\ 5 & \times\ 9 & \times\ 43 & \times\ 73 & \times\ 6 & \times\ 37 \end{array}$$

Jill
$$\begin{array}{r} 203 \\ \times\ 5 \\ \hline 1105 \end{array}$$

Alice
$$\begin{array}{r} 48 \\ \times\ 37 \\ \hline 338 \\ 1440 \\ \hline 1778 \end{array}$$
$$\begin{array}{r} 28 \\ \times\ 73 \\ \hline 84 \\ 1980 \\ \hline 2064 \end{array}$$

Sam
$$\begin{array}{r} 203 \\ \times\ 5 \\ \hline 1065 \end{array}$$
$$\begin{array}{r} 60 \\ \times\ 9 \\ \hline 549 \end{array}$$

Jean
$$\begin{array}{r} 24 \\ \times\ 37 \\ \hline 168 \\ 72 \\ \hline 240 \end{array}$$

Sarah
$$\begin{array}{r} 23 \\ \times\ 53 \\ \hline 69 \\ 1150 \\ \hline 1119 \end{array}$$
$$\begin{array}{r} 28 \\ \times\ 75 \\ \hline 140 \\ 1960 \\ \hline 2000 \end{array}$$

4. 어떤 학생이 구조화된 학습지 수업에서 다음과 같은 오류를 보였다. 이러한 오류가 자주 발생한다면 교사는 어떻게 해야 하는가?

$$\begin{array}{r} 7 \\ 43 \\ \times\ 9 \\ \hline 2 \end{array}$$

5. 다음과 같은 문제 유형을 지도하기 위해 구조화된 학습지 수업에서 교사가 사용해야 하는 말을 적어 보시오.

$$\begin{array}{r} 304 \\ \times\ 7 \\ \hline \end{array}$$

6. 어떤 학생의 숙제용 문제지에 다음과 같이 푼 문제가 있었다고 하자. 이 학생이 범한 오류는 무엇이고, 어떻게 교정할 수 있겠는가?

$$3 \times \boxed{27} = 9 \qquad\qquad 2 \times \boxed{12} = 6$$

〈수업 형식 9-1〉한 자릿수끼리의 곱셈

교사	학생

Part A: 그림 표현

1. (칠판에 다음과 같이 쓴다)

☐	☐	☐
☐	☐	☐
☐	☐	☐
☐	☐	☐
☐	☐	☐
5	5	5

우리는 같은 수를 여러 번 곱하는 것을 빨리 하는 방법을 배우려 합니다. (각 칸을 가리키며 묻는다) 이 묶음에는 몇 개가 있지요?   5

같은 수를 여러 번 곱하는 방법에 대해 말하려 한다고 했지요?   예.

2. 같은 수를 여러 번 곱할 때에는 곱하기 문제로 나타냅니다. 어떤 수를 여러 번 곱하려 하죠?   5

그럼 5를 쓸게요. (5를 쓴다)

5씩 몇 묶음이죠?   3

교정: 5개들이 묶음 수를 세어 보세요. (학생이 수를 셀 때 각 묶음을 가리킨다)

그럼 내가 곱하기 3을 쓸게요. (× 3을 쓴다)

3. 이제 곱셈 문제가 무엇이죠?   5 × 3

5 × 3이 얼마인지 빨리 알아봅시다. 5씩 세 번을 뛰어 세면 돼요. (수를 셀 때 5씩 묶인 것을 가리킨다) 5, 10, 15. 모두 합쳐 15개가 있어요.

4. 이제 낱개를 모두 세어서 15가 맞는지 확인해 봅시다. (학생이 수를 셀 때 각 낱개를 가리킨다) 15개가 맞나요?   예.

그러니까 이제 우리는 같은 수를 여러 번 곱할 때 빠른 방법으로 수를 셀 수 있어요. (다음 그림을 가지고 단계 1~4를 반복한다)

☐	☐	☐	☐
☐	☐	☐	☐

Part B: 문제 분석

1. (칠판에 다음과 같이 적는다)

5 ×

10 ×

2 ×

9 ×

곱셈식 부분 읽기

1. (×를 가리키며) 이 기호는 몇씩 뛰어 세어야 하는지를 말해 줍니다. 이것이 무엇을 말해 준다고요?   몇씩 뛰어 세어야 하는지

2. (5×를 가리키며) 이것은 5씩 뛰어 셀 것을 말해 줍니다. 이것이 무엇을 말해
   준다고요?   5씩 뛰어 세기

3. (10×를 가리키며) 이것은 무엇을 말해 줍니까?   10씩 뛰어 세기

4. (2×를 가리키며) 이것은 무엇을 말해 줍니까?   2씩 뛰어 세기

5. (9×를 가리키며) 이것은 무엇을 말해 줍니까?   9씩 뛰어 세기
   (나머지 모든 예를 가지고 단계 5를 반복한다)

곱셈식 전체 읽기

6. (5×를 가리키며) 이것이 무엇을 말해 준다고요?   5씩 뛰어 세기
   (5× 다음에 3을 붙여 5×3이라 쓰고) 이 식은 5씩 세 번 뛰어 세라는 것을 말해
   줍니다. 이 문제는 무엇을 말해 준다고요?   5씩 3번 뛰어 세기

7. (10×을 가리키며) 이것은 무엇을 말해 줍니까?   10씩 뛰어 세기
   (10× 다음에 4를 붙여서 10×4라고 쓰고) 이것은 무엇을 말해 줍니까? (멈추고 신호) 10씩 4번 뛰어 세기

8. (2×를 가리키며) 이것은 무엇을 말해 줍니까?   2씩 뛰어 세기
   (2× 다음에 5를 붙여서 2×5라고 쓰고) 이것은 무엇을 말해 줍니까? (멈추고 신호)   2씩 5번 뛰어 세기

9. (9×를 가리키며) 이것은 무엇을 말해 줍니까?   9씩 뛰어 세기
   (9× 다음에 4를 붙여 9×4라고 쓰고) 이것은 이제 무엇을 말해 줍니까? (멈추
   고 신호)   9씩 4번 뛰어 세기

10. 처음부터 다시 해 봅시다. (5×3을 가리키며) 이것은 무엇을 말해 줍니까? (단
    계 10을 각 문제를 가지고 반복한다. 몇몇 학생을 개별적으로 시켜 본다)   5씩 3번 뛰어 세기

Part C: 구조화된 칠판 수업

1. (칠판에 다음과 같이 쓴다)
   2×5 = □
   이 곱셈식은 무엇을 말해 줍니까? (학생이 문제를 읽을 때 문제를 가리킨다)   2씩 5번 뛰어 세기
   몇 번 뛰어 세어야 하죠?   5
   그럼 내가 손가락을 5개 펼게요. 내가 2씩 5번 뛰어 세는 것을 잘 보세요. (뛰
   어 세면서 손가락을 하나씩 짚는다) 2, 4, 6, 8, 10.

2. 이제 여러분이 2씩 5번 뛰어 세어 보세요. 몇 번 뛰어 센다고요?   5
   손가락을 펴세요. (학생들의 동작을 살핀다) 2씩 5번 뛰어 셀 거예요. 몇씩 뛰어
   셀 거라고요?   2
   뛰어 셀 때마다 손가락을 짚으세요. 2씩 뛰어 세어 보세요. 준비. 시작(2초 간   2씩 셀 때마다 손가락을 짚는다. 2, 4,
   격으로 손뼉을 친다)   6, 8, 10.
   얼마로 끝났죠?   10
   그럼 빈칸에 10을 써 넣을게요.

3. (칠판에 다음과 같이 적는다)
   2×3 = □
   이 곱셈식은 무엇을 말해 줍니까? (멈추고 신호)   2씩 3번 뛰어 세기
   몇 번 뛰어 세어야 하죠?   3
   손가락을 펴세요. (학생들의 동작을 살핀다) 몇씩 뛰어 세어야 하죠?   2

준비. (2초 간격으로 손뼉을 친다)	2씩 3번 세면서 손가락을 짚는다.
얼마로 끝났죠?	6
그럼 빈칸에 6을 써 넣을게요. (6을 쓴다) 2씩 3번 뛰어 세면 얼마가 되죠?	6

4. ($5 \times 4 = \square$, $10 \times 3 = \square$, $2 \times 4 = \square$, $9 \times 3 = \square$를 가지고 단계 3을 반복한다)
(몇 명의 학생을 개별적으로 시켜 본다)

Part D: 구조화된 학습지

　　a. $5 \times 3 = \square$
　　b. $10 \times 4 = \square$
　　c. $2 \times 6 = \square$

1. 문제 a를 짚으세요. 이 곱셈식은 무엇을 말해 줍니까?	5씩 3번 뛰어 세기
몇 번 뛰어 세기를 해야 하죠?	3
손가락을 펴세요. (학생들의 동작을 살핀다)	세 개의 손가락을 편다.
몇씩 뛰어 세어야 하죠?	5
2. 준비. 시작. (1초 간격으로 손뼉을 친다)	퍼진 손가락을 하나씩 짚으며 5, 10, 15를 센다.
5씩 3번 뛰어 세면 얼마죠?	15
빈칸에 15를 적으세요.	
(나머지 문제를 가지고 단계 1과 단계 2를 반복한다)	

Part E: 덜 구조화된 학습지

　　(학생용 학습지에 곱셈과 덧셈 문제를 섞어서 제시한다)
　　a. $5 \times 4 = \square$
　　b. $5 + 4 = \square$
　　c. $10 \times 3 = \square$
　　d. $10 \times 5 = \square$
　　e. $10 + 5 = \square$

1. 문제 a를 짚으세요. 연산 기호 밑에 손가락을 짚으세요. 이 식은 무엇을 말해 줍니까? 더해야 할까요, 뛰어 세기를 할까요?	뛰어 세기
식을 읽으세요.	5씩 4번 뛰어 세기
문제를 풀고 빈칸에 답을 적으세요.	
(나머지 문제를 가지고 단계 1을 반복한다)	

〈수업 형식 9-2〉 미지수 곱셈

교사	학생

Part A: 구조화된 칠판 수업

1. (칠판에 다음과 같이 적는다)
　　$5 \times \square = 20$

바꾸어 말하기 시범 보이기와 검사하기

여기 새로운 문제가 있어요. 이 문제는 이렇게 해야 해요.

(식을 읽을 때 각 기호와 숫자를 짚는다) 5씩 몇 번을 뛰어 세면 20과 같을까요?　　　　4

2. (빈칸을 가리키며) 이 식을 보면 5씩 몇 번을 뛰어 세어야 하는지 알 수 있나요?　　아니요.

　　그래요. 5씩 몇 번을 뛰어 세어야 하는지 알아내야 해요.

3. 이제 여러분이 식을 읽어 보세요. 내가 짚으면 여러분이 식을 읽으세요. (먼
　　저 ×를 짚은 다음, 5, □, =, 20 순서로 짚는다. 단계 3을 학생들이 일정 수준 이상으
　　로 정확히 말할 때까지 반복한다)　　　　　　　　　　　　5씩 몇 번을 뛰어 세면 20이 되는가?

전략 시범 보이기

4. 이 문제를 풀어 봅시다. 몇씩 뛰어 세어야 하죠?　　　　　　　5

　　몇 번 뛰어 세어야 하는지 아나요?　　　　　　　　　　　　아니요.

　　몇 번을 뛰어 세어야 하는지 모르기 때문에 주먹을 쥘게요.

　　몇까지 뛰어 세어야 하죠?　　　　　　　　　　　　　　　20

5. 내 차례예요. 5씩 20까지 뛰어 세어 볼게요.

　　(주먹을 쥐고 각 수를 셀 때마다 손가락을 하나씩 편다) 5, 10, 15, 20. 내가 셀 때마
　　다 손가락을 하나씩 폈어요. 펴진 손가락의 개수가 뛰어 세어야 할 횟수를
　　나타내요. 내가 몇 번 세었죠?　　　　　　　　　　　　　　4

　　그럼 20이 되려면 5가 몇 번 있어야 하죠?　　　　　　　　　4

　　빈칸에 4를 쓸게요. (빈칸에 4를 쓴다)

전략 검사하기

6. 이제 여러분 차례예요. (빈칸의 4를 지운다) 문제가 무엇을 말해 주는지 말해
　　보세요. (5 × □ = 20을 짚는다)　　　　　　　　　　　　　5씩 몇 번 뛰어 세면 20이 되는가?

　　몇 번이나 뛰어 세어야 하는지를 알아내야 해요. 무엇을 알아내야 한다고요?　몇 번 뛰어 세어야 하는가?

　　몇씩 뛰어 세어야 하나요?　　　　　　　　　　　　　　　5

　　몇 번 뛰어 세어야 하는지 아나요?　　　　　　　　　　　　아니요.

　　주먹을 쥐고 손을 올리세요. 몇까지 뛰어 세어야 하나요?　　20

7. 내가 손뼉을 칠 때마다 뛰어 세면서 손가락을 하나씩 펴세요. (학생들은 2초　학생들은 손가락을 펴면서 5, 10, 15,
　　간격으로 교사가 손뼉을 치면 손가락을 하나씩 편다)　　　　　20을 센다.

　　이제 펴진 손가락의 개수를 세고 몇 번 세었는지 확인해 보세요.

　　(멈춤) 20이 되려면 5가 몇 번 있어야 하죠?　　　　　　　　4

　　네, 맞아요. 그럼 빈칸에 무엇을 써야 하죠?　　　　　　　　4

　　맞아요. (4를 쓴다)

　　(단계 5, 6을 2 × □ = 14, 10 × □ = 30, 9 × □ = 36, 2 × □ = 6을 가지고 반복
　　한다)

Part B: 구조화된 학습지

　　a. 5 × □ = 20

　　b. 2 × □ = 10

　　c. 10 × □ = 40

　　　d. $9 \times \square = 18$

　　　e. $5 \times \square = 30$

1. 문제 a를 짚으세요. 이 식은 무엇을 말해 줍니까?　　　5씩 뛰어 세기를 몇 번 하면 20이 되는가?

2. 무엇을 알아내야 하죠?　　　몇 번 뛰어 세어야 하는가?

　　주먹을 들어올리세요. 몇씩 뛰어 세어야 하죠?　　　5

　　몇까지 뛰어 세어야 하죠?　　　20

3　뛰어 세면서 손가락을 하나씩 펴세요. 준비,

　　시작. (2초 간격으로 손뼉을 친다)　　　(학생들은 손가락을 펴면서 5, 10, 15,

　　몇 번이나 뛰어 세었죠?　　　20을 센다)

　　빈칸에 4를 쓰세요.　　　4

　　(나머지 문제를 가지고 단계 1~3을 반복한다)

Part C: 덜 구조화된 학습지

　　(학생용 학습지에 일반 곱셈 문제와 빠진 수 곱셈 문제를 같은 개수로 섞어서 제시한다)

　　　a. $5 \times \square = 10$

　　　b. $9 \times 3 = \square$

　　　c. $2 \times \square = 8$

　　　d. $2 \times 6 = \square$

1. 문제 a를 짚으세요.

2. 이 문제는 무엇을 말해 줍니까?　　　5씩 몇 번을 뛰어 세면 10이 되는가?

3. 몇씩 뛰어 세어야 하나요?　　　5

4. 몇 번 뛰어 세어야 하는지 알 수 있나요?　　　아니요.

5. 주먹을 쥐고 들어올리세요.　　　주먹 쥔 손을 든다.

6. 문제를 풀고 답을 빈칸에 적으세요.

　　(나머지 문제를 가지고 단계1~6을 반복한다)

〈수업 형식 9-3〉 두 자릿수 곱하기 한 자릿수 – 받아올림이 필요한 경우

교사	학생

Part A: 구조화된 칠판 수업

1. (칠판에 다음과 같이 적는다)

```
   | 4 7
 × |   5
```

2. 문제를 읽으세요.　　　5×47

3. 먼저 5×7을 계산합니다.

4. 먼저 무엇을 한다고요? 5 × 7

그런 다음 5와 십의 자릿수 4를 곱합니다.

5. 다음에 무엇을 한다고요? 5와 십의 자릿수 4를 곱합니다.

(학생들이 잘 말할 때까지 단계 1~4를 반복한다)

6. 5 × 7은 얼마죠? 35

일의 자리에 35를 모두 쓸 수는 없어요. 십의 자리 숫자는 받아올려야 해요.

35에는 십이 몇 개 있죠? 3

3을 십의 자리의 숫자 위에 쓰고, 나중에 더할 것이 기억나게 하기 위해 3 앞
에 더하기 표시를 할게요.

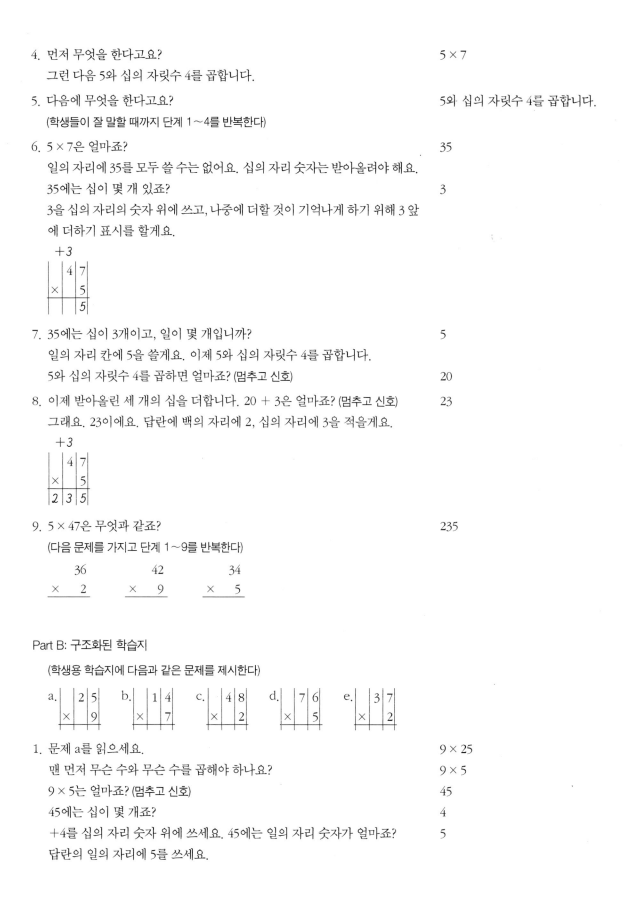

7. 35에는 십이 3개이고, 일이 몇 개입니까? 5

일의 자리 칸에 5을 쓸게요. 이제 5와 십의 자릿수 4를 곱합니다.

5와 십의 자릿수 4를 곱하면 얼마죠? (멈추고 신호) 20

8. 이제 받아올린 세 개의 십을 더합니다. 20 + 3은 얼마죠? (멈추고 신호) 23

그래요. 23이에요. 답란에 백의 자리에 2, 십의 자리에 3을 적을게요.

9. 5 × 47은 무엇과 같죠? 235

(다음 문제를 가지고 단계 1~9를 반복한다)

```
    36          42          34
  ×  2        ×  9        ×  5
```

Part B: 구조화된 학습지

(학생용 학습지에 다음과 같은 문제를 제시한다)

```
a. | 2 5     b. | 1 4     c. | 4 8     d. | 7 6     e. | 3 7
   ×   9        ×   7        ×   2        ×   5        ×   2
```

1. 문제 a를 읽으세요. 9 × 25

맨 먼저 무슨 수와 무슨 수를 곱해야 하나요? 9 × 5

9 × 5는 얼마죠? (멈추고 신호) 45

45에는 십이 몇 개죠? 4

+4를 십의 자리 숫자 위에 쓰세요. 45에는 일의 자리 숫자가 얼마죠? 5

답란의 일의 자리에 5를 쓰세요.

2. 그다음에는 무슨 수를 곱하나요?	9×2
9 × 2는 얼마죠? (멈추고 신호)	18
이제 무엇을 해야 하죠?	4를 더해요.
18 + 4는 얼마죠? (멈추고 신호)	22
답란의 5 왼쪽에 22를 쓰세요. 9 × 25는 얼마죠?	225
식과 답 전체를 읽어 보세요.	$9 \times 25 = 225$
(나머지 문제를 가지고 단계 1과 2를 반복한다)	

Part C: 덜 구조화된 학습지

(학생용 학습지에 다음 문제들을 제시한다)

a. 35   b. 79   c. 35
  × 5   × 2   + 5

d. 64   e. 83   f. 83
  × 9   × 5   + 5

1. 문제 a를 읽으세요.	5×35
이 문제는 어떤 유형의 문제인가요?	곱하기
(곱셈 문제이면 학생들에게 바로 문제를 풀게 한다)	
먼저 무엇을 해야 하죠?	5×5
5 × 5는 얼마죠? (멈추고 신호)	25
25에서 십의 자릿수는 받아올리고 일의 자리 숫자는 답란의 일의 자리에 쓰세요.	
2. 다음에는 무슨 수를 곱하나요?	5×3
그런 다음에는 무엇을 해야 하나요?	2를 더합니다.
나머지 문제를 풀어 보세요. (멈춤)	
3. 5 × 35는 얼마죠?	175
(나머지 문제를 가지고 단계 1~3을 반복한다)	

〈수업 형식 9-4〉 두 자릿수끼리의 곱셈

교사	학생

Part A: 곱셈 순서

1. (칠판에 다음 문제를 적는다)

	5	8		2	7		4	2
×	4	3	×	9	5	×	5	7

(58 × 43을 가리키며) 문제를 읽으세요.	43×58
두 자릿수끼리의 곱셈은 다음과 같이 하면 돼요. 먼저 윗부분의 모든 수를 이 수(3을 가리키며)와 곱하세요. 그런 다음 윗부분의 모든 수를 이번에는 이 수(4를 가리키며)와 곱하세요.	

2. 내 차례예요. (숫자를 말하면서 해당하는 숫자를 짚는다) 먼저 3×8을 계산하고
   이어서 $3 \times 5, 4 \times 8, 4 \times 5$를 계산할 거예요.

3. (3을 가리키며) 맨 먼저 어떤 수끼리 곱하나요? 3×8

   (3을 가리키며) 다음에는 어떤 수끼리 곱하나요? 3×5

   (4를 가리키며) 다음에는 어떤 수끼리 곱하나요? 4×8

   (4를 가리키며) 다음에는 어떤 수끼리 곱하나요? 4×5

   (나머지 문제를 가지고 단계 2와 3을 반복한다. 학생들을 개별적으로 시켜 본다)

Part B: 구조화된 칠판 수업

1. (다음 문제를 가리키며)

		5	8
×	4	3	

   문제를 읽으세요. 58×43

2. 먼저 무슨 수를 곱하나요? 3×8

   3×8은 얼마죠? (멈추고 신호)   24

   (윗수의 십의 자리를 가리키며) 여기에는 무슨 숫자를 쓰나요?   2

   (답란의 일의 자리를 가리키며) 여기에는 무슨 숫자를 쓰나요?   4

   다음에는 무슨 수를 곱하나요? 3×5

   3×5는 얼마죠? (멈추고 신호)   15

   다음에 또 무엇을 해야 하죠?   2를 더해요.

   $15 + 2$는 얼마죠?   17

   더 이상 곱할 수가 위의 수에는 없기 때문에 답란의 4 옆에 17을 이렇게 씁니다.

3. 3×58을 했어요. 3×58이 얼마였죠?   174

   받아올린 2와 밑의 수 3을 지워 이 수의 곱셈은 끝났음을 표시할게요.

		2	
		5	8
×	4	3	
	1	7	4

   이제 십의 자릿수 4와 58을 곱할 차례예요. 십의 자릿수와 곱할 때는 0을 써
   야 하기 때문에 답란의 일의 자리에 0을 씀으로써 십의 자릿수를 곱하고 있
   음을 나타낼게요. 십의 자릿수를 곱하고 있음을 어떻게 나타낸다고요?   답란의 일의 자리에 0을 써요.
   (답란의 4 밑에 0을 쓴다)

   이제 4×8을 하고 4×5를 하세요. 4×8은 얼마죠? (멈추고 신호)   32

   (위의 수의 십의 자리 숫자를 가리키며) 여기에 무슨 숫자를 써야 하죠?   3

   (답란의 0 옆 공간을 가리키며) 이곳에는 무슨 숫자를 써야 하죠?   2

   (해당하는 숫자를 쓴다)

```
        3
        2̸
      5  8
  ×   4̸  3
  1   7  4
2 3  2  0
```

4. 이제 무슨 수를 곱해야 하죠?   4 × 5

   4 × 5는 얼마죠? (멈추고 신호)   20

   이제 무엇을 해야 하죠?   3을 더해요.

   20 + 3은 얼마죠? (멈추고 신호)   23

   23을 어디에 써야 하죠?   2 옆에요.

5. 먼저 우리는 3 × 58을 해서 174를 얻었어요. 그러고 나서 40 × 58을 해서
   2320을 얻었어요. 이제 이 두 수를 합해서 43 × 58이 얼마인지 알아봅시다.

   4 + 0은 얼마죠?   4

   7 + 2는?   9

   1 + 3은?   4

   2에다 아무 수도 더하지 않으면?   2

6. 이제 더하기를 모두 했어요. 이제 쉼표를 찍어야 하는데 어디에 찍어야 하
   나요?   2와 4 사이에요.

   43 × 58은 얼마죠? (나머지 문제를 가지고 단계 1~6을 반복한다)   2,494

Part C: 구조화된 학습지

(학생용 학습지에 다음과 같은 문제를 제시한다)

```
a.   2 8      b.   6 4      c.   8 7
   × 3 6         × 2 8         × 4 5
```

1. 학습지의 문제 a를 짚으세요. 문제를 읽어 보세요.   28 × 36

   먼저 무슨 수를 곱해야 하나요?   6 × 8

   6 × 8은 얼마죠? (멈추고 신호)   48

   답을 적으세요. 십의 자리에 받아올리는 것을 잊지 마세요. (학생들이 제대로
   하는지 본다)

2. 다음에는 무슨 수를 곱하나요?   6 × 2

   6 × 2는 얼마죠? (멈추고 신호)   12

   이제 무엇을 해야 하죠?   4를 더해요.

   12 + 4는 얼마죠? (멈추고 신호)   16

   8 옆에 16을 쓰세요. (학생들이 제대로 하는지 본다)

3. 6을 곱하는 것을 모두 했나요?   예.

   그럼 다 했다는 표시로 6을 지우고 받아올린 숫자도 지우세요. (학생들이 제
   대로 하는지 본다)

4. 6 × 28을 했어요. 이제 30 × 28을 하면 돼요. 십의 자리 숫자를 곱한다는 것
   을 나타내기 위해 무엇을 해야 하죠?　　　　　　　　　　　　　　　　　　0을 써요.

   0을 적으세요. (학생들이 제대로 하는지 본다) 이제 무슨 수를 곱하나요?　　　3 × 8

   3 × 8은 얼마죠? (멈추고 신호)　　　　　　　　　　　　　　　　　　　　　24

   0 옆에 4를 쓰세요. 2 위에 2를 쓰세요. (학생들이 제대로 하는지 본다)

5. 이제 무엇을 곱해야 하죠?　　　　　　　　　　　　　　　　　　　　　　3 × 2

   3 × 2는 얼마죠? (멈추고 신호)　　　　　　　　　　　　　　　　　　　　6

   이제 무엇을 해야 하죠?　　　　　　　　　　　　　　　　　　　　　　　2를 더해요.

   6 + 2는 얼마죠? (멈추고 신호)　　　　　　　　　　　　　　　　　　　　8

   답을 쓰세요. (학생들이 제대로 하는지 본다)

6. 6 × 28과 30 × 28을 했어요. 이제 28 × 36이 얼마인지 각 곱셈 결과를 더하
   고, 쉼표를 찍으세요. (멈춤) 36 × 28은 얼마죠?　　　　　　　　　　　　　1,008

   (몇 개의 문제를 가지고 이 과정을 반복한다)

Part D: 덜 구조화된 학습지 연습

1. (두 자릿수 곱하기 한 자릿수 문제와 몇 개의 덧셈 문제를 섞어서 제시한 학습지를 학
   생에게 준다)

   문제를 짚으세요. 문제를 읽으세요. 이 문제는 어떤 문제인가요?

2. 먼저 무슨 수를 곱하나요?

   다음에는 무슨 수를 곱하나요?

   다음에는 무슨 수를 곱하나요?

   다음에는 무슨 수를 곱하나요?

3. 십의 자릿수 5를 곱하기 직전에 무엇을 해야 하죠?

   그래요. 일의 자리에 0을 쓰는 것을 잊지 마세요. 문제를 푸세요.

제**10**장

나눗셈

용어와 개념

나눗셈. 곱셈을 역산한 것을 말한다. 나눗셈을 한다는 것은 몫을 찾는 것이다. $16 \div 8$은 $8 \times \square = 16$과 같이 표현할 수 있다.

포함제로서의 나눗셈(measurement division). 전체를 동일한 수의 작은 묶음으로 나눌 때 작은 묶음의 수를 구하는 방식을 말한다. 답은 작은 양의 개수가 된다. 예를 들어, John이 6개의 모자를 2개씩 묶음으로 나누면 모두 몇 묶음이 되겠는가?

등분제로서의 나눗셈(partitive division). 전체를 주어진 묶음의 수로 나눌 때 한 묶음에 들어가는 낱개의 개수를 찾는 방식을 말한다. 예를 들어, John이 6개의 모자를 가지고 있는데, 세 묶음으로 나누고자 할 때 한 묶음에는 몇 개의 모자가 들어가게 되는가?

피제수(dividend). 나누어지는 수를 말한다. 곱셈에서는 양 수를 곱한 것과 같다.

$$2\overline{)6} \text{ 에서 } 6$$

제수(divisor). 나누는 수를 말한다. 나눗셈식에서 기호 앞에 쓰인 숫자를 말한다.

$$2\overline{)6} \text{ 에서 } 2$$

몫(quotient). 나눗셈에서 답을 말한다. 나눗셈 기호 위에 쓰인 숫자를 말한다.

$$\overset{3}{2\overline{)6}} \text{ 에서 } 2$$

교환법칙(commutativity). 교환법칙은 성립하지 않는다.

$$a \div b \neq b \div a$$
$$6 \div 2 \neq 2 \div 6$$
$$3 \neq \frac{1}{3}$$

결합법칙(associativity). 결합법칙은 성립하지 않는다.

$$(a \div b) \div c \neq a \div (b \div c)$$
$$(8 \div 4) \div 2 \neq 8 \div (4 \div 2)$$
$$2 \div 2 \neq 8 \div 2$$
$$1 \neq 4$$

분배법칙(distributivity). 덧셈과 뺄셈에 대한 분배법칙은 성립한다.

$$(a + b) \div c = (a \div c) + (b \div c)$$
$$(8 + 4) \div 2 = (8 \div 2) + (4 \div 2)$$
$$12 \div 2 = 4 + 2$$
$$6 = 6$$

분배법칙은 나눗셈 알고리즘에서 광범위하게 사용된다.

$$4\overline{)48} = 4\overline{)40} + 4\overline{)8}$$

$$
\begin{array}{c}
1 \\
4\overline{)48} \\
\underline{4} \\
8
\end{array}
=
\begin{array}{c}
10 \\
4\overline{)40} \\
\underline{40} \\
\end{array}
+
\begin{array}{c}
\\
4\overline{)8} \\
\end{array}
\qquad
\begin{array}{c}
12 \\
4\overline{)48} \\
\underline{4} \\
8 \\
\underline{-8}
\end{array}
=
\begin{array}{c}
10 \\
4\overline{)40} \\
\underline{40} \\
\end{array}
+
\begin{array}{c}
2 \\
4\overline{)8} \\
\underline{8}
\end{array}
= 12
$$

참고: 분배법칙은 나눗셈이 덧셈보다 선행할 경우 성립되지 않는다.

$$c \div (a + b) \neq c \div a + c \div b$$

$$8 \div (4 + 2) \neq 8 \div 4 + 8 \div 2$$

$$\frac{8}{6} \neq 2 + 4$$

기술 위계

다른 모든 주요 연산처럼 나눗셈도 개념 단계와 여러 자릿수의 나눗셈 두 단계로 나누어 소개한다. 개념 단계 동안에는 나눗셈 개념을 구체적인 시범을 통해 제시한다. 구체물이나 그림을 이용하여 일단의 사물을 어떻게 동일한 수의 여러 묶음으로 나눌 수 있는지를 설명한다. 처음에는 나머지가 없는 경우를 소개하고 그 후에 나머지가 있는 문제를 다룬다.

연산 단계 동안에는 몫이 두 자리 이상인 나눗셈 문제를 푸는 알고리즘을 가르친다. 개념 소개 단계와 나눗셈 연산 단계 중간에는 상당한 정도의 기간이 필요하다. 그 중간 단계 동안에 기본적인 나눗셈 연산

〈수업 순서와 평가 차트〉

학년 단계	문제 유형	수행 지표		
3a	제수와 몫이 모두 한 자릿수 – 나머지 없음	$3\overline{)15}$	$2\overline{)12}$	$5\overline{)20}$
3b	제수와 몫이 모두 한 자릿수 – 나머지 있음	$5\overline{)38}$ R	$2\overline{)9}$ R	$5\overline{)22}$ R
3c	÷ 기호를 이용한 나눗셈 – 나머지 없음. 제수와 몫이 모두 한 자릿수	$8 \div 2 = \square$ $20 \div 5 = \square$ $36 \div 9 = \square$		
4a	한 자릿수 제수 – 두세 자릿수 이상의 피제수 – 두 자릿수 몫 – 나머지 없음	$5\overline{)85}$	$2\overline{)172}$	$2\overline{)54}$
4b	한 자릿수 제수 – 두세 자릿수 이상의 피제수 – 두 자릿수 몫 – 나머지 있음	$5\overline{)87}$	$2\overline{)173}$	$2\overline{)55}$
4c	한 자릿수 제수 – 두세 자릿수 이상의 피제수 – 두 자릿수 몫인데 그중 한 숫자는 0; 나머지 있음	$5\overline{)53}$	$9\overline{)274}$	$3\overline{)360}$
4d	한 자릿수 제수 – 두세 자릿수 이상의 피제수 – 두 자릿수 몫 – 나머지는 분수로 표시	나머지를 분수로 나타내시오. $5\overline{)127}$ $2\overline{)91}$ $9\overline{)364}$		
4e	한 자릿수 제수 – 셋 혹은 네 자릿수 이상의 피제수 – 세 자릿수 몫	$5\overline{)635}$	$2\overline{)1343}$	$2\overline{)738}$
4f	4e와 같으면서 몫에 0이 있음	$5\overline{)2042}$	$2\overline{)1214}$	$5\overline{)520}$
4g	몫이 네 자릿수 – 한 자릿수 제수, 넷 혹은 다섯 자릿수 피제수	$5\overline{)8753}$	$2\overline{)11325}$	$9\overline{)36286}$
4h	일의 자리 반올림하기	75 일의 자리 반올림: _____ 405 일의 자리 반올림: _____ 297 일의 자리 반올림: _____		
4i	두 자릿수 제수 – 한두 자릿수 숫자의 몫 – 몫을 추정하기가 쉬움	$23\overline{)94}$	$56\overline{)857}$	$47\overline{)1325}$
4j	앞과 동일하나 추정되는 몫이 더 크거나 작은 경우	$24\overline{)82}$	$67\overline{)273}$	$35\overline{)714}$

암기를 촉진해야 한다. 일단 학생들이 기본적인 나눗셈 연산을 알게 되면 한 자릿수로 나누기를 소개할 수 있다. 두 자릿수로 나누기는 훨씬 어렵기 때문에 나중에 소개한다. 구체적인 문제 유형과 소개 시기가 '수업 순서와 평가 차트'에 제시되어 있다.

개념 소개

나눗셈 개념을 구체적으로 소개하는 방식에는 적어도 다음 네 가지가 있다.

1. 동일한 수의 낱개로 구성된 묶음 제거하기: 6마리의 물고기 그림을 보여 주며 다음과 같이 말한다. "이 고기들을 조그만 그릇에 담아 봅시다. 각 그릇에 2마리씩 담아 봅시다. 몇 개의 그릇이 필요할지 알아봅시다. 첫 번째 그릇에 2마리를 넣으면 4마리가 남아요. 그러면 두 마리를 두 번째 그릇에 넣고 나머지 두 마리를 세 번째 그릇에 담아요. 그래서 한 그릇에 두 마리씩 담으려면 세 개의 그릇이 필요해요."

2. 배열: 일단의 사물을 동일한 수로 다음과 같이 정렬시킨 것이 배열이다. 교사는 다음과 같이 말한다. "전체 30개는 6개씩 몇 묶음인지 알아봅시다." 6개씩을 한 묶음으로 묶고 그 묶음 수를 센 후 다음과 같이 정리한다. "30개를 6개씩 묶으면 5묶음이 나와요."

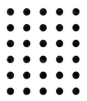

3. 선형 모델: 선형 모델은 대개 수직선(number line)을 사용한다. 곱셈에서 학생들은 0에서 시작하여 오른쪽으로 뛰어 세기를 한다. 예를 들어, 3×4는 4칸을 세 번 뛰는 것으로 시범을 보인다. 나

눗셈 문제는 다음과 같이 설명한다. "12에서 시작하면 4칸씩 몇 번을 뛰어야 0에 도달할까요?"

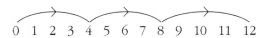

4. 뺄셈 반복: 이 방법은 1번 방법과 유사하다. 교사는 다음과 같이 말한다. "12에 4개씩 묶음이 몇 개 있는지 알아봅시다. 한 가지 방법은 다음과 같아요. 4씩 계속 빼 나가는 겁니다. 12에서 4를 빼세요. 그러면 8이 남아요. 다시 8에서 4를 빼세요. 이번에는 4가 남아요. 4에서 4를 또 빼면 0이 됩니다." 학생에게 뺀 횟수를 세어 보도록 해서 그것이 답임을 알게 한다.

직접교수 절차에 따라 일단의 묶음을 가지고 나눗셈 개념을 소개한다. 낱개의 수가 같은 묶음을 제거하는 방법이 곱셈과 나눗셈 간의 관계뿐만 아니라 나머지 개념도 알려 주기 때문에 선정되었다. 직접교수 초기 연습 활동에서는 동일한 수의 낱개 개수를 동그라미로 묶으며 제거해 나가도록 가르친다.

나눗셈을 소개하기 전 학생들은 두 가지 사전 기술을 숙달하고 있어야 한다. 첫 번째 사전 기술은 곱셈구구에 대한 지식이다. 나눗셈 개념을 소개하기 전에 학생들이 모든 곱셈 구구를 암기하고 있어야 하는 것은 아니지만 최소한 2단과 5단은 외우고 있어야 한다. 두 번째 사전 기술은 받아내림이 있는 세로식 뺄셈으로, 이는 나머지를 계산할 때 필요하다.

대개 나눗셈은 3학년 중반 때 소개한다. 나눗셈 개념을 소개한 지 1~2주쯤 후에 기본 나눗셈 연산을 연습시킨다. 기본 나눗셈 연산을 제시할 때는 연속 시리즈 형태(예, 제수가 5인 나눗셈)로 제시한다. 새로운 나눗셈 연산을 지도하기 전에 충분히 연습을 시켜야 그 나눗셈 연산에 유창하게 된다. 이전에 가르친 나눗셈 연산도 누가적으로 복습시켜야 한다. 기본적인 나눗셈 연산은 대개 매일 여러 달에 걸쳐 연습시킨다.

나머지 개념은 학생들이 20개 정도의 기본적인 나눗셈 연산을 숙달한 다음에 소개한다. 더 구체적으로는 나머지 개념을 소개하기 전에 학생들이 제수가 2와 5인 기본 연산을 모두 알고 있어야 한다. 나머지가 없는 나눗셈을 소개하는 것과 마찬가지로 나머지 개념을 소개할 때 첫 번째 활동은 막대선을 묶음으로 동그라미 치는 것이다. 며칠 후 암산으로 몫을 계산해 내는 것을 가르칠 활동을 제시한다. 나머지가 있는 나눗셈 연산은 여러 달에 걸쳐 연습시킨다.

나머지가 없는 나눗셈 문제

나눗셈을 소개하는 절차는 〈수업 형식 10-1〉에 나와 있다. 이 수업 형식은 네 부분으로 구성되어 있다. Part A는 나눗셈 문제를 바꾸어 말하는 것을 시범 보이고 평가하는 것으로 시작한다. 예를 들어, $5\overline{)20}$ 문제는 "20 나누기 5는?"이라고 하기보다는 "5는 20에 몇 번 들어가나요?"라고 읽는다. 이렇게 읽는 이유는 제수에 관심을 갖도록 하기 위함이다. 이렇게 해야 동일한 수를 가진 묶음의 개수를 구체적으로 지칭하게 된다. 이것은 나눗셈을 하기 위해 막대선들을 사용할 때 매우 중요한 측면이다. 또한 이렇게 나눗셈 식을 읽으면 곱셈 구구 사용을 촉진할 수 있다. 나눗셈식을 마치 미지수 곱셈 문제 형태로 읽도록 지도하고 있음에 주목하기 바란다.

Part B는 구조화된 칠판 수업 단계로, 교사는 막대선을 가지고 큰 묶음을 낱개의 개수가 같은 여러 개의 작은 묶음으로 나누는 과정을 시범 보인다. 문제를 푸는 시범을 보일 때 문제 내의 각 숫자의 기능을 잘 지적해 주도록 한다. $20 \div 5 = 4$에서 20은 막대선의 전체 합을 나타내고, 5는 각 묶음에 몇 개의 낱개가 들어가는지를 말해 주며, 4는 묶음의 수를 나타낸다. Part B에서 한 가지 작지만 중요한 측면은 몫을 어디에 써야 하는가를 다루는 부분이다. 피제수가 두 자릿수이면 몫은 일의 자릿수 위에 쓴다. 예를 들어, $20 \div 5$에서 몫 4는 0 위에 쓴다. 몫을 제자리에 쓰도록 가르치는 목적은 전통적인 알고리즘을 이용하여

몫이 여러 자릿수인 나눗셈 문제를 풀 때 몫을 제자리에 쓰도록 준비시키기 위함이다. 몫을 제자리에 쓰지 않으면 다음과 같이 다양한 형태의 오류가 발생한다.

$$
\begin{array}{r} 13 \\ 5\overline{)607} \\ 5 \\ \hline 17 \\ 15 \\ \hline 2 \end{array}
\qquad \text{혹은} \qquad
\begin{array}{r} .25 \\ 5\overline{)1.26} \\ 10 \\ \hline 26 \\ 25 \end{array}
$$

Part C와 Part D는 각각 구조화된 학습지와 덜 구조화된 학습지 연습이다. 두 연습 단계 모두에서 학생들에게 막대선이 미리 그려진 학습지를 준다. 이 단계에서는 기본적인 나눗셈 연산 지식이 꼭 필요한 것은 아니기 때문에 제수를 다양하게 한 나눗셈 문제를 사용하고 있음에 주목하기 바란다. 학생들은 제수에 맞게 묶음을 만들기만 하면 된다. 또한 하루에 2~3개 문제만 연습하도록 하고 있음에도 주목하기 바란다. 이 연습은 나눗셈의 개념적 이해를 위한 기반을 제공할 목적으로 고안되었다. 따라서 교사는 이 단계에서는 이러한 활동들을 통해 유창성보다 정확성만 개발시키면 된다.

나머지가 없는 나눗셈 연산

〈수업 형식 10-1〉에 제시된 대로 막대선을 동그라미로 묶는 활동을 시작한 지 1주일쯤 후에 기본적인 나눗셈 연산을 숙달시키는 활동을 시작한다. 먼저 수 가족으로부터 곱셈과 나눗셈 연산 모두를 만드는 활동처럼 곱셈과 나눗셈 간의 관계를 드러내는 활동을 시킨다.

$$3 \times 4 = 12 \qquad 4 \times 3 = 12$$

$$3\overline{)12} \qquad 4\overline{)12}$$

두 연산 간의 관계에 대한 활동을 시작한 지 며칠 후, 사용된 나눗셈을 암기하도록 한다. 가능하면 학생들이 나눗셈을 "20 나누기 5는 4."와 같이 말하기보

다는 "5는 20에 네 번 들어간다."와 같이 말하도록 할 것을 권장한다. 이러한 표현은 여러 자릿수의 나눗셈 지도 때 사용되었기 때문이다. 기본적인 사칙연산을 익히는 절차는 제6장에서 제시하였다.

나머지가 있는 나눗셈 문제

나머지 개념은 그것 자체로서도 중요한 기술이고 두 자릿수 이상의 몫이 있는 나눗셈을 하기 위한 짧은 알고리즘의 사전 기술이 되기도 한다. 나머지가 있는 나눗셈은 학생들이 제수가 2와 5인 나눗셈 연산을 배우고 난 이후, 즉 대개 나눗셈을 소개하고 난 2주 후에 지도한다.

〈수업 형식 10-2〉는 나머지 개념을 소개하는 방법을 보여 준다. Part A에서 교사는 칠판에 나눗셈 문제를 하나 쓰고 학생들에게 읽어 보게 한다. 그런 다음, 막대선을 그린다. 13 ÷ 5라면 13개 막대선을 그리고 작은 묶음 속의 숫자가 무엇이어야 하는지 묻는다. 이어서 각 묶음 안에 막대선이 5개씩 되도록 그린다. 두 묶음을 그린 다음, 남은 막대선들은 5개가 되지 못하기 때문에 묶을 수 없다고 얘기한다. 교사는 5개 들이 두 개의 묶음만 가능하고 남은 막대선 개수를 나머지라고 한다고 얘기해 준다. 그런 다음, 문제에 대한 답을 다음과 같이 제시한다. "5는 13에 두 번 들어가고, 나머지는 3입니다."

Part B와 Part C에서는 학생들에게 나머지가 있는 나눗셈 문제를 포함하여 여러 개의 나눗셈 문제가 제시된 학습지를 준다. 각 문제 옆에는 해당 문제를 설명하는 그림을 제시한다. 예를 들어, $5\overline{)17}$ 옆에는 17개의 막대선을 그리고 다음 그림처럼 5개씩 묶는다.

이러한 그림은 묶음 수를 써야 하는 위치, 사용된 부분(막대선)의 개수(5 × 3을 함), 사용된 부분(막대선)을 쓰는 위치(17 밑에), 나머지를 계산하는 방법(17에서 15를 뺌) 등을 보여 주는 데 사용한다. 이러한 연습은

주로 개념적 이해를 가르치기 위해 고안된 것이기 때문에 1~2주 동안만 지속되어야 함에 주목하기 바란다.

나머지가 있는 나눗셈 연산

앞에서도 언급하였듯이, 학생들은 나눗셈 개념을 소개받기 전에 최소한 20개의 나눗셈 연산을 학습한 상태여야 한다. 나머지 개념을 소개한 지 1주일쯤 후에 나머지를 포함한 다음과 같은 나눗셈 연산 문제를 암산으로 하도록 가르치기 시작해야 한다.

$$5\overline{)27} \qquad 6\overline{)34}$$

이 기술은 몫이 여러 자릿수인 나눗셈을 하는 데 중요한 사전 기술이다. 대부분의 나눗셈 문제는 나머지가 있기 때문이다. 예를 들어, $3\overline{)147}$ 문제에서 학생들은 먼저 3이 14에 4번 들어가고 나머지가 있음을 알아야 한다. 3 × 4를 한 다음, 나머지를 도출하기 위해 이 값을 14에서 빼야 한다. 〈수업 형식 10-3〉은 나머지가 있는 나눗셈을 암산으로 하는 방법을 지도하는 방법을 제시하고 있다.

Part A에서는 나머지가 있는 나눗셈 연산을 소개하기 위해 다음과 같은 그림을 사용한다. 교사는 한 줄에 수들을 쓴 다음, 특정 제수의 배수 모두에 동그라미를 친다. 다음 예에서 제수 5의 배수에 동그라미를 쳤다.

만약 후반부를 소개하는 중이라면 더 큰 수들을 적는다. 예를 들어, 제수 5의 배수 후반부를 소개한다면 다음과 같이 쓴다.

⓪25 26 27 28 29 ㉚30 31 32 33

34 ㉟35 36 37 38 39 ㊵40 41 42

43 44 ㊺45 46 47 48 49 ㊿50

칠판에 이와 같이 숫자를 연속해서 쓴 다음, 교사는 동그라미 친 숫자들은 나머지 없이 5로 나누어 떨어지는 수들임을 말한다. 그런 다음 5가 몇 번 들어가는 문제인지 시범을 보인다. 예를 들어, "5는 23에 4번 들어가고 나머지가 있어요. 5는 10에 두 번 들어가고 나머지가 없어요. 5는 9에 한 번 들어가고 나머지가 있어요."(이 시점에서는 나머지란 말은 하지만 구체적으로 나머지의 양을 말하지 않는다는 것에 주목하기 바란다.) 그런 다음, 교사는 일단의 문제를 가지고 학생들을 검사한다.

Part B에서 교사는 다양한 문제를 가지고 학생들을 평가하되, 이들이 그림을 언급하면서 푸는 것을 허용한다. Part C는 기본적인 나눗셈 연산 유창성을 향상시킬 연습을 제공할 수 있도록 고안된 교사 감독하의 학습지 연습 단계다. Part C에서 학생들에게 약 30개의 문제를 제공한다. 학생들은 몫을 쓰고, 나머지를 계산하기 위해 제수와 몫을 곱한 다음 피제수에서 이를 뺀다. 처음 몇 문제는 푸는 것을 안내해 주고, 이후에는 학생들이 스스로 문제를 풀어 보도록 한다.

Part A와 Part B는 처음 몇 개의 나눗셈 목록을 소개할 동안에만 필요하다. 일단 학생들이 제수가 2, 5, 9인 나눗셈을 암산으로 할 수 있게 되면 다른 제수를 가진 나눗셈 문제도 단서로서 그림을 사용하지 않고 제시할 수 있다.

나머지가 있는 나눗셈 문제 유형을 소개하는 순서는 나머지가 없는 기본적인 나눗셈 소개 순서와 같다 (기본적인 유형의 나눗셈 소개 순서는 제6장 참조). 특정 제수를 가진 나눗셈을 가르친 지 2주쯤 후에 동일한 제수와 몫을 가졌지만 나머지가 있는 문제를 소개한다. 예를 들어, 제수가 5이면서 나머지가 없는 다음과 같은 문제를 학생들이 숙달하는지 살핀다.

예, $5\overline{)30}$ $5\overline{)35}$ $5\overline{)40}$ $5\overline{)45}$

그런 다음, 동일한 제수와 몫을 가졌지만 나머지가 있는 다음과 같은 문제를 소개한다.

예, $5\overline{)32}$ $5\overline{)41}$ $5\overline{)43}$
   $5\overline{)48}$ $5\overline{)36}$ $5\overline{)38}$

매일 연습할 학습지에는 30여 개의 문제를 제시한다. 문제의 절반은 최근에 소개한 문제에서 나온 제수를 가진 문제로 구성하고, 나머지 절반은 그 앞서 소개한 문제에서 나온 제수를 가진 문제로 구성한다. 대부분의 문제는 나머지가 있는 것이어야 하지만, 모든 문제가 나머지가 있어야 한다고 잘못 생각하는 것을 방지하기 위해 20% 정도의 문제는 나머지가 없는 것으로 구성해야 한다.

마지막으로, 다음과 같이 몫이 0인 문제도 몇 개 포함시켜야 한다.

$5\overline{)3}$ $9\overline{)6}$ $2\overline{)1}$

이와 같은 문제들을 암산하도록 가르침으로써 학생들로 하여금 나중에 다음과 같이 몫이 0인 긴 나눗셈을 풀 수 있도록 준비시킬 수 있다.

$$5\overline{)524} \quad 104 \cdots 4$$

[그림 10-1]은 학생들이 제수가 2, 5, 9인 나눗셈 문제를 이미 숙달했고, 제수가 7인 나눗셈 문제를 절반 정도는 소화한 것을 전제로 한 나눗셈 학습지다.

[그림 10-1]과 같은 학습지 연습은 몇 달 동안 매일 제시해야 한다. 나머지가 있는 나눗셈을 유창하게 해결하는 학생은 보다 복잡한 나눗셈 문제가 나와도 어려움을 겪지 않을 수 있다.

진단과 교정

나눗셈 개념을 소개하는 동안 오류의 원인을 파악하는 것은 아주 쉽다. 기본적인 나눗셈 연산을 알지 못하는 것보다는 다음과 같은 요소 기술 오류가 더 흔히 발생한다.

1. 너무 크거나 작은 몫을 씀
2. 뺄셈을 부정확하게 함
3. 몫과 나머지를 쓰는 위치를 혼동함

단순 연산 오류. 기본적인 나눗셈 연산 오류 예는 다음과 같다.

$$
\begin{array}{ll}
\text{a.} & 7)\overline{33} \\
& \quad\ \ 5 \\
& \quad 30
\end{array}
\qquad
\begin{array}{ll}
\text{b.} & 9)\overline{42} \\
& \quad\ \ 4 \\
& \quad 38
\end{array}
\qquad
\begin{array}{ll}
\text{c.} & 7)\overline{32} \\
& \quad\ \ 4 \\
& \quad 26
\end{array}
$$

다른 경우와 마찬가지로, 기본적인 나눗셈 연산 오류 교정 절차 역시 오류의 수에 달려 있다. 만약 아주 가끔만 연산 오류를 보인다면, 단순히 학생이 범한 오류를 기록해 두었다가 다음 몇 차시 동안 해당 오류를 보인 문제를 집중 연습시킨다. 만약 제시된 문제의 10% 이상에서 오류를 보이면, 개별적으로 점검하여 다음에 무슨 조치를 취해야 할지를 결정해야 한다. 개별 평가에서 자신이 오류를 범한 문제를 잘 풀면 이는 문제를 서둘러 푸는 과정에서 나타난 오류였을 것으로 잠정적으로 결정할 수 있다. 이럴 경우 교정은 정확하게 문제를 풀려는 동기를 향상시키는 쪽에 초점을 둔다. 만약 이전에 배운 기본 연산을 많이 모르는 것으로 판단될 경우에는 이전에 가르친 모든 곱셈과 나눗셈 기본 연산을 평가하고 이러한 연산들에 대해 체계적이고 집중적인 지도를 실시해야 한다.

또한 여러 주에 걸쳐 학생에게 제시할 연습문제를 세밀히 조절하여 학생이 아는 문제만 학습지에 제시해야 한다.

요소 기술 오류. 요소 기술 오류 중 하나는 몫을 너무 크거나 작게 잡는 경우다. 이에 해당하는 예는 다음과 같다. 문제 a와 b는 몫을 너무 작게 잡은 경우이고, 문제 c와 d는 몫이 너무 큰 경우다.

$$
\begin{array}{ll}
\text{a.} & 5)\overline{28} \\
& \quad\ \ 4 \\
& \quad 20
\end{array}
\qquad
\begin{array}{ll}
\text{b.} & 7)\overline{35} \\
& \quad\ \ 4 \\
& \quad 28
\end{array}
$$

$$
\begin{array}{ll}
\text{c.} & 6)\overline{32} \\
& \quad\ \ 6 \\
& \quad 36
\end{array}
\qquad
\begin{array}{ll}
\text{d.} & 4)\overline{19} \\
& \quad\ \ 5 \\
& \quad 20
\end{array}
$$

어느 유형의 오류이든 전체 문제의 10% 이상에서 발생했다면 제수와 나머지를 비교하여 자신이 제대로 나눗셈을 했는지를 알도록 하는 연습을 시켜야 한다.

교정 연습 내용은 오류 유형에 따라 결정한다. 만약 학생이 다음과 같이 몫을 너무 작게 추정한다면 〈수업 형식 10-4〉와 같은 연습을 제시한다.

$$
\begin{array}{l}
5)\overline{37} \\
\quad\ \ 6 \\
\quad 30 \\
\quad\ \ \overline{7}
\end{array}
$$

이 수업 형식에서는 학생들에게 몫이 이미 적힌 나눗셈 문제를 제시해 준다. 문제 중 절반은 몫이 맞는 것으로, 나머지 절반은 다음과 같이 몫이 작게 적힌 것으로 구성한다.

[그림 10-1] 학습지 연습문제 예

7)18	9)46	7)26	7)31	2)7	5)32	7)35	9)27
7)4	7)17	9)58	9)65	7)27	5)3	7)41	9)53
5)30	7)11	7)25	7)32	9)31	5)18	7)3	7)25
9)49	9)26	5)48	2)17	7)36	7)28	7)19	7)36

$$9\overline{)38} \\ \quad 3 \\ \underline{27} \\ \quad 11$$

Part A에서 교사는 학생들에게 나눗셈을 정확히 풀었는지 확인하기 위해서는 제수와 나머지를 비교해야 한다고 말한다. 교사가 제수라는 용어를 사용하지 않고 있음에 주목하기 바란다. 9로 나눈다면 나머지는 9보다 작아야 하고 5로 나누면 나머지는 5보다 작아야 하며, 3으로 나눈다면 나머지는 3보다 작아야한다고 말해 준다. Part B에서는 학생들이 나머지를 찾아 이것을 제수와 비교해 봄으로써 몫이 정확한지를 알아내도록 안내한다. 나머지가 몫보다 작지 않은 경우 교사는 한 번 더 나눌 수 있음을 보이고 잘못 쓴 처음의 답을 지우고 몫으로 하나 높은 수를 쓰도록 한다. 예를 들어, 다음 문제에서 2를 지우고 3을 쓰도록 한다. 그런 다음 10을 지우고 3 × 5를 하여 16에서 15를 뺀다. 4문제 정도 이렇게 안내해 준 다음 8~10문제를 스스로 풀어 보도록 한다. 이 수업 형식은 학생들이 문제를 제대로 풀 수 있을 때까지 여러 날에 걸쳐 연속적으로 계속 제시된다.

$$5\overline{)16} \\ \quad 2 \\ \underline{10} \\ \quad 6$$

다음과 같이 몫이 너무 큰 경우에는 〈수업 형식 10-5〉에 나와 있는 과정을 사용하도록 한다. Part A에서는 일단의 나눗셈 문제를 칠판에 적고, 뺄 수 없다면 몫이 너무 큰 경우이기 때문에 몫을 더 작은 수로 정해야 한다고 말한다. Part B에서는 절반은 몫이 너무 크고 나머지 절반은 몫이 제대로 적힌 문제들로 구성된 학습지를 풀도록 한다. 이전 수업 형식에서처럼 교정 형식은 여러 차시에 걸쳐 투입한다.

$$5\overline{)32} \\ \quad 7$$

세로식 **뺄셈** 오류는 쉽게 찾을 수 있고, 대부분은 받아내림을 못하는 데서 비롯된다. 다음은 뺄셈 오류를 나타낸다.

a. $$7\overline{)41} \\ \quad 5 \\ \underline{35} \\ \quad 14$$ b. $$9\overline{)71} \\ \quad 7 \\ \underline{63} \\ \quad 12$$

오류 교정을 위해서는 학생들에게 받아내림을 반드시 해야 하는 나눗셈 문제를 10개 정도 준다. 처음 몇 문제는 교사가 안내하면서 풀어 주고 나머지 문제는 스스로 풀어 보게 한다. 예를 들어, 다음 문제에서 일의 자리에서의 문제를 찾아내도록 하고 1에서 5를 뺄 수 있는지 물어봄으로써 받아내려야 함을 알도록 단서를 준다.

$$7\overline{)41} \\ \quad 5 \\ \underline{35}$$

마지막 오류 유형은 몫과 나머지를 쓰는 위치를 혼동하는 경우다. 교정 절차는 〈수업 형식 10-3〉 Part C의 몇 개 문제를 가지고 이행하고, 학생들이 문제를 푸는 과정을 점검한다.

나눗셈 지도 초기 단계에서의 진단과 교정에 관한 요약은 [그림 10-2]에 나와 있다.

여러 자릿수 나눗셈

나눗셈 지도의 두 번째 단계는 여러 자릿수 나눗셈인데 이 연산은 매우 복잡하다. 여기서는 제수의 자릿수에 따라 여러 자릿수 나눗셈을 분류했다. 먼저 제수가 한 자릿수인 나눗셈을 다루고 이어서 제수가 여러 자리인 나눗셈을 다룬다.

대부분의 상업용 교재에서는 두 가지의 알고리즘을 가르친다. 하나는 흔히 풀어서 쓰는 장제법(the long form)이라 불리고, 다른 하나는 단제법(the short form)이다. 이 두 가지의 예는 다음과 같다.

[그림 10-2] 나눗셈 초기 단계에서의 오류 진단과 교정

오류 유형	오류 진단	교정 절차	교정 예
요소 기술 오류			
$\begin{array}{r} 4 \\ 7{\overline{)35}} \\ 32 \end{array}$	단순 연산 오류: $35 \div 7$	오류율이 높은 연산－체계적으로 연산 지도. 오류율이 낮은 연산－오류를 범한 연산을 포함시키되 정확성에 대한 동기 고취하기	제6장 참조
$\begin{array}{r} 3 \\ 6{\overline{)24}} \\ 18 \end{array}$	요소 기술 오류: 몫이 너무 작음	〈수업 형식 10-4〉 나머지가 있는 나눗셈 교정－몫이 작은 경우 이행	일부만 미리 해 놓은 문제를 제시하되, 절반은 몫이 작고 절반은 몫이 정확한 예로 구성 $\qquad \begin{array}{r} 3 \\ 9{\overline{)42}} \end{array} \qquad \begin{array}{r} 6 \\ 9{\overline{)56}} \end{array}$
$\begin{array}{r} 4 \\ 7{\overline{)26}} \\ 28 \end{array}$	요소 기술 오류: 몫이 너무 큼	〈수업 형식 10-5〉 나머지가 있는 나눗셈 교정－몫이 너무 큰 경우 이행	일부만 미리 해 놓은 문제를 제시하되, 절반은 몫이 크고 절반은 몫이 정확한 예로 구성
$\begin{array}{r} 7 \\ 8{\overline{)62}} \\ 56 \\ \hline 14 \end{array}$	요소 기술 오류: 뺄셈 오류	뺄셈 지도	일부만 미리 해 놓은 문제를 제시하되, 몫은 정확하고 뺄셈은 학생이 해야 하는 문제로 구성
$\begin{array}{r} 1\,R4 \\ 7{\overline{)29}} \\ 28 \\ \hline 1 \end{array}$	요소 기술 오류: 나머지와 몫의 위치 혼동	〈수업 형식 10-3〉의 Part C	

a. 장제법

$$\begin{array}{r} 7{\overline{)382}} \\ 350 \quad 50 \\ \hline 32 \\ 28 \quad 4 \\ \hline 4 \\ \hline 54 \end{array}$$

b. 단제법

$$\begin{array}{r} 54 \\ 7{\overline{)382}} \\ 35 \\ \hline 32 \\ 28 \\ \hline 4 \end{array}$$

풀어서 쓰는 장제법 알고리즘의 장점은 나눗셈 과정에 무엇이 필요한지를 명료하게 보여 준다는 점이다. 단점은 대부분의 초등학교 중간 학년 교사들은 학생들이 단제법을 사용할 것을 기대하고 있다는 점이다. 단제법 알고리즘의 장점은 나눗셈 문제를 소개하기 전에 학생들이 사전 기술로 알고 있어야 하는 것들이 비교적 쉽다는 점이다. 단점은 학생들이 왜 그렇게 나눗셈이 진행되는지 이해하지 못할 수 있다

는 점이다.

이 부분에서는 단제법 알고리즘을 가르치는 절차를 자세하게 제시하려 한다. 그 이유는 이 알고리즘이 대부분의 프로그램이 궁극적으로 학생들이 사용하기를 바라는 것이기 때문이다. 앞서 언급했듯이, 저성취 학생들은 단일 알고리즘만 제시했을 때 더 성공적으로 문제를 풀 수 있음을 기억하기 바란다. 단제법 알고리즘의 기본 단계는 〈요약 10-1〉에 나와 있다.

제수가 한 자릿수인 나눗셈

제수가 한 자릿수이고, 몫이 여러 자릿수인 나눗셈은 보통 3학년 후반이나 4학년 초반에 소개한다. 이 문제를 소개하기 전에 학생들은 최소한 30~40여 개의 기본적인 나눗셈 연산(나머지가 없는 것과 있는 것

> **〈요약 10-1〉 나눗셈: 단제법 알고리즘**
>
> 1. 문제를 읽는다.
> 2. 먼저 풀어야 할 부분에 밑줄을 친다.
> 3. 밑줄 친 부분을 계산하고 밑줄 친 수의 마지막 숫자 위에 몫을 쓴다.
> 4. 곱하고, 빼고, 다음 수로 진행한다.
> 5. '새로운 문제'를 읽고 몫을 계산한다.
> 6. 위에서 방금 내린 숫자 위에 몫을 쓴다.
> 7. 곱하고 빼서 나머지를 도출한다.
> 8. 문제와 답을 말한다.

포함)을 알고 있어야 한다.

제수가 한 자릿수인 나눗셈의 난이도와 관계된 요인은 몫의 자릿수 크기와 몫에 0이 있는지 없는지의 두 가지다. 몫의 자릿수가 늘어날수록 나눗셈은 어려워진다. 예를 들어, 다음의 왼쪽 나눗셈은 오른쪽보다 어렵다. 왼쪽의 몫은 세 자릿수이고 오른쪽의 몫은 두 자릿수이기 때문이다. 몫의 자릿수가 늘어날수록 그만큼 계산해야 할 분량도 많아진다.

$$5)\overline{835} \qquad 5)\overline{125}$$

마찬가지로, 다음에서도 왼쪽이 오른쪽보다 어렵다. 왼쪽의 경우에는 몫에 0이 들어가기 때문이다.

$$5)\overline{52} \qquad 5)\overline{85}$$

잘 가르치지 않으면 학생들은 다음과 같이 0을 빼먹을 수 있다.

$$\begin{array}{r} 1 \\ 5)\overline{52} \\ \underline{5} \end{array}$$

이 부분에서는 이와 같은 유형의 문제를 지도하는 절차에 대해서 다루기로 한다.

몫이 두 자릿수인 나눗셈 문제.

〈수업 형식 10-6〉은 몫이 두 자릿수인 나눗셈을 소개하는 과정을 나타낸다. 이 수업 형식은 다섯 단계로 구성되어 있다. Part A에서는 문제의 어느 부분부터 계산해야 할지를 결정하도록 가르친다. 이 중요한 사전 기술은 필수적인데, 이는 나눗셈 문제는 한 번에 한 부분씩 풀기 때문이다. 예를 들어, $5)\overline{375}$ 문제를 풀 때 학생들은 먼저 $5)\overline{37}$ 부분을 풀고 나서 다음과 같이 곱하고 뺀다. 그런 다음 25를 5로 나눈다.

$$\begin{array}{r} 7 \\ 5)\overline{375} \\ \underline{35} \\ 25 \end{array}$$

어느 부분을 먼저 할 것인가를 결정하기 위한 전략은 제수를 피제수의 첫 번째 숫자와 비교하는 것이다. 피제수의 첫 숫자가 제수보다 같거나 크다면 피제수의 첫 번째 숫자만 밑줄을 친다. 예를 들어, 다음 문제에서 7이 9에 들어가기 때문에 9에 밑줄을 친다.

$$7)\overline{\underline{9}45}$$

피제수의 첫 숫자가 제수보다 작으면 피제수의 두 번째 숫자까지 밑줄을 치도록 가르친다. 예를 들어, 다음 문제에서는 7이 2가 아닌 23에 들어가기 때문에 23에 밑줄을 친다. 주목할 점은 이 중요한 사전 기술을 가르치는 동안 교사는 제수나 피제수 등과 같은 용어를 사용하지 않고 '나누어지는 수'와 '나누는 수'라고만 언급하고 있다는 것이다.

$$7)\overline{\underline{23}6}$$

Part A에 사용할 문제는 아주 신중하게 골라야 한다. 문제의 절반에서는 피제수의 첫 번째 숫자가 제수보다 작아야 하고, 나머지 반에서는 제수보다 크거나 같아야 한다. 이 시점에서는 실제로 학생들이 나눗셈을 푸는 것이 아니기 때문에 제수를 다양하게 해서 문제를 제시할 수 있다. 다음은 이 사전 기술을 가르치는 데 사용하기에 적절한 문제들의 예다.

a. $7\overline{)243}$　　　b. $5\overline{)85}$　　　c. $4\overline{)235}$

d. $7\overline{)461}$　　　e. $9\overline{)362}$　　　f. $8\overline{)89}$

Part B는 학습지 연습 단계로 학생들은 먼저 풀어야 할 부분에 밑줄을 친다. 교사는 몇 개의 예를 가지고 학생들을 안내하고 나서 학생들로 하여금 남은 문제를 스스로 풀어 보도록 한다. 이 과정을 학생들이 교사의 지원 없이도 정확하게 문제를 풀 수 있게 되기까지 계속한다. Part C는 구조화된 칠판 연습 단계로, 교사는 단제법 알고리즘 전체를 시범을 보인다.

$$7\overline{)238}$$

〈수업 형식 10-6〉의 Part D와 Part E는 구조화된 학습지 연습과 덜 구조화된 학습지 연습 단계다. 이 단계에서 교사는 몫의 각 자릿수를 어디에 써야 할지를 명료하게 하고 있음에 주목하기 바란다. 몫의 첫째 숫자는 다음과 같이 피제수의 밑줄 친 수의 오른쪽 숫자 위에 쓴다.

$$\overset{\quad3}{7\overline{)238}}\qquad\overset{\quad1}{8\overline{)82}}$$

그다음에 쓸 몫의 숫자는 다음과 같이 제수의 그다음 숫자 위에 쓴다.

$$\overset{\quad613}{7\overline{)4291}}$$

앞에서도 언급했듯이, 몫의 각 자리 숫자를 정확히 쓸 수 있으면 이후 몫에 0이 들어가는 문제뿐만 아니라 소수 나눗셈 문제를 푸는 데도 도움을 준다.

모든 연습을 위한 문제 선정 지침은 제수를 학생들이 이미 알고 있는 곱셈 구구에 한정해야 한다는 점만 제외하고는 Part A와 Part B 경우와 같다. 연습문제의 절반은 피제수가 두 자릿수여야 하고 나머지 절반은 피제수가 세 자릿수여야 한다. 모든 문제의 몫은 두 자릿수여야 한다. 다음은 문제 푸는 연습을 위해 제시할 수 있는 문제의 예다. 이 문제들은 학생들이 제수가 2, 9, 5, 7인 기본적인 나눗셈 연산을 이미 배웠다는 것을 전제로 한 것이다.

a. $5\overline{)87}$　　　b. $9\overline{)324}$　　　c. $5\overline{)135}$

d. $7\overline{)86}$　　　e. $2\overline{)134}$　　　f. $7\overline{)94}$

g. $2\overline{)156}$　　　h. $7\overline{)79}$　　　i. $2\overline{)29}$

몫에 0이 있는 나눗셈.

다음과 같이 몫에 0이 있는 나눗셈은 특히 주의를 요한다. 이러한 문제들은 몫이 두 자릿수인 나눗셈을 소개한 지 몇 주 후에 소개하도록 한다.

$$7\overline{)143}\qquad2\overline{)81}\qquad5\overline{)153}$$

수업 형식에서 중요한 부분은 학생들이 뺄셈을 하고 피제수의 마지막 숫자를 밑으로 그대로 내릴 때다. 예를 들어, 다음 예에서 교사가 다음과 같이 묻는다. "7이 4에 몇 번 들어가죠?" 답이 0이기 때문에 교사는 4 위 몫의 자리에 0을 쓴다. 처음 몇 문제를 가지고서 교사가 시범을 보여야 할 것이다. 이 수업 형식은 여러 날 동안 제시한다. 이후에는 몫이 0으로 끝나는 문제 3~4개를 매일 학습지 연습에 포함시킨다.

$$\begin{array}{r}3\quad\\7\overline{)214}\\\underline{21}\quad\\4\quad\end{array}$$

몫이 세 자리 이상의 수인 나눗셈.

몫이 세 자리 이상의 수인 나눗셈은 학생들이 몫이

두 자릿수 이하인 나눗셈을 모두 숙달했을 경우에만 소개한다. 사전 기술이나 칠판 연습은 필요하지 않다. 피제수의 마지막 자리 위에 몫이 올 때까지 나눗셈을 계속해야 한다는 것을 강조하면서 〈수업 형식 10-6〉의 덜 구조화된 단계를 이행하기만 하면 된다.

몫에 0이 있는 나눗셈은 0이 없는 나눗셈을 풀 수 있을 때만 소개한다. 몫의 맨 끝자리에 0이 오는 나눗셈은 몫이 세 자릿수 이상인 나눗셈을 소개한 후 1주일쯤 후에 소개한다. 몫이 두 자릿수이면서 0을 포함한 나눗셈을 앞서 배웠기 때문에 이러한 유형의 문제는 학생들에게 별로 어렵지 않을 것이다. 하지만 다음과 같이 몫의 두 번째 자리에 0이 오는 나눗셈 문제는 많은 학생에게 어려울 것이다. 구조화된 학습지 연습(〈수업 형식 10-6〉의 Part D) 부분을 이행한다.

$$\begin{array}{r} 103 \\ 5\overline{)515} \end{array} \qquad \begin{array}{r} 407 \\ 2\overline{)814} \end{array}$$

지도할 때에는 첫 번째 숫자를 밑으로 내린 다음, 다음과 같이 말한다. "다음은 5가 1에 몇 번 들어가는가를 알아봅시다. 5는 1에 0번 들어가기 때문에 몫을 쓰는 자리에 0을 적어요. 0 곱하기 5는 얼마죠? 그래요. 그래서 1 밑에 0을 썼어요. 이제 51에서 50을 빼고 남은 숫자를 밑으로 내려 쓰세요."

$$\begin{array}{r} 1 \\ 5\overline{)517} \\ 5 \end{array}$$

서너 개의 문제를 가지고 구조화된 학습지 연습을 며칠 동안 계속한다. 그런 다음, 10문제 중 서너 문제는 몫의 중간에 0이 있는 문제로 구성된 문제를 가지고 교사 감독하의 개별 연습을 시킨다. 개별 연습은 학생들이 정확하게 문제들을 풀 수 있을 때까지 지속한다.

몫이 네 자릿수 이상인 나눗셈은 대개 4학년 후반부터 5학년 초기에 가르친다. 몫이 세 자릿수인 나눗셈을 모두 숙달한 학생에게는 이러한 문제들도 별로 어렵지 않을 것이다.

자기 점검.　나머지가 있는 나눗셈에 학생들이 익숙해지면, 이제는 자신의 답을 점검할 수 있도록 가르쳐야 한다. 나눗셈 검산 절차는 제수와 몫을 곱한 다음, 나머지가 있을 경우에는 이를 더하는 것이다. 이미 풀어 놓은 문제 중 절반 정도는 답이 틀린 문제로 구성된 학습지를 가지고 검산 방법과 절차를 지도한다. 이와 같이 학생들이 자기 점검 전략을 사용하여 틀린 답을 고치도록 지도한다.

제수가 두 자릿수인 나눗셈

두 자릿수 제수의 나눗셈을 풀기 위해서는 여러 가지 요소 전략을 꽤 긴 전략 안에 통합시켜야 한다. 〈요약 10-2〉에 제수가 두 자릿수인 나눗셈을 푸는 단제법 알고리즘이 제시되어 있다.

두 자릿수 제수의 나눗셈의 복잡성은 주로 몫을 추

〈요약 10-2〉 나눗셈: 단제법 알고리즘 – 두 자릿수 제수

1. 문제를 읽는다.
2. 먼저 풀어야 할 부분에 밑줄을 친다.
3. 어림수 형태의 나눗셈 문제로 고쳐 쓴다.
4. 몫을 어림 계산으로 추정하여 찾아낸다.
5. 추정된 몫과 제수를 곱한 것이 피제수보다 작은지 큰지 확인한다.
6. 어림이 정확하지 않다면 몫을 조정한다(뺄 수 없다면 몫을 작게 하고, 나머지가 너무 크면 몫을 크게 한다).
7. 문제를 풀고 답을 말한다.

정한 결과 정확한 몫이 나오는가에 달려 있다. 어떤 경우에는 몫이 너무 클 수 있다. 예를 들어, $53\overline{)203}$ 에서 53을 50으로, 203을 200으로 어림해서 5가 20 안에 몇 번 들어가는지 계산했다고 하자. 이때 추정 몫은 4가 되는데, 실제로 53과 4를 곱하면 212가 되어 203에서 빼기에는 너무 큰 수가 되어 버린다. 따라서 몫이 너무 크기 때문에 실제 몫은 4가 아닌 3이 되어야 한다.

반대로, 다른 경우에는 몫이 너무 작을 수 있다. 예를 들어, $56\overline{)284}$ 에서 56을 60으로, 284를 280으로 어림하면 몫이 4가 나온다. 하지만 56 × 4는 224로, 이를 284에서 빼면 60이 남아 56이 한 번 더 들어갈 수 있다. 이와 같이 몫이 너무 작기 때문에 실제 몫은 4보다 1이 큰 5가 되어야 한다.

몫이 너무 크거나 작게 나오는 문제는 좀 더 어렵기 때문에 학생들이 몫을 정확하게 추정하게 될 수 있게 되기까지는 이 문제 유형을 소개하지 말아야 한다.

사전 기술. 두 자릿수 제수 문제를 지도하기 전에 학생들은 한 자릿수 제수 나눗셈 문제에 필요한 모든 요소 기술을 이미 숙달해야 한다. 더 필요한 사전 기술로는 가까운 십이나 백의 자리로 어림하는 것으로, 곧이어 설명할 것이다. 또한 여러 자릿수와 곱하는 것으로 이것은 제9장에서 언급했다.

가까운 십 단위 수로 어림하는 것은 두 자릿수 제수 나눗셈에서 매우 중요한 기술이다. 지도 전략의 첫 부분에서 학생들에게 피제수에 제수가 몇 번이나 들어갈 수 있는지를 추정해 보게 한다. 예를 들어, $54\overline{)186}$ 에서 다음과 같이 묻는다. "54가 186에 몇 번 들어가죠?" 이를 추정하기 위해서는 제수와 피제수를 어림하여 가장 가까운 십 단위 수 형태로 표현하도록 한다. 54는 50으로, 186은 190으로 표현할 수 있을 것이다. 그러면 학생들은 5가 19에 몇 번 들어가는지 알아내면 된다.

〈수업 형식 10-7〉은 가장 가까운 십 단위 수로 어림하는 것을 가르치는 방법을 보여 주고 있다. Part A

에서 일의 자리가 0인 백 단위 수를 십이 몇 개인 수인지로 전환하는 방법을 시범 보이고 평가한다. 예를 들어, 340은 십이 34개이고, 720은 십이 72개이며, 40은 십이 4개다. 교사는 학생들이 모든 문제를 정확히 말할 수 있을 때까지 6~8개 문제로 이 과정을 반복한다. Part B에서 가장 가까운 십 단위 수로 어림하는 방법을 시범 보이고 검사한다. 이를 위해 칠판에 수를 쓰고 이 수가 어느 십 단위 수와 더 가까운지를 묻는다. 예를 들어, 칠판에 238을 쓴 다음, 이 수가 230과 240 중에 어느 쪽에 더 가까운지를 묻는다. 학생들이 240이라고 답하면 "그러니까 238을 더 가까운 십 단위 수로 나타내면 230인가요, 240인가요?"라고 묻는다.

Part C는 학습지 연습 단계로, 학생들은 주어진 수에 가장 가까운 십 단위 수를 쓴다(예, 342 = □개의 십). 이 기술을 숙달하는 데 여러 주가 소요될 수 있다. 하지만 두 자릿수 이상 제수의 나눗셈 문제는 학생들이 이 사전 기술을 숙달했다는 것을 보이기 전에는 소개하면 안 된다.

〈수업 형식 10-7〉을 위한 문제 선정 지침은 다음과 같다. (a) 전환시킬 문제의 절반 정도는 일의 자리 숫자가 5보다 작아야 하고, 절반 정도는 5보다 커야 한다. (b) $\frac{2}{3}$ 정도의 문제는 백 단위 수로, 나머지 $\frac{1}{3}$ 은 십 단위 수로 구성하여 두 가지 유형의 수를 가지고 학생들이 어림을 할 수 있도록 한다. (c) 연습 초기 단계에서는 학생들에게 특별히 어려움을 줄 수 있는 숫자는 포함시키지 않도록 한다.

다음 두 가지 유형의 숫자들은 학생들이 특별히 어려워할 수 있다. (a) 뒤의 두 자리 숫자가 95 이상이어서(예, 397, 295, 498) 그다음 백 단위 수로 어림해야 할 경우(397은 400으로, 295는 300으로 어림) (b) 십의 자리 숫자가 0인 경우(예, 408, 207, 305)다. 어림하는 방법을 가르치기 시작한 지 1주일쯤 후에는 이러한 유형의 문제를 특별히 강조하면서 지도해야 한다.

몫이 정확하게 추정되는 나눗셈 문제. 지도 초기 단계에서는 제수가 두 자릿수인 나눗셈 문제는 몫이 정확한지를 쉽게 확인할 수 있는 것들로 한정해야 한다. 또한 초반 나눗셈 문제의 몫은 한 자릿수여야 한다. 몫이 두 자릿수인 나눗셈은 보통 몫이 한 자릿수인 나눗셈을 가르치기 시작한 지 며칠 후에 가르치기 시작한다.

몫이 정확하게 추정된 나눗셈을 가르치는 절차는 〈수업 형식 10-8〉에 나와 있다. Part A와 B에서는 단제법 알고리즘의 고유한 요소 기술인 가로식 곱셈과 제수와 피제수를 어림하여 몫을 추정하는 것을 가르친다.

Part A에서는 학생들에게 가로식으로 쓰인 추정된 몫과 제수를 곱하여 그 결과를 피제수 밑에 쓰도록 가르친다. $57\overline{)391}$ 에서 추정된 몫 6과 제수 57을 곱하도록 한다. 학생들은 먼저 6×7을 하여 42를 도출한다. 그리고 다음의 왼쪽과 같이 2는 피제수 1 밑에 쓰고, 4는 받아올려 제수 5 위에 쓴다. 그런 다음, 학생들은 6×5를 하고 그 결과에 4를 더한다. 그 합 34를 피제수 39 밑에 다음의 오른쪽과 같이 쓴다.

$$\overset{4}{57}\overline{)\overset{6}{391}} \qquad \overset{4}{57}\overline{)\overset{6}{391}}$$
$$\quad\;\; 2 \qquad\qquad\;\; 342$$

Part B에서는 추정된 몫을 결정하기 위해 가까운 수로 어림하는 전략을 제시한다. 교사는 칠판에 문제를 쓰고, 그 옆에 다음과 같이 빈칸에 나눗셈 기호를 적는다.

$$37\overline{)1582} \qquad \boxed{\;\;\overline{)\qquad}}$$

어림한 나눗셈 문제는 오른쪽 나눗셈 기호 안에 적는다. 교사는 학생들에게 문제를 읽고 먼저 계산해야 할 부분(예, 37이 158에 몇 번 들어가는가?)을 결정하도록 한다. 그런 다음 피제수 중 먼저 해야 하는 부분에 밑줄을 긋도록 한다. 다음에는 37을 40으로 어림하고 158을 160으로 어림하여 그 문제를 고쳐서 다음과 같이 쓴다.

$$\boxed{4\overline{)16}}$$

어림을 한 후에는 몫을 추정하고, 그 추정한 몫을 피제수 숫자 중 밑줄 친 마지막 숫자 위에 쓴다.

$$37\overline{)\overset{4}{1582}} \qquad \boxed{4\overline{)16}}$$

Part A와 Part B는 동시에 가르칠 수 있다. 이 두 부분은 각각 두 하위 단계를 포함하고 있음에 주목하기 바란다. 각 단계 앞 부분에서 교사는 칠판에 몇 개의 문제를 제시한다. 각 단계 뒷부분에서는 학습지 문제 푸는 것을 안내한 다음, 각자 스스로 문제를 풀어 보도록 한다. 매일 학생들이 안내를 받아 푸는 것보다는 스스로 푸는 양을 더 많게 해야 한다. 5문제 중 4문제 이상을 정확히 풀 수 있게 되면 Part C를 진행하도록 한다. 여기서는 전체 전략을 소개한다. 만약 학생이 두 문제 이상을 틀리면 Part A나 Part B 둘 중 하나나 둘 다를 더 연습하도록 한다. 전체 전략을 소개하기 전에 학생들은 곱셈과 어림 기술을 정확히 구사할 수 있어야 한다.

Part C는 구조화된 학습지 연습 단계로 전략의 모든 단계를 안내한다. 처음 2주 동안에는 학생들의 학습지 안에 빈칸의 나눗셈 기호를 제시해 준다. 학습지에 제시해 줄 수 있는 나눗셈 문제 예는 다음과 같다.

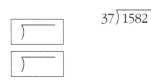

위쪽의 빈 나눗셈 기호는 문제의 첫 번째 계산 부분을 어림한 식을 쓰는 부분이고, 아래쪽의 빈 나눗셈 기호는 문제의 나머지 부분을 어림한 식을 쓰는 부분이다.

이 수업 형식에서 문제를 선정하는 두 가지 기준이 중요하다. 첫째, 모든 문제는 몫의 추정이 쉬운 것이어야 한다. 둘째, 다음의 왼쪽 두 문제와 같이 문제의 절반 정도는 피제수의 첫 두 숫자가 제수보다 작아야 한다. 반면, 다음의 오른쪽 두 문제와 같이 나머지 문제에서는 피제수의 첫 두 숫자가 제수보다 커야 한다.

$$37\overline{)2431}\qquad 37\overline{)441}$$

$$52\overline{)4681}\qquad 52\overline{)838}$$

몫이 한 자릿수인 나눗셈 문제도 교사 감독하의 개별 학습지 단계나 개별 학습지 단계에 포함되어야 한다. 이렇게 문제를 섞음으로써 학생들이 어느 부분을 먼저 계산해야 하는지를 확실히 알 수 있도록 해 줄 수 있다.

몫이 틀리게 추정되는 나눗셈 문제.   많지는 않지만, 제수가 두 자릿수 나눗셈 문제 중 상당수에서는 가까운 수로 어림하여 몫을 추정하여도 그 몫이 정확하지 않을 수 있다. 예를 들어, $39\overline{)155}$ 에서 추정되는 몫은 너무 클 것이다. 4×39는 156이 되어 버리기 때문이다. 이렇게 어림으로 몫을 추정하여도 몫이 정확하지 않은 문제는 학생들이 몫이 정확하게 추정되는 문제를 숙달한 지 1주일쯤 후에 소개하도록 한다. 첫 번째 문제는 몫이 한 자릿수여야 한다. 이러한 문제를 소개하는 절차는 〈수업 형식 10-9〉에 나와 있다.

이 수업 형식은 두 부분으로 구성되어 있다. Part A는 추정된 몫이 정확한지 아닌지를 결정하기 위한 요소 기술과 몫 추정이 정확하지 않았을 때 무엇을 해야 할 것인가에만 초점을 맞춘다. 몫이 너무 큰 경우와 너무 작은 경우 각각의 상황별로 지도 단계가 제시되어 있다. 이 수업 형식의 기본 원칙은 학생들에게 혼란을 최소화하는 것이다(예, 빼야 할 수가 윗수보다 크면 몫을 적게 하고 나머지가 더 크면 몫을 더 크게 한다).

Part A에서 학생들에게 각각 추정된 몫이 쓰인 문제들을 담은 학습지를 나누어 준다. 학습지에는 다양한 문제를 제시한다. 문제의 $\frac{1}{3}$ 은 몫이 너무 큰 경우(왼쪽), $\frac{1}{3}$ 은 몫이 너무 작은 경우(중앙), 나머지 $\frac{1}{3}$ 은 몫이 정확하게 추정된 경우(오른쪽)로 구성한다.

$$34\overline{)146}^{\,5}\qquad 36\overline{)193}^{\,4}\qquad 28\overline{)153}^{\,5}$$

학생들은 먼저 몫과 제수를 곱한다. 그 결과가 피

제수보다 크면(아래 왼쪽) 몫이 더 작아야 한다고 지적해 준다. 다음 문제에서 다음과 같이 말한다. "뺄셈을 할 수 없어요. 몫이 더 작아야 해요. 5를 지우고 4를 쓰세요."

몫이 너무 작은 경우(아래 오른쪽) 학생들로 하여금 나머지와 제수를 비교해 보도록 한다. 나머지가 제수와 같거나 클 경우에는 몫을 더 크게 해야 한다. 예를 들어, 오른쪽 문제에서 49 속에 36이 한 번 더 들어갈 수 있기 때문에 몫이 더 커야 함을 지적해 준다. 몫 4를 지우고 5로 바꿔 쓰도록 한다.

$$\begin{array}{r}5\\34\overline{)146}\\\underline{170}\end{array}\qquad\begin{array}{r}4\\36\overline{)193}\\\underline{144}\\49\end{array}$$

아주 특별한 문제의 경우에는 추정된 몫이 10 이상될 수 있다. 이러한 문제의 경우 어림한 나눗셈 문제에 대한 몫이 아무리 크다고 해도 몫 란에 쓸 수 있는 가장 큰 수는 9라는 규칙을 말해 준다. 그런 다음, 어림한 결과 몫이 11이 나오더라도 학생들은 여전히 몫으로 9를 쓰도록 한다. 다음과 같은 유형의 문제 몇 개를 학습지에 포함시켜야 한다.

$24\overline{)228}$ 를 $2\overline{)23}$ 와 같이 어림해야 하는 경우

어림으로는 몫이 정확하게 추정되지 않는 문제는 몇 주 동안 매일 풀어 보도록 해야 한다. 이 기간에 문제는 몫이 한 자릿수인 것으로 한정해야 한다. 몫이 두 자릿수 이상인 나눗셈은 학생들이 몫이 한 자릿수인 문제를 정확히 풀었을 때만 소개한다. 학습지 문제를 매우 다양하게 준비해야 한다. 어떤 문제들에서는 몫의 첫 번째 숫자 추정은 너무 크거나 작지만, 두 번째 자리 숫자 추정은 정확해야 한다. 예를 들어, $64\overline{)1803}$ 에서 몫의 첫 번째 숫자 추정(3은 너무 크다)은 정확하지 않다. 다른 문제들에서는 몫의 첫 번째 숫자 추정은 정확하지만 두 번째 숫자 추정은 부정확한 경우로 해야 한다. 예를 들어, $64\overline{)3317}$ 의 경우,

331에 64가 5번 들어가는 것은 별로 어렵지 않게 어림할 수 있고 또 그것이 정확하지만, 두 번째로 계산해야 할 117에 64가 몇 번 들어가는지에 대해서는 자칫 너무 큰 몫인 2로 어림할 수 있다. 마지막으로, 몇 몇 문제에서는 몫의 두 숫자 모두가 정확히 추정되지 않아야 한다. [그림 10-3]은 이러한 연습들에 사용될 수 있는 문제 예를 나타낸 것이다.

어림으로는 몫이 너무 작게 추정되는 나눗셈 문제는 학생들에게 특히 어려움을 줄 수 있다. 이러한 유형의 문제에 학생들을 준비시키기 위해서는 〈수업 형식 10-11〉을 이행하기 전에 언제 나머지가 더 큰가에 초점을 맞추어 연습을 여러 날 계속 시켜야 한다. 연습을 시킬 때 제수가 두 자릿수인 나눗셈 문제 6개 정도를 칠판에 적고 나머지가 제수보다 큰지 아닌지를 결정하는 방법을 시범 보인다.

진단과 교정

나눗셈 문제를 잘 못 푸는 이유는 매우 다양하다. 학생들이 흔히 범하는 오류가 [그림 10-4]에 제시되어 있다. 교정 절차는 대개 학생들이 범한 특정 요소 기술 오류에 초점을 맞춘 구조화된 학습지 연습을 시키는 형태로 진행된다. 학생들이 특정 유형의 오류 때문에 전체 문제의 10~20%에서 오답을 보일 경우 교정 절차가 필요하다는 것을 명심해야 한다. 학생들의 학습지를 점검할 때 교사는 문제를 틀린 이유뿐만 아니라, 어림을 정확하게 했는지를 보기 위해 정확하게 푼 문제도 봐야 한다. 어림을 틀리게 한 학생도 몫을 정확하게 낼 수는 있지만 불필요한 계산을 많이 했을 수 있다. 어림 문제에서 10~15% 이상의 오류를 보이는 학생들은 어림에 대한 집중적인 교정을 받아야 한다. 덜 구조화된 수업으로 나아가기 전에 어림

[그림 10-3] 몫이 한 자릿수이고, 제수가 두 자릿수인 나눗셈 문제 예

어림으로 몫이 정확히 추정되는 경우

34)102	82)591	37)1723	72)3924	73)2308	53)230	27)94	52)2731
53)1752	29)2150	48)268	51)78	68)1528	27)941	51)2398	39)94
90)673	80)7485	19)813	86)5000	40)289	48)269	12)384	41)987
25)896	67)242	82)370	89)6703	58)1256	16)415	32)197	11)48
45)968	93)5780	42)534	75)183	28)154	36)2000	84)991	60)2486

어림으로는 몫이 너무 크게 추정되는 경우

73)289	84)246	91)632	64)3321	53)1524	16)60	23)170	13)68
93)2724	24)900	44)216	72)354	82)2401	52)1020	31)1500	31)180
54)102	71)3520	41)2450	72)2815				

어림으로는 몫이 너무 작게 추정되는 경우

26)185	35)175	38)193	35)1651	25)1852	46)283	86)260	75)300
37)2483	47)1898	57)342	29)114	48)3425	46)1823	85)6913	45)238
58)232	36)1892	16)861	17)698				

어림으로 추정되는 몫이 9보다 크게 나오는 경우

23)214	21)200	34)312	73)725	74)725	43)412	24)238	14)120
13)104	32)304						

[그림 10-4] 여러 자릿수 나눗셈 오류의 진단과 교정

오류 유형	오류 진단	교정 절차
a. $$\begin{array}{r} 64 \\ 7\overline{)483} \\ \underline{45} \\ 33 \\ \underline{28} \\ 5 \end{array}$$	단순 연산 오류: 학생이 단순 연산 오류를 범함($6 \times 7 = 45$)	연산 오류 빈도에 따라 교정. 오류율이 높을 경우 체계적인 연산 지도. 오류율이 낮을 경우 오류를 범한 연산을 포함하여 연습시키고 오류율을 줄이겠다는 동기화
b. $$\begin{array}{r} 56 \\ 7\overline{)413} \\ \underline{35} \\ 43 \\ \underline{42} \\ 1 \end{array}$$	요소 기술 오류: 뺄셈 오류($41 - 35 = 4$)	받아내림 주의시킬 것
c. $$\begin{array}{r} 81 \\ 6\overline{)493} \\ \underline{48} \\ 13 \\ \underline{6} \\ 7 \end{array}$$	요소 기술 오류: 몫을 너무 적게 추정함	부정확하게 추정된 몫을 지도하기 위한 교정 지도안(〈수업 형식 10-4〉와 〈수업 형식 10-5〉 참조). 연습문제에 학생이 틀린 문제의 제수가 들어간 나눗셈 문제를 포함시켜야 함
d. $$\begin{array}{r} 49 \\ 6\overline{)288} \\ \underline{24} \\ 48 \\ 54 \end{array}$$	요소 기술 오류: 몫을 너무 크게 추정함	위와 동일
e. $$\begin{array}{r} 335 \\ 7\overline{)23458} \\ \underline{21} \\ 24 \\ \underline{21} \\ 38 \\ \underline{35} \\ 3 \end{array}$$	요소 기술 오류: 몫을 끝까지 구하지 않음-위에서 밑으로 내리는 수를 빼먹음	구조화된 학습지 연습(〈수업 형식 10-8〉 참조)
f. $$\begin{array}{r} 514 \\ 4\overline{)20568} \\ \underline{20} \\ 5 \\ \underline{4} \\ 16 \\ \underline{16} \\ 0 \end{array}$$	요소 기술 오류: 몫을 끝까지 구하지 않음-피제수 마지막 숫자에 대한 몫을 쓰지 않음	밑줄 친 모든 피제수 위에 몫을 쓸 때까지 나눗셈을 계속할 것을 강조하는 덜 구조화된 학습지 연습
g. $$\begin{array}{r} 12 \\ 7\overline{)714} \\ \underline{7} \\ 14 \\ \underline{14} \end{array} \qquad \begin{array}{r} 7 \\ 5\overline{)352} \\ \underline{35} \\ 2 \end{array}$$	요소 기술 오류: 몫에 0이 있는 나눗셈에서 몫을 끝까지 구하지 않음	동일 유형 문제에 초점을 맞춘 구조화된 학습지(〈수업 형식 10-9〉 참조)

h.

$$39\overline{)155} \quad 25\overline{)78}$$

4 2
156 50
1 28

요소 기술 오류: 몫이 너무 크거나 작음

추정한 몫이 정확하지 않은 문제에 대한 지도안 제시(〈수업 형식 10-9〉 참조)

i.

$$27\overline{)2248}$$

7
189

요소 기술 오류: 곱셈 결과를 틀린 곳에 배치하여 불완전한 몫을 계산함

구조화된 학습지 연습(〈수업 형식 10-9〉)을 제시한다. 곱셈한 결과를 어디에 쓸 것인지에 초점을 둔다.

수업 형식을 여러 날 동안 반복해야 한다.

상업용 프로그램

나눗셈: 한 자릿수 및 두 자릿수 제수 나눗셈

교수 전략.   대부분의 상업용 프로그램에 제시된 나머지가 있는 나눗셈 초기 지도 전략은 그렇게 다양하지 않다. 그나마 제시된 전략은 다음 단계들로 구성되어 있다.

단계 1: 십 단위 숫자로 나눈다.
단계 2: 문제를 다시 쓴다.
단계 3: 일 단위 숫자로 나눈다.

다른 연산 때 제시된 전략들과 마찬가지로 이 전략 역시 단도직입적인 것처럼 보인다. 하지만 좀 더 자세히 들여다보면 중요한 단계가 누락되어 있음을 알 수 있고, 이로 인해 특히 저성취 학생들에게는 이 전략을 사용하는 것이 더욱 어렵게 여겨질 수밖에 없다. 일부 프로그램에서는 학생들에게 이 중요한 단계들을 '생각해 보도록(think through)' 독려한다. 또한 일부 상업용 교재에 사용된 그림은 문제에서 숫자를 어떻게 정렬하고 언제 무엇에서 무엇을 빼야 하는지 등과 같이 계산 과정에 꼭 필요한 단계로부터 학생들의 주의를 분산시키는 경향을 보인다. 사실, 교사용 지도서만 봐서는 학생들이 그림을 먼저 이용하도록 하는지 아니면 숫자를 먼저 사용하여 나눗셈을 하도록 하는지 많은 경우 분명하지 않다. 학업 성적이 낮은 학생의 경우에는 이러한 나눗셈의 모든 단계를 보다 명시적으로 지도하여 이들이 이 기술을 숙달할 수 있도록 해 주어야 한다.

많은 상업용 교재에 나와 있는 제수가 두 자릿수인 나눗셈의 지도 전략 역시 서로 간에 매우 유사하다. 지도 초기 차시임에도 어디에서부터 계산해야 할지 등과 같은 정교한 사전 기술을 학생들이 모두 숙달했을 것으로 전제하는 경우도 있다. 지도 전략은 다음 네 가지 기본 단계로 제시되어 있다. 천 단위, 백 단위, 십 단위, 다시 십 단위 순서로 나눗셈 식을 다시 어림하여 쓴다. 몫을 추정하는 절차는 아예 미리 준다. 학생들이 스스로 몫을 추정할 수 있는지 의문이다. 또한 많은 나눗셈 오류가 몫을 제자리에 쓰지 못하는 데서 비롯되는데 많은 프로그램에서 학생들이 어떻게 자리를 정확히 맞추는지를 명시적으로 가르치지 않는다는 것에 주목할 필요가 있다.

적용 문제 | 나눗셈

1. 다음 각 문제의 유형을 밝히시오. 소개해야 할 순서에 맞게 문제 번호를 나열하시오. 각 문제 유형을 소개해야 할 학년 단계를 쓰시오.

$$5\overline{)128} \qquad 5\overline{)23} \qquad 2\overline{)136} \qquad 5\overline{)20} \qquad 5\overline{)153}$$

$$27\overline{)122} \qquad 5\overline{)736} \qquad 27\overline{)136} \qquad 5\overline{)526}$$

2. 다음은 제수가 한 자릿수이고 몫이 세 자릿수인 문제(문제 유형 4e)를 정확하게 풀 수 있음을 보인 학생에게 제시한 개별 학습지 문제다. 교사는 이 학습지를 작성하는 데서 몇 가지 오류를 범했다.

   a. 부적절한 예를 찾으시오.

   b. 이 학습지에 포함되었어야 할 문제 유형을 밝히시오(학생들이 기본적인 나눗셈은 모두 아는 것으로 가정한다).

   $7\overline{)932}$ $5\overline{)1432}$ $3\overline{)1214}$ $5\overline{)3752}$

   $2\overline{)714}$ $9\overline{)1436}$ $5\overline{)823}$ $6\overline{)1443}$

3. 다음은 Adam 교사 반 학생들이 혼자 풀어야 할 학습지에 포함된 문제 8개다. 문제 다음은 각 학생이 틀린 문제를 나타낸 것이다. 학생별로 오류의 이유를 제시하고, 교정 절차를 제시해 보시오.

   $6\overline{)8324}$ $4\overline{)12385}$ $7\overline{)493}$ $8\overline{)7200}$ $5\overline{)5214}$ $7\overline{)9222}$ $5\overline{)8253}$ $9\overline{)72990}$

   Barbara

   $$\begin{array}{r} 8332\cdots2 \\ 9\overline{)72990} \\ 70 \\ \hline 29 \\ 27 \\ \hline 29 \\ 27 \\ \hline 20 \\ 18 \\ \hline 2 \end{array}$$

   $$\begin{array}{r} 925 \\ 8\overline{)7200} \\ 70 \\ \hline 20 \\ 16 \\ \hline 40 \end{array}$$

   Randy

   $$\begin{array}{r} 396\cdots1 \\ 4\overline{)12385} \\ 12 \\ \hline 38 \\ 36 \\ \hline 25 \\ 24 \\ \hline 1 \end{array}$$

   $$\begin{array}{r} 142\cdots4 \\ 5\overline{)524} \\ 5 \\ \hline 21 \\ 20 \\ \hline 14 \\ 10 \\ \hline 4 \end{array}$$

   Fred

   $$\begin{array}{r} 131\cdots5 \\ 7\overline{)9222} \\ 7 \\ \hline 22 \\ 21 \\ \hline 12 \\ 7 \\ \hline 5 \end{array}$$

4. 다음은 Charles가 학습지 문제를 풀다가 범한 오류를 나타낸 것이다. 오류 교정에서 교사가 말할 것을 제시해 보시오.

   $$\begin{array}{r} 4\cdots40 \\ 36\overline{)184} \\ 144 \\ \hline 40 \end{array}$$

5. $7\overline{)213}$ 문제를 지도하기 위한 구조화된 학습지 지도 단계를 기술해 보시오.

6. 다음 오류를 교정하기 위해 교사가 사용할 말을 기술해 보시오.

   a. $27\overline{)482}$ $\boxed{3\overline{)48}}$

   b. $27\overline{)482}$ $\boxed{2\overline{)4}}$

7. 다음은 이제 방금 제수가 두 자릿수이고 몫이 한 자릿수이거나 두 자릿수인 나눗셈 중 어림으로 몫을 정확하게 추정할 수 있는 문제를 정확하게 풀 수 있음을 보인 학생에게 나누어 준 개별 학습지 문제의 일부다. 부적절한 예를 지적해 보시오.

   $23\overline{)989}$ $34\overline{)148}$ $76\overline{)793}$

   $58\overline{)2938}$ $31\overline{)283}$ $49\overline{)1638}$

〈수업 형식 10-1〉 나눗셈 소개

교사	학생
Part A: 나눗셈 문제 바꿔 말하기	

1. (칠판에 다음과 같이 쓴다)

$$5\overline{)15}\,^{3} \quad 2\overline{)18}\,^{9} \quad 6\overline{)30}\,^{5} \quad 3\overline{)12}\,^{4}$$

$$4\overline{)20}\,^{5} \quad 7\overline{)28}\,^{4} \quad 3\overline{)21}\,^{7}$$

교사	학생
이것은 나눗셈 문제예요. 무슨 문제라고요?	나눗셈 문제입니다.
이 식은 이렇게 읽어요. (5를 가리키며) 5가 (15를 가리키며) 15에 (3을 가리키며) 3번 들어가요. 이 문제를 어떻게 읽는다고 했죠?	5가 15에 3번 들어가요.
(학생들이 대답을 하는 것에 맞추어 5, 15, 3 순서로 가리킨다. 다음 문제를 가지고 단계 1을 반복한다)	

$$2\overline{)18}\,^{9} \quad 6\overline{)30}\,^{5}$$

교사	학생
2. ($3\overline{)12}\,^{4}$ 를 가리키며) 이 문제는 어떻게 읽죠?	3이 12에 4번 들어가요.
(학생들이 대답하는 것에 맞추어 3, 12, 4 순서로 가리킨다. 다음 문제를 가지고 단계 2를 반복한다)	

$$4\overline{)20}\,^{5} \quad 7\overline{)28}\,^{4} \quad 3\overline{)21}\,^{7}$$

(몇 명의 학생을 개별적으로 시켜 본다)

Part B: 구조화된 칠판 수업

교사	학생
1. (칠판에 $5\overline{)15}$ 를 쓴다)	
이것은 무슨 문제죠?	나눗셈 문제요.
이 문제는 5가 15에 몇 번 들어가는가로 읽어요. 이 문제는 어떻게 읽는다고요? (5, 15를 순서대로 가리킨다)	5가 15에 몇 번 들어가는가?
우리는 5가 15에 몇 번 들어가는지 알아내야 해요. 나눗셈을 할 때는 먼저 큰 수부터 계산하고, 다음에 이를 동일한 개수의 여러 묶음으로 나누어요. (칠판에 15개의 막대선을 그린다)	

| | | | | | | | | | | | | | | |

교사	학생
2. 이것은 15개짜리 묶음 하나예요. 이것을 더 적은 개수의 여러 개 묶음으로 나누고 싶어요. 각 묶음에는 5개의 막대선이 들어가야 해요. 각 묶음에 몇 개의 막대선이 들어가야 한다고요?	5
3. 내가 막대선을 짚으면 여러분이 수를 세어 보세요. (다섯 개의 막대선을 짚는다) 이것은 5개들이 묶음이에요. 이것을 동그라미로 묶을게요. (다섯 개의 막대선을 동그라미로 묶는다) (나머지 막대를 가지고 단계 3을 반복한다)	1, 2, 3, 4, 5

4. 15를 5개들이 묶음으로 나눌 거예요. 묶음의 수를 세어 봅시다. (각 묶음을 짚 | 1, 2, 3
는다)

5. 5가 15에 몇 번 들어가죠? 15의 끝자리 위에 3을 쓸게요. | 3

$(5\overline{)15}^{3}$ 라고 쓴다) 문제를 읽어 보세요. | 5가 15에 3번 들어가요.

$(2\overline{)8}$ 문제를 가지고 단계 1~5를 반복한다)

Part C: 구조화된 학습지

   a. $5\overline{)20}$ b. $2\overline{)8}$

   | | | | | | | | | | | | | | | | | | | | | | | | | | | |

   c. $2\overline{)12}$

   | | | | | | | | | | | |

1. 문제 a를 짚으세요. 이 문제는 5가 20에 몇 번 들어가는가를 묻는 문제예요. | 5가 20에 몇 번 들어가는가?
   어떻게 읽는다고요?

2. 5개들이 묶음을 20개에서 몇 개 만들 수 있는지 알아봐야 해요. 문제 밑에
   막대선이 20개 있어요. 묶음당 막대선이 5개씩 들어가게 묶어 보세요. (학생
   들의 활동을 확인한다)

3. 몇 개의 묶음을 만들었나요? 20 끝자리 수 위에 4를 쓰세요. | 4
   (확인) | 4를 쓴다.

4. 이제 문제는 5가 20에 4번 들어간다고 읽습니다. 문제를 어떻게 읽는다고
   요? (남은 문제를 가지고 단계 1~4를 반복한다) | 5가 20에 4번 들어갑니다.

Part D: 덜 구조화된 학습지

1. 문제 a를 짚으세요. | 문제 $2\overline{)10}$ 을 짚는다.
   | | | | | | | | | | |

2. 문제를 어떻게 읽죠? | 2가 10에 몇 번 들어가는가?

3. 각 묶음에 몇 개씩 묶죠? | 2

4. 여러 개의 묶음으로 묶고 10의 끝자리 위에 그 묶음의 개수를 쓰세요. | 두 개의 막대선을 묶음으로 묶는다. 5를 쓴다.

5. 문제와 답을 읽으세요. | 2는 10에 5번 들어간다.

〈수업 형식 10-2〉 나머지가 있는 나눗셈 소개

교사	학생

Part A: 나머지 개념 소개하기

1. (칠판에 다음과 같이 쓴다)

    $5\overline{)13}$

	5가 13에 몇 번 들어가는가?

(5$\overline{)13}$ 을 가리키며) 이 문제는 어떻게 읽죠?

2. 막대선을 이용하여 문제를 풀어 봅시다. 문제는 5가 13에 몇 번 들어가는가
   를 묻고 있기 때문에 막대선을 13개 그릴게요. (칠판에 13개의 막대선을 그린
   다) 5가 13에 몇 번 들어가는가를 묻는 문제이니 5개씩 묶어 볼게요. (각 묶음
   내의 막대선 개수를 크게 센다. 각 묶음에 동그라미를 친 후 다음과 같이 말한다) 여기
   5개들이 묶음이 있어요. (남은 3개의 막대선을 센 다음) 막대선이 3개밖에 남지
   않았기 때문에 5개들이 묶음을 더 이상 만들 수 없어요.

   ⟨|||||⟩ ⟨|||||⟩ |||

3. 이제 5개들이 묶음이 몇 개 있는지 알아봅시다. 내가 각 묶음을 짚으면 그 개
   수를 세어 보세요. (학생들이 수를 세면 묶음을 짚는다)   1, 2

4. 13에 5개들이 묶음이 몇 개죠? 예, 두 개의 묶음이 있어요.   2

   ($5\overline{)13}^{2}$ 라고 쓴다)

5. 남은 막대선이 있나요?   예.
   남은 막대선을 우리는 나머지라고 해요. 남은 막대선이 몇 개인가요?   3

6. 3은 13에 2번 들어가고 나머지는 3이라고 읽어요. 5가 13에 몇 번 들어간다
   고요?   2번 들어가고 나머지는 3이에요.
   (다음 문제를 가지고 단계 1~6을 반복한다)
   2$\overline{)9}$ 9$\overline{)21}$

Part B: 구조화된 학습지

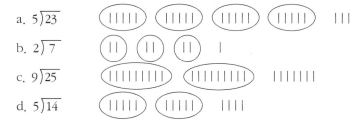

1. 문제 a를 읽으세요.   5가 23에 몇 번 들어가는가?

2. 첫 번째 문제는 23으로부터 5개씩 묶음을 몇 개 만들 수 있는지를 묻는 문제
   예요. 문제 옆에는 23개의 막대선이 있어요. 5개씩 막대선이 묶여 있어요.
   5개들이 묶음이 몇 개죠? 3 위에 4를 쓰세요.   4

3. 몇 개의 막대선을 묶었는지 알고 싶어요. 그래서 5에다 4를 곱합니다. 우리
   가 묶은 막대선의 개수를 알아내기 위해 무엇을 해야 한다고요?   4 곱하기 5

4. 4 × 5는 얼마죠? (멈추고 신호)   20

5. 23 밑에 20을 쓰세요. 처음 23개였는데 20개를 썼으니까 20 앞부분에 빼기
   기호를 씁니다. 우리가 방금 쓴 뺄셈 문제를 읽어 보세요.   23 − 20
   뺄셈을 하고 답을 쓰세요. 23 빼기 20은 얼마죠?   3

6. 이제 모두 다 했어요. 5는 23에 4번 들어가고 나머지가 3입니다. 5가 23에 몇 번 들어간다고요?
   (문제 b, c, d를 가지고 단계 1~6을 반복한다)

4번 들어가고 나머지는 3이에요.

Part C: 덜 구조화된 학습지

1. 문제_____를 읽으세요.
   ___이 ___에 몇 번 들어가죠? (멈추고 신호)
   ___을 ___ 위에 쓰세요.
   막대선을 모두 몇 개나 묶었는지 어떻게 알죠?

   ___은 ___에 몇 번 들어가는가?
   ___번
   ___ 곱하기 ___은 ___입니다.
   ___

2. ___ 곱하기 ___은 얼마죠?

   ___

3. ___밑에 ___을 쓰세요. 앞에 빼기 기호를 쓰세요.

4. 뺄셈을 하세요. (학생들에게 필요한 경우에는 받아내림을 하라고 환기시켜 준다)
   나머지가 얼마인가요?

   ___

5. ___이 ___에 몇 번 들어가죠?

   ___은 ___에 ___번 들어가고 나머지는 ___입니다.

〈수업 형식 10-3〉 나머지가 있는 단순 나눗셈 소개

교사	학생
Part A: 구조화된 칠판 수업	

1. (칠판에 다음 수들을 한 줄로 적는다)

   ⓪ 1 2 3 4 ⑤ 6 7 8 9
   ⑩ 11 12 13 14 ⑮ 16 17 18
   19 ⑳ 21 22 23 24 ㉕

   잘 들으세요. 5는 동그라미 친 숫자에는 나머지가 없이 들어갈 수 있어요. 5가 나머지 없이 들어갈 수 있는 숫자들을 말해 보세요.

   0, 5, 10, 15, 20, 25

2. 5가 다른 숫자에 들어갈 때는 나머지가 생깁니다. (1, 2, 3, 4를 가리키며) 이 숫자들은 5가 0번 들어가고 나머지가 남습니다.

3. 내 차례예요. 5가 2에 몇 번 들어가나요? 5는 2에 0번 들어가고 나머지가 남습니다. 5가 2에 몇 번 들어가나요?

   0번과 나머지

   5가 4에 몇 번 들어가나요?

   0번과 나머지

4. (5를 가리키며) 5는 5에 1번 들어갑니다. (6, 7, 8, 9를 가리키며) 이 숫자들에는 5가 1번 들어가고 나머지가 남습니다. 5는 8에 몇 번 들어가나요?

   1번과 나머지

   5는 6에 몇 번 들어가나요?

   1번과 나머지

5. (15, 19, 17을 가지고 단계 4를 반복한다)

6. (20, 24, 21을 가지고 단계 4를 반복한다)

Part B: 덜 구조화된 칠판 수업

1. (칠판에 다음 숫자들을 한 줄로 적는다)

⓪ 1 2 3 4 ⑤ 6 7 8 9

⑩ 11 12 13 14 ⑮ 16 17 18

19 ⑳ 21 22 23 24 ㉕

5가 나머지 없이 들어갈 수 있는 숫자들을 말해 보세요.   5, 10, 15, 20, 25

2. (13을 가리키며) 5가 13에 몇 번 들어가는지 생각해 보세요. (멈추고 신호)   2번 들어가고 나머지가 있습니다.

교정하기: (10을 가리키며) 5는 10에 2번 들어갑니다.

(11, 12, 13, 14를 가리키며) 이 숫자들에는 5가 2번씩 들어가고 나머지가 남습니다. 5는 13에 2번 들어가고 나머지가 남습니다. (단계 2를 반복한다)

3. (20, 24, 0, 3, 9, 16을 가지고 단계 2를 반복한다)

Part C: 구조화된 학습지

   a. $5\overline{)22}$ b. $5\overline{)16}$ c. $5\overline{)10}$ d. $5\overline{)7}$

1. 문제 ___를 읽으세요.   ___은 ___에 몇 번 들어가는가?

2. ___이 ___에 몇 번 들어가죠?

  (멈추고 신호)

  교정하기: (만약 학생이 다음과 같이 몫을 너무 작게 잡으면 다음과 같이 말한다) 5씩 한 묶음을 더 만들 수 있어요. $5 \times 4 = 20$.

$$\begin{array}{r} 3 \\ 5\overline{)22} \end{array}$$

(만약 학생이 몫을 너무 크게 잡으면 다음과 같이 말한다) $5 \times 5 = 25$. 이것은 너무 커요.

$$\begin{array}{r} 5 \\ 5\overline{)22} \end{array}$$

3. ___을 ___ 위에 쓰세요.   학생은 몫을 피제수 끝자리 위에 쓴다.

  무엇과 무엇을 곱하죠?   ___ × ___

  곱하고 뺄셈을 하세요. (멈춤) 나머지가 얼마죠?

  ___이 ___에 몇 번 들어가죠?   ___번 들어가고 나머지가 ___입니다.

  (몇 개의 예를 가지고 단계 1~3을 반복한다. 그런 다음 학생 스스로 문제를 풀어 보도록 한다)

〈수업 형식 10-4〉 나머지가 있는 나눗셈 교정 – 몫이 너무 작은 경우

교사	학생
Part A: 너무 작은 몫 알아내기	

1. (칠판에 다음과 같이 적는다)

   $5\overline{)28}$

   이 문제는 5가 28에 몇 번 들어가는지를 묻는 문제입니다. 우리는 5가 28에 몇 번 들어가는지 알아내려고 합니다. 따라서 나머지는 5보다 작아야 합니다.

2. 문제가 무엇을 묻는 문제라고요? — 5는 28에 몇 번 들어가는가?

3. 그러면 나머지는 어떠해야 한다고요? — 5보다 작아야 합니다.

4. ($7\overline{)23}$ $2\overline{)13}$ $6\overline{)14}$ $5\overline{)27}$ $3\overline{)24}$ 을 가지고 단계 1~3을 반복한다)

Part B: 정답 쓰기

a. $5\overline{)28}^{\,4}$ b. $7\overline{)31}^{\,4}$ c. $9\overline{)24}^{\,2}$

d. $9\overline{)43}^{\,3}$ e. $5\overline{)42}^{\,8}$ f. $2\overline{)13}^{\,5}$

g. $2\overline{)15}^{\,6}$ h. $5\overline{)28}^{\,5}$

1. 문제 a는 5가 28에 4번 들어가는 것으로 되어 있습니다. 5 × 4를 해서 이를 28에서 빼 나머지를 구합니다. 여러분 학습지에 해 보세요.

2. 나머지가 무엇이죠? — 8

3. 여기 규칙이 있어요. 만약 나머지가 너무 크면 몫을 더 크게 합니다. 나머지가 너무 크면 어떻게 한다고요? — 몫을 더 크게 합니다.

4. 나머지가 너무 큰가요? — 예.

   그렇다면 어떻게 해야 하죠? — 몫을 더 크게 합니다.

   나머지는 5보다 큽니다. 그러니까 5는 28에 1번 더 들어갈 수 있어요. 4를 지우고 5를 쓰세요. (점검한다) 이제 20을 지우세요. 몫과 곱해서 빼세요. 새로운 나머지는 얼마죠? — 3

   (참고: 4단계에서 답이 '아니요'인 경우에만 다음과 같이 말해 준다) 자, 이제 답이 맞았어요. 다음 문제로 갑시다. (단계 5를 본다)

5. 나머지가 너무 큰가요? — 아니요.

   그러니까 답이 맞아요. 문제를 읽어 보세요. — 5는 28에 5번 들어가고 나머지는 3입니다.

6. (몇 개의 문제를 가지고 단계 1~5를 반복하고, 나머지 문제를 스스로 해 보게 한다)

〈수업 형식 10-5〉 나머지가 있는 나눗셈 교정 – 몫이 너무 큰 경우

교사	학생
Part A: 몫이 너무 큰 경우 알기	
1. (칠판에 다음과 같이 적는다)	
$$\frac{6}{5\overline{)28}}$$ $$30$$	
문제를 읽어 보세요.	5는 28에 6번 들어갑니다.
2. 이 문제는 누군가 풀어 놨는데 문제가 있어요. 30을 28에서 뺄 수 있나요?	아니요.
3. 여기 규칙이 있어요. 뺄 수 없으면 몫을 더 작게 합니다. 뺄 수 없으면 어떻게 하라고요?	답을 작게 합니다.
4. 몫을 1 작게 하겠습니다. 6보다 1 작은 수는 무엇이죠?	5
(6을 지우고 5를 쓴다) 5 곱하기 5는 얼마죠?	25
5. (30을 지우고 25를 쓴다) 25를 28에서 뺄 수 있나요?	예.
28 – 25는 얼마죠?	3
문제를 읽어 보세요.	5는 28에 5번 들어가고 나머지가 3입니다.
6. (몇 개의 예를 가지고 1~5단계를 반복한다)	
Part B: 정답 쓰기	
a. $\frac{6}{5\overline{)28}}$ b. $\frac{4}{7\overline{)31}}$ c. $\frac{2}{9\overline{)24}}$	
d. $\frac{5}{9\overline{)43}}$ e. $\frac{8}{5\overline{)42}}$ f. $\frac{7}{2\overline{)13}}$	
1. 학습지의 문제를 보세요. 어떤 몫은 너무 큽니다. 여러분은 그것을 고치려고 합니다.	
2. 문제 a를 보세요. 6 × 5는 얼마죠?	30
3. 30을 28에서 뺄 수 있나요?	아니요.
그러면 어떻게 해야 하죠?	답을 1 적게 합니다.
(참고: 3단계 답이 '아니요'일 경우에만 4단계를 한다)	
4. 6을 지우세요. 대신 무엇을 써야 하지요?	5
문제를 푸세요.	
(5~6개의 문제를 가지고 단계 2~4를 반복한다. 그다음 학생들로 하여금 스스로 학습지를 풀게 한다)	

〈수업 형식 10-6〉 몫이 두 자릿수인 나눗셈

교사	학생
Part A: 어디서부터 시작할지 결정하기	

1. 나눗셈 문제에서 숫자가 클 때에는 문제를 나누어서 계산을 합니다. 언제나 먼저 계산할 부분에 밑줄을 치는 것으로 시작합니다. 어떤 경우에는 첫 숫자에만 밑줄을 칠 수도 있고, 또 어떤 경우에는 첫 두 숫자에 밑줄을 칠 수도 있어요.

2. (칠판에 다음 문제를 적는다)

$6\overline{)242}$

문제를 읽으세요. → 6이 242에 몇 번 들어가는가?

6으로 나누려고 해요. 우리가 나누고자 하는 수가 최소한 6만큼 크면 우리는 242의 첫 숫자에만 밑줄을 칩니다. 만약 6이 첫 숫자에 들어갈 수 없다면 첫 두 숫자에 밑줄을 칩니다. 우리가 나누고자 하는 수를 보세요. 우리가 첫 번째에 나누고자 하는 숫자는 2입니다. 2는 6만큼 큰가요? → 아니요.

그럼 우리는 첫 두 숫자에 밑줄을 칩니다. (24에 밑줄을 친다)

$6\overline{)242}$

밑줄 친 부분의 문제를 읽으면 6은 24에 몇 번 들어가는가예요. 밑줄 친 부분의 문제가 뭐라고요? → 6이 24에 몇 번 들어가는가?

(다음 문제를 가지고 단계 2를 반복한다)

  a. $5\overline{)87}$ b. $9\overline{)328}$ c. $4\overline{)38}$

  d. $6\overline{)62}$ e. $3\overline{)245}$ f. $7\overline{)832}$

Part B: 어디서부터 시작할 것인가를 결정하는 학습지

  a. $7\overline{)248}$ b. $3\overline{)527}$ c. $7\overline{)486}$ d. $5\overline{)532}$

  e. $5\overline{)234}$ f. $6\overline{)184}$ g. $6\overline{)932}$

  h. $4\overline{)128}$ i. $4\overline{)436}$ j. $8\overline{)264}$

1. 문제 a를 짚고 문제를 읽으세요. → 7이 248에 몇 번 들어가는가?

먼저 계산할 부분에 밑줄을 칠 것입니다. 무슨 수로 나누죠? → 7

나누고자 하는 수의 첫 번째 숫자가 최소한 7만큼 큰가요? → 아니요.

그러니까 어디에 밑줄을 치죠? → 24

24에 밑줄을 치고, 밑줄 친 부분의 문제를 읽어 보세요. → 7이 24에 몇 번 들어가는가?

(다섯 개의 문제를 가지고 단계 1을 반복한다. 그런 다음, 학생들로 하여금 나머지 문제를 가지고 먼저 계산해야 할 부분에 밑줄을 치도록 한다)

Part C: 구조화된 칠판 수업

1. (칠판에 다음 문제를 적는다)

$5\overline{)213}$

문제를 읽으세요. 밑줄 칠 부분을 말해 보세요. (멈춤. 21에 밑줄을 친다)	5는 213에 몇 번 들어가는가? 21

$5\overline{)213}$

교정하기: 첫 번째 숫자를 보세요. 2가 최소 5만큼 큰가요?	아니요.
그러니까 어디에 밑줄을 쳐야 하죠?	21
밑줄 친 부분의 문제를 읽어 보세요.	5는 21에 몇 번 들어가는가?

2. 5는 21에 몇 번 들어가죠? (멈춤)   4

3. 밑줄 친 맨 끝자리 숫자 위에 4를 쓸게요.

　(다음과 같이 쓴다)

$$5\overline{)2\underline{1}3}\quad\overset{4}{}$$

4. 이제 4 × 5를 하세요. 4 × 5는 얼마죠? (멈춤. 20을 쓴다)   20

　이제 21에서 20을 뺄게요. 1 – 0은 얼마죠? (1을 쓴다)   1

5. (3을 가리키며) 밑줄 친 부분의 옆 숫자는 무엇이죠?   3

　이제 그것을 밑으로 내려 1 옆에 쓸게요.

　(지금까지의 과정을 다음과 같이 쓴다)

$$
\begin{array}{r}
4\\
5\overline{)2\underline{1}3}\\
20\\
\hline
13
\end{array}
$$

　이제 밑줄 친 밑 부분의 숫자는 무엇이죠?   13

6. 문제의 다음 부분은 13에 5가 몇 번 들어가는가 하는 것이에요. 다음 문제가
　무엇이라고요?   5는 13에 몇 번 들어가는가?

　5는 13에 몇 번 들어가나요? (멈춤)   2

　위에서 내려 쓴 숫자 위에 2를 쓸게요.

　(이 과정을 다음과 같이 쓴다)

$$
\begin{array}{r}
42\\
5\overline{)2\underline{1}3}\\
20\\
\hline
13
\end{array}
$$

7. 이제 곱하기를 하고 뺄셈을 하세요. 2 × 5는 얼마죠? (멈춤)   10

　13 밑에 10을 쓸게요. (10을 쓴다) 13 빼기 10은 얼마죠? (멈춤)   3

8. 이제 문제를 다 풀었어요. 밑줄 친 숫자 다음의 모든 숫자 위에는 어떤 숫자
　가 적혀 있어요. 5는 213에 42번 들어가고 나머지가 3이에요. 5가 213에 몇
　번 들어간다고요?   42번과 나머지 3

　($7\overline{)94}$ $2\overline{)135}$ $3\overline{)65}$ 문제를 가지고 단계 1~8을 반복한다)

Part D: 구조화된 학습지

1. (칠판에 다음 문제를 쓴다)

　$3\overline{)137}$

문제를 짚고 읽어 보세요.	3은 137에 몇 번 들어가는가?
어떤 숫자에 밑줄을 쳐야 하나요? (멈춤)	13

2. 13에 밑줄을 치세요. 밑줄 친 부분은 어떻게 읽나요? 3은 13에 몇 번 들어가는가?

3. 3은 13에 몇 번 들어가죠? 밑줄 친 숫자 중 맨 뒷 숫자 위에 4를 쓰세요. 4

4. 어떤 수들을 곱하죠? 4×3

    4×3은 얼마죠? 12

5. 13 밑에 12를 쓰고 빼세요. 13 − 12는 얼마죠? 1

6. 다음에 나누어야 할 숫자는 무엇이죠? (멈춤) 7

    7을 밑으로 내리고 1 옆에 쓰세요.

$$3 \overline{)137}$$

위에 4, 137 아래 12, 그 아래 17

7. 밑줄 밑의 숫자는 무엇이죠? 17

    이 부분은 어떻게 읽죠? 3은 17에 몇 번 들어가는가?

    3은 17에 몇 번 들어가죠? (멈춤) 5

8. 밑으로 내린 숫자 위에 5를 쓰세요. (학생들이 하는 것을 검사한다)

9. 무슨 수를 곱하죠? 5×3

    5×3은 얼마죠? 15

    17 밑에 15를 쓰고 빼세요. 17 − 15는 얼마죠? 2

    더 이상 밑으로 내릴 숫자가 있나요? 아니요.

10. 밑줄 친 숫자 다음의 모든 숫자 위에는 어떤 숫자가 적혀 있어요. 따라서 이제 문제를 다 푼 거예요. 나머지가 얼마죠? 2

    3은 137에 몇 번 들어가죠? 45와 나머지 2

    (남은 문제를 가지고 단계 1~10을 반복한다)

Part E: 덜 구조화된 학습지

1. (칠판에 다음 문제를 쓴다)

    $4 \overline{)69}$

    문제를 짚고 읽어 보세요. 4는 69에 몇 번 들어가는가?

    먼저 계산할 부분에 밑줄을 치세요. $4 \overline{)\underline{6}9}$

    밑줄 친 부분을 읽어 보세요. 4는 69에 몇 번 들어가는가?

    4는 6에 몇 번 들어가죠? 1

2. 1을 쓰고, 곱하고, 빼고, 다음 숫자를 밑으로 내리세요. (멈춤) 이제 밑줄 친 부분 밑의 숫자는 무엇이죠? 29

3. 새로운 문제를 읽어 보세요. 4는 29에 몇 번 들어가는가?

    4는 29에 몇 번 들어가죠? 7

    답란에 7을 쓰세요. 그리고 곱하고 빼세요. (멈춤)

    더 이상 내릴 숫자가 있나요? 아니요.

    문제를 모두 풀었나요? 예.

4. 4는 69에 몇 번 들어가죠? 17과 나머지 1

    (남은 문제를 가지고 단계 1~4를 반복한다)

〈수업 형식 10-7〉 가까운 십 단위 수로 어림하기

교사	학생
Part A: 십 단위 수로 나타내기	
1. (칠판에 190을 쓴다)	
무슨 수죠?	190
190을 읽는 또 다른 방법은 19개의 십입니다. 190을 읽는 또 다른 방법이 무엇이라고요?	19개의 십
2. (80, 230을 가지고 단계 1을 반복한다)	
3. 140을 읽는 또다른 방법은?	14개의 십
4. (280, 30, 580, 420, 60, 500, 280, 40, 700을 가지고 단계 3을 반복한다)	
Part B: 구조화된 칠판 수업	
1. (칠판에 186을 쓴다)	
무슨 수죠?	186
2. 186은 180과 190 중 어느 것에 가까운가요?	190
교정하기: 일의 자리에 최소한 5이상의 수가 있으면 그 위의 십 단위 수로 어림합니다. 186은 몇 십인가요? 그러니까 190으로 어림합니다.	
그러니까 186은 18개의 십과 19개의 십 중 어느 것에 가까운가요? (멈춤)	19개의 십
교정하기: 186은 190에 더 가까워요. 190은 십이 몇 개죠?	
3. (다음 예를 가지고 단계 2를 반복한다)	
142 14개의 십과 15개의 십 중 어느 것?	
83 8개의 십과 9개의 십 중 어느 것?	
47 4개의 십과 5개의 십 중 어느 것?	
286 28개의 십과 29개의 십 중 어느 것?	
432 43개의 십과 44개의 십 중 어느 것?	
27 2개의 십과 3개의 십 중 어느 것?	
529 52개의 십과 53개의 십 중 어느 것?	

Part C: 구조화된 학습지

다음의 수들을 가장 가까운 십 단위 수로 나타내시오. 어림한 수는 십이 몇 개인지 나타내시오.

142 ___개	87 ___개	537 ___개	497 ___개
287 ___개	426 ___개	248 ___개	321 ___개
825 ___개	53 ___개	632 ___개	503 ___개
546 ___개	182 ___개	428 ___개	278 ___개
932 ___개	203 ___개	561 ___개	426 ___개

교사	학생
1. (학생 한 명을 시켜 지시문을 읽도록 한다) 첫째 수를 읽으세요.	142

2. 생각해 보세요. 142는 십이 몇 개인 것과 가장 가까운가요?   14개의 십

   교정하기: 142는 140과 150 중 어느 것에 더 가까운가요? 그러니까 142는

   14개의 십과 15개의 십 중 어느 것에 더 가까운가요? (답을 쓴다)

3. 괄호 안에 14를 쓰세요. (몇 개의 예를 가지고 단계 2~3을 반복한다)

〈수업 형식 10-8〉 제수가 두 자리이고 몫이 정확히 추정되는 경우

교사	학생

Part A: 사전 기술−몫 곱하기 제수

I. 칠판 수업

1. (칠판에 다음 식을 쓴다)

$$54\overline{)231}^{\,4}$$

   이 문제는 54가 231에 4번 들어간다고 읽어요. 어떻게 읽는다고요?   54가 231에 4번 들어간다.

2. 나머지를 알아내야 해요. 4×54를 하세요. 무엇과 무엇을 곱한다고요?   4×54

3. 4×54를 할 때는 먼저 4×4를 하고 4×5를 합니다. 4×4는 얼마죠?   16
   밑줄 친 수의 마지막 숫자 밑에 6을 쓰고 1을 받아올립니다. (칠판에 다음과 같
   이 쓴다)

$$54\overline{)231}^{\,4}$$
$$6$$

4. 이제 4×5를 하고 받아올린 1을 더합니다. 4×5는 얼마죠?   20
   여기에 1을 더하면?   21
   6 앞에 21을 쓸게요. (칠판에 다음과 같이 이 단계를 쓴다)

$$54\overline{)231}^{\,4}$$
$$\underline{216}$$

5. 4×54는 얼마죠?   216

6. 나머지를 구하기 위해 231에서 216을 뺍니다. 1에서 6을 뺄 수 있나요? 받아   아니요.
   내려야 합니다. (이 단계를 다음과 같이 쓴다)

          2   1
      2   ̷3   1
   11 − 6은 얼마죠?   5
   2 − 1은 얼마죠?   1

7. 54는 231에 4번 들어가고 나머지가 15다. 따라서 말해 보세요.   54는 231에 4번 들어가고 나머지가
   (다음 문제를 가지고 단계 1~7을 반복한다)   15다.

$$48\overline{)156}^{\,3} \qquad 94\overline{)413}^{\,4}$$

II. 학습지

a. $27\overline{)103}^{\ 3}$ b. $46\overline{)278}^{\ 6}$ c. $14\overline{)80}^{\ 5}$

1. 문제 a를 읽으세요.	27은 103에 세 번 들어간다.
2. 3 × 27을 해야 해요. 3 × 27을 할 때 어떤 수부터 먼저 곱하나요?	3 × 7
3. 3 × 7은 얼마죠?	21
1을 쓰고 2개의 십을 받아올리세요.	
교정하기: 3 밑에 1을 쓰세요. (멈춤) 2개의 십을 27의 2 위에 받아올리세요.	
4. 다음에는 무슨 수를 곱하나요?	3 × 2
3 × 2는 얼마죠?	6
이 수에 받아올린 2를 더하세요. 답이 얼마죠?	8
8을 쓰세요.	
5. 나머지를 알아봅시다. 십의 자리에서 받아내려야 하는 것에 주의하세요.	
6. 나머지가 얼마죠?	22
예, 27은 103에 3번 들어가고 나머지가 22예요.	
식과 답을 말해 보세요.	
(몇 개의 예를 가지고 단계 1~6을 반복하고 난 다음 학생들로 하여금 학습지의 나머지 문제를 스스로 풀어 보게 한다)	27은 103에 3번 들어가고 나머지가 22다.

Part B: 사전 기술－어림하기

I. 칠판 수업

1. (칠판에 다음과 같이 적는다)

  $37\overline{)932}$ $\boxed{\overline{)}}$

이 문제는 어떤 문제죠?	37은 932에 몇 번 들어가는가?
2. 먼저 계산할 부분에 밑줄을 쳐야 해요. 37이 9에 들어갈 수 있나요?	아니요.
37이 93에 들어갈 수 있나요?	예.
그럼 첫 두 숫자에 밑줄을 치겠습니다.	
3. 먼저 계산할 부분을 읽어 볼게요. 37이 93에 몇 번 들어가는가? 먼저 계산할 부분을 읽어 보세요.	37은 93에 몇 번 들어가는가?
4. 37이 93에 몇 번 들어가는지를 알아내기 위해서는 먼저 어림을 해야 해요. 옆 칸에 있는 빈칸은 어림을 하기 위한 곳이에요.	
5. 먼저 37을 어림할게요. 37을 어림하면 몇십이죠?	4
(멈추고 4를 쓴다)	
$4\overline{)}$	
93은 몇십으로 어림할 수 있죠? (멈추고 9를 쓴다)	9
$4\overline{)9}$	
어림한 나눗셈을 읽어 보세요.	4는 9에 몇 번 들어가는가?

6. 4는 9에 몇 번 들어가나요?   2

   그럼 우리가 먼저 계산한 문제에서 밑줄 친 두 숫자 중 끝 숫자 위에 2를 쓸
   게요. (2를 쓴다)

$$\overset{2}{37\overline{)932}}$$

   (24$\overline{)136}$, 52$\overline{)386}$, 34$\overline{)942}$ 예를 가지고 단계 1~6을 반복한다)

II. 학습지

   a. 79$\overline{)246}$ $\boxed{\overline{)\quad}}$ b. 49$\overline{)538}$ $\boxed{\overline{)\quad}}$

   c. 27$\overline{)943}$ $\boxed{\overline{)\quad}}$ d. 36$\overline{)193}$ $\boxed{\overline{)\quad}}$

1. 문제를 읽어 보세요.   79는 246에 몇 번 들어가는가?

2. 어느 숫자에 밑줄을 쳐야 하나요? (멈춤)   246

   먼저 계산할 부분에 밑줄을 치세요. 밑줄 친 부분의 문제를 읽어 보세요.   79는 246에 몇 번 들어가는가?

3. 오른쪽 빈칸에 79가 246에 몇 번 들어가는가 하는 문제를 어림한 형태로 적

   어 봅시다. 79를 어림하면 몇십인가요? (멈춤)   8

   빈칸에 8을 쓰세요. 246은 어림하면 몇십인가요? (멈춤)   25

   빈칸에 25를 쓰세요. 어림한 문제를 읽어 보세요.   8은 25에 몇 번 들어가는가?

   8은 25에 몇 번 들어가죠?   3

4. 먼저 계산한 결과를 문제에 적으세요. 밑줄 친 숫자 중 끝 숫자 위에 답을 적

   으세요.

   (3개의 문제를 가지고 단계 1~4를 반복한다. 그런 다음 학생들로 하여금 다음 문제를
   스스로 풀어 보게 한다)

Part C: 구조화된 학습지

1. (칠판에 다음과 같이 적는다)

   38$\overline{)1432}$

   $\boxed{\overline{)\quad}}$

   $\boxed{\overline{)\quad}}$

   문제를 읽으세요. 먼저 계산할 부분에 밑줄을 치세요.   38은 1432에 몇 번 들어가는가?
   어느 숫자에 밑줄을 쳤죠?   143
   밑줄 친 부분의 문제를 읽어 보세요.   38은 143에 몇 번 들어가는가?

2. 빈칸에 어림한 형태의 나눗셈 문제를 적으세요. 38을 어림하면 몇십인가

   요? (멈춤)   4
   4를 쓰세요. 143을 어림하면 몇십이죠? (멈춤)   14
   14를 쓰세요. 어림한 나눗셈 문제를 읽어 보세요.   4는 14에 몇 번 들어가는가?

3. 4는 14에 몇 번 들어가나요?   3

   밑줄 친 숫자 중 끝 숫자 위에 3을 쓰세요.

4. 이제 3 × 38을 하세요. 3 × 8은 얼마죠? (멈춤)   24
   4를 밑줄 친 숫자 중 끝 숫자 밑에 쓰고 2를 받아올리세요.
   (멈춤) 이제 3 × 3을 하고 2를 더하세요. (멈춤)
   답이 얼마죠? (멈춤)   11
   4 옆에 11을 쓰세요.

5. 143에서 114를 빼세요. (멈춤)
   143 − 114는 얼마죠?   29

6. 두 번째 계산해야 할 부분이 있는지 봅시다. 밑줄 친 부분 옆에 밑으로 내려
   야 할 숫자가 있나요?   예.
   (만약 '아니요'라는 대답이 나오면 단계 7~10을 생략하고 곧장 단계 11로 간다)

7. 숫자를 내려 쓰세요. 이제 밑줄 친 부분의 숫자는 무엇이죠?   292
   바뀐 문제를 읽어 보세요.   38은 292에 몇 번 들어가는가?

8. 두 번째 빈칸에 어림한 나눗셈을 적어 봅시다. 38을 어림하면 몇십이죠? 4를   4
   쓰세요. 292를 어림하면 몇십이죠?   29
   29를 쓰세요. 어림한 나눗셈 문제를 읽어 보세요.   4는 29에 몇 번 들어가는가?

9. 4는 29에 몇 번 들어가죠?   7
   7을 처음 계산한 문제에 쓰세요. 밑으로 내린 숫자 2 위에 7을 쓰세요.

10. 이제 7 × 38을 해야 해요. 먼저 무엇을 곱하나요?   7 × 38
    곱하고 답을 292 아래에 쓰세요.
    (멈춤) 7 × 38은 얼마죠?   266
    292 − 266을 하고 나머지를 구하세요. (멈춤)
    292 − 266은 얼마죠?   26
    더 이상 밑으로 내릴 숫자가 있나요?   아니요.

11. 이제 문제를 모두 풀었어요. 38은 1432에 몇 번 들어가죠?   37번 들어가고 나머지가 26이다.
    (남은 문제를 가지고 단계 1~11을 반복한다)

Part D: 덜 구조화된 학습지

1. (칠판에 다음과 같이 쓴다)

   18)604

   [ )]
   [ )]

   문제를 읽으세요.   18은 604에 몇 번 들어가는가?
   먼저 계산할 부분에 밑줄을 치세요. 어느 숫자에 밑줄을 쳤나요?   60
   밑줄 친 부분의 문제를 읽으세요.   18은 60에 몇 번 들어가는가?

2. 바로 밑 빈칸에 어림한 나눗셈 문제를 쓰세요. (멈춤)
   어림한 나눗셈을 읽으세요.   2는 6에 몇 번 들어가는가?

3. 답을 쓰고 곱하세요. (멈춤) 뺄셈 문제를 말해 보세요.	60 − 54
60 − 54를 하세요. (멈춤) 60 − 54는 얼마죠?	6
4. 다음엔 무엇을 하죠?	4를 내려요.
그럼 그것을 하세요.	
5. 새로운 문제를 말해 보세요.	18은 64에 몇 번 들어가는가?
6. 두 번째 빈칸에 어림한 나눗셈 문제를 적으세요. (멈춤)	
어림한 나눗셈 문제를 읽어 보세요.	2는 6에 몇 번 들어가는가?
7. 답을 쓰고, 곱한 다음, 뺄셈을 하세요. (멈춤)	
나머지는 얼마죠?	10
8. 모두 다 했나요? 18이 604에 몇 번 들어가죠?	33번 들어가고 나머지가 10이다.

〈수업 형식 10-9〉 처음에 추정한 몫이 정확하지 않은 경우

교사	학생

Part A: 구조화된 학습지

I. 칠판 수업

a. $37\overline{)142}$ 의 몫 4   b. $48\overline{)299}$ 의 몫 5   c. $48\overline{)299}$ 의 몫 5

d. $79\overline{)315}$ 의 몫 4   e. $46\overline{)192}$ 의 몫 3   f. $52\overline{)148}$ 의 몫 3

g. $82\overline{)318}$ 의 몫 4   h. $34\overline{)178}$ 의 몫 5   i. $26\overline{)81}$ 의 몫 2

1. 앞의 문제에 대한 답 중 일부는 틀렸습니다. 어떤 문제의 답이 틀렸는지 알아내기 위해서 나머지를 알아내세요. 뺄셈을 할 수 없다면 몫을 지금 수보다 작게 해야 합니다. 나머지가 나오지만 너무 크면 몫을 지금 수보다 크게 해야 합니다.	
2. 문제 a를 짚으세요. 무엇을 구하는 문제인가요?	37이 142에 4번 들어간다.
3. 어떤 수를 곱해야 하나요?	4 × 37
곱셈을 하세요. 뺄셈 부호를 붙이고 멈추세요.	
4. 뺄셈 문제를 읽어 보세요.	142 − 148
5. 142에서 148을 뺄 수 있나요?	아니요.
뺄 수 없어요. 그러니까 몫을 좀 더 작게 해야 해요.	
6. 그러니까 4를 지우고 그 위에 3을 쓰세요.	
지금 그렇게 하고 148을 지우세요.	
7. 이제 3 × 37을 하세요.	
8. 뺄셈 문제를 읽어 보세요.	142 − 111
9. 뺄셈을 하고 나머지를 구하세요. 나머지가 얼마죠?	31

이제 다 했어요.

(단계 4a~8a는 다음과 같이 추정한 몫이 너무 작은 문제에 해당된다)

$$48 \overline{)299}^{\,5}$$

4a. 뺄셈 문제를 읽어 보세요.   299 − 240

    240을 299에서 뺄 수 있나요?   예.

    뺄셈을 하세요. (멈춤)

5a. 나머지가 얼마죠?   59

    나머지가 너무 큰가요?   예.

    교정하기: 무엇으로 나누었죠? 나머지가 최소한 48만큼 큰가요?

    한 번 더 들어갈 수 있어요. 그러니까 몫을 하나 더 크게 해요. 5를 지우고 6을 쓰세요. 240을 지우세요.

6a. 이제 6 × 48을 하세요.

7a. 뺄셈 문제를 읽어 보세요.   299 − 288

    뺄셈을 하세요.

8a. 답이 얼마죠?   11

    48이 1번 더 들어갈 수 있나요?   아니요.

    그러니까 우리는 이제 다 끝냈어요.

    (단계 1~9 혹은 4a~8a를 남은 3개의 문제를 가지고 반복한다. 학생들로 하여금 남은 문제를 스스로 풀어 보게 한다)

Part B: 덜 구조화된 학습지

    a. $42 \overline{)197}$ $\overline{)}$ b. $36 \overline{)203}$ $\overline{)}$

    c. $58 \overline{)232}$ $\overline{)}$

1. 문제 a를 짚으세요. 문제를 읽으세요.   42가 197에 몇 번 들어가는가?

2. 먼저 계산할 부분에 밑줄을 치세요.

3. 어림한 문제를 쓰세요. 어림한 나눗셈 문제를 읽어 보세요.   4가 20에 몇 번 들어가는가?

4. 몫이 얼마죠?   5

    5 × 42를 하세요. (멈춤) 뺄셈을 할 수 있나요?   아니요.

    (참고: 단계 5나 6을 제시한다)

5. (단계 4에서 대답이 '아니요'이면 다음과 같이 말한다) 그럼 무엇을 해야 하죠? 몫을 고치고 곱셈을 한 다음 뺄셈을 하세요.

6. (단계 4에서 대답이 '예'이면 다음과 같이 말한다) ___에서 ___을 빼세요. 나머지가 얼마죠? 나머지가 너무 큰가요? (대답이 '예'이면 계속한다) 그럼 무엇을 해야 하죠? ___을 지우고 ___을 쓰세요. 곱셈을 하고 뺄셈을 하세요. (멈춤) 나머지가 얼마죠? 그 나머지가 너무 큰가요? 그럼 이제 다 했어요. 문제 전체를 읽어 보세요.

    (남은 문제를 가지고 단계 1~6을 반복한다)

제11장
문장제 문제 해결

이 장에서는 학생들에게 수학적 해결을 필요로 하는 상황을 제시하는 문장제 문제에 사칙연산(덧셈, 뺄셈, 곱셈, 나눗셈)을 적용하는 방법을 가르치는 절차를 다룬다. 각 연산을 다룬 장에서 이미 수학적 용어와 각 연산의 특성을 다루었기 때문에 여기서는 새로운 용어나 특성을 제시하지 않는다. 또한 이 장에서는 문장제 문제 해결을 위한 중요한 전략 모두를 다루지는 않는다. 분수, 비율, 소수, 시간, 화폐, 측정을 포함하는 문장제 문제 해결 전략을 가르치기 위한 수업 절차는 해당 내용을 다루는 단원에서 다룬다.

문장제 문제는 덧셈과 뺄셈 문제, 곱셈과 나눗셈 문제 두 가지 기본 유형으로 나눌 수 있다. 덧셈과 뺄셈 문장제 문제는 변별 연습을 제공하기 위해 같이 제시한다. 같은 이유로 곱셈과 나눗셈 문제도 같이 가르친다. 곱셈과 나눗셈 문장제 문제는 학생들이 이전에 소개한 문장제 문제 유형(즉, 덧셈과 뺄셈 문장제 문제)을 숙달하고 곱셈과 나눗셈 문제를 푸는 것을 배우면 곧바로 소개한다. 곱셈과 나눗셈 문장제 문제를 소개하고 난 이후에는 학생들이 네 가지 연산 문장제 문제 모두를 섞은 문제를 연습하도록 하는 것이 중요하다.

덧셈과 뺄셈 문장제 문제는 통상 1학년 후반기에 소개된다. 상업용 교재에 나타난 덧셈과 뺄셈 문장제 문제를 분석해 보면 다음 세 가지 유형으로 분류 가능하다. 즉, 시간적 순서형 문제, 비교형 문제, 분류형 문제다. 이 세 가지 유형의 1단계 문장제 문제 단순형은 대개 2학년 말에 소개한다. 이러한 문제를 풀기 위한 초기 혹은 보다 정교화된 전략을 이 장에서 소개한다.

곱셈과 나눗셈 문장제 문제는 대개 3학년 때 소개한다. 대부분의 초기 단계 문제에서는 곱셈이나 나눗셈 연산이 각각, 모두 등과 같은 단어로 암시된다. 나중에 ~당 그리고 ~마다 등과 같은 단어가 곱셈이나 나눗셈 연산을 암시한다(예, 선원이 하루에 7시간 일한다; 상자당 6개의 색연필이 있다). 이러한 주요 단어를 포함하지 않은 곱셈이나 나눗셈 문장제 문제는 확실히 더 어렵다. 권장 소개 순서는 '수업 순서와 평가 차트'를 참조하기 바란다.

두 가지 기본적인 문장제 문제 유형 안에는 큰 수, 다단계 문제, 방해 선택지가 들어 있는 문제도 있다. 큰 수를 포함하고 있는 문장제 문제는 계산하는 것이 좀 더 어렵고 어떤 연산을 해야 하는지가 종종 불분명하기 때문에 그렇지 않은 문제보다 더 어렵다. 다단계 문장제 문제는 대개 3학년 때 제시하는데, 문제를 풀기 위해서는 둘 혹은 세 가지 이상의 서로 다른 연산을 필요로 한다. 다단계 문장제 문제의 단순한

〈수업 순서와 평가 차트〉

학년 단계	문제 유형	수행 지표
1~2a	핵심어가 있는 단순한 형태의 덧셈/뺄셈 문장제 문제	Deshawn은 7개의 사과를 갖고 있다. 가게에서 3개를 더 샀다. 갖고 있는 사과는 모두 몇 개인가?
2a	시간적 순서의 덧셈/뺄셈 문장제 문제	Carlos는 7개의 사과를 갖고 있다. 여동생에게 3개를 주었다. 몇 개가 남았는가?
2b	비교의 덧셈/뺄셈 문장제 문제	Bill은 7살이다. Alice는 5살이다. Bill은 몇 살이 더 많은가? A 구멍은 깊이가 5피트다. B 구멍은 A보다 7피트가 더 깊다. B 구멍은 깊이가 얼마인가? A 구멍은 깊이가 5피트다. B 구멍은 깊이가 7피트다. B 구멍은 A보다 얼마나 더 깊은가?
2c	분류의 덧셈/뺄셈 문장제 문제	가게에 8명의 남자와 3명의 여자가 있다. 가게에는 모두 몇 명이 있는가? Ramona는 4개의 모자를 갖고 있다. 그중 3개는 청색이다. 청색이 아닌 모자는 모두 몇 개인가? Maria는 아침에 5개의 모자를 팔았다. 오후에는 2개의 모자를 팔았다. 그녀가 판 모자는 모두 몇 개인가?
2d	다단계 문장제 문제: 세 숫자를 더하는 문제	LaToya는 월요일에 5마일, 화요일에 3마일, 수요일에 4마일을 달렸다. 모두 몇 마일을 달렸는가?
3a	각각 혹은 모든이란 말을 가진 곱셈/나눗셈 문장제 문제	Marcus는 4개의 상자를 갖고 있다. 각 상자에는 6개의 연필이 들어 있다. 모두 몇 개의 연필을 갖고 있는가? Tamara는 매일 5마일을 달린다. 3일째에는 몇 마일째 달리게 되는가? 20명의 학생이 있다. 교사는 이 학생들을 동일하게 네 집단으로 나누려 한다. 각 집단에 몇 명의 학생이 들어가는가?
3b	~당 혹은 ~마다 문구가 들어간 곱셈/나눗셈 문장제 문제	ABC 회사는 볼펜을 만든다. 한 상자에 5자루의 볼펜을 넣는다. 3상자에는 모두 몇 자루의 볼펜이 들어가는가? Rosa는 매일 2마일씩 달린다. 8마일을 달리는 데는 며칠이 걸리는가?
3c	큰 수가 나오는 덧셈/뺄셈 문장제 문제	Travis는 1월에 214마일을 달렸고, 2월에는 158 마일을 달렸다. 1월에 더 달린 거리는 얼마인가? 학교에 153명의 학생이 있다. 이 중 여학생이 61명이라면 남학생은 몇 명인가?
3d	큰 수가 나오는 곱셈/나눗셈 문장제 문제	학급당 35명의 학생이 있다. 학급 수는 5개 반이다. 이 학교 학생 수는 몇 명인가? Jean은 2일 동안 일했다. 하루에 16달러를 번다면 총 얼마를 벌었는가? Jill은 215자루의 연필을 갖고 있다. 묶음당 5자루씩 연필을 묶으려 한다. 모두 몇 자루의 묶음이 나오는가?
3e	나머지가 있는 나눗셈 문장제 문제	22명의 학생이 있다. 교사는 이 학생들을 동등하게 4집단으로 나누고 싶어 한다. 각 집단에 몇 명씩 들어가게 되는가? 어머니는 파이를 자녀들에게 동등하게 나누어 주려 한다. 파이는 모두 19조각이고, 자녀 수는 9명이다. 각 자녀에게 몇 조각의 파이를 줘야 하는가?

3f	방해 정보가 있는 덧셈/뺄셈 문장제 문제	20자루의 푸른색 연필과 5자루의 빨간색 연필, 16자루의 노란색 연필이 가방 안에 들어 있다. 가방 안에는 모두 몇 자루의 연필이 있는가? Bill의 몸무게는 120파운드다. 5마일을 달린 후 그의 몸무게는 117마일이다. 몸무게를 얼마나 줄였는가? Bill은 12개의 모자를 갖고 있다. 그중 5개는 낡았다. 3개의 낡은 모자는 버렸다. 남은 모자의 개수는 얼마인가?
4a	큰 수가 있는 나눗셈과 곱셈 문장제 문제(두 자릿수 제수나 여러 자릿수 연산 필요)	Sarah는 385달러를 저금하길 원한다. 매달 35달러를 은행에 저금하면 385달러를 저금하는 데 몇 달이 소요되는가? 한 공장에서 하루에 325대의 차를 생산한다. 25일 동안 생산되는 차는 몇 대인가? 파운드당 사과 가격은 60센트다. 사과 20파운드의 값은 얼마인가?
4b	다단계 문장제 문제: 세 숫자가 있는 문제—두 수의 합을 세 번째 수에서 빼는 문제 유형	Julie는 아침에 12자루의 연필을 팔았다. 오후에 15자루를 더 팔았다. 모두 합쳐 50자루를 팔려면 몇 개를 더 팔아야 하는가? Timmy의 몸무게는 84파운드다. 5월에 4파운드를 빼고, 6월에 7파운드를 뺐다. 6월 말에 Timmy의 몸무게는 얼마이겠는가? Jean은 아침에 10자루의 연필을 팔았다. 시작할 때는 18자루였다. 2자루를 더 팔았다면 몇 개가 남아 있겠는가?
4c	세 수: 두 수는 곱하고 곱한 결과를 세 번째 수에서 빼거나 여기에 더함	Tom은 각 주머니에 3자루씩 볼펜을 갖고 있다. 5개의 주머니가 있다. Ann은 16자루의 볼펜을 갖고 있다. 누가 더 볼펜을 많이 갖고 있는가? 얼마나 더 많이 갖고 있는가? Ann은 7달러를 갖고 있다. 4시간 일하고 시간당 3달러를 받는다면 하루가 끝날 때쯤이면 얼마를 벌게 될까?
4d	세 수: 두 수를 더하고 그 합을 나누거나 곱함	학급에 10명의 남학생과 20명의 여학생이 있다. 각 줄에 5명의 학생이 앉을 수 있다. 몇 줄이 필요한가? Jill은 매일 아침 2달러, 매일 오후 4달러를 번다. 6일 동안 얼마를 벌겠는가?
5a	네 수: 두 묶음의 수를 곱하고, 각 묶음 내의 곱셈 결과를 더함	Pam은 3일 동안은 하루에 5마일씩, 2일 동안은 하루에 6마일씩 달렸다. 모두 몇 마일을 달렸는가? Tammy는 케이크 3조각과 음료 2개를 샀다. 케이크는 하나에 10센트, 음료는 하나에 15센트다. 모두 얼마를 지불했는가?
5b	다섯 수: 두 묶음의 수는 곱하고, 각 묶음 내의 곱은 더함. 전체의 합은 주어진 수량에서 더하거나 뺌	Bill은 30달러가 필요하다. 월요일에는 시간당 2달러씩 5시간을 일했다. 화요일에는 시간당 3달러씩 2시간을 일했다. 얼마나 더 벌어야 하는가? Bill은 5월에 몸무게가 135파운드였다. 그 후 두 달 동안 매월 3파운드가 붙었다. 그다음 3개월 동안에는 매달 5파운드가 붙었다. 현재 몸무게는 얼마인가?

형태 중 하나는 세 수를 더하는 것이다. 계산해야 할 숫자와 연산 종류가 늘어날수록 다단계 문장제 문제는 더 어려워진다. 좀 더 어려운 세 번째 문장제 문제 유형은 정답을 도출하는 것과 관련 없는 정보가 들어 있어 학생들이 문제를 푸는 데 꼭 필요한 단계를 이행하는 것을 방해할 수 있다. 이 세 가지 문장제 문제 유형에 대한 보다 자세한 설명이 이 장에서 제시된다.

교사들은 또한 어휘가 낯설수록 그리고 복잡한 문장 구조일수록 문장제 문제가 더 어려워진다는 것을 알아야 한다. 다음 두 문제는 어휘와 문장의 구조가 중요함을 잘 보여 준다.

a. Miles는 6개의 문장을 썼다. 교사는 그중 2개를 지웠다. 몇 개의 문장이 남았는가?
b. 교사가 Andrew의 보고서를 읽었을 때 15개 문장과 3개의 쉼표를 삭제했다. Andrew는 처음에 52개의 문장을 썼다. 남은 문장은 모두 몇 개인가?

이 두 개의 문장제 문제는 모두 시간적 순서 문제, 즉 처음에 있던 양과 이후에 줄어든 양을 언급하는 문제다. 문제 b가 몇 가지 이유 때문에 더 어렵다. 첫째, 문제 b에는 더 어려운 어휘가 사용되고 있다. 학생들은 아마도 '삭제(delete)했다'거나 '애초에'(initially)라는 말에 익숙하지 않을 수 있다. 만약 학생이 삭제라는 말을 모르면 문제를 풀 준비가 되어 있지 않은 셈이다. 둘째, 문제 a에서는 Miles가 처음에 갖고 있던 수량이 제시되어 있지만, 문제 b에서는 Andrew가 양이 줄어든 이후에 갖고 있는 수량이 제시되어 있다. 작은 수가 처음에 나왔을 때 학생들은 더하려는 경향을 보인다. 문제 b가 더 어려운 세번째 이유는 '삭제했다' 혹은 '쉼표'와 같이 무시해야 할 어구들이 제시되어 있기 때문이다. 마지막으로, 문제 b에 나오는 수가 더 크고, 연산 과정에서 받아내림을 해야 하기 때문에 문제 b가 더 어렵다.

어떤 경우에는 학생들이 문장제 문제를 풀기 위한

효과적인 전략을 배우기 전에 문장제 문제 해결 활동을 소개하는 경우가 있다. 상업용 프로그램에서는 종종 주어진 문장제 문제를 표현하거나 수를 나타내기 위해 그림이나 구체물을 사용할 것을 제안하기도 한다. 이러한 접근은 대개 학생들을 혼란스럽게 만들기 마련이다. 학생들은 문제를 풀기 위해 수행하는 자신의 행동과 적절한 알고리즘 간에 관계를 인식하지 못하기 때문이다. 또 다른 장애물은 활동 중심 전략을 제시하는 데 필요한 시간의 양이다. 일부 권장되는 활동들은 수업 시간을 활용하는 데 효율적이지 않을 수 있다. 이 장에서 우리는 일반화할 수 있는 효과적이고 효율적인 문장제 문제 해결 전략을 제시하고자 한다. 좀 더 활동 중심적인 전략은 문장제 문제 개념을 소개할 때(문장제 문제 해결을 위한 주요 전략이라기보다는)와 학생들이 이미 숙달한 주요 전략을 제대로 적용했는지 확인하기 위한 대체 전략으로 배우도록 하고자 한다.

덧셈과 뺄셈 문장제 문제

덧셈과 뺄셈 문장제 문제 지도 절차는 크게 두 부분으로 구성된다. 첫 번째 부분에서는 1학년 학생 혹은 2학년 교정반 학생을 대상으로 삽화를 사용하여 문장제 문제 개념을 소개한다. 두 번째 부분에서는 보다 정교화된 일반화할 수 있는 문제 해결 전략을 가르침으로써 학생들로 하여금 시간 순서형, 비교형, 분류형 문장제 문제를 풀 수 있도록 지도한다. 일반화할 수 있는 전략이 더 정교화된 것이라고 볼 수 있는 이유는 단어 사용상의 다양성으로 인한 어려움을 상쇄할 수 있기 때문이다. 다음 두 문제에서 동일한 동사(주었다)가 사용되었지만 문제 a에서는 덧셈을 필요로 하고 문제 b에서는 뺄셈을 필요로 한다.

a. Nicole은 7개의 스티커를 주었다. Maria는 Nicole보다 3개 더 주었다. Maria는 모두 몇 개를 주었는가?

b. Nicole은 스티커를 15개 갖고 있다. 그중 7개를 주었다. 몇 개의 스티커가 남았는가?

개념 소개

1학년 때 문장제 문제는 학생들이 단순한 덧셈과 뺄셈을 막대선을 사용하여 80~90% 정도 정확하게 풀 수 있을 때 소개한다. 문장제 문제를 소개하기 전 학생들이 반드시 빈칸 채우기 덧셈을 풀 수 있어야 한다거나 기본 덧셈 연산을 모두 암기하고 있어야 할 필요는 없다.

문장제 문제를 소개하기 3주 전쯤에 교사는 학생들에게 4가지 중요한 어구 – 더 얻었다, 제거했다, 얼마가 남았다, 얼마인가? – 를 수학 연산 기호로 바꾸는 것을 가르칠 목적으로 짜인 사전 기술을 가르쳐야 한다. 더 얻었다는 더하기(+), 제거했다는 빼기(−), 얼마가 남았다는 등호(=), 얼마인가?는 빈칸으로 바꾼다. 교사는 각 어구를 말할 때마다 해당하는 연산 기호를 학생들에게 말해 주어야 한다. 예를 들어, "잘 들으세요. 여러분이 무엇인가를 더 얻으면 더하기 기호를 쓰세요. 무엇인가를 더 얻으면 무슨 기호를 쓴다고요?" 2, 3일에 한 번씩 교사는 새로운 어구를 소개하고 이전에 소개한 어구를 복습시킨다.

일단 학생들이 이 네 가지 어구를 알게 되면 또 다른 사전 기술을 지도한다. 이때는 흔히 쓰는 동사, 예컨대, 산다, 잃어버리다, 팔다, 먹다, 찾다, 주다, 깨다, 만들다 등을 말해 주고, 이것을 더하기나 빼기 중 어느 연산으로 바꿀 수 있는지를 물어본다. 교사는 학생들에게 각 동사를 연산기호로 바꾸라고 하기 전에 각 동사가 더 얻는다 혹은 제거한다와 같은 것임을 강조한다. 예를 들면, 다음과 같이 말한다. "여러분이 무엇인가를 샀을 때 더 얻게 되나요? 아니면 제거하게 되나요? 그럼 여러분이 무엇인가를 샀을 때 더하나요, 빼나요?"

문장제 문제를 소개하는 수업 형식(〈수업 형식 11-1〉 참조)은 학생들이 앞에서 소개한 사전 기술을 모두 숙달했을 때 제시한다. 이 수업 형식은 두 부분으로 구성되어 있다. Part A는 구조화된 칠판 수업으로, 교사는 기록되었거나 말로 제시된 문장제 문제를 반구체물을 사용하여 푸는 방법을 칠판에 시범을 보이며 문장제 문제를 소개한다. "6명의 아이가 있다. 2명은 집으로 갔다. 몇 명의 아이가 남았는가?"와 같은 문제를 푸는 데서 그림이나 동작을 쉽게 사용할 수 있을 것이다.

말이나 기록된 문장제 문제를 어떻게 그림으로 그릴 수 있는지를 시범 보인 후에는 같은 문제를 어떻게 수학식으로 나타낼 수 있는지를 다음과 같이 어구 단위로 식으로 바꾸면서 시범을 보인다.

6명의 아이가 있다.	6
2명이 집으로 갔다.	6 − 2
몇 명이 남았는가?	6 − 2 = □

Part B는 구조화된 학습지 단계로, 일단의 문제가 적힌 학습지를 학생들에게 나누어 준다. 학생들이 문제 속의 단어를 읽을 수 있으면 문제를 읽도록 하고, 그렇지 못하면 교사가 문제를 읽어 준다. 학생들에게 문제 전체를 먼저 읽도록 하고 그다음에는 어구 단위로 읽도록 한다. 각 어구를 읽을 때마다 적절한 그림을 그리도록 한다. 그런 다음, 다시 문제를 어구 단위로 읽고 이번에는 각 어구에 해당하는 연산 기호로 바꾸도록 한다. 이렇게 해서 수학 식을 작성하면 그림을 이용하여 식을 풀어 보도록 한다.

문장제 문제 예를 선정하는 것이 매우 중요하다. 문장제 문제 속의 동사는 사다, 주다, 만들다, 깨다, 찾다, 잃다처럼 아주 평범한 것이어야 한다. 또한 문장제 문제 속의 단어는 학생들이 읽을 수 있는 것이어야 하고, 문장의 길이도 비교적 짧아야 한다. 덧셈 문제와 뺄셈 문제를 무작위로 섞어서 학생들이 두 문제 유형을 구분할 수 있도록 해야 한다.

처음 몇 주 동안에는 문장제 문제의 마지막 문장이 '얼마가 남았는가?'로 끝나게 해야 한다. 이 유형의 문제는 = □ 형태로 쉽게 바꾸어 쓸 수 있다. 몇 주 후에 '이제 얼마나 갖게 되었는가?' 혹은 '모두 얼마를 갖게 되었는가?' 등과 같은 문장을 제시할 수 있다. 교사는 학생들에게 이러한 문장들도 '얼마가 남았는가?'와 같은 문장이고, 그래서 = □로 바꾸어 쓸 수 있다고 알려 준다.

수 가족 문장제 문제 해결 전략

대부분의 문장제 문제는 어구마다 등식으로 바로바로 전환할 수 없다. 그렇기 때문에 우리는 학생들로 하여금 수 가족 개념과 시간적 순서, 비교, 분류 등을 포함하는 기본 언어 기술을 통합할 수 있도록 해줄 전략을 가르칠 것을 제안하고 싶다. 수 가족 전략은 숫자 3개로 네 개의 수식을 만들 수 있다는 개념에 근거한 것이다. 예를 들어, 2, 5, 7로는 $2 + 5 = 7$, $5 + 2 = 7$, $7 - 5 = 2$, $7 - 2 = 5$를 만들 수 있다. 세 개의 숫자는 다음과 같이 수 가족 그림으로 표현할 수 있다.

$$\underrightarrow{\quad 2 \qquad 5 \qquad 7 \quad}$$

수 가족을 나타내기 위해서는 표준화된 그림을 사용한다. 기본 연산을 해결하기 위해 수 가족 전략을 사용할 경우에는 학생들에게 큰 수를 화살표 끝에 적는다고 가르친다. 큰 수를 알지 못하면 빈칸을 화살표 끝에 적는다. 보통 세 수 중 두 수는 주어진다. 그러면 학생들은 두 수를 수 가족 그림에 위치시키고 남은 한 수를 덧셈이나 뺄셈을 통해서 구하면 된다. 예를 들어, 다음 그림에서 합이 주어져 있지 않기 때문에 식은 $2 + 5 = □$이 된다.

$$\underrightarrow{\quad 2 \qquad 5 \qquad \boxed{} \quad}$$

그런가 하면 그다음 그림에서는 합한 수가 나와 있기 때문에 식은 $7 - 2 = □$가 된다.

$$\underrightarrow{\quad 2 \qquad \boxed{} \qquad 7 \quad}$$

수 가족 분석을 적용하는 데 핵심은 문제 속에서 전체 합을 결정하기 위해 명칭을 결정하는 것이다. 예를 들어, 여자아이, 남자아이, 아이를 포함하는 범주 문제에서 전체 명칭은 상위 범주인 아이다. 문제 속에 아이의 숫자가 제시되어 있다면 뺄셈을 적용한다. 문제가 아이의 숫자를 묻는 것이라면 덧셈을 적용한다. 학생들은 먼저 문제를 그림으로 나타내고 이 그림을 연산식을 결정하기 위해 이용한다. 예를 들어, 다음 문제를 생각해 보자. 파티에 8명의 아이들이 왔다. 그중 3명은 남자아이다. 여자아이는 몇 명인가? 아이들 전체 숫자가 주어졌기 때문에 이 문제의 식은 $8 - 3 = □$가 된다.

$$\underrightarrow{\quad 3 \qquad \boxed{} \qquad 8 \quad}^{\text{아이들}}$$

반대로 아이들의 전체 숫자가 제시되지 않았다면 덧셈이 필요하다. 예를 들어, 8명의 여자아이와 3명의 남자아이가 파티장에 있다. 파티장에 아이들이 모두 몇 명 있는가? 수 가족 그림은 다음과 같이 그릴 수 있고, 식은 $8 + 3 = □$가 된다.

$$\underrightarrow{\quad 8 \qquad 3 \qquad \boxed{} \quad}^{\text{아이들}}$$

수 가족 분석은 학생들로 하여금 문장제 문제 속의 개념과 주어진 수치 간의 관계를 파악할 수 있게 해주기 때문에 유용하다. 학생들에게 문장제 문제 속의 언어를 통해 전체 합이 주어졌는지, 안 주어졌는지를 파악하도록 하려면 매우 신중한 안내된 연습을 필요로 한다. 각 문제 유형에 대한 분석에 대해서는 이 장의 후반부에서 좀 더 자세히 다룬다.

수 가족 전략의 사전 기술

수 가족 문장제 문제 해결 전략의 필수적인 선수 기술은 수 가족의 세 숫자 중 두 숫자가 주어졌을 때 나머지 한 숫자를 구하는 것이다. 학생들에게 전체 합이 주어지면 뺄셈을 해서 나머지 숫자를 알아내도록 가르친다.

$$4 \quad \boxed{} \quad 9$$
$$9 - 4 = \boxed{}$$

반대로, 전체 합이 주어지지 않았으면 두 숫자를 더하도록 가르친다.

$$4 \quad 9 \quad \boxed{}$$
$$4 + 9 = \boxed{}$$

학생들은 막대선을 이용하기보다는 암산으로 이 연산을 할 수 있어야 한다. 그렇기 때문에 문장제 문제는 학생들이 이미 알고 있는 연산에 한정되어야 한다.

이 사전 기술은 시간적 순서 문제가 처음 소개되기 2~3주 전인 2학년 중반쯤에 가르쳐야 하는데, 그 수업에 대한 형식이 〈수업 형식 11-2〉에 나와 있다. 이 수업 형식은 제6장에서 제시한 기본 연산 수업 형식과 비슷함에 주목하기 바란다. 제6장에서 큰 수와 작은 수 개념을 사용했다. 문장제 문제를 풀도록 지도할 때는 그 개념들을 각각 전체 합과 부분이라는 어구로 대체해서 사용할 수 있다. 이렇게 어구를 바꾼 것은 학생들이 모든 좀 더 큰 수를 항상 큰 수라고 생각하지 않도록 하기 위함이다.

사전 기술 다이어그램을 제시할 때는 2개의 수와 하나의 빈칸을 보여 준다. 다음은 이 다이어그램의 예다. 문제 a에는 전체 합이 주어져 있고, 문제 b에는 전체 합이 주어져 있지 않다. 다이어그램 밑의 밑줄은 빠진 수를 찾기 위한 식을 쓰는 곳이다.

$$\text{a.} \quad 6 \quad \boxed{} \quad 8 \qquad \text{b.} \quad 6 \quad 2 \quad \boxed{}$$
$$\underline{\hspace{3cm}} \qquad \underline{\hspace{3cm}}$$

〈수업 형식 11-2〉는 네 부분으로 구성되어 있다. Part A에서는 전체 합이 주어졌을 때 무엇을 해야 할 것인가에 관한 규칙 – 전체 합이 주어졌을 때는 뺀다 – 을 소개한다. 학생들에게 이 규칙을 말해 준 다음,

교사는 칠판에 전체 합이 주어진 다이어그램을 쓰면서 그 규칙 적용 시범을 보인다.

$$2 \quad \boxed{}$$
$$8$$
$$8 - 2 = 6$$

교사는 학생들에게 전체 합이 주어졌기 때문에 빠진 수를 구하기 위해서는 뺄셈(8 - 2 = 6)을 해야 한다고 지적해 준다. 뺄셈을 할 때는 물론 전체 합에서 남은 수를 빼야 한다.

Part B에서는 전체 합이 주어지지 않았을 때 어떻게 할 것인가에 관한 규칙 – 전체 합이 주어지지 않았을 때는 더한다 – 을 소개한다. 학생들에게 이 규칙을 말해 준 다음, 교사는 다음 그림을 가지고 칠판에 적으면서 그 규칙 적용 시범을 보인다.

$$3 \quad 7 \quad \boxed{}$$
$$3 + 7 = 10$$

교사는 학생들에게 전체 합이 주어지지 않았기 때문에 빠진 수를 구하기 위해서는 덧셈(3 + 7 = 10)을 해야 한다고 지적해 준다. 학생들이 더하거나 뺀다는 말을 이해하지 못하면 더하기와 빼기 등의 말을 대신 사용할 수 있음에 주목하기 바란다.

Part C는 구조화된 학습지 단계로, 제시된 문제의 절반은 전체 합이 주어져 있고, 나머지 절반에서는 전체 합이 주어져 있지 않다.

$$\text{a.} \quad \boxed{} \quad 3 \quad 9 \qquad \text{b.} \quad 4 \quad 2 \quad \boxed{}$$
$$\underline{\hspace{3cm}} \qquad \underline{\hspace{3cm}}$$

학생들은 화살표 밑의 밑줄 위에 적절한 연산식을 써서 빠진 수를 구해야 한다. 문제 a에서 전체 합이 주어져 있기 때문에 학생은 밑줄에 9 - 3을 써서 빠진 수를 구한다. 문제 b에서 전체 합이 주어져 있지

〈표 11-1〉 시간 순서형 문제의 네 가지 유형

• 동사가 더 많아졌음을 의미하는 문제

〈덧셈〉

　a. James는 12개 사과를 갖고 있다. 17개의 사과를 더 샀다. 모두 몇 개의 사과를 갖게 되었는가?

〈뺄셈〉

　b. James는 12개 사과를 갖고 있다. 그는 사과를 몇 개 더 샀다. 이제 그는 17개의 사과를 갖고 있다. 몇 개의 사과
　　를 더 샀는가?

• 동사가 더 적어졌음을 의미하는 문제

〈덧셈〉

　c. James는 사과를 많이 갖고 있다. 그중 17개를 팔았다. 이제 12개가 남았다. 처음에 갖고 있던 사과는 몇 개인가?

〈뺄셈〉

　d. James는 17개의 사과를 갖고 있다. 그중 12개를 팔았다. 몇 개가 남았는가?

않기 때문에 학생은 밑줄에 4 + 2를 써서 전체 합을 구한다.

Part D는 덜 구조화된 학습지 단계로, 교사는 학생들에게 더해야 하는지 빼야 하는지를 묻고 학생들에게 문제를 풀도록 한다. Part C와 D에서 문제는 예측 가능하지 않은 순서로 제시해야 한다. 덧셈과 뺄셈 문제를 무작위로 제시해야 한다.

시간 순서형 문제.　　시간 순서형 문제에서는 사물이나 사람이 특정 양으로 시작을 한 다음 어떤 행위나 사건(예, 찾다, 잃어버리다, 사다, 팔다 등)이 일어나서 처음 양보다 많이 혹은 적게 끝난다. 시간 순서형 문제에는 네 가지 유형이 있다(〈표 11-1〉 참조). 두 가지 유형은 사람이 더 많이 갖게 되었다는 동사(예, 갖다, 사다, 만들다 등)를 포함하고, 다른 두 가지 유형은 더 적게 갖게 되었다는 동사(예, 잃어버리다, 먹다, 팔다)를 포함한다.

〈표 11-1〉에 나와 있는 문제 유형들은 왜 학생들이 어떤 연산이 필요할지 결정하기 위해 동사에만 전적으로 의존할 수 없는가 하는 것을 잘 보여 준다. 사다, 갖다, 찾다 등의 동사가 비록 덧셈을 암시하기는 하지만, 그러한 동사들을 통해 뺄셈을 해야 하는 문제도 많이 있다. 마찬가지로, 보통은 뺄셈을 의미하는 동사를 포함한 문제들도 덧셈을 해야 하는 경우도 많다. 예를 들어, Michael이 몸무게를 17파운드 감량했다. 이제 그의 몸무게는 132파운드다. 처음에 Michael의 몸무게는 얼마였는가?

시간 순서형 문제 수업 형식에 제시된 진략(〈수업 형식 11-3〉 참조)은 학생들에게 문장제 문제의 전반적인 구조를 파악하도록 가르친다. 이 수업 형식은 수 가족 개념을 이용한다. 문장제 문제에는 수 가족을 구성하는 세 개의 숫자 중 두 개의 숫자를 제시해 준다. 문제에 전체 합이 주어져 있다면 나머지는 전체에서 다른 한 수를 빼서 구한다. 전체 합이 주어져 있지 않다면 빠진 수를 구하기 위해서 덧셈을 한다.

시간 순서형 문제를 풀 때는 두 단계 전략을 적용하도록 한다. 첫째, 문제 속의 사람(사물)이 전체 합을 가지고 시작하거나 끝나는지 확인한다. 문제 속의 동사가 사람이 처음보다 더 많이 가진 것으로 끝났음을 시사할 때는 전체 합으로 끝난 경우다. 이는 〈표 11-1〉의 두 가지 문제 형태에 해당한다. James는 사과를 더 샀기 때문에 전체 합으로 끝났다. 따라서 그림을 다음과 같이 그린다.

⎯⎯⎯⎯⎯⎯⟶ 끝나다

다음에는 전체 합이 주어졌는지 아닌지를 확인한

다(James가 몇 개를 갖게 되었는지 아는가?). 문제 a에서 우리는 전체 합을 모른다. 문제는 James가 몇 개를 갖게 되었는지를 묻고 있다. 따라서

끝나다
──────────→ □

두 숫자가 주어져 있기 때문에 그림은 다음과 같이 나타낸다.

전체 합을 구하기 위해서 두 숫자를 더한다. 문제 b에서 동일한 표시를 적용할 수 있다. James가 사과를 사고 있기 때문에 끝은 전체 합으로 끝난다.

──────────→ 끝나다

하지만 문제 b에는 전체 합이 주어져 있다. James는 17개의 사과를 갖게 된 것으로 끝나고 있다.

끝나다
──────────→ 17

전체 합이 주어져 있기 때문에 그가 사과를 몇 개 샀는지 알아내기 위해 뺄셈을 해야 한다.

끝나다
12 □ 17
──────────→

〈표 11-1〉의 문제 c와 문제 d에서 James는 사과를 판다. 그래서 더 적은 사과를 갖게 되었기 때문에 그는 전체 합을 가지고 시작했다.

──────────→ 시작하다

다음에는 전체 합이 주어져 있는지 확인한다(몇 개의 사과를 갖고 있었는지 아는가?). 문제 c는 그가 애초에 몇 개의 사과를 갖고 있었는지 묻는다. 전체 합은 주어져 있지 않기 때문에 더한다.

시작하다
17 12 □
──────────→

문제 d에서 James가 17개의 사과를 갖고 시작했음을 안다.

시작하다
17
──────────→

전체가 주어져 있기 때문에 뺄셈을 한다.

따라서 시간 순서형 4가지 문제 유형은 모두 다음 두 가지 질문으로 분석이 가능하다. 첫째, 전체 합으로 시작 혹은 끝나는가? 둘째, 전체 합이 주어졌는가? 학생들이 이 전략 문제를 풀 때 성공적으로 적용하려면 〈수업 형식 11-2〉에 제시된 수 가족 규칙에 익숙해져야 한다.

〈수업 형식 11-3〉은 학생들에게 시간 순서형 문제를 푸는 방법을 가르친다. Part A는 다양한 동사(예, 사다, 주다, 잃어버리다)와 사람이 더 많은 상태로 시작하거나 끝나는 것 사이의 관계를 파악하기 위한 구두 연습이다. Part B는 구조화된 칠판 수업 단계로 교사는 두 단계 문제 풀이 과정으로 학생들을 안내한다. 첫째, 학생들은 문제 속의 사람이나 사물이 더 많은 상태로 시작 혹은 끝났는지 확인한다. 그다음에는 전체 합이 주어졌는지 확인한다. 그런 다음 수 가족 화살표에 문제에서 주어진 숫자들을 기록한다. 그러면 학생들은 다음과 같은 수 가족 규칙을 적용한다. 즉, 전체 합 혹은 큰 수가 빠져 있으면 더한다. 작은 수가 빠져 있으면 뺀다.

Part C는 학생들이 Part B를 숙달했으면 제시하는 것으로, 구조화된 학습지 단계다. 교사는 두 단계 전략을 학생들이 적용할 수 있도록 안내하지만, 이번에는 학생들이 수 가족 그림을 직접 문제에 맞게 그린다. Part D는 덜 구조화된 학습지 단계로 교사는 학생

들에게 전체 합에 해당하는 부분을 찾도록 한다. 그러면 학생들은 수 가족 그림을 완성하고 정답을 계산해 낸다.

예 선정.　　이 수업 형식을 위해 예를 선정할 때 교사는 네 가지 유형의 문제로 예들을 구성한다. 연습한 번당 4문제를 한 세트로 두 세트, 총 8문제를 준비한다. 각 세트에는 두 개의 덧셈 문제와 두 개의 뺄셈 문제를 포함시켜야 한다. 덧셈 문제 하나에는 사람이 더 많은 것으로 시작하고, 다른 덧셈 문제에서는 사람이 더 많은 것으로 끝나야 한다. 마찬가지로 뺄셈 한 문제에서는 사람이 더 많은 것으로 시작하고, 다른 뺄셈 문제에서는 사람이 더 많은 것으로 끝나야 한다. 문제는 무작위 순서로 제시해야 한다. 처음에 제시하는 문제들은 단어가 평범한 것이어야 한다. 문장은 비교적 단순하게 한다. 모든 문제는 학생들이 풀 수 있는 식으로 나타낼 수 있는 것이어야 한다. 예를 들이, 만약 학생들이 받아내림을 할 수 없다면 문장제 문제 또한 받아내림이 필요 없는 숫자들로 구성해야 한다.

비교형 문제.　　비교형 문제는 두 개의 수량과 그들 사이의 차이를 언급한다. 비교형 문제에는 두 가지 유형이 있다. 첫째, 하나의 수량이 무게, 길이, 높이, 연령 등과 같이 어떤 사물의 속성 형태로 기술된다. 또한 그 사물과 다른 사물 간의 차이가 기술된다. 예

를 들어, 다음과 같은 형식이다. Brendan은 7살이다. Colleen은 3살 더 많다. 학생들은 Colleen의 나이를 알아내야 한다('Collecn은 몇 살인가?'). 둘째, 두 사물의 수량이 기술되고 학생들은 그 수량 간의 차이를 알아내는 것이다. 예를 들어, Brendan은 7살이다. Colleen은 10살이다. Colleen은 몇 살 더 많은가? 두 가지 비교형 문제 유형은 동시에 소개한다. 모든 비교형 문제는 수 가족 분석을 이용하여 풀 수 있다. 비교되는 수 중 더 큰 수가 전체 합을 나타낸다. 작은 수와 차이는 전체 중 부분을 나타낸다.

비교형 문제를 푸는 두 단계 전략은 앞에서 소개한 시간 순서형 문제의 두 단계 전략과 비슷하다. 즉, (a) 어느 사물이 더 큰 수량인지 결정하고 (b) 더 큰 수량이 주어졌는지 혹은 주어지지 않았는지 확인한다. 예를 들어, 'Andrew는 10문제를 맞혔다. Josh는 이보다 두 문제 적게 맞혔다. Josh가 맞게 푼 문제는 몇 문제인가?' 이 문제에서 Josh가 맞게 푼 문제 수가 더 적기 때문에 Andrew가 맞게 푼 문제 수가 더 큰 수다. Andrew가 맞게 푼 문제 수가 주어졌기 때문에 이 문제에서는 뺄셈을 해야 한다.

〈수업 형식 11-4〉는 비교형 문제를 가르치는 방법을 보여 준다. 수업 형식은 세 부분으로 구성되어 있다. Part A는 사전 기술을 가르치는 부분으로, 더 큰 수를 결정하는 방법을 학생들에게 가르친다. 이 부분에서는 학생들이 비교를 나타내는 단어들 ― 더 깊다, 더 얇다, 더 두껍다, 더 가늘다, 더 크다, 더 작다,

---

〈요약 11-1〉 시간 순서형 문장제 문제 해결 전략

1. 문제를 읽고 사람이나 사물이 더 많은 상태로 시작하거나 끝나는지 확인한다.
2. 수 가족 그림을 그리고, 시작하다나 끝나다를 전체 합으로 명칭 붙인다.
3. 수 가족 그림에 문제에서 주어진 숫자들을 채운다.
4. 빠진 수를 찾기 위해 더하거나 빼야 할지를 결정하기 위해 수 가족 전략을 이용한다.

Sam은 25달러로 저축을 시작했다. 나중에 4달러를 더 저축했다. 저축한 돈은 모두 얼마인가?

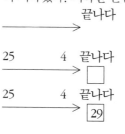

더 무겁다, 더 가볍다 등 — 을 이미 이해하고 있다고 가정하고 있음에 주목하기 바란다. Part A를 어려워하는 학생이라면 이러한 비교급 단어의 의미를 모르고 있을 수 있다. 교사는 그림이나 삽화를 통해 학생들의 이해 정도를 확인해야 한다. 예를 들어, 다음과 같은 그림을 보여 주며 "어느 구멍이 더 깊은가?"라고 물어볼 수 있다.

학생들이 어떤 사물이 더 큰가를 알게 하도록 하는 또 다른 유용한 전략은 숫자 없이 두 사물을 비교하는 문장을 연습하도록 하는 것이다. 예를 들면 다음과 같다.

a. 이곳에서 호수가 도시보다 더 가깝다.
b. Brad는 Ryan보다 더 오래 일했다.
c. 그 새는 너구리보다 열매를 더 적게 모았다.

학생들은 이 문제들에 대해 수 가족 그림을 그려서 화살표 끝부분에 더 큰 수량을 적는다. 예를 들어, 문장 a에서 호수가 도시보다 더 가깝기 때문에 도시가 더 큰 값을 가질 것이다. 따라서 수 가족 그림은 다음과 같이 그릴 수 있을 것이다.

도시

일단 학생들이 수 가족 그림에 각 부분을 정확히 위치시킬 수 있게 되면 수 가족 그림에 비교형 문제에서 제시한 숫자를 넣도록 지도할 수 있게 된다. Part B는 완전한 형태의 문장제 문제를 가지고 지도하는 구조화된 학습지 연습이다. 교사는 학생들이 두 단계 전략을 적용할 수 있도록, 먼저 전체에 해당하는 부분을 수 가족 그림에 나타내고 그다음에 빈칸이나 숫자를 제 위치에 쓰도록 학생들을 안내한다. '이곳에서 호수가 도시보다 23마일 더 가깝다. 이곳에서 도시는 59마일 떨어져 있다. 이곳에서 호수까지의 거리는 얼마인가?' 이 문제에서 학생들은 먼저 전체 부분에 도

시를 쓰고, 도시에 해당하는 숫자가 주어져 있기 때문에 도시 밑에 59를 쓴다. 그런 다음 수 가족 그림에 다음과 같이 작은 숫자에 해당하는 다른 숫자와 빈칸을 쓴다.

$$23 \qquad \square \xrightarrow{\text{도시}} 59$$

수 가족에서 전체 합이 나와 있기 때문에 이 문장제 문제는 59 − 23 = □과 같이 식으로 다시 쓸 수 있다. Part B에서 중요한 단계는 교사가 학생들에게 문제 속에 전체 합이 나와 있냐고 물을 때다. 학생들은 문제를 신중히 읽지 않고 틀린 답을 말할 수 있다. 예를 들어, 문제가 'Rachel은 Sally보다 12살이 더 많다. Sally는 7살이다.'일 때 전체 합은 Rachel의 나이가 되어야 한다. 하지만 학생들은 'Rachel이 12살 더 많다.'는 부분을 'Rachel이 12살이다.'로 잘못 읽고 12를 전체 합으로 쓸 가능성이 있다.

이러한 오류가 자주 발생하면 교사는 이 단계에만 초점을 맞추어 연습을 시켜야 한다. 이를 위해 일련의 문제를 구두로 제시한다. 각 문제에 대해 교사는 학생들에게 전체 합에 해당하는 것이 무엇인지, 그리고 그 숫자가 주어져 있는지 묻는다. 예를 들어, "전체 합은 Rachel이 몇 살인지를 나타냅니다. 문제 속에 나와 있는 숫자가 Rachel의 현재 나이를 나타내나요?" 교사는 6~8개의 문제를 연습에 활용한다.

Part C는 덜 구조화된 학습지 연습으로 변별 연습을 위해 다음과 같은 유형의 예를 포함시킨다.

1. 두 개의 덧셈 문제 중 하나는 그 숫자가 주어져 있다. 차이는 다른 하나의 숫자가 더 큰 수임을 나타낸다.
   Bill은 6피트 깊이의 구덩이를 판다. Tim은 Bill보다 2피트 더 깊게 구덩이를 판다. Tim이 파는 구덩이의 깊이는 얼마인가?
   Bill은 6피트 깊이의 구덩이를 판다. Bill의 구덩이는 Tom의 구덩이보다 2피트 더 얕다. Tim이

판 구덩이의 깊이는 얼마인가?

2. 하나의 뺄셈 문제인데 숫자 하나는 제시되어 있다. 차이는 다른 숫자가 더 작음을 나타낸다.

Bill은 6피트 깊이의 구덩이를 판다. Jim은 Bill보다 2피트 더 얕게 구덩이를 판다. Jim이 파는 구덩이의 깊이는 얼마인가?

3. 하나의 뺄셈 문제인데 숫자 두 개가 제시되어 있다. 학생은 그 차이를 알아내야 한다.

Bill은 구덩이를 6피트 깊이로 판다. Jim은 2피트 깊이로 구덩이를 판다. Bill의 구덩이는 얼마나 더 깊은가?

셋트당 두 개의 덧셈 문제를 포함시켜 덧셈과 뺄셈 문제의 수가 균형을 이루도록 한다.

분류형 문제.   〈수업 형식 11-5〉는 수 가족 전략을 이용하여 학생들에게 분류형 문제를 푸는 단계를 나타낸다. Part A에서는 사물의 집합체에 범주 명칭을 명명하는 언어 선수 기술을 연습한다. 교사는 학생들에게 하나의 상위 범주와 두 개의 하위 범주를 제시하고 어느 것이 가장 큰 범주인지 묻는다. 이 연습에서는 학생들이 이미 범주를 이해한 것으로 전제한다. 저성취 학생들의 경우에는 이 연습을 필히 오랫동안 해야 할 것이다.

구조화된 학습지 단계인 Part B에서 교사는 분류형 문장제 문제를 소개한다. 학생들에게는 6~8개의 문장제 문제가 있는 학습지를 준다. Part B를 시작할 때 교사는 전체 합이 주어져 있을 때는 답을 구하기 위헤 뺄셈을 해야 하고, 전체 합이 주어져 있지 않을 때는 덧셈을 해야 한다는 것을 복습시키는 것부터 시작한다. 그런 다음, 교사는 문제를 읽고 다음과 같이 문제 속에 나와 있는 세 집단을 확인한다. '8명의 아이들이 있다. 그중 3명은 남자아이다. 여자아이는 몇 명인가? 이 문제는 아이들, 남자아이, 여자아이에 대해 말하고 있다.' 이렇게 세 집단을 말해 준 다음, 학생들에게 이 중 어느 집단이 가장 큰 집단인지 묻는다. 문제에서 말하고 있는 큰 범주를 나타내기 위해 다음과 같이 학생들에게 수 가족 그림의 전체 부분에 아이들을 쓰도록 한다.

비교형과 시간 순서형 문제 때처럼 학생들은 전체 합에 해당하는 숫자가 주어져 있는지 확인한다. 이 문제의 경우에는 수 가족 그림을 다음과 같이 완성할 수 있다.

$$3 \quad \boxed{} \quad \overset{\text{아이들}}{\longrightarrow} \quad 8$$

학생들은 수 가족 규칙을 적용하여, 작은 수가 빠져 있기 때문에 여자아이 숫자를 알아내기 위해 뺄셈을 한다. 8 - 3 = 5, 답은 5명이 된다.

〈요약 11-2〉 비교형 문장제 문제 해결 전략

1. 문제를 읽고 더 큰 수를 확인한다.	Diane은 매일 3마일씩 달린다. Mark는 이보다 2마일씩 더 달린다. Mark는 매일 얼마씩 달리는가?
2. 수 가족 그림을 그리고 전체 합에 해당하는 것을 쓴다.	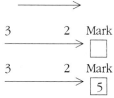
3. 수 가족 그림 문제에서 주어진 숫자들을 채운다.	
4. 빠진 수를 찾기 위해 더하거나 빼야 할지를 결정하기 위해 수 가족 전략을 이용한다.	

Part C는 덜 구조화된 학습지 연습이다. 문제를 읽고, 학생들은 수 가족 그림의 끝 부분에서 큰 범주에 해당하는 것을 쓴다. 전체 합이 주어져 있는지 확인하기 위해 문제를 다시 읽고 주어진 숫자와 빈칸을 이용하여 수 가족 그림을 완성한다. 그러면 덧셈을 해야 할지 뺄셈을 해야 할지 준비가 된 셈이다.

예 선정.　　예를 선정할 때는 다음과 같은 몇 가지 지침이 있다. 첫째, 덧셈과 뺄셈 문제 수가 모두 같아야 한다. 둘째, 처음 단계에서는 문제 자체가 불필요한 단어를 최소화한 채 비교적 짧아야 한다. 셋째, 대체로 평범한 범주를 사용해야 한다. 한 세트 네 개의 문제 예는 다음과 같다.

  a. 모두 75대의 차가 있다. 그중 15대는 녹색 차다. 나머지는 빨강 차다. 빨강 차는 모두 몇 대인가?
  b. Lauren은 빨강 구슬과 파랑 구슬을 갖고 있다. 빨강 구슬은 23개이고, 파랑 구슬은 16개다. 모두 몇 개의 구슬을 갖고 있는가?
  c. Tom은 장난감 차와 비행기를 모았다. 모두 43개의 장난감을 갖고 있는데, 그중 14개는 차다. 장난감 비행기는 몇 대인가?
  d. Kennedy 학교에서는 1학년 학생 중 16명이 여학생이고, 15명이 남학생이다. 1학년 학생은 모두 몇 명인가?

분류형 문제를 지도하는 첫 주 동안에는 학생들에게 단서를 주기 위해 문제 속의 주요 단어에 밑줄을 칠 수 있다. 예를 들어, 문제 a에서 차, 빨강, 녹색 등에 밑줄을 칠 수 있다.

학생들은 분류형 문제를 푸는 동안에도 시간 순서형 문제와 비교형 문제도 계속 풀어야 한다. 분류형 문제를 모두 끝내면 교사는 세 가지 유형이 섞인 학습지를 주어야 한다. 학습지에는 매일 6~8개의 문장제 문제를 포함시키고 각 문제 유형을 $\frac{1}{3}$씩 구성해야 한다. 학생들이 혼합된 문제를 처음 접할 때는 문제 유형을 변별할 수 있도록 교사의 지시를 다시 받아야 한다. 비록 학생들이 각 문제 유형은 잘 풀었지만 섞어서 문제를 제시할 때도 잘 풀 것이라고 단정해서는 안 된다.

표 읽기.　　분류형 문제 풀기와 관련된 중요한 기술 중 하나는 표를 이용하여 범주 논리를 적용하는 것이다. 표 문제는 자료들을 나타내고 논리와 수 연산을 강화하는 효과적인 방법이다. 학생들에게 표의 가로와 세로를 합하면 전체 합을 구할 수 있다고 소개한다(〈수업 형식 11-6〉의 Part A와 B 참조). 가로나 세로의 전체 합을 구하기 위해서 학생들은 각 영역에 있는 숫자들을 모두 더한다. 표 읽는 연습 초기에는 칸은 세로로 줄은 가로로 읽는다는 것을 배운다. 칸과 줄의 숫자들을 더하는 연습을 충분히 한 후에 표 제목 줄을 가르친다. 표 제목 줄은 칸과 줄의 숫자가 무엇인지를 나타낸다. 예를 들어, 다음 표에서 학생들은 표 제목 줄을 가리키며 특정 칸을 찾아내도록 한다. 예를 들어, 다음 그림에서 한 손가락으로는 화요일 칸에서 밑으로, 그리고 다른 손가락으로는 John 줄에서 옆으로 5가 쓰인 칸에 이를 때까지 움직인다. 여러 개의 예를 가지고 이런 연습을 한 후에서야 학생들은 특정 칸에 대한 질문에 대답할 준비가 되어 있어야 한다. 이를테면 '수요일에 Jane은 몇 시간 일했는가?' '화요일에는 누가 가장 많이 일했는가?' '전체적으로 누가 가장 많이 일했는가?'다.

일한 시간

	월	화	수	전체
Josh	5	4	10	19
Jane	4	7	1	12
John	2	5	3	10
전체	11	16	14	

학생들이 표를 읽는 방법과 칸과 줄의 합계를 계산하는 데 익숙해지면 교사는 표 문제를 풀기 위해 수 가족 전략을 적용하는 방법을 가르칠 수 있다. 먼저 학

생들에게 칸과 줄이 있는 표는 수 가족처럼 문제를 풀 수 있음을 소개한다. 초기에는 표의 각 칸 밑에 단순한 밑줄 대신 화살표가 있는 밑줄을 사용한다. 이러한 화살표는 학생들로 하여금 수 가족에서의 화살표를 떠올리게 해 준다. 가로 줄의 처음 두 숫자는 작은 숫자를 나타내고 그 합은 큰 숫자를 나타낸다(〈수업 형식 11-6〉의 Part C 참조).

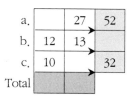

줄 a의 경우 작은 숫자 하나가 없다. 학생들은 다음과 같은 수 가족 규칙을 적용한다. 작은 숫자가 없으면 뺄셈을 한다. 큰 숫자가 없으면 더한다. 이 예에서는 작은 숫자가 없기 때문에 뺄셈을 한다(52 − 27 = 25). 줄 b의 경우 큰 숫자가 없기 때문에 더해서 표에 그 답을 쓴다(12 + 13 = 25).

교사는 줄을 합산하는 것과 칸을 합산하는 것을 따로 분리하여 먼저 줄을 합산하는 것을 가르치고 나서 칸을 합산하는 것을 가르치고, 이후에 양쪽으로 빈칸에 들어갈 숫자를 구하는 것을 가르칠 수 있다. 다음 표는 이러한 진행 단계를 나타낸 것이다.

	15	35		10		9		35		50
20	12				22	31		10	18	
14		26		19	45					

마지막 지도 단계는 문장제 문제로부터 어떻게 정보를 표로 옮기고 답을 구하는가를 가르치는 것이다(〈수업 형식 11-6〉의 Part D). 범주별 숫자가 나와 있는 표를 사용하는 것은 학생들이 덧셈과 뺄셈 범주형 문장제 문제를 푸는 방법을 배울 때 학습한 것을 자연스럽게 확장하는 것이다. 줄과 칸의 제목은 큰 범주(예, 아이들)뿐만 아니라 두 개의 하위 범주 명(예, 남자아이, 여자아이)을 나타낸다. 예를 들어, 다음 표는 화요일과 목요일에 축구 연습에 참가한 남자아이와 여자아이 숫자를 나타낼 수 있다. 이 자료를 기록하기 위한 표의 예는 다음과 같다.

	남자아이	여자아이	아이들 전체
화요일			
목요일			
전체			

〈수업 형식 11-6〉의 Part D에서는 수 가족을 사용하여 표를 완성하는 방법과 표에 나와 있는 정보를 사용하여 문제를 푸는 방법을 어떻게 지도할 수 있는지를 설명하고 있다. 〈수업 형식 11-6〉을 모두 가르치는 데는 상당한 시간이 소요될 수 있음에 주목하기 바란다. 그렇지만 표를 사용하도록 가르치는 것은 여러 개의 문장제 문제 해결을 위한 효율적이면서도 논리적인 방법 중 하나다.

곱셈과 나눗셈 문장제 문제

곱셈과 나눗셈은 같은 크기의 집단을 다루는 문장제 문제를 풀 때 사용한다. 이러한 유형의 문제는 세 가지 기본 형식으로 진술된다. 만약 문제에 집단의 수와 각 집단 내 수가 나와 있다면 그 문제는 곱셈 문제다. 예를 들어, 'Carlos는 3개의 장난감 꾸러미를 갖고 있다. 각 꾸러미 안에는 2개의 장난감이 들어 있다. Carlos가 갖고 있는 장난감은 모두 몇 개인가?' 문제를 나타내는 등식은 3 × 2 = □다. 만약 문제에 전체 숫자가 나와 있고 집단 수나 각 집단 내 수를 묻는다면 이 문제는 나눗셈 문제다. 예를 들어, (a) 'Carlos는 6개의 장난감을 갖고 있다. 그는 각 꾸러미에 2개씩의 장난감을 넣었다. 꾸러미는 모두 몇 개여야 하는가?' 이 문제에 대한 식은 6 ÷ 2 = 3이다. (b) 'Carlos는 6개의 장난감을 갖고 있다. 그는 3개의 꾸러미에 같은 개수의 장난감을 넣고 싶어 한다. 각 꾸러미에는 몇 개의 장난감을 넣어야 하는가?' 이 문제에 대한 식은 6 ÷ 3 = 2다. 일단 문제가 같은 크기의 사물이나 집단을 언급하고 있는지만 결정하면 그 문제가 곱셈 문제인지 나눗셈 문제인지 알게 될 것이다. 그런 다음에는 전체 합인 큰 숫자가 주어져 있는지를 알아내기 위해 수 가족 전략을 적용하여 곱셈이 필요한지 아니면 나눗셈이 필요한지 알아낼 수 있다.

곱셈과 나눗셈 문제는 거의 항상 같은 크기의 집단을 나타내는 단어나 어구를 포함하고 있다. 대부분의 문제에는 각각(each) 혹은 모든(evey) 등의 단어가 들어 있다. 같은 크기의 집단을 나타내는 또 다른 단어로는 당(per)과 상자 하나 안에(in a box) 혹은 12개들이 묶음 안에(in a dozen) 등과 같은 어구가 있다. 예를 들면 다음과 같다. (a) 'John은 하루에 4마일을 걷는다. 3일 동안 얼마를 걸은 셈인가?' (b) '상자 안에 3개의 공이 들어 있다. 상자는 6개가 있다. 공은 모두 몇 개인가?'

곱셈과 나눗셈 문장제 문제는 학생들이 덧셈과 뺄셈 문장제 문제를 숙달하고 기본적인 곱셈과 나눗셈 연산을 할 수 있기 전에는 소개하면 안 된다.

곱셈과 나눗셈을 필요로 하는 문장제 문제는 처음에는 동전을 소재로 한 것을 사용하면 좋다(돈 단위는 16장 참조). 동전은 같은 크기의 집단을 나타내기 때문이다. 그 후에는 동전을 소재로 사용하지 않은 문제라도 동일한 전략을 이용하여 소개한다. 처음 단계에서는 문제를 곧바로 풀지 않고 그 문제에 맞게 수 가족을 정확하게 정하는 것부터 배우도록 한다. 누군가가 10센트짜리 동전(다임)을 4개 갖고 있다면 10 × 4, 40센트를 갖고 있는 것이다. 그림으로는 10센트짜리 동전이나 1센트짜리 동전의 숫자(전체 액수)를 나타낸다. 수 가족을 작성할 때 수 가족의 첫 번째 작은 수 부분에는 각 동전의 액수를 쓴다. 수 가족에서 동전의 수는 두 번째 작은 수 부분에 쓴다. 전체 액수(1센트 단위)는 큰 숫자 부분에 쓴다(〈수업 형식 11-7〉 참조). 예를 들면 다음과 같다.

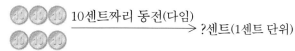
10센트짜리 동전(다임)
⟶ ?센트(1센트 단위)

다음 단계는 동전이 나와 있지 않은 문제를 소개하는 것이다. 예를 들면 다음과 같다.

a. 여러분은 5센트짜리 동전(니켈)을 몇 개 갖고 있다. 여러분이 갖고 있는 동전은 모두 45센트다. 5센트짜리 동전은 모두 몇 개를 갖고 있는 셈인가?

5개의 5센트짜리 동전(니켈)
⟶
25센트(1센트 단위)

문제 a를 풀기 위해서 학생은 각 5센트짜리 값(5센트)을 첫 번째 작은 수 부분에 쓰고 45센트를 큰 숫자 부분에 쓴다. 큰 숫자가 주어져 있기 때문에 답을 구하기 위해서는 나눈다. 45 ÷ 5 = 9다. 그래서 9개의 5센트짜리 동전이 있다. 이를 그림으로 나타내면 다음과 같다.

9개의 5센트짜리 동전(니켈)
⟶
45센트

b. 25센트짜리 동전을 5개 갖고 있다고 하자. 모두 얼마인가?

25센트짜리 동전 5개
⟶
?센트

문제 b의 경우 각 동전 액수는 첫 번째 작은 숫자 부분에 쓰여 있고, 5가 두 번째 작은 숫자 부분에 쓰여 있다. 전체 액수는 수 가족에서 큰 숫자 부분에 오고, 이것은 25 × 5를 해서 구한다.

동전 전략은 다른 문제 유형에도 사용할 수 있다. 일단 학생들이 동전 문제를 수 가족 전략을 이용하는 데 숙달되면 곱셈/나눗셈 문제의 언어를 어떻게 분석하는지 지도한다. 각 문제에는 두 가지의 명칭이 나온다. 덧셈/뺄셈 문장제 문제 때처럼 수 가족 분석의 핵심은 큰 숫자 부분의 명칭을 확인하는 것이다. 많은 양을 나타내는 명칭은 큰 숫자에 해당한다. 동전 문제에서 센트 단위 숫자가 동전 수보다 더 크다.

따라서 전체 액수(센트 단위)가 큰 숫자가 된다. 나중에 학생들에게 동전 이외의 같은 크기 집단을 가지고 문제를 푸는 방법을 지도한다. 예를 들어, '벽돌 하나 당 무게는 3파운드다.'라고 할 때, 벽돌 수보다 파운드 숫자가 더 크기 때문에 파운드 숫자가 큰 숫자가 되고 벽돌 수는 작은 숫자가 된다. 각 벽돌의 무게는 또 다른 작은 숫자가 된다. 그래서 수 가족 그림은 다음과 같다.

$$\xrightarrow[\text{3} \qquad\qquad \text{벽돌}]{} \text{?파운드}$$

초기 단계에서는 학생들에게 문제의 답을 물어보지 않고 대신 수 가족에 각 해당하는 숫자를 넣는 연습을 시킨다. 학생들이 숫자를 제 위치에 쓸 수 있게 되면 문제를 풀도록 한다. 학생들에게 문장제 문제 속의 문장 하나는 수 가족을 어떻게 만드는지 정보를 주고 있는데, 그 문장은 사물에 대해 말하고 있는 문장이라는 것을 가르친다.

〈수업 형식 11-8〉의 Part A에서 학생들은 문장제 문제의 문장을 분석하여 큰 숫자를 찾고 교사는 수 가족을 만드는 법을 시범 보인다. 〈수업 형식 11-8〉의 Part B에서는 학생들이 수 가족 그림을 완성하고 학습지 형식에 문제를 푼다.

종종 학생들이 큰 숫자를 결정하는 데 어려움을 겪을 수 있다. '각 자루에는 10개의 쿠키가 들어 있다.'라는 문장에서 큰 숫자는 쿠키 전체의 수이고, 자루는 작은 숫자다. 하지만 만약 큰 숫자가 사물의 크기를 나타내는 것으로 생각한다면 거꾸로 생각할 수 있다. 대개 자루가 쿠키보다 크기가 크기 때문에 학생들은 자루의 수가 큰 숫자를 나타낸다고 생각할 수 있다. 이 경우 교사는 학생들에게 사물의 크기를 재는 것이 아니고 사물의 개수를 세어야 한다는 것을 상기시켜 주어야 한다. 학생들이 큰 숫자에 해당하는 것을 잘 알지 못하면 문장 속의 각(each)이라는 문구 다음의 단어는 작은 숫자를 나타내는 것이라고 가르친다. 앞의 문장에서 각 사물에 해당하는 어구를 이용하면 학생들은 사물 중 하나를 큰 숫자에 해당하는 것으로 파악할 수 있을 것이다. '각 자루에는 10개의 쿠키가 들어 있다.'라는 문장에서 각(each) 뒤에 나오는 단어는 자루다. 자루는 작은 숫자다. 문장 속에 남아 있는 다른 명칭은 쿠키밖에 없기 때문에 쿠키의 수가 큰 숫자가 되어야 한다.

다단계 문장제 문제

종종 학생들은 덧셈과 뺄셈을 모두 요구하는 시간 문제를 풀게 된다. 이러한 다단계 문장제 문제도 수 가족을 이용하여 풀 수 있다. 다음은 다단계 문장제 문제의 한 예다.

Shane은 우표를 사는 데 12달러를 지불했다. 이어서 비디오 게임을 사는 데 32달러를 지불했다. 남은 돈이 6달러라면 처음에 갖고 있던 돈은 얼마인가?

이 문제에는 지불하다(spend)란 단어가 있기 때문에 학생들은 문제를 풀기 위해 여러 단계를 거쳐야 함에도 다짜고짜 뺄셈을 사용하는 경향이 있다. 수 가족 분석을 사용하면 이러한 종류의 실수를 막을 수 있다.

이 문제를 풀기 위해서 수정된 형태의 덧셈/뺄셈 수 가족 전략을 사용할 수 있다(〈수업 형식 11-9〉 참조). 이 수정된 전략에서는 수 가족 그림의 각 숫자에 대해 투입(in), 지출(out), 남은 수(end up)로 명명한다. 투입은 사람이 처음에 갖고 있던 것과 더 들어온 것을 나타낸다. 투입은 언제나 큰 숫자다. 지출과 남은 수는 작은 숫자다. 지출은 사물이 줄어드는 것을 나타낸다. 다음 그림은 앞의 문장제 문제를 나타낸 것이다.

남은 수	지출	투입
	12	
	32	
6 $\longrightarrow$	44	50

수 가족 전략을 적용할 때 학생들은 **투입** 총수 혹은 큰 숫자(문제의 답)를 구하기 위해 **남은** 수와 **지출**을 더하기 전에 먼저 **지출** 총합을 구하기 위해 두 개의 **지출** 숫자를 더해야 한다.

학생들이 다단계 문장제 문제를 풀 수 있도록 준비시키기 위해서 한 단계 덧셈과 뺄셈 문제를 가지고 남은 수-투입-지출 형식을 연습시키는 것도 한 가지 방법이다. 이 연습의 목적은 투입, 지출, 남은 수 개념을 가르치는 것이다. 문장 속 문장이 누군가가 갖고 있던 것의 양을 진술하고 있다면 그것은 투입 숫자다. 'Caley는 15달러를 갖고 있다.'라는 문장에는 투입 숫자가 나와 있다. 획득한 것을 문장이 언급하고 있으면 그 숫자 역시 **투입**에 해당한다. 'McKenzie는 34개의 우표를 수집했다.'라는 문장은 획득한 우표를 나타낸다. 34는 투입 숫자를 나타낸다. 지출에 해당하는 숫자는 손실이나 감소를 나타낸다. 'Howard는 사과 3개를 주었다.'라는 문장은 **지출**을 말하고 있다. '1500 갤런이 탱크에서 누출되었다.'라는 문장은 **지출**을 말하고 있다. **남은** 수는 남은 양 혹은 투입과 **지출**의 차이를 말한다. 대부분의 문제에서 남은 양은 사람이 손실이나 획득 이후에 갖고 있는 것의 양을 나타낸다. 세 가지 종류의 숫자만을 언급하는 단순한 문제를 풀 때는 학생들이 다단계 문제를 풀기 전에 앞서 제시한 간단한 정리 방법을 연습할 시간을 가질 수 있다. 다음은 이러한 단순한 문장제 문제의 예다.

a. Maria는 567달러를 가지고 저축을 시작했다. 나중에 그녀는 돈의 일부를 인출했고, 그 결과 329달러가 남았다. 그녀는 얼마를 인출했는가?

b. 꽃가게 주인은 처음에 꽃을 갖고 있지 않았다. 그 주인은 59개의 카네이션을 구매해서 그중 47개를 팔았다. 남은 카네이션은 모두 몇 개인가?

c. Daniel은 빈 과일 상자를 갖고 있다. 그 상자에 그는 오렌지를 넣었다. 그중 23개를 다른 사람에게 주었다. 그 상자 안에는 이제 19개가 남아 있

다. 처음에 상자에 넣은 오렌지는 모두 몇 개인가?

학생들이 투입, 지출, 남은 수 개념을 모두 숙달하고 나면 다단계 문제를 소개한다. 다단계 문제에는 투입과 지출에 해당하는 숫자가 2개 이상 나온다. 수 가족 그림에서 숫자들은 해당한 곳에 여러 개를 제시한다. 다음은 투입 부분에 여러 개의 숫자가 제시되는 경우를 나타낸다.

Bill은 어제 12마리, 오늘 아침 11마리, 오후에 8마리의 게를 잡았다. 집으로 오는 길에 그는 시장에 들러 그중 일부를 팔았다. 남은 게는 15마리다. 시장에서 판매한 게는 모두 몇 마리인가?

남은 수	지출	투입
		12
		11
15	16	8
		31

투입이나 지출 어느 하나에 두 개 이상의 숫자가 나오는 다단계 문제를 숙달하게 되면 투입과 지출 모두에 두 개 이상의 숫자가 나오는 다단계 문제를 소개한다. 다단계 문제의 예는 다음과 같다.

근무 첫날, 연방 빌딩 내의 엘리베이터는 비어 있었다. 처음에 5명이 타고 5층에서 2명이 더 탔다. 6층에서 4명이 내렸다. 7층에서 7명이 타고 8명이 내렸다. 엘리베이터 안에는 몇 명이 남았는가?

남은 수	지출	투입
	4	5
	8	2
		7
2	12	14

간섭어

간섭어(distractors)는 문장제 문제에는 나와 있지만

문제를 해결하는 데 없어도 되는 정보를 말한다. 이러한 정보를 간섭어라고 하는 이유는 학생들은 보통 문제에 나와 있는 정보를 모두 사용하는 데 익숙해져 있고, 불필요한 정보는 이들이 정확하게 계산하는 것을 방해할 수 있기 때문이다. 예를 들어, 다음 문제에서는 Stefanie가 갖고 있는 동물 인형의 수를 묻고 있기 때문에 오래된 인형의 수는 불필요한 정보이고, 따라서 문제를 정확하게 풀려면 이를 무시해야 한다.

> Stefanie는 4개의 강아지 인형, 2개의 토끼 인형, 2개의 돼지 인형, 5개의 고양이 인형을 갖고 있다. 그 중 4개의 동물은 매우 오래되었다. Stefanie가 갖고 있는 동물 인형은 모두 몇 개인가?

초등 중간 학년쯤 되면 학생들은 간섭어가 있는 문장제 문제를 자주 접하게 된다. 무엇을 구해야 할지와 문제를 푸는 데 불필요한 정보를 지우는 연습문제를 여러 개 주어야 한다. 간섭어가 있는 문제는 수학 교육과정 여러 곳에 걸쳐 제시해야 하고, 학생들이 손쉽게 필요한 정보와 불필요한 정보를 구분할 수 있을 때까지 자주 연습시켜야 한다.

진단과 교정

교사는 매일 학생들의 수행을 점검해야 한다. 적절한 교정을 제공하기 위해서는 오류의 원인을 파악하기 위해 모든 노력을 기울여야 한다. 문장제 문제를 푸는 데 발생하는 오류에는 적어도 다음의 다섯 가지가 있다. (a) 단순 연산 오류 (b) 계산 오류 (c) 문제 해독 (d) 어휘 오류 (e) 변환 오류다.

단순 연산 오류. 단순 연산 오류는 정확한 연산을 선택하고 문제도 정확히 적었는데, 정확한 답에 이르지 못할 때 발생한다. 단순 연산 오류의 예는 다음과 같다.

> 학급에 9명의 남자아이와 8명의 여자아이가 있다. 학생들은 모두 몇 명인가?

$$9 + 8 = 16$$

계산식의 숫자와 덧셈 연산 자체는 정확하다. 하지만 답은 틀렸다. 교정을 위해서 문장제 문제 해결 전략을 반복할 필요는 없지만 기본 연산을 암기하는 별도의 연습은 필요하다.

계산 오류. 계산 오류는 답을 도출하기 위해 계산하는 과정에서 한 곳 이상에서 잘못 계산할 때 발생한다. 예를 들어, 받아올림이나 받아내림을 정확하게 하지 않을 때 계산 오류가 발생할 수 있다. 이러한 종류의 계산 오류의 경우 문장제 문제 해결 전략 자체를 다시 가르쳐야 하는 것은 아니다. 하지만 학생들이 어려워하는 계산 부분에 대해서는 교정이 필요하다.

문제 해독 오류. 문장제 문제에서 하나 혹은 그 이상의 단어를 잘못 해독할 때 발생하는 오류다. 예를 들어, 다음 문제에서 '샀다(bought)'라는 단어를 '깨뜨렸다(broke)'로 읽는다면 틀린 계산식을 적용하게 될 것이다. 'Taryn은 8개의 유리잔을 갖고 있다. 6개를 더 샀다(bought). 모두 몇 개가 되었는가?'라는 문제를 잘못 이해하면 6 + 8을 하는 대신, 8 − 6 = 2로 계산할 수 있다. 문제 해독 오류는 학생에게 해당 문제를 읽어 보도록 함으로써 쉽게 알아낼 수 있다.

문장제 문제의 단어 해독을 어려워하는 학생이 있으면 스스로 문제를 풀기 전에 칠판 수업 단계에서 어려운 단어를 미리 다루어 준다. 문제 해독을 어려워하는 학생에게는 문제를 읽도록 요구하지 말고 교사가 학생에게 문제를 읽어 주어야 한다.

어휘 오류. 어휘 오류는 학생이 문장제 문제 속의 중요 단어의 의미를 모르는 경우다. 예를 들어, 다음 문제에서 학생은 '받다(receive)'라는 말이 '더 얻다(to get more)'라는 의미라는 것을 알아야 한다.

> Curt는 18켤레의 양말을 갖고 있다. 생일 선물로 4켤레를 더 받았다. 모두 몇 켤레의 양말을 갖게 되었는가?

단어의 의미를 학생에게 물어보면 어휘 오류인지 아닌지를 쉽게 알아낼 수 있다. 필요하다면 문장제 문제를 가르치기 전에 중요한 단어의 뜻을 미리 가르쳐야 한다.

변환 오류.   이 오류는 문제를 정확한 연산식으로 나타내지 못하고 잘못된 연산식을 사용하는 경우를 말한다. 예를 들어, 다음 예에서 학생은 뺄셈 대신 덧셈을 했다. 교사는 먼저 여러 날에 걸쳐 학생이 동일한 유형의 문제를 지속적으로 틀리는지 검사하는 것으로 교정을 시작한다. 이전에 가르친 문제 유형을 25% 이상 풀지 못하면 이 문제 유형에 대해 교정 지도가 필요하다. 교정은 덜 구조화된 수업을 이용하여 오류를 보인 문제 유형를 대상으로 학습지 연습을 시키는 방식으로 진행한다. 학습지에는 최소한 10개의 문장제 문제를 넣되 절반은 어려운 문제 유형으로 구성하고, 나머지 반은 다른 종류의 연산식을 필요로 하지만 비슷한 유형인 문제들로 구성한다. 최소한 90%의 정답률에 여러 날에 걸쳐 연속적으로 도달하기 전까지는 학생 혼자 문제를 풀도록 해서는 안된다.

Andrew는 7개의 비디오 게임을 갖고 있다. 처음에 갖고 있던 것은 생일 선물로 받은 비디오 게임 2개였다. 생일 이후 몇 개의 비디오 게임을 더 받은 것인가?

$$7 + 2 = 9$$

적용 문제   문제 해결

1. 다음 문장제 문제가 어느 유형인지 말하시오. 〈수업 순서와 평가 차트〉에 나와 있는 문제 유형을 이용하시오.
   a. Jim은 15개의 푸른 사과와 17개의 빨간 사과를 갖고 있다. 이 사과를 4명의 친구에게 똑같이 나누어 주려 한다. 친구 한 명당 몇 개씩의 사과를 주어야 하는가?
   b. Ann은 몇 달 동안 달리기를 해 오고 있다. 매일 5마일을 달린다. 10일 동안에는 얼마나 달리게 되는가?
   c. 장난감 상자 안에 20개의 공이 있다. 그중 8개는 야구공이다. 야구공이 아닌 공의 개수는 얼마인가?
   d. Jill은 각 주머니에 2개씩의 펜이 있다. 모두 8개의 펜을 갖고 있다. 주머니는 모두 몇 개인가?
   e. Amy는 8달러를 갖고 있다. 3달러를 더 벌었다. 모두 얼마를 갖게 되었는가?
   f. 어떤 소녀의 나이는 15세다. 그녀의 남동생은 두 살 어리다. 그녀의 남동생의 나이는 얼마인가?
2. 문장제 문제는 한두 곳을 바꿈으로써 더 어렵거나 쉬워질 수 있다. 문장제 문제를 어렵게 만들 수 있는 방안을 이야기해 보시오. 1번 문제에서 제시한 각 문제 유형에 대해 난이도를 높이는 방향으로 조정을 해 보시오.
3. 다음 오류의 가능한 원인을 설명하시오. 오류의 원인이 명확하지 않을 경우에는 그것을 어떻게 알아낼 수 있을지 말해 보시오. 해당 오류가 자주 발생하면 어떻게 교정하는 것이 좋을지 그 절차를 구체적으로 제시하시오.
   a. Jill 팀은 54점을 얻었다. 상대 팀은 이보다 19점 적게 얻었다. 상대 팀은 몇 점을 얻었는가? 36점
   b. ABC 회사에는 작년에 1,534개의 테이블을 생산했다. 올해는 생산량이 112개 줄었다. 올해 ABC 회사에서 생산한 테이블은 모두 몇 개인가? 1,646개
   c. Tim은 매주 6개의 과자를 굽는다. 그는 18주 동안 과자를 구웠다. 총 몇 개를 구웠는가? 3개
   d. Tara는 농구 게임에서 20개의 슛을 날렸다. 그중 15개를 성공시켰다. 들어가지 않은 슛은 몇 개인가? 35개
   e. 교실에 남자아이 10명과 여자아이 20명이 있다. 각 줄은 5명의 학생이 앉을 수 있다. 몇 줄이 있는가? 35줄
   f. 한 공장에서 하루에 325대의 자동차를 생산한다. 25일 동안에는 몇 대의 자동차를 생산하게 되는가? 8,105대
4. 다음 문장제 문제 풀이 지도를 하기 위해 표를 사용하는 구조화된 학습지 수업 형식을 작성해 보시오. 28대의 탈것이 우리 집 앞을 지나갔다. 그중 12대는 자동차였다. 자동차가 아닌 탈것은 모두 몇 대인가?
5. 다음 문장제 문제 풀이 지도를 위한 구조화된 학습지 수업 형식을 작성해 보시오.
   Ann은 하루에 5마일을 달린다. 지금까지 20마일을 달렸다. 며칠 동안 달렸는가?

〈수업 형식 11-1〉 문장제 문제 개념 소개

교사	학생

Part A: 사전 기술: 그림으로 시범 보이기

덧셈 문제

1. 잘 들으세요. Ann은 7개의 사과를 갖고 있어요. 3개의 사과를 더 얻었어요. 모두 몇 개의 사과를 갖고 있나요?

2. 이 문제에 맞는 그림을 그려 봅시다. Ann은 7개의 사과를 갖고 있어요.

   (칠판에 다음과 같이 그림을 그린다)

   3개의 사과를 더 얻었으니 3개의 사과를 더 그릴게요.

   (3개의 사과를 더 그린다)

3. 문제에 대한 식을 써 봅시다. 첫 번째 문장을 봅시다. Ann은 7개의 사과를 갖고 있어요. Ann이 몇 개의 사과를 갖고 있다고요? 7개의 사과 밑에 7을 쓸게요. (7을 쓴다)

   다음 문장은 다음과 같아요. 3개의 사과를 더 얻었다. 몇 개를 더 얻었다고 요? 그래요. 3개를 더 얻었어요. 그럼 3개 밑에 뭐라 써야 하나요? (+3을 쓴다)

   문제는 그녀가 모두 몇 개의 사과를 갖고 있는가를 묻고 있어요. 따라서 등 호 표시와 빈칸을 이와 같이 적어요. (= □를 쓴다. 7 + 3 = □)

4. 식을 읽어 보세요. 사과 개수를 세어서 답을 구해 봅시다. (학생들이 사과를 셀 때 사과를 짚는다) 따라서 Ann은 모두 10개의 사과를 갖게 되었어요. (빈칸에 10을 쓴다)

	학생 응답
(3번)	7
	3
	더하기 3
(4번)	7 + 3은 얼마인가?
	1, 2, 3, 4, 5, 6, 7, 8, 9, 10

뺄셈 문제

1. 잘 들으세요. Ann은 7개의 사과를 갖고 있어요. 그중 3개를 다른 사람에게 주었어요. 남은 사과는 몇 개인가요?

2. 이 문제에 맞는 그림을 그려 봅시다. Ann은 7개의 사과를 갖고 있어요. 그러 니까 7개의 사과를 다음과 같이 그릴게요. (사과를 그린다)

   3개를 다른 사람에게 주었으니 3개의 사과를 지울게요. (3개의 사과를 지운다)

3. 식을 써 봅시다. 첫 문장이 이것이었어요. Ann은 7개의 사과를 갖고 있다. 처음에 몇 개를 갖고 있었다고요? 7을 쓸게요. (7을 쓴다)

   다음 문장을 봅시다. 3개를 다른 사람에게 주었다. 몇 개를 다른 사람에게 주었다고요? 3개를 주었다는 문장 밑에 뭐라 써야 하나요? 예, 맞아요. 3개 를 주었으니 밑에 −3이라고 써요. (−3을 쓴다) 문제는 이제 몇 개의 사과가

	학생 응답
	7
	3
	7 − 3

남았는가를 묻고 있어요. 그래서 등호 표시와 빈칸을 써요. (= □를 써서 식
을 쓴다: 7 − 3 = □)

4. 식을 읽어 보세요.

남아 있는 사과의 개수를 세어서 남은 사과가 몇 개인지 알아봅시다. (남아 | 7 − 3은 얼마인가?
있는 사과를 짚는다)

따라서 Ann에게는 4개의 사과가 남았어요. (빈칸에 4를 쓴다) | 1, 2, 3, 4

(몇 개의 예를 가지고 덧셈 혹은 뺄셈 단계 1~4를 반복한다)

Part B: 구조화된 학습지

1. (학생들에게 덧셈과 뺄셈 문제가 섞여 있고, 다음과 같이 빈칸과 단위가 나와 있는 학
   습지를 준다)

   a. Jim은 6개의 구슬을 갖고 있다. 2개의 구슬을 더 찾았다. 몇 개의 구슬을
      갖게 되었는가?

      □개의 구슬

   b. Jim은 6개의 구슬을 갖고 있다. 2개의 구슬을 나누어 주었다. 몇 개의 구
      슬이 남는가?

      □개의 구슬

   문제 a를 짚으세요. 잘 들으세요. Jim은 6개의 구슬을 갖고 있어요. 2개의
   구슬을 더 찾았어요. 구슬은 몇 개가 되었나요?

   ○○○○○○ ○○

2. 문제 b에 맞는 그림을 그려 봅시다. Jim은 6개의 구슬을 갖고 있어요. 구슬을 | ○○○○○○
   그려 보세요. (학생들이 구슬을 그릴 때까지 기다린 다음 칠판에 구슬을 그린다)

   ○○○○○○

   2개의 구슬을 더 찾았다. 이것을 그려 보세요. (기다린 다음 칠판에 다음과 같이 | ○○○○○○ ○○
   그린다)

   ○○○○○○ ○○

3. 식을 써 보세요. | Jim은 6개의 구슬을 갖고 있다.

   문제의 첫 번째 문장을 읽어 보세요. Jim은 몇 개의 구슬을 갖게 되었나요? | 6
   6개 구슬 밑에 6을 쓰세요. (기다리다 칠판에 6을 쓴다) 다음 문장을 읽어 보세 | 6을 쓴다.
   요. 남은 구슬은 모두 몇 개인가요? 그래요. Jim은 2개의 구슬을 더 찾았어 | 2개의 구슬을 더 찾는다.
   요. 두 개 더 찾았다는 문구 밑에 무엇을 써야 하나요? 그래요. +2를 쓰세 | 2
   요. (칠판에 +2를 쓴다) | 더하기 2
   문제는 구슬이 몇 개가 되었는가를 묻고 있어요. 그럼 무엇을 써야 하나요? | +2라고 쓴다.
   등호와 몇 개인지를 쓰세요. (칠판에 = □를 쓴다. 6 + 2 = □) | = □ 를 쓴다.

4. 식을 읽으세요. | 6 + 2는 얼마인가?

   수를 세어 답이 몇 개인지 알아봅시다. (학생들이 수를 셀 때 구슬 그림을 짚는다) | 1, 2, 3, 4, 5, 6, 7, 8
   등호 다음의 빈칸에 8을 쓰세요. 구슬이란 단어 다음의 답란에 8을 쓰세요. | 8을 쓴다.
   Jim은 8개의 구슬을 갖게 되었어요. | 구슬 단어 옆의 빈칸에 8을 쓴다.

뺄셈 문제

1. 다음 문제를 짚으세요. 잘 들으세요. Jim은 6개의 구슬을 갖고 있어요. 그 중 2개를 다른 사람에게 주었어요. 몇 개가 남았나요?

2. 문제에 맞게 그림을 그려 봅시다. Jim은 6개의 구슬을 갖고 있어요. 구슬 그림을 그리세요. (학생들이 자신들의 학습지에 그림을 그리는 동안 기다린 후 칠판에 구슬 그림을 다음과 같이 그린다)

   ○○○○○○

   ○○○○○○

   그중 2개를 다른 사람에게 주었어요. 2개를 지우세요. (기다렸다가 다음과 같이 지운다)

   ⌀⌀○○○○

   ⌀⌀○○○○

3. 식을 써 봅시다. Jim은 6개의 구슬을 갖고 있어요. Jim이 몇 개의 구슬을 갖고 있다고요?

   6을 쓰세요. (칠판에 6을 쓴다)

   몇 개를 주었죠?

   2개의 구슬을 주었다는 문구에 무엇을 써야 하나요?

   그래요. 2개의 구슬을 주었기 때문에 – 2를 쓰세요. (칠판에 – 2를 쓴다)

   문제는 구슬이 몇 개 남았는가를 묻고 있어요. 그럼 무엇을 쓰나요?

   그것을 쓰세요. (= □를 칠판에 쓴다: 6 – 2 = □)

4. 식을 읽으세요.

   남아 있는 구슬을 세어서 몇 개인지 알아봅시다. (학생들이 구슬을 셀 때 남아 있는 구슬을 짚는다)

   등호 다음의 빈칸에 4를 쓰세요. (빈칸에 4를 쓴다)

   이제 구슬이란 단어 다음의 빈칸에 4를 쓰세요.

   Jim은 4개의 구슬을 갖게 되었어요.

   (몇 개의 예를 더 가지고 뺄셈 단계 1~4를 반복한다)

학생 응답
6
6을 쓴다.
2
빼기 2
– 2라고 쓴다.
= □
= □라고 쓴다.
6 – 2는 얼마인가?
1, 2, 3, 4
4라고 쓴다.
답 칸에 4를 쓴다.

〈수업 형식 11-2〉 사전 기술: 연산 수 가족 – 수 가족 수 찾기 중 없는 수

교사	학생

Part A: 뺄셈 규칙

1. (칠판에 다음과 같이 그린다)

   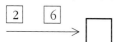

2. 수 가족을 만드는 데에는 3개의 수가 함께 있어야 합니다. (8을 가리킨다) 합은 언제나 화살표 끝 부분에 옵니다. (2를 가리키며) 이 숫자는 전체의 부분 중 하나입니다. (6을 가리키며) 이것은 전체의 나머지 부분입니다.

2	6

   ⟶ □

(8을 지우며) 종종 전체를 모르기 때문에 그것을 알아내야만 할 때가 있습니다.

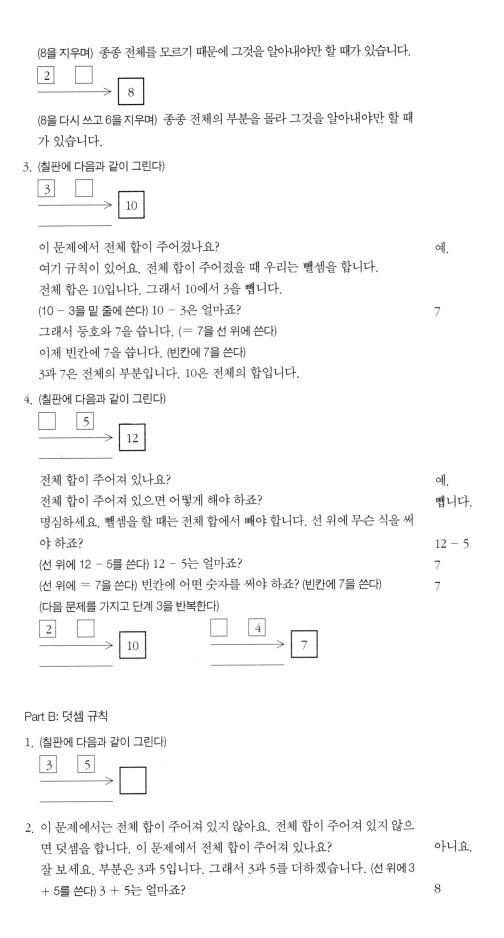

(8을 다시 쓰고 6을 지우며) 종종 전체의 부분을 몰라 그것을 알아내야만 할 때가 있습니다.

3. (칠판에 다음과 같이 그린다)

이 문제에서 전체 합이 주어졌나요?   예.

여기 규칙이 있어요. 전체 합이 주어졌을 때 우리는 뺄셈을 합니다.

전체 합은 10입니다. 그래서 10에서 3을 뺍니다.

(10 − 3을 밑 줄에 쓴다) 10 − 3은 얼마죠?   7

그래서 등호와 7을 씁니다. (= 7을 선 위에 쓴다)

이제 빈칸에 7을 씁니다. (빈칸에 7을 쓴다)

3과 7은 전체의 부분입니다. 10은 전체의 합입니다.

4. (칠판에 다음과 같이 그린다)

전체 합이 주어져 있나요?   예.

전체 합이 주어져 있으면 어떻게 해야 하죠?   뺍니다.

명심하세요. 뺄셈을 할 때는 전체 합에서 빼야 합니다. 선 위에 무슨 식을 써야 하죠?   12 − 5

(선 위에 12 − 5를 쓴다) 12 − 5는 얼마죠?   7

(선 위에 = 7을 쓴다) 빈칸에 어떤 숫자를 써야 하죠? (빈칸에 7을 쓴다)   7

(다음 문제를 가지고 단계 3을 반복한다)

Part B: 덧셈 규칙

1. (칠판에 다음과 같이 그린다)

2. 이 문제에서는 전체 합이 주어져 있지 않아요. 전체 합이 주어져 있지 않으면 덧셈을 합니다. 이 문제에서 전체 합이 주어져 있나요?   아니요.

잘 보세요. 부분은 3과 5입니다. 그래서 3과 5를 더하겠습니다. (선 위에 3 + 5를 쓴다) 3 + 5는 얼마죠?   8

그러니까 = 8을 씁니다. (선 위에 = 8을 쓴다)

이제 빈칸에 8을 씁니다. 숫자 3과 5는 전체 합의 부분입니다. 8은 전체 합입니다.

3. (칠판에 다음과 같이 그린다)

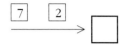

전체 합이 주어져 있나요?   아니요.

전체 합이 주어져 있지 않으면 무엇을 해야 하죠?   더합니다.

선 위에 뭐라고 써야 하죠? (선 위에 7 + 2를 쓴다)   7 + 2

7 + 2는 얼마죠? (선 위에 = 9를 쓴다)   9

빈칸에 어떤 숫자를 써야 하죠? (빈칸에 9를 쓴다)   9

(다음 문제를 가지고 단계 3을 반복한다)

Part C: 구조화된 학습지

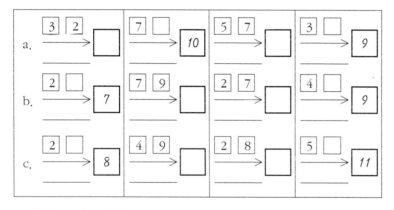

1. 여러분은 이 문제에서 빈칸을 채워야 합니다. 전체 합을 채워야 할 수도 있고, 부분을 채워야 할 수도 있습니다. 전체 합이 주어져 있다면 무엇을 해야 하죠? 전체 합이 주어져 있지 않다면 무엇을 해야 하죠?   뺍니다.

(학생들이 정확하게 답할 때까지 단계 1을 반복한다)   더합니다.

2. 첫 번째 문제를 짚으세요.   화살표 다음의 빈칸을 짚는다.

전체 합 부분의 칸을 짚으세요.

전체 합이 주어져 있나요?   아니요.

그럼 무엇을 해야 하나요?   더합니다.

선 위에 무엇을 써야 하나요?   3 + 2

그것을 쓰세요.   3 + 2라고 쓴다.

3 + 2는 얼마죠?   = 5라고 쓴다.

= 기호와 답을 쓰세요.   빈칸에 5를 쓴다.

빈칸을 채우세요.

(남은 문제를 가지고 단계 2를 반복한다)

Part D: 덜 구조화된 학습지

1. (Part C와 같은 학습지를 학생들에게 준다)

2. 첫 번째 문제를 짚으세요.

3. 전체 합이 주어져 있나요, 그렇지 않나요?

4. 더해야 하나요, 빼야 하나요?

5. 선 위에 식을 쓰고, 답을 쓰세요.

(모든 문제를 가지고 단계 1~5를 반복한다)

〈**수업 형식 11-3**〉 시간 순서형 문장제 문제

교사	학생
Part A: 사전 기술-사물이 더 많은 상태로 시작하는지 혹은 더 많은 상태로 끝나는지 확인하기	
1. 우리는 어떤 사람이 처음 가졌던 것이 더 많았는지 아니면 나중에 남은 것이 더 많았는지 알아내려고 해요.	
2. Jimmy는 책을 삽니다. 그는 처음에 가졌던 돈이 더 많을까요 아니면 나중에 남은 돈이 더 많았나요?	더 많은 상태로 끝납니다.
Jimmy는 책을 팝니다. 그는 처음에 가졌던 돈이 더 많을까요 아니면 나중에 남은 돈이 더 많았나요?	더 많은 상태로 시작합니다.
Mary는 사과를 줍니다. 그녀는 처음에 가졌던 돈이 더 많을까요 아니면 나중에 남은 돈이 더 많았나요?	더 많은 상태로 시작합니다.
Mary는 돈을 잃어버립니다. 그녀는 처음에 가졌던 돈이 더 많을까요 아니면 나중에 남은 돈이 더 많았나요?	더 많은 상태로 시작합니다.
Mary는 돈을 찾습니다. 그녀는 처음에 가졌던 돈이 더 많을까요 아니면 나중에 남은 돈이 더 많았나요?	더 많은 상태로 끝납니다.
Sally는 몇 개의 인형을 만듭니다. 그녀는 처음에 가졌던 돈이 더 많을까요 아니면 나중에 남은 돈이 더 많았나요?	더 많은 상태로 끝납니다.
Sally는 낡은 신발을 버립니다. 그녀는 처음에 가졌던 돈이 더 많을까요 아니면 나중에 남은 돈이 더 많았나요?	더 많은 상태로 시작합니다.
Mike는 우표를 수집합니다. 그는 처음에 가졌던 돈이 더 많을까요 아니면 나중에 남은 돈이 더 많았나요?	더 많은 상태로 끝납니다.
Part B: 구조화된 칠판 수업	
1. (다음 문제들로 구성된 학습지를 학생들에게 나누어 준다) a. Billy는 몇 개의 타이를 삽니다. 그런 다음 8개를 더 삽니다. 모두 23개의 타이를 갖게 되었습니다. 처음에 산 타이는 몇 개입니까?	

    b. Sandra는 냉장고에 8개의 달걀을 갖고 있습니다. 아침에 2개를 먹었습니다. 이제 남은 달걀은 모두 몇 개입니까?

    c. Walter는 바구니에 사과 몇 개를 갖고 있습니다. 11개의 사과를 주고 난 다음 남은 사과는 9개입니다. 처음에 갖고 있던 사과는 몇 개입니까?

    d. Sam은 장난감 트럭 위에 14개의 벽돌을 싣고 있었습니다. 12개의 벽돌을 더 실었습니다. 트럭 위의 벽돌은 모두 몇 개입니까?

2. 이 문제에 맞는 수 가족을 만들 거예요. 먼저 어떤 사람이 더 많은 상태로 시작하는지 아니면 더 많은 상태로 끝나는지 알아낼 거예요. 각 문제의 첫 부분을 내가 읽어 볼게요.

3. 문제 a. Billy는 몇 개의 타이를 삽니다. 그런 다음 8개를 더 삽니다. 잘 들으세요. Billy는 타이를 삽니다. 그럼 그가 더 많은 상태로 시작하는 걸까요, 아니면 더 많은 상태로 끝나는 걸까요? 예, 더 많은 상태로 끝나요. 그래서 '끝나다'가 전체 합에 해당하는 이름이에요. (칠판에 다음과 같이 쓴다)

              끝나다
  a. ——————→

더 많은 상태로 끝납니다.

4. 문제 b. Sandra는 냉장고에 8개의 달걀을 갖고 있습니다. 아침에 2개를 먹었습니다. 잘 들으세요. Sandra는 달걀을 먹었습니다. 그녀는 더 많은 상태로 시작하나요, 더 많은 상태로 끝나나요?
예, 그녀는 더 많은 상태로 시작합니다. 따라서 '시작하다'가 전체 합에 해당하는 이름이에요. (칠판에 다음과 같이 쓴다)

              시작하다
  b. ——————→

더 많은 상태로 시작합니다.

5. 문제 c. Walter는 바구니에 사과 몇 개를 갖고 있습니다. 11개의 사과를 주고 난 다음 남은 사과는 9개입니다. 잘 들으세요. Walter는 사과를 주었습니다. 그럼 더 많은 상태로 시작하나요, 아니면 더 많은 상태로 끝나나요?
그녀는 더 많은 상태로 시작합니다. 따라서 '시작하다'가 전체 합의 이름입니다. (칠판에 다음과 같이 쓴다)

              시작하다
  c. ——————→

더 많은 상태로 시작합니다.

6. 문제 d. Sam은 장난감 트럭 위에 14개의 벽돌을 싣고 있었습니다. 12개의 벽돌을 더 실었습니다. 잘 들으세요. Sam은 트럭에 벽돌을 더 싣습니다. 따라서 그는 더 많은 상태로 시작하나요, 아니면 더 많은 상태로 끝나나요?
그는 더 많은 상태로 끝납니다. 따라서 '끝나다'가 전체 합의 이름입니다. (칠판에 다음과 같이 쓴다)

              끝나다
  d. ——————→

더 많은 상태로 끝납니다.

7. 이제 다시 되돌아가 우리가 알고 있는 숫자들을 써넣어 봅시다. 문제 a. Billy는 더 많은 상태로 끝난다는 것을 알고 있어요. 몇 개로 끝나는지 알아봅시다. Billy는 타이를 몇 개 산 다음 다시 8개를 더 삽니다. 그래서 총 23개가 되었는데 최종 몇 개가 되었는지 우리는 아나요?

예.

몇 개인가요?   23

(그림에 23을 다음과 같이 쓴다)

                    끝나다
a. ——————→ 23

우리는 처음에 그가 몇 개를 샀는지 알지 못해요. 그래서 빈칸을 써넣습니다.

(다음과 같이 칠판에 쓴다)

                    끝나다
a. [ ] ——————→ 23

그가 8개를 더 샀다는 것은 알고 있어요.

(그림에 8을 써 넣는다)

                    끝나다
a. [ ] 8 ————→ 23

8. 이제 수 가족을 모두 갖추었어요. 전체 합이 주어졌어요. 더하나요, 빼나요?   뺍니다.
   풀어야 할 문제를 말해 보세요.   23 – 8
   문제를 풀면 그가 15개의 타이를 처음에 샀다는 것을 알게 됩니다.

9. 문제 b에서 우리는 Sandra가 더 많은 상태로 시작한다는 것을 알아요. 몇 개
   로 시작하는지 알아봅시다. Sandra는 냉장고에 8개의 달걀을 갖고 있어
   요. 그중 2개를 아침에 먹었어요. 처음에 몇 개를 갖고 있었는지 아나요?   예.
   몇 개인가요?   8
   그럼 '시작하다'에 8을 씁니다.

   (그림에 8을 쓴다)

                    시작하다
   b. ——————→ 8

   그녀가 아침에 2개를 먹었어요. 그리고 몇 개가 남았는지 우리는 알지 못해
   요.

   (2와 빈칸을 다음과 같이 적는다)

                    시작하다
   b. 2 [ ] ———→ 8

   전체 합이 주어져 있어요. 더하나요, 빼나요?   뺍니다.
   풀어야 할 문제를 말해 보세요.   8 – 2
   8 – 2는 얼마죠?   6
   이제 달걀은 6개가 남았어요.

10. 문제 c에서 Walter가 더 많이 시작한다는 것을 우리는 알아냈어요. 몇 개로
    시작하는지 알아봅시다. Walter는 바구니에 사과를 몇 개 갖고 있어요. 그
    중 11개를 주었어요. 그가 몇 개를 갖고 있었는지 알 수 있나요?   아니요.
    그럼 전체 합 란에 빈칸을 써넣을게요.

    (다음과 같이 쓴다)

                    시작하다
    c. ——————→ [ ]

그가 11개를 주고 9개가 남았다는 것을 알아요.

(그림에 11과 9를 쓴다)

시작하다

c. 11 ———9———→ ☐

11. 전체 합을 알아내야 해요. 더해야 하나요, 빼야 하나요?

    문제를 말해 보세요.

    11 + 9 = 20, 따라서 Walter는 처음에 20개의 사과를 갖고 있었어요.

> 더합니다.
>
> 11 + 9

12. 문제 d에서 우리는 Sam이 더 많은 상태로 끝난다는 것을 알아요. 몇 개로 끝나는지 알아봅시다. Sam은 장난감 트럭에 처음에 14개의 벽돌을 실었어요. 나중에 12개를 더 올렸어요. 트럭 위의 벽돌은 모두 몇 개가 되었나요?

    벽돌이 몇 개가 되었는지 우리는 아나요?

> 아니요.

    그럼 빈칸을 써넣을게요.

    (그림에 다음과 같이 쓴다)

끝나다

d. 14 ———12———→ ☐

13. 그는 14개로 시작해서 12를 더 얹었어요.

    (그림에 14와 12를 써넣는다)

끝나다

d. ——————→ ☐

    더하나요, 빼나요?

    문제를 말해 보세요.

    더하면 답이 26이 됩니다.

    따라서 트럭에는 모두 26개의 벽돌이 있어요.

> 더합니다.
>
> 14 + 12

Part C: 구조화된 학습지

1. (학생들에게 다음 문제가 적힌 학습지를 준다)

   a. Milly는 10달러로 은행 계좌를 시작했다. 나중에 8달러를 입금했다. 잔액은 얼마인가?

   b. Roger는 4개의 유리잔을 깨뜨렸다. 처음에 갖고 있던 유리잔이 9개였다면, 남은 유리잔은 몇 개인가?

   c. 물건 교환 장터에서 장난감 차를 사고 난 후 Tony는 17개의 차를 갖게 되었다. 교환 장터에 가기 전에 그는 12개의 차를 갖고 있었다. 몇 개를 산 것인가?

   d. Joe에게는 새끼 고양이가 많다. 8마리를 주고 3마리가 남았다. 처음에 몇 마리의 새끼 고양이를 갖고 있었는가?

2. 이 문제에 대해서 여러분은 수 가족을 만들 거예요. 문제를 스스로 읽으세요. Milly가 더 많은 상태로 시작하는지 아니면 더 많은 상태로 끝나는지 아는 사람은 손을 드세요. (학생들을 살펴본다)

3. Milly는 더 많은 상태로 시작하나요, 아니면 더 많은 상태로 끝나나요?
   수 가족 화살표를 그리세요. 전체 합 자리 위에 '끝나다'라는 말을 써넣으세요. (점검한다)

   (칠판에 다음과 같이 그림을 그린다)

   끝나다
   a. ──────→

   여러분도 이렇게 써야 합니다.

   더 많은 상태로 끝납니다.

4. 문제는 잔액이 얼마인지를 묻고 있어요. 잔액이 얼마인지 우리는 알 수 있나요?
   그럼 '끝나다' 밑에 무엇을 써야 하나요?
   빈칸을 써넣으세요. 그런 다음 문제에 나와 있는 숫자들을 각 위치에 써넣으세요. (점검한다)

   (학생들에게 보여 줄 그림을 그린다. 먼저 빈칸을 그리고 다음에 10과 8을 써넣는다)

   끝나다
   a. 10 ──── 8 → □

   이것이 문제 a의 수 가족 그림입니다.

   아니요.
   빈칸

5. 문제 b를 스스로 읽어 보세요. Roger가 더 많은 상태로 시작하는지 아니면 더 많은 상태로 끝나는지 알면 손을 드세요. (학생들을 확인한다)

6. Roger가 더 많은 상태로 시작하나요, 아니면 더 많은 상태로 끝나나요?
   수 가족 화살표를 만드세요. 전체 합 칸 위에 '시작하다'라는 말을 써넣으세요. (점검한다)

   너 많은 상태로 시작합니다.

7. 문제를 다시 읽으세요. '시작하다' 부분에 무엇을 써야 할지 알면 손을 드세요. (학생들을 점검한다)
   무엇을 썼나요?
   그래요. 그는 9개의 유리잔을 갖고 있었어요. 전체 합 부분에 9를 쓰고, 수 가족 그림을 완성하세요. (점검한다)

   9

8. (칠판에 다음과 같이 쓴다)

   시작하다
   b. 4 ──── □ → 9

   이것이 문제 b에 해당하는 수 가족 그림입니다.

9. 문제 c를 스스로 읽어 보세요. Tony가 더 많은 상태로 시작하는지 아니면 더 많은 상태로 끝나는지 알면 손을 드세요. (학생들을 점검한다)

10. Tony는 더 많은 상태로 시작하나요, 아니면 더 많은 상태로 끝나나요?
    '끝나다'라는 말을 넣어 수 가족 그림을 그리세요. (점검한다)

    더 많은 상태로 끝납니다.

11. '끝나다'라는 말 밑에 무엇을 써야 할지 알면 손을 드세요.
    (학생들을 점검한다) 무엇을 써야 하나요?
    그래요. 그는 17개의 차를 갖게 되었어요. 두 개의 숫자와 빈칸을 이용하여 수 가족 그림을 완성하세요. (점검한다)

    17

12. (칠판에 다음과 같이 그린다)

    d. 12 ────────□──→ 끝나다
                       17

    이것이 문제 c에 해당하는 수 가족 그림입니다.

13. 문제 d를 스스로 읽어 보세요. Joe가 더 많은 상태로 시작하는지, 아니면 더 많은 상태로 끝나는지 알면 손을 드세요. (학생들을 점검한다)

14. Joe는 더 많은 상태로 시작하나요, 아니면 더 많은 상태로 끝나나요?   더 많은 상태로 시작합니다.
    '시작하다' 부분에 무엇을 쓸 것인지 알면 손을 드세요.

    (학생들을 점검한다) 무엇을 쓰나요?   빈칸

    그래요. 문제는 그가 몇 마리의 새끼 고양이를 갖고 있었는가를 묻고 있어요. 그러니까 '시작하다' 부분에 빈칸을 쓰세요.
    두 개의 숫자와 빈칸을 이용하여 수 가족 그림을 완성하세요. (점검한다)

15. (칠판에 다음과 같이 그린다)

                      시작하다
    d. 8 ──────── 3 ──→ □

    이것이 문제 d에 해당하는 수 가족 그림입니다.

16. 각 문제에 대한 답을 찾아내세요. 각 단위의 이름을 꼭 기억하세요. (점검한다)

17. 각 문제에 대한 답을 말해 보세요.

    문제 a. Milly의 잔액은 얼마입니까?   18달러
    문제 b. Roger에게 남은 유리잔은 몇 개입니까?   5개
    문제 c. Tony가 산 차는 몇 대입니까?   5대
    문제 d. Joe가 처음에 갖고 있던 새끼 고양이는 몇 마리입니까?   11마리의 고양이

Part D: 덜 구조화된 학습지

1. (학생들에게 다음 문제가 적힌 학습지를 준다)

    a. Wendy는 해변가에서 9개의 조개를 발견했다. 그녀는 이미 15개의 조개를 갖고 있었다. 총 몇 개의 조개를 갖게 되었는가?

    b. Harry는 다이어트를 해서 25파운드를 뺐다. 다이어트 전의 그의 몸무게는 195파운드였다. 현재의 몸무게는 얼마인가?

    c. Mike는 물고기가 많이 있었다. 그중 8마리를 살려 주고 9마리가 남았다. 처음에 몇 마리의 물고기를 갖고 있었는가?

    d. Emily가 12층을 쌓고 나서 탑의 높이는 15층이 되었다. 처음 탑의 높이는 얼마였는가?

2. 앞의 문제 중 일부는 사람이 더 많은 상태로 시작합니다. 다른 문제에서는 사람이 더 많은 상태로 끝납니다.

3. 문제 a를 읽으세요. 사람이 더 많은 상태로 시작하는지, 아니면 더 많은 상태로 끝나는지 알면 손을 드세요. (학생들을 점검한다) 둘 중 어느 것인가요?   더 많은 상태로 끝납니다.

4. 수 가족을 완성하세요. 전체 합에 이름을 붙이는 것을 기억하세요. (점검한다)

5. (칠판에 다음과 같이 그린다)

끝나다

a. $\dfrac{9 \qquad 15}{\longrightarrow} \square$

이와 같이 여러분도 그려야 합니다.

6. 답을 알아봅시다. 단위 이름을 기억하세요. (점검한다)

7. Wendy가 가진 조개는 이제 몇 개가 되었나요?　　　　　　　　　　　　　24개

　(다른 문제를 가지고 단계 3~7을 반복한다. 각 수 가족과 단계 7을 제시하면 다음과
　같다)

b. $\dfrac{25 \qquad \square}{\longrightarrow} 195$ 시작하다

　Harry의 몸무게는 얼마가 되었나요?　　　　　　　　　　　　　　170파운드

시작하다

c. $\dfrac{8 \qquad 9}{\longrightarrow} \square$

　Mike가 잡은 물고기는 몇 마리인가요?　　　　　　　　　　　　　17마리

끝나다

d. $\dfrac{12 \qquad \square}{\longrightarrow} 15$

　Emily의 탑은 처음에 몇 층이었나요?　　　　　　　　　　　　　3층

〈수업 형식 11-4〉 비교형 문장제 문제

교사	학생
Part A: 전체 합 결정하기-사전 기술	
1. 비교형 문제는 두 사람이나 두 개의 사물에 대해 말하고 있습니다. 비교형 문제에 나오는 단어로는 다음과 같은 것이 있어요. 더 크다, 더 나이가 많다, 더 작다, 더 높다, 더 넓다. 문제가 두 사람에 대해 말하고 있고, '더 ~하다'라 는 단어를 포함하고 있으면 이는 비교형 문제입니다.	
2. 비교형 문제 내의 어떤 사람이나 사물이 더 큰 숫자에 해당하는지 알아보는 연습을 해 봅시다.	
3. 잘 들으세요. 어떤 개의 무게는 7파운드입니다. 고양이는 개보다 3파운드 가 더 무겁습니다. 이 문제는 무엇에 관해 말하고 있습니까?	개와 고양이
4. 문제를 다시 한번 잘 들어 보세요. (문제를 반복한다) 누가 더 무겁습니까?	고양이
5. 따라서 큰 숫자는 고양이의 무게를 말합니다. (다음 문제를 가지고 단계 3~5를 반복한다) Jill은 10살입니다. Brian은 Jill보다 8살 어립니다. 누가 나이를 더 먹었습니 까? A 구덩이의 깊이는 6피트입니다. B 구덩이의 깊이는 4피트입니다. 어느 구 덩이가 더 깊습니까?	

Jack은 8마일을 달렸습니다. Ann은 이보다 2마일을 더 달렸습니다. 누가 더 멀리 달렸습니까?

Jane의 몸무게는 60파운드입니다. Ann의 몸무게는 이보다 5파운드 덜 나갑니다. 누가 더 많이 나갑니까?

노란 연필은 길이가 5인치입니다. 파란 연필은 이보다 3인치가 더 깁니다. 어느 연필이 더 깁니까?

Part B: 구조화된 학습지

1. (학생들에게 다음과 같이 적힌 학습지를 준다)

> a. Tom의 막대기는 길이가 2피트입니다.
>
> Bill의 막대기는 이보다 5피트가 더 깁니다.
>
> Bill의 막대기의 길이는 얼마입니까?
>
> $\longrightarrow$ _____ 정답: _____

> b. Jack은 10살입니다.
>
> May는 이보다 2살 어립니다.
>
> May는 몇 살입니까?
>
> __ _____ 정답: _____
>
> $\longrightarrow$

2. 여러분은 이제 비교형 문제에 대해 수 가족을 만들게 될 거예요. 큰 숫자에 해당하는 이름은 화살표 끝에 적습니다. 화살표 끝에는 어떤 숫자의 이름을 적는다고요?

   더 큰 숫자

   그래요. 큰 숫자는 전체 합을 나타냅니다.

3. 문제를 읽으세요. (멈춘다)

4. 문제는 누구에 대해 이야기하고 있나요?

   Tom과 Bill

   Tom과 Bill의 막대기 중 어느 것이 더 긴가요?

   Bill의 막대기

   전체 합 선 위에 'Bill'이라고 쓰세요. (점검한다)

5. 문제를 다시 읽으세요. (멈춘다)

   문제 속의 숫자가 Bill의 막대기의 길이를 나타내나요?

   아니요.

   그럼 Bill 밑에 빈칸을 넣으세요. (점검한다)

6. 문제에는 전체 합이 나와 있지 않아요. 문제 속의 숫자는 전체의 부분에 대해 이야기하고 있어요. 그 숫자를 화살표 위에 쓰세요. (점검한다)

7. 문제를 쓰고 답을 구하세요. (점검한다)

   답이 무엇이죠?

   7피트

8. Bill의 막대기는 7피트입니다.

   답란에 7을 쓰세요.

9. 문제를 읽으세요. (멈춘다)

10. 문제는 누구에 대해 말하고 있나요?   Jack과 May

11. Jack과 May 중 누가 더 나이가 많나요?   Jack
    전체 합 부분에 'Jack'을 쓰세요.

12. 문제를 다시 읽으세요. (멈춘다)
    문제가 Jack이 몇 살인지 묻고 있나요?   예.
    몇 살인가요?   10
    Jack 밑에 10을 쓰세요.

13. 문제에는 전체 합이 나와 있어요.
    숫자와 빈칸을 이용하여 수 가족을 완성하세요. (점검한다)

14. 문제를 쓰고 답을 구하세요. (점검한다)
    답이 무엇이죠?   8

15. May는 8살이에요.
    답 칸에 '8살'이라고 쓰세요.
    (남은 덧셈 문제를 가지고 단계 3~8을 반복한다. 남은 뺄셈 문제를 가지고 단계 9~
    15를 반복한다)

Part C: 덜 구조화된 학습지

1. (학생들에게 덧셈과 뺄셈이 섞인 학습지를 나누어 준다. 문제 선택 지침에 대해서는
   해당 페이지 참조)
   a. Martha의 고양이는 Sarah의 고양이보다 2파운드가 더 무겁습니다. Martha
      의 고양이의 무게는 12파운드입니다. Sarah의 고양이의 무게는 얼마입
      니까?
   b. 도서관까지의 거리는 6마일입니다. 동물원까지의 거리는 이보다 3마일
      이 더 멉니다. 동물원까지의 거리는 얼마입니까?
   c. Greg는 12대의 차를 가지고 있습니다. Will은 15대의 차를 가지고 있습
      니다. Will은 Greg보다 차를 몇 대 더 갖고 있습니까?
   d. Fay의 가정에는 Joe의 가정보다 아이가 5명 더 적습니다. Fay의 가정에
      는 아이가 3명입니다. Joe의 가정에는 아이가 몇 명입니까?

2. 문제 a를 읽으세요. (멈춘다)

3. 수 가족 화살표를 만드세요. 전체 합 자리에 전체 합을 나타내는 단어를 쓰
   세요. (점검한다)

4. 문제에 전체 합이 주어져 있는지 확인해 보세요. 그런 다음 두 개의 숫자와
   빈칸을 해당하는 곳에 써넣으세요. (점검한다)

5. 문제를 쓰고 답을 구하세요.   12
   답을 쓰세요.   −2
                                                                          10   10파운드

6. 답은 무엇이죠? (남은 문제를 가지고 단계 2~6을 반복한다)   10파운드

〈수업 형식 11-5〉 분류형 문장제 문제

교사	학생

Part A: 언어 훈련

1. 내가 몇 개의 범주 이름을 말해 볼게요. 여러분은 그중 가장 큰 범주를 말해 보세요. 잘 들으세요. 고양이, 동물, 개. 가장 큰 범주는 무엇이죠?   동물
(망치, 톱, 연장; 탈 것, 차, 트럭; 남자, 여자, 사람; 여자아이, 남자아이, 어린이 등의 예를 가지고 단계 1을 반복한다)

Part B: 구조화된 학습지

1. (학생들에게 다음과 같은 문제가 6~8개 정도 담긴 학습지를 준다)

> a. 8명의 아이가 있습니다.
> 그중 3명은 남자 아이입니다.
> 여자 아이는 몇 명입니까?
>
> ⎯⎯⎯→ ⎯⎯⎯

> b. Jill은 5개의 망치와 4개의 톱을 가지고 있습니다.
> 그녀가 가지고 있는 연장은 모두 몇 개인가요?
>
> ⎯⎯⎯→ ⎯⎯⎯

2. 여러분이 이미 알고 있는 규칙을 복습해 봅시다. 전체 합이 나와 있으면 무엇을 하나요?   뺍니다.
전체 합이 나와 있지 않으면 무엇을 하나요?   더합니다.

3. 어떤 문제에서는 찾다, 잃다, 사다, 주다 등의 단어를 볼 수 없어요. 그래서 이런 문제를 풀 때는 다른 방법을 사용해야 해요.

4. 첫 번째 문제를 짚으세요. 내가 읽을게요. 8명의 아이들이 있어요. 그중 3명은 남자아이입니다. 여자아이는 몇 명입니까? 이 문제는 아이들, 남자아이, 여자아이 등에 대해서 이야기하고 있어요. 아이들, 남자아이, 여자아이 중 어느 것이 가장 큰 범주인가요?   아이들
아이들이 가장 큰 범주라면, 그에 해당하는 숫자가 가장 큰 수가 됩니다. 따라서 전체 합 위에 어린이를 쓰세요.

5. 잘 들으세요. (문제를 반복한다) 아이들이 전체 합에 해당하는 숫자입니다.
이 문제는 아이들이 모두 몇 명인가에 대해 말하고 있나요? 전체 합 칸에   예.
8을 쓰세요.   8

> 참고: 첫 번째 대답이 '아니요'로 나오면 학생들에게 다음과 같이 말한다. "전체 합이 주어져 있지 않기 때문에 전체 합 칸의 빈칸에 아무것도 쓰지 않아요."

6. 이제 화살표 위의 남자아이와 여자아이 란에 숫자를 써넣으세요. 남자아이
   는 몇 명인가요? 3을 쓰세요. 여자아이는 몇 명인지 모르기 때문에 화살표   3
   위에 빈칸을 씁니다.

7. 전체 합이 주어져 있나요?   예.
   그럼 문제를 풀기 위해서 무엇을 해야 하나요?   뺍니다.
   여자아이 숫자를 알아내기 위해서 8명의 아이들 수에서 남자아이의 수 3
   을 뺍니다.
   식을 쓰고, 답을 구하세요.
   8명의 아이들이 있고, 그중 남자아이가 3명이라면 여자아이는 몇 명인가요?   5
   (남은 문제를 가지고 단계 3~5를 반복한다)

Part C: 덜 구조화된 학습지

1. (학생들에게 다음과 같이 적힌 학습지를 준다)

   | Jerry에게는 7마리의 애완동물이 있습니다. 그중 4마리는 개입니다. |
   | 고양이는 몇 마리입니까? |
   | _____ 정답: _____ |
   | ———————→ |

2. 첫 번째 문제를 짚으세요.

3. 문제를 읽으세요. 전체 합 자리에 가장 큰 범주의 이름을 쓰세요.

4. 두 개의 숫자와 빈칸을 해당하는 곳에 쓰세요.

5. 식을 쓰고, 답을 구하세요.

6. 답란에 답을 쓰세요.
   (남은 문제를 가지고 단계 1~5를 반복한다)

〈수업 형식 11-6〉 **문제를 풀기 위해 표 사용하기**

교사	학생

Part A: 표의 줄과 칸 개념 소개하기

1. (칠판에 다음과 같이 적는다)

6	6	1
2	3	2
1	1	2

2. 이 문제는 표 문제입니다. 이러한 종류의 문제를 풀기 위해서는 줄과 칸의
   모든 숫자를 더해야 합니다. 칸은 위와 아래를 말하고, 줄은 좌우를 말합니
   다. 칸은 어떻게 이동하는 것인지 나에게 보여 주세요. (학생들이 위와 아래로
   오가는지를 확실히 확인한다) 줄은 어떻게 이동하는 것인지 나에게 보여 주세

요. (학생들이 좌우로 오가는지를 확실하게 확인한다. 반복하여 정확하게 익히도록 한다)

3. (첫 번째 칸을 짚는다) 첫 번째 칸의 숫자를 읽어 볼게요. 6, 2, 1

4. (두 번째 칸을 짚는다) 숫자를 읽어 보세요.　　　　　　　　　　6, 3, 1

5. (세 번째 칸을 짚는다) 숫자를 읽어 보세요.　　　　　　　　　　1, 2, 2

6. (첫 번째 줄을 짚는다) 맨 윗줄의 숫자를 읽어 볼게요. 6, 6, 1

7. (중간 줄을 짚는다) 여러분 차례예요. 중간 줄의 숫자를 읽어 보세요.　2, 3, 2

8. (맨 밑 줄을 짚는다) 맨 밑 줄의 숫자를 읽어 보세요.　　　　　　1, 1, 2

Part B: 표에서 합 구하기

1. 첫 번째 칸으로 가세요. 이 칸의 숫자들은 6, 2, 1입니다. 이 문제는 이렇게 푸세요. 먼저 6과 2를 더합니다. 얼마죠?　　　　　　　　　　　8

2. 그런 다음 8과 1을 더합니다. 얼마죠?　　　　　　　　　　　　9

3. 9가 첫 번째 칸의 합입니다. (첫 번째 칸의 맨 밑에 9를 쓴다)

4. 여러분 차례예요. 다음 칸의 숫자들을 더하고 답을 구했으면 손을 드세요. (학생들이 문제를 풀 때까지 기다린다) 두 번째 칸의 숫자들은 6, 3, 1입니다. 답이 얼마죠?　　　　　　　　　　　　　　　　　　　　　10

5. (마지막 칸을 가지고 이 절차를 반복한다)

6. 맨 윗줄의 숫자는 6, 6, 1입니다. 6 + 6은 얼마죠?　　　　　　12
   12 + 1은 얼마죠? (13을 맨 윗줄 오른쪽 끝에 쓴다)　　　　　13

7. 여러분 차례예요. 중간 줄의 숫자들을 모두 더하고 답을 구했으면 손을 드세요. (학생들이 문제를 풀 때까지 기다린다) 이 줄의 숫자는 2, 3, 2입니다. 답이 얼마죠?　　　　　　　　　　　　　　　　　　　　　7

8. (마지막 줄을 가지고 이 절차를 반복한다)

Part C: 나와 있지 않은 수를 구하기 위해 수 가족 전략 사용하기

1. (칠판에 다음과 같이 그린다)

a		38	45
b	15	11	
c	12		31

2. 이 표에는 줄과 칸에 화살표가 나와 있어요. 화살표는 표에 대해 뭔가 재미있는 것들을 여러분에게 보여 주고 있어요. 각 줄과 칸은 수 가족과 같이 풀 수 있어요. 줄의 첫 두 숫자는 작은 숫자들이에요. 합은 큰 숫자예요.

3. (줄 a를 짚는다) 이 줄에는 숫자 하나가 빠져 있네요. 없는 숫자는 큰 수인가   작은 숫자
   요, 작은 수인가요?

   (칠판에 다음과 같이 그림을 그린다)

   $$\underrightarrow{\qquad 38 \qquad} 45$$

4. 빠진 숫자를 찾기 위해 더하나요, 빼나요?   뺍니다.

5. 뺄셈식을 말해 보세요.   45 − 38

6. (b 줄을 짚으세요. 칠판에 다음과 같이 그린다)

   $$\underrightarrow{15 \qquad 11 \qquad}$$

   이것이 이 줄에 해당하는 수 가족입니다. 빠진 숫자는 큰 숫자인가요, 작은
   수인가요?   큰 숫자

7. 빠진 숫자를 찾기 위해 더해야 하나요, 빼야 하나요?   더합니다.

8. 덧셈식을 말해 보세요.   15 + 11

9. (c 줄을 짚는다) 빠진 숫자가 큰 숫자인가요, 작은 숫자인가요?   작은 숫자

10. 그럼 더해야 하나요, 빼야 하나요?   뺍니다.

11. 뺄셈식을 말하세요.   31 − 12

12. 여러분 차례예요. 각 줄에 대해 문제를 쓰고 답을 구하세요.

    (학생들이 문제를 다 풀 때까지 기다린다)

13. 문제를 읽고 답을 구하세요. 준비.

    a줄   45 − 38 = 7

    b줄   15 + 11 = 26

    c줄   31 − 12 = 19

14. a줄에 빠진 숫자는 무엇인가요? (a줄에 7을 쓴다)   7

    b줄에 빠진 숫자는 무엇인가요? (b줄에 26을 쓴다)   26

    c줄에 빠진 숫자는 무엇인가요? (c줄에 19를 쓴다)   19

15. 각 칸의 합을 구하세요. (학생들이 칸 문제를 모두 풀 때까지 기다린다)

16. 각 칸의 합을 읽어 보세요.

    첫째 칸   34

    둘째 칸   68

Part D: 문장제 문제를 풀기 위해 표 이용하기

1. (학생들에게 다음과 같은 문제가 적힌 학습지를 준다)

   주어진 사실: Al의 차고에는 23대의 빨간색 차가 있고, Jim의 차고에는 12
   대의 녹색 차가 있다. Jim의 차고에는 모두 43대의 차가 있다. 양쪽 차고에
   는 모두 30대의 녹색 차가 있다.

	빨간색 차	녹색 차	두 색의 차량 합계
Jim의 차고			
Al의 차고			
양 차고의 합계			

문제

    a. 양쪽 차고에 빨간색 차와 녹색 차 중 어느 것이 적은가?

    b. Al 차고에 녹색 차와 빨간색 차는 몇 대인가?

    c. Jim의 차고에는 31대의 차가 있다. 이 차들의 색은 무엇인가?

    d. Jim의 차고나 Al의 차고 중 어느 쪽에 녹색 차가 더 많은가?

2. 앞에서 나온 문제를 풀기 위해 표를 사용하고자 합니다. 먼저 주어진 사실로부터 빠진 수를 찾아내야 해요. 첫 번째 사실을 읽으세요. 주어진 사실에서 해당하는 숫자를 찾아 표에 써넣으세요.

    (남은 사실을 가지고 단계 1을 반복한다)

Al의 차고에는 23대의 빨간색 차가 있습니다.

3. 이제 수 가족을 사용하여 표를 완성할 충분한 정보를 갖게 되었어요. 만약 작은 숫자 중 하나가 빠져 있으면 무엇을 해야 하죠?

    합에 해당하는 숫자 중 하나가 빠져 있으면 무엇을 해야 하죠?

뺍니다.
더합니다.

4. 표를 완성했으면 문제를 읽고, 답을 모두 썼으면 손을 드세요. (학생을 개별적으로 불러 문제 a에 대한 답을 묻는다) 여러분 모두 다음 문제에 대한 답을 쓰세요.

5. (각 문제에 대해 단계 4를 반복한다)

교정하기: 만약 학생들이 정확한 정보를 찾지 못한다면 문제에 대한 답이 나와 있는 칸에 손가락을 짚도록 한다. 학생들이 표를 제대로 읽는지를 확인하기 위해서 학생들이 손가락을 어디에 짚는지 점검한다. 정확한 칸을 찾지 못한다면 각 칸과 줄에 나와 있는 정보에 대한 질문을 묻는 문제를 덧붙여 이 수업 형식의 Part C를 다시 가르친다.

〈수업 형식 11-7〉 곱셈 및 나눗셈 문장제 문제 소개

교사	학생
1. (칠판에 다음과 같이 그린다)	

    🪙 🪙 🪙 ── 10센트짜리(다임)

    🪙 🪙 🪙 ──────→ 1센트짜리

2. 이 그림에서 몇 센트인지 알아내기 위해 곱셈 수 가족을 사용하려고 합니다. 기억하세요. 곱셈 수 가족에서 큰 수가 나와 있지 않으면 곱해야 합니다. 만약 큰 수가 나와 있다면 답을 찾기 위해 나누어야 합니다.

    큰 숫자가 나와 있지 않으면 무엇을 해야 한다고요?   곱하기

    큰 숫자가 나와 있으면 무엇을 해야 한다고요?   나누기

    이 그림에는 어떤 동전이 나와 있나요?   10센트짜리

3. 1센트짜리 동전의 전체 숫자가 큰 숫자입니다. 1센트짜리는 이미 그림에 나와 있어요.

4. 10센트짜리 하나는 1센트짜리 몇 개에 해당합니까?　　　　　　　　　　10개

   따라서 10이 첫 번째 작은 숫자입니다. (10을 쓴다)

   10 10센트짜리(다임)
   ────────→ 1센트짜리

5. 10센트짜리가 몇 개 있습니까?　　　　　　　　　　　　　　　　　　　　6

6. 그럼 10센트짜리 낱말을 지우고 6을 씁니다. (다음과 같이 10센트짜리를 지우고 6을 쓴다)

   　　6
   10 ~~십센트짜리~~
   ────────→ 1센트짜리

7. 그림을 보세요. 큰 숫자가 나와 있나요?　　　　　　　　　　　　　　　아니요.

8. 만약 큰 숫자가 나와 있지 않다면 무엇을 해야 합니까?　　　　　　　　곱합니다.

9. 10 곱하기 6은 얼마입니까?　　　　　　　　　　　　　　　　　　　　60

   (1센트짜리란 말을 지우고 60을 쓴다)

10. 1센트짜리 전체 합은 얼마입니까?　　　　　　　　　　　　　　　　　60센트

11. (5센트짜리(니켈), 10센트짜리(다임), 25센트짜리(쿼터) 동전을 가지고 단계 1~11을 반복한다. 나중에는 동전 그림 없이 다음과 같이 문제를 제시해도 된다)

    a. 5센트짜리 동전을 몇 개 가지고 있다. 이 돈은 1센트짜리로 모두 35센트이다. 5센트짜리 동전은 몇 개인가?

    b. 10센트짜리 동전이 9개 있다면 1센트짜리로는 모두 몇 개인가?

    c. 5센트짜리 동전을 8개 갖고 있다. 1센트짜리로는 모두 몇 개인가?

    d. 25센트짜리 동전을 5개 갖고 있다. 1센트짜리로는 모두 몇 개인가?

    e. 10센트짜리 동전을 몇 개 갖고 있다. 1센트짜리로는 40개를 갖고 있다. 10센트짜리 동전은 몇 개인가?

〈수업 형식 11-8〉 곱셈 및 나눗셈 문장제 문제 식 세우기

교사	학생

Part A: 수 가족 쓰기 - 사전 기술

1. (칠판에 다음 문제들을 적는다)

   a. 상자당 7개의 깡통이 들어 있다. 깡통은 모두 35개다. 상자는 몇 개인가?

   b. 각 방에 10개의 전구가 있다. 방은 모두 8개다. 방의 전구를 모두 합치면 몇 개인가?

   c. 개 한 마리당 9마리의 벌레가 있다. 개는 7마리다. 벌레는 모두 몇 마리인가?

   d. 고양이 한 마리당 9마리의 벼룩이 있다. 벼룩은 모두 36마리다. 고양이는 몇 마리인가?

e. 각 소년이 핫도그를 2개씩 갖고 있다. 소년은 5명이다. 소년들이 갖고 있는 핫도그는 모두 몇 개인가?

2. 이것들은 문장제 문제입니다. 이 문제를 풀기 위해서는 곱셈 수 가족을 만들어야 합니다. 각 문제의 한 문장씩은 그 수 가족을 어떻게 만들어야 하는지 알려 줍니다. 그 문장에서는 사물 하나가 얼마인가를 이야기하고 있습니다.

3. 내가 문제 a를 읽는 동안 잘 들으세요. '상자당 7개의 깡통이 들어 있다. 깡통은 모두 35개다. 상자는 몇 개인가?' 첫 번째 문장은 수 가족을 만드는 데 필요한 정보를 제시하고 있어요. 각 상자당 7개의 깡통이 들어 있어요. 상자보다 깡통 수가 더 많아요. 따라서 깡통이 큰 숫자입니다.

4. 상자를 나타내기 위해 무엇을 해야 하죠?   B

(다음 그림을 칠판에 그린다)

$$\xrightarrow{\hspace{3cm}} B$$

깡통을 나타내기 위해 무엇을 써야 하죠?   C

(다음 그림을 칠판에 그린다)

$$\xrightarrow{\hspace{2.5cm} B} C$$

깡통이 큰 숫자이고, 상자가 작은 숫자라면 또 다른 작은 숫자는 무엇을 나타내나요?   7

(다음 그림을 칠판에 그린다)

$$\xrightarrow{\hspace{0.3cm}7\hspace{1.5cm} B} C$$

5. 이것이 수 가족입니다. 다음 문장에 따르면 깡통은 모두 35개입니다. 따라서 C를 지우고 35를 씁니다.

(칠판에 다음과 같이 그린다)

$$\xrightarrow{\hspace{0.3cm}7\hspace{1.5cm} B\hspace{0.3cm}} \cancel{C}\,35$$

6. 앞의 수 가족에는 큰 숫자와 작은 숫자가 나와 있어요. 나와 있지 않은 작은 숫자는 35에 7이 몇 번 들어가는지를 계산하여 구하세요.

7. 상자는 몇 개인가요?   5

(칠판에 다음과 같이 그린다)

$$\xrightarrow{\hspace{0.3cm}7\hspace{1.0cm} \overset{5}{\cancel{B}}\hspace{0.3cm}} \cancel{C}\,35$$

8. 문제 b, c, d, e를 가지고 단계 1~5를 반복한다.

Part B: 구조화된 학습지

1. (학생들에게 다음과 유사한 문제가 6~8개 들어 있는 학습지를 준다)

a. 테이블당 의자가 6개 있다. 의자가 모두 42개 있다면 테이블은 몇 개인가?

b. 책장의 칸마다 동일한 수의 책들이 꽂혀 있다. 칸이 5개이고, 책이 40권이라면 칸마다 몇 권의 책이 꽂혀 있는가?

2. 앞 문제들은 곱셈과 나눗셈 문장제 문제입니다.

3. 문세 a를 스스로 읽어 보세요. 수 가족을 만드는 방법을 제시해 주고 있는 문장을 찾았으면 손을 드세요. (멈춤. 학생 한 명을 불러 읽어 보도록 함)

테이블당 6개의 의자가 있다.

4. 테이블당 의자가 6개입니다. 의자가 많습니까, 테이블이 많습니까? 따라서 어떤 것이 큰 숫자에 해당합니까?

의자

의자

5. 글자 두 개와 숫자를 사용하여 수 가족을 만드세요. (점검한다)

$$\xrightarrow[\hspace{2cm}]{6 \qquad T} C$$

6. 문제에서는 그중 하나의 이름에 대해 숫자를 제시하고 있어요. 그것의 이름은 무엇이죠?

의자

7. 수 가족에 그 숫자를 쓰세요. (점검한다)

$$\xrightarrow[\hspace{2cm}]{6 \qquad T \quad 42} \cancel{C}$$

8. 큰 숫자가 나와 있나요? 그럼 곱해야 하나요, 나누어야 하나요?

예, 나누어요.

9. 문제를 풀고 답을 단위와 함께 쓰세요. (점검한다)

10. 답이 무엇이죠?

7개 테이블

(다른 문제를 가지고 단계 3~10을 반복한다)

〈수업 형식 11-9〉 **곱셈 문장제 문제 소개하기**

교사	학생

Part A: 남은 수-투입-지출 형식 소개하기

1. (칠판에 다음 문제들을 적는다)
   a. 지갑 하나가 비어 있다. 그 안에 432달러를 넣었다. 그런 다음 얼마의 돈을 다시 꺼냈다. 지갑 속에는 이제 85달러의 돈이 남았다. 얼마를 꺼낸 것인가?
   b. 꽃가게 주인은 처음에 장미를 갖고 있지 않았다. 그러다 87송이의 장미를 수확했다. 그중 54개를 팔았다. 몇 송이의 장미가 남았는가?
   c. Chandra의 바구니는 비어 있다. 그 속에 달걀 몇 개를 넣었다. 그중 37개를 사람들에게 주었다. 바구니 속에는 이제 14개의 달걀이 남았다. 처음 바구니에 넣은 달걀은 몇 개였는가?

   $$\xrightarrow[\hspace{3cm}]{\text{남은 수} \qquad\qquad \text{지출} \qquad \text{투입}}$$

2. 문제 a를 읽을 테니 잘 들어 보세요. 지갑 하나가 비어 있다. 그 안에 432달러를 넣었다. 그런 다음 얼마의 돈을 다시 꺼냈다. 지갑 속에는 이제 85달러의 돈이 남았다. 얼마를 꺼낸 것인가?

3. 이 문제에서 얼마의 돈을 지갑에 넣었다가 그중 일부를 꺼냈습니다. 지갑에
   남은 돈은 얼마인가요? 따라서 85달러를 수 가족의 '남은 돈'에 쓸게요.   85달러
   (칠판에 85달러를 쓴다)

   남은 돈   지출   투입
   85달러
   ──────────────────────────────▶

4. 지갑에서 얼마를 꺼냈는지 아나요?   아니요.
   따라서 작은 숫자 중 하나를 모릅니다.

5. 지갑에 얼마를 넣었는지는 아나요?   예.

6. 지갑에 얼마를 넣었지요?   432달러
   따라서 우리는 큰 숫자를 쓸 수 있어요. (432달러를 '투입' 아래에 다음과 같이
   쓴다)

   남은 돈   지출   투입
   85달러
   ──────────────────────▶ 432달러

7. 수 가족을 위해 2개의 숫자를 알기 때문에 세 번째 숫자도 알아낼 수 있어요.
   빠진 숫자는 큰 숫자인가요, 작은 숫자인가요?   작은 숫자

8. 빠진 작은 숫자는 어떻게 구하나요?   뺄셈을 합니다.

9. 뺄셈 문제를 말하세요.   432달러 − 85달러

10. (문제 b와 c를 가지고 이 과정을 반복한다)

Part B: 구조화된 칠판 수업−다단계 문장제 문제

1. (칠판에 다음 문제들을 적는다)
   a. Josh는 은행에 17달러를 갖고 있다. 나중에 12달러를 예금했다. 다음 날
      은행에 가서 11.50달러를 인출했다. 남아 있는 금액은 얼마인가?
   b. 물탱크에 물이 들어 있다. 그중 250갤런을 퍼냈다. 그런 다음 다시 720갤
      런을 더 퍼냈다. 물탱크에는 이제 1150갤런이 남아 있다. 처음에 물탱크
      에 있던 물의 양은 얼마인가?
   c. 농부가 534개의 건초더미를 갖고 있었다. 그중 247개를 가축에게 먹였
      다. 85개는 이웃에게 팔았다. 4개는 벌레가 먹어 버렸다. 남은 건초더미
      는 모두 몇 개인가?

2. 내가 문제 a를 읽을 테니 잘 들어 보세요. 'Josh는 은행에 17달러를 갖고 있
   다. 나중에 12달러를 예금했다. 다음 날 은행에 가서 11.50달러를 인출했
   다. 남아 있는 금액은 얼마인가?' 문제의 첫 문장에서는 은행에 예금한 액수
   가 나와 있어요. 이에 대한 수 가족 그림은 다음과 같아요.

   남은 돈   지출   투입
   ──────────────────────▶

3. 처음에 은행에 있던 금액은 얼마인가?   17달러
   (수 가족 그림에 17달러를 기입한다)

4. 나중에 예금한 금액은 얼마인가?   12달러

   (칠판에 12달러를 쓴다)

   남은 돈   지출   투입
                                   17달러
                                   12
   ─────────────────────→

5. Josh가 은행에서 꺼낸 금액이 얼마인지 우리는 아나요?   예.
   얼마죠?   11.50달러
   그럼 수 가족 그림에 11.50달러를 써넣으세요.

   (칠판에 11.5달러를 쓴다)

   남은 돈   지출   투입
                                   17달러
                    11.50달러   12
   ─────────────────────→

6. 이제 은행에 예금한 금액들을 더할 필요가 있어요. 문제를 말해 보세요.   17달러 + 12달러
   전체 합은 얼마인가요?   29달러

   (칠판에 29달러를 쓴다)

   남은 돈   지출   투입
                                   17달러
                    11.50달러   12
   ─────────────────────→   29달러

7. 이제 수 가족에 두 개의 숫자가 있으니 다른 숫자도 구할 수 있어요. 빠진 숫
   자가 큰 숫자인가요, 작은 숫자인가요?   작은 숫자

8. 빠진 작은 숫자를 어떻게 구하나요?   뺍니다.

9. 뺄셈 문제를 말해 보세요.   29달러 − 11.50달러

10. 은행에 남아 있는 금액을 구하기 위해 뺄셈을 하세요. 얼마죠?   17.50달러

11. (문제 b와 c로 이 과정을 반복한다)

제**12**장

분수

용어와 개념

분수(fractions).　분수는 $x \neq 0$일 때, $\frac{y}{x}$ 형태의 수다. 분수는 똑같은 크기의 부분으로 나누어진 나눗셈과 그 부분의 수를 나타내거나 사용된 것으로 여겨지는 진술과 관계가 있다.

예를 들면, '존은 파이 한 개의 $\frac{1}{4}$을 먹었다.'는 파이가 4개의 똑같은 부분으로 나뉘었고, 존이 그 부분 중 한 조각을 먹었음을 의미한다.

분자(numerator).　분수에서 위에 있는 수

분모(denominator).　분수에서 아래에 있는 수

진분수(proper fraction).　분자가 분모보다 작은 분수

가분수(improper fraction).　분자가 분모와 같거나 더 큰 분수

대분수(mixed number).　가분수가 자연수와 분수로 표현된 것

최대공약수(greatest common factor).　분자와 분모의 가장 큰 인수. 예, $\frac{4}{8}$의 최대공약수는 4다.

최소공배수(lowest common denominator).　분모의 가장 작은 공통된 배수. 예, $\frac{1}{3} + \frac{1}{2} + \frac{1}{4}$의 최소공배수는 12다.

유리수(rational numbers).　유리수는 두 정수의 비율로 표현될 수 있다(유리수는 $\frac{3}{4}$이나 $\frac{7}{2}$처럼 양수뿐만 아니라 $-\frac{3}{4}$이나 $-\frac{7}{2}$ 같은 음수가 될 수도 있다. 이 장에서는 양수만을 다룬다). 분수, 소수, 비율, 비, 비례와 백분율 모두 유리수의 다른 형태로 여겨질 수 있다. 유리수는 보통 다음 방법 중 한 가지로 나타낸다.

1. 전체 단위의 수로부터 단위 부분을 분할하기

$$\text{⬭ } | | | | | | | = \frac{3}{10} = .3 = 30\%$$

2. 집합 군에서 부분 집합으로 분할하기

$$= \frac{2}{3} = .67 = 66\frac{2}{3}\%$$

3. 전체 수를 똑같은 부분으로 나누기

$$= \frac{1}{4} = .25 = 25\%$$

4. 수직선

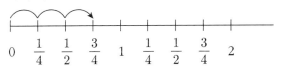

0	$\frac{1}{4}$	$\frac{1}{2}$	$\frac{3}{4}$	1	$\frac{1}{4}$	$\frac{1}{2}$	$\frac{3}{4}$	2
0	.25	.5	.75		1.25	1.5	1.75	

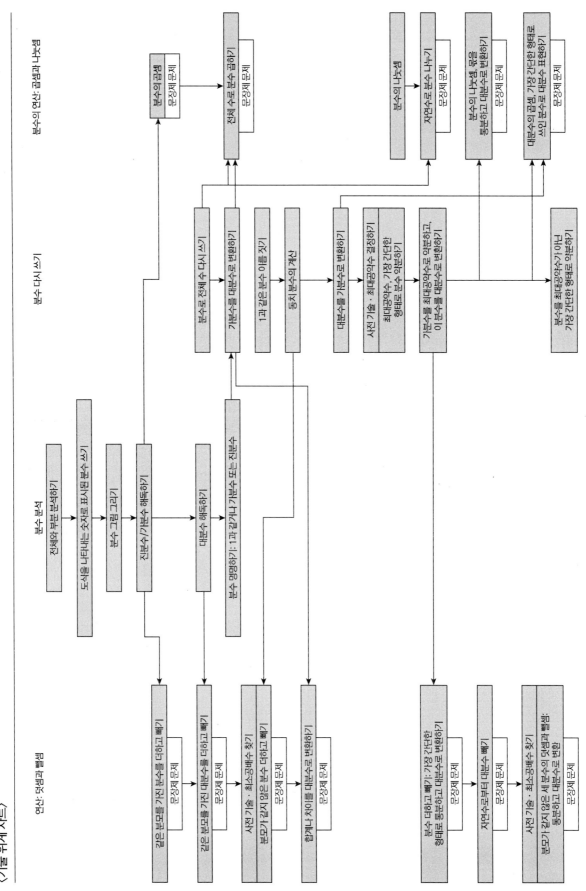

〈기술 위계 차트〉

〈수업 순서와 평가 차트〉

학년 단계	문제 유형	수행 지표
1-2a	그림에 상응하는 분수 확인하기	a. $\frac{2}{4}$를 나타내는 그림에 동그라미 하시오. b. $\frac{4}{4}$를 나타내는 그림에 동그라미 하시오. c. $\frac{4}{3}$를 나타내는 그림의 밑줄에 X 표시를 하시오. d. $\frac{3}{2}$을 나타내는 그림의 밑줄에 X 표시를 하시오.
1-2b	분수에 맞는 그림 그리기	$\frac{3}{2}$ = ◯ ◯ $\frac{2}{3}$ = ◯ ◯ $\frac{3}{2}$ = ◯ ◯
1-2c	분수로 표현된 분수 읽고 쓰기	다음 분수를 쓰시오. a. 삼 분의 이 = $\frac{h}{h}$ b. 이 분의 오 = $\frac{\square}{\square}$ c. 오 분의 사 = $\frac{\square}{\square}$ (학생들을 개별적으로 검사한다. "이것을 어떻게 읽지요? $\frac{2}{3}$, $\frac{4}{5}$, $\frac{5}{2}$?")
2d	분수가 1이거나, 1보다 크거나 작은지 결정하기	각각의 빈칸에 1과 같은지, 더 크거나 작은지 쓰시오. $\frac{4}{3}$는 1보다/과 _____. $\frac{7}{7}$은 1보다/과 _____. $\frac{5}{6}$는 1보다/과 _____.

2e	같은 분모를 가진 분수의 덧셈과 **뺄셈**	$\dfrac{3}{5} - \dfrac{2}{5} = $ _____ $\dfrac{4}{7} - \dfrac{2}{7} = $ _____ $\dfrac{3}{5} + \dfrac{1}{5} = $ _____
2f	분수 곱셈	$\dfrac{3}{5} \times \dfrac{2}{3} = $ _____ $\dfrac{2}{5} \times \dfrac{3}{5} = $ _____ $\dfrac{2}{2} \times \dfrac{3}{5} = $ _____
3a	대분수 읽고 쓰기	이와 삼 분의 일을 쓰시오. _____ 사와 오 분의 이를 쓰시오. _____ 육과 이 분의 일을 쓰시오. _____ (학생들을 개별적으로 검사한다. "다음 분수를 읽으시오. $2\dfrac{1}{4}, 3\dfrac{2}{5}, 7\dfrac{3}{9}$.")
3b	분모가 같은 분수: 대분수의 덧셈과 **뺄셈**	$5\dfrac{4}{7} - \dfrac{2}{7} = $ _____ $3\dfrac{2}{5} - 1\dfrac{2}{5} = $ _____
3c	문장제 문제: 같은 분모를 가진 대분수와 분수의 덧셈과 **뺄셈**	Bill은 월요일에 $2\dfrac{2}{4}$마일, 화요일에 $3\dfrac{1}{4}$마일 달렸다. 그는 모두 몇 마일 달렸는가? _____마일 Jack은 못을 $4\dfrac{2}{8}$파운드 가지고 있다. Bill은 못을 $2\dfrac{3}{8}$파운드 가지고 있다. Jack은 얼마나 더 가지고 있는가? 못 _____파운드 Bob은 월요일에 $2\dfrac{1}{2}$시간 일했고, 화요일에는 3시간 일했다. 그는 모두 몇 시간 일했는가? _____시간
4a	가분수를 대분수로 다시 쓰기	$\dfrac{12}{5} = $ _____ $\dfrac{8}{3} = $ _____ $\dfrac{21}{9} = $ _____
4b	자연수를 분수로 다시 쓰기	$9 = \dfrac{\square}{\square}$ $6 = \dfrac{\square}{\square}$ $8 = \dfrac{\square}{\square}$
4c	자연수와 분수 곱하기–자연수로 정답 변환하기	$\dfrac{2}{3} \times 6$ $\dfrac{1}{3} \times 12$ $\dfrac{3}{5} \times 20$
4d	자연수와 분수 곱하고 대분수로 정답 변환하기	$\dfrac{2}{5} \times 14$ $\dfrac{3}{7} \times 8$ $\dfrac{2}{9} \times 15$
4e	문장제 문제: 자연수와 분수 곱하기	학급에 아이들이 15명 있는데 $\dfrac{2}{3}$가 남자아이다. 학급에 얼마나 많은 남자아이가 있는가?

Jack은 30시간 공부해야 하는데, 공부해야 할 것의 반을 했다. 그는 몇 시간 공부했는가?

Ann의 코치는 하루에 $\frac{3}{4}$ 마일씩 달리라고 말했다. 5일 동안 그녀는 몇 마일을 달려야 하는가?

4f	1과 같은 분수 쓰기	$1 = \dfrac{\square}{4}$ $\qquad$ $1 = \dfrac{\square}{7}$
4g	더 큰 분모를 가진 같은 분수로 다시 쓰기	$\dfrac{2}{5} = \dfrac{\square}{10}$ $\qquad$ $\dfrac{3}{4} = \dfrac{\square}{12}$ $\qquad$ $\dfrac{2}{3} = \dfrac{\square}{9}$
4h	작은 두 수의 최소공배수 구하기	6과 4의 최소공배수를 구하시오. 5와 10의 최소공배수를 구하시오. 5와 2의 최소공배수를 구하시오.
4i	분모가 다른 분수의 덧셈과 뺄셈	$\dfrac{3}{4} - \dfrac{2}{3} = \dfrac{\square}{\square}$ $\qquad$ $\dfrac{2}{5} + \dfrac{3}{10} = \dfrac{\square}{\square}$ $\dfrac{1}{2} - \dfrac{1}{3} = \dfrac{\square}{\square}$ $\qquad$ $\dfrac{2}{6} + \dfrac{1}{2} = \dfrac{\square}{\square}$
4j	분수의 가치 비교하기	어느 것이 더 큰가? $\dfrac{2}{3}$ 또는 $\dfrac{4}{5}$? $\dfrac{4}{5}$ 또는 $\dfrac{2}{3}$? $\dfrac{2}{7}$ 또는 $\dfrac{1}{2}$?
4k	문장제 문제: 분모가 다른 분수의 덧셈과 뺄셈	Bill은 벽의 $\frac{1}{2}$ 을 칠했고, Jane은 벽의 $\frac{1}{4}$ 을 칠했다. 그들이 칠한 벽은 모두 얼마나 되는가? Tom은 파이의 $\frac{1}{3}$ 을 먹었고, Jack은 파이의 $\frac{1}{2}$ 을 먹었다. 그들이 먹은 파이는 모두 얼마인가?
4l	주어진 수의 모든 약수 구하기	12의 약수인 수를 모두 쓰시오. 8의 약수인 수를 모두 쓰시오.
4m	최대공약수 구하기	8과 12의 최대공약수는 무엇인가? 4와 8의 최대공약수는 무엇인가? 12와 15의 최대공약수는 무엇인가?
4n	분수를 가장 간단한 형태로 약분하기	다음 분수를 가장 간단한 형태로 약분하시오. $\dfrac{12}{18} = \dfrac{\square}{\square}$ $\qquad$ $\dfrac{16}{20} = \dfrac{\square}{\square}$ $\qquad$ $\dfrac{6}{18} = \dfrac{\square}{\square}$
4o	분수를 더하고, 약분하고, 대분수로 변환하기	다음 분수를 더하시오. 답을 가장 간단한 형태로 약분하고, 답을 대분수로 쓰시오. $\dfrac{4}{6} + \dfrac{2}{5} = $ _____ $\dfrac{2}{4} + \dfrac{2}{3} = $ _____ $\dfrac{6}{10} + \dfrac{4}{5} = $ _____
4p	대분수를 가분수로 변환하기	$2\dfrac{1}{4} = \dfrac{\square}{4}$

$$3\frac{1}{2} = \frac{\square}{2}$$

$$1\frac{3}{5} = \frac{\square}{5}$$

5a	자연수에서 대분수 빼기	$8 - 1\frac{2}{3} =$ _____
		$9 - 2\frac{3}{5} =$ _____
		$7 - 4\frac{1}{2} =$ _____

5b 세 수의 최소공배수 구하기

3, 6, 4의 최소공배수를 구하시오.

2, 4, 5의 최소공배수를 구하시오.

2, 5, 10의 최소공배수를 구하시오.

다음 분수를 더하시오. 가장 간편한 형태의 분수로 답을 쓰시오.

5c 분모가 다른 세 분수의 덧셈과 뺄셈

$$\frac{3}{5} + \frac{1}{2} + \frac{3}{6} = \text{_____}$$

$$\frac{2}{3} + \frac{2}{4} + \frac{1}{6} = \text{_____}$$

$$\frac{3}{4} + \frac{1}{2} + \frac{2}{5} = \text{_____}$$

5d 대분수의 곱셈

$$7\frac{3}{4} \times 3\frac{1}{2} = \text{_____}$$

$$2\frac{3}{5} \times 4 = \text{_____}$$

$$5 \times 2\frac{1}{2} = \text{_____}$$

5e 분수의 나눗셈

$$\frac{3}{4} \div \frac{2}{5} = \text{_____}$$

$$\frac{5}{6} \div \frac{2}{3} = \text{_____}$$

$$\frac{7}{9} \div \frac{1}{3} = \text{_____}$$

5f 분수와 자연수 나누기

$$\frac{2}{3} \div 4 = \text{_____}$$

$$\frac{3}{5} \div 2 = \text{_____}$$

$$\frac{2}{4} \div 7 = \text{_____}$$

5g 대분수와 자연수 나누기

$$3\frac{1}{2} \div 3 = \text{_____}$$

$$2\frac{1}{5} \div 2 = \text{_____}$$

$$7\frac{1}{2} \div 4 = \text{_____}$$

5h 문장제 문제: 분수를 포함한 나눗셈

두 소녀가 $5\frac{1}{2}$ 파운드의 체리를 땄다. 그들은 체리를 똑같이 나누기를 원한다. 각각 얼마의 체리를 가질 수 있는가?

Bill은 35인치의 리본을 가지고 있다. 그는 더 작은 리본을 만들기를 원한다. 만약 각 리본이 $\frac{1}{2}$ 길이라면, 그는 얼마나 많은 리본을 만들 수 있겠는가?

기술 위계

분수는 초등학교에서 다루는 가장 복잡한 기술들로 이루어져 있기 때문에 이 장에서는 '기술 위계 차트'를 제시하고 있다. 책의 다른 장에서 논의된 모든 범위의 연산을 분수에 적용할 수 있기 때문에 이런 복잡성은 이해 가능하다. 불행히도, 분수는 친숙한 기술을 간단하게 확장시킬 수 있는 게 아니다. 초기 자연수 수업에서 1이나 1 이상의 수 세기를 학습한 것은 학생들이 1보다 작은 수의 학습에 일반화하는 것을 도와주지 않는다. 예를 들어, 자연수의 덧셈과 뺄셈에서 두 번째 위치의 숫자는 1 대 1 대응에 근거하여 첫 번째 위치의 숫자와 관련되어 있다. 예를 들어, '4 + 3' 문제에서 학생들은 첫 번째 숫자에 수 1씩 증가시켜(5, 6, 7) 정답 7을 만든다. '4 − 3' 문제를 풀기 위해, 학생들은 첫 번째 숫자에 수 1씩 감소시켜 정답 1을 만든다. 자연수의 곱셈과 나눗셈에서 두 번째 위치의 숫자는 1 대 다 대응에 근거하여 첫 번째 위치의 숫자와 관련되어 있다. 예를 들어, '8 × 2' 계산에서 학생들은 두 개의 묶음 각각을 8개 단위로 세어 (8, 16) 16이란 정답을 만든다. '16 ÷ 2'에서 학생들은 16에서 2씩 1묶음으로 세면서(1, 2, 3, 4, 5, 6, 7, 8) 8이라는 정답을 결정한다.

분수를 포함하는 연산에서도 대응은 분수와 관련이 있다. 예를 들어, $\frac{2}{3} \times 4$를 풀기 위해 학생들은 두 번째 위치의 수의 각 묶음을 $\frac{2}{3}$씩 묶어 센다. 학생들이 2×4를 구하기 위해 2, 4, 6, 8을 세는 것은 빨리 배우는 반면에, $\frac{2}{3} \times 4$를 구하기 위해 $\frac{2}{3}, \frac{4}{3}, \frac{6}{3}, \frac{8}{3}$을 세는 것은 쉽지 않다. 문제 $\frac{2}{3} \times \frac{4}{7}$는 학생들이 $\frac{4}{7}$배씩 세는 데 경험적 기초가 없기 때문에 이해하기 더 어렵다. 그러므로 자연수와 다른 분수의 분수적 대응을 학습하는 것은 새로운 전략의 교수를 필요로 한다.

분수에서 또 다른 주된 어려움은 다른 단위가 양립할 수 없다는 점이다. 덧셈과 뺄셈은 같은 단위로 계산할 수 있다. 자연수는 같은 단위의 간단한 형태이므로 어떤 결합에서도 더하거나 뺄 수 있다. 대조적으로, 분수는 단위의 형태가 하나가 아니다. 3등분한 모든 것은 같은 단위를 나타내고 4등분한 모든 것은 같은 단위를 나타내지만, 3등분은 4등분과 같지 않다. 결론적으로, 3등분과 4등분은 그 자체로 더하거나 뺄 수 없다. 분수의 덧셈과 뺄셈 이전에 통분시켜야만 한다.

$$\frac{1}{4} + \frac{2}{3} = \frac{3}{12} + \frac{8}{12} = \frac{11}{12}$$

분수로 다시 쓰거나 변환시키는 것은 분수를 지도할 때 주로 겪게 되는 어려움이다(이것이 소수가 등장한 이유다. 소수는 10의 배수에 근거한 형태를 가진다).

분수 수업은 기술 위계에서 제시한 바와 같이 세 가지 주요 분수 주제로 구성될 수 있다. 분수 분석, 분수 다시 쓰기, 연산(분수의 덧셈, 뺄셈, 곱셈, 나눗셈)이다.

분수 기술의 적용이 분수의 이해에 의존하기 때문에, 분수를 특징짓는 개념과 규칙에 대한 초기 교수가 중요하다. 따라서 초기 교수는 분수를 나타내는 다이어그램 구성하기, 다이어그램으로 제시된 분수 쓰기, 분수 읽기, 진분수인지 가분수인지 결정하기와 같은 분수 분석 기술을 다뤄야 한다.

두 번째 영역, 분수 다시 쓰기는 다음의 기술을 포함한다.

1. 가분수를 대분수로 다시 쓰기: $\frac{13}{2} = 6\frac{1}{2}$
2. 최소공배수를 사용하여 진분수로 다시 쓰기(분수 약분하기): $\frac{6}{8} = \frac{3}{4}$
3. 같은 크기의 분수로 다시 쓰기: $\frac{2}{5} = \frac{4}{\Box}$
4. 대분수를 가분수로 다시 쓰기: $2\frac{1}{2} = \frac{5}{2}$

세 번째 영역인 연산은 분수의 덧셈, 뺄셈, 곱셈, 나눗셈을 포함한다. 이러한 연산은 종종 여러 가지의 분수 다시 쓰기 기술을 요구한다. 예를 들어, $\frac{3}{4} + \frac{5}{6}$ 문제를 해결하기 위해 학생들은 $\frac{3}{4}$과 $\frac{5}{6}$가 같은 분모를 가지도록 최소공배수로 다시 써야만 한다. $\frac{3}{4} = \frac{9}{12}$, $\frac{5}{6} = \frac{10}{12}$. 동분모 분수 $\frac{10}{12}$과 $\frac{9}{12}$는 $\frac{19}{12}$의 합으로 산출

되도록 더하고 이는 대분수 $1\frac{7}{12}$ 로 변환되어야 한다. 다. $\frac{4}{5}\times1\frac{3}{4}$ 의 문제를 해결할 때, 학생들은 먼저 대분수 $1\frac{3}{4}$ 을 가분수 $\frac{7}{4}$ 로 바꿔야만 한다. 그리고 $\frac{4}{5}\times\frac{7}{4}$ 을 곱하여 $\frac{28}{20}$ 의 결과를 구하고, 이것을 대분수 $1\frac{8}{20}$ 로 변환시킬 수 있다. 이 대분수의 분수 부분은 약분할 수 있기 때문에 최종 답은 $1\frac{2}{5}$ 다.

'기술 위계 차트'는 다양한 분수 기술 사이에 상호 관련성을 보여 준다. 다른 기술의 구성 요소가 되는 차트의 수많은 분수 기술을 유의해야 한다. 분수를 가르치는 순서는 응용 문제 유형을 위한 모든 사전 기술을 그 문제 유형이 소개되기 전에 제시되도록 배열되어야만 한다. 수업의 초점이 어떻게 이동하는지에도 유의한다. 예를 들어, 같은 분모를 가진 분수를 포함한 간단한 덧셈과 뺄셈 문제는 수업 순서에서 상대적으로 초기 단계에 도입된다. 다른 분모를 가진 분수의 덧셈과 뺄셈을 포함한 문제는 여러 가지 분수 다시 쓰기 기술을 먼저 가르쳐야 하기 때문에 순서상 뒤에 도입되어야 한다. '수업 순서와 평가 차트'는 분수와 관련된 문제들의 중요한 유형을 소개하는 가능한 순서를 제안하고 있다. 중간 단계 학생을 가르치는 교사들은 순서 차트의 시작에서 나타나는 기술이 분수의 개념적 이해를 위한 기초를 이루기 때문에, 필요하면 진단 시험을 보고 가르치는 것이 생산적임을 알게 될 것이다.

분수 분석

분수 분석 수업은 보통 2학년 중반에 시작한다. 이 영역에 포함된 기술의 도입 순서는 다음에 제시되어 있다.

1. 부분-전체 구별 학습하기: 학생들은 똑같은 크기의 부분으로 나누어진 전체 단위의 수와 사용된 부분의 수를 구별하는 것을 학습한다.
2. 똑같은 크기의 부분으로 나누어진 전체 단위의 도형을 수로 쓰거나 반대로 나타내기

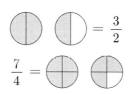

3. 분수 읽기: $\frac{3}{4}$ 은 '사 분의 삼'으로 읽는다.
4. 분수가 1과 똑같거나, 큰지 작은지 결정하기
5. 대분수 읽기: $3\frac{1}{2}$ 은 '삼과 이 분의 일'이라고 한다.

분수 분석 전략은 진분수와 가분수를 소개하기 위해 고안되었다. 이러한 특징은 학생들이 모든 분수는 진분수라는 오개념을 습득하는 것을 방지한다. 적절한 수업 없이, 저성취 학생들은 종종 $\frac{3}{4}$ 의 그림을 그리고 해독할 수 있으나 $\frac{4}{3}$ 의 경우에 기술을 일반화하지 못하는 것과 같은 오개념을 습득한다. 진분수와 가분수를 동시에 소개함으로써 교사들은 학생들에게 모든 분수에 분석을 적용하는 것을 보여 준다.

분수 분석의 두 번째 중요한 특징은 전통적인 방법에서 먼저 가르쳐 온 분수 읽기보다(예, $\frac{3}{4}$ 은 사 분의 삼이라고 읽는다) 분모와 분자가 의미하는 것의 해석이 우선시되어야 한다는 점이다(예, $\frac{3}{4}$ 에서 4는 각각의 전체 단위가 4부분으로 나누어져 있다는 것을 의미하고, 3은 그중 사용된 3부분을 의미한다). 분수의 해석은 학생들이 도형을 수적인 분수로 표현하는 것을 가능하게 하고 개념적 발전을 촉진한다.

분수 분석의 세 번째 중요한 특징은 초기에는 분수를 부분으로 나눈 그림으로 나타내는 활동을 제한적으로 실시한다는 점이다.

$$\frac{5}{4}=\bigoplus\bigoplus\qquad\frac{2}{3}=\bigotimes$$

초기 학습을 단순화하기 위해 분수가 도입된 후 몇 개월 뒤까지 부분집합의 도입을 연기할 것을 권한다.

부분 – 전체 구별

〈수업 형식 12-1〉은 학생들에게 분수를 도입하는

방법을 보여 준다. 이 수업 형식의 목표는 분할된 그림보다 수직선을 사용함으로써 기본적인 분수 개념(부분-전체)을 가르치는 것이다. 시작할 때부터 수직선을 사용하는 이유는 학생들이 분수와 정수를 관련짓는 것을 가능하게 하기 위함이다. 구체적인 목표는 학생들이 각각의 전체 단위에서 부분의 수와 전체 단위의 수를 구별하도록 가르치는 것이다.

이 수업 형식에서 교사는 칠판에 수직선을 그리고, 각각의 단위를 똑같은 부분의 수로 나눈다. 교사는 각 단위를 전체라고 함을 알리고 나서 학생들이 전체 단위의 부분의 총 개수를 결정하도록 이끈다. 학생들은 수직선 위에 단위에 해당하는 분모의 숫자를 완성하고, 분모가 각 단위에서 부분의 총 개수라는 것을 배운다(〈수업 형식 12-1〉 참조).

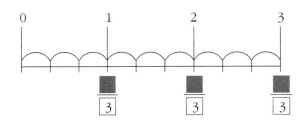

각각의 예는 다른 숫자의 부분으로 나누어진 수직선을 포함해야만 하고, 각각의 수직선은 다른 길이가 되어야만 한다. 예를 들어, 첫 번째 수직선은 5로 끝날 수 있고 각각의 부분은 두 부분으로 나누어진다. 다음 수직선은 3으로 끝날 수 있고, 각 단위는 4 부분으로 나눌 수 있다. 이러한 지도 형식은 여러 날 동안 제시된다.

다음으로 수직선에 자연수에 해당하는 분수를 완성하여 쓰도록 배운다. 분모는 각 단위에서 부분들의 총 개수다. 수직선에서 모든 전체 단위에 해당하는 숫자와 같다. 분자는 수직선이 시작된 곳부터의 부분의 개수다.

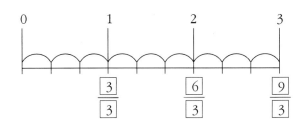

세 번째 단계에서 각 수직선에 3개의 분수, 즉, 두 개의 단위 분수와 색칠된 부분이 있는 분수를 쓴다. 분수를 계산하기 위해 학생들은 먼저 각 단위에서 부분의 총 개수를 세고 모든 분수의 분모를 쓴다. 그리고 각 수직선이 시작된 곳부터 단위를 세어 첫 번째 분수의 분자, 두 번째 분수의 분자, 색칠된 부분의 분자를 쓴다.

학생들이 며칠 동안 수평적인 수직선을 공부한 후에 교사들은 수직적으로 된 수직선을 소개할 수 있으며, 그 절차는 같다. 각 단위에서 부분의 총 개수는 각 분수의 분모다. 분자는 수직선이 시작된 곳부터의 부분의 개수다.

실수 없이 수행할 수 있을 때까지 수직선을 연습한 후, 분할된 그림으로 작업한다. 분할된 그림은 똑같은 부분으로 나누어진 원이나 사각형을 나타낸다.

〈수업 형식 12-2〉는 분할된 그림을 소개하는 형식을 포함한다. 이 수업 형식의 목표는 도형의 사용을 통해 기본적인 분수(부분-전체) 개념을 가르치는 것이다. 구체적인 목표는 학생들이 전체 단위의 수와 각 전체 단위에서 부분의 수를 구별하도록 가르치는 것이다.

이 수업 형식에서 교사는 칠판에 원의 테두리를 그리고, 각각을 똑같은 부분의 수로 나눈다. 교사는 각각의 원이 전체임을 알리고 나서, 각각의 전체 단위에서 얼마나 많은 부분이 있는지(전체 단위의 부분의 총 개수를) 결정하도록 이끈다.

각각의 예는 다른 숫자의 원(전체)을 포함해야만 한다. 또한 각각의 전체가 나누어진 부분의 수는 종류별로 다양해야만 한다. 예를 들어, 첫 번째 예는 3개의 원을 포함하고, 각각은 2개의 부분으로 나뉜다. 다음 예는 5개의 원을 포함하고, 각각은 4개 부분으로 나뉜다, 다음 2개의 원은 각각 3개 부분으로 나뉘는 것 등이다. 이 수업 형식은 며칠 동안 제시되어야 한다.

몇몇 학생은 '분할된' 분수 도형과 수직선의 분수 간의 관계를 이해하지 못할 수도 있다. 그러므로 가르치거나 오류를 교정할 때 같은 언어를 사용하는 것이 매우 중요하다. 만약 학생들이 수직선 예를 이해하지 못하면 '각각의' 라는 단어를 확실히 강조해야 한다. 학생들에게 각각의 단위 안에 있는 부분을 세는 것을 상기시켜야 한다.

다이어그램으로 표현된 분수 쓰기

다이어그램으로 표현된 분수를 수로 쓰는 연습은 (예, $\frac{5}{4}$) 학생들이 〈수업 형식 12-2〉에 나타난 부분-전체 개념을 보통 며칠 동안 충분히 연습하여 숙달한 후에 제시된다. 분수를 숫자로 쓰는 수업 형식은 〈수업 형식 12-3〉에 있다. Part A의 구조화된 칠판 수업에서 분모는 각각의 전체에 얼마나 많은 부분이 있는지를, 분자는 얼마나 많은 부분이 사용됐는지를 나타낸다는 것을 배운다. Part B와 Part C는 다이어그램을 나타내는 숫자를 채우기 위한 구조화된 학습지와 덜 구조화된 학습지다. 매일 반복되는 연습이 몇 주 동안 제시되고, 그 후 간헐적인 복습이 뒤따른다.

두 개의 지침이 이 기술 습득을 위한 적절한 예 선정을 위해 중요하다. 첫 번째, 각각의 전체 단위에서 부분의 총 개수, 즉 전체 단위의 수와 사용된 부분의 수는 예에서 다양해야 한다. 두 번째, 예는 전체 단위와 같거나 더 작은 분수뿐만 아니라 진분수와 가분수의 혼합을 포함해야 한다.

몇몇의 예는 전체 단위보다 큰 것:

그리고 1과 같은 예는 다음과 같다.

첫째 날에 제시되는 모든 예는 부분으로 나누어진 원이어야 한다. 몇 주 후에는 다른 모양(예, 정사각형, 직사각형, 삼각형)이 연습문제에 포함될 수 있다.

나누어지지 않은 일련의 단위를 포함하는 예도 각별히 주목해야 한다.

이러한 다이어그램은 부가적인 설명이 필요하다. 교사는 만약 전체가 부분으로 나누어지지 않았다면 이를 지적하고, 학생들은 분모에 1이라고 쓴다. 1은 전체 단위에서 부분의 총 개수가 오직 한 개임을 말한다. 분모로서 1을 산출하는 예시는 분수가 초기에 제시될 때 소개하는 것이 아니라, 초기 수업이 1주일 지난 후에 가능하다. 그 후에는 10개의 다이어그램마다 1개꼴로 분모가 1인 예를 포함한다. 이러한 예는 학생들이 자연수를 분수로 전환하는 연습(예, $8 = \frac{8}{1}$)을 하는 데 개념적인 기초를 제시하기 때문에 중요하다.

분수를 나타내는 다이어그램 그리기

실제 다이어그램을 그리기에 앞서, 학생들은 분수를 완성하고 수직선에 올바른 분수 부분을 칠하는 연습을 해야만 한다. 교사는 학생들의 활동을 주의 깊게 점검한 후, 수직선에 보이는 정보가 분수와 관련이 됨을 확신시킨다.

숫자로 나타낸 분수를 다이어그램으로 전환시키

는 것은 분수의 부분-전체 관계의 개념적 이해를 강화시킬 수 있는 유용한 연습이다. 다이어그램을 그리는 것은 학생들이 정확하게 다이어그램이 나타내는 수를 쓸 수 있을 때 도입된다. 대부분의 학생에게 이 기술은 분수 분석이 도입되고 1~2주 후에 도입된다. 절차는 상대적으로 간단해서 형식을 포함하지 않는다. 교사는 먼저 각각의 부분이 같은 크기가 되도록 원을 나누는 필요성을 강조하면서, 실제로 원을 똑같은 크기의 부분으로 나누는 방법을 시범 보인다. 예들은 분모가 2, 3, 4인 분수로 제한한다. 이것은 학생들이 원을 4부분 이상으로 나누는 것을 가르치는 데 많은 시간을 소요하지 않을 수 있는 적당한 부분이다. 전체를 부분으로 나누는 연습을 며칠 한 후에 교사는 학생들이 다이어그램을 그릴 때 배운 것을 상기시키면서 학습지를 제시한다. 교사는 분모의 수로 시작하면서 각각의 숫자가 의미하는 것을 말하도록 한다. $\frac{3}{4}$에서 교사는 "분모를 가리키세요. 그것은 무엇을 의미할까요? 전체를 각각 4부분으로 그려 보세요. 이제 분자를 가리키세요. 그것은 무엇을 의미할까요? 세 부분을 칠하세요."를 질문할 수 있다. [그림 12-1]은 학습지 예다. 각각의 예가 모두 4개의 원을 가지고 있음을 주목하라. 일정한 원의 수를 유지하는 목적은 학생들이 전체 단위의 수를 분자와 분모로 생각할 수 있는 점을 예방하는 것이다.

분수 읽기

분수가 초기에 도입될 때, 학생들은 분수에서 각각의 수가 의미하는 것을 설명하도록 배운다. 분수 $\frac{3}{4}$은 '각각의 전체는 총 4부분이다. 3부분은 사용되었다.'와 같이 읽힐 수 있다. 이러한 분수 읽기는 학생들이 해야 하는 일(각각의 전체에서 총 4부분을 만든 후 3부분을 칠하기)을 구체화하여 개념적 이해를 촉진하기 때문에 추천된다.

분수가 도입된 후 몇 주 동안에는 전통적인 방법의 분수 읽기가 도입된다. 예를 들어, $\frac{3}{4}$은 사 분의 삼으로 읽는다. 〈수업 형식 12-4〉는 학생들이 전통적인

방법으로 분수를 어떻게 읽는지를 가르치는 법을 보여 주고 있다. 교사는 칠판에 몇 개의 분수를 쓰고 읽는 방법을 시범 보인 후, 각각의 예를 검사한다. 그리고 먼저 시범 보이지 않고 학생들이 분수를 읽는 것을 검사한 후, 오류 교정을 위해서 시범을 보이고 다시 검사한다. 초기 교정 후에 교사는 학생이 틀린 문제를 가지고 연습을 제공하기 위해서 대체 검사 문제를 번갈아 사용한다.

[그림 12-1] 숫자로 나타내는 분수로부터 다이어그램을 그리기 위한 학습지의 예

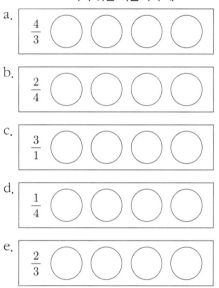

이러한 분수 읽기 수업은 약 2~3주 동안 매일 제시되어야 한다. 그후 약 3~4주 동안 각각 2일 혹은 3일째 되는 날 학생들이 분수를 정확하게 읽을 수 있을 때까지 제시되어야만 한다. 그런 다음에 학생들은 새로운 분수 기술이 도입되고 동시에 분수를 읽는 연습을 하게 된다. 예를 들어, 분수의 덧셈에서 학생들은 문제를 큰 소리로 읽는 단계에서 분수 읽기 연습을 하게 된다.

학생들에게 분수를 읽도록 가르칠 때 두 가지의 예선정 지침이 필요하다. 첫 번째, 분모가 2, 3, 5인 분수는 수업을 몇 번 한 후 도입한다. [왜냐하면 영어의 경우 이러한 분모는 6(sixths), 9(ninths), 4(fourths)의 경우와 같은 수가 접미사 ths를 더함으로써 발음되는 것과 다

르게 발음되기 때문이다. 2가 분모에 나타날 때, 학생들은 'twoths'가 아니라 'halves'라고 말한다. 3이 분모에 나타날 때, 학생들은 'threeths'가 아니라 'thirds'라고 말한다. 분모에 5가 나타날 때, 학생들은 'fiveths'가 아니라 'fifths'라고 말한다.] 이러한 분모는 한 번에 하나씩 시범을 보여 주고 점검하는 절차를 사용하여 도입되는 것이 필요하다. 분모에 2를 가진 분수가 우선 도입될 수 있다. 2가 분모로 도입될 때, 가르칠 세트에서 예의 약 반이 분모에 2를 포함해야 하고, 다른 반은 이전에 소개된 다양한 분모로 제시되어야 한다.

$$\frac{1}{2} \quad \frac{1}{4} \quad \frac{3}{2} \quad \frac{3}{8} \quad \frac{5}{2} \quad \frac{5}{7} \quad \frac{1}{6} \quad \frac{4}{2}$$

학생들이 2를 분모로 가진 것을 숙달했을 때 같은 방법으로 분모가 5, 다음에는 3인 분수를 도입해야 한다. 두 번째, 예 선정 지침은 분자와 관련된다. $\frac{1}{4}$ 예에서 숫자 1은 분자로 쓰여야 한다. 이러한 예는 학생들이 분자가 1일 때와 1 이상일 때 어떻게 읽어야 하는지 차이를 알 수 있도록 포함해야 한다. 예를 들면, $\frac{1}{8}$ 대 $\frac{4}{8}$ (one-eighth 대 four-eighths)와 같다.

분수가 1보다 큰지, 작은지, 1과 같은지 결정하기

분수가 1보다 큰지, 작은지, 1과 같은지 결정하는 것은 중요한 기술이고, 학생들이 $\frac{16}{7}$ 과 같은 가분수를 $2\frac{2}{7}$ 와 같은 대분수로 전환하는 연습문제를 위한 사전 기술로 여겨진다. 이 기술은 학생들이 전통적인 방법으로 분수를 정확히 읽을 수 있을 때 도입될 수 있다. 지도 과정은 〈수업 형식 12-5〉에 제시되어 있다. Part A는 교사가 1보다 크거나 작거나 1과 같은 다양한 크기의 분수를 나타내는 다이어그램을 그리는 그림을 이용한 과정이고, 학생들에게 그림이 보여 주는 것이 1과 같은지 1보다 큰지 작은지 질문한다.

Part B에서 교사는 숫자로 나타낸 분수가 1보다 큰지, 작은지, 1과 같은지 결정하는 데 사용되는 규칙을 제시한다. 첫 번째, 학생들은 분수의 위와 아래의 숫자가 같을 때(분자와 분모가 같을 때) 분수가 1과 같다

는 규칙을 배운다. 이 규칙이 제시된 후에, 교사는 일련의 숫자로 나타낸 분수를 사용하여 학생들에게 규칙의 적용을 검사한다(약 반은 1과 같은 분수를 포함).

$$\frac{5}{5} \quad \frac{6}{4} \quad \frac{4}{4} \quad \frac{9}{2} \quad \frac{9}{9} \quad \frac{5}{5} \quad \frac{7}{3} \quad \frac{2}{7} \quad \frac{8}{8}$$

다음으로, 교사는 학생들에게 분수의 위의 숫자(분자)가 아래 숫자(분모)보다 클 때, 그 분수가 1보다 크다는 것을 가르친다. 그 후에 분자가 분모보다 작을 때, 분수가 1보다 작다는 것을 가르친다. 마지막으로, 학생들은 분수를 보고 분수가 1과 같은지, 큰지, 작은지 대답한다. 학생들은 숫자로 나타낸 분수가 주어졌을 때 1보다 큰지, 작은지, 1과 같은지 동그라미를 그려야 하는 구조화된 학습지를 받게 된다.

$\frac{3}{4}$ 은 1보다 크다　　같다　　작다

$\frac{8}{8}$ 은 1보다 크다　　같다　　작다

이 수업 형식에서 분모와 분자라는 단어는 사용되지 않는다. 용어를 배제하는 목적은 학생들이 어느 것이 분자이고 어느 것이 분모인지 분명하지 않은 학생들에게 가능한 한 혼동을 피하기 위해서다. 비슷하게, 가분수란 용어도 수업 형식에 포함되지 않는다. 이 용어는 더 고학년에서 소개되는 것이 좋다.

Part B, Part C를 위한 예와 개별적인 연습은 다양한 문제를 포함해야만 한다. 3가지 예에서 분수의 분자와 분모는 같아야 한다.

$$\frac{4}{4} \quad \frac{8}{8} \quad \frac{3}{3}$$

다른 세 가지 예에서 분자는 분모보다 커야 한다.

$$\frac{7}{5} \quad \frac{3}{2} \quad \frac{4}{2}$$

다른 세 가지 예에서 분자는 분모보다 작아야 한다.

$$\frac{2}{3} \quad \frac{4}{7} \quad \frac{3}{4}$$

대분수 읽고 쓰기

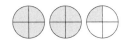

이 다이어그램은 가분수 $\frac{9}{4}$ 또는 대분수 2와 $\frac{1}{4}$로 표현될 수 있다. 대분수 읽기와 쓰기 기술은 학생들이 분수가 1과 같은지, 큰지, 작은지 정확하게 결정할 수 있을 때 바로 도입될 수 있다. 그러나 교사는 학생들에게 대분수를 가분수로 전환하는 연습문제를 제공해야 한다. 가분수를 대분수로 대분수를 가분수로 바꾸는 것은 학생들이 기본적인 곱셈을 알아야 하기 때문에 늦게 도입되어야 한다는 것을 교사는 명심해야 한다. 〈수업 형식 12-6〉은 학생들에게 대분수 읽기와 쓰기를 가르치는 것이다. 학생들은 이 형식에서 색칠된 전체 단위의 수를 세고 그 숫자를 쓴 후 그 옆에 남은 단위를 분수로 씀으로써 가분수를 대분수로 표현하도록 배운다. 그후 남아 있는 단위의 분모와 분자를 결정한다.

$$\bigcirc\bigcirc\bigcirc = \frac{9}{4} = 2\frac{1}{4}$$

Part B는 학생들에게 대분수의 읽기를 가르치는 것을 보여 준다. 교사는 학생들이 처음에는 자연수, 다음에는 분수, 그다음에 대분수를 말하도록 하는 시범 보이기 절차를 사용한다. 교사는 대분수를 읽을 때 '~과, ~와'를 강조해야 한다는 것을 명심해야 한다.

'과(and)'를 강조하는 목적은 학생들이 자연수와 분수를 혼합하는 실수, $4\frac{2}{3}$를 $\frac{42}{3}$으로 읽거나 분자를 생략하는 실수, 5와 $\frac{1}{3}$을 $\frac{5}{3}$로 읽는 오류를 방지하기 위함이다.

Part C는 학생들이 대분수를 쓰는 것을 배우는 연습이다. 교사는 학생들에게 줄이 그어진 종이와 연필을 주고, 학생들이 대분수를 쓸 때 분수를 작게 쓰고 자연수는 크게 쓴다는 것을 지적해 준다. "큰 숫자(자연수)는 선의 위와 아래를 지나도록 써야지만 해요.

그러고 나서 공간의 중간에 분수선을 씁니다." 연습은 교사가 대분수를 읽어 주면서 시작하며, 학생들에게는 먼저 자연수를 말하고 쓰게 하고, 그런 다음 대분수의 분수 부분을 말하고 쓰게 한다.

분수 다시 쓰기

이 절의 모든 절차는 한 형태의 분수를 그 값은 변하지 않게 하면서 다른 형태의 분수로 바꾸는 과정에 관한 것이다. 이 과정은 등식을 포함한다. 3가지의 주된 전환 방법이 있다.

1. 한 쌍의 분수 등식에서 빠진 숫자를 채워 쓰는 것이다. 주어진 문제는 다음과 같은 것이다. 학생들은 □ 안에 알맞은 숫자를 찾아 넣어야 한다. 이런 문제의 유형은 다른 분모를 가진 분수의 덧셈, 뺄셈과 같은 문제를 풀 수 있는 결정적인 기술을 포함한다.

$$\frac{3}{5} = \frac{\square}{10}$$

2. (약분하기) 분수를 기약분수로 만들기
분수는 1을 제외한 분자, 분모의 공약수가 없을 때까지 가장 단순화된 형태로 약분될 수 있다.

$$\frac{20}{24} \text{은 } \frac{5}{6} \text{로 약분된다.}$$

3. 대분수를 가분수로 고치기

$$3\frac{1}{2} = \frac{7}{2}$$

가분수를 대분수로 고치기

$$\frac{17}{5} = 3\frac{2}{5}$$

앞의 기능을 수행하기 위한 일반적인 사전 기술은 기초적인 곱셈과 나눗셈에 대한 지식이다. 이와 같은 3가지 유형의 전환 문제를 해결하기 위해 학생들은 곱셈과 나눗셈을 반드시 할 수 있어야 한다. 따라서 분수 다시 쓰기 기술은 4학년 1학기(4학년 초반)까지는 소개되지 않는다.

여기서 소개하는 전략은 분수를 똑같은 형태로 바꾸는 데 필요한 계산 능력을 학습하게 할 뿐 아니라 각각의 전략에서 제공하는 등식의 개념을 이해하게 해 준다. 등식을 이해하지 못하면 학생들은 배운 것을 적용할 수 없다. 예를 들어, 학생이 '분자, 분모가 같을 때 분수의 값은 1과 같다.'는 것을 이해하지 못한다면, 왜 $\frac{3}{4}$이 $\frac{5}{5}$를 곱해서 $\frac{15}{20}$와 같은 값을 갖는지를 이해할 수 없을 것이다. 비록 등식에 대한 개념이 상대적으로 어렵다고 하더라도 전략에서 사용하는 언어는 초등학교 학생들을 대상으로 고안되었기 때문에 비교적 단순하다.

동치 분수 완성하기

동치 분수에 대한 소개는 학생이 동치 분수식에서 빈 칸의 분자가 무엇인지를 결정하는 문제로 시작한다.

$$\frac{3}{4} = \frac{\Box}{12} \qquad \frac{1}{2} = \frac{\Box}{10}$$

기초 전략은 첫 번째의 분수와 같은 값의 분수로 만들 수 있는 분자, 분모에 수가 같은 분수를 곱하는 것이다. 앞에 제시된 첫 번째 문제를 해결하는 과정에서 4에 얼마를 곱해야 분모를 12로 만들 수 있는지를 생각하고 찾아내는 것이다. $\frac{3}{4}$은 $\frac{3}{3}$을 곱해야만 12를 분모로 갖는 동치 분수가 된다.

$$\frac{3}{4} \times \frac{(3)}{(3)} = \frac{9}{12}$$

동치(크기가 같음)는 곱셈의 항등원은 1이기(어떤 수에 1을 곱하면 그 수 자신이 됨)때문에 성립이 된다. $\frac{3}{4}$을 $\frac{3}{3}$으로 곱할 때, 우리는 $\frac{3}{4}$을 1과 동일한 값을 갖는 분수 $\frac{3}{3}$으로 곱하는 것이고, 따라서 $\frac{3}{4}$ 자체의 분수 값은 변하지 않는 것이다.

사전 기술. 등가 문제들을 소개하기 이전에 다음의 몇 가지 사전 기술들이 반드시 완전히 습득되어야 한다. (a) 분자, 분모 용어에 대한 지식 (b) 분수 곱셈하기 (c) 분자, 분모가 같은 값을 갖는 분수를 만드는

기술이다.

분자, 분모에 대한 용어는 보통 2~3학년에서 소개된다. 가르치는 과정도 간단하다. 교사는 학생들에게 분자는 분수에서 윗부분의 숫자이고, 분모는 분수에서 아랫부분의 숫자라고 이야기해 주면 된다. 그 다음 교사는 칠판에 몇몇 분수들을 쓰고 연습할 기회를 제공하고 학생들은 각 분수에서 분자, 분모를 찾아보면 된다. 이 용어를 잊지 않고 헷갈리지 않도록 매일 연습하는 것이 필요하다.

두 분수를 곱하는 것은 보통 3학년에서 배운다. 이 기술을 가르치는 방법은 이 장의 후반부에서 제시할 것이다.

1과 동일한 값을 갖는 분수를 만드는 것은 동치 분수 문제를 제시하기 2주 전쯤 제시되어야 한다. 〈수업 형식 12-7〉은 1과 같은 값을 갖는 분수를 만드는 수업 형식을 제시하고 있다. Part A는 1과 같은 값을 갖는 분수를 만드는 규칙을 소개해 주는 칠판 연습이다. '윗부분의 숫자가 아랫부분의 숫자와 같으면 그 분수는 1과 같다.'는 규칙을 소개한 다음 교사는 그것을 적용하는 예를 제시할 수 있다.

$$1 = \frac{\Box}{4}$$

학생들에게 1과 같은 분수를 만들기 위해서 빠진 분자 부분을 채워야 하는 칠판 연습문제를 한 후 비슷한 유형의 학습지를 제시한다.

수업 형식. 크기가 같은 값의 분수를 도출해 내는 과정이 〈수업 형식 12-8〉에 나와 있다. Part A는 크기가 같은 분수의 개념을 소개하는 과정을 그림으로 보여 주는 것을 포함하고 있다. 교사는 이러한 동치 분수를 처음 정의하고, 전체가 사용되는 동치 분수를 보여 주면서 분수가 서로 같다고 한다. 교사는 두 개의 원을 확실한 형태로 그린 후, 그 각각은 여러 개의 부분으로 나눈다. 같은 분수에 해당하는 것은 칠한다.

교사는 이 분수들이 같은 값이라는 것을 지적한다. 각 원의 같은 부분이 음영 처리(색칠)되었기 때문이다. 똑같은 시범이 다른 분수를 색칠하는 것으로 제시될 수 있다. 각 원은 다른 수로 나뉘어져 있으나 음영 처리된 수는 같다.

교사는 분수가 동일하지 않다고 지적한다. 원에서 음영 처리(색칠)된 부분이 같은 공간을 차지하지 않기 때문이다.

Part B는 매우 결정적인 규칙을 소개하고 있다. 만약 1과 같은 값의 분수를 어떤 분수에 곱하면, 그 답은 처음 분수와 같다. 교사는 학생들에게 법칙을 설명한다. 그리고 법칙이 적용되는 일련의 문제들을 보여 준다. 이러한 문제에서 원 분수에 1과 같은 값의 분수가 곱해지기도 하고, 어떤 경우는 원 분수에 1과 같지 않은 분수가 곱해지기도 한다. 학생들은 답이 원 분수와 곱해진 분수가 같은지 같지 않은지 말한다.

Part C는 교사가 다음 문제와 같은 동치 분수 문제를 푸는 전략을 가르치는 구조화된 칠판 수업이다.

$$\frac{3}{4} = \frac{\square}{20}$$

교사는 등호(=)는 두 분수가 같다는 것을 말해 준다고 설명한다. 학생이 할 일은 두 번째 분수에서 빠진 분자를 찾는 것이다.

교사는 첫 번째 분수 옆에 괄호를 쓴다.

$$\frac{3}{4}\left(\ \right) = \frac{\square}{20}$$

교사는 학생들이 1과 같은 값의 분수를 반드시 곱해야 하며, 이것은 괄호 안에 있어야 한다고 설명한다. 괄호는 곱셈을 의미한다. 교사는 없어진 숫자를 곱셈 전략을 사용하며 어떻게 괄호 안에 쓰일 분모를 구해

야 하는지를 보여 주어야 한다. 이 문제에서 교사는 "4에 무엇을 곱하면 20이 될까요?"라고 묻는다.

답은 5이며, 괄호 안의 분모 자리에 쓴다.

$$\frac{3}{4}\left(\frac{\square}{5}\right) = \frac{\square}{20}$$

교사는 괄호 안의 분수의 값이 반드시 1이 되어야 하므로 분자는 분모와 같아야 한다고 말해 준다. 같은 값의 분수의 지워진 숫자는 첫 번째 분수에 일정 수를 곱함으로써 정해질 수 있다.

$$\frac{3}{4}\left(\frac{5}{5}\right) = \frac{15}{20}$$

예 선정. 이 수업 형식에는 예 선정에 대한 세 가지 지침이 있다. 첫 번째, 분수의 분모는 어떤 수가 이것에 곱해져서 두 번째 분수의 분모로 표현될 수 있는 숫자여야 한다. 따라서 다음 문제는 적절하지 못하다.

$$\frac{2}{3} = \frac{\square}{5} \quad \frac{4}{5} = \frac{\square}{8} \quad \frac{2}{3} = \frac{\square}{7}$$

반면, 다음과 같은 문제는 적절하다.

$$\frac{2}{3} = \frac{\square}{6} \quad \frac{4}{5} = \frac{\square}{10} \quad \frac{2}{3} = \frac{\square}{9}$$

두 번째, 문제에서 괄호 안에 들어가는 숫자는 다양해야 한다. 예를 들어, 두 번째 분수에서 분자와 분모는 첫 번째 분수보다 4배 크다.

$$\frac{3}{5} = \frac{\square}{20}$$

다음은 2배 크다.

$$\frac{5}{6} = \frac{\square}{12}$$

다음은 5배 크다.

$$\frac{2}{3} = \frac{\square}{15}$$

세 번째, 모든 문제는 곱셈이 요구되어야 한다. 이 말

은 완성하게 될 분수에 있는 숫자들은 제시된 첫 번째 분수에 있는 숫자보다 커야 한다는 것이다.

분수의 약분

분수의 약분을 가르치는 데 두 가지 단계를 추천한다. 4학년 후반기에 도입되는 첫 번째 단계에서 최대공약수(Greatest Common Factor: GCF) 전략을 가르친다. 이 전략에서 학생들은 분자, 분모의 최대공약수를 구함으로써 약분을 하게 된다. 예를 들어, $\frac{9}{15}$는 9와 15의 최대공약수인 3으로 약분된다. 3으로 나눌 경우 $\frac{9}{15}$는 $\frac{3}{5}$이 된다.

최대공약수 전략은 $\frac{18}{27}$, $\frac{30}{35}$, $\frac{8}{16}$과 같은 수에서 최대공약수를 도출하는 데 상당히 유용하게 쓰인다. 4학년과 5학년 초반기의 약분과 관련된 문제들은 최대공약수 전략을 활용하여 기약분수로 나타낼 수 있다. 두 번째 단계에서 학생들은 최대공약수를 찾기 어려운 문제로 분수의 약분을 배운다.

사전 기술. 두 수의 최대공약수 찾기를 가르치는 것은 분수 약분에 중요한 사전 기술이다. 두 수의 최대공약수는 두 수를 나눌 수 있는 최대의 자연수다. 예를 들면, 12와 18의 최대공약수는 6이다. 6에 자연수를 곱해서 12와 18을 만들 수 있다.

〈표 12-1〉 1부터 50까지의 약수

숫자	약수* (자신의 숫자와 1이 아닌 것)†		
4-	2, 2	28-	14, 2; 7, 4
6-	3, 2	30-	15, 2; 10, 3; 6, 5
8-	4, 2	32-	16, 2; 8, 4
9-	3, 3	33-	11, 3
10-	5, 2	34-	17, 2
12-	6, 2; 3, 4	35-	7, 5
14-	7, 2	36-	18, 2; 9, 4; 6, 6
15-	5, 3	38-	19, 2
16-	4, 4; 8, 2	39-	13, 3
18-	6, 3; 9, 2	40-	20, 2; 10, 4; 8, 5
20-	10, 2; 5, 4	42-	21, 2; 14, 3; 7, 6
21-	3, 7	44-	22, 2; 11, 4
22-	11, 2	45-	15, 3; 9, 5
24-	12, 2; 8, 3; 6, 4	46-	23, 2
25-	5, 5	48-	24, 2; 12, 4; 8, 6
26-	13, 2	49-	7, 7
27-	9, 3	50-	25, 2; 10, 5

* 약수는 쌍으로 목록화하였다.
† 목록에 없는 숫자는 자신의 숫자와 1만 약수가 된다.

두 수의 최대공약수 찾기를 가르치는 첫 번째 단계는 주어진 수의 약수를 모두 찾는 것이다. 예를 들어, 12의 약수는 1, 2, 3, 4, 6, 12이고, 그 수들은 다른 자연수와 곱해서 12가 된다. 〈표 12-1〉은 1~50의 약수를 나타낸다. 일단 한 수의 약수를 찾으면 최대공약수를 찾는 것은 쉽다.

〈수업 형식 12-9〉는 학생들에게 약수를 찾는 것을 가르치기 위한 수업이다. Part A에서는 함께 곱해질 수 있는 숫자인 약수라는 용어를 도입한다. Part B에서는 목표 수의 모든 약수를 찾기 위한 전략을 제시한다. 교사는 칠판에 목표 수를 적고 그 옆에 각각의 약수를 적기 위한 공간을 남긴다. 15를 예로 들면, 4개의 수(1, 3, 5, 15)를 약수로 갖고 있기 때문에 15를 적고 그 옆에 4개의 빈칸을 만든다. 교사는 항상 목표 수를 가지고 도입한다. "15는 15의 약수인가요?" 그러고 나서 교사는 약수에 몇 배를 해야 목표 수가 되는지 확인하는 것을 통해 다른 약수를 찾을 수 있다는 것을 강조한다. 예를 들어, 15가 15의 약수임을 도출하고 나서 "15에 어떤 수를 곱하면 15가 되나요?"라고 묻는다. 답은 "1은 15의 약수가 되고, 15와 짝이 됩니다."이다. 교사는 첫 번째 공간에 15를, 마지막 공간에 1을 쓴다.

그런 후에 교사는 10부터 시작해서 9, 8, 7처럼 내려가는 다른 수에 대해서 묻는다. "10을 곱해서 15를 만들 수 있나요? 아니요. 그럼 10은 15의 약수가 아니군요." 그리고 목표 수에 도달하면 '그만(stop)'이라고 말하도록 가르친다. 학생들이 목표 수의 또 다른 약수를 찾으면, 그 약수와 짝이 되는 다른 약수를 찾도록 유도한다. 15가 목표 수라면 5를 말할 때 학생들은 '그만'이라고 말한다. 교사는 "5에 무엇을 곱해야 15가 되나요?"라고 묻고, 학생들은 3이라고 대답한다. 교사는 5와 3이 둘 다 15의 약수임을 강조한다. 목표 수가 20을 초과해서 도입될 때, 교사는 더 큰 숫자에 대한 답을 시범 보인다. 즉, 교사는 목표 수의 약수인 두 숫자를 학생들에게 말한다. 예를 들어, 28을 도입할 때 14와 2를 곱해서 28을 만들 수 있음을 말한다.

Part C는 학습지 연습이다. 목표 수는 각각의 약수를 위한 공간과 함께 학습지에 쓰인다. 예를 들어, 목표 수가 7일 경우, 오직 두 공간이 쓰일 수 있다. 1과 7만이 7의 약수이기 때문이다. 12라는 숫자라면 6개 공간이 쓰일 수 있다. 12, 1, 6, 2, 4와 3이 12의 약수이기 때문이다. 학생들은 가장 큰 약수부터 시작해서 약수를 채우게 된다.

이 수업 형식의 목표는 학생들이 수의 모든 가능한 약수를 말할 수 있는 유창성을 발달시키는 것이다. 새로운 목표 수를 도입하기 위한 체계적인 계획과 목표 수를 복습하는 것이 이루어져야 한다. 1개 혹은 2개의 새로운 목표 수가 매일 도입될 수 있다(〈표 12-2〉는 목표 수를 도입하는 순서를 제시한다). 수업 형식의 Part A는 목표 수의 첫 번째 짝을 가지고 사용된다. 새로운 수는 Part B에서 칠판 수업을 통해 소개된다. Part C의 학습지 연습은 몇 번의 수업 후에 개별적으로 행해질 수 있다. 목표 수가 도입되고 나서 몇 주 동안 매일의 학습지를 통해 연습이 이루어져야 한다. 이 연습은 유창성을 발달시키는 데 매우 중요하다.

최대공약수를 위한 수업 형식. 최대공약수 수업 형식(〈수업 형식 12-10〉 참조)은 학생들이 20 이하의 어떤 목표 수의 약수를 찾을 수 있을 때 도입된다. 수업 형식은 비교적 간단하다. 교사는 두 목표 수의 공통된 약수에서 가장 큰 수를 최대공약수로 정의한다. 그리고 나서 교사는 학생들이 최대공약수를 찾도록 유도

〈표 12-2〉 목표 수와 약수 도입 순서

날	이 수의 약수가 도입됨	날	이 수의 약수가 도입됨
1일	12, 7	16일	27, 29
2일	10, 3	17일	28
3일	16, 5	18일	30, 31
4일	8, 13	19일	32, 33
5일	4, 6, 9	20일	34, 37
6일	2, 17	21일	35, 39
7일	12, 19	22일	36, 41
8일	14, 23	23일	38, 43
9일	15	24일	40, 47
10일	18	25일	42
11일	20	26일	44
12일	21	27일	45
13일	22	28일	46
14일	24	29일	48
15일	25, 26	30일	49
		31일	50

한다. 첫 번째, 교사는 학생들에게 더 작은 목표 수의 가장 큰 약수가 무엇인지와 그 약수가 다른 목표 수의 약수인지 아닌지 묻는다. 예를 들어, 8과 20이 목표 수이면 8의 가장 큰 약수가 무엇인지 질문한다. 학생들은 "8이 8의 가장 큰 약수입니다."라고 대답한다. 그리고 나서 교사는 묻는다. "8이 20의 약수입니까?" 대답이 "아니요."이기 때문에 교사는 학생들에게 8 다음으로 큰 약수가 무엇인지 말하도록 요구한다. "8 다음 큰 약수는 무엇입니까?" 학생들이 4라고 대답한 후에 교사는 이렇게 말할 수 있다. "4는 20의 약수입니까? … 그러므로, 4는 8과 20의 최대공약수입니다."

수업 형식을 제시하고 약 5일 후에 교사는 학생들에게 독립적으로 연습할 학습지를 준다. 학습지는 매일 학생들이 두 목표 수의 최대공약수를 찾는 8~12개 문제를 포함한다. 독립적인 연습문제에서 보이는 공

통된 오류는 두 목표 수의 최대 공약수가 아닌 공약수를 쓰는 것이다. 예를 들어, 12와 18의 최대공약수로서 3을 쓰는 것이다. 교정은 학생들에게 더 큰 공약수를 찾을 수 있다고 말해 주는 것이다.

예 선정에 대한 지침은 꽤 중요하다. 두 목표 수 중 작은 목표 수가 최대공약수가 되는 문제가 반 정도 있어야 한다(예, 6, 18; 4, 8; 2, 10; 5, 20). 만약 이와 같은 예가 포함되지 않는다면 학생들은 작은 목표 수는 결코 최대공약수가 되지 않는다는 잘못된 규칙을 발달시킬지도 모른다. 이것은 8과 24의 최대공약수로서 학생들이 8보다 4를 좀 더 답으로 생각하기 쉬운 오류를 초래한다. 예는 학생들이 약수를 찾는 것을 배우는 수 범위로 제한되어야만 한다. 초기에는 두 목표 수 모두 20 이하의 수여야 한다. 학생들이 더 큰 숫자에 대한 약수를 결정하는 것을 배움에 따라 더 큰 숫자가 포함될 수도 있다. 4와 7이나 6과 11처럼 1이 최대공약수인 예도 약간 포함되어야만 한다. 이것은 학생들에게 약분될 수 없는 분수를 인식하게 한다(예, $\frac{4}{7}$, $\frac{6}{11}$).

분수를 약분하기 위한 수업 형식. 분수 약분을 위한 수업 형식은 학생들이 20 이하의 어떤 두 목표 수의 최대공약수를 구할 수 있을 때 도입된다(〈수업 형식 12-11〉 참조). 수업 형식은 세 부분을 포함한다. Part A는 교사가 분수를 약분하는 전략을 칠판에 연습문제로 제시하는 것이다. 교사는 그 옆에 등호(같다는 신호)와 함께 칠판에 분수를 쓴다. 등호 옆에 괄호와 약분된 분수에 대한 분수선을 제시한다.

$$\frac{12}{16} = (\quad) --$$

두 목표 수의 최대공약수를 분자, 분모로 한 분수를 괄호 안에 쓴다. 예를 들어, 12와 16의 최대공약수는 4다. 그러므로 괄호 안의 분수는 1과 같은 $\frac{4}{4}$가 될 수 있다. 그리고 나서 교사는 묻는다. "12는 4 곱하기 몇인가요?" 대답은 약분된 분수의 분자인 3이다. 그러고 나서 묻는다. "16은 4 곱하기 몇인가요?" 대답은

약분된 분수의 분모인 4다. 1을 곱하는 것은 분수의 값을 변화시키지 않기 때문에 $\frac{4}{4}$는 지워질 수 있다. 1과 같은 분수를 지우면 약분된 분수가 된다.

$$\frac{12}{16} = \left(\frac{\cancel{4}}{\cancel{4}}\right)\frac{3}{4}$$

Part B는 분수의 분모와 분자의 최대공약수를 교사가 먼저 질문하는 구조화된 학습지 연습이다. $\frac{10}{15}$에서 최대공약수는 5다. 그리고 나서 교사는 학생들에게 괄호 안에 1에 상응하는 분수를 쓰도록 가르친다. 예를 들어, $\frac{10}{15}$에 대한 괄호 안에 써야 하는 분수는 $\frac{5}{5}$이다. 그리고 나서 교사는 학생들에게 최종 분수에서 공약수 부분을 빼도록 하면 그것이 약분된 분수다.

$$\frac{10}{15} = \left(\frac{5}{5}\right)\frac{2}{3}$$

분수를 약분하는 세 가지 예 선정에 대한 지침이 있다. 첫 번째, 학생들이 약수를 찾을 때는 배운 수여야 한다. 우선 분모와 분자는 모두 25 이하의 수여야 한다. 학생들이 더 큰 수에 대한 약수를 찾는 것을 배우면서 더 큰 수에 대한 분수가 포함될 수 있다.

두 번째, 분수의 $\frac{1}{3}$은 분자가 최대공약수인 것이어야 한다. 예를 들어, $\frac{4}{12}$, $\frac{8}{16}$, $\frac{5}{20}$ 분수에서 분자가 최대공약수다. 세 번째, 분수의 약 $\frac{1}{3}$은 기약분수여야 한다(예, $\frac{4}{7}$, $\frac{3}{5}$, $\frac{6}{11}$). 몇몇의 기약분수를 포함하는 것은 학생들에게 모든 분수가 약분될 수 있는 것은 아니라는 것을 보여 준다. 예는 다음과 같다.

a. $\frac{12}{15}$ b. $\frac{4}{8}$ c. $\frac{5}{7}$ d. $\frac{8}{12}$ e. $\frac{3}{5}$

f. $\frac{5}{15}$ g. $\frac{4}{12}$ h. $\frac{6}{9}$ i. $\frac{9}{11}$

b, f, g는 분모와 분자 중 더 작은 수가 더 큰 수의 약수인 분수다. c, e, i는 기약분수이기 때문에 더 이상 약분될 수 없다.

더 큰 수를 갖고 있는 분수 약분하기. 최대공약수를 사용하여 분수를 약분하는 연습을 몇 주 한 후에

학생들에게 연속하여 공약수를 찾는 개념을 도입한다. 최대공약수를 찾기 어려울 때, 학생들은 분수를 연속하여 약분하여 기약분수로 나타낼 수 있다. 예는 다음과 같다.

a. $\frac{45}{75} = \left(\frac{5}{5}\right)\frac{9}{15} = \left(\frac{3}{3}\right)\frac{3}{5} = \frac{3}{5}$

b. $\frac{24}{72} = \left(\frac{2}{2}\right)\frac{12}{36} = \left(\frac{6}{6}\right)\frac{2}{6} = \left(\frac{2}{2}\right)\frac{1}{3} = \frac{1}{3}$

이 전략은 큰 수로 된 문제에 유용하다. 교사는 학생들에게 일련의 문제를 통해 지도하고 학생들이 사용할 수 있는 단서를 지적해 준다(예, 만약 분자와 분모가 모두 짝수라면, 분수는 여전히 약분될 수 있다. 만약 분자와 분모가 모두 5나 0으로 끝난다면, 분수는 여전히 약분될 수 있다). 교사는 학생들에게 기약분수로 약분되었는지 아닌지 결정하는 답을 점검하는 연습문제를 제시한다. 교사는 다음에 제시된 것과 비슷한 문제들과 기약분수로 약분되지 않는 분수를 포함한 학습지를 학생들에게 준다. 학생들은 더 약분될 수 있는 분수들을 찾고 약분한다.

a. $\frac{64}{72} = \left(\frac{4}{4}\right)\frac{16}{18} =$　　d. $\frac{65}{85} = \left(\frac{5}{5}\right)\frac{13}{15} =$

b. $\frac{45}{75} = \left(\frac{5}{5}\right)\frac{9}{15} =$　　e. $\frac{48}{64} = \left(\frac{2}{2}\right)\frac{24}{32} =$

c. $\frac{21}{30} = \left(\frac{3}{3}\right)\frac{7}{10} =$　　f. $\frac{56}{84} = \left(\frac{2}{2}\right)\frac{28}{42} =$

대분수와 가분수 전환하기

가분수(분자가 분모보다 큰 분수)는 1보다 큰 값을 갖는다. 가분수는 분자를 분모로 나눈 몫을 자연수로 하는 대분수로 전환될 수 있다. 예를 들면, $\frac{13}{5}$ 을 대분수로 고치기 위해서 13을 5로 나누면, 몫이 2이고, 나머지는 3이 된다. 나머지는 $\frac{3}{5}$ 과 같은 분수로 표현되며 가분수 $\frac{13}{5}$ 은 자연수와 분수의 혼합 형태인 대분수 $2\frac{3}{5}$ 으로 전환될 수 있다.

대분수를 가분수로 바꾸는 방법은 나누기 대신 곱하기를 하는 역의 과정이 성립한다. 학생들은 우선 분수 앞 자연수를 분모의 수로 곱해 주고 그것을 분수로 나타낸다.

$6 = \frac{}{4}$ 을 학생들은 $\frac{24}{4}$ 로 쓴다.

자연수와 분모를 곱한 후, 분자를 더해 가분수를 만든다.

$$3\frac{1}{2} = \frac{6+1}{2} = \frac{7}{2}$$

'수업 순서와 평가 차트'에서 가분수를 대분수로 바꾸는 것은 4학년 초에 가르쳐야 한다고 언급하였다. 학생들이 분수의 덧셈이나 분수의 곱셈을 한 후 그들의 답을 다시 쓸 수 있을 때 이 기술의 적용이 가능하다. 대분수를 가분수로 바꾸는 것은 수개월이 지난 다음 제시되어야 한다. 이 두 가지의 전환 기술(가분수 → 대분수, 대분수 → 가분수)을 가르치는 데 시간을 두는 것은 두 가지 작업을 할 때 학생들의 혼돈을 줄여 주기 위해서이다. 가분수와 대분수의 상호 전환은 학생들의 자연수와 부분으로서의 분수에 대한 완전한 이해를 필요로 하는 기능이다. 따라서 학생들은 이전에 언급한 분수의 분석적인 모든 기능에 대해 완전히 익숙해져 있어야 할 것이다.

가분수를 대분수로 전환하기. 가분수를 대분수로 고치는 수업 형식은 〈수업 형식 12-12〉에 나타나 있다. Part A는 어떻게 가분수에서 몇 개의 자연수를 추출해 낼 수 있는지를 도식적으로 보여 주고 있다.

Part B는 구조화된 칠판 수업으로 교사가 분자를 분모로 나누는 방법을 보여 준다. 나머지를 어떻게 분수로 표현하는지는 특별히 강조한다. 교사는 대분수에서의 분모는 원래 가분수에서의 분모와 같아야 함을 설명해야 한다.

Part C는 구조화된 학습지를 활용하는 연습이다. 자연수 부분과 분수 부분 사이를 나누는 표시는 사전에 촉진 자극으로 학습지에 쓰여 있어야 한다.

$$\frac{11}{4} = \overset{\square\frac{\square}{\square}}{\sqrt{}}$$

학생들이 분수를 보고 1보다 큰지 같은지 작은지를 판단하도록 가르치는 것으로 시작한다. 만약 분수가 1보다 작다면 학생들은 분수를 그대로 두는 것으로 배운다. 만약 분수가 1과 같다면 학생들은 =1이라고 쓰면 된다. 만약 분수가 1보다 크다면 학생들은 분자를 분모로 나누고 답을 대분수의 형태로 쓰도록 지도받는다.

Part D는 덜 구조화된 학습지 연습인데, 학생들은 가분수를 대분수로 고치되 최소한으로 교사의 촉진을 제공받는다. 교사들은 학생들이 자연수 부분과 분수 부분의 답을 깔끔하게 쓰도록 강조해야 할 것이다. 교사들은 학생들이 분수에 써야 하는 분자를 자연수 자리에 쓰는 오류를 범하지 않는지를 관찰해야 한다.

$$5\overline{)17} \quad \frac{32/5}{}$$

예들은 식별하는 것을 적절히 연습할 수 있도록 잘 선택되어 제시되어야 한다. 첫째, 문제가 섞여 있어야 한다. 절반 정도의 분수는 대분수로 전환될 수 있는 것이어야 한다. $\frac{1}{4}$ 정도는 자연수로 단순히 전환되는 문제여야 한다(예, $\frac{6}{3}$, $\frac{16}{4}$, $\frac{10}{5}$). 마지막으로, $\frac{1}{4}$ 정도는 진분수가 포함되어야 한다. 진분수를 학습지에 포함시킴으로써 학생들은 모든 분수를 대분수로 고치는 실수를 하지 않을 것이다(오류의 예, $\frac{3}{4} = 1\frac{1}{4}$).

여러 주에 걸쳐 가분수를 대분수로 고치는 연습을 하고 기약분수로 약분하기를 한 다음, 학생들은 문제를 받아 처음에는 가분수를 대분수로 고치고 약분하는 것까지 할 수 있어야 한다. 이런 연습에 특별한 형식이 요구되지는 않는다. 교사는 다음과 유사한 지시가 있는 학습지를 학생에게 제공한다. "1 이상이 되는 분수는 대분수로 바꾸고, 약분하세요." 문제의 예에는 진분수와 가분수가 섞여 있어야 하며 그중 몇몇은 약분될 수 있어야 하고, 어떤 것은 기약분수로 되어 있어야 한다. 문제에는 다음과 같은 분수들이 포함될 수 있다.

$$\frac{16}{12} \quad \frac{6}{8} \quad \frac{9}{7} \quad \frac{14}{6} \quad \frac{5}{7}$$

$$\frac{8}{24} \quad \frac{20}{8} \quad \frac{9}{12} \quad \frac{24}{10}$$

이런 유형의 연습이 유창성을 발달시키기 위해 몇달 동안 지속되어야 한다.

대분수를 가분수로 전환하기. 대분수를 가분수로 전환하는 방법은 〈수업 형식 12-13〉에 제시되어 있다. 이 방법은 세 부분을 포함한다. Part A는 정수에 분모를 곱함으로써 가분수로 바꾸는 것에 대한 요소 기술을 가르친다.

$$6 = \frac{\quad}{4} \text{에서,}$$

학생들은 6×4를 한다.

이 요소 기술은 매우 중요하기 때문에 칠판과 학습지로 모두 가르쳐야 한다.

Part B는 구조화된 칠판 수업으로 대분수를 가분수로 전환하는 기술을 가르친다. 첫째, 학생들은 정수와 같은 값을 가진 분수를 찾는다. 그리고 대분수의 분자 부분을 더한다. 예를 들어, $6\frac{3}{4}$를 보면 학생들은 6과 4를 곱하고 답을 구하기 위해 3을 더한다.

$$6\frac{3}{4} = \frac{24+3}{4} = \frac{27}{4}$$

교사는 학생들에게 계산의 목적을 제대로 이해시키기 위하여 가분수나 대분수를 표현하는 다이어그램을 그려 보는 문제를 여러 개 풀어 보게 해야 할 것이다.

연산 – 분수의 덧셈과 뺄셈

분수의 덧셈과 뺄셈에는 세 가지 유형이 있다. 첫째 유형은 분모가 같은 분수들의 덧셈과 뺄셈이다.

$$\frac{3}{8} + \frac{1}{8} + \frac{2}{8} = \frac{\square}{\square} \qquad \frac{7}{9} - \frac{3}{9} = \frac{\square}{\square}$$

이 유형의 문제는 초기에 제시될 수 있다. 문제를 풀이하는 데 사전 기술이 비교적 거의 필요 없기 때문이다. 학생들은 이런 문제를 풀려면 단지 분자를 합치고 분모는 그대로 두면 된다는 것을 배운다.

$$\frac{2}{5} + \frac{1}{5} = \frac{3}{5} \qquad \frac{7}{9} - \frac{3}{9} = \frac{4}{9}$$

두 번째 유형은 분모가 서로 다른 문제다. 이런 문제들은 제한적이지만 최소공배수를 분모로 하는 것을 이용하면 계산하기가 비교적 쉽다. 이런 유형의 문제들은 보통 4학년 정도에 제시된다. 이 문제를 풀기 위한 전략으로 최소공배수를 계산하여 각각의 분수를 분모가 같은 분수로 고쳐 쓰는 것이 필요하다. 그런 후에 문제를 푼다.

$$\frac{5}{6} \text{ 는 } \quad \frac{5}{6}\left(\frac{2}{2}\right) = \frac{10}{12} \text{ 이 된다.} \qquad \frac{10}{12}$$

$$\frac{3}{4} \qquad \frac{3}{4}\left(\frac{3}{3}\right) = \frac{9}{12} \qquad\qquad -\frac{9}{12}$$

$$\frac{1}{12}$$

세 번째 유형은 최소공배수를 계산하기 어려운 경우의 문제다. 이런 문제들은 대개 비교적 큰 숫자의 최소공배수를 갖고 있다. 예를 들어, $\frac{5}{13} + \frac{3}{18}$ 문제의 경우, 최소공배수를 갖는 분모는 234다. 이 문제를 풀기 위해 인수분해를 하는 전략을 배워야 한다. 이 전략을 가르치는 순서에 대한 논의가 여러 장에 걸쳐 있고, 이런 문제의 유형은 중학교 과정에도 제시되지 않으므로 여기서는 포함시키지 않는다.

같은 분모를 가진 분수

같은 분모를 가진 분수의 덧셈과 뺄셈은 비교적 간단한 연산으로, 분수 해석 기술을 배운 다음에 제시될 수 있고 때로는 2~3학년에서도 제시될 수 있다. 같은 분모를 가진 분수들을 더하고 빼기 위해서 학생들에게 가르치는 수업 형식은 〈수업 형식 12-14〉에 나와 있다. Part A는 교사가 분수의 덧셈을 설명하는 그림이다. Part B에서 교사는 같은 분모를 갖고 있는 분수를 더하고 빼는 규칙을 보여 준다.

Part C와 D는 구조화되거나 덜 구조화된 학습지 연습으로, 분수의 덧셈과 뺄셈 문제들을 연습하는 학습지다. 문제 중 절반은 같은 분모를 가진 분수들을 제시해야 한다.

$$\frac{3}{4} - \frac{1}{4} \qquad \frac{4}{7} + \frac{2}{7}$$

그리고 나머지 절반은 다른 분모를 갖고 있는 분수들을 제시한다.

$$\frac{3}{4} - \frac{1}{3} \qquad \frac{5}{7} + \frac{2}{3}$$

학생들은 분모가 다른 문제를 선을 그어 지우는 것을 배우고 분모가 같은 문제 푸는 것을 배운다. 분모가 다른 문제들은 학생들이 분모를 무시함으로써 범하는 실수를 방지하기 위해 포함 되었다.

1주 혹은 2주의 수업 동안에 분수의 덧셈과 뺄셈 문제는 가로로 쓰여야 한다. 가로로 적혀 있는 문제를 풀 수 있어야 세로로 적힌 문제도 지도할 수 있다.

$$\frac{3}{4} \qquad \frac{4}{8} \qquad \frac{5}{7}$$

$$-\frac{1}{4} \qquad +\frac{3}{8} \qquad +\frac{2}{3}$$

교사는 칠판과 구조화된 학습지 연습에 세로로 적힌 문제를 소개한다. 학생들이 가로로 정렬된 문제를 풀 수 있다고 해서 세로로 정렬된 문제도 풀 수 있을 것이라고 추측해서는 안 된다.

대분수 문제

같은 분모를 가진 대분수의 덧셈과 뺄셈은 다음과 같다.

$$3\frac{2}{5} - 1\frac{1}{5}$$

학생들이 대분수를 읽고 쓸 수 있으며 같은 분모를 가진 분수의 덧셈과 뺄셈을 할 수 있을 때 제시될 수

〈요약 12-1〉 다른 분모를 가진 분수 문제 단계

1. $\frac{3}{4} + \frac{1}{6}$ — 학생들이 문제를 읽고, "분모가 같지 않아서 문제를 풀 수 없어요."라고 말한다.

2. $\frac{3}{4} + \frac{1}{6}$ — 학생들은 4와 6의 최소공배수가 12라고 알아낸다. 따라서 12는 가장 작은 공통분모가 된다. 두 분수는 분모를 12로 다시 써야 한다.

3. $\frac{3}{4}\left(\frac{3}{3}\right) + \frac{1}{6}\left(\frac{2}{2}\right)$ — 학생들은 각각 분수를 똑같이 12가 되도록 곱해진 분수로 바꾼다.

4. $\frac{3}{4}\left(\frac{3}{3}\right) + \frac{1}{6}\left(\frac{2}{2}\right) = \frac{9}{12}\ \frac{2}{12}$ — 학생들은 분모를 다시 쓰며 분모는 모두 12다.

5. $\frac{3}{4}\left(\frac{3}{3}\right) + \frac{1}{6}\left(\frac{2}{2}\right) = \frac{9}{12}\ \frac{2}{12} = \frac{11}{12}$ — 학생들은 분모가 같은 분수로 문제를 푼다.

있다. 교수 절차는 비교적 간단하다. 즉, 학생들은 먼저 문제의 분수 부분을 계산한다. 그런 다음, 문제의 정수 부분을 계산한다. 가로나 세로로 정렬된 문제 둘 다 제시할 수 있다.

다른 분모를 가진 분수

다른 분모를 가진 분수를 더하고 빼는 것은 보통 4학년 때 소개된다. 다른 분모를 가진 분수 문제를 해결하는 전략은 〈요약 12-1〉에 제시되어 있다. 다양한 요소 기술을 통합하는 것을 유의하라.

사전 기술.　다른 분모를 가진 분수의 덧셈과 뺄셈의 방법을 소개하기 전에 두 가지의 사전 기술을 습득시켜야 한다. (a) 두 수의 최소공배수 찾기 (b) 최소공배수로 분수를 고쳐 쓰기(〈수업 형식 12-8〉참조)다.

두 수의 최소공배수는 두 수 모두를 인수로 갖고 있는 수 중 가장 작은 수다. 예를 들어, 6과 8의 최소공배수는 24다. 24는 6과 8 둘 다를 인수로 가지는 숫자 중에 가장 작은 수이기 때문이다. 마찬가지로, 6과 9의 최소공배수는 18이다. 18은 6과 9 모두를 인수로 가지는 가장 작은 숫자이기 때문이다.

〈수업 형식 12-15〉는 학생들에게 두 수의 최소공배수를 구하는 방법을 보여 준다. 이 방법은 학생들이 두 개부터 아홉 개까지 뛰어 세기를 할 수 있다고 가정한다. 교사는 최소공배수를 소개하기 약 2달 전부터 뛰어 세기에 대한 복습을 시작해야 한다(뛰어 세기 지도는 제4장 참조). 기본적인 곱셈을 알고 있는 학생들은 배수를 배우는 데 거의 문제가 없을 것이다.

이 전략은 학생들에게 각 목표가 되는 숫자들을 연속으로 뛰어 세도록 하고, 그중에서 공통되는 가장 작은 수를 선택하게 한다. 이 전략은 목표 수를 작은 수로 하여 예를 드는 것이 더 뚜렷하여 효과적이다. 좀 더 복잡한 전략은 학생들이 뛰어 세기를 할 수 없는 큰 숫자의 최소공배수를 찾도록 가르치는 것이다. 이 전략은 인수분해를 하는 전략으로, 이 책에서는 다루지 않는다.

이 수업 형식에는 두 부분이 포함되어 있다. Part A에서 교사는 칠판에 학생들이 시각적으로 최소공배수를 찾을 수 있도록 두 수의 배수들을 적는다. 교사는 또한 곱에 대한 용어를 설명한다. Part B는 학습지 수업으로 다양한 숫자들로 최소공배수를 찾는 방법을 교사가 시범을 보인 다음, 학생들이 자신의 학습지를 완성하도록 하고 교사는 모니터링한다. 학습지로 최소공배수를 매일 연습해야 하며, 몇 주간 지속되어야 한다.

최소공배수를 구하는 방법을 위해 예 선정에 대한

두 가지 지침이 있다. 첫째, 문제의 약 반은 더 큰 수가 작은 수의 배수여야 한다. 3과 12를 보면 12는 3의 배수다. 12와 3의 최소공배수는 12다. 이와 마찬가지로 2와 8의 최소공배수는 8이다.

두 번째 지침은 나머지 절반의 경우에 속하는 문제들에 대한 것으로, 더 큰 수가 작은 수의 배수가 아닌 경우다. 이런 문제에서 숫자는 모두 10 이하이어야 한다.

수업 형식. 분모가 다른 분수의 덧셈과 뺄셈을 하는 방법은 〈수업 형식 12-16〉에 제시되어 있다. 이 방법은 세 부분으로 나뉜다. Part A는 구조화된 칠판 수업으로, 교사가 칠판에 문제를 쓰고 학생들에게 분수를 더한다면(혹은 뺀다면) 하고 질문하는 것으로 시작한다. 분모가 같지 않아서 더할 수 없다(혹은 뺄 수 없다)는 것을 학생들이 알게 된 후, 교사는 학생들에게 두 분수를 같은 분모를 가진 분수로 바꿔서 문제를 해결할 수 있다고 말해 준다. 그런 다음, 문제 풀이 전략을 설명한다. 즉, 두 분모의 최소공배수를 찾아서 각각의 분수에 최소공배수로 만들기 위한 값 1의 분수를 곱하여 분수를 다시 쓴다. 그런 후 다시 쓰인 분수를 더한다(혹은 뺀다).

Part B와 Part C에서는 구조화된 학습지와 덜 구조화된 학습지 연습을 제공하는데, 교사는 문제를 풀면서 학생을 가르친다. 〈수업 형식 12-16〉에는 둘 다 고쳐야 하는 분수의 문제가 포함되어 있다. 대부분의 문제는 분수 하나만 고쳐 쓰면 되지만(예, $\frac{3}{4}+\frac{1}{8}$에서 $\frac{3}{4}$만 $\frac{6}{8}$으로 고쳐 쓰면 된다), 이런 유형의 문제를 처음 제시할 때는 고쳐 쓰지 않은 분수 옆에 $\frac{1}{1}$ 분수를 꼭 쓰도록 가르쳐야 한다.

$$\frac{3}{4}\left(\frac{2}{2}\right) + \frac{5}{8}\left(\frac{1}{1}\right)$$
$$\quad 8 \qquad\qquad 8$$

몇 주 후에 고쳐 쓴 분수의 분모가 같아졌다면, 교사는 이 분수에 더 이상 해야 할 것은 없다고 설명할 수 있다.

예 선정에 대한 지침 두 가지가 있다. 첫 번째는 문제를 쓰는 방식에 주의한다. 처음 2주 동안 문제는 모두 가로로 써야 한다. 학생들이 가로로 쓰인 문제를 풀 수 있을 때 비로소 세로로 정렬된 문제를 소개한다.

두 번째 지침은 문제의 다양성에 주의한다. 문제의 절반은 더 큰 분모가 작은 분모의 배수인 경우다. 예를 들면 다음과 같다.

$$\frac{3}{5} + \frac{2}{10}$$

이 문제의 경우, 더 큰 분모 10은 작은 분모 5의 배수다. 나머지 절반의 문제는 분모가 한 자릿수인 경우다.

$$\frac{3}{5} + \frac{2}{3} \qquad \frac{3}{4} + \frac{2}{5} \qquad \frac{5}{6} - \frac{1}{4}$$

같은 분모를 가진 분수들의 여러 덧셈과 뺄셈의 문제들 역시 포함시켜야 한다. 문제 예는 다음과 같다. 문제 c와 f는 같은 분모를 갖고 있다. 문제 b, e, g는 분모 둘 중 보다 작은 분모가 더 큰 분모의 인수 중 하나다. 문제 a, d, h에서는 두 분수를 고쳐 써야 한다.

a. $\frac{3}{4} + \frac{2}{5}$ b. $\frac{7}{9} - \frac{2}{3}$ c. $\frac{5}{6} - \frac{1}{6}$

d. $\frac{5}{6} - \frac{4}{9}$ e. $\frac{1}{5} + \frac{3}{10}$ f. $\frac{4}{9} + \frac{3}{9}$

g. $\frac{7}{10} - \frac{1}{2}$ h. $\frac{3}{4} - \frac{2}{3}$

대분수를 통분하고 고쳐 쓰는 방법

최소공배수로 분수를 통분하고 가분수를 대분수로 전환하는 기술은 분모가 같지 않은 분수로 이루어진 문제를 연습하는 몇 주의 기간이 지난 후에 함께 제시될 수 있다. 학생들에게 (필요할 경우) 답을 대분수로 전환하거나 통분하는 문제를 제공해야 한다. 교사는 며칠간 학생들이 정답을 찾을 수 있도록 지도해야 한다. 6~8개의 문제를 몇 주간 매일 연습해야 한다.

좀 더 복잡한 대분수 문제

대분수와 관련된 좀 더 복잡한 문제는 다음에 제시

되어 있다.

$$
\begin{array}{r}
8 \\
- 3\frac{2}{4} \\
\hline
\end{array}
$$

정수를 분수로 다시 바꾸는 것이 포함된 **뺄셈** 문제다. 학생은 문제를 해결하기 위해 8을 7과 $\frac{4}{4}$로 고쳐 써야 한다. 교사는 이런 문제를 제시하기 전에 다음의 연습 과정처럼 학생이 정수를 정수와 1에 해당하는 분수로 고쳐 쓰는 것을 제시하는 것이 좋다(예, $6=5+\frac{4}{4}$).

$$6 = \boxed{5} + \frac{\square}{4} \qquad 9 = \boxed{8} + \frac{\square}{6}$$

$$6 = \boxed{5} + \frac{\square}{3}$$

교사는 학생들을 지도하는 과정에서 이 사전 기술 연습을 통해 원래의 정수에서 1을 1만큼의 분수로 고쳐 써야 함을 강조한다. 이 사전 기술이 지도되면 학생들은 정수를 분수로 다시 바꾸는 것이 포함된 문제가 거의 어렵지 않을 것이다.

분수 비교

학생들은 분수의 값을 비교하는 질문을 자주 받고는 한다. 예를 들어, '$\frac{1}{5}$과 $\frac{1}{3}$ 중 어느 것이 더 큰가, $\frac{2}{3}$와 $\frac{5}{9}$ 중 어느 것이 더 작은가?'다. 2, 3학년 때는 분모가 다르며 분자가 1인 분수를 비교한다. 많은 부분으로 나누어질수록 각각의 부분이 점점 작아지는 것을 설명하는 그림 분수를 비교하는 질문들을 통해 학생들은 이미 많이 준비되어 있을 수 있다. 공식은 '분모가 **클수록** 각각의 값은 작다.'다. 분수 한 쌍을 제시하고 어떤 분수가 더 큰 값을 가졌는가를 물어보는 연습을 통해 분모를 이해할 수 있다.

학생들은 좀 더 상급 학년에서 분자가 1보다 큰 분수들을 비교한다(예, $\frac{3}{4}$과 $\frac{5}{9}$). 두 분수를 비교하는 전략은 공통의 분모로 분수를 고쳐 쓰는 것과 관련이 있다(예, $\frac{3}{4}$은 $\frac{27}{36}$, $\frac{5}{9}$는 $\frac{20}{36}$으로 다시 쓸 수 있다).

일단 분수가 고쳐지면 공통분모를 가지므로 그들의 값은 즉시 명백해진다. 공통분모를 가진 분수로 고쳐 쓰는 것을 지도하는 과정은 이전 단계에서 다른 분모를 가진 분수를 더하고 빼는 방법을 설명한 바와 같다(분모의 최소공배수를 찾아서 1과 같은 분수를 각각의 분수에 곱해야 한다).

문장제 문제

분수 문장제 문제를 소개하는 기본 지침은 학생들이 새로운 유형의 문제를 분명하게 계산할 수 있을 때 문장제 문제에 통합되어야 한다는 것이다. 같은 분모를 가지는 분수의 덧셈과 **뺄셈**과 관련된 문장제 문제는 학생들이 독립적으로 문제를 해결하게 된 후에 소개되어야 한다. 다른 분모를 가진 분수를 다루는 문장제 문제는 학생들이 덧셈과 뺄셈에 관한 그런 유형의 문제를 다루는 전략을 완전히 습득한 후에 지도되어야 한다. 문제 해결을 다룬 장(제11장)에 기술되어 있는 덧셈과 **뺄셈**을 다루는 유형들 모두 꼭 연습 과정에 넣어야 한다. [그림 12-2]는 학생들에게 주어질 학습지에 포함될 수 있는 문제의 예로, 학생들이 같은 분모를 가진 대분수의 덧셈과 **뺄셈**을 하는 방법을 배우자마자 주어질 학습지를 말한다. 문장제 문제 유형이 다양하다는 것을 유의해야 한다(예, 분류, 활동, 비교).

[그림 12-2] 문장제 문제의 예

> 대분수와 같은 분모를 가진 분수의 학습지
>
> 1. Tina는 아침에 $3\frac{2}{5}$ 마일을 달렸고 오후에는 $2\frac{1}{5}$ 마일을 달렸다. 그녀가 달린 거리는 모두 몇 마일인가?
> 2. 월요일에는 $\frac{3}{4}$ 인치의 비가 왔고 화요일에는 $\frac{1}{4}$ 인치의 비가 왔다. 월요일에 얼마나 더 비가 왔는가?
> 3. Ricard의 고양이는 $14\frac{2}{6}$ 파운드가 나간다. 만일 이 고양이가 $3\frac{1}{6}$ 파운드 살쪘다면 몇 파운드인가?
> 4. Joan은 고기를 $6\frac{2}{4}$ 파운드 샀다. 그녀가 요리를 한 후에 남은 고기는 $2\frac{1}{2}$ 파운드다. 고기는 몇 파운드 줄었는가?

연산 – 분수의 곱셈

분수 곱셈 유형에는 세 가지가 있다. 첫 번째 유형은 두 개의 진분수의 곱셈에 관한 것으로, 보통 3학년 때 소개된다.

$$\frac{3}{4} \times \frac{2}{5} \qquad \frac{4}{9} \times \frac{1}{3}$$

두 번째 유형은 보통 3~4학년 기간 중에 소개되는 것으로, 분수와 자연수의 곱셈에 관한 것이다.

$$\frac{3}{4} \times 8$$

이 유형은 문장제 문제에 자주 나타나기 때문에 중요하다. 세 번째 유형은 주로 5학년 때 소개되는 것으로, 하나 혹은 그 이상의 대분수의 곱셈에 관한 것이다.

$$5 \times 3\frac{2}{4} \qquad 4\frac{1}{2} \times 2\frac{3}{5} \qquad \frac{3}{4} \times 2\frac{1}{2}$$

진분수의 곱셈

진분수의 곱셈은 학생들이 같은 분모를 가진 분수의 덧셈과 뺄셈을 배운 후 몇 주에 걸쳐 소개된다. 분수의 곱셈 단계는 〈수업 형식 12-17〉에 제시되어 있다. 여기서 그림 설명은 하나도 없음에 주목해야 한다. 왜냐하면 너무 복잡하기 때문이다. 이 시점에서 진분수의 곱셈을 지도해야 하는 이유는 동치 분수 문제와 곱셈의 두 번째 유형인 분수와 자연수의 곱셈의

선수 기술이기 때문이다.

이 수업 형식은 두 부분으로 나뉜다. Part A는 구조화된 칠판 수업으로, 교사는 분수의 곱셈에 대한 규칙을 보여 준다. "위는 위끼리, 아래는 아래끼리 곱하세요." 그런 다음 여러 문제에 규칙을 적용하는 방법을 설명한다. Part B는 구조화된 학습지 수업으로 소개하는 것이다. 이 부분의 예는 같은 분모를 가진 분수의 곱셈 문제와 덧셈과 뺄셈 문제를 동등하게 포함시키는 것에 유의해야 한다. 이 혼합은 학생들에게 곱셈 전략(위는 위끼리 아래는 아래끼리 곱하는 것)과 덧셈과 뺄셈의 전략(위끼리만 계산하는 것)의 차이점을 기억하도록 연습시키는 기회를 제공하는 데 필수적이다. Part B는 교사가 학생들에게 특별한 유형을 푸는 방법을 물어보는 구술 연습으로 시작한다(예, "분수를 곱할 때 어떻게 할 거예요? 분수를 더하거나 뺄 때 무엇을 해야 하나요?").

분수와 자연수의 곱셈

분수와 자연수의 곱셈에 관련된 문제들은 일상생활에 자주 적용되기 때문에 중요하다. 예를 들어, 다음 문제를 생각해 보자. "보트 엔진은 1갤런당 $\frac{2}{3}$ 쿼트의 오일이 필요해요. John은 9갤런의 가솔린이 있어요. 얼마나 많은 오일이 필요한가요?"

문장제 문제에서 분수와 자연수의 곱셈은 학생들이 진분수의 곱셈과 가분수를 대분수로 전환하는 것을 완전히 습득한 후에 소개된다. 문제 풀이 전략을 위한 단계는 〈요약 12-2〉에 제시되어 있다.

〈요약 12-2〉 분수와 자연수의 곱셈

1. 학생은 문제를 읽는다.	$\frac{3}{4} \times 8$
2. 학생은 자연수를 분수로 바꾼다.	$\frac{3}{4} \times \frac{8}{1}$
3. 학생은 분자와 분모를 곱한다.	$\frac{3}{4} \times \frac{8}{1} = \frac{24}{4}$
4. 학생은 곱셈 결과를 자연수나 대분수로 전환한다.	$\frac{3}{4} \times \frac{8}{1} = \frac{24}{4} = 6$

자연수와 분수를 곱했을 때 어떤 일이 일어나는지에 대한 그림 설명은 수업 형식에 대한 소개에 선행되어도 된다. 이 설명에서 교사는 밑의 분모의 숫자는 얼마나 많은 그룹이 형성되는지를 뜻하는 것이고, 위의 분자의 숫자는 얼마나 많은 그룹이 사용되는지를 뜻하는 것임을 설명한다. 예를 들어, $\frac{2}{3} \times 12$의 문제에서 다음 그림이 그려진다.

|||| |||| ||||

교사는 먼저 12개의 선을 그리고 "세 개의 그룹을 만들었어요. 이제 두 개의 그룹을 묶을 거예요."라고 말한다. 교사는 두 개의 그룹에 원을 그린다.

(||||) (||||) ||||

교사는 원 안에 있는 선을 세어 본다. "8이군요. 그래서 $\frac{2}{3} \times 12 = 8$입니다."

이런 문제를 풀도록 지도하는 형식은 〈수업 형식 12-18〉에 나와 있다. Part A는 자연수를 분수로 전환하는 중요한 요소 기술을 소개한다. 자연수 1을 분모로 하여 어떤 자연수도 분수로 전환할 수 있다. Part B는 구조화된 칠판 수업이다. Part C는 구조화된 학습지 수업이다. 학습지는 학생들을 위해 틀이 제공되어야 함을 기억하라. 분수 답을 쓰기 위한 선 다음에 나눗셈 박스를 다음과 같이 붙인다.

$$\frac{3}{4} \times 8 = \text{-----} = \overline{)} = \square$$

나눗셈 박스는 학생들이 나눗셈을 하는 데 촉진제 역할을 한다. 이 촉진은 이런 유형이 제시되는 첫 주에 사용되어야 한다.

예들은 신중히 다뤄져야 한다. 몇몇 문제는 정답이 정수여야 한다.

$$\frac{3}{4} \times \frac{8}{1} = 6$$

그리고 몇몇 문제는 대분수를 정답으로 해야 한다.

$$\frac{2}{3} \times 7 = 4\frac{2}{3}$$

처음에 자연수는 비교적 작은 수여야 한다(예, 20 이하). 학생들이 큰 수의 곱셈과 나눗셈을 배워 감에 따라 예는 몇백, 그 다음 몇천을 포함한다.

$$\frac{3}{4} \times 2000$$

대분수의 곱셈

대분수와 자연수를 곱하는 것은 상위 수준의 지도를 읽는 때 중요한 기술이다. 예를 들어, 만약에 1인치가 50마일과 같다면, 3과 $\frac{1}{2}$인치는 몇 마일과 같을까?

$$50 \times 3\frac{1}{2} = 175$$

처음에 문제를 풀기 전에 대분수를 가분수로 전환하는 기술을 언급한다. 이 문제를 푸는 단계는 〈요약 12-3〉을 보시오.

그런 후, 자연수와 대분수의 곱셈 문제를 위해 분배법칙과 관련된 좀 더 정교화된 기술을 소개한다. 학생들은 먼저 자연수와 대분수의 자연수 부분을 곱한다. 그런 후 자연수와 대분수의 분수 부분을 곱하여 마지막에 두 답을 더한다. 이 과정을 다음에서 보여 주고 있다.

$$\begin{aligned} 5 \times 3\frac{1}{2} &= (5 \times 3) + \left(5 \times \frac{1}{2}\right) \\ &= 15 + 2\frac{1}{2} \\ &= 17\frac{1}{2} \end{aligned}$$

연산 - 분수의 나눗셈

분수의 나눗셈은 대개 5학년에서 소개된다. 분수 나눗셈 문제는 세 유형으로 나뉜다. 첫째 유형은 진분수를 진분수로 나누는 형태다.

〈요약 12-3〉 대분수의 곱셈

단계	문제	
	a. $5\frac{1}{2} \times 3\frac{2}{4} =$	b. $5 \times 2\frac{3}{4} =$
1. 대분수를 가분수로 전환하라.	$\frac{11}{2} \times \frac{14}{4} =$	$\frac{5}{1} \times \frac{11}{4} =$
2. 곱하라.	$\frac{11}{2} \times \frac{14}{4} = \frac{154}{8}$	$\frac{5}{1} \times \frac{11}{4} = \frac{55}{4}$
3. 정답을 대분수로 전환하라.	$\frac{154}{8} = 8\overline{)154}$ $19\frac{2}{8} = 19\frac{1}{4}$	$\frac{55}{4} = 4\overline{)55}$ $13\frac{3}{4} = 13\frac{3}{4}$

$$\frac{2}{3} \div \frac{3}{4} \qquad \frac{4}{5} \div \frac{2}{7}$$

이 유형은 실제로 거의 적용이 안 되지만 처음에 소개된다. 분수를 자연수로 나누는 둘째 유형을 학습하는 데 필요하기 때문이다.

$$\frac{3}{4} \div 2$$

위와 같은 문제들은 매일의 일상생활에 적용할 수 있다. 예를 들어, John이 $\frac{3}{4}$ 파운드의 사탕을 갖고 있는데 John은 두 친구에게 사탕을 똑같이 나눠 주고 싶어 한다. 각각의 친구에게 얼마나 많은 사탕을 줄 수 있는가?

셋째 유형은 대분수의 나눗셈에 관한 것이다.

$$3\frac{1}{2} \div 4 \qquad 5\frac{1}{2} \div 2\frac{1}{3}$$

나눗셈 문제를 풀기 위해 두 번째 분수를 거꾸로 뒤집고, 셈 부호를 곱셈으로 바꾸고, 곱하는(예, $\frac{3}{4} \div \frac{2}{3}$ 는 $\frac{2}{3}$ 를 거꾸로 (혹은 위 아래로) 뒤집어 푼다. 그래서 문제는 $\frac{3}{4} \times \frac{3}{2} = \frac{9}{8}$ 로 읽을 수 있다) 전략을 가르친다. 이 절차의 원리를 이해하기 위해서는 긴 설명이 필요하기 때문에 여기서는 이론에 대한 설명을 생략하고 초등학교 교육 과정에서 제시되는 전략만 언급한다. 교사는 간단히 규칙만 제시한다. "우리는 분수로 나누기를 할 수 없어요. 그래서 곱셈으로 문제를 바꿔야

합니다. 우리가 어떻게 해야 할지 나와 있어요. 두 번째 분수를 거꾸로 뒤집고 부호를 바꾸는 거예요." 교사는 '거꾸로 뒤집기'의 의미를 설명하여 문제를 푸는 과정을 설명한다.

자연수로 나누는 문제는 먼저 자연수를 분수로 전환해서 그 분수를 거꾸로 뒤집어 해결할 수 있다.

$$\frac{3}{4} \div 2 = \frac{3}{4} \div \frac{2}{1} = \frac{3}{4} \times \frac{1}{2} = \frac{3}{8}$$

대분수와 관련된 문제는 대분수를 가분수로 전환하고, 거꾸로 뒤집고, 곱하여 해결이 가능하다.

분수와 곱셈/나눗셈 간의 관계는 매우 중요하다. 교사는 '~로 나누어진다'는 다른 의미로의 분수를 가르쳐야 한다. 분수 $\frac{1}{2}$ 은 '1은 2로 나누어진다'로 읽을 수도 있다. 학생들은 분수를 읽는 두 가지 방법을 연습한 후에 곱셈 수 가족을 이용할 수 있음을 배운다.

학생들은 수 가족에서 큰 숫자와 두 개의 작은 숫자를 확인하는 연습을 한다. 후에 이 지식을 수직선에 적용한다.

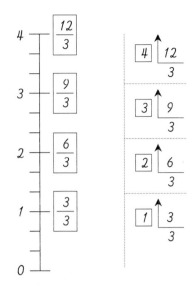

학생들은 수직선에 분수를 완성한다. 수직선에서 1의 분수는 $\frac{3}{3}$이다. 2의 분수는 $\frac{6}{3}$이다. 수직선의 숫자들 옆의 곱셈 수 가족을 완성한다. 수직선 옆 그림에서 네모 안에 있는 숫자는 수직선에 있는 정수다. 수직선상의 분수는 오른쪽 수 가족 그림상의 세로로 나열된 두 수다.

이 관계는 매우 중요하다. 이것은 곱셈/나눗셈 수 가족이 어떻게 분수를 의미하고 서로 반대인 것인지를 잘 보여 준다. 곱셈/나눗셈의 수 가족 간의 관계는 학생들이 분수를 나눗셈 문제로 읽는 것을 배울 때 강조된다. 분수의 나눗셈을 소개하는 것으로서 이 개념을 소개해야 하고, 가능한 한 3학년 과정에서 소개해야 한다. 분수를 나눗셈 문제로 읽는 것을 완전히 학습한 후에는 일반 나눗셈 문제를 분수로 써 보는 것을 배운다.

문장제 문제 – 곱셈과 나눗셈

곱셈과 나눗셈의 문장제 문제는 학생들이 각각의 문제 유형을 풀 수 있을 때 소개하는 것이 좋다. 분수에 관련된 곱셈의 문장제 문제는 보통 같은 그룹 속에서 분수의 일부분을 계산하는 것과 관련된다. 전형적인 문제는 다음과 같다.

한 반에 20명의 어린이가 있다. 어린이 중 $\frac{3}{4}$은 여자 어린이다. 이 반에 여자 어린이는 몇 명인가?

이 유형의 문제는 학생들이 분수와 자연수의 곱셈 문제를 해결할 수 있게 되면 곧 소개한다(예, $\frac{3}{4} \times 12$). 학생들이 문장제 문제를 준비하는 중간 정도의 단계에서 교사는 다음과 같은 문제를 제시할 수 있다.

$$12\text{의 } \frac{3}{4} = \frac{\square}{\square} = \square \qquad 9\text{의 } \frac{2}{3} = \frac{\square}{\square} = \square$$

학생은 이 문제에서 '~의'가 '곱'으로 해석된다는 것을 배운다. '12의 $\frac{3}{4}$' 문제는 '$\frac{3}{4} \times 12$'로 전환할 수 있고 그 후에 이렇게 푼다.

$$\frac{3}{4} \times \frac{12}{1} = \frac{36}{4} = 9$$

학생들이 좀 더 큰 수의 연산 문제를 풀 수 있게 되면서 문장제 문제의 예시도 큰 수를 사용해야 한다. '12의 $\frac{2}{3}$' 대신에 '126의 $\frac{2}{3}$'라는 문제를 풀어 보도록 요구할 수도 있다.

가장 일반적인 문장제 나눗셈 문제는 분수를 자연수로 나누는 문제다. 이 문제의 유형은 다음과 같다.

Kate는 사과를 $\frac{2}{3}$ 남겨 두었다. Kate는 남은 사과를 두 명의 친구와 똑같이 나누고 싶어 한다. 한 친구에게 얼마만큼의 사과를 나눠 줄 수 있을까요?

이 유형의 문제는 학생들이 분수를 자연수로 나누는 문제를 해결할 수 있을 때 소개할 수 있다.

진단과 교정

학생들은 다음에 제시되는 한 가지 혹은 여러 복합적인 이유로 분수 문제를 풀지 못할 수 있다.

1. 연산 오류(예, 18 나누기 3을 5라고 하는 경우, 7과 8의 곱을 54라고 하는 경우). 만약 학생이 오직 계산 오류 하나 때문에 문제를 풀지 못한다면 교사는 분수 기술을 가르치는 데 시간을 낭비할 필요가 없다. 이때는 구체적인 계산 기술을 가르쳐야 한다.

2. 요소 기술의 오류. 학생은 현재 배우는 유형의 문제를 제대로 이해하지 못했기 때문에 이전에 배운 분수 기술에서 실수를 한다. 예를 들어, $\frac{2}{3} \times 12$를 풀 때, 학생은 12를 $\frac{12}{1}$가 아닌 $\frac{1}{12}$로 전환하여 $\frac{2}{3} \times \frac{1}{12} = \frac{2}{36}$라고 쓴다. 이를 교정하는 절차는 먼저 배운 요소 기술을 다시 가르치는 것이다. 주어진 예에서 교사는 먼저 학생들에게 자연수를 분수로 전환하는 방법을 다시 지도한다. 학생의 수행이 숙달되면 교사는 학생이 원래 유형의 문제를 풀 수 있도록 한다. 이때 적절한 형식의 구조화된 학습지를 사용한다.

3. 전략 오류. 전략 오류는 학생이 문제를 해결하는 단계를 정확히 연결시키지 못할 때 생긴다. 예를 들어, $\frac{12}{4}$를 자연수로 바꿀 때 학생은 12에서 4를 빼고 8이라고 한다. 이를 교정하는 절차는 이러한 형식의 부분을 구조화된 칠판 수업으로 전략을 다시 지도하는 것이다.

〈요약 12-4〉는 다양한 유형의 분수 문제에서 빚어지는 일반적인 오류의 예와 교정에 필요한 제안을 제공한다.

분수와 대분수를 읽고 쓰기

학생은 어떤 형식에서든지 첫 단계로 문제를 읽어야 한다. 학생이 분수나 가분수를 잘못 읽는 것을 발견한다면, 교사는 바르게 읽도록 다시 지도해야 한다. 이때 틀린 분수의 특정 유형을 강조해야 한다. 예를 들어, 학생이 $5\frac{1}{3}$을 $\frac{5}{3}$로 읽으면 교사는 대분수의 읽기에 대한 수업 형식을 제시해야 한다.

분수의 덧셈과 뺄셈

분모가 같은 분수를 더할 때, 학생은 보통 (a) 전략 오류 (b) 연산 오류를 범할 것이다. 다음 문제에 주목하라.

a. $\frac{7}{9} - \frac{2}{9} = \frac{5}{0}$ b. $\frac{4}{8} + \frac{2}{8} = \frac{6}{16}$

c. $\frac{7}{9} - \frac{2}{9} = \frac{6}{9}$ d. $\frac{4}{8} + \frac{3}{8} = \frac{7}{8}$

문제 a와 b는 전략 오류다. 학생은 분모는 더하거나 빼면 안 되는 것을 모른다. 교정하는 절차는 Part A를 시작으로 분수의 덧셈과 뺄셈에 관한 형식을 다시 지도하는 것이다. 반면에 문제 c와 d는 연산 오류다. 학

〈요약 12-4〉 분모가 다른 분수의 덧셈 오류

오류 유형	진단	교정 절차
1. $\frac{4}{5} + \frac{2}{3} = \frac{4}{5\times 3}_{15} + \frac{2}{3\times 5}_{15} = \frac{6}{15}$	연산 오류: 학생은 분자를 곱하는 데서 오류를 범한다.	Part A로 시작하면서 〈수업 형식 12-16〉을 제시한다.
2. $\frac{4}{8} + \frac{2}{4} = \frac{4\times 4}{8\times 4}^{16}_{32} + \frac{2\times 8}{4\times 8}^{16}_{32} = \frac{32}{32}$	요소 기술 오류: 학생은 최소공배수를 찾지 못한다. 답은 맞았음에 주목한다.	교사는 이것을 지적하되 최소공배수를 찾는 것이 중요함을 강조한다. LCM에서 특별한 연습을 시킨다.
3. $\frac{4}{5} + \frac{2}{3} = \frac{6}{8}$	전략 오류: 학생은 분모를 더한다.	Part A로 시작하면서 분모가 다른 분수에 관한 수업 형식 모두를 제시한다.
4. $\frac{5}{6} + \frac{2}{4} = \frac{5\times 4}{6\times 4}^{10}_{12} + \frac{2\times 3}{4\times 3}^{5}_{12} = \frac{15}{12}$	연산 오류: 학생은 2 × 3을 잘못 곱했다.	교사는 2 × 3부터 가르친다. 분수의 형식은 다시 가르칠 필요가 없다.

생은 전략은 알고 있지만 기본적인 사항의 오류로 문제를 틀렸다. 이를 교정하는 절차는 틀린 문제의 숫자에 따라 달라진다. 만약 학생이 연산 오류로 틀린 것이 10퍼센트 미만이라면 며칠간 특정 오류에 대해 쓰고 정기적으로 검사하면서 그저 특정하게 틀린 것에 대해서만 지도한다. 만약에 연산 오류로 틀린 것이 10퍼센트 이상이라면, 동기를 부여할 수 있는 강력한 시스템을 마련하여 정확하게 지도하고 기초적인 지식을 위한 더 많은 연습을 제공해야 한다. 둘 다 아닌 경우에는 분수의 덧셈, 뺄셈에 관한 수업 형식을 다시 지도해야 한다.

분모가 다른 분수의 덧셈과 뺄셈에 관한 문제는 일반 지식, 요소 기술 혹은 전략 결손으로 틀리게 된다. 〈요약 12-4〉에 있는 문제를 주의해서 보라. 여기에는 보통의 실수로 인한 각각의 오류에 대한 원인과 교정 절차가 제공되어 있다.

상업용 프로그램

분수: 분모가 다른 분수의 덧셈과 뺄셈

교수 전략.   상업용 프로그램의 분수 수업에서 가장 염려되는 것은 구체성의 부족이다. 구조화된 수업은 좀 더 복잡한 전략을 소개할 때 특히 중요하다. 그러나 교사는 최소한의 안내만 제공하도록 되어 있다. 전형적으로 교사는 칠판에 하나의 예를 제시한다. 그리고 학생의 교재에는 한 형식의 문제만 제시되어 있

다. 한 프로그램에는 정수에서 대분수를 빼는 설명은 없고, 이 유형의 문제만 9개 제시되어 있다. 많은 문제에서 학생들이 받아 내림을 해야 한다거나 공통 분모를 가진 분수로 다시 써야 하는 것을 고려해 볼 때 몇몇 학생은 어려움을 느낄 것이다.

복습.   분수의 수업에서 두 번째로 중요한 점은 프로그램에서 제공되는 복습의 양과 관계가 있다. 1~3학년에서는 분수 기술에 대개 1~3주의 시간만 배당되어 있다. 최소한의 복습은 단원이 모두 설명된 후 분수 기술과 함께 제시된다. 이 최소한의 복습 때문에 많은 학생은 이전 학년에서 배운 분수 관련 기술들을 유지하지 못할 가능성이 대단히 높다. 중간 학년에서는 이전 학년에서 배운 분수 분석 기술이 새 기술을 지도하기에 앞서 간단하게만 복습된다. 만약에 학생이 숙달되고자 한다면, 프로그램에서 제공되는 연습의 양이 아주 많이 보충되어야 한다. 학생들이 사전 기술에 능통해질 때까지 교사는 새로운 기술에 대한 지도를 계속 하면 안 된다. 중간 학년에서 좀 더 복잡한 분수 기술이 소개될 때 프로그램들은 초기의 연습을 충분히 제공하려고 한다(가능한 모든 보충 학습지와 함께). 그러나 연습은 대개 이전 학년에서와 마찬가지로, 짧은 시간 동안만, 그것도 분수 단원 이 외에 투입된 체계적인 복습은 거의 없이 이루어진다. 저성취 학생들이 습득된 기술을 유지하려면 계속적인 복습이 필요하다.

적용 문제 | 분수

1. 다음은 다양한 분수 문제다. 각각의 문제가 대표하는 유형을 설명하시오. 그 유형을 소개해야 할 순서대로 나열하시오.

   a. $\frac{2}{3} - \frac{1}{3}$

   b. $\frac{2}{4}$ 를 보여 주는 원 그림을 그려 보시오.

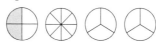

   c. 다음 분수를 읽어 보시오. $\frac{3}{5}$

   d. $\frac{3}{4} + \frac{2}{5}$

e. $5\frac{4}{7} - 3\frac{2}{7}$ f. $\frac{12}{5} = \square$

g. $\frac{3}{5} = \frac{\square}{10}$ h. $5\frac{1}{2} \times 3$

i. $3\frac{4}{5} = \frac{\square}{5}$

2. 다음 유형의 문제 푸는 법을 학생들에게 가르칠 구조화된 학습지를 써 보시오.

다음 분수의 그림을 그려 보시오. $\frac{3}{4} = \bigcirc \bigcirc$

3. 교사는 첫 번째 수업에서 전통적인 방식(예, $\frac{2}{3}$는 '삼 분의 이'라고 읽는다)으로 분수를 읽도록 가르치고 있다. 한다. 다음 4개 세트의 예가 있다. 어떤 세트가 적합한가? 다른 3개의 세트가 적절치 못한 이유를 말해 보시오.

a. $\frac{2}{3}$ $\frac{1}{2}$ $\frac{4}{5}$ $\frac{7}{3}$ $\frac{1}{4}$ $\frac{2}{9}$ $\frac{3}{2}$ $\frac{1}{5}$

b. $\frac{1}{8}$ $\frac{1}{4}$ $\frac{1}{9}$ $\frac{1}{6}$ $\frac{1}{5}$ $\frac{1}{7}$

c. $\frac{1}{8}$ $\frac{3}{4}$ $\frac{7}{6}$ $\frac{1}{6}$ $\frac{2}{8}$ $\frac{9}{4}$ $\frac{1}{4}$

d. $\frac{3}{4}$ $\frac{7}{9}$ $\frac{8}{4}$ $\frac{2}{9}$ $\frac{4}{6}$ $\frac{8}{6}$ $\frac{5}{7}$

4. 학생들은 대분수 5와 $\frac{1}{3}$을 $\frac{5}{3}$로 쓴다. 교정에서 교사가 말할 것을 자세히 제시해 보시오.

5. 다음의 오류를 교정할 때 교사가 말할 것을 자세히 제시해 보시오.

$\frac{3}{4} = \boxed{\frac{3}{8}}$

6. 다음의 예 중에서 초기에 같은 분수를 연습할 때 소개해서는 안 되는 예들을 지우시오.

a. $\frac{2}{3} = \frac{\square}{9}$ b. $\frac{5}{7} = \frac{\square}{28}$ c. $\frac{3}{4} = \frac{\square}{6}$

d. $\frac{4}{5} = \frac{\square}{20}$ e. $\frac{3}{5} = \frac{\square}{20}$ f. $\frac{4}{6} = \frac{\square}{10}$

7. 다음은 분수 통분 문제를 위해 교사가 고안한 4개 세트의 예다. 한 세트는 적합하고 나머지 3개 세트는 그렇지 않다. 적절하지 않은 세트를 찾고, 그 이유를 말해 보시오.

a. $\frac{8}{12}$ $\frac{7}{9}$ $\frac{6}{18}$ $\frac{4}{6}$ $\frac{5}{20}$ $\frac{2}{3}$

b. $\frac{8}{12}$ $\frac{6}{18}$ $\frac{4}{6}$ $\frac{5}{20}$ $\frac{3}{12}$ $\frac{6}{8}$

c. $\frac{8}{12}$ $\frac{7}{9}$ $\frac{10}{15}$ $\frac{12}{20}$ $\frac{3}{5}$ $\frac{6}{8}$

d. $\frac{4}{7}$ $\frac{5}{20}$ $\frac{22}{36}$ $\frac{8}{16}$ $\frac{18}{34}$ $\frac{5}{9}$

8. 학생들이 $\frac{12}{18}$라는 분수를 기약 분수로 약분하도록 가르치는 데 사용할 구조화된 학습지 수업을 써 보시오.

9. 다음은 학생들이 가분수를 대분수로 전환하는 것을 연습하는 데 필요한 예의 세트다. 어떤 세트가 부적절한지 말해 보시오.

a. $\frac{9}{5}$ $\frac{11}{3}$ $\frac{9}{3}$ $\frac{12}{7}$ $\frac{14}{5}$ $\frac{12}{4}$

b. $\frac{9}{4}$ $\frac{3}{7}$ $\frac{8}{2}$ $\frac{7}{5}$ $\frac{8}{3}$ $\frac{5}{9}$ $\frac{9}{3}$ $\frac{7}{3}$

c. $\frac{9}{5}$ $\frac{3}{7}$ $\frac{5}{2}$ $\frac{4}{9}$ $\frac{7}{3}$ $\frac{9}{2}$

10. 다음은 분모가 다른 분수를 더하고 빼는 데 초점을 맞춘 개별적인 학습지 연습을 위해 여러 교사가 준비한 예의 세트다. 어떤 세트가 부적절한지와 그 이유를 설명해 보시오.

a. $\dfrac{6}{14}-\dfrac{3}{8}$　$\dfrac{5}{8}+\dfrac{1}{5}$　$\dfrac{4}{9}-\dfrac{5}{12}$　$\dfrac{3}{8}+\dfrac{2}{8}$

b. $\dfrac{3}{8}+\dfrac{1}{5}$　$\dfrac{5}{7}-\dfrac{1}{4}$　$\dfrac{3}{8}+\dfrac{2}{8}$　$\dfrac{3}{5}+\dfrac{2}{3}$　$\dfrac{2}{3}-\dfrac{1}{2}$　$\dfrac{4}{7}-\dfrac{2}{5}$

c. $\dfrac{3}{4}-\dfrac{2}{3}$　$\dfrac{4}{9}-\dfrac{2}{9}$　$\dfrac{2}{9}+\dfrac{2}{3}$　$\dfrac{5}{7}-\dfrac{1}{2}$　$\dfrac{3}{8}+\dfrac{1}{4}$　$\dfrac{3}{7}+\dfrac{2}{7}$

11. 다음은 학생이 실수한 문제다. 이 예는 학생들이 하는 전형적인 오류다. 각 학생의 오류를 진단하고 교정하는 것을 자세히 설명해 보시오.

William

$$\frac{7}{8}-\frac{1}{6}=\frac{6}{2}$$

Ann

$$\frac{5}{9}+\frac{2}{5}=\frac{5}{9}\left(\frac{5}{5}\right)+\frac{2}{5}\left(\frac{9}{9}\right)=\frac{5}{9}\overset{25}{\left(\frac{5}{5}\right)}+\frac{2}{5}\overset{18}{\left(\frac{9}{9}\right)}=\frac{42}{45}$$

Samuel

$$\frac{4}{5}+\frac{1}{2}=\frac{4}{5}\left(\frac{2}{2}\right)+\frac{1}{2}\left(\frac{5}{5}\right)=\frac{4}{5}\overset{8}{\left(\frac{2}{2}\right)}+\frac{1}{2}\overset{5}{\left(\frac{5}{5}\right)}=\frac{13}{10}=\frac{3}{10}$$

Jean

$$\frac{3}{5}+\frac{2}{3}=\frac{3}{5}\left(\frac{5}{3}\right)+\frac{2}{3}\left(\frac{3}{5}\right)=\frac{3}{5}\overset{15}{\left(\frac{5}{3}\right)}+\frac{2}{3}\overset{6}{\left(\frac{3}{5}\right)}=\frac{21}{15}$$

12. 학생들이 이 문제를 풀도록 구조화된 학습지 연습을 써 보시오.

$$8-3\frac{4}{5}$$

13. 학생 각자에 대한 진단과 교정 절차를 자세히 설명해 보시오.

Jim

$$28의 \ \frac{6}{7}=\frac{162}{7}=23\frac{1}{7}$$

Sarah

$$28의 \ \frac{6}{7}=\frac{6}{196}=\frac{3}{98}$$

William

$$28의 \ \frac{6}{7}=\frac{168}{7}$$

⟨수업 형식 12-1⟩ **분수 소개하기**

교사	학생

1. (칠판에 다음과 같은 선을 그린다)

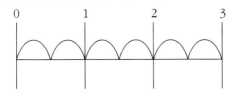

2. ('0'의 선을 가리키며) 칠판에 인치를 그렸다고 가정해 봅시다.

   (1을 가리키며) 여기가 1인치예요.

   (2을 가리키며) 여기가 2인치예요.

   (3을 가리키며) 여기가 3인치예요.

3. 들어 보세요. 각각의 인치는 부분으로 나뉘어 있어요. 각각의 둥근 선이 그
   부분이지요. (첫 인치 밑에 선을 긋는다)

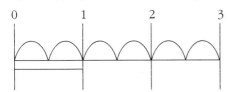

4. 첫 번째 인치를 보세요. 첫 인치는 몇 부분으로 되어 있지요?   2

   (신호를 준다)

   (다음 인치 밑에 선을 그린다)

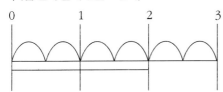

5. 두 번째 인치를 보세요. 두 번째 인치는 몇 부분으로 되어 있지요?   2

   (신호를 준다)

   (세 번째 인치 밑에 선을 그린다)

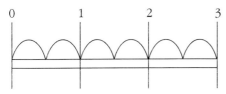

6. 다음 인치를 보세요. 다음 인치는 몇 부분으로 되어 있지요?   2

   (신호를 준다)

7. 만약 선생님이 다른 인치를 그린다면, 그 인치는 몇 부분으로 되어 있을까
   요? (신호를 준다)   2

   교정하기:

   a. (학생들이 각 단위의 부분의 개수를 이해하지 못한다. 학생들이 분수의 아래 숫자
   를 같게 혹은 정확하게 쓰지 못한다)

(먼저, 교사가 수직선 위의 첫 번째 단위를 학생들에게 보여 준다) 여러분의 손가락을 이용하세요. 첫 단위가 어디에서 시작하고, 어디에서 끝나는지 보여 주세요. 이제 시작에서 출발하여 그 단위의 부분을 세어 보세요. 한 단위 안에 몇 개의 부분이 있나요? 이제 다음 단위에서 같은 것을 반복하세요. 단위의 시작과 끝을 표시하세요. 이제 시작에서 출발하여 그 단위가 몇 부분인지 세어 보세요. 그 단위는 몇 부분으로 되어 있나요? 그래서 각각의 단위는 몇 부분으로 이루어져 있나요?

2

2

(문제를 풀어야 하는 학생들이 오류 없이 문제를 풀 수 있을 때까지 과정을 반복한다. 몇몇 학생은 심각한 문제를 겪을 수 있다. 두 번째 단위가 첫 번째 단위가 끝나는 곳에서 시작한다는 것을 이해하지 못하기 때문이다)

b. (학생들이 분수의 위의 숫자를 제대로 쓰지 않는다)

(만약 학생들이 상습적으로 실수를 반복하는 것처럼 보인다면, 수직선상 다른 부분을 짚어서 말한다) 바로 여기에 분수를 쓸 거예요. 그 분수의 위의 숫자를 알아내 보세요. 시작부터 세고 숫자를 써 보세요.

〈수업 형식 12-2〉 부분 - 전체 구분

교사	학생
1. (칠판에 다음의 원을 그린다)	
2. (첫 번째 원을 가리키며) 이것은 전체 단위입니다. 이것은 무엇이지요?	하나의 전체 단위
(두 번째 원을 가리키며) 이것은 전체 단위지요. 이것은 무엇이지요? 몇 개의 단위가 있지요?	하나의 전체 단위 2
3. 각각의 전체 단위는 부분을 가지고 있어요. 그 부분은 모두 크기가 같아요. 각각의 전체 단위에 몇 개의 부분이 있는지 보세요.	
4. (첫 번째 단위를 가리키며) 선생님이 만지는 것에 따라 부분을 세어 보세요. 첫 번째 원에서 각각의 부분을 만지세요. 전체 단위에는 몇 개의 부분이 있나요?	1, 2, 3 3
5. (두 번째 원을 가리키며) 이 전체 단위 안에 있는 부분을 세어 봅시다. (학생이 세는 것에 따라 각각의 부분을 가리킨다)	1, 2, 3
6. 각각의 전체 단위에는 몇 개의 부분이 있나요?	세 개의 부분
7. 그래요, 하나의 전체 단위에는 세 개의 부분이 있지요. 다시 말해 보세요.	한 전체 단위에는 세 개의 부분이 있습니다.
8. 이제 생각해 보세요. 전체 단위가 몇 개인가요? 그래요, 세 개의 부분을 갖고 있는 전체 단위가 2개 있어요. (다른 예시로 단계 1~7을 반복한다)	2

〈수업 형식 12-3〉 숫자로 나타낸 분수 쓰기

교사	학생
Part A: 구조화된 칠판 수업	

1. (칠판에 다음과 같은 원들을 그린다)

2. 우리는 분수를 쓰는 방법을 배울 것입니다. 분수는 전체가 얼마나 많은 부분을 가지고 있는지 그리고 얼마나 많은 부분이 사용되었는지 말해 줍니다.

3. 분수의 아래 숫자는 전체에 몇 개의 부분이 있는지 말해 줍니다. 아래 숫자가 무엇이라고요? (신호를 준다)　　　　　　　　　　　　　전체에 얼마나 많은 부분이 있는가

　이 그림을 보고 생각해 보세요. 전체에 몇 개의 부분이 있나요?　　　　4

　교정하기: 전체에 몇 개의 부분이 있는지 잘 보세요. (첫 원을 가리키며) 선생님이 가리키는 것에 따라 부분을 세어 보세요. (첫 원에서 부분을 가리킨다. 다음 두 원에서도 같은 절차를 반복한다)이 전체에는 네 개의 부분이 있고, 이 전체에도 네 부분이 있네요. 여기 각각의 전체에는 네 부분이 있어요.

　분수의 아래 숫자는 무엇입니까?　　　　　　　　　　　　　　　　4

　분수의 아래 숫자로 4를 쓸 것입니다. 그것은 전체를 나눈 부분이 4개임을 의미합니다. 4가 의미하는 것은 무엇입니까?　　　　　　　　　전체를 나눈 부분이 4개입니다.

4. 분수의 위의 숫자는 사용된 부분의 개수를 말해 줍니다. 위의 숫자가 의미하는 것은 무엇입니까?　　　　　　　　　　　　　　　　　　　사용된 부분의 개수입니다.

　우리는 색칠된 부분을 세어 봄으로써 사용된 부분의 개수를 찾을 수 있습니다. (각각의 색칠된 부분들을 가리키면서) 선생님이 각 부분을 만지는 것에 따라　　1, 2, 3, 4, 5
수를 세어 보세요. 색칠된 부분은 모두 몇 개입니까?　　　　　　　　5

　분수의 위의 숫자로 5를 쓸 겁니다. (가로선 위에 5를 쓴다) 그것은 사용된 부분이 5임을 의미합니다. 5가 의미하는 것은 무엇입니까?　　　　　5개의 부분이 사용되었다는 것입니다.

5. 분수의 정의를 정리하겠습니다. (4를 가리킨다) 전체를 나눈 부분이 4개입니다. (5를 가리킨다) 사용된 부분이 5입니다.

6. 분수가 의미하는 것을 말해 보세요. (4를 가리키는 신호. 5를 가리키는 신호. 학　전체를 나눈 부분이 4개입니다.
생들이 주저 없이 반응할 때까지 단계 5를 반복한다. 여러 학생에게 개별적으로 응답　5개의 부분이 사용되었다는 것입니다.
할 기회를 준다)

7. (다음의 문제로 단계 1~4를 반복한다)

Part B: 구조화된 학습지

1. (배운 내용과 관련 있는 문제가 제시된 학습지를 학생에게 준다)

a. $\bigcirc$ $\bigcirc$ $= \dfrac{\square}{\square}$ b. $\bigcirc$ $\bigcirc$ $= \dfrac{\square}{\square}$

c. $\bigcirc$ $\bigcirc$ $= \dfrac{\square}{\square}$ d. $\bigcirc$ $\bigcirc$ $= \dfrac{\square}{\square}$

e. $\bigcirc$ $\bigcirc$ $\bigcirc$ $= \dfrac{\square}{\square}$ f. $\bigcirc$ $\bigcirc$ $= \dfrac{\square}{\square}$ $\bigcirc$

2. 문제 a의 그림을 보고, 그림에 해당하는 분수를 쓰세요.

3. 먼저 전체를 나눈 부분의 개수를 씁니다.

전체를 나눈 부분의 수는 어디에 쓸까요? 전체를 나눈 부분을 주의해서 보   아래 칸

세요. (멈춘다)

전체를 나눈 부분은 몇 개입니까?   3

3을 어디에 씁니까? 그 수를 쓰세요.   아래 칸

4. 이제 사용된 부분의 수를 씁니다. 사용된 부분의 수는 어디에 쓸까요?   위 칸

색칠된 부분을 세어 보세요. (멈춘다) 사용된 부분은 몇 개입니까?   4

5. 밑의 수를 짚는다. (멈춘다) 우리에게 무엇을 말해 주나요?   전체는 3개의 부분으로 되어 있다.

위의 수를 가리킨다. 우리에게 무엇을 말해 주나요?   4개의 부분이 사용되었다.

(학생들이 주저없이 반응할 때까지 단계4를 반복한다. 단계 4를 여러 학생들에게 개

별적으로 시킨다. 나머지 다이어그램으로 단계 1~4를 반복한다)

Part C: 덜 구조화된 학습지

1. (Part B의 문제와 비슷한 학습지를 학생들에게 준다)

문제 a를 가리킨다.

2. 전체 단위는 몇 개의 부분으로 되어 있는지 어디에 쓰나요?   아래 칸

3. 위 칸에는 무엇을 쓰나요? 그 수를 쓰세요.   몇 개의 부분으로 사용되었는지입니다.

4. 밑의 수를 가리킨다. 여러분은 무엇을 썼나요? 그것은 우리에게 무엇을 말

해 주나요?   전체 단위는 ___개 부분으로 되어 있다.

5. 위의 수를 가리킨다. 여러분은 무엇을 썼나요? 그것은 우리에게 무엇을 말

해 주나요?   ___개 부분이 사용되었다.

(나머지 문제들을 가지고 단계 1~5를 반복한다)

〈수업 형식 12-4〉 분수 읽기

교사	학생
1. (칠판에 다음 분수들을 쓴다) $\dfrac{4}{9}$ $\dfrac{1}{9}$ $\dfrac{3}{4}$ $\dfrac{1}{4}$ $\dfrac{6}{7}$ $\dfrac{1}{7}$ $\dfrac{2}{4}$ $\dfrac{1}{4}$ 지금까지 우리는 분수의 정의에 대해 배웠어요. 오늘 새로운 방법으로 분수를 읽는 것을 배울 거예요. 먼저 선생님이 이 분수를 읽어 볼게요. (4를 가리키며) 사. (9를 가리키며) 구.	
2. 여러분이 읽을 차례예요. (4를 가리킨 후에 9를 가리킨다)	4/9
3. (예의 반을 단계 1, 2를 반복한다)	
4. (남은 예들로 오직 단계 2만을 반복한다) 잘못을 교정하기 위해 옳은 답을 제시하고 반복시킨다.	

〈수업 형식 12-5〉 분수가 1과 같은지, 더 큰지, 혹은 더 작은지 결정하기

교사	학생
Part A: 그림을 이용한 시범	
1. 선생님이 칠판에 그림을 그릴 거예요. 여러분은 1보다 크게, 작게, 혹은 1과 같게 사용했는지를 말해 보세요. (다음과 같은 그림을 그린다) 	
2. 선생님이 색칠한 부분이 1보다 크거나 작은가요? 혹은 1과 같나요? (신호를 준다) 맞아요, 전체 단위인 1보다 작아요. 각각의 원은 4 부분으로 나누어져 있으나 선생님은 오직 3 부분만 색칠했어요. (다음의 예를 가지고 단계 2를 반복한다) 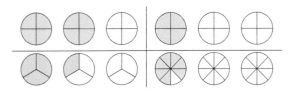	1보다 작습니다.

Part B: 구조화된 칠판 수업

1. 우리는 그림 없이 분수가 1과 같은지 또는 1보다 크거나 작은지 말할 수 있도록 몇 가지 규칙을 배울 거예요.

2. 첫 번째 규칙: 분자와 분모의 수가 같을 때 분수는 1과 같아요. 언제 분수가
   1과 같다고요?

   (칠판에 다음 분수를 쓴다)

   $\dfrac{4}{4}$

분자와 분모의 수가 같을 때입니다.

3. (분수를 가리킨다) 이 분수는 1과 같은가요?

   어떻게 알았지요?

   (다음 문제들로 단계 3을 반복한다)

   $\dfrac{7}{4}$ $\dfrac{2}{3}$ $\dfrac{5}{5}$ $\dfrac{1}{4}$ $\dfrac{8}{8}$

예.

분자와 분모의 수가 같습니다.

4. 새로운 규칙: 분자가 분모의 수보다 크면, 분수는 1보다 커요. 분수는 언제
   1보다 크다고요?

   분자가 분모의 수보다 작은 경우, 분수는 1보다 작아요. 분수는 언제 1보다
   작다고요?

분자가 분모의 수보다 클 때입니다.

분자가 분모의 수보다 작을 때입니다.

5. (칠판에 다음 분수를 쓴다)

   $\dfrac{3}{5}$

   분자의 수가 분모의 수와 같은가요?
   그래서 분수가 1과 같나요?
   분자의 수가 분모의 수보다 크거나 작은가요?
   그렇다면 분수가 1보다 크거나 작은가요?
   어떻게 알았나요?

아니요.
아니요.
작습니다.
1보다 작습니다.
분자의 수가 분모의 수보다 작기 때문
입니다.

   네, 전체를 나눈 부분이 5개이고, 사용된 부분이 3개예요.
   (단계 5를 반복하며 다음 문제를 푼다)

   $\dfrac{3}{4}$ $\dfrac{3}{3}$ $\dfrac{3}{2}$ $\dfrac{4}{5}$ $\dfrac{4}{4}$ $\dfrac{4}{2}$

Part C: 구조화된 학습지

1. (다음과 같은 문제를 제시한다)

   a. $\dfrac{5}{4}$ 크다 / 같다 / 작다   b. $\dfrac{7}{7}$ 크다 / 같다 / 작다   c. $\dfrac{3}{7}$ 크다 / 같다 / 작다

2. 이 유형의 문제에서 여러분은 분수가 1보다 큰지, 작은지 혹은 1과 같은지
   말할 수 있어야 해요.

3. 문제 a에 제시된 분수를 읽어 보세요.

$\dfrac{5}{4}$

4. 그 분수가 1과 같나요?

아니요.

5. 분자의 수가 분모의 수보다 크거나 작나요?

   그럼 그 분수가 1보다 크거나 작나요?

   '크다'라는 단어에 동그라미 하세요.

   (단계 1~4를 반복하며 남은 문제를 푼다)

큽니다.

1보다 큽니다.

〈수업 형식 12-6〉 대분수 읽고 쓰기

교사	학생

Part A: 그림을 이용한 시범

1. (칠판에 다음 도형을 그린다)

$= \dfrac{\square}{\square} = \square\dfrac{\square}{\square}$

2. 이제 새로운 방법으로 이 그림의 도형을 쓰는 방법을 배울 거예요.

3. 먼저 이미 배운 방법으로 분수를 써 봅시다. 전체를 나눈 부분은 몇 개인가 요? (멈춘다)   **4**

   선생님이 그 수를 어디에 썼지요? 써 보세요.   **가로선 아래**

4. 사용된 부분은 몇 개인가요? (멈춘다)   **14**

   선생님이 그 수를 어디에 썼지요? 써 보세요.   **가로선 위**

5. 이제 이 분수를 대분수로 쓸 거예요. 대분수는 자연수와 분수로 이루어져 요. 대분수는 무엇으로 이루어진다고요?   **자연수와 분수**

6. 먼저 다 사용된 전체 단위의 개수를 셀 거예요. 선생님이 가리킨 것을 세어 보세요. 다 사용된 전체 단위는 몇 개인가요?   **3**

   그럼 빈칸에 3을 쓰세요. (빈칸에 3을 쓴다)

7. 이제 다 사용되지 않은 전체 단위에 대한 분수를 써 봅시다. (마지막 원을 가리 킨다)

   분수에서 아래의 수는 무엇인가요? (4를 쓴다)   **4**

   　교정하기: 전체를 나눈 부분은 4입니다.

   분수에서 위의 수는 무엇인가요? (2를 쓴다)   **2**

   　교정하기: 색칠된 부분은 2입니다. 그것은 다 사용되지 않은 분수가 $\dfrac{2}{4}$ 라 는 것을 의미합니다.

8. 대분수는 $3\dfrac{2}{4}$ 라고 말합니다. 대분수는 어떻게 말한다고요? $3\dfrac{2}{4}$

   다 사용된 전체 단위가 총 3개이고, 전체 단위의 $\dfrac{2}{4}$ 만 사용되었습니다.

   (다음 예들로 단계 2~7을 반복한다)

   a. $= \dfrac{\square}{\square} = \square\dfrac{\square}{\square}$

   b. $= \dfrac{\square}{\square} = \square\dfrac{\square}{\square}$

   c. $= \dfrac{\square}{\square} = \square\dfrac{\square}{\square}$

Part B: 구조화된 칠판 수업

1. (칠판에 다음을 쓴다)

$2\frac{1}{3}$

2. 대분수는 자연수와 분수로 이루어집니다. 대분수는 무엇이라고요?　　　　　자연수와 분수로 이루어집니다.

3. (가리킨다)

$2\frac{1}{3}$

　자연수는 무엇인가요?　　　　　2

　분수는 무엇인가요?　　　　　$\frac{1}{3}$

4. 대분수를 읽는다.　　　　　$2\frac{1}{3}$

　(다음 문제로 단계 2~3을 반복하여 푼다)

　$5\frac{2}{7}$　$7\frac{1}{2}$　$3\frac{4}{5}$　$6\frac{1}{2}$

Part C: 구조화된 학습지

　(줄이 있는 종이를 학생들에게 준다)

1. 들어 보세요. $2\frac{3}{4}$. 이 분수를 읽어 보세요.　　　　　$2\frac{3}{4}$

　자연수는 무엇인가요?　　　　　2

　한 칸을 다 차지하도록 2를 써 볼게요.

　$\underline{2}$

2. 들어 보세요. $2\frac{3}{4}$. 여기에서 분수는 무엇인가요?　　　　　$\frac{3}{4}$

　2 옆의 중간에 분수의 가로선을 쓰고 분수의 수를 작게 쓰세요. (수를 쓴다)

　$\underline{2\frac{3}{4}}$

3. 대분수는 무엇입니까?　　　　　$2\frac{3}{4}$

　(다음 문제로 단계 1~3을 반복하여 푼다)

　$7\frac{1}{2}$　$4\frac{2}{5}$

4. 자, 이제 여러분 차례예요. 대분수 $5\frac{2}{3}$를 쓸 거예요. 여러분이 써야 하는 대　　　$5\frac{2}{3}$
　분수는 무엇이라고요?

5. 들어 보세요. $5\frac{2}{3}$. 여기에서 자연수는 무엇인가요? 그것을 쓰세요. 위아래　　　5
　선에 닿을 수 있도록 크게 쓰세요. (학생들의 반응을 모니터한다)

6. 들어 보세요. $5\frac{2}{3}$. 여기에서 분수는 무엇인가요? 5 옆의 중간에 바르게 분수의　　　$\frac{2}{3}$
　가로선을 그리세요. 그리고 수는 작게 하여 $\frac{2}{3}$를 쓰세요.

　(다음 수들로 단계 2를 반복하여 푼다)

　$7\frac{2}{4}$　$9\frac{1}{3}$　$7\frac{1}{2}$　$5\frac{3}{8}$

7. 들어 보세요. $3\frac{4}{6}$. 이 분수를 읽어 보세요.

 이 분수를 쓰세요. (이 수들로 단계 7을 반복한다)

$7\frac{2}{4}$ $9\frac{1}{3}$ $7\frac{1}{2}$ $5\frac{3}{8}$

$3\frac{4}{6}$

〈수업 형식 12-7〉 1과 같은 분수 만들기

교사	학생
Part A: 구조화된 칠판 수업	
1. 규칙: 분자의 수가 분모의 수와 같을 때 그 분수는 1과 같아요. 언제 분수가 1과 같다고요?	분자의 수가 분모의 수와 같을 때입니다.
2. (칠판에 다음을 쓴다) $\dfrac{\square}{5}$	
이 분수의 분모는 무엇인가요?	5
분모의 수가 5일 때 1과 같아지는 분수는 무엇인가요?	$\dfrac{5}{5}$
교정하기: 분자가 분모와 같을 때 분수는 1과 같아요. 분모는 무엇인가요?	
분자의 수는 무엇이 되어야 하나요? (단계 2를 반복한다)	
네, $\dfrac{5}{5}$ 는 1과 같아요.	
(단계 2를 반복하며 이 문제들을 푼다) $\dfrac{\square}{8}$ $\dfrac{\square}{3}$ $\dfrac{\square}{6}$ $\dfrac{\square}{9}$	
Part B: 구조화된 학습지	
1. (다음과 같은 예가 제시된 학습지를 준다) a. $1 = \dfrac{\square}{4}$ b. $1 = \dfrac{\square}{7}$ c. $1 = \dfrac{\square}{4}$ d. $1 = \dfrac{\square}{7}$	
2. 언제 분수는 1과 같나요?	분자와 분모의 수가 같을 때입니다.
3. 문제 a를 보세요. 1은 4분의 몇과 같나요? 문제를 읽어 보세요.	1은 4분의 몇과 같습니까?
4. 1과 같으며 분모가 4인 분수를 말해 보세요. 네, $\dfrac{4}{4}$ 는 1과 같습니다.	$\dfrac{4}{4}$
5. 빈칸에 수를 써넣으세요. (단계 1~4를 반복하며 남은 문제를 푼다)	빈칸에 4를 쓴다.

〈수업 형식 12-8〉 동치 분수 계산하기

교사	학생

Part A: 그림을 이용한 시범

1. 분수들이 같은 양을 나타낼 때 분수는 같아요.

   (투명한 책받침에 다음의 그림을 그린다. 이 원들은 반지름이 같아야 한다. 각 도형은 다른 색을 사용해야 한다)

    $\frac{4}{8}$ $\frac{1}{2}$

2. 이 그림은 $\frac{4}{8}$ 예요. (첫 번째 도형을 가리킨다)

   이 그림은 $\frac{1}{2}$ 예요. (두 번째 도형을 가리킨다)

3. 파이의 $\frac{4}{8}$ 를 가진 사람은 파이의 $\frac{1}{2}$ 을 가진 사람과 같은 몫을 가졌나요?　　예.

   교정하기: (한 도형을 다른 도형 위에 두고 색칠된 부분의 윤곽을 그린다) 색칠된 부분이 두 파이 모두 같은 크기예요.

4. 그럼 $\frac{4}{8}$ 와 $\frac{1}{2}$ 은 같은 분수인가요?　　　　　　　예.

5. 맞아요. $\frac{4}{8}$ 와 $\frac{1}{2}$ 은 전체에서 같은 양을 사용하고 있어요. (다음 쌍들로 단계 1~3을 반복한다)

   a. $\frac{2}{3}$ ⬤ $\frac{1}{2}$ ⬤　　b. $\frac{2}{3}$ ⬤ $\frac{4}{6}$ ⬤　　c. $\frac{3}{4}$ ⬤ $\frac{2}{3}$ ⬤

Part B: 1을 곱하거나 나누기

1. 여러분이 분수에 1을 곱하면 그 답은 처음의 분수와 같아요.

2. (칠판에 다음 문제를 쓴다)

   $\frac{3}{8} \times 1$

   처음의 수는 무엇인가요?　　　　　　　　　　　　　$\frac{3}{8}$

   답은 $\frac{3}{8}$ 과 같나요?　　　　　　　　　　　　예.

   어떻게 알았나요?　　　　　　　　　　　　1을 곱했기 때문입니다.

   (단계 2를 반복하며 다음 문제들을 푼다)

   $\frac{1}{2} \times 1$　　$\frac{1}{4} \times 5$

3. 다음은 분수 규칙에 대한 것이에요. 1과 같은 분수를 곱하면 그 답은 처음의 분수와 같아요. 다시 들어 보세요. (규칙을 반복한다)

4. (칠판에 다음 문제를 쓴다)

   $\frac{4}{8} \times \frac{2}{2}$

   처음의 분수는 무엇인가요?　　　　　　　　　　　$\frac{4}{8}$

   $\frac{4}{8}$ 에 어떤 수를 곱했나요?　　　　　　　　　　$\frac{2}{2}$

5. $\frac{2}{2}$는 1과 같은가요?   예.

그럼 구한 답이 $\frac{4}{8}$과 같나요?   예.

어떻게 알았나요?   1과 같은 분수를 곱했기 때문입니다.

(단계 4와 5를 반복하며 다음 문제를 푼다)

$$\frac{4}{8} \times \frac{4}{4} \qquad \frac{5}{6} \times \frac{3}{6}$$

$$\frac{5}{6} \times \frac{2}{3} \qquad \frac{3}{9} \times \frac{8}{8}$$

$$\frac{7}{2} \times \frac{9}{9} \qquad \frac{2}{4} \times \frac{4}{4}$$

Part C: 구조화된 칠판 수업

1. (칠판에 다음 문제를 쓴다)

$$\frac{2}{3}\left(\quad\right) = \frac{\square}{12}$$

2. 우리가 1과 같은 분수를 곱할 때 분수의 값은 변하지 않아요.

3. 이 괄호는 몇 배를 의미해요. 우리는 1과 같은 분수를 $\frac{2}{3}$에 곱할 거예요.

1과 같은 분수를 구해야만 해요.

4. $\frac{2}{3}$와 같은 값을 가진 분수로 식이 끝나야 해요. (12를 가리킨다)

끝에 있는 분모는 무엇인가요?   12

3에 어떤 수를 곱하면 12와 같나요?   4

그래서 분모가 4인 분수를 곱해요.

5. (괄호 안에 4를 쓴다)

$$\frac{2}{3}\left(\frac{\ }{4}\right) = \frac{\square}{12}$$

6. 괄호 안에 분수는 1이 되어야 해요.

분모가 4라면 분자는 무엇이 되어야 하나요?   4

(괄호 안의 분자에 4를 쓴다)

$$\frac{2}{3}\left(\frac{4}{4}\right) = \frac{\square}{12}$$

예. 우리는 $\frac{2}{3}$에 $\frac{4}{4}$를 곱했어요. $\frac{2}{3}$에 무엇을 곱했다고요? $\frac{4}{4}$

7. 우리가 곱해야 하는 1과 같은 분수를 구했어요.

$\frac{2}{3}$는 12분의 몇과 같은지 곱셈으로 구해 보세요. 2×4는 몇과 같나요?   8

(멈춘다)

(칠판에 문제를 쓴다)

$$\frac{2}{3}\left(\frac{4}{4}\right) = \frac{8}{12}$$

8. $\frac{2}{3}$에 1과 같은 분수를 곱해서 $\frac{8}{12}$을 구했어요. $\frac{2}{3}$는 $\frac{8}{12}$이 되어야 해요.

   (단계 3~7을 반복하며 다음 문제를 푼다)

   $\frac{3}{5} = \frac{\square}{10}$ $\frac{2}{3} = \frac{\square}{15}$ $\frac{2}{7} = \frac{\square}{21}$

Part D: 구조화된 학습지

1. (학생들에게 다음과 비슷한 문제가 제시된 학습지를 준다)

   a. $\frac{3}{4}\left(-\right) = \frac{\square}{8}$ b. $\frac{5}{9}\left(-\right) = \frac{\square}{27}$ c. $\frac{1}{4}\left(-\right) = \frac{\square}{20}$

   d. $\frac{2}{5}\left(-\right) = \frac{\square}{20}$ e. $\frac{3}{5}\left(-\right) = \frac{\square}{35}$ f. $\frac{2}{3}\left(-\right) = \frac{\square}{12}$

2. 문제 a를 보세요.

3. 이것은 $\frac{3}{4}$은 8분의 몇과 같은지를 의미해요. 문제는 무엇을 의미하나요? $\frac{3}{4}$은 8분의 몇과 같습니까?

4. $\frac{3}{4}$에 1과 같은 분수를 곱해야만 해요.

   맨 앞의 분수의 분모는 무엇인가요?   4

   끝에 있는 분수의 분모는 무엇인가요?   8

   4에 어떤 수를 곱하면 8이 되나요?   2

   괄호의 분모에 2를 쓰세요.

5. $\frac{3}{4}$에 1과 같은 분수를 곱할 거예요.

   1과 같은 분모가 2인 분수는 무엇인가요? $\frac{2}{2}$

   괄호에 분자인 2를 쓰세요.

6. 1과 같은 분수를 구했어요. 이제 빈칸의 분자를 구하기 위해 무엇을 곱해야

   하나요? 3×2

   3×2는 무엇이지요? (멈추고 신호를 준다)   6

   빈칸에 6을 쓰세요.

7. $\frac{3}{4}$은 어떤 분수와 같나요? $\frac{6}{8}$

8. 왜 $\frac{3}{4}$은 $\frac{6}{8}$과 같다고 생각하나요?   1과 같은 분수를 곱했기 때문입니다.

   (단계 1~7을 반복하며 남은 문제를 푼다)

Part E: 덜 구조화된 학습지

1. (학생들에게 다음과 같은 문제가 제시된 학습지를 준다. 쓰여 있지 않은 괄호를 유의

   하게 한다)

   a. $\frac{5}{6} = \frac{\square}{12}$ b. $\frac{3}{4} = \frac{\square}{20}$ c. $\frac{1}{3} = \frac{\square}{12}$

   d. $\frac{1}{5} = \frac{\square}{20}$ e. $\frac{2}{5} = \frac{\square}{15}$ f. $\frac{3}{7} = \frac{\square}{14}$

2. 문제 a를 보세요. 문제를 읽어 보세요. $\frac{5}{6}$는 12분의 몇과 같습니까?

3. $\frac{5}{6}$에 1과 같은 분수를 곱해야 해요.

   같은 분수를 구하기 위해 $\frac{5}{6}$ 옆에 괄호를 그려요.

4. 수를 보고 $\frac{5}{6}$에 무엇을 곱해야 하는지 말할 준비를 하세요. (멈춘다) $\frac{2}{2}$

   교정하기: 맨 처음의 분수의 분모는 무엇인가요? 마지막 분수의 분모는 무엇
   인가요? 6에 어떤 수를 곱하면 12와 같나요? 그것이 분모예요. 우리가 곱한
   분수는 1과 같아요. 괄호 안의 분수는 무엇이 될까요?

5. 곱셈을 하여 빈칸에 분자를 쓰세요.

6. $\frac{5}{6}$는 어떤 분수와 같습니까? $\frac{10}{12}$

   (단계 1~5를 반복하며 남은 문제를 푼다)

〈수업 형식 12-9〉 사전 기술: 약수 결정하기

교사	학생
Part A: 개념 소개	
1. (칠판에 다음 문제를 쓴다)	
$\quad 5 \times 3 = 15$	
$\quad 9 \times 2 = 18$	
$\quad 7 \times 6 = 42$	
약수는 서로 곱해진 수예요.	
2. 첫 번째 문제를 읽어 보세요.	$5 \times 3 = 15$
어떤 수들이 곱해졌나요?	5와 3
그래서 5와 3은 15의 약수예요. 15의 두 약수는 무엇이라고요?	5와 3
3. 칠판을 보고 18의 두 약수를 말해 보세요.	9와 2
4. 칠판을 보고 42의 두 약수를 말해 보세요.	7과 6
Part B: 구조화된 칠판 수업	
1. (칠판에 12를 쓴다)	
가장 작은 약수로 시작하는 12의 모든 약수를 열거할 거예요.	
잘 들어 보세요. 1을 곱한 수는 항상 그 수와 같아요. 그럼 1은 12의 약수인	
가요?	예.
네, 1은 12의 약수예요. 1에 어떤 수를 곱하면 12가 되나요?	12
12와 1은 12의 약수예요. 12는 12의 가장 큰 약수이지요. 1은 12의 가장 작	
은 약수예요.	
우리는 12의 약수 목록을 만들고 있어요.	
1×12로 시작해 보아요.	
$\quad 1 \times 12$	

2. 1은 12의 가장 작은 약수예요.

   1 다음으로 큰 수를 곱하면 12가 되는 수를 찾아 보세요. 선생님이 여러 수를 말해 볼게요. 여러분은 선생님이 12의 약수인 수를 말할 때 '그만'이라고 말하세요.

   들어 보세요. 2. (멈춘다)   그만.

   교정: (학생들이 2에서 그만이라고 말하지 않은 경우) 2를 곱하면 12가 될 수 있어요. 따라서 2는 12의 약수예요.

   네, 2는 12의 다음으로 큰 약수예요.

   2에 어떤 수를 곱하면 12가 되나요?   6

   따라서 6은 2와 함께 곱해지는 12의 또 다른 약수예요.

   12의 약수 목록에 2×6을 추가해요.

       1×12

       2×6

3. 12의 다음으로 큰 약수를 구해 봅시다.

   선생님이 어떤 수를 말할 거예요. 12의 약수라면 그만이라고 말하세요. 우리는 벌써 1과 2를 구했어요. 들어 보세요, 3.(멈춘다)   그만.

   교정하기: (학생들이 3에서 그만이라고 말하지 않은 경우) 3을 곱하면 12가 될 수 있어요. 따라서 3은 12의 약수예요.

   네, 3은 12의 약수예요.

   3에 어떤 수를 곱하면 12가 되나요?   4

   따라서 4는 3과 함께 곱해지는 12의 또 다른 약수예요.

   12의 약수 목록에 3×4를 추가해요.

       1×12

       2×6

       3×4

4. 들어 보세요. 12의 더 이상의 약수는 없어요. 어떻게 알았을까요? 3 다음의 수는 4이고, 우리는 벌써 그 수를 가지고 있기 때문이에요. 12의 약수 모두를 구했어요.

   여러분은 12의 모든 약수를 구했나요?   예.

   어떻게 알았나요?   3 다음의 수는 4이고, 벌써 그 수를 구했기 때문입니다.

       1×12

       2×6

       3×4

5. 수의 약수를 구할 때는 순서대로 수를 읽고 '곱하기'를 말하지 않아야 해요.

   선생님이 먼저 12의 모든 약수를 말해 볼게요. (말하는 그 수를 가리키면서)

   여러분 차례예요. 12의 모든 약수를 말해 보세요.   1, 2, 3, 4, 6, 12

6. (칠판에 10을 쓴다)

7. 가장 작은 약수로 시작하는 10의 모든 약수를 열거할 거예요. 들어 보세요.

   1을 곱한 수는 항상 그 수와 같아요. 그럼 1은 10의 약수인가요?   예.

맞아요, 1은 10의 약수예요. 1에 어떤 수를 곱하면 10이 되나요?	10

10과 1은 10의 약수예요. 10은 10의 가장 큰 약수이지요. 1은 10의 가장 작은 약수예요.

1 × 10으로 10의 약수 목록을 시작해 보아요.

　　1 × 10

8. 1 다음으로 큰 수를 곱하면 10이 되는 수를 구해 봅시다. 선생님이 여러 수를 말해 볼게요. 여러분은 10의 약수인 수가 나오면 그만이라고 말하세요.

1은 10의 가장 작은 약수예요. 다음엔 어떤 수가 오나요?　　　　　　　　　2

2는 10의 약수인가요?　　　　　　　　　　　　　　　　　　　　　　　예.

교정하기: (만약 학생들이 그만이라고 말하지 않은 경우) 2를 곱하면 10이 될 수 있어요. 따라서 2는 10의 약수예요.

네, 2는 10의 다음으로 큰 약수예요.

2에 어떤 수를 곱하면 10이 되나요?

따라서 5는 2와 함께 따라오는 10의 또 다른 약수예요.

10의 약수 목록에 2 × 5를 추가해요.

　　1 × 10

　　2 × 5

9. 10의 다음으로 큰 약수를 구해 봅시다.

선생님이 어떤 수를 말할 거예요. 10의 약수라면 그만이라고 말하세요. 우리는 벌써 1과 2를 구했어요. 들어 보세요. 3(멈춘다), 4(멈춘다), 5. (멈춘다)　그만.

교정하기: (만약 학생들이 3 또는 4에서 그만이라고 말하지 않으면) 그 수는 곱할 수 없고 10이 되지 않아요.

네, 5는 10의 약수예요.

목록에 5가 이미 있나요?　　　　　　　　　　　　　　　　　　　　　예.

10. 그러면 10의 모든 약수를 구했나요?　　　　　　　　　　　　　　　　예.

어떻게 알았나요?　　　　　　　　　　　　　　　　다음 약수가 5이고 그 수를 벌써 구했

　　1 × 10　　　　　　　　　　　　　　　　　　　기 때문입니다.

　　2 × 5

11. 수의 약수를 구할 때는 순서대로 수를 읽고 '곱하기'를 말하지 않아야 해요.

여러분 차례예요. 10의 모든 약수를 말해 보세요.　　　　　　　　　　　1, 2, 5, 10

(그 날 바로 다른 새로운 예를 제시하여 Part B를 반복한다)

Part C: 구조화된 학습지

1. (학생들에게 다음과 같은 문제가 제시된 학습지를 주고, 각 수의 모든 약수를 열거하고, 먼저 가장 큰 약수를 찾도록 지도한다)

　　a. 1 × 16

　　b. 1 × 12

　　c. 1 × 7

(문제 a를 가리키면서) 16의 가장 작은 약수는 무엇인가요?	1
16이 되기 위해 1과 함께 곱해지는 다른 약수는 무엇인가요?	16
첫 번째 줄에 1 곱하기 16을 쓰세요.	

    1×16

2. 1은 16의 가장 작은 약수예요.

16의 다음으로 큰 약수는 무엇이지요? (멈춘다)	2
16이 되기 위해 2와 함께 곱해지는 다른 약수는 무엇인가요? (멈춘다)	8
16×1 밑에 2×8을 쓰세요.	

    1×16
    2×8

16의 다음으로 큰 약수는 무엇인가요? (멈춘다)	4
16이 되기 위해 4와 함께 곱해지는 다른 약수는 무엇이지요?	4
2×8 밑에 4×4를 쓰세요.	

    1×16
    2×8
    4×4

3. 16의 또 다른 약수가 있습니까?	아니요.
어떻게 알았습니까?	다음 약수가 8이고 그 수를 벌써 구했기 때문입니다.

    1×16
    2×8
    4×4

4. 16의 모든 약수를 말해 보세요.	1, 2, 4, 8, 16
(새로운 수로 단계 1~4를 반복한다. 학생들이 남은 문제들을 스스로 풀도록 한다)	

〈수업 형식 12-10〉 최대공약수 결정하기

교사	학생
1. (다음과 비슷한 학습지를 학생들에게 제시한다)	
a. 12와 16의 최대공약수는 무엇인가요?	
b. 10과 5의 최대공약수는 무엇인가요?	
c. 4와 7의 최대공약수는 무엇인가요?	
d. 10과 15의 최대공약수는 무엇인가요?	
e. 18과 9의 최대공약수는 무엇인가요?	
f. 12와 9의 최대공약수는 무엇인가요?	
2. 학습지의 문제 a를 찾아 지시를 읽어 보세요.	12와 16의 최대공약수는 무엇입니까?
12와 16의 최대공약수를 찾아 보세요. 최대공약수는 12와 16의 약수 중 가장 큰 수예요. 12의 약수 중 가장 큰 수는 무엇인가요?	12
12는 16의 약수인가요?	아닙니다.
12는 12와 16의 최대공약수가 될 수 없어요. 왜 그런가요?	12는 16의 약수가 아니기 때문입니다.

3. 12 다음으로 가장 큰 약수는 무엇인가요? (멈춘다)   6

   6은 16의 약수인가요? (멈춘다)   아닙니다.

   6은 12와 16의 최대공약수가 될 수 없어요. 왜 그런가요?   6은 16의 약수가 아니기 때문입니다.

4. 12의 다음으로 가장 큰 약수는 무엇인가요? (멈춘다)   4

   4는 16의 약수인가요? (멈춘다)   예.

   그렇다면 12와 16의 최대공약수는 무엇인가요?   4

5. 4를 쓰세요.

   (단계 1~4를 반복하며 남은 예를 푼다)

〈수업 형식 12-11〉 약분하기

교사	학생

Part A: 구조화된 칠판 수업

1. (칠판에 다음 문제를 쓴다)

$$\frac{8}{12} = \Big(\quad\Big)\,\underline{\quad\quad}$$

2. 이 분수를 약분할 거예요. 분자와 분모의 최대공약수를 구함으로써 약분해요. 분수를 어떻게 약분하나요?   분자와 분모의 최대공약수를 구합니다.

3. $\frac{8}{12}$ 를 약분할 거예요. 8과 12의 최대공약수는 무엇인가요? (멈춘다)   4

   교정하기: 정답을 말해 보세요. 학생들의 답이 틀린 이유를 설명해 준다.

4. 분수 $\frac{4}{4}$ 를 도출했어요. $\frac{8}{12}$ 에서 어떤 분수를 도출했나요? $\frac{4}{4}$

   (칠판에 새로운 분수를 쓴다)

$$\frac{8}{12} = \Big(\frac{4}{4}\Big)\,\underline{\quad\quad}$$

5. 약분된 분수의 분자를 계산해 봅시다.

   (읽는 대로 대상을 가리킨다) $8 = 4 \times ?$ (멈춘다)   2

   (2를 쓴다)

$$\frac{8}{12} = \Big(\frac{4}{4}\Big)\frac{2}{}$$

6. 약분된 분수의 분모를 계산해 봅시다.

   (읽는 대로 대상을 가리킨다) $12 = 4 \times ?$ (멈춘 후 신호를 준다)   3

   (3을 쓴다)

$$\frac{8}{12} = \Big(\frac{4}{4}\Big)\frac{2}{3}$$

7. 괄호 안의 분수는 1과 같아요. 1을 곱하면 분수의 값은 변하지 않지요. 그래서 $\frac{4}{4}$ 에 줄을 그어 지울 수 있어요. (지운다) 1인 분수를 빼면, 약분된 분수는 $\frac{2}{3}$ 예요. 약분된 분수는 무엇인가요? $\frac{2}{3}$

8. 다음 식을 읽어 보세요.

   (단계 1~7을 반복하며 다음 문제를 푼다)

   $\frac{15}{20} = \left(\quad \right)$ ————— $\frac{9}{36} = \left(\quad \right)$ ————— $\frac{16}{24} = \left(\quad \right)$ —————

   $\frac{8}{12} = \frac{2}{3}$

Part B: 구조화된 학습지

1. (다음과 같은 문제가 제시된 학습지를 준다)

   a. $\frac{10}{15} = \left(\quad \right)$ b. $\frac{12}{16} = \left(\quad \right)$ c. $\frac{8}{24} = \left(\quad \right)$

2. 이 분수들을 약분할 거예요. 어떻게 약분하면 되나요?

   분자와 분모의 최대공약수를 구합니다.

3. 문제 a를 보고 분수를 읽어 보세요.

   $\frac{10}{15}$

4. 10과 15의 최대공약수는 무엇인가요? (잠시 멈춘다)

   5

5. 괄호 안에 쓸 분수는 무엇인가요? 그 분수를 쓰세요.

   $\frac{5}{5}$

6. 분자의 맞은편의 수는 '10 = 5 × ?'예요. 분자의 맞은편의 수는 무엇이라고요?

   $10 = 5 \times ?$

7. 분모의 맞은편의 수는 무엇인가요?

   $15 = 5 \times ?$

8. 약분된 분수의 분자와 분모를 채워 넣으세요. (잠시 멈춘다)

   괄호 안의 1인 분수를 줄을 그어 지워요.

   2와 3을 쓴다.

   $\frac{5}{5}$에 줄을 그어 지운다.

9. 약분된 분수는 무엇인가요?

   $\frac{2}{3}$

10. 그 식을 읽어 보세요.

   (단계 1~9를 반복하며 남은 문제를 푼다)

   $\frac{10}{15} = \frac{2}{3}$

Part C: 덜 구조화된 학습지

1. (다음과 같은 학습지를 제시한다. 괄호가 쓰이지 않은 것을 유념한다) 다음 분수를 약분하세요.

   a. $\frac{15}{20}$ b. $\frac{8}{12}$ c. $\frac{6}{18}$

   d. $\frac{4}{7}$ e. $\frac{8}{16}$ f. $\frac{5}{8}$

2. 분수는 어떻게 약분하나요?

   분자와 분모의 최대공약수를 구합니다.

3. 분수 a를 읽어 보세요.

   $\frac{15}{20}$

4. 등호 기호를 쓰세요. 등호의 반대 편에 괄호를 쓰세요.

   $\frac{15}{20} = \left(\quad \right)$를 쓴다.

5. 괄호 안에 써야 할 분수는 무엇인가요? (잠시 멈춘다)　　　　　　　　　　$\dfrac{5}{5}$

　　교정하기: _____ 와 _____ 의 최대공약수는 무엇인가요?

　　(단계 4를 반복한다)

6. 괄호 안에 $\dfrac{5}{5}$ 를 쓰세요. 그리고 분수를 약분하여 구하세요. (멈춘다)

7. 1인 분수를 줄을 그어 지워요.

8. 약분된 분수는 무엇인가요?　　　　　　　　　　　　　　　　　　　$\dfrac{3}{4}$

　　교정하기: 분자를 읽으세요. 분자는 무엇인가요?

　　　　　　　 분모를 읽으세요. 분모는 무엇인가요?

9. 다음 식을 읽으세요.　　　　　　　　　　　　　　　　　$\dfrac{15}{20} = \dfrac{3}{4}$

　　(단계 1~8을 반복하며 남은 문제를 푼다)

〈수업 형식 12-12〉 **가분수를 대분수로 전환하기**

교사	학생
Part A: 그림을 이용한 설명	
1. (칠판에 다음과 같은 다이어그램을 그린다) $\dfrac{13}{5}$ ◯ ◯ ◯	
2. ($\dfrac{13}{5}$ 을 가리킨다) 이 분수를 읽으세요.	$\dfrac{13}{5}$
3. $\dfrac{13}{5}$ 은 온전한 1보다 큰가요?	예.
4. 그림을 그려서 $\dfrac{13}{5}$ 이 만들 수 있는 온전한 1의 개수를 확인해 봅시다.	
5. 각각의 온전한 1은 몇 개의 단위 분수로 되어 있나요? (칠판에 다음의 원을 그린다)	5
6. 몇 개의 단위 분수를 사용했나요? (13부분을 색칠한다)	13
7. 모두 사용된 온전한 1은 몇 개인지 알아봅시다. (첫 번째 원을 가리킨다) 모두 다 사용되었나요?	예.
(2번째 동그라미를 가리키며) 모두 사용되었나요?	예.
(3번째 동그라미를 가리키며) 모두 사용되었나요?	아니요.
모두 사용된 온전한 1은 몇 개인가요?	2
모두 사용된 온전한 1은 2개예요. 마지막 원을 보세요. 그리고 몇 개인지 세어 보세요. 사용된 단위 분수는 모두 몇 개인가요?	3
그리고 각각의 전체 안에는 몇 개의 단위 분수가 있나요?	5

자, 이제 우리는 이를 온전한 1의 $\frac{3}{5}$이라고 말할 수 있어요. 우리는 2개의 온전한 1과 $\frac{3}{5}$을 가지고 있어요.

(2와 $\frac{3}{5}$이라고 쓴다)

Part B: 구조화된 칠판 수업

1. 우리는 분수에서 온전한 1이 몇 개인지 알아내는 빠른 방법을 배울 거예요. 단위 분수의 총 개수(분자)를 온전한 1이 되는 단위 분수의 개수(분모)로 나눕니다. 온전한 1이 몇 개인지 알아내기 위해서 무엇을 하나요?

   (칠판에 다음 분수를 쓴다)

   $$\frac{13}{5}$$

   분수를 읽어 보세요.

   이 분수는 온전한 1과 같나요? 더 큰가요? 또는 더 작은 수 인가요?

   > 온전한 1이 되는 단위 분수 개수(분모)로 단위 분수의 총 개수(분자)를 나눕니다.
   >
   > $$\frac{13}{5}$$
   >
   > 온전한 1보다 더 큽니다.

2. 이 분수가 만들 수 있는 온전한 1의 개수가 몇 개인지 알려고 해요. 각 동그라미에는 단위 분수가 몇 개씩 있나요?

   자, 이제 5로 나누어 볼게요.

   (문제를 쓴다)

   > 5

   $$5\overline{)13} \quad \boxed{}\frac{\boxed{}}{\boxed{}}$$

3. 자, 나누어 봅시다. (박스를 가리킨다) 13 안에는 5가 몇 번 들어가나요? (2라고 쓴다) 온전한 1이 2개 있어요.

   (13 아래를 가리킨다) 여기에 숫자 몇을 써야 하나요?

   (13 아래에 −10이라고 쓴다)

   > 2
   >
   > 10

   $$5\overline{)13} \quad \boxed{2}\frac{\boxed{}}{\boxed{}}$$
   $$-\ 10$$

4. 온전한 1이 2개 있고, 이 안에는 단위 분수 10개를 사용했어요. 자, 이제 뺍시다. 몇 개의 단위 분수가 남는지 살펴봅시다. 13 − 10은 얼마인가요?

   > 3

5. 우리가 분수를 시작한 이후로, 분수의 나머지를 쓸 거예요. 기억하세요, 전체에는 단위 분수가 5개 있어요.

   ($5\overline{)13}$ 의 5를 가리킨다)

   따라서 분수의 아랫 부분에 5라고 쓰세요. (5를 쓴다)

   남은 단위 분수는 모두 몇 개인가요?

   따라서 분수의 윗부분에 3이라고 씁니다. (3을 쓴다)

   > 3

   $$5\overline{)13} \quad \boxed{2}\frac{\boxed{3}}{\boxed{5}}$$
   $$\underline{10}$$
   $$3$$

Part B: 학습지 활동

1. (각 2개 숫자의 최소공배수를 적는다)

    a. 6과 9의 최소공배수는 _____.

    b. 8과 6의 최소공배수는 _____.

    c. 5와 2의 최소공배수는 _____.

    d. 5와 4의 최소공배수는 _____.

    e. 6과 12의 최소공배수는 _____.

    f. 4와 3의 최소공배수는 _____.

    g. 6과 2의 최소공배수는 _____.

    h. 4와 12의 최소공배수는 _____.

    i. 5와 3의 최소공배수는 _____.

    j. 3과 9의 최소공배수는 _____.

2. 숫자들의 최소 공배수를 찾는 문제입니다. 문제 a에서 6과 9의 최소공배수를 찾아 보세요. 최소공배수는 공통된 배수의 가장 작은 숫자예요.

3. 6의 배수를 말해 보세요. (학생들에게 30에서 멈추게 한다)　　　　　6, 12, 18, 24, 30

4. 9의 배수를 말해 보세요. (학생들에게 45에서 멈추게 한다)　　　　　9, 18, 27, 36, 45

5. 9와 6의 최소공배수는 얼마인가요? (멈춘 후 신호를 준다)　　　　　18

    답을 쓰세요.

    (몇 개의 문제로 단계 1~4를 반복한다. 그리고 남은 문제는 학생들 스스로 풀게 한다)

〈수업 형식 12-16〉 **분모가 다른 분수의 덧셈과 뺄셈**

교사	학생

Part A: 구조화된 칠판 수업

1. (칠판에 다음의 문제를 적는다)

    $\dfrac{2}{3} + \dfrac{1}{4} = $ _____

2. 문제를 읽어 보세요.	$\dfrac{2}{3} + \dfrac{1}{4}$
우리가 쓰던 방법으로 이 분수를 더할 수 있나요?	아니요.
3. 이 문제를 풀기 위해서는 분모가 같도록 해야 해요. 그러려면 먼저 분모의	
최소공배수를 알아야 해요. 첫 번째 분수의 분모는 무엇인가요?	3
두 번째 분수의 분모는 무엇인가요?	4
4. 4와 3의 최소공배수는 무엇이지요? (멈춘 후 신호를 준다)	12
교정하기: 3의 배수인 숫자들을 말해 보세요.	
4의 배수인 숫자들을 말해 보세요.	
최소공배수는 얼마인가요?	

5. 분수를 분모가 12인 분수로 고쳐 써야 해요.

   (각각의 분모 밑에 12라고 쓴다)

   $$\frac{2}{3} + \frac{1}{4}$$
   12   12

   기억하세요. $\frac{2}{3}$를 분모가 12인 분수로 바꾸려고 해요. $\frac{2}{3}$의 값을 바꾸지는 않을 거예요. $\frac{2}{3}$에 어떤 분수를 곱해야 분모가 12인 분수를 만들 수 있을까요? (멈춘 후 신호를 준다) $\frac{4}{4}$

   교정하기: $\frac{2}{3}$의 분모는 무엇이지요? 3에 무엇을 곱해야 12가 될까요? 따라서 $\frac{2}{3}$와 $\frac{4}{4}$를 곱해야 해요. $\frac{2}{3}$에 무엇을 곱한다고요? ($\frac{4}{4}$를 괄호 안에 쓴다)

   $$\frac{2}{3}\left(\frac{4}{4}\right) + \frac{1}{4}$$
   12   12

   2 × 4는 얼마인가요? (멈춘 후 신호를 준다)   8

   (8을 쓴다) 3 × 4는 얼마예요? (멈춘 후 신호를 준다)   12

   ($\frac{2}{3}$는 줄을 그어 지운다. 12를 쓴다)

   $$\frac{\cancel{2}}{\cancel{3}}\left(\frac{\cancel{4}}{\cancel{4}}\right)^{8} + \frac{1}{4}$$
   12   12

   $\frac{2}{3}$를 $\frac{8}{12}$로 고쳐 썼어요. $\frac{2}{3}$를 무엇으로 고쳐 썼다고요? $\frac{8}{12}$

6. 이제 $\frac{1}{4}$을 분모가 12인 분수로 고쳐 써 봅시다.

   $\frac{1}{4}$의 값이 변하지 않게 해야 해요.
   $\frac{1}{4}$에 어떤 분수를 반드시 곱해야 할까요? $\frac{3}{3}$

   교정하기: $\frac{1}{4}$의 분모는 얼마인가요? 분모가 12가 되려면 4에 무엇을 곱해야 하지요? 따라서 $\frac{1}{4}$과 $\frac{3}{3}$을 반드시 곱해야 해요. $\frac{1}{4}$에 무엇을 곱해야 한다고요? ($\frac{3}{3}$을 쓴다)

   $$\frac{\cancel{2}}{\cancel{3}}\left(\frac{\cancel{4}}{\cancel{4}}\right)^{8} + \frac{1}{4}\left(\frac{3}{3}\right)$$
   12   12

   1 × 3은 얼마인가요?   3

   (3을 쓴다) 4 × 3은 얼마인가요?   12

   ($\frac{1}{4}$을 줄을 그어 지운다. $\frac{3}{12}$을 쓴다)

   $$\frac{\cancel{2}}{\cancel{3}}\left(\frac{\cancel{4}}{\cancel{4}}\right)^{8} + \frac{\cancel{1}}{\cancel{4}}\left(\frac{\cancel{3}}{\cancel{3}}\right)$$
   12   12

   $\frac{1}{4}$을 $\frac{3}{12}$으로 고쳤어요. $\frac{1}{4}$을 어떻게 고쳤다고요? $\frac{3}{12}$

7. 이제 분모가 같아졌어요. 더할 수 있어요.
   문제는 지금 $\frac{8}{12} + \frac{3}{12}$을 말하고 있어요.
   문제는 지금 무엇을 말하고 있다고요? $\frac{8}{12} + \frac{3}{12}$

8. $\frac{8}{12} + \frac{3}{12}$ 은 얼마인가요? $\qquad$ $\frac{11}{12}$

   (다음 문제로 단계 1~7을 반복한다)

   $\frac{4}{5} - \frac{7}{10}$ $\frac{3}{6} - \frac{1}{4}$ $\frac{1}{9} + \frac{2}{3}$

Part B: 구조화된 학습지

1. (다음과 같은 문제의 학습지를 학생들에게 나누어 준다)

   a. $\frac{5}{6} - \frac{2}{4} =$ b. $\frac{2}{9} + \frac{2}{3} =$

   c. $\frac{2}{3} - \frac{3}{5} =$ d. $\frac{5}{10} - \frac{2}{5} =$

   e. $\frac{7}{9} - \frac{2}{3} =$ f. $\frac{2}{5} - \frac{1}{3} =$

2. 문제 a를 읽어 보세요. $\qquad$ $\frac{5}{6} - \frac{2}{4}$

   이 자체로 문제를 풀 수 있나요? $\qquad$ 아니요.

   (만약 대답이 '예'이면 학생들에게 문제를 풀라고 말한다)

   (만약 대답이 '아니요'이면 이 수업 형식을 계속한다)

   왜 하지 못하나요? $\qquad$ 분모가 같지 않기 때문입니다.

3. 분모가 무엇인가요? $\qquad$ 6과 4

   6과 4의 최소공배수는 얼마인가요? (멈춘 후 신호를 준다) $\qquad$ 12

   각각의 분수 밑에 12라고 쓰세요.

4. 첫 번째 분수는 $\frac{5}{6}$ 라고 읽어요. 분수 옆에 괄호를 쓰세요.

   분모가 12가 되려면 $\frac{5}{6}$ 에 어떤 분수를 곱해야 할까요? (멈춘 후 신호를 준다) $\qquad$ $\frac{2}{2}$

   $\frac{2}{2}$ 를 괄호 안에 쓰세요.

   교정하기: 분모는 6이에요. 6에 어떤 숫자를 곱해야 12와 같아지나요? 따라서 분모가 2인 분수를 곱해야 해요. $\frac{5}{6}$ 의 값이 변하지 않게 해야 해요. 따라서 $\frac{2}{2}$ 를 곱해야 해요.

   $\frac{5}{6}$ 와 $\frac{2}{2}$ 를 곱하세요. 그리고 새로운 분수를 쓰세요. 5 × 2는 무엇인가요? $\qquad$ 10

   분수 위에 10을 쓰세요. $\frac{5}{6}$ 는 12분의 얼마와 같습니까? $\qquad$ $\frac{10}{12}$

   ($\frac{5}{6}$ 를 줄을 그어 지운다)

5. 두 번째 분수는 $\frac{2}{4}$ 예요. 분수 옆에 괄호를 쓰세요.

   분모가 12인 분수를 만들려면 $\frac{2}{4}$ 에 어떤 분수를 곱해야 할까요? $\qquad$ $\frac{3}{3}$

   (멈춘 후 신호를 준다)

   교정하기: (단계 3과 같다)

   $\frac{2}{4}$ 와 $\frac{3}{3}$ 을 곱하세요. 그리고 새로운 분수를 쓰세요. (멈춘다)

   $\frac{2}{4}$ 는 12분의 얼마와 같습니까? $\qquad$ $\frac{6}{12}$

   (학생들의 학습지를 점검한다) $\frac{2}{4}$ 는 줄을 그어 지우세요.

6. 다시 쓴 분수들을 말하면서 문제를 읽어 보세요.

   우리는 이 문제를 지금 풀 수 있나요?
   어떻게 알 수 있지요?

$$\frac{10}{12} - \frac{6}{12}$$

예.
분모가 같습니다.

7. 문제를 풀어 보세요. 그리고 답을 적으세요.

8. 정답은 무엇인가요?

$$\frac{4}{12}$$

Part C: 덜 구조화된 학습지

1. (학생들에게 구조화된 학습지를 준다)

2. 문제 a를 읽어 보세요. 문제를 있는 그대로 풀 수 있나요? (만약 학생들이 '예'
   라고 대답하면 문제를 풀어 보라고 한다. 만약 학생들이 '아니요'라고 대답하면 이 수
   업 형식을 계속한다)
   왜 풀지 못하나요?

3. 분수들의 최소공배수는 무엇인가요? (멈춘 후 신호를 준다)
   분수 밑에 최소공배수를 쓰세요.

4. 분모가 _____이 되도록 하려면, 첫 번째 분수에 곱해야 하는 분수는 무엇
   인가요? (멈춘 후 신호를 준다)

5. 분모가 _____이 되도록 하려면, 두 번째 분수에 곱해야 하는 분수는 무엇
   인가요? (멈춘 후 신호를 준다)

6. 분수를 고쳐 쓰고, 문제를 풀어 보세요. (멈춘다)

7. 정답은 무엇인가요?

〈수업 형식 12-17〉 두 개의 진분수 곱셈

교사	학생
Part A: 구조화된 칠판 수업	
1. (칠판에 다음의 문제를 쓴다) $\dfrac{3}{4} \times \dfrac{2}{5} =$	
2. 문제를 읽어 보세요.	$\dfrac{3}{4} \times \dfrac{2}{5} =$ 얼마인가요?
3. 분수의 곱셈은 분자는 분자끼리 곱하고 분모는 분모끼리 곱해요. 분수의 곱셈을 어떻게 할 수 있다고요?	분자는 분자끼리 곱하고, 분모는 분모끼리 곱합니다.
4. 먼저 분자는 분자끼리 곱해요. 3 × 2는 얼마인가요? (멈춘 후 신호를 준다) (6이라고 쓴다) $\dfrac{3}{4} \times \dfrac{2}{5} = \dfrac{6}{}$	6

5. 이제 분모끼리 곱해요. 4 × 5는 얼마인가요? (멈춘 후 신호를 준다)   20

   (20이라고 쓴다)

$$\frac{3}{4} \times \frac{2}{5} = \frac{6}{20}$$

6. $\frac{3}{4} \times \frac{2}{5}$은 얼마인가요? $\frac{6}{20}$

   (다른 문제를 가지고 단계 1~5를 반복한다)

Part B: 구조화된 학습지

1. (학생들에게 곱셈, 덧셈, 뺄셈 문제가 혼합된 학습지를 준다)

   a. $\frac{3}{4} + \frac{2}{4} = \frac{\square}{\square}$ b. $\frac{3}{2} \times \frac{4}{2} = \frac{\square}{\square}$

   c. $\frac{6}{3} - \frac{1}{3} = \frac{\square}{\square}$ d. $\frac{6}{3} \times \frac{1}{3} = \frac{\square}{\square}$

2. 분수의 곱을 할 때, 분자는 분자끼리 곱하고 분모는 분모끼리 곱해요. 분수를 곱셈할 때는 어떻게 해야 한다고요?   분자는 분자끼리, 분모는 분모끼리 곱합니다.

3. 그러나 분수를 더하거나 뺄 때는 오직 분자끼리만 계산해요. 분수의 덧셈이나 뺄셈을 할 때는 어떻게 한다고요?   오직 분자끼리만 계산합니다.

4. 분수의 덧셈이나 뺄셈할 때, 어떻게 해야 하나요?   분자만 계산합니다.

   분수를 곱할 때는 어떻게 수행해야 하나요?   분자는 분자끼리 곱하고, 분모는 분모끼리 곱합니다.

   (완전히 학습할 때까지 단계 3을 반복한다)

5. 문제 a를 짚으세요. 문제를 읽어 보세요. $\frac{3}{4} + \frac{2}{4}$

   이 문제의 유형은 무엇인가요?   더하기

   문제를 풀어 보세요. (멈춘다) 정답은 무엇인가요? $\frac{5}{4}$

   (나머지 문제로 단계 4를 반복한다)

〈수업 형식 12-18〉 분수와 자연수의 곱셈

교사	학생
Part A: 자연수를 분수로 전환하기	
1. 규칙을 들어 보세요. 자연수는 분모가 1로 된 분수로 바꿀 수 있어요. 자연수를 어떻게 분수로 바꿀 수 있다고요?	분모를 1로 합니다.
2. (칠판에 3을 쓴다) 이 숫자는 얼마인가요?	3
분수로 어떻게 바꿀 수 있나요?	분모를 1로 합니다.
3을 분수로 바꾸는 것을 보세요.	
(3 아래에 1을 쓴다)	
$\frac{3}{1}$	

1 위의 3은 3과 같습니다. $\frac{3}{1}$과 3이 같다는 것을 보여 주기 위해 그림을 그릴
거예요.

(다음과 같이 원을 그린다)

$\frac{3}{1} =$

3개의 자연수입니다.

3. (칠판에 5를 쓴다) 5를 분수로 어떻게 바꿀 수 있나요?   분모를 1로 합니다.

네, 맞아요. 1 위의 5는 자연수 5와 같아요. (분수를 쓴다)

$\frac{5}{1}$

(2, 9, 4, 8에 단계 3을 반복한다)

Part B: 구조화된 칠판 수업

1. (칠판에 다음의 문제를 쓴다)

$\frac{3}{4} \times 8 =$ _____ $= \overline{)} = \square$

2. 분수를 곱하는 규칙을 들어 보세요. 분수는 오직 다른 분수에 곱해질 수 있
어요. 다시 들어 보세요.

(규칙을 반복한다)

3. ($\frac{3}{4}$을 가리키며) 문제를 읽어 보세요. $\frac{3}{4} \times 8$

이 분수는 다른 분수를 곱하고 있나요?   아니요.

따라서 문제를 풀기 전에 8을 분수로 바꾸어야 해요. 어떻게 8을 분수로 바
꿀 수 있을까요? (문제를 적는다)   분모를 1로 합니다.

$\frac{3}{4} \times \frac{8}{1} =$

4. 이제 분수의 윗부분은 윗부분끼리, 아랫부분은 아랫부분끼리 곱할 준비가
되었어요. 3×8은 얼마인가요?   24

(24를 쓴다)

4×1은 얼마인가요?   4

($\frac{24}{4}$를 쓴다)

5. $\frac{24}{4}$는 자연수 1보다 큰가요? 작은가요?   큽니다.

$\frac{24}{4}$와 같은 자연수가 얼마인지 알려면 어떻게 해야 할까요?   24를 4로 나눕니다.

24 안에 4는 몇 번 들어가나요?   6

(박스 안에 6을 쓴다)

6. $\frac{3}{4} \times 8$은 얼마인가요?   6

(다음 문제로 단계 2~5를 반복한다)

$\frac{2}{3} \times 9$ $\frac{3}{5} \times 10$ $\frac{1}{4} \times 8$

Part C: 구조화된 학습지

1. (학생들에게 다음의 문제와 비슷한 학습지를 준다)

   $$\frac{2}{3} \times 7 \underline{\hspace{1cm}} = \overline{)\hspace{1.5cm}} = \square$$

2. (문제 a를 짚는다) 문제를 읽어 보세요.

   $\frac{2}{3}$는 다른 분수를 곱하고 있나요?

   무엇을 해야 하나요?

   바꾸어 보세요. (반응을 확인한다)

   $\frac{2}{3} \times 7 =$ 얼마?

   아니요.

   7을 분수로 바꿉니다.

3. 이제 분수를 곱해 보세요. (반응을 확인한다)

   계산한 분수는 무엇인가요?

   $\frac{14}{3}$

4. $\frac{14}{3}$는 자연수 1보다 큰가요? 작은가요?

   자연수가 몇 개인지 알려면 어떻게 해야 할까요?

   나누세요. 나머지는 분수로 기록한다는 것을 기억하세요.

   큽니다.

   14를 3으로 나눕니다.

5. $\frac{2}{3} \times 7$은 얼마인가요?

   (남아 있는 문제로 단계 1~4를 반복한다)

   $4\frac{2}{3}$

〈수업 형식 12-19〉 **분수를 일반적인 나눗셈으로 쓰기**

교사	학생
1. (칠판에 다음을 쓴다) $\dfrac{12}{3}\ \overline{)\hspace{1cm}}$	
2. 분수를 일반적인 나눗셈 문제로 어떻게 쓰는지를 보여 줄 거예요. 여러분은 분수를 나눗셈 문제처럼 읽으면 됩니다. 그러면 무엇을 쓰는지 알게 됩니다. 선생님이 이 분수를 나눗셈 문제로 읽을 거예요. 나눗셈 문제에서는 큰 숫자를 먼저 읽는다는 것을 기억하세요. 이 분수를 12 ÷ 3이라고 읽을 수 있어요.	
3. 이렇게 써 볼게요. 12 ÷ 3, 12는 큰 숫자이고, 3은 첫 번째 작은 숫자예요. (3과 12를 쓴다) $\dfrac{12}{3}\quad 3\overline{)12}$ (다음 분수를 쓴다) $\dfrac{40}{8}$	
4. 여기에 또 다른 분수가 있어요. 나눗셈 문제로 읽어 보세요. 준비. (신호를 준다)	40 ÷ 8
5. 분수를 일반적인 나눗셈 문제로 씁니다. 큰 숫자에 얼마를 기록하였지요? (신호를 준다)	40

첫 번째 작은 숫자로 얼마를 기록하였지요? (신호를 준다)   8

(8과 40을 쓴다)

$$\frac{40}{8} \quad 8\overline{)40}$$

6. 나눗셈 문제의 답은 분수 문제의 답입니다. 40 ÷ 8은 얼마인가요?   5

(5를 쓴다)

$$\frac{40}{8} \quad 8\overline{)40}^{5}$$

(완전히 학습할 때까지 연습문제를 계속한다)

제**13**장

소수

용어와 개념

십진 분수(decimal fractions). 10이나 10의 거듭제곱의 분모를 가진 분수: $\frac{1}{10}$, $\frac{1}{100}$, $\frac{1}{1000}$ 등

소수(decimals). 소수는 동등한 부분으로 나누어진다는 점에서 분수와 비슷하다. 그러나 소수는 10이나 10의 거듭제곱(10, 100, 1000 등등)으로 나누어진다는 제한점이 있다. 소수에서는 같은 부분의 수는 분모에 의해 정해지는 것이 아니라 자릿수가 의미가 있다. 소수점에서의 자릿수는 같은 부분의 수를 표현한다. 예를 들어, 소수점 첫 번째 자리의 숫자는 10을 균등하게 나눈 것을 의미하고, 소수점 두 번째 자릿수는 100을 동등하게 나눈 수를 의미한다. 숫자의 값은 부분에 나타나고 사용된 혹은 적용된 수를 의미한다. 예를 들어, 0.5는 $\frac{5}{10}$를, 그리고 0.5는 10을 동등하게 나눈 부분 중 5개의 부분을 나타낸다.

대소수(mixed decimal). 자연수와 소수가 함께 있는 소수. 예를 들어, 3.24나 18.05

백분율(percent). %는 '퍼센트'라고 읽는다. 이것은 분모를 100으로 하는 두 양의 비를 나타낸다. 그래서 분수 $\frac{2}{5}$는 $\frac{40}{100}$으로 바꿀 수 있다. 그리고 그것은 40%로 표현할 수 있다. 유리수의 다양한 형태로 나타낼 때 교사는 그것들의 관련성에 대해 고려해야 한다. 분수를 가르치기 위해 고안된 문제 해결 전략은 학생들이 소수를 준비할 수 있도록 해야 한다. 마찬가지로, 소수단원에서 제시되는 전략은 학생들이 퍼센트를 준비할 수 있도록 해야 한다.

'수업 순서와 평가 차트'는 소수 수업에서 다루는 7개의 주요 영역을 보여 주고 있다.

1. 소수와 대소수 읽고 쓰기
2. 같은 소수로 바꾸기
3. 소수의 덧셈과 뺄셈
4. 소수의 곱셈
5. 소수의 반올림
6. 소수의 나눗셈
7. 소수와 분수를 전환하기

평가 차트는 또한 수업 순서와 함께 다양한 기술과의 관계를 설명한다. 분수를 해석하는 것은 소수를 위한 사전 기술이 된다는 것을 주목해야 한다. 학생들은 분수에서 분모와 분자가 무엇을 나타내는지 이해해야 한다. 즉, 분모는 전체를 나타내며, 분자는 그 중에서 사용된 부분을 말한다. 학생들은 또한 전체의 1과 전체의 부분에 대한 개념을 비교하여 이해해야 한다. 분수 분석 기술을 이해하는 것이 중요한데, 소

〈수업 순서와 평가 차트〉

학년 단계	문제 유형	수행 지표
4a	1/10과 1/100 읽기	맞는 소수에 동그라미 하시오. 5/10 5 .05 .5 4/100 4 .04 .4 7/100 70 .70 .07
4b	1/10과 1/100 쓰기	다음 분수를 소수로 쓰시오. $\frac{5}{100} =$ $\frac{5}{10} =$ $\frac{19}{100} =$
4c	대소수 읽기: 1/10과 1/100	맞는 대소수에 동그라미 하시오. $5\frac{3}{10}$ .53 5.03 5.3 $10\frac{4}{100}$ 1.04 10.04 10.4 $18\frac{6}{100}$ 18.6 1.86 18.06
4d	대소수 쓰기: 1/10과 1/100	각 대분수에 대한 대소수를 쓰시오. $10\frac{14}{100}$ ______ $16\frac{3}{10}$ ______ $40\frac{18}{100}$ ______
4e	세로식 정렬: 1/10, 1/100, 그리고 자연수 더하기	다음 문제를 세로식으로 쓰고 풀이하시오. 8.23 + 12.1 + 6 = 7 + .3 + 45 = .08 + 4 + .6 =
4f	자연수에서 1/10과 1/100 빼기	5 − 3.2 = 8 − .34 = 7 − .3 =
4g	대소수를 나열하기	다음 대소수를 가장 작은 것부터 순서대로 나열하여 다시 쓰시오. 18.8 10.10 10.3 10.03 ____ ____ ____ ____
5a	1/1000 읽기	맞는 소수에 동그라미 하시오. 5/1000 .05 .5 .005 .500 9/1000 .90 .900 .090 .009
5b	1/1000 쓰기	다음 분수를 소수로 쓰시오. $\frac{342}{1000} =$ $\frac{60}{1000} =$ $\frac{5}{1000} =$
5c	소수 곱셈: 하나 혹은 두 숫자 곱하기 세 숫자	$\begin{array}{r} 7.14 \\ \times\ .5 \\ \hline \end{array}$ $\begin{array}{r} 214 \\ \times\ .7 \\ \hline \end{array}$
5d	소수 곱셈: 소수점 뒤에 놓아야 할 0	$\begin{array}{r} .1 \\ \times\ .7 \\ \hline \end{array}$ $\begin{array}{r} .02 \\ \times\ .8 \\ \hline \end{array}$
5e	소수의 반올림	다음 수들을 자연수까지 반올림하시오. 8.342 ______ 7.812 ______

다음 수들을 소수 첫째 자리(1/10)까지 반올림하시오.

8.34 _____   9.782 _____

다음 수들을 소수 둘째 자리(1/100)까지 반올림하시오.

8.346 _____   9.782 _____

| 5f | 나눗셈: 제수가 자연수, 나머지 없음 | $5\overline{)32.45}$ $7\overline{)215.6}$ $2\overline{).856}$ |

| 5g | 자연수로 나누기: 몫이 0으로 시작 | $9\overline{).036}$ $9\overline{).36}$ $9\overline{).0036}$ |

5h 소수 다음에 9나 99가 있는 소수 반올림하기

다음 수들을 소수 첫째 자리까지 반올림하시오.

9.961 _____   19.942 _____   29.981 _____

다음 수들을 소수 둘째 자리까지 반올림하시오.

14.993 _____   14.996 _____   29.9982 _____

5i 나눗셈: 제수가 자연수, 소수점 뒤의 피제수에 0이 첨가되어야 함

나눈 다음 대소수로 답을 쓰시오.

$2\overline{)3}$ $5\overline{)3.1}$ $4\overline{)21}$

5j 나눗셈: 제수가 자연수, 반올림하기

나눈 다음 대소수로 답을 쓰고, 소수 둘째 자리까지 반올림하시오.

$7\overline{)3.1}$ $9\overline{)7}$ $3\overline{)2}$

5k 진분수를 소수로 전환하기: 반올림이 요구되지 않음

다음 분수를 소수로 바꿔 쓰시오.

$\dfrac{2}{5} =$ $\dfrac{3}{4} =$ $\dfrac{3}{10} =$

5l 진분수를 소수로 전환하기: 반올림이 요구됨

다음 분수를 소수로 바꿔 쓰시오. 소수 둘째 자리까지 반올림하시오.

$\dfrac{3}{7} =$ $\dfrac{4}{6} =$ $\dfrac{2}{9} =$

5m 대소수 × 10 혹은 100 곱셈: 0이 첨가되지 않음

$10 \times 34.2 =$ $100 \times 34.52 =$ $10 \times 34.\,52 =$

5n 대소수 × 10 혹은 100 곱셈: 0이 첨가됨

$100 \times 34.2 =$ $100 \times 3.42 =$

$100 \times 342 =$ $10 \times 342 =$

5o 나눗셈: 제수가 소수이고, 피제수에 0의 첨가가 필요하지 않음

$.2\overline{)23.74}$ $.2\overline{)14.26}$ $.05\overline{).345}$

5p 위와 같음: 피제수에 0의 첨가가 필요함

$.5\overline{)13}$ $.50\overline{)275}$ $.02\overline{)3.1}$ $.05\overline{)2}$

5q 소수를 분수로 전환하기

맞는 답에 동그라미 하시오.

.75는 $\dfrac{1}{4}$ $\dfrac{5}{7}$ $\dfrac{2}{3}$ $\dfrac{3}{4}$ 과 같다.

.8은 $\dfrac{4}{5}$ $\dfrac{8}{8}$ $\dfrac{1}{8}$ $\dfrac{2}{5}$ 와 같다.

.67은 $\dfrac{1}{4}$ $\dfrac{2}{3}$ $\dfrac{6}{7}$ $\dfrac{1}{6}$ 과 같다.

5r 대분수를 대소수로 전환하기

다음 대분수를 대소수로 바꿔 쓰시오.

$2\dfrac{3}{5} =$ $7\dfrac{1}{4} =$

수는 분모로 10이나 10의 배수(100, 1000 등)를 가진 대체 분수로 설명되기 때문이다.

또한 소수를 읽고 쓰는 것은 모든 다른 소수 계산을 위한 기본적인 기술임을 주목해야 한다. 너무 자주 학생들에게 소수를 정확하게 읽고 쓰는 것을 가르치는 데 불충분한 양의 수업 시간이 할당되고 있다. 기본적인 소수의 읽기와 쓰기 기술의 충분한 연습이 없으면, 학생들은 더 심화된 소수 기술이 도입될 때 불필요한 어려움에 직면하게 될 것이다.

소수와 대소수 읽고 쓰기

이 부분은 학생들에게 소수 첫째 자리(10분의 1), 소수 둘째 자리(100분의 1), 소수 셋째 자리(1000분의 1)로 표현된 소수와 대소수를 읽고 쓰는 것을 가르치는 절차를 포함하고 있다. 학생들에게 소수를 어떻게 읽고 쓰는지를 가르치기 위한 초기의 직접교수법 절차는 학생들에게 소수점 뒤의 숫자(즉, 소수점 뒤의 한 자리 숫자는 10분의 1, 소수점 뒤의 두 자리 숫자는 100분의 1, 소수점 뒤의 세 자리 숫자는 1000분의 1을 나타낸다)의 수에 집중하도록 강조점을 둔다.

10분의 1과 100분의 1을 나타내는 소수와 대소수는 보통 4학년 과정에서 소개된다. 반면, 1000분의 1을 나타내는 소수와 대소수는 5학년 과정에서 소개된다. 이런 기술을 소개하는 순서는 다음과 같다.

1. 10분의 1 혹은 100분의 1을 나타내는 소수 읽기
2. 10분의 1 혹은 100분의 1을 나타내는 소수 쓰기
3. 대소수의 읽기와 쓰기－소수는 10분의 1과 100분의 1을 나타낸다.
4. 1000분의 1을 나타내는 소수 읽기
5. 1000분의 1을 나타내는 소수 쓰기
6. 대소수의 읽기와 쓰기－소수는 1000분의 1을 나타낸다.

학생들이 소수를 읽을 수 있으면 바로 소수를 쓰는 법을 배워야 한다는 점에 유의한다.

10분의 1과 100분의 1을 나타내는 소수 읽기

소수를 읽는 수업 형식은 학생들에게 소수를 대안 체계인 10분의 1, 100분의 1 분수로 써서 소개한다 (〈수업 형식 13-1〉 참조). 교사는 칠판에 분모가 10인 것 하나와 분모가 100인 것 하나를 쓰는 것으로 시작하고(예, $\frac{4}{10}$, $\frac{24}{100}$), 학생들에게 분수를 읽게 한다. 그런 다음, 교사는 분모로 10과 100을 가진 이 분수를 표현하는 다른 방법이 있다고 설명한다. 대안적인 방법으로, 소수점이 분모의 자리에 사용된다. 교사는 만일 소수점 다음에 한 개의 숫자가 있으면 그 소수는 10분의 1이 몇 개인지를 의미하고, 반면 만일 소수점 다음에 두 숫자가 있으면 그 소수는 100분의 1이 몇 개인지를 의미한다고 설명해 준다(만약에 학생들이 숫자(digit)라는 용어에 친근하지 않으면, 0부터 9까지의 숫자라고 말해 줘야 한다).

학생들에게 소수점 뒤에 오는 숫자의 수와 관련된 규칙을 말해 준 다음, 교사는 10분의 1과 100분의 1 소수를 동일하게 섞어서 구성한 목록을 학생들에게 읽게 한다. 근소한 차이가 있는 여러 세트(예, .07, .70, .7과 .4, .04, .40)를 예에 포함시킨다. 근소한 차이가 있는 세트에 포함된 것은 세 개의 소수가 될 것이다. 10분의 1을 나타내는 한 개의 소수(예, .8)와 100분의 1을 나타내는 2개의 소수다. 100분의 1을 나타내는 2개의 소수 중 하나는 0이 먼저 나오는 것이고(.08), 다른 하나는 0이 수 다음에 나오는 것이다(.80). 근소한 차이 세트를 사용하는 목적은 학생들이 소수에 나오는 숫자들의 수에 주의하도록 하는 것이다.

소수 읽기에서의 오류 교정은 학생들에게 소수점 뒤의 자리의 수를 확인하게 하는 것이다. 그런 다음 시범을 보이고, 소수를 확인하는 시험을 본다. 예를 들어, 한 학생이 .40을 10분의 4로 읽으면, 교사는 "소수 다음에 몇 개의 숫자가 있나요? 그래서 그 4는 무엇을 의미하나요?"라고 묻는다.

이 수업 형식에서 교사의 중요한 행동은 학생들의

반응을 점검하는 것이다. 학생이 자연수와 소수를 혼동하는 것을 막기 위해 교사는 학생들이 10, 100, 1000에 'ths' 어미를 붙이고 있는지를 확실하게 해야 한다. 예를 들어, 교사는 .40을 'forty hundreds'가 아니라 'forty hundredths(100분의 4)'로 발음하는지 확실히 해야 한다. 처음 몇 번의 수업에서는 학생들에게 개별적인 기회를 자주 주어야 한다. 소수 읽기에 대한 연습은 2~3주 동안은 매일 해야 한다. 처음 몇 번의 수업 후에, 교사는 Part A의 모든 단계를 제시하는 것이 아니고 칠판에 소수를 쓰고 학생에게 읽게 한다(단계 4).

Part B는 소수 읽기 연습을 제공하고 십진 분수와 소수 간의 관계에 대한 이해를 강화시키기 위해서 고안된 학습지 연습을 포함한다. 학생들은 두 가지 유형의 문제가 있는 학습지를 받는다. 첫 번째 유형은 소수가 세 가지 분수의 왼쪽에 적혀 있다.

$$.8 = \frac{8}{10} \quad \frac{8}{100} \quad \frac{1}{8}$$

학생들은 소수를 읽은 다음 그 소수와 같은 값을 가진 분수를 찾아 동그라미 한다. 두 번째 유형은 분수가 세 소수의 왼쪽에 적혀 있다. 학생들은 비슷하게 보이는 소수 중에서 분수와 같은 값의 소수를 찾아야 한다.

$$\frac{4}{100} = .4 \quad .40 \quad .04$$

몇 주 동안은 각 유형의 문제가 5개씩 학습지에 매일 제시되어야 한다.

10분의 1과 100분의 1을 나타내는 소수 쓰기

10분의 1과 100분의 1을 나타내는 소수 쓰기는 학생들이 그 소수들을 정확하게 읽을 수 있을 때 소개된다. 학생들에게 소수를 쓰는 법을 가르치기 위한 수업 형식은 〈수업 형식 13-2〉에 제시되어 있으며, 세 부분으로 구성되어 있다. Part A는 구조화된 칠판 수업이며, 교사는 어떻게 분수를 소수로 바꾸어 쓰는지 시범보인다. 교사는 칠판에 분수를 쓰고 학생들에게 그 분수를 읽게 한다. 그런 다음, 교사는 소수점 뒤에 몇 개의 숫자가 와야 하는지 묻고 그 분수를 소수로 쓰는 시범을 보여 준다. 분모가 100이고 분자가 10보다 작은 분수일 경우(예, $\frac{7}{100}$, $\frac{4}{100}$, $\frac{1}{100}$) 특별히 주의해야 한다. 이런 예를 제시할 때, 교사는 소수 다음에 두 개의 숫자를 만들기 위해서 소수점 뒤에 바로 0이 쓰인다는 것을 시범 보여 주어야 한다. 예를 들어, $\frac{7}{100}$을 쓸 때 교사는 .07을 쓴다.

소수 쓰기 연습은 여러 주 동안 매일 해야 한다. 이 연습은 분모가 10이나 100인 분수가 있는 학습지로 제공될 수 있다. 학생들에게는 분수와 같은 소수를 쓰는 것이 요구된다.

기본적인 예를 선택하는 지침은 소수 읽기 지도 형식과 동일하다. 몇 개의 근소한 차이가 있는 세트(예, $\frac{8}{10}$, $\frac{8}{100}$, $\frac{80}{100}$)는 0이 소수점 뒤에 바로 필요한지를 결정할 수 있도록 학생들에게 제공된다. 또한 분자가 10 이하이고 분모가 100인 분수는 어려운 유형의 소수로 별도 연습으로 제공될 수 있다.

대소수의 읽기와 쓰기: 10분의 1과 100분의 1

학생들이 교사의 도움 없이 10분의 1(한 자리 소수)과 100분의 1(두 자리 소수)의 소수들을 읽고 쓸 수 있을 때, 자연수와 소수로 이루어진 대소수(예, 9.3, 16.4, 27.02)가 소개될 수 있다. 학생들은 먼저 대소수를 읽는 것을 배우고, 그런 다음 쓰는 것을 배운다. 이 기술에 대한 수업 형식은 〈수업 형식 13-3〉에 제시되어 있다. Part A인 칠판 수업에서 교사는 소수점 앞의 수는 자연수이고, 소수점 뒤의 수는 소수를 의미한다는 것을 설명하면서 대소수를 읽는 것을 소개한다. 그런 다음, 교사는 몇 개의 예로 학생들에게 자연수, 소수, 그리고 나서 대소수를 말하게 하면서 소수 읽는 것을 시범 보이고 검사한다. 대소수를 읽을 때 교사는 단어 '그리고/와(and)'를 크게 강조해야 한다는 것을 유의해야 한다(예, 15.03은 '15와 100분의 3'이라고 읽어야 한다). 이렇게 목소리로 강조하는 것은 대소수를 쓰기 위한 준비에서 학생들이 대소수의 자연수와 소수 부분을 식별하게 하는 데 도움을 준다. 대소수 읽기는 여러 주 동안 매일 연습해야 한다. 첫 며칠 후에는 도움 없이 연습하도록 한다.

Part B인 구조화된 학습지 연습에서는 두 가지 유형의 문제를 포함시킨다. 첫 번째 유형에서는 대분수를 쓰고, 학생은 그 대분수를 대소수로 바꿔 쓴다.

$$12\frac{3}{100}$$ 은 12.03으로 쓰인다.

두 번째 유형에서는 대소수를 나타내는 단어가 쓰이고 학생은 대소수를 써야 한다. 28과 100분의 4는 28.04로 쓰인다. 물론 이런 유형의 문제는 잘 읽을 수 있는 학생들에게만 적절하다.

1000분의 1을 나타내는 소수 읽기와 쓰기

1000분의 1을 나타내는 소수는 10분의 1과 100분의 1을 나타내는 소수를 완벽하게 학습하고 나서 학생들에게 소개한다. 1000분의 1을 나타내는 소수는 10분의 1과 100분의 1을 나타내는 소수를 가르치는 것과 같은 형식으로 가르친다(〈수업 형식 13-1〉과 〈수업 형식 13-2〉 참조). 소수점 뒤에 세 개의 숫자가 있다면, 그 소수는 1000분의 1이 몇 개인지를 의미한다고 설명을 덧붙인다.

초기 몇 번의 수업 동안, 예는 전적으로 1000분의 1의 수에 집중해야 한다. 다음과 같이 근소한 차이로 범주화하여 제시해야 한다.

.800	.080	.008
.004	.040	.400
.070	.007	.700

이 세트에서 각 소수에서 세 개의 숫자 중 2개는 0이고 한 숫자만 0이 아닌 숫자로 한다. 각 소수에서 0이 아닌 숫자는 서로 다른 위치에 있게 한다.

.003	.030	.300

1000분의 1을 나타내는 소수에 대한 몇 번의 수업 후, 교사는 10분의 1, 100분의 1, 1000분의 1을 나타내는 소수를 포함하는 예를 제시한다. 근소한 차이가 있는 것으로 구성하는 세트의 예는 학생들이 소수점 뒤의 숫자의 수에만 집중하도록 포함시켜야 한다.

.4	.04	.004
.70	.070	.700

1000분의 1을 나타내는 소수를 쓰는 것은 특히 어렵다. 학생들이 소수점 뒤에 두 개의 0을 써야 할 때(예, .001 .009)와 소수점 뒤에 한 개의 0을 써야 할 때(예, .010 .090)를 구별해야 하기 때문이다. 그러므로 교사는 이런 유형을 집중적으로 연습시킬 수 있는 예를 준비해야 한다.

같은 소수

같은 소수는 같은 값을 가진 소수다. 대소수 8.30과 8.3은 둘 다 같은 양을 나타내기 때문에 같다. 소수, 대소수 혹은 자연수를 같은 대소수로 바꾸는 것은 십진법의 숫자들과 같이 덧셈, 뺄셈, 나눗셈 계산을 위한 중요한 사전 기술이다. 예를 들어, 5에서 .39를 뺄 때 5를 반드시 5.00으로 바꿔야 한다. 학생들은 그들이 소수를 읽을 수 있고 소수와 대소수를 쓸 수 있게 된 직후에 같은 소수로 전환하는 것을 배워야 한다.

〈수업 형식 13-4〉는 학생들에게 소수를 같은 소수로 바꾸는 것을 어떻게 가르치는지를 보여 준다. 다시 쓰는 기술은 단순하지만, 학생들은 단순히 0을 더하거나 없앨 수 있기 때문에 0을 더하거나 빼는 것이 가능한 이유를 학생들이 이해하고 있어야만 한다. Part A는 같은 분수를 이용하여 0을 더하는 원리를 설명하고 있다. 교사는 $\frac{3}{10}$ 을 $\frac{30}{100}$ 으로 바꾸는 것은 $1(\frac{10}{10})$과 같은 분수를 곱해서 된 것이므로 원래의 분수의 값을 변화시키지 않는다는 점을 설명해 주어야 한다. $\frac{3}{10}$ 은 $\frac{30}{100}$ 과 같으므로 .3은 .30과 같다.

Part B는 소수를 어떻게 다시 쓰는지를 보여 주는

구조화된 칠판 수업이다. Part C는 학생들에게 자연수, 10분의 1, 100분의 1, 1000분의 1을 포함한 차트를 주는 학습지 연습이다. 학생들의 과제는 빈칸에 같은 대소수들을 적는 것이다. 예를 들어, 10분의 1 부분에 9.1이 있다. 학생은 0(Zero) 한 개를 더하여 100분의 1 칸에 9.10이라고 쓰고, 0(Zero) 두 개를 더하여 1000분의 1 칸에 9.100이라고 쓴다. 자연수의 경우, 교사는 자연수 뒤에 소수점을 찍고, 소수점 뒤에 0들을 써서 대소수로 바꾸는 것을 설명한다.

소수와 대소수의 덧셈과 뺄셈

소수와 대소수의 덧셈과 뺄셈 문제는 수업 목적을 위해 두 그룹으로 나눈다. 첫 번째 그룹은 문제에 있는 각각의 수가 같은 소수의 자릿수를 가진 문제다. 예를 들어, 다음의 문제는 모두 소수 둘째 자리까지 있는 소수다.

$$435.42 \qquad 24.35$$
$$+\ 17.82 \qquad -\ \ 1.48$$

두 번째 그룹은 (덧셈에서의) 가수 혹은 (뺄셈에서의) 감수와 감수가 소수점 뒤의 자릿수에서 다른 수들의 문제들로 이루어진다.

$$9.1 \qquad 4 \qquad 4.23$$
$$-\ 3.87 \qquad +\ 3.64 \qquad -\ 3.645$$

같은 자릿수를 가진 소수

소수점 뒤에 같은 자릿수를 가진 수들의 문제는 학생들이 소수와 대소수를 읽고 쓸 수 있을 때 소개한다. 이 유형의 문제는 쉽게 친숙해진다. 여기서 새로운 단계는 답에 소수점의 위치를 포함한다. 지도 절차는 단순하기 때문에 수업 형식도 없다.

첫 번째 그룹의 문제들은 학생들이 먼저 열들이 잘 맞추어져 있는지를 살필 필요 없이 소수점을 수직으로 내려서 가져오는 것을 가르칠 수 있도록 세로식으로 정렬한다. 이러한 문제의 경우, 교사는 학생들에게 다른 소수점들 아래에 줄을 맞추어 소수 쓰는 것을 가르쳐야 한다.

가로식으로 쓰인 문제들(예, 7.24 + 19.36)은 세로식 문제들이 소개된 직후에 도입될 수 있다. 가로식 문제의 경우, 소수점이 한 열에 있도록 학생들에게 문제를 다시 쓰도록 가르치는 것을 권한다. 가로식 문제들이 도입될 때, 교사는 학생들이 숫자들을 정확하게 맞추어서 썼는지를 확인하기 위해서 학생들의 학습지를 매일 점검해야 한다.

다른 자릿수를 가진 소수

소수점 뒤에 다른 자릿수를 가진 수들의 대소수 문제는 학생들이 소수들을 소수점 다음에 0을 더하여 같은 소수로 고쳐 쓰는 것을 배운 후에 소개될 수 있다. 일반적으로 이것은 더 쉬운 덧셈이나 뺄셈 문제를 배우고서 1주 혹은 2주 후에 한다. 이런 복잡한 문제를 푸는 전략은 대소수를 소수점 다음의 수가 같아지도록 대소수 중 하나 이상을 고쳐 쓰는 것을 포함한다. 일단 문제를 고쳐 쓰면 학생들은 소수점을 밑으로 내려 맞추도록 배우며, 그런 다음 문제를 푼다. 예를 들면 다음과 같다.

$$8.1 \qquad\qquad 8.10$$
$$-\ 3.42 \ \text{는} \quad -\ 3.42 \ \text{가 된다.}$$

일단 학생들이 세로식을 풀 수 있게 되면 가로식 문제가 소개된다. 가로식을 정확하게 푸는 열쇠는 소수점을 정확하게 수직으로 맞춰 쓰는 것이다. 직접교수를 하지 않으면, 학생들은 수를 정렬하는 데 쉽게 틀릴 수 있다. 다음과 같이 쓰는 것을 가르친다.

$$3.72$$
$$3.72 + 18.4 \ \text{는} \quad +\ 18.4 \ \text{가 된다.}$$

소수점을 맞춰서 세로로 쓰는 전략은 소수점의 위치가 틀려서 계산이 틀리게 되는 실수를 막아 준다.

〈수업 형식 13-5〉는 이런 문제를 예방하는 방법을 보여 준다.

자연수에서 소수를 빼고 더하는 문제(예, 7 − 3.8, 8 − .43, 4.23 + 7 + 2.1, 9.2 − 3)는 특별히 강조를 해 주어야 한다. 이 유형의 문제는 다양한 분수를 나타내는 대소수 문제가 소개된 후에 며칠에 걸쳐 소개되어야 한다. 교사는 학생들에게 자연수에 소수점을 붙이고 뒤에 0을 붙이는 것을 상기시켜야 한다. 교사는 몇 문제를 가지고 푸는 방법을 시범 보여 준다. 학습지 절반 정도는 자연수가 있는 문제여야 한다.

소수의 반올림

반올림은 유용한 기술일 뿐만 아니라 소수의 나눗셈과 백분율을 위해 필수적인 기술이다. 비율 문제에서 반올림의 예는 $\frac{3}{7}$을 백분율로 전환할 때 나타난다. 3을 7로 나누면 그 몫은 소수다.

$$7\overline{)\,3.00}^{.428}$$

그런 다음 그 소수는 대략적 백분율인 43%가 되기 위해서 소수 둘째 자리까지 반올림해야 한다. 소수의 반올림은 자연수를 반올림하는 것과 비슷한 단계를 포함한다 하더라도, 이 두 가지 기술은 혼동의 가능성이 있기 때문에 동시에 소개되어서는 안 된다. 자연수를 반올림하는 것은 소수의 반올림이 소개되기 전 몇 달 동안 가르쳤어야 한다.

〈수업 형식 13-6〉은 소수를 일의 자리까지, 소수 첫째 자리까지, 소수 둘째 자리까지, 소수 셋째 자리까지 반올림하는 방법을 보여 준다. 이 수업 형식에서 가르치는 반올림 전략은 세 단계로 구성되어 있다.

1. 학생들은 반올림을 할 때 소수점 다음에 몇 개의 숫자가 있어야 하는지를 결정해야 한다. 예를 들어, 소수 첫째 자리까지 반올림할 경우, 소수점 뒤에 한 자리까지 있는 숫자가 될 것이다.

2. 학생들은 소수의 자릿수를 세고 선을 긋는다. 만일 3.4825를 소수 첫째 자리까지 반올림한다면, 학생들은 소수 첫째 자리 숫자 4 다음에 선을 긋는다. 3.4|825. 이 선은 촉진 역할을 할 것이다.

3. 학생들은 선 다음의 수를 본다. 그 숫자가 5 이상이면 그은 선 전의 숫자를 하나 올린다. 예를 들어, .54|7은 소수 둘째 자리까지 반올림한다면 선 다음의 수가 7이기 때문에 .55로 반올림된다. 만약 그 수가 5 미만이면 버린다. 예를 들어, .54|12는 선 뒤의 숫자가 5 미만이기 때문에 .54로 반올림된다.

이 수업 형식의 지침에 대한 세 가지 중요한 예가 있다.

1. 소수의 반은 반올림하여 덧셈을 하는 것으로 한다. 즉, 반올림되는 자릿수 뒤의 숫자는 5에서 9까지여야 한다. 소수의 나머지 반은 반올림되는 자릿수 뒤의 숫자가 5보다 작아야 한다.

2. 소수들은 반올림하는 자릿수보다 두세 자리 더 많이 갖고 있어야 한다. 나머지 자릿수의 수들은 오직 그 선의 바로 뒤의 숫자만이 반올림하여 올릴지 버릴지를 결정한다는 것을 명확하게 해 준다.

3. 예는 소수 첫째 자리까지, 혹은 소수 둘째 자리까지 반올림하는 문제들이 섞여 있어야 한다. 수업 형식 Part B의 학습지의 예는 이러한 지침의 적용을 보여 주고 있다.

반올림 문제에서 특별히 어려운 유형은 1이 9에 더해질 때 일어난다. 합이 10이 되기 때문이다. 예를 들어, .498을 소수 둘째 자리까지 반올림하면 학생들은 소수 둘째 자리인 9와 1을 더해야 하고, 그래서 .498은 .50으로 된다. 마찬가지로, 39.98을 소수 첫째 자리까지 반올림하면 그 답은 40.0이 된다. 이러한 유형의 문제는 학생들이 더 쉬운 반올림 문제를 완전히 습득한 다음에 도입되어야 한다. 좀 더 어려운 유형이 소개될 때 교사는 몇 개의 문제로 시범 보여 주어야 한다.

반올림에서 대부분의 실수는 학생들이 실제 숫자들에 집중하지 않기 때문에 일어난다. 예를 들어, 어떤 학생은 2가 아닌 8을 보고 .328을 .4로 반올림하기 쉽다. 기본적인 교정은 학생에게 질문을 하여 전략의 단계를 강조하는 것이다.

1. 일의 자리(혹은 소수 첫째 자리 혹은 소수 둘째 자리)까지 반올림할 때, 소수점 다음에는 숫자가 몇 개 있는가?
2. 어디에 선을 그을까?
3. 그 선 바로 다음에 오는 숫자는 무엇인가?
4. 그러면 1을 더할 것인가(혹은 소수 첫째 자리 혹은 소수 둘째 자리)?

소수의 곱셈

소수의 곱셈의 개념은 설명하기 어렵다 해도, 학생들에게 소수의 곱셈을 가르치는 것은 비교적 간단하다. 다음과 같은 분수에서 한 곱셈 전략이 가능할 수 있다. 소수 곱셈 전략의 합리적 근거를 설명하기 위한 가능한 시범은 다음과 같이 분수로 이루어질 수 있다.

$$\frac{32}{100} \times \frac{4}{10}$$

정답 $\frac{128}{1000}$ 을 소수로 쓰면 .128이다. 그런 다음 교사는 소수 형태인 원래 문제 .32×.4를 쓰고, 두 분수에서 소수 세 자리를 지적해 주고, 답이 소수 세 자리로 되었음을 설명해 준다. "각 소수의 소수 자릿수를 합치면 답의 소수 자릿수와 같아요. .32는 소수 자리가 2개입니다. .4는 소수 자리가 1개입니다. 따라서 답은 역시 소수 자리가 3개여야 합니다."

〈수업 형식 13-7〉은 소수 혹은 대소수의 곱셈 전

략이다. 칠판 수업에서 교사는 답에서 소수점을 어디에 찍어야 하는지를 소개한다. 학습지 수업에서 교사는 학생들에게 답이 있는 10~15개의 곱셈 문제로 구성된 학습지를 주고, 학생들에게 소수점을 어디에 찍을지를 결정하게 한다. 학습지 문제에 소수점이 여러 다른 위치에 있는 답의 문제를 포함시킨다는 데 유의해야 한다.

덜 구조화된 학습지 연습은 곱셈과 덧셈 문제를 섞어 놓는다. 곱셈과 덧셈을 섞는 목적은 학생들이 소수점을 어디에 찍을지를 결정하기 위해 자릿수를 세는 절차를 덧셈에까지 지나치게 일반화하지 않게 하기 위함이다. 학습지는 다음 예가 포함될 수 있다.

9.4	9.4	3.2
× .5	+ .5	× .57
.32	40	18
+ .57	× 3	× .32
.18	31.4	3.14
+ 32	× .05	+ .05

학생들이 문제들을 풀기 전에 교사는 학생들에게 다른 유형의 문제로 소수점을 어디에 찍을지를 결정하는 것을 상기시켜야 한다. "덧셈 문제에서는 소수점을 밑으로 똑바로 내려서 맞춰서 찍으세요. 곱셈 문제에서는 여러분이 곱해야 할 수들에서 소수점 다음의 숫자들이 몇 개인지 세어 보세요." 그런 다음, 교사는 학생들이 처음 몇 문제를 잘 푸는지 세심하게 점검해야 한다.

곱셈 문제에서 혼동되기 쉬운 유형은 학생들이 답에서 소수점 앞에 0을 놓아야 하는 것이다. 예를 들어, .4×.2를 하면 학생들은 반드시 8 전에 0을 붙여야 한다. .4×.2 = .08이다. 마찬가지로, .5×.01에서 학생들은 소수점 다음에 두 개의 0을 써야만 한다. .5×.01 = .005이다. 이런 문제의 유형은 더 쉬운 문제 유형 다음에 소개한다. 교사는 이런 유형의 몇 가지 문제를 푸는 것을 시범보여 주고, 그다음에 매일 같은 유형의 3문제를 학습지 과제로 내 준다.

개별적인 학습에서 발견된 일반적인 실수는 학생들이 답에 소수점을 찍는 것을 쉽게 잊어버린다는 것이다. 학생들에게 단순히 소수점을 찍는 것을 잊었다는 점을 말해 주어 교정한다. 그러나 이 실수가 빈번하게 발생하면 교사는 $\frac{2}{3}$는 소수 문제를 포함시켜 10~15문제로 된 학습지를 준비해야 한다. 학습지를 제시하면서, 교사는 학생들에게 학습지는 여러분을 속이려고 고안되어 있어서 어떤 문제는 답에 소수점을 찍어야 하고, 어떤 문제는 그렇지 않다고 말해 준다. 그런 후, 교사는 즉시 교정이 이루어질 수 있도록 학생들이 학습지를 완성할 때 가까이에서 점검한다.

소수의 나눗셈

소수의 나눗셈은 소수 연산에서 가장 어렵다. 소수의 나눗셈은 학생들이 소수를 읽고 쓸 수 있고 긴 나눗셈을 할 수 있을 때 소개한다. 자연수로 긴 나눗셈을 가르칠 때 교사는 나눗셈에서 자릿수를 맞추는 것을 강조해야만 한다. 예를 들어, 문제 186 ÷ 2를 풀 때, 몫은 반드시 a처럼 써야 한다. b처럼 쓰면 안 된다.

a. $2\overline{)186}^{\,93}$　　　b. $2\overline{)186}^{93}$

만약 학생들이 자연수의 나눗셈에서 몫의 자릿수를 맞추는 것을 제대로 배우지 못했으면, 소수의 나눗셈의 몫에 소수점을 잘못 찍는 오류를 범하기 쉽다.

$2\overline{)1.86}^{\,.93}$　보다는　$2\overline{)1.86}^{9.3}$

긴 나눗셈의 몫에서 적절한 숫자 배치를 가르치는 절차는 제10장에서 논의하였다. 소수의 나눗셈은 난이도에 따라 4가지 유형으로 분류될 수 있다. 첫 세 가지 유형은 제수로 자연수를 가지고 있다.

1. 몫에 나머지가 없고, 피제수의 전환이 필요 없는 문제

$5\overline{)3.45}^{\,.69}$　또는　$7\overline{)\,.21}^{\,.03}$

2. 나머지를 없애기 위해 피제수의 소수점 부분을 동일하게 전환해야 하는 문제

$5\overline{)3.7}^{\,.7}$　　$5\overline{)3.70}^{\,.74}$
$\quad\underline{3\,5}$　　　$\quad\underline{3\,5}$
$\qquad 2$　는　$\qquad 20$　이 된다.
$\qquad\quad\underline{20}$

3. 반올림이 필요한 나머지를 가지는 문제

$.34\,|\,2 = .34$
$7\overline{)2.40|0}$
$\;\underline{2\,1}$
$\;\;30$
$\;\;\underline{28}$
$\;\;\;20$
$\;\;\;\underline{14}$
$\;\;\;\;6$

4. 제수가 소수나 대소수여서 자연수로 전환되어야 하는 문제

$.4\overline{)61.32}$ 이 $.4\overline{)61.32}$ 로 된다.

자연수에 의해 나누어지는 소수나 대소수

피제수가 대소수나 소수이고 제수가 자연수인 나눗셈 문제는 보통 초등 4학년 말 또는 5학년 초·중반에 소개된다. 제수가 나머지 없이 나누어지는 문제 유형은 정교한 수업 형식이 필요 없다.

$5\overline{)2.35}$　　$7\overline{)84.7}$

교사는 피제수 바로 위쪽에 소수점을 찍어야 한다는 규칙을 설명해야 한다. 예를 들어, 69.26을 6으로 나눌 때 학생은 다음과 같이 문제를 쓰고,

$6\overline{)69.26}$

피제수의 소수점 바로 위의 몫에 소수점을 찍는다.

$$6 \overline{)69.26}$$

그런 다음, 교사는 여러 문제를 풀어 시범 보이며 학생들에게 몫에 숫자들을 적절한 위치에 쓸 필요가 있다는 것을 강조한다.

나머지가 없는 예를 선택할 때 두 가지 지침이 있다. 첫째, 소수점은 여러 문제에서 다양하게 위치해 있어야 한다.

a. $5 \overline{)3.725}$ b. $2 \overline{)184.6}$ c. $9 \overline{)1.836}$

d. $7 \overline{).364}$ e. $5 \overline{)23.5}$ f. $5 \overline{).215}$

둘째, 몫의 소수점 뒤에 바로 0이 나오는 문제를 하나 혹은 두 문제 포함시켜야 한다. 위의 문제 d와 f의 경우, 몫은 각각 .052와 .043이다. 이런 문제들은 교사가 소수점 뒤의 모든 자리에 숫자를 적어야 한다고 설명해 주면서 문제에 대한 특별한 도움을 제공해 줄 수 있다. 그러므로 문제 d의 경우, 교사는 "3은 7로 나누어질 수 없으니 3 위에 0을 적어야 해요."라고 말해 줄 수 있다. 매일 6~10문제 정도 연습한다.

두 번째 유형의 소수의 나눗셈 문제는 학생들에게 피제수를 같은 소수로 다시 쓰게 하여 나머지를 없애게 한다. 예를 들어, 다음 각 문제에서처럼 피제수에 0을 적는다.

a. $5 \overline{)3.1} = 5 \overline{)3.10}^{.62}$ c. $4 \overline{)3} = 4 \overline{)3.00}^{.75}$

b. $2 \overline{)3.45} = 2 \overline{)3.450}^{1.725}$ d. $5 \overline{)2} = 5 \overline{)2.0}^{.4}$

이런 형태의 문제는 나머지가 없는 소수의 나눗셈을 소개한 후, 약 2주간 소개한다.

이런 문제 유형을 소개하기 전에 소수를 같은 소수로 전환하는 사전 기술을 반드시 배워야 한다. 이전 유형처럼 이런 문제는 그리 어렵지 않으며 긴 수업 형식이 필요하지 않다. 이 문제를 소개할 때, 교사는 나머지가 없을 때까지 문제를 풀어야 한다고 설명한다. 그리고 난 후, 0을 더하는 문제를 푸는 것을 시범

보여 준다. 예를 들어, 다음 문제에서 피제수의 마지막 숫자 9를 내려서 적는다.

$$6 \overline{)33.9}^{5.6}$$
$$\underline{30}$$
$$39$$
$$\underline{36}$$
$$3$$

교사가 나머지를 원하지 않기 때문에 계속 나누기를 해야 한다고 설명한다. "피제수의 마지막 숫자 뒤에 0을 쓰고, 다시 나누기를 할 거예요. 기억하세요. 소수 뒤에 '0'을 더하는 것은 값을 변화시키지 않아요."

$$6 \overline{)33.90}^{5.65}$$
$$\underline{30}$$
$$39$$
$$\underline{36}$$
$$30$$
$$\underline{30}$$

이러한 연습에서의 예는 피제수에 한 개 또는 두 개의 0을 더함으로써 나머지가 없어지도록 고안되어야 한다. 다음의 예와 같다.

$$4 \overline{)3} \quad \text{또는} \quad 5 \overline{)8}$$

피제수가 자연수인 문제들도 포함되어야 한다. 이런 문제들은 교사가 학생들에게 소수점을 먼저 찍고 그다음에 0을 더하는 것을 상기시켜 주는 것이 필요할 수 있다. 이런 문제는 학생들이 정수 뒤에 소수점을 먼저 찍고, 그다음에 '0'을 더할 수 있도록 한다.

$$4 \overline{)3} \quad \text{은} \quad 4 \overline{)3.0} \text{ 이 된다.}$$

세 번째 유형의 나눗셈은 반올림을 필요로 한다. 학생들은 대부분 이 문제들로 소수 첫째 자리, 소수 둘째 자리, 소수 셋째 자리까지 반올림하는 것을 배운다. 분명히 사전 기술은 소수를 반올림하는 것이다. 이런 유형의 문제를 지도하는 형식은 〈수업 형식 13-8〉에 나타나 있다. Part A에서 교사가 어떻게 문제

를 푸는지 보여 준다. 학생들은 먼저 반올림되어야 하는 답의 소수 자리(소수 첫째 자리, 소수 둘째 자리, 소수 셋째 자리)가 어디인지를 분명하게 하는 지시를 읽는다. 교사는 답에서 소수점 다음에 쓰여야 하는 자릿수가 몇 개인지 물어본 후 학생들에게 그 숫자를 쓸 때까지 문제를 풀라고 가르친다. 학생들은 답에서 바로 마지막 숫자 다음에 선을 긋고, 반올림을 결정하기 위해 한 번 더 나누기를 하도록 배운다. 그런 다음 반올림을 한다. 그은 선의 다음 숫자가 5와 같거나 크면 선 앞의 수에 1을 더하고, 5보다 작으면 그 수를 버린다.

한 자연수가 더 큰 자연수로 나누어지는 문제들은 특별한 고려가 필요하다. 이런 문제들은, 예를 들어 'John은 7개 중 4개의 슛을 성공했다. 성공률은 얼마인가?'라는 문제들은 학생들이 백분율을 계산할 수 있기 때문에 매우 중요하다. 보통 백분율은 소수 둘째 자리까지 쓰이기 때문에 우리는 학생들이 소수 둘째 자리까지 반올림하도록 하는 문제를 권장한다.

소수 또는 대소수로 나누기

네 번째 유형의 문제는 제수가 소수나 대소수다. 이런 문제들은 제수를 자연수로 만들기 위해 제수와 피제수에 10의 거듭제곱을 곱해야 하기 때문에 상대적으로 어렵다. 문제에서 제시된 숫자의 값이 변경되지 않도록 제수와 피제수에 같은 수를 곱해야 한다. 예를 들어, $8.7 \div .35$를 풀기 위하여 학생들은 제수와 피제수에 각각 100을 곱하여 .35는 35로, 8.7은 870으로 만들어야 한다.

10의 거듭제곱을 곱해서 소수점을 오른쪽으로 옮기는 사전 기술은 소수가 제수인 문제를 소개하기 전에 몇 주 동안 가르치고 연습시켜야 한다. 〈수업 형식 13-9〉는 이 사전 기술을 가르친다. 학생들은 소수에 10이 곱해지면, 소수점이 오른쪽으로 한 자리, 100이 곱해지면 오른쪽으로 두 자리, 1000이 곱해지면 오른쪽으로 세 자리가 움직인다는 것을 배운다.

특히 0이 더해지는 문제는 어렵다. 예를 들어, 8.7×100의 경우, 학생들은 8.7에서 소수점을 오른쪽으

로 두 자리 옮기기 위하여 0을 삽입해야 한다. $8.7 \times 100 = 870$. 교사는 0의 삽입의 필요성을 설명하면서 이런 문제를 몇 개 시범 보여 주어야 한다. "여러분은 소수점을 오른쪽으로 두 자리 옮겨야 해요. 그러나 소수점 다음에 한 자릿수만 있다면, 소수점을 두 자리 옮기기 위해서 0을 하나 넣어야 해요."

이 사전 기술 연습에서의 예에는 여러 유형의 문제가 포함되어야 한다. 문제마다 소수점의 위치가 달라야 한다. 문제의 반은 10을 곱하는 문제, 나머지 반은 100을 곱하는 문제로 한다. 몇 문제는 0을 삽입하는 문제로 한다(예, 100×34.2, 100×14.2). 또한 몇 문제는 자연수에 10의 거듭제곱을 곱하도록 한다(예, 10×34, 25×100). 소수점이 이동됨에 따라 0이 삽입된다. 예를 들어, 15×100의 경우, 학생들은 두 개의 0을 더해 1500이라 쓴다. 교사는 자연수는 마지막 자리 다음에 소수점을 더하여 대소수로 고칠 수 있다는 것을 설명하면서 몇 문제를 가지고 시범을 보인다(예, 15는 15.이라고 쓴다).

교사는 다음과 같은 문제로 시작함으로써 10의 거듭제곱을 곱할 때 소수점을 옮기는 것과 0을 삽입하는 것을 증명할 수 있다.

$$\begin{array}{r} 3.4 \\ \times\ 10 \\ \hline 00 \\ 340 \\ \hline 34.0 \end{array}$$

교사는 10을 곱할 때, 답은 소수점이 오른쪽으로 한 자리 옮겨지고 0이 삽입되어 34임을 설명한다. 다음에 교사는 다음과 같은 문제를 쓴다.

$$\begin{array}{r} 3.4 \\ \times\ 100 \\ \hline 00 \\ 000 \\ 3400 \\ \hline 340.0 \end{array}$$

100을 곱할 때, 답은 소수점이 오른쪽으로 두 자리 옮

겨진 340이 된다는 것을 설명해 준다.

제수가 소수나 대소수인 나눗셈은 학생들이 10의 거듭제곱을 곱하는 것을 완전히 학습하고, 제수가 자연수이고 피제수가 소수나 대소수인 모든 문제를 풀 수 있을 때 소개될 수 있다. 〈수업 형식 13-10〉은 소수나 대소수가 제수인 문제를 가르치는 방법을 보여 준다.

Part A에서 교사는 '소수로 나눗셈을 할 수 없다.' 는 규칙을 제시하고 제수와 피제수를 전환하는 방법을 보여 준다. 제수와 피제수는 제수를 자연수로 바꾸기 위해 각각 10의 거듭제곱을 곱해야 한다. 교사는 먼저 제수의 소수점을 오른쪽으로 옮긴다. 피제수는 제수와 같은 수만큼 소수점을 오른쪽으로 이동한다. 수업 형식에서 문제의 소수점 전환은 지루한 설명 없이 비교적 간단하게 설명될 수 있다.

예를 선정하는 두 가지 지침은 소수와 대소수를 제수로 가지는 나눗셈을 가르치는 데 중요하다. 첫째, 제수와 피제수의 자릿수는 다양해야 한다. 예를 들어, 학습지는 다음과 같은 문제를 포함할 수 있다.

a. $.5\overline{)3.75}$　　b. $.05\overline{)37.5}$　　c. $2.5\overline{)75}$

d. $.2\overline{)1368}$　　e. $.03\overline{)24}$　　f. $.5\overline{)21.85}$

소수 제수의 유형을 변화시키는 것은 학생들에게 소수점을 주의 깊게 옮기게 해 준다. 두 번째 지침은 피제수에 0이 삽입되는 예를 포함하는 것이다(예, 위의 문제 b, c, e). 몇 주 후, 학생들이 다양한 유형의 문제를 접하고 전략을 적용하는 적당한 연습을 할 수 있도록 소수나 대소수가 자연수에 의해 나누어지는 문제가 포함되어야 한다.

만일 교사가 소수점 이동의 정당성을 증명하길 원한다면 다음과 같은 나눗셈 문제를 시작한다.

$$.5\overline{)2.4} = \frac{2.4}{.5}$$

다음의 나눗셈을 분수로 생각해 봅시다. 소수의 나눗셈이 매우 어렵기 때문에 .5를 자연수로 바꾸어야 합

니다. 10을 곱하여 자연수로 만듭니다. 분모에 10을 곱했으면 분자에는 무엇을 해야 하나요? … 맞아요, 10분의 10은 1이에요. 1을 곱했을 때, 분수의 값은 변하지 않아요.

교사는 다음과 같이 쓴다.

$$\frac{2.4}{.5} \times \frac{10}{10} = \frac{24}{5}$$

그리고 "이제 자연수로 나눌 수 있어요."라고 말한다. 그러고 나서 다음과 같이 문제를 쓴다.

$$5\overline{)24}$$

분수와 소수의 전환

소수와 분수는 둘 다 전체에서 차지하는 부분을 나타내기 위한 숫자다. 분수를 소수로 전환하는 것은 백분율을 계산할 때뿐만 아니라 그 자체로 중요하다. 소수를 분수로 전환하는 것은 일상에서 많이 쓰이지 않기 때문에 그리 중요하지 않다.

분수에서 소수로 전환하기

분수를 소수로 바꾸는 방법은 분자를 분모로 나누는 것이다. 예를 들어, $\frac{3}{8}$은 3을 8로 나눔으로써 소수로 전환할 수 있다.

$$8\overline{)3.000} = .375$$

이 장의 초기에서 논의된 전환 전략을 위한 사전 기술은 (a) 한 자연수를 더 큰 자연수로 나누는 소수의 나눗셈(예, 3 ÷ 7, 3 ÷ 5) (b) 소수의 반올림이다.

이러한 사전 기술을 완전히 습득한 학생들은 분수를 소수로 전환하는 데 어려움이 없기 때문에 정교한 수업 형식이 요구되지 않는다. 교사는 단지 규칙을 제시하면 된다. **분수를 소수로 전환할 때, 분자를 분모로 나눈다.** 그런 다음에 교사는 이 규칙을 적용하는

몇 개의 문제를 풀어 시범 보여 주고, 학생들이 학습지를 풀 때 감독한다. 진분수와 가분수가 연습문제에 포함되어야 한다.

이 전략의 초기 예는 소수 첫째 자리, 둘째 자리, 셋째 자리에서 나누어 떨어지는 분수로 제한해야 한다.

$$\frac{4}{8} = 8\overline{)4.0}\ \ ^{.5}$$

반복되는 소수가 되는 분수는 학생들이 반올림을 해야 하기 때문에 여러 날 후에 소개한다. 반올림 문제들이 제시될 때 교수는 어느 소수점 자리에서 반올림을 해야 하는지에 초점을 두어야 한다.

$$\frac{2}{3} = 3\overline{)2.0000}\ \ ^{.6666}$$

혼합수는 우선 대분수에서 가분수로 전환한 후 대소수로 전환할 수 있다.

$$3\frac{2}{5} = \frac{17}{5} = 5\overline{)17.0}\ \ ^{3.4}$$

$$5\frac{3}{4} = \frac{23}{4} = 4\overline{)23.00}\ \ ^{5.75}$$

혼합수의 전환은 반복되는 소수 문제를 소개한 뒤 일주일쯤 후에 소개한다.

문제의 마지막 유형은 분모가 두 자리인 수다(예, $\frac{8}{12}$, $\frac{15}{18}$). 학생들은 분수를 소수로 바꾸기 전에 분수를 기약 분수로 약분하는 것을 배워야 한다.

$$\frac{6}{9} = \frac{2}{3} = 3\overline{)2.000}\ \ ^{.666}$$

$$\frac{15}{18} = \frac{5}{6} = 6\overline{)5.000}\ \ ^{.833}$$

약분은 두 자릿수보다 한 자릿수의 제수를 갖는 것이 더 쉽기 때문에 도움이 된다. 분수를 약분하지 못하면 학생들은 두 자릿수 제수로 나눗셈을 해야 한다. 4~8문제를 가지고 몇 주 동안에 걸쳐 매일 연습이 제공되어야 한다.

소수를 분수로 전환하기

소수를 분수로 전환하는 것은 학생들이 분수를 읽고 쓸 수 있으며, 분수를 기약분수로 약분할 수 있을 때 제시될 수 있다. 소수를 분수로 바꾸기 위한 전략은 학생들이 먼저 소수를 십진분수로 고쳐 쓰고 그다음에 이 분수를 기약분수로 약분하는 것을 포함한다. 예를 들어, 소수 .75는 먼저 분수 $\frac{75}{100}$로 고칠 수 있고, 그런 다음 $\frac{3}{4}$으로 약분된다.

처음에 학생들은 다음과 같은 문제가 포함된 학습지를 제공받고, 교사는 여러 문제를 풀어가면서 학생들에게 시범 보여 준다.

소수 (decimal)	십진분수 (decimal fraction)	상분수 (common fraction)
.8	$\frac{8}{10}$	$\frac{4}{5}$
.80		
.35		

몇 번의 수업 후 교사는 다음과 같은 학습지 연습을 소개할 수 있다. 교사는 소수를 십진 분수로 전환하고, 그런 다음 이 분수를 기약분수로 약분하도록 학생들을 안내한다.

다음 소수와 같은 분수에 동그라미 하시오.

.60	$\frac{6}{9}$	$\frac{3}{6}$	$\frac{3}{5}$	$\frac{6}{6}$
.75	$\frac{2}{3}$	$\frac{3}{4}$	$\frac{5}{7}$	$\frac{7}{5}$
.8	$\frac{8}{5}$	$\frac{1}{8}$	$\frac{4}{5}$	$\frac{3}{5}$

진단과 교정

학생들은 다음의 이유 중 하나 혹은 몇 개의 이유

로 소수 문제를 틀릴 수 있다.

1. 연산 오류. 예를 들어, $9.63 \div 9$를 풀 때, 학생들은 답에 1.08을 쓴다. 학생은 63을 9로 나누는 것을 틀리게 했다.
   만약 학생이 단순히 계산 실수로 한 문제만 틀렸다면 교사는 분수 기술을 가르칠 필요는 없으나, 특정한 계산 기술은 다시 가르쳐야 한다.

2. 요소 기술 오류. 학생이 이전에 배운 소수 기술에서 오류를 범한다. 이것은 학생이 현재 유형의 문제를 못 푸는 원인이 된다. 예를 들어, $\frac{3}{7}$을 소수로 전환할 때, 학생은 3을 7로 정확히 나누어 .428이 되나 답은 .42로 반올림하는 경우다. 교정은 이전에 가르친 요소 기술을 다시 가르치는 것이다. 예를 들어, 교사는 먼저 제시된 예를 통해 학생들에게 반올림하는 것을 다시 가르친다. 학생들이 요소 기술을 완전히 습득했다는 것이 증명되었을 때, 교사는 적절한 수업 형식의 구조화된 학습지를 사용해서 학생들이 원래 문제를 풀도록 이끈다.

3. 전략 오류. 전략 오류는 학생이 문제를 푸는 단계를 정확하게 따르지 못했을 때 일어난다. 예를 들어, $\frac{3}{4}$을 소수로 전환할 때, 학생은 4를 3으로 나눈다. 교정 절차는 수업 형식에서 구조화된 칠판 수업으로 전략을 다시 가르치는 것이다.

〈요약 13-1〉은 여러 유형의 소수 문제에서 나타나는 흔한 오류의 진단과 교정 절차를 기술하고 있다.

〈요약 13-1〉 소수 오류의 진단과 교정

오류 형태	진단	교정
더하기 또는 뺄셈 $3.5 + 2 = 3.7$ $5 - .3 = 2$	요소 기술 오류: 학생이 자연수를 대소수로 전환하지 못함	학생들에게 자연수를 대소수로 다시 쓰도록 가르친다. 〈수업 형식 13-4〉를 참조하여 학생들에게 자연수를 대소수로 고쳐 쓰는 것을 가르친다. 〈수업 형식 13-5〉를 참조해서 덧셈과 뺄셈 문제에 대한 구조화된 학습지를 제시한다.
곱셈 $\quad 3.45$ $\times \quad .5$ $\overline{\quad 17.25}$	전략 오류: 답에서 소수점의 위치가 잘못됨	〈수업 형식 13-7〉을 제시한다. 덜 구조화된 학습지 연습에 덧셈과 곱셈 문제를 포함시켜야 한다.
나눗셈 $\quad\ 46.1$ $7\overline{)32.27}$ $\quad\ .63$ $.05\overline{)3.15}$	요소 기술 오류: 몫의 숫자 배열이 잘못됨 전략 오류: 제수와 피제수 쓰기 실패	10장의 긴 나눗셈을 가르치는 수업 형식을 제시한다. 숫자의 적절한 정렬을 강조한다. 〈수업 형식 13-10〉을 제시한다.
반올림 3.729 3.8 8.473 8.4	전략 오류	〈수업 형식 13-6〉을 제시한다.

적용 문제 소수

1. 다음에 제시되어 있는 각 예의 문제 유형을 기술하시오. 소개한 순서대로 문제를 목록으로 만들어 보시오.

   a. $14.3 + 8.5$

   b. 7×34.8

   c. $9 - 3.28$

   d. $\dfrac{4}{7}$를 소수로 전환하시오.

   e. $\dfrac{2}{5}$를 소수로 전환하시오.

   f. 8.04를 읽어 보시오.

   g. $.9\overline{)28}$

   h. $9\overline{)2.7}$

   i. $9\overline{)2.8}$

   j. 3.4785를 소수 둘째 자리까지 반올림하시오.

2. 학생들에게 소수 셋째 자리까지 표현된 소수 읽기를 가르치기 위한 구조화된 칠판 수업을 구성해 보시오.

3. 다음은 소수(소수 첫째 자리와 둘째 자리) 읽기를 가르치는 데 사용된 다양한 교사의 예들이다. 어떤 교사가 적절한 예를 사용하였는지 말하시오. 다른 예는 왜 부적절한지 말하시오.

교사 A	.04	.09	.08	.05	.01	.07
교사 B	.7	.37	.48	.5	.28	
교사 C	.7	.70	.07	.4	.40	.04

4. 교사가 문제 $8 - .34 =$ 를 제시하기 위해 사용해야 할 말을 자세히 기술하시오.

5. 다음 예는 반올림 연습을 위해 교사가 구성한 것인데 부적절하다. 이유를 말하시오.

   3.482를 소수 첫째 자리까지 반올림하시오.

   7.469를 소수 둘째 자리까지 반올림하시오.

   4.892를 소수 첫째 자리까지 반올림하시오.

   6.942를 일의 자리까지 반올림하시오.

6. 어떤 학생이 3.738을 소수 둘째 자리까지 반올림하여 3.73이라고 썼다. 교사가 교정을 할 때 사용할 말을 구체적으로 기술하시오.

7. 다음의 문제 중에서 자연수를 소수 또는 대소수로 나누어야 하는 초기 문제에 포함되지 말아야 하는 것은 어느 것인가? 이유를 말하시오.

   a. $7\overline{)37.8}$

   b. $4\overline{)23.5}$

   c. $9\overline{)84.86}$

   d. $.7\overline{)34.3}$

   e. $9\overline{)3.87}$

   f. $2\overline{)1.46}$

8. 각 학생의 오류에 대한 가능한 원인을 말하시오. 오류 유형에 대한 교정 절차를 구체적으로 기술하시오. 분수 $\dfrac{5}{7}$를 소수 둘째 자리까지 반올림하시오.

   Jason

   $$\frac{5}{7} = 7\overline{)5.00} = 7\overline{)5.00}^{\,.614} = .61$$

   Jill

   $$\frac{5}{7} = 5\overline{)7.0}^{\,1.4}$$

   Samuel

   $$\frac{5}{7} = \begin{array}{r} .714 \\ 7\overline{)5.0} \\ \hline 4.9 \\ \hline 10 \\ \hline 7 \\ \hline 3 \end{array} = .72$$

〈수업 형식 13-1〉 소수 읽기

교사	학생

Part A: 구조화된 칠판 수업

1. (칠판에 다음과 같은 분수를 쓴다)

$$\frac{3}{10} \text{과} \quad \frac{3}{100}$$

2. 이 분수들을 읽어 보세요.   10분의 3, 100분의 3

3. 우리는 10분의 1과 100분의 1을 쓰는 다른 방법을 배울 거예요. (칠판에 소수점을 쓴다) 이것은 소수점이에요. 이것은 무엇인가요?   소수점

소수점 다음 한 자리 숫자는 10분의 1이라고 해요. 소수점 뒤의 한 자리 숫자는 무엇이라고 합니까?   10분의 1

소수점 뒤의 두 자리 숫자는 100분의 1이라고 해요. 소수점 뒤의 두 자리 숫자는 무엇이라고 합니까?   100분의 1

기억하세요. 만약 소수점 뒤에 한 자리 숫자가 있다면, 이 숫자를 10분의 1이라고 말해요. 만약 소수점 뒤에 두 자리 숫자가 있다면, 이 숫자를 100분의 1이라고 말해요.

4. (.9를 칠판에 쓴다)

들어 보세요. 소수점 뒤에 한 숫자가 있어요. 그 9는 10분의 1에 대한 것이에요. 이것을 10분의 9라고 말해요.

(.09를 칠판에 쓴다) 들어 보세요. 소수점 뒤에 2개의 숫자가 있어요. 그 9는 100분의 1에 대한 것이에요. 이것을 100분의 9라고 말해요. 여러분 차례예요.

5. (.3을 칠판에 쓴다)

소수점 뒤에 몇 개의 숫자가 있나요?   1개

그 3은 얼마에 대한 것인가요?   10분의 1

소수를 말해 보세요.   10분의 3

교정하기: 소수점 뒤에 몇 개의 숫자가 있나요?

소수점 뒤에 _____개의 숫자가 있고 그 ___는 ___에 대한 것입니다.

그 소수는 _____이라고 말합니다.

(.03, .30, .6, .60, .06, .58로 단계 3을 반복한다)

6. (.7을 칠판에 쓴다)

이 소수를 말해 보세요.

(.70, .07, .9, .09, .90, .05, .4, .32로 단계 4를 반복한다)

Part B: 구조화된 학습지

1. (다음과 같은 학습지를 제시한다)

a. $.4 = \dfrac{4}{100} \quad \dfrac{4}{10} \quad \dfrac{40}{1000}$ b. $.40 = \dfrac{40}{100} \quad \dfrac{40}{10} \quad \dfrac{4}{10}$

c. $.04 = \dfrac{40}{100} \quad \dfrac{40}{10} \quad \dfrac{4}{100}$ d. $.61 = \dfrac{61}{100} \quad \dfrac{61}{10} \quad \dfrac{61}{1000}$

e. $.06 = \dfrac{60}{100} \quad \dfrac{6}{100} \quad \dfrac{6}{10}$ f. $.6 = \dfrac{6}{100} \quad \dfrac{6}{1000} \quad \dfrac{6}{10}$

g. $\dfrac{38}{100} = \;.3\;\;.38\;\;38.$ h. $\dfrac{4}{100} = \;.40\;\;.04\;\;.4$

i. $\dfrac{40}{100} = \;.40\;\;.4\;\;.04$ j. $\dfrac{8}{100} = \;.80\;\;.08\;\;.080$

k. $\dfrac{80}{100} = \;.80\;\;.08\;\;.8$ l. $\dfrac{7}{10} = \;.70\;\;.07\;\;.7$

2. 다음 a 소수를 읽으세요. 우리는 .4를 나타내는 분수를 찾아야 합니다.   10분의 4

3. 첫 번째 분수를 읽으세요. (멈춘 후, 신호를 준다)   100분의 4
   다음 분수를 읽으세요. (멈춘 후, 신호를 준다)   10분의 4
   다음 분수를 읽으세요. (멈춘 후, 신호를 준다)   1000분의 40

4. 소수는 10분의 4라고 말합니다. (반응을 점검한다) 10분의 4를 나타내는 분수에 동그라미 하세요.

5. 문제 b~f를 혼자 풀어 보세요. 소수와 같은 것을 말하는 분수에 동그라미 하는 것을 기억하세요.

6. 다음 문제 g의 분수를 읽으세요. 우리는 100분의 38을 나타내는 소수를 찾아야 해요.   100분의 38

7. 첫 번째 소수를 읽으세요.   10분의 3
   다음 소수를 읽으세요.   100분의 38

8. 분수와 같은 것을 말하고, 그것에 동그라미 하세요. (반응을 점검한다)

9. 나머지 문제를 혼자 풀어 보세요.

⟨수업 형식 13-2⟩ 소수 쓰기

교사	학생
Part A: 구조화된 칠판 수업	

1. ($\dfrac{73}{100}$을 칠판에 쓴다)

2. 이 분수를 읽으세요.   100분의 73

3. 100분의 73을 소수로 쓰려고 해요.

4. 100분의 1을 소수로 나타낼 때 소수점 뒤에 몇 개의 숫자가 있어야 합니까?   2개

5. 소수점을 찍고, 그런 다음 73을 씁니다. 100분의 73을 쓸 때, 소수점 뒤에 몇을 써야 합니까?   73

6. (.73을 쓴다) 소수를 읽으세요.   100분의 73
   (단계 1~5를 반복한다: $\dfrac{7}{10}$, $\dfrac{7}{100}$, $\dfrac{70}{100}$, $\dfrac{4}{100}$, $\dfrac{48}{100}$, $\dfrac{6}{10}$, $\dfrac{6}{100}$, $\dfrac{6}{10}$, $\dfrac{60}{100}$, $\dfrac{3}{100}$)
   참고: $\dfrac{7}{100}$과 같은 분수를 제시할 때, 교사는 단계 4에서 "소수점을 찍고 그런 다음 07을 씁니다."라고 말한다)

Part B: 덜 구조화된 학습지

1. (다음 분수를 소수로 쓰시오)

　a. $\dfrac{4}{100}$ = _____　　　　　b. $\dfrac{4}{10}$ = _____

　c. $\dfrac{40}{100}$ = _____　　　　　d. $\dfrac{7}{100}$ = _____

　e. $\dfrac{7}{10}$ = _____　　　　　f. $\dfrac{70}{100}$ = _____

　g. $\dfrac{32}{100}$ = _____　　　　　h. $\dfrac{28}{100}$ = _____

　i. $\dfrac{9}{10}$ = _____　　　　　j. $\dfrac{92}{100}$ = _____

　k. $\dfrac{9}{100}$ = _____　　　　　l. $\dfrac{5}{10}$ = _____

2. 지시를 읽으세요.	다음 분수를 소수로 쓰시오.
3. 다음 문제 a에 있는 분수를 읽으세요.	100분의 4
4. 100분의 1은 소수점 뒤에 몇 개의 숫자가 와야 합니까?	2개
5. 100분의 4라고 말하기 위해 소수점 뒤에는 무엇을 써야 합니까?	04

6. 이제 100분의 7을 말하는 소수점과 수를 써 보세요.

　(나머지 문제를 가지고 단계 2~5를 반복한다)

〈수업 형식 13-3〉 대소수 읽고 쓰기

교사	학생
Part A: 구조화된 칠판 수업	
1. (소수점을 칠판에 쓴다) 소수점 왼쪽의 (왼쪽을 가리킨다) 숫자는 자연수를 말해요. 소수점 왼쪽의 숫자는 무엇을 말하나요? 소수점 뒤에 있는 (오른쪽을 가리킨다) 숫자는 소수를 말해요.	자연수
2. (칠판에 2.4를 쓴다) 이것은 대소수예요. 이것은 자연수와 소수를 가지고 있어요. 이것은 2와 10분의 4라고 읽어요.	
이 대소수는 어떻게 읽나요?	2와 10분의 4
대소수에서 자연수는 무엇인가요?	2
소수는 어떤 것인가요?	10분의 4
대소수를 말해 보세요.	2와 10분의 4
(9.03, 14.2, 16.23, 7.4, 9.03으로 단계 2를 반복한다)	
3. (칠판에 8.4를 쓴다) 대소수를 말해 보세요.	8과 10분의 4
(8.04, 7.41, 19.2, 8.50, 19.02로 단계 3을 반복한다)	

Part B: 구조화된 학습지

1. (칠판에 대소수를 쓴다)
   a. 8과 10분의 4 = _____   b. 16과 100분의 2 = _____
   c. 5와 100분의 16 = _____   d. 11과 10분의 4 = _____
   e. 11과 100분의 4 = _____   f. 11과 100분의 40 = _____

   g. $17\frac{9}{10}$ = _____   h. $8\frac{45}{100}$ = _____

   i. $16\frac{1}{100}$ = _____   j. $16\frac{5}{100}$ = _____

   k. $16\frac{10}{100}$ = _____

2. 문제 a를 읽으세요.   8과 10분의 4

3. 자연수는 무엇인가요? 그것을 쓰세요.   8

4. 소수는 무엇인가요? 그것을 쓰세요. 소수점을 잊지 마세요. (반응을 점검한다)   10분의 4

5. 여러분은 어떤 대소수를 썼나요?   8과 10분의 4
   (문제 b~f로 단계 1~4를 반복한다)

6. 문제 g에 있는 대소수를 읽으세요.   17과 10분의 9
   (나머지 문제로 단계 2~5를 반복한다)

〈수업 형식 13-4〉 소수를 같은 소수로 만들기

교사	학생
Part A: 시범 설명	
1. 규칙을 들어 보세요. 우리가 소수 뒤에 0을 쓸 때, 그 수의 가치는 바뀌지 않아요. 따라서 말해 보세요.	우리가 소수 뒤에 0을 쓸 때, 그 수의 가치는 바뀌지 않는다.
2. (칠판에 .3을 쓴다)	
소수를 읽으세요.	10분의 3
소수 뒤에 0을 쓸 거예요. (0을 삽입한다. .30) 자, 이제 소수를 읽으세요.	100분의 30
소수 뒤에 0을 더해서 10분의 3을 100분의 30으로 바꾸었어요.	
3. 10분의 3과 100분의 30이 같다는 것을 보여 주기 위해 분수를 사용하려고 해요.	
(칠판에 $\frac{3}{10}$을 쓴다)	
이것을 읽으세요.	10분의 3
우리는 10분의 3에서 시작해서 100분의 30에서 끝났어요. (칠판에 $\frac{30}{100}$을 쓴다)	
10을 100으로 만들기 위해서는 몇을 곱해야 하나요?	10
3을 30으로 만들기 위해서는 몇을 곱해야 하나요?	10

(칠판에 $\dfrac{3}{10}\left(\dfrac{10}{10}\right) = \dfrac{30}{100}$ 을 쓴다)

10분의 3에 10분의 10을 곱했어요. 10분의 10은 1과 같아요.

기억하세요. 우리가 1을 곱하면, 숫자의 가치는 변하지 않아요. 그래서 10분의 3과 100분의 30은 같아요. (.3 = .30을 쓴다)

4. (.5에서 .500으로 바꾸면서 단계 2와 단계 3을 반복한다)

5. 여기에 0에 대한 다른 규칙이 있어요. 소수의 끝에 있는 0을 지울 때, 그 소수의 가치는 바뀌지 않아요. (.50을 쓴다) 이 소수를 읽으세요.   100분의 50

   소수의 끝에 있는 0을 지울 거예요. (0을 지운다: .50) 자, 이 소수는 어떻게 읽나요?   10분의 5

6. 100분의 50과 10분의 5가 같다는 것을 분수를 사용해 알아봅시다.

   (칠판에 문제를 쓴다)

   $$\dfrac{50}{100} = \dfrac{5}{10}$$

   50은 5에 어떤 수를 곱해야 하나요?   10

   100은 10에 어떤 수를 곱해야 하나요?   10

   문제에 10분의 10을 쓴다.

   $$\dfrac{50}{100} = \dfrac{5}{10}\left(\dfrac{10}{10}\right)$$

   10분의 5를 100분의 50으로 만들기 위해서 우리는 그것에 10분의 10을 곱할 거예요. 10분의 10은 1과 같아요. 우리가 1을 곱할 때, 숫자의 값은 변하지 않아요. 그래서 .50 = .5예요.

   ($\dfrac{300}{1000} = \dfrac{3}{10}$ 을 가지고 단계 5와 6을 반복한다)

Part B: 구조화된 칠판 수업

1. (칠판에 8.4를 쓴다) 이 숫자를 읽으세요.   8과 10분의 4

   이 대소수를 1000분의 1을 나타내는 소수로 다시 쓰려고 해요.

2. 1000분의 1을 나타내는 소수를 쓸 때 소수점 뒤에 몇 개의 숫자가 있나요?   3개

3. 소수점 뒤에 이미 1개의 숫자를 가지고 있어요. 그러면 몇 개의 0을 더해야

   해요? (8.400을 쓴다)   2

4. 이제 소수를 읽으세요.   8과 1000분의 400

   8.4의 가치를 변화시켰나요?   아니요.

   아니에요. 8.400은 8.4와 같아요. 소수의 끝에 0을 삽입할 때, 그것은 그 수의 가치를 변화시키지 않아요.

   (5.1을 5.10으로; 9.300을 9.3으로; 7을 7.00으로; 9를 9.0으로 변화시키면서 단계 1~4를 반복한다)

Part C: 덜 구조화된 학습지

1. (학생들에게 다음과 같은 학습지를 준다)

대소수

	10분의 1	100분의 1	1000분의 1
a.	3.7		
b.		4.20	
c.	9.2		
d.			7.300
e.		6.20	

2. (문제 a 줄을 가리킨다) 여러분은 대소수가 없는 부분을 채워야 해요. 이 줄에 있는 모든 대소수는 같은 가치를 가지고 있어야 해요. 문제 a에서 가장 가까운 숫자를 읽으세요.   3과 10분의 7

3. 다음 칸을 가리킨다. 제목이 100분의 1을 말하고 있어요. 3.7을 100분의 1로 표현할 수 있게 다시 써야 해요. 100분의 1을 만들기 위해서 소수점 뒤에 몇 개의 수가 있어야 하나요?   2개

   대소수 3.7은 소수점 뒤에 한 개의 수가 있어요.

   여러분은 무엇을 해야 하나요?   0을 1개 더합니다.

   100분의 1 칸에 대소수를 쓰세요.

   100분의 1 칸에 여러분이 쓴 대소수는 무엇입니까?   3.70

4. (1000분의 1 칸에서 단계 2를 반복한다)

   (나머지 예로 단계 2와 3을 반복한다)

   [참고: 자연수를 대소수로 바꿀 때 교사는 소수점을 자연수 뒤에 쓴다는 것을 설명한다. 소수점 뒤에는 0(혹은 0들)을 삽입한다. 소수 10분의 1을 표현할 때는 0을 1개, 소수 100분의 1을 표현할 때는 0을 2개, 소수 1000분의 1을 표현할 때는 0을 3개 삽입한다]

〈수업 형식 13-5〉 다른 소수의 덧셈과 뺄셈

교사	학생

Part A: 구조화된 칠판 수업

1. 소수가 포함된 숫자를 더하거나 뺄 때, 먼저 소수점 뒤의 수들이 같은 자릿수를 갖도록 소수를 다시 써야 해요.

   (칠판에 13.7 − 2.14를 쓴다)

2. 이 문제를 읽으세요.   13과 10분의 7 빼기 2와 100분의 14

3. 어떤 수가 소수점 뒤에 더 많은 자릿수를 가지고 있나요?   2.14

   그래서 각 수가 100분의 1이 되도록 문제를 다시 써야 해요.

4. (13.7을 가리킨다) 10분의 7을 소수로 쓸 때 소수점 뒤에 두 자리를 만들기 위해서는 어떻게 해야 하나요? 맞아요. 7 뒤에 0을 더해야 해요. (7 뒤에 0을 쓴다: 13.70) 이제 100분의 70이 됐어요. 문제를 읽어 보세요.   7 뒤에 0을 더합니다.

                                            13.70 − 2.14

5. 문제를 풀기 위해서 소수점의 위치를 수직으로 맞추어 문제를 쓸 거예요.
   (문제를 쓰고 푼다)

   ```
     13.70
   -  2.14
     11.56
   ```

6. 답에 소수점을 쓸 거예요. 기억하세요. 소수끼리의 뺄셈을 할 때, 소수점은
   그대로 밑으로 내려서 찍어야 합니다. (소수점을 찍는다)

   ```
     13.70
   -  2.14
     11.56
   ```

   답을 읽으세요.   11.56
   (문제 18.9 - 3.425를 가지고 단계 1~6을 반복한다)

Part B: 구조화된 학습지

1. (이와 같은 학습지를 학생들에게 준다)

a. 7.1 - 3.45	b. 16.345 + 8.3
c. 51.43 + 6.85	d. 13.6 - 2.346
e. 19.1 - 8.34	f. 96.4 + 86.4
g. 4.5 + 6.35	h. 271. - 71.42

2. 여러분의 학습지에 있는 문제 a를 읽으세요.   7.1 - 3.45

3. 이 수들은 소수점 뒤의 자릿수가 같나요?   아니요.

4. 그래요. 한 수는 10분의 1, 다른 수는 100분의 1을 갖고 있어요. 어떤 수가
   소수점 뒤에 더 많은 자릿수를 가지고 있나요?   3.45
   그래서 여러분이 어떤 수를 바꿔 줘야만 하나요?   7.1
   여러분은 7.1에 어떻게 해야 하나요?   1 뒤에 0을 더합니다.
   0을 더하세요. (반응을 점검한다) 지금 빈칸에 문제를 다시 쓰고 풀어 보세요.
   (멈춤) 답은 무엇인가요?   1.65
   (멈춤, 신호를 준다)
   (몇 개의 문제를 가지고 단계 1~3을 반복한다)

〈수업 형식 13-6〉 소수를 반올림하기

교사	학생
Part A: 구조화된 칠판 수업	
1. (칠판에 .376을 쓴다)	
2. 이 소수를 소수 둘째 자리까지(100분의 1) 반올림하고자 해요. 100분의 1을 얘기할 때 소수점 뒤에 몇 개의 숫자가 있어야 하나요?	2
소수점 뒤 2개의 숫자를 셀 것이고, 그런 후에 숫자 다음에 선을 그을 거예요. (.37|6을 쓴다)	

3. 소수를 반올림할 때, 그 선 다음에 오는 숫자를 보아야 해요. 만약 그 숫자가 5 또는 그 이상이라면 선 앞의 숫자에 1을 더해야 해요. 선 다음에 어떤 숫자가 왔나요?   6

  100분의 1을 더해야 하나요?   예.

  100분의 37을 가지고 있는데 여기에 100분의 1을 더한다면, 얼마나 많은 100분의 1을 가지게 되나요?   38

  그래서 .376을 소수 둘째 자리까지 반올림하면 …….   .38

  (.38을 쓴다)

4. (다음 문제와 함께 1과 2단계를 반복한다)

  .372를 소수 첫째 자리까지 반올림하시오.

  .1482를 소수 둘째 자리까지 반올림하시오.

  .382를 일의 자리까지 반올림하시오.

  .924를 소수 둘째 자리까지 반올림하시오.

Part B: 구조화된 학습지

1. (다음과 같은 학습지를 학생들에게 준다)

  a. .462를 소수 첫째 자리까지 반올림하시오.   _____

  b. .428을 소수 첫째 자리까지 반올림하시오.   _____

  c. .8562를 소수 둘째 자리까지 반올림하시오.   _____

  d. .8548을 소수 둘째 자리까지 반올림하시오.   _____

  e. 3467을 소수 둘째 자리까지 반올림하시오.   _____

  f. 3437을 소수 둘째 자리까지 반올림하시오.   _____

  g. .417을 소수 첫째 자리까지 반올림하시오.   _____

  h. .482를 소수 첫째 자리까지 반올림하시오.   _____

  i. .3819를 소수 둘째 자리까지 반올림하시오.   _____

  j. .3814를 소수 둘째 자리까지 반올림하시오.   _____

2. 문제 a를 가리킨다. 소수를 어디까지 반올림하나요?   10분의 1까지(소수 첫째 자리까지)

3. 소수 첫째 자리까지 반올림을 할 때 소수점 뒤에 몇 개의 수가 와야 하나요?   1개

  소수점 뒤에 1개의 수를 세고, 줄을 그으세요.

4. 여러분이 다른 10분의 1을 더해야 하는지 봅시다. 선 바로 뒤에 어떤 숫자가 있나요?   6

  그래서 여러분은 다른 10분의 1을 더해야 합니까?   예.

  여러분은 10분의 4를 가졌어요. 만약 여러분이 10분의 1을 더하면 10분의 1은 얼마나 됩니까?   5

  만약 여러분이 소수 첫째 자리(10분의 1)까지 .462를 반올림할 때, 여러분은 얼마를 갖게 되나요?   10분의 5

  빈칸에 답을 쓰세요.   학생들은 .5를 쓴다.

  (나머지 문제로 단계 1~3을 반복한다)

Part C: 덜 구조화된 학습지

(학생들에게 Part B에서와 같은 학습지를 준다)

1. 문제 a를 읽으세요.

2. 반올림할 곳에 선을 그으세요.

3. 반올림하고 답을 빈칸에 적으세요.

4. 답을 읽으세요.

(나머지 문제와 함께 단계 1~4를 반복한다)

〈수업 형식 13-7〉 소수 곱셈

교사	학생
Part A: 구조화된 칠판 수업	

1. (다음 문제를 칠판에 쓴다)

$$\begin{array}{r} 34.2 \\ \times\ \ .59 \\ \hline 3078 \\ \underline{1710} \\ 20178 \end{array}$$

2. 대소수를 곱하고 있어요. 그래서 답에 소수점을 넣어야 해요. 답에서 어디에 소수점을 찍어야 하는지 빨리 알아내는 방법이 있어요. 곱하고 있는 두 수에서 소수점 뒤에 있는 자릿수를 셉니다.

3. 소수점 뒤에 있는 수들을 가리키며 셀 거예요. (2를 가리킨다) 하나, (9를 가리킨다) 둘, (5를 가리킨다) 셋. 두 수에서 소수 자리는 몇 개인가요?   **3**

4. 답에서 소수점 뒤에 세 자리가 있도록 답을 쓸 거예요. (7과 8 사이를 지적한다) 한 자리. (1과 7 사이를 지적한다) 두 자리. (0과 1 사이를 지적한다) 세 자리. 나는 여기에 소수점을 찍을 거예요. (0과 1 사이를 지적한다)

5. 소수점 뒤에 몇 개의 자리가 있나요?   **3**
   답을 읽으세요.   **20.178**

(다음 문제를 가지고 단계 1~4를 반복한다)

$$\begin{array}{ccc} 34.2 & 34.2 & 351 \\ \times\ \ 5 & \times\ \ .7 & \times\ .05 \end{array}$$

Part B: 구조화된 학습지

1. (다음과 같은 학습지를 학생들에게 준다)

a. $\begin{array}{r} 32.1 \\ \times\ \ .9 \\ \hline 2889 \end{array}$ b. $\begin{array}{r} .321 \\ \times\ \ .9 \\ \hline 2889 \end{array}$ c. $\begin{array}{r} 3.21 \\ \times\ \ 9 \\ \hline 2889 \end{array}$ d. $\begin{array}{r} 321 \\ \times\ \ .9 \\ \hline 2889 \end{array}$ e. $\begin{array}{r} 3.421 \\ \times\ \ .7 \\ \hline 23947 \end{array}$

f. 492 × .53 ———— 1476 24600 ———— 26076	g. 4.92 × .53 ———— 1476 24600 ———— 26076	h. .492 × 5.3 ———— 1476 24600 ———— 26076	i. 49.2 × 53 ———— 1476 24600 ———— 26076
j. 429 × 53 ———— 1476 24600 ———— 26076	k. .32 × .05 ———— 160 000 ———— 160	l. 3.2 × 5 ———— 160 ———— 160	m. 3.2 × .05 ———— 160 000 ———— 160

2. 이 문제들은 이미 풀어져 있어요. 여러분이 해야 할 것은 소수점을 찍는 거예요.

3. 문제 a를 보세요.

4. 곱해진 두 수에서 소수점 뒤에 몇 개의 자리가 있나요?   2

5. 답에서 소수점은 어디에 찍어야 하나요?   첫 번째 8과 두 번째 8 사이

6. 그것을 쓰세요.

7. 답을 읽으세요.   28.89

(나머지 문제와 함께 단계 2~6을 반복한다)

Part C: 덜 구조화된 학습지

1. (학생들에게 소수와 대소수가 포함된 곱셈과 덧셈 문제를 혼합한 학습지를 준다)

기억하세요. 여러분이 곱셈을 할 때는 소수점 뒤의 자릿수를 세어야 해요.
여러분이 덧셈을 할 때는 소수점을 바로 밑으로 내려서 찍어야 해요.

2. 문제 a를 풀어 보세요. (멈춤)

3. 소수점은 어디에 찍어야 하나요?

(나머지 문제로 단계 1~3을 반복한다)

〈수업 형식 13-8〉 소수 나누기 – 반올림

교사	학생
Part A: 구조화된 칠판 수업	
1. (다음 지시를 칠판에 쓴다) 문제를 풀어 보세요. 그리고 답을 소수 둘째 자리(100분의 1)까지 반올림하세요. 7)3.24	
2. 문제를 읽으세요. 지시는 소수 둘째 자리(100분의 1)까지 풀라고 말하고 있어요. 100분의 1을 가지고 있을 때 소수점 뒤에 몇 개의 수가 있나요? 그래서 소수점 뒤에 두 개의 숫자가 있을 때까지 문제를 풀어야 해요.	3과 100분의 24 나누기 7 2

(문제를 푼다)

```
      .46
 7)3.24
    2 8
    ───
      4 4
      4 2
      ───
        2
```

3. 답에서 100분의 1을 가지고 있어요. 그러나 나머지가 있기 때문에 끝나지 않았어요. 1000분의 1의 문제를 풀어야 하고, 그런 다음 100분의 1까지 반올림해야 해요.
   그래서 6 뒤에 선을 그었어요.

4. 한 번 더 나누어야 해요. 여러분은 반올림을 어떻게 하는지 알고 있어요. 여러분이 할 것이 있어요. 나눈 수에서 4 뒤에 0을 더해야 해요. 기억하세요, 소수에서 마지막 숫자 뒤에 0을 더해도 그 수의 가치는 변화하지 않아요.
   (0을 삽입한다)

```
      .46 |
 7)3.24 |0
    2 8
    ───
      4 4
      4 2
      ───
        2
```

자, 이제 다시 나눌 수 있어요. 0을 내려 쓰세요. (2 옆에 0을 쓴다) 20 안에 7이 몇 번 들어가나요? (멈춘 후, 신호를 준다)   2
(14와 2를 쓴다)

```
      .46 |2
 7)3.24 |0
    2 8
    ───
      44
      42
      ───
       20
       14
       ───
        6
```

5. 100분의 46으로 반올림할까요, 혹은 100분의 47로 반올림할까요?   100분의 46
   교정하기: 반올림하는 선 다음에 오는 수는 무엇인가요? 그것은 5보다 작아요. 그래서 다른 십의 자리를 더하지 않아요.
   (다음 문제로 단계 1~4를 반복한다)
   9)4 를 소수 첫째 자리까지 반올림하시오.
   7)26.3 을 소수 둘째 자리까지 반올림하시오.
   3)2 을 소수 둘째 자리까지 반올림하시오.

Part B: 구조화된 학습지

1. (다음과 같은 학습지를 학생들에게 준다)
   a. 다음 문제들을 풀고, 소수 둘째 자리까지 반올림하시오.

1. 3)‾7.4‾ =   2. 6)‾5‾ =

b. 이 문제를 풀고 소수 첫째 자리까지 반올림하시오.

3. 4)‾2.31‾ =   4. 7)‾3‾ =

문제의 지시를 읽으세요.	이 문제들을 풀고 소수 둘째 자리(100분의 2)까지 반올림하시오.
문제 한 개를 읽으세요.	7.4 ÷ 3
2. 여러분은 문제를 풀고 소수 둘째 자리까지 반올림해야 해요. 여러분의 답에서 몇 개의 숫자가 소수점 뒤에 올까요? 문제를 풀어 보세요. 소수점 뒤에 2개의 숫자가 왔을 때 멈추세요. (학생들의 답을 점검한다)	2
	2.46 3)‾7.40‾ 6‾ 1 4 1 2‾ 20 18‾ 2
3. 아직 나머지가 있기 때문에 끝나지 않았어요. 답에서 마지막 숫자 뒤에 선을 그으세요. 자, 이제 7.40에 0을 더하고 다시 나누세요. (멈춤)	
4. 답에서 선 뒤에 쓴 숫자는 무엇인가요?	6
100분의 1을 더하나요?	예.
반올림한 답을 쓰세요. 답은 무엇인가요?	2.47

Part C: 덜 구조화된 학습지

1. (Part B에서 주어진 것과 같은 학습지를 학생들에게 준다)

2. 문제 a의 지시를 읽으세요.

3. 문제 한 개를 읽으세요.

4. 반올림을 하기 위해서 어디에 선을 그을 것인가요? 소수점 뒤의 첫 번째, 두 번째, 혹은 세 번째 숫자?	두 번째 숫자

5. 문제를 풀고, 반올림한 답을 쓰세요.

〈수업 형식 13-9〉 사전 기술: 10의 배수에 의한 소수 곱셈

교사	학생
Part A: 구조화된 칠판 수업	
1. 여기에 10 또는 100에 의한 소수의 곱셈에 대한 몇 가지 규칙이 있어요. 10을 곱할 때, 소수점을 오른쪽으로 한 칸 움직여야 해요. 10을 곱할 때 소수점을 어떻게 해야 하나요?	오른쪽으로 한 칸 움직입니다.
100을 곱할 때, 소수점을 오른쪽으로 두 칸 움직여야 해요. 100을 곱할 때 소수점을 어떻게 해야 하나요?	오른쪽으로 두 칸 움직입니다.

2. (칠판에 37.48 × 10을 쓴다)

  문제를 읽으세요. 10을 곱했어요. 10을 곱했을 때 소수점을 어떻게 해야 하 나요?   37.38 × 10

  오른쪽으로 한 칸 움직입니다.

3. (칠판에 37.48 × 10 = 3748을 쓴다)

  소수점이 7과 4 사이에 있어요. 만약 내가 이것을 오른쪽으로 한 칸 옮긴다 면, 소수점은 어디에 있게 되나요?   4와 8 사이

  (칠판에 37.48 × 10 = 374.8을 쓴다)

  답을 읽으세요.   374.8

4. (다음 문제로 단계 2와 3을 반복한다)

  37 × 100

  8.532 × 10

  7.2 × 100

  25 × 100

  2.5 × 10

Part B: 구조화된 학습지

1. (학생들에게 다음과 같은 학습지를 준다)

  a. 3.74 × 10 =   b. .894 × 100 =

  c. 42.8 × 100 =   d. 3.517 × 10 =

  e. 16 × 100 =   f. 15 × 10 =

  g. .0382 × 10 =   h. 49.2 × 100 =

2. 10을 곱했을 때 무엇을 해야 하나요?   소수 자리를 오른쪽으로 한 칸 움직입 니다.

  100을 곱했을 때 무엇을 해야 하나요?   소수 자리를 오른쪽으로 두 칸 움직입 니다.

3. 문제 a를 읽으세요.   3.74 × 10

4. 10을 곱하고 있어요. 소수점을 어떻게 해야 하나요?   오른쪽으로 한 칸 움직입니다.

5. 답에서 소수점은 어디에 있어야 되나요?   7과 4 사이

6. 답을 쓰세요.   37.4를 쓴다.

7. 답을 읽으세요.   37.4

  (나머지 문제로 단계1~6을 반복한다)

〈수업 형식 13-10〉 소수 나누기

교사	학생

Part A: 구조화된 칠판 수업

1. (다음을 칠판에 쓴다)

  .5)51.75

2. 소수 나누기에 대한 규칙이 있어요. 소수로 나누지 못한다는 거예요. (.5를 지적한다) 제수를 자연수로 바꾸어야 해요.

3. (.5)‾51.75 를 지적한다) 이 문제에서 제수는 무엇인가요?   .5

   이 방법으로 문제를 풀 수 있나요?   아니요.

   뭘 해야 하나요?   제수를 자연수로 바꿉니다.

4. 소수점을 이동시켜서 10분의 5를 자연수로 만들어요. 소수점 다음에 숫자가 없을 때 자연수가 됩니다. .5를 자연수로 만들기 위해서 소수점을 오른쪽으로 몇 칸 움직여야 하나요?   한 칸

   (화살표를 그린다. .5,)‾51.75)

   소수점을 오른쪽으로 한 칸 움직였어요. 피제수에서 똑같은 수만큼 소수점을 움직여야 해요. 피제수에서 소수점을 오른쪽으로 얼만큼 움직여야 하나요?   한 칸

   (칠판에 쓴다. .5,)‾51.7,5)

   자, 이제 우리는 문제를 풀 수 있어요. 답에 소수점을 찍은 후에 나누기를 할 거예요.

   (칠판에 쓴다. ,5.)‾51,7.5)

5. 나눌 거예요.

```
        10 3.5
  ,5.)‾51,7.5
       5
       017
        15
        25
        25
```

6. 답은 무엇인가요?   103.5

   (다음의 문제로 단계 1~5를 반복한다)

   .05)‾5.125   .7)‾28   .0)‾21.9   .07)‾28

Part B: 구조화된 학습지

1. (다음과 같은 학습지를 학생들에게 준다)

   .05)‾3.25   .5)‾32   .04)‾92   .3)‾9.6   .03)‾9.6

2. 첫 번째 문제를 읽으세요. $3.25 \div .05$

3. 제수는 무엇인가요?   .05

4. 소수점을 없애고 자연수로 만들기 위해서 오른쪽으로 그것을 움직이세요.   학생은 ,05.)‾3.25 을 쓴다.

5. 오른쪽으로 소수점을 몇 칸 움직였나요? 피제수에서도 이 작업을 해야 해요. 소수점을 없애고 소수점이 있어야 하는 자리에 소수점을 찍으세요.   2

   ,05.)‾3,25. 을 쓴다.

6. 자, 이제 답에서 소수점이 있어야 할 자리에 소수점을 찍으세요.   ,05.)‾3,25. 을 쓴다.

7. 문제를 풀어 보세요.

8. 답은 무엇인가요?   65

   (나머지 문제로 단계 1~7을 반복한다)

제**14**장
백분율과 비율

용어와 개념

퍼센트(percent). 백분율을 나타내는 기호

백분율(percentage). 어떤 수의 퍼센트를 계산하여 얻어진 수

비율(ratio). 두 개의 비교할 만한 양 사이의 관계를 수로 나타낸 표현. 일반적으로 비율은 첫 번째 양을 두 번째 것으로 나눈 결과다. 백분율과 퍼센트 개념은 실생활에서 자주 적용된다.

백분율(percentage).

가격이 15% 상승했다.

그 가게는 20% 세일을 하고 있다.

대출 수수료는 8%이다.

퍼센트(비율)(percent, ratio).

Alice는 7개 중 3개를 만들었다.

Mary는 10개 문제 중 8개를 마쳤다.

Carlos는 3개의 영화 중 2개를 보았다.

백분율과 비율 소개는 일반적으로 앞의 장에서 논의한 기본적인 분수와 소수를 지도한 후에 한다.

비율 문제는 학생들이 두 개의 양 간의 수학적 관계(비율)를 퍼센트로 전환하는 것을 요구한다. 분수 $\frac{3}{4}$은 75%로 전환된다. 비율 응용 문제의 한 예는 'Ann은 7개 던진 것 중 3개를 넣었다. Ann은 몇 퍼센트를 넣었는가?'다.

백분율 문제는 학생들이 또 다른 양에 대한 퍼센트가 나타내는 양을 계산해 내는 것이 필요하다. 예를 들면 다음과 같다. (a) 60의 30%는 얼마인가? (b) 너는 그 시험을 통과하기 위해서 질문 중 70%를 득점하는 것이 필요하다. 만일 그 시험에 20문제가 있다면 네가 통과하기 위해서는 몇 개를 정확하게 맞혀야 하는가?

교사는 여러 가지 소수 기술이 퍼센트와 비율 문제를 위한 사전 기술이라는 것을 알아야 한다. 예를 들어, 백분율을 풀기 위해서 학생은 대소수를 곱할 수 있어야 하고, 비율 문제를 풀어야 한다. 또한 분수를 소수 또는 대소수로 전환하거나 소수 또는 대소수를 반올림할 수 있어야 한다.

초등학교에서 만나게 되는 주요 유형의 문제를 소개하는 특정 순서는 '수업 순서와 평가 차트'에 제시되고 있다. 평가 차트에서 비율과 관련된 기술 전에 백분율 관련 기술을 소개할 것을 권한다는 점에 유의하여야 할 것이다.

백분율 문제

초등학교 수학에서는 보통 두 가지 유형의 백분율

⟨수업 순서와 평가 차트⟩

학년 단계	문제 유형	수행 지표
5a	백분율을 소수로 전환하기	다음 백분율을 소수로 쓰시오. 45% = 15% = 6% = 1% =
5b	주어진 수의 백분율 계산하기	20의 8%는 얼마인가요? 12의 25%는 얼마인가요? 50의 130%는 얼마인가요?
5c	간단한 백분율 문장제 문제	Jane은 농구공을 20번 던졌다. 던진 공 중 60%가 골에 들어갔다. 몇 개의 공이 들어갔나요? Tara는 자기 팀이 획득한 점수의 5%를 득점하였다. 그녀의 팀은 60점을 획득하였다. Tara가 얻은 점수는 몇 점인가요? 어떤 가게가 5월에 300개의 셔츠를 팔았다. 6월에 그 가게는 5월에 판매한 양의 130%를 팔았다. 그 가게는 6월에 몇 개의 셔츠를 팔았나요?
5d	소수를 백분율로 전환하기	.32 =　　% .6 =　　% 3.4 =　　%
5e	분수를 백분율로 전환하기: 백분율은 정확히 떨어져야 함	다음 분수를 백분율로 바꾸시오. $\frac{3}{5} =$　　%　　$\frac{7}{10} =$　　%　　$\frac{5}{4} =$　　%
5f	분수를 백분율로 전환하기: 끝 수를 반올림하는 것이 필요함	$\frac{3}{7} =$　　%　　$\frac{4}{9} =$　　%　　$\frac{5}{3} =$　　%
5g	간단한 비율 문장제 문제: 총 수가 제공됨	Bill은 농구공을 20개 던졌다. 그중 12개가 들어갔다. Bill이 넣은 공의 백분율은 얼마인가? Ann에게는 15명의 친구가 있다. 친구 중 9명은 텍사스 출신이다. 친구 중 텍사스 출신은 백분율로 하면 얼마인가?
6a	복잡한 백분율 문제	Jill은 5월에 80달러를 벌었다. 6월에는 5월에 번 것의 30%를 벌었다. Jill이 6월에 번 것은 얼마인가? Tim은 200달러를 빌렸다. 9%의 이자를 지불해야 한다. Tim은 모두 합해서 얼마를 돌려 주어야 하는가?
6b	복잡한 비율 문제: 총 수가 제공되지 않음	나는 5개의 시험에서 A를 받았고, 4개의 시험에서 B를 받았다. 내가 A를 받은 것은 전체 시험의 몇 퍼센트인가? 교실에 4명의 남자아이와 6명의 여자아이가 있다. 교실 안의 몇 퍼센트가 남자아이인가? Bill은 5개의 파란색 펜과 15개의 빨간색 펜을 가지고 있다. 펜의 몇 퍼센트가 파란색 펜인가?

문제를 가르친다. 쉬운 유형의 문제는 백분율과 양을 진술하고, 학생에게 백분율을 계산하는 것을 묻는 것이다.

교사는 70%가 통과했다고 말했다. 그 시험에는 50 문제가 있다. 내가 통과하려면 몇 문제를 맞혀야 하는가? (50의 70%는 .70 × 50 = 35).

더 어려운 문제는 학생들에게 원래의 양에 대한 백분율을 계산하게 하고, 그런 다음 원래의 양에서 그 양을 더하거나 빼게 하는 것이다.

Bill은 은행에서 80달러를 빌렸다. 그는 대출의 8%의 이자를 지불해야 한다. 그는 은행에 얼마를 지불해야 하는가? (.08 × 80 = 6.40, 80.00달러 + 6.40달러 = 86.40달러)

이 문제 유형은 학생들이 더 쉬운 유형의 문제를 많이 연습하고 나서 소개된다.

백분율을 소수로 전환하기

백분율 문제를 소개하기 전에 학생들은 (a) 소수와 대소수 곱하기 (b) 백분율을 소수로 전환하기를 완전히 숙달해야 한다.

〈수업 형식 14-1〉은 백분율 개념을 소개하고 학생들에게 백분율을 소수로 전환하는 것을 가르친다. 이 형식은 세 부분으로 되어 있다. Part A에서 교사는 단순히 백분율 기호(sign)만 제시하고 학생들에게 퍼센트 읽는 것을 가르친다. Part B에서 구조화된 칠판 수업으로 교사는 소수 둘째 자리까지 숫자를 다시 쓰고, 백분율 기호를 삭제하고, 소수점을 찍어서 백분율을 소수로 어떻게 쓰는지 가르친다. Part C는 구조화된 학습지 연습이다. 여러 주에 걸쳐 학습지 연습이 매일 지속되어야 한다.

이 형식을 가르칠 때는 예 선정이 아주 중요하다. 백분율 숫자의 $\frac{1}{3}$은 10% 이하여야 하고, $\frac{1}{3}$은 10~100% 사이, $\frac{1}{3}$은 100% 이상이어야 한다. 예를

들어, 전환하는 연습은 다음 백분율을 포함할 수 있다. 5%, 28%, 1%, 235%, 30%, 300%. 이런 문제 유형에 노출시키는 것은 학생들에게 폭넓은 예에 대해 전략을 일반화하는 데 필요한 연습을 제공해 준다. 10 이하의 백분율을 전환할 때는 학생들에게 소수 앞에 0을 써야 한다는 것을 가르쳐야 한다(예, 6% = .06, 1% = .01). 100% 이상은 자연수가 산출될 수 있는 것을 보여 주기 위해 포함된다(예, 354% = 3.54, 200% = 2).

87.5%처럼 이미 소수가 있는 백분율의 문제는 초기에는 예제에 포함되지 않지만 소수로 전환된다. 이런 유형의 문제는 학생들에게 소수점 두 자리를 더하게 한다(예, 87.5% = .875). 〈수업 형식 14-1〉이 적용되어 사용될 수 있다. 교사는 소수 두 자리가 더 사용된다고 설명해야 할 것이다.

간단한 백분율 문제

간단한 백분율 문제는 주어진 백분율을 곱한 양으로 해결된다. 학생들은 백분율을 계산해야 한다(예, 30% × 40 = 12). 이런 유형의 문제는 학생들이 백분율을 소수로 전환할 수 있고, 정확하게 소수를 곱할 수 있을 때 소개되어야 한다.

〈수업 형식 14-2〉는 간단한 백분율 문제를 학생들에게 어떻게 가르치는지를 보여 주고 있다. Part A는 연속되는 문제에 대한 답이 맞는지 결정하는 것을 도와줄 규칙을 학생들에게 가르치기 위한 수업이다. 학생들은 문제가 100%를 묻는 것이라면 답은 곱해지는 숫자와 같다는 것을 배우게 된다(예, 100% × 20 = 20).

유사하게, 만일 백분율이 100% 이상이면 답은 곱해지는 숫자보다 크다. 또한 만일 100% 이하이면 답은 곱해지는 숫자보다 작다. 그러면 학생들은 어떤 숫자 문제에 대한 답을 예측하는 규칙을 사용하게 된다. 비록 이 규칙이 지극히 단순한 것처럼 보인다 하더라도, 이런 정보를 명확하게 배우지 않은 학생들이 보이는 오류를 조사해 보았을 때, 많은 학생은 스스로 이런 관계를 전혀 알아내지 못한다는 것이 분명하다.

Part B는 백분율 문제를 풀기 위해 전략이 제시되는 구조화된 칠판 수업이다. 백분율을 소수로 전환한다. 그런 다음 소수와 주어진 양을 곱한다. 학생들은 답을 점검하기 위해 Part A에서 배운 규칙을 적용한다.

Part C는 학생들이 문제를 푸는 구조화된 학습지 연습이다. 두 숫자와 세 숫자를 곱할 때 학생들에게 밑에 두 숫자를 적는 것을 가르쳐야 한다는 것을 명심한다. 예를 들면, 125% × 60을 풀 때 학생들은 다음과 같이 써야 한다.

$$
\begin{array}{r}
1.25 \\
\times \quad 60 \\
\hline
\end{array}
$$

예는 같은 숫자가 곱해지는 세 문제로 이루어진 세트를 포함시켜야 한다. 한 문제에서 백분율은 10%보다 작고, 또 다른 문제에서는 10%와 100% 사이에 있고, 또 다른 문제에서는 100% 이상이다. 예를 들면, 연습을 위한 한 세트의 예에는 다음의 문제가 포함될 수 있다.

30% × 60	25% × 36
3% × 60	2% × 36
300% × 60	125% × 36

한 세트에 3가지 문제 유형을 포함시키는 것은 학생들이 접하게 될 다양한 범위의 문제에 대한 연습을 제공할 것이다.

간단한 백분율 문장제 문제

간단한 백분율 문장제 문제는 양을 진술한 후 학생들에게 백분율을 계산하도록 한다. 이런 문제의 특성은 단어 '의(of)'를 포함하고 있다는 점이다. 다음은 전형적인 간단한 백분율 문제에 대한 두 가지 예다.

우리 학교에는 60명의 아이들이 있다. 그중 75%가 여자아이다. 우리 학교에 여자아이는 몇 명인가?
Sarah는 공을 던진 것 중 60%를 넣었다. 그녀는 공을 20개 던졌다. 그녀는 몇 개를 넣었는가?

이런 유형의 문장제 문제는 학생들이 40% × 20과 같은 문제를 정확히 풀 수 있을 때 도입될 수 있다. 준비할 때 교사는 먼저 단어 '의(of)'는 곱하기 표시로 대체된다는 간단한 공식을 학생들에게 알려 준다(예, 48의 75%). 여러 번 수업을 한 후, 교사는 문장제 문제를 소개하고 시범보인 다음, 학생들이 문제를 어떻게 해결하는지 검사한다. 문제를 푼 후, 교사는 학생들이 100%보다 많은 것을 혹은 적은 것을 곱했는지를, 그리고 그 답은 적절한지를 물으면서 그 문제를 반복한다(예, '문제는 그녀가 던진 것 중 60%를 넣었다고 말하고 있다. 그녀는 20개의 공을 던졌다. 우리는 답이 20보다 작아야 한다는 것을 안다. 그녀는 던진 것 중 100%보다 적게 공을 넣었기 때문이다.'). 학습지는 한 문제는 10% 이하, 한 문제는 10~100% 사이, 한 문제는 100% 이상을 갖고 있는 문제를 포함해야 한다.

복잡한 백분율 문제

복잡한 백분율 문제는 보통 원래의 양이 증가(혹은 감소)한 백분율을 준 다음 학생들에게 증가(혹은 감소)량과 총량을 파악하는 것을 묻는다. 이런 복잡한 백분율 문제는 학생들이 간단한 백분율 문제를 최소한 여러 주 동안 연습한 다음에 소개되어야 한다. 이런 문제의 유형은 다음과 같다.

모자 가게는 5월에 50개를 팔았다. 6월에 판매량이 20% 증가했다. 그 가게는 6월에 5월보다 몇 개의 모자를 더 팔았는가? 6월에는 모두 몇 개의 모자를 팔았는가?

교사는 문제를 어떻게 푸는지 시범을 보여 준다. 먼저 백분율을 소수로 바꾸면서 증가 혹은 감소된 백분율을 계산한다. 그런 다음 새로운 총량을 계산하기 위해 이 양을 원래의 양에서 더하거나 뺀다. 예를 들어, 앞의 문제에서 학생은 20%를 .20으로 전환하고, .20에 50을 곱하면 10이 나온다. 그 가게는 5월보다 6월에 모자를 10개 더 팔았다. 이 10을 5월에 판매한

[그림 14-1] 간단한 이자 연습

빌린 돈	1년 이자율	1년 동안의 이자	1년 후에 갚아야 할 돈
a. 500달러	5%	_____	_____
b. 500달러	8%	_____	_____
c. 1000달러	4%	_____	_____
d. 1000달러	7%	_____	_____

모자 50개에 더함으로써 6월에는 모자가 60개 팔렸음을 증명하게 된다.

특별한 유형의 문제는 이자를 계산하는 것이 포함된다(여기서 사용된 용어 '이자'는 간단한 이자(단리)를 말한다. 복리 이자는 고등학교 과정에서 제시된다). 교사는 학생들에게 다음과 같은 비슷한 것을 설명하면서 학생들에게 이자를 설명할 수 있다. "여러분이 은행에서 돈을 빌릴 때 은행에 돈을 더 주어 갚아야 합니다. 더 주어야 하는 돈이 이자입니다. 만일 은행이 10%의 이자를 부과하면, 여러분은 빌린 돈의 10%를 더해서 빌린 돈을 갚아야 합니다."

[그림 14-1]은 이자 연습의 예다. 학생들은 여러 가지 융자에 대한 이자를 계산하면서 연습을 제공하는 표의 빈칸을 채운다. 더 복잡한 이자 문제는 이후의 과정에서 소개된다.

비율 문제

비율 문제에서 학생들은 분수를 백분율로 전환해야 한다. 비율 문제에는 3가지 기본 유형이 있다.

1. 분수를 백분율로 전환하는 수 문제

$$\frac{2}{5} = 40\%$$

$$\frac{5}{4} = 125\%$$

2. 간단한 비율 문장제 문제. 이 문제에서는 전체와 한 부분의 양이 주어진다. 학생은 백분율을 계산한다.

Sarah는 20개의 공을 던졌는데 10개가 들어갔다. 그녀가 던진 공 중 몇 퍼센트가 들어갔는가?

$$\frac{10}{20} = 50\%$$

3. 복잡한 문장제 문제. 이 문제에서 학생은 퍼센트를 계산하기 전에 주어진 양을 더하는 것이 요구된다.

Ann은 공 10개는 넣었는데, 10개는 넣지 못했다. 그녀가 넣은 것은 몇 퍼센트인가?

$$10 + 10 = 20 \qquad \frac{10}{20} = 50\%$$

분수를 백분율로 전환하기

분수를 백분율로 전환하기는 학생들이 단순한 백분율 문제를 숙달한 후에 여러 주 동안 도입될 수 있다. 〈수업 형식 14-3〉은 이 전환 기술을 가르치고 있다. 이 수업 형식은 학생들이 분자를 분모로 나누어 분수를 소수로 전환하는 것을 이미 습득했다는 것을 가정한다. 그런 다음 학생들에게 나누고 소수를 반올림하도록 한다.

수업 형식은 5개의 부분으로 되어 있다. Part A에서 교사는 소수를 백분율로 전환하는 것을 제시하고 있다. "백분율 기호를 쓰고, 그런 다음 소수점을 백분율 기호 방향으로 두 자리 이동하세요." 이러한 절차에 대한 구두 표현은 소수점을 이동하는 방향을 결정할 때 학생들을 돕기 위한 것이다. 규칙을 제시한 후, 교사는 소수를 백분율로 바꾸는 적용의 예를 제시한다. 예는 대소수와 소수 첫째 자리(10분의 일: 1/10), 둘째 자리(100분의 일: 1/100), 셋째 자리(1000분의 일: 1/1000)까지 있는 소수를 포함해야 한다.

Part B는 학습지 연습이다. 학생들은 소수를 퍼센트로 전환하는 연습을 한다. 교사는 몇 개의 문제를 가지고 전환하는 것을 학생들에게 안내한 다음 나머지 문제를 학생들이 스스로 풀도록 한다. 그다음에 Part C가 도입된다. Part A와 B를 위해 선택된 예는 소수, 자연수 그리고 대소수가 혼합된 것이어야 한다. 두 자리 정수, 여러 개의 대소수뿐만 아니라 10분의 일, 100분의 일, 1000분의 일로 표현된 소수들이 포함되어야 한다. 학습지 연습을 위한 한 세트의 예는 다음의 것을 포함할 수 있다. 3.2, .475, 6, .08, .4, .37, 2, 6.1, 35, .875, .1. 십분의 일 혹은 정수를 전환할 때, 교사는 학생들에게 더할 0의 수를 말해 준다.

$$.1 = .10 = .10\% = 10\%$$

Part C의 구조화된 칠판 연습에서 교사는 분수를 백분율로 전환하기 위한 두 단계 전략을 제시한다. "먼저 분수를 소수로 전환합니다. 그런 다음 그 소수를 백분율로 전환합니다." 그리고 나서 교사는 몇 개의 분수를 가지고 적용하는 것을 시범보여 준다.

Part D는 학생들이 전환을 할 수 있도록 학생들에게 유도된 학습지를 주는 구조화된 학습지 연습이다. 유도된 문제는 다음과 같다.

$$\frac{3}{4} = .\text{_____} = \text{_____}\%$$

Part E는 덜 구조화된 학습지 연습인데 이것은 유도 과정 없이 문제를 학생들의 학습지에 쓴다. Part C, D, E를 위한 예를 선정하는 데는 두 가지 규칙이 있다.

1. 진분수와 가분수가 모두 포함되도록 하여 전략이 100퍼센트보다 큰 백분율에도 적용된다는 것을 학생들이 알 수 있도록 한다(예, $\frac{5}{4} = 125\%$, $\frac{7}{5} = 140\%$).
2. 문제는 처음에 백분율을 계산하기 위해서 반올

림을 할 필요가 없는 분수로 제한해야 한다. 반올림되어야 하는 문제는 추가 단계를 필요로 하기 때문에 몇 주 동안은 제시되어서는 안 된다. 분수 $\frac{3}{4}$, $\frac{1}{2}$, $\frac{7}{5}$, $\frac{7}{10}$, $\frac{6}{8}$, $\frac{6}{4}$은 반올림이 필요하지 않은 분수의 예다. 분수 $\frac{5}{7}$, $\frac{2}{9}$, $\frac{4}{3}$, $\frac{3}{11}$, $\frac{5}{6}$는 반올림을 필요로 한다.

반올림이 필요한 문제가 제시되었을 때, 교사는 학생들에게 답이 소수점 뒤 세 자릿수가 남을 때까지 나누도록 말해 주고, 소수 둘째 자리까지 반올림하도록 지시한다. 예를 들어, $\frac{5}{7}$를 백분율로 전환할 때, 학생들은 소수 둘째 자리까지 나누고, 1(소수 둘째 자리) 다음에 선을 하나 긋고, 다시 한 번 나누고, 그러고 나서 반올림하여 답은 .71이 된다.

$$
\begin{array}{r}
.71|4 \\
7\overline{)5.00|0} \\
\underline{49} \\
10 \\
\underline{7} \\
30 \\
\underline{28} \\
2
\end{array}
$$

예를 들어, $\frac{2}{3}$와 같이 반복되는 소수가 있을 때, 교사는 어떻게 반올림을 하는지와 66.7로 답을 표현하는 것을 보여 준다. 이 종류의 문제는 잠재적으로 복잡하고 학생들이 반올림 전략을 알 때까지 제시되어서는 안 된다.

학생들이 분수를 소수로 전환하는 연습을 몇 주 동안 한 후, 교사는 가능하다면 나누기 전에 분수를 약분하는 새로운 단계를 소개할 수 있다. 예를 들어, $\frac{9}{12}$는 $\frac{3}{4}$으로 약분될 수 있기에 학생들은 9를 12로 나누는 대신 3을 4로 나눌 것이다. 나누기 전에 분수를 약분하는 것은 두 자릿수 분모를 다룰 때 특히 도움이 된다. 만약 분수가 한 자릿수로 약분될 수 있다면, 나눗셈 문제가 더 쉬워질 것이다.

분수를 소수로 전환하는 것을 학생들에게 가르칠 때 마지막으로 고려해야 할 점은 학생들에게 적절한

〈요약 14-1〉 소수와 분수를 백분율로 전환하기

1. 학생들은 분자를 분모로 나눔으로써 분수를 소수로 전환한다.

$$\frac{3}{4} = 4\overline{)3.00}$$
.75
28
20
20

2. 학생들은 % 표기를 이용하고, 소수점을 백분율 표기 쪽으로 두 자리 옮김으로써 소수를 백분율로 전환한다.

$$.75 = 75\%$$

연습을 제공하여 학생들이 자주 보(게 되)는 분수를 나타내는 백분율을 암기하도록 하는 것이다. 다음과 같은 분수에 대한 백분율은 반드시 학습되어야 한다. $\frac{1}{10}, \frac{2}{10}, \frac{9}{10}$뿐만 아니라 $\frac{1}{4}, \frac{3}{4}, \frac{1}{2}, \frac{1}{3}, \frac{2}{3}, \frac{1}{5}, \frac{2}{5}, \frac{3}{5}, \frac{4}{5}$.

학생들은 적절한 연습문제를 받아서 즉시 분수들이 나타내는 백분율을 말할 수 있어야 한다. 이 암기를 용이하게 하기 위해서 교사는 플래시 카드 연습 또는 또 다른 종류의 암기 연습문제를 제공해야 한다. 그러나 이러한 암기 연습은 몇 주에 걸친 백분율로의 전환 학습이 이루어진 후에 시작될 수 있다.

간단한 비율 문장제 문제

간단한 비율 문장제 문제에서, 두 개의 관련 수량이 부여되고, 학생들은 백분율 숫자로 두 수량의 관계를 표현하도록 질문받는다. 가장 간단한 비율 문제는 전체 집합의 부분집합을 다룬다. 예를 들어, 시도한 슛(전체 집합) 중에서 성공한 슛(부분 집합), 아이들(전체 집합) 중에서 여자아이들(부분 집합), 사과(전체 집합) 중에서 빨간 사과(부분 집합) 등이다. 문제 a와 b는 이 종류의 문제의 예다.

a. 시험에 20문제가 출제되었다. Jack은 14개 맞혔다. Jack이 맞힌 문제는 몇 퍼센트인가?
b. 우리 반에 12명의 아이들이 있다. 8명은 여자아이다. 우리 반의 몇 퍼센트가 여자아이인가?

간단한 백분율 문제는 학생들이 분수를 백분율 숫

자로 전환하는 것을 충분히 이해했을 때 소개될 수 있다. 간단한 비율 문제의 형식은 세 부분을 포함한다(〈수업 형식 14-4〉 참조). Part A는 칠판 수업으로, 학생들은 문장제에서 표현된 관계를 분수로 전환하는 요소 기술을 배운다. 교사는 얼마나 많은지 말해 주는 전체 숫자가 분수의 분모로 쓰인다는 규칙을 보여 준다. 교사는 여러 개의 예제로 시범보여 주고 평가를 한다. 예를 들어, 'Sheila는 12발을 쐈다. 그녀는 10개를 맞췄다.'는 분수 $\frac{10}{12}$으로 바꿀 수 있다.

Part B는 비율 문장제 문제를 분수로 전환하는 학습지 연습을 제공한다. Part C는 교사가 학생들에게 분수를 백분율로 다시 쓰는 것을 지도하는 덜 구조화된 학습지다. 교사는 먼저 학생들에게 문제로 표현된 분수를 적도록 요구하고, 그 분수를 백분율로 옮기도록 한다.

연습문제는 교실과 관련된 실생활에서의 상황을 가능한 한 많이 포함한다(예, '몇 퍼센트의 아이들이 여자아이인가?' '비가 온 날은 몇 퍼센트인가?').

복잡한 비율 문장제 문제

복잡한 비율 문장제 문제들에서, 학생들은 백분율을 계산하던 분수의 분모가 될 합계를 이끌어 내기 위해 두 수량을 더해야 한다. 예를 들어, 문제는 4명의 남자아이와 6명의 여자아이 중, 여자아이들의 백분율을 구하도록 요구할 것이다. 그 문제에서 분수는 다음과 같다.

따라서 수 4와 6은 분모를 결정하기 위해서 더해져

야 한다.

$$\frac{\text{여자아이}}{\text{남자아이} + \text{여자아이}}$$

복잡한 비율 문장제 문제는 학생들이 간단한 비율 문제로 몇 주 동안 연습하기 전까지 소개되지 않는다. 〈수업 형식 14-5〉의 Part A에서 교사는 합계가 복잡한 문제에서 어떻게 얻어지는지 시범 보인다. "문제는 아이들 중 얼마만큼의 부분이 여자아이인지 묻고, 그래서 분수는 아이들 분에 여자아이가 될 것입니다. 총 몇 명의 아이들일까요? 그래서 분모에 무엇을 써야 할까요?"

복잡한 비율 문제를 가르치는 데 쓰이는 예는 다음의 문제 a와 b와 같이 연관된 문제의 세트를 포함하면서 간단하고 복잡한 비율 문제를 모두 포함해야 한다.

a. 소모임에 6명의 아이들이 있는데, 4명의 여자아이가 있다. 아이들 중 몇 퍼센트가 여자아이인가?

b. 소모임에 4명의 남자아이와 6명의 여자아이가 있다. 소모임에 있는 아이들 중 몇 퍼센트가 여자아이인가?

문제 a는 간단한 비율 문제다. 문제 b는 복잡한 비율 문제다. 두 문제에서 총합은 아이들의 수라는 것을 유의해야 한다. 문제 a에서는 아이들의 수가 주어졌다. 그러나 문제 b는 총합을 말해 주지 않고 있어서, 4명의 남자아이와 6명의 여자아이의 수를 더해야 한다. 관련된 간단하고 복잡한 문제를 제시하는 것은 학생들에게 분수의 분모를 알아내기 위해 언제 수량이 더해져야 하는지를 결정하는 연습을 제공하기 때문에 필요하다.

적용 문제 백분율과 비율

1. 다음은 학생들의 오류다. 각 오류가 가능한 원인을 명시하고, 수정 절차를 서술하시오.
   a. 90의 38%는 얼마입니까?

Jill	Tim	Sarah

Jill
$$\begin{array}{r} 90 \\ \times\ .38 \\ \hline 720 \\ 2700 \\ \hline 3420 \end{array} = 3420$$

Tim
$$\begin{array}{r} 90.00 \\ +\ .38 \\ \hline 90.38 \end{array} = 90.38$$

Sarah
$$\begin{array}{r} 90 \\ \times\ .38 \\ \hline 720 \\ 270 \\ \hline 9.90 \end{array} = 9.9$$

   b. 60의 5%는 얼마입니까?

Jack
$$\begin{array}{r} 60 \\ \times\ .5 \\ \hline 30.0 \end{array} = 30$$

   c. Bill은 15발을 쐈다. 그는 그중 12발을 맞혔다. 그는 몇 퍼센트를 명중했는가?

Tom
$$\frac{15}{12} = 12\overline{)15.0} = 125\%$$
$$\begin{array}{r} 1.25 \\ \hline 12 \\ 30 \\ 24 \\ \hline 60 \end{array}$$

Zelda
$$\frac{12}{15} = 15\overline{)12.0} = 69\%$$
$$\begin{array}{r} .69 \\ \hline 9\ 0 \\ 3\ 00 \\ 1\ 35 \end{array}$$

Elwin
$$\frac{12}{15} = 15\overline{)12.0} = 8\%$$
$$\begin{array}{r} .8 \\ \hline 12.0 \end{array}$$

2. 교사가 Tom의 실수를 교정할 때 사용할 말을 구체적으로 기술하시오.

3. $\frac{3}{7}$ 을 백분율로 전환하는 구조화된 학습지 수업에서 교사가 사용할 말을 구체적으로 기술하시오.

4. 다음 예의 세트는 교사가 백분율을 소수로 전환하는 것을 학생들에게 가르치기 위해 연습문제를 구성한 것이다. 어느 세트가 부적절한지 말하고 그 이유를 제시하시오.

    Set A: 85% 94%   30%   62% 53%   6%

    Set B: 40% 5% 135% 240% 7%   82%

    Set C: 130% 20%   72% 145% 80% 360%

〈수업 형식 14-1〉 백분율을 소수로 전환하기

교사	학생
Part A: 백분율 기호 읽기와 쓰기	
1. (%를 칠판에 쓴다) 이것은 백분율 기호입니다. 이것은 무엇을 말하나요?	백분율 기호입니다.
2. (42%를 칠판에 쓴다) 이것을 42%라고 합니다. 이것은 무엇을 말하나요?	42%
3. (20%로 단계 2를 반복한다)	
4. (30%를 칠판에 쓴다) 이것은 무엇을 말하나요? (8%, 142%, 96%, 300%로 단계 4를 반복한다)	30%
Part B: 구조화된 칠판 수업	
1. 백분율은 100분의 1로 나타낸 단위입니다. 백분율은 무엇을 의미하나요?	100분의 1로 나타낸 단위입니다.
2. 87%는 100분의 87을 의미해요. 87%가 의미하는 것은 무엇인가요? (50%, 214%로 단계 2를 반복한다)	100분의 87입니다.
3. 30%가 의미하는 것은 무엇인가요? (248%, 8%로 단계 3을 반복한다)	100분의 30입니다.
4. 100분의 숫자에는 몇 개의 소수 자리가 있나요?	2개
5. 백분율을 소수로 바꾸는 규칙이 있어요. 백분율 기호를 없애고 소수점을 넣어서 소수점 2자리를 만드세요. 백분율을 소수로 바꿀 때 소수점 뒤에 소수의 자리는 몇 개인가요?	2개
6. (236%를 칠판에 쓴다) 이것을 읽어 보세요.	236%
이 숫자를 소수로 바꾸고 싶습니다. 236%는 무엇을 의미하나요?	100분의 236입니다.
100분의 숫자에는 소수점 뒤에 소수의 자리가 몇 개 있나요?	2개
그래서 백분율 기호를 없애고 2개의 소수 자리를 넣었습니다. (2.36을 쓴다) 이것을 읽어 보세요.	2와 100분의 36입니다.
맞아요, 236% = 2.36이에요.	
7. (8%를 칠판에 쓴다) 이것을 읽어 보세요.	8%
이 숫자를 소수로 바꾸고 싶습니다. 8%는 무엇을 의미하나요?	100분의 8입니다.
100분의 숫자에는 소수점 뒤에 소수의 자리가 몇 개 있나요?	2개

그래서 백분율 기호를 없애고 2개의 소수점 자리를 넣었습니다. (.08을 쓴다)	100분의 8입니다.
이것을 읽어 보세요.	
맞아요, 8%는 .08이에요.	
(34%, 126%, 5%, 82%로 단계 6과 단계 7을 반복한다)	

Part C: 구조화된 학습지

(학생들에게 다음과 비슷한 지시와 문제가 있는 학습지를 준다)

1. 다음 백분율을 소수로 바꾸세요.

   a. 35% = _____ b. 200% = _____

   c. 6% = _____ d. 72% = _____

   e. 1% = _____ f. 192% = _____

   g. 374% = _____ h. 2% = _____

2. 지시 사항을 읽으세요.	백분율을 소수로 바꾸시오.
3. 문제 a에 있는 백분율을 읽으세요.	35%
4. 35%는 무엇을 의미하나요?	100분의 35
5. 100분에서는 소수 몇 자리까지 사용되나요?	두 자리
6. 어디에 소수점을 찍나요?	3 앞에
7. 소수를 써 보세요.	.35를 적는다.
8. 지금 쓴 소수는 얼마인가요?	100분의 35
맞아요. 35%는 100분의 35와 같습니다.	
(남은 문제로 단계 1~7을 반복한다)	

〈수업 형식 14-2〉 간단한 백분율 문제 해결하기

교사	학생
Part A: 100%보다 큰 수와 작은 수	
1. (칠판에 100%를 쓴다) 100%를 소수로 바꾸려고 합니다. 그래서 백분율 기호를 지우고 소수 두 자리를 사용하도록 하겠습니다. (칠판에 1.00을 쓴다) 100%는 어떤 자연수와 같나요? 네, 100%는 하나의 전체와 같습니다. 그래서 100%를 곱할 때는 곱한 값이 바뀌지 않지요. 따라서 구해진 답은 곱한 값과 같게 됩니다.	1
2. 다른 백분율과 관련된 규칙은 다음과 같습니다. 어떤 값에 100%보다 큰 수를 곱하면, 우리는 그 값보다 큰 값을 얻게 됩니다. 만약 우리가 어떤 값에 100%보다 작은 수를 곱하면 원래의 값보다 작은 값을 얻게 됩니다.	
3. 만약 어떤 수에 100%를 곱하면, 정답은 무엇이 될까요?	정답은 우리가 곱셈에 이용한 값과 같습니다.

4. 만약 어떤 값에 100%보다 작은 수를 곱한다면 어떤 값을 얻을 수 있을까요?

   맞아요, 백분율이 100보다 작으면, 이것은 1보다 작은 수를 곱하는 셈이 됩니다.

5. 100%보다 큰 수를 곱하면, 정답은 어떻게 될까요?

   (학생들이 정답을 말할 때까지 단계 2~5를 반복한다)

6. 60% × 20이라는 문제가 있습니다. 문제를 말해 보세요.
   백분율은 몇인가요?
   정답은 20보다 큰가요, 작은가요, 아니면 같은가요?
   교정하기: 기억하세요. 만약 백분율이 100보다 작으면 정답은 곱한 값보다 작습니다. 백분율이 100보다 작은가요? 그렇다면 정답을 말해 보세요. (단계 6을 반복한다)
   어떻게 알았나요?

7. (20의 140%, 20의 100%, 150의 24%, 150의 100% 그리고 150의 60%로 단계 6을 반복한다)

정답은 우리가 곱셈에 이용한 값보다 작습니다.

정답은 우리가 곱셈에 이용한 값보다 큽니다.

60% × 20
60
20보다 작습니다.

20보다 작습니다.
백분율이 100보다 작기 때문입니다.

Part B: 구조화된 칠판 수업

1. (칠판에 75% × 20을 쓴다) 문제를 읽어 보세요.
   백분율은 몇인가요?
   주어진 값은 얼마인가요?
   정답은 20보다 클까요, 작을까요?

75% × 20
75
20
20보다 작습니다.

2. 여기에 정답을 찾는 방법이 있어요. 우리는 백분율을 소수로 바꾼 후 곱합니다. 어떻게 정답을 찾을 수 있나요?

백분율을 소수로 바꾼 후 곱합니다.

3. 첫 번째로 우리는 75%를 소수로 적어 볼 거예요. 75%를 100분으로 표현하면 무엇인가요?
   네, 75%는 100분의 75로 표현됩니다. (.75를 쓴다)

75

4. 이제 곱합니다. (문제를 칠판에 쓴다)

$$\begin{array}{r} 20 \\ \times\ \ .75 \\ \hline 100 \\ 1400 \\ \hline 1500 \end{array}$$

   소수를 이용하여 곱하였습니다. 따라서 소수점을 찍어야 합니다. 소수점을 어디에 찍으면 좋을까요?
   자연수 부분은 어디까지인가요?

5. 75% × 20은 무엇인가요?
   75% × 20 = 15를 쓴다. 문제를 읽어 보세요.

5 다음에 찍습니다.
15

15
75% × 20

6. 이제 규칙에 잘 따랐는지 살펴봅시다. 처음 시작한 값은 20이었습니다. 그리고 백분율은 100%보다 작았습니다. 정답은 20보다 작을 것입니다. 15는 20보다 작나요?	예.
따라서 정답은 옳습니다.	

(20의 125%, 20의 5%, 65의 120%, 65의 12%, 65의 20%의 문제로 단계 6을 반복한다)

Part C: 구조화된 학습지

    a. 30% × 50 = ☐   b. 130% × 50 = ☐

    c. 3% × 50 = ☐   d. 25% × 72 = ☐

1. 문제 a를 읽어 보세요.	30% × 50
백분율은 몇인가요?	30
주어진 값은 얼마인가요?	50
정답은 50보다 큰가요, 작은가요?	50보다 작습니다.
2. 백분율을 소수로 바꾸고 다시 곱하여 정답을 찾을 것입니다. 어떻게 정답을 찾나요?	백분율을 소수로 바꾸고 다시 곱합니다.
3. 첫 번째로 30%를 소수로 표현해야 합니다. 30%는 어떻게 100분으로 표현하나요?	30
4. 30%를 100분의 30으로 표현해 보세요.	.30
5. 다음 단계는 무엇인가요?	50을 곱합니다.
6. 곱해 보세요. 30% × 50은 얼마인가요?	15
(문제 b~d로 단계 1~6을 반복한다)	

〈수업 형식 14-3〉 소수와 분수를 백분율로 전환하기

교사	학생
Part A: 소수를 백분율로 전환하기	
1. 숫자 뒤에 백분율 표시를 하고 백분율 표시 쪽으로 소수점 자리를 두 개 옮김으로써 소수를 백분율로 바꿀 수 있습니다. 다시 들어 보세요.	
(규칙을 반복한다)	
(.486을 칠판에 쓴다)	
2. 이 소수를 읽어 보세요.	백분의 486
이 소수를 백분율로 바꾸어 봅시다. 먼저 숫자 뒤에 백분율 표시를 써 볼 것입니다.	
(486%를 칠판에 쓴다)	
3. 이제는 백분율 표시 쪽으로 소수점을 두 자리 옮겨 보겠습니다. 무엇을 한다고요?	소수점을 백분율 표시 쪽으로 두 자리 옮긴다.
(소수점을 지운다. 소수점을 오른쪽으로 두 자리 옮긴다. 48.6%)	

4. 몇 퍼센트가 되었나요? 48.6%
   (1.4, 2, .73, .04로 단계 1~4를 반복한다)

Part B: 소수를 백분율로 전환하는 학습지

1. (학생들에게 다음의 지시 사항과 문제가 담긴 학습지를 나누어 준다)
   다음의 소수와 대소수를 백분율로 바꾸어 보세요.
   a. .38 = _____   b. 4.1 = _____
   c. .7 = _____   d. .07 = _____
   e. 3 = _____   f. .542 = _____
   g. .04 = _____   h. .4 = _____
   i. 7.3 = _____   j. .485 = _____
   k. 8 = _____   l. 0.2 = _____

2. 지시 사항을 읽어 보세요.   소수와 대소수를 백분율로 바꾸어 보세요.

3. 백분율 표시를 어디에 쓰죠?   숫자 다음에 씁니다.
4. 소수점은 어떻게 해야 하나요?   백분율 표시 쪽으로 두 자리 옮깁니다.
5. 문제 a의 수를 읽어 보세요.   .38
6. 3과 8을 소수점 옆에 씁니다. 백분율 표시를 넣어 보세요.
7. 소수점은 어떻게 해야 하나요?   백분율 표시 쪽으로 두 자리 옮깁니다.
   소수를 표시한다. 100분의 38과 같은 백분율은 무엇인가요?   38%
   (나머지 문제로 단계 4~6을 반복한다. 그러고 난 후 학생들로 하여금 나머지 문제를
   스스로 풀게 한다)

Part C: 구조화된 칠판 수업

1. (칠판에 $\frac{5}{4}$를 적는다) 이 분수를 백분율로 바꾸려고 합니다. 분수를 백분율로
   바꾸는 방법을 알려 줄게요. 먼저 분수를 소수로 바꾸고 그다음 소수를 백
   분율로 바꿉니다. 다시 들어 보세요. (과정을 반복한다) 분수를 읽어 보세요.   4분의 5
2. 이 분수를 백분율로 바꾸어 보겠습니다. 첫째로 분수를 소수로 바꿉니다.
   첫 번째로 무엇을 한다고요? 어떻게 $\frac{5}{4}$를 소수로 바꾸지요?   분수를 소수로 바꿉니다. 5를 4로 나눕니다.

   문제를 풀어 보겠습니다. 나머지가 없을 때까지 나누도록 합니다. (문제를 푼다)

   $$\frac{5}{4} = 4\overline{)5.00} = 1.25$$

   $\frac{5}{4}$와 같은 대소수는 무엇입니까?   1과 100분의 25

3. 첫째로, 분수를 소수로 바꾸었습니다. 이제 소수를 백분율로 바꾸려고 합니다. 다음 단계가 무엇이라고요?

    소수를 백분율로 바꿉니다.

    백분율 표시를 적고, 백분율 표시 쪽으로 소수점을 두 자리 옮깁니다. (125%를 칠판에 적는다)

    $\frac{5}{4}$와 같은 백분율은 얼마입니까?

    125%

    ($\frac{3}{5}$, $\frac{1}{2}$, $\frac{7}{5}$로 단계 1~3을 반복한다)

Part D: 구조화된 학습지

1. (학생들에게 다음의 지시사항과 문제가 담긴 학습지를 나누어 준다)

    a. $\frac{3}{4}$ = $\sqrt{}$ = ._____ = _____%

    b. $\frac{2}{5}$ = $\sqrt{}$ = ._____ = _____%

    c. $\frac{8}{4}$ = $\sqrt{}$ = ._____ = _____%

2. 이 문제에서 분수와 같은 백분율을 알아내야 합니다. 첫째로 분수를 소수로 바꾸세요. 첫째로 무엇을 한다고요?

    분수를 소수로 바꿉니다.

    $\frac{3}{4}$을 소수로 어떻게 바꾸나요?

    3을 4로 나눕니다.

    3을 4로 나눕니다. 소수점을 찍는 것을 잊지 마세요. (멈춤) $\frac{3}{4}$과 같은 소수는 무엇인가요?

    100분의 75

3. 이제 무엇을 해야 하나요?

    소수를 백분율로 바꿉니다.

    다음 단계를 해 보고, 정답을 마지막 칸에 적어 보세요. (멈춤)

4. $\frac{3}{4}$과 같은 백분율은 무엇인가요?

    75%

    (나머지 문제로 단계 1~3을 반복한다)

Part E: 덜 구조화된 학습지

1. (학생들에게 다음의 지시사항과 문제가 담긴 학습지를 나누어 준다)

    다음 각 분수를 백분율로 바꾸어 보세요.

    a. $\frac{3}{4}$ =   b. $\frac{5}{2}$ =   c. $\frac{3}{5}$ =   d. $\frac{5}{4}$ =

2. 지시 사항을 읽어 보세요.

    다음 각 분수를 백분율로 바꾸어 보세요.

3. 문제 a를 가리킨다.

4. 첫 번째 분수는 무엇인가요?

    4분의 3

    $\frac{3}{4}$을 가지고 처음에 할 일은 무엇인가요?

    소수로 바꿉니다.

    해 보세요. $\frac{3}{4}$을 소수로 만들어 보세요. (멈춤)

    $\frac{3}{4}$과 같은 소수는 무엇인가요?

    100분의 75

5. 이제 100분의 75를 백분율로 써 봅시다. (멈춤) 100분의 75와 같은 백분율은 얼마입니까?

    75%

    (나머지 문제로 단계 1~4를 반복한다)

〈수업 형식 14-4〉 간단한 비율 문장제 문제 해결하기

교사	학생

Part A: 구조화된 칠판 수업: 분수로 전환하기

1. 다음 문제를 들어 보세요. Jill은 농구공으로 8개의 슛을 했고, 4개가 골에 들어갔습니다. Jill이 성공한 슛과 관련된 분수는 무엇인가요? 다시 들어 보세요. Jill은 8개의 슛을 했고, 그중 4개를 성공시켰습니다. 그녀가 성공한 슛을 분수로 만들면 무엇일까요?

2. 이 문제는 그녀가 성공한 슛을 분수로 만드는 것입니다. 분수는 그녀가 시도한 슛 중에서 성공한 슛을 나타낼 것입니다. 밑에 있는 숫자는 그녀가 시도한 슛 모두를 가리킵니다. 밑에 있는 숫자가 무엇을 의미하나요?   *시도한 모든 수*
그녀가 몇 번의 슛을 시도했나요?   *8*
따라서 8을 아래에 적겠습니다.
(다음을 칠판에 적는다)

$$\frac{}{8}$$

3. 위에 있는 숫자는 그녀가 성공한 슛의 수를 말합니다. 몇 개의 슛이 성공했나요?   *4*
위에 4를 적겠습니다.
(다음 분수를 칠판에 적는다)

$$\frac{4}{8}$$

4. Jill은 8개의 슛을 던졌고, 4개를 성공시켰습니다. 그녀가 성공한 슛을 분수로 만들면 무엇일까요?   *8분의 4*
(다음의 예로 단계 1~4를 반복한다)
   a. Jill은 8자루의 연필을 가지고 있는데, 그중 5자루가 파란색입니다. 연필 중 파란색 연필을 분수로 나타내면 무엇입니까?
   b. 한 학급에 8명의 학생이 있는데, 그중 5명이 여학생입니다. 학생들 중 여학생을 분수로 나타내면 무엇입니까?
   c. 봉지 안에 10개의 사과가 있습니다. 그중 6개가 빨간 사과입니다. 사과 중 빨간 사과를 분수로 나타내면 무엇입니까?
   d. Bill은 지금까지 5달러를 모았습니다. 그는 총 8달러가 필요합니다. 그가 필요한 금액과 모은 금액을 나타내는 분수는 무엇입니까?

Part B: 학습지

1. (지시 사항과 문제가 포함된 학습지를 학생들에게 나누어 준다)
다음 문제에 대한 분수를 쓰시오.
   a. Jane은 게임을 하는 동안 16개 중 12개의 슛을 성공시켰다. $\frac{\square}{\square}$
   b. Alex에게는 15명의 친구가 있는데, 그중 10명은 캘리포니아에 산다. $\frac{\square}{\square}$

    c. Sarah는 작년에 참가한 12번의 경주에서 8번 우승했다.   □ □

    d. Tim은 30송이의 꽃을 수확했는데, 그중 18송이가 장미다.   □ □

2. 지시 사항을 읽으시오.

3. 문제 a를 읽으세요. 분수의 분모가 의미하는 것은 무엇입니까?   전체를 가리키는 수
   전체를 가리키는 수는 무엇입니까?   16
   적어 보세요.   16분의 12
   (다른 문제로 단계 2를 반복하고, 나머지 문제는 학생들 스스로 해결하도록 한다)

Part C: 덜 구조화된 학습지

1. (학생들에게 다음과 같은 문제가 포함된 학습지를 나누어 준다)
    a. Jean은 8번의 경주에 참가했고, 그중 2회 우승하였다. 그녀가 우승한 퍼센트는 얼마입니까?
    b. Ann의 팀은 8번의 경기 중 6번 이겼다. 그녀의 팀이 이긴 백분율은 얼마입니까?
    c. Dina는 시험에 나온 15개의 문항 중 12개를 맞혔다. 그녀가 맞힌 문항의 백분율은 얼마입니까?
    d. Jill은 8자루의 연필을 가지고 있고, 그중 4자루가 빨간색이다. 빨간색 연필은 몇 퍼센트입니까?

2. 문제 a를 읽어 보세요. 문제는 백분율을 물어보고 있습니다. 백분율을 찾기 위해서 첫째로 분수를 적습니다. (문제를 반복한다) 어떤 분수를 적었나요? (멈춤) 적어 보세요.   8분의 2

3. 이제 분수를 백분율로 바꾸어 보세요.

4. 그녀가 이긴 횟수는 몇 퍼센트입니까?   25%

〈수업 형식 14-5〉 복잡한 비율 문제

교사	학생

Part A: 분수를 결정하기

1. 다음 문제를 들어 보세요. 9월에 판매사원이 판매한 자동차에 대해 이야기하려고 합니다. 그는 9월에 10대의 파란색 차(10대의 파란색 차를 칠판에 적는다)와 14대의 빨간색 차(14대의 빨간색 차를 칠판에 적는다)를 팔았습니다. 빨간색 차를 나타내는 분수는 무엇입니까?

2. 문제는 빨간색 차의 분수를 묻고 있습니다. 따라서 분수는 팔린 차의 전체 중에서 판매된 빨간색 차의 수가 됩니다. 분모는 무엇을 의미하나요?   팔린 차의 전체 수
   총 판매된 차의 수는 몇 대입니까? (멈춤)   24
   (다음을 칠판에 적는다)

$$\overline{24}$$

교정하기: 기억하세요. 판매사원은 10대의 파란색 차와 14대의 빨간색 차를   24
판매했습니다. 판매된 전체 차의 수를 알기 위해서 무엇을 해야 할까요?
10과 14를 더하면 무엇입니까?

3. 분수가 의미하는 것은 무엇입니까?   판매된 빨간색 차의 수
   몇 대의 빨간색 차가 판매되었나요?   14
   (다음을 칠판에 적는다)

$$\frac{14}{24}$$

4. 9월에 판매된 빨간색 차를 나타내는 분수는 무엇인가요?   24분의 14
   (간단한 그리고 복잡한 비율 문제를 이용하여 단계 1~4를 반복한다)

Part B: 덜 구조화된 학습지

(〈수업 형식 14-4〉의 간단한 비율 문제의 Part C를 수정한다)

제**15**장

시각 말하기

시각 말하기는 교사들이 종종 가정하는 것과는 달리 모든 학생이 쉽게 배우지는 못한다. 학생들은 시계를 볼 때 숫자를 구별하는 것을 어려워한다. 만약 다음의 목록에 제시된 것을 잘 가르치지 않는다면, 특히 저성취 학생들은 오류를 범할 가능성이 크다.

1. 시곗바늘이 움직이는 방향
2. 분침과 시침 구별하기
3. 분(시계의 숫자로 읽지 않음)과 시(시계의 숫자로 읽음) 구별하기
4. 어휘 구별하기. 예를 들어, '전'을 사용할 때와 '후'를 사용할 때의 차이

시각 말하기는 이렇게 다루기 어려운 구별 때문에 교사는 세 단계로 나누어 시각 말하기를 가르쳐야 한다. 첫 번째, 학생들은 매 시의 분을 표현하는 것과 그 시간을 이해하는 방법을 배운다. 두 번째, 학생들이 시-분 표현에 익숙해지면 콜론(8:40), $\frac{1}{4}$, 반과 같이 시간을 다른 방법으로 표현하는 것을 배운다. 세 번째, 학생들은 몇 시 몇 분 전으로 시간을 표현하는 방법을 배우게 된다. 자세한 내용과 예는 '수업 순서와 평가 차트'를 보라.

몇 시 몇 분

사전 기술

시각 말하기에는 중요한 네 가지 사전 기술이 있다. (a) 시곗바늘이 움직이는 방향 (b) 분침과 시침의 구별 (c) 5씩 뛰어 세기 (d) 분을 결정하는 데 필요한 5씩 뛰어 세기에서 1씩 세기로의 전환(예, 5, 10, 15, 16, 17, 18, 19).

정확하게 시계를 보려면 시곗바늘이 움직이는 방향을 알아야 한다. 학생들이 시곗바늘이 움직이는 방향을 쉽게 배울 수 있도록 시계에 숫자 대신 빈칸을 넣고 빠진 숫자를 쓰게 할 수 있다.

이런 연습을 통해서 학생들은 시계가 오른쪽으로 도는 것을 알 수 있다. 첫 번째 연습에는 시계의 길잡이(예, 3, 6, 9, 12) 숫자를 꼭 넣어야 한다. 그러나 여러 번의 수업 후에는 이런 길잡이 숫자를 지우고, 학생들이 스스로 모든 숫자를 넣을 수 있도록 한다. 교사는

〈수업 순서와 평가 차트〉

학년 단계	문제 유형	수행 지표
2a	시-분으로 표현하기 ― 분침이 숫자를 가리킴	a. b. c. ____시 ____분　____시 ____분　____시 ____분
2b	시-분으로 표현하기 ― 분침이 숫자를 가리키지 않음	a. b. c. ____시 ____분　____시 ____분　____시 ____분
2c	진술된 시각을 표현한 시계 찾기	a. 7:25를 가리키는 시계 밑의 선 위에 X 표 하시오. b. 4:03을 가리키는 시계 밑의 선 위에 X 표 하시오.

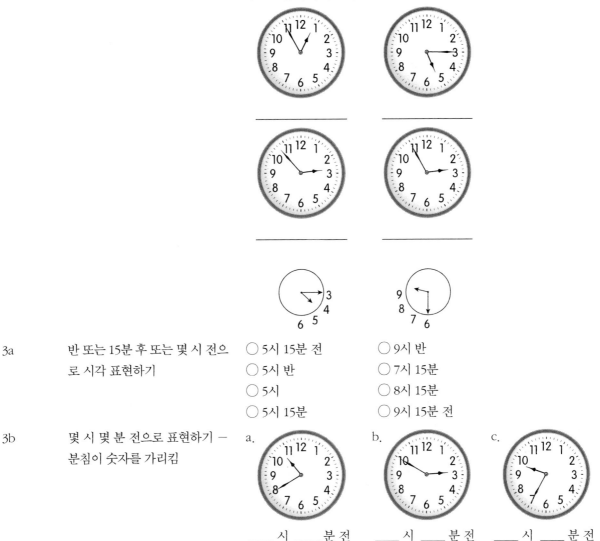

c. 2:53을 가리키는 시계 밑의 선 위에 X 표 하시오.

3a	반 또는 15분 후 또는 몇 시 전으로 시각 표현하기	○ 5시 15분 전	○ 9시 반
		○ 5시 반	○ 7시 15분
		○ 5시	○ 8시 15분
		○ 5시 15분	○ 9시 15분 전

3b	몇 시 몇 분 전으로 표현하기 ─ 분침이 숫자를 가리킴	a.	b.	c.
		___ 시 ___ 분 전	___ 시 ___ 분 전	___ 시 ___ 분 전

학생들이 적합한 방향에 따라 숫자를 넣는 것을 주의 깊게 살펴보아야 한다. 또한 교사는 시계의 바늘을 움직여 적절한 방향으로 움직이는지 학생에게 질문함으로써 이러한 개념을 이해시킬 수 있다.

5씩 뛰어 세기는 분을 결정하는 숫자를 배울 때 중요한 요소다. 학생들은 시계 맨 위를 0부터 세어서 분침이 가리키는 곳까지 5씩 뛰어 세는 것을 배운다. 그 다음에 분침이 시계에 있는 숫자를 가리키지 않을 때 분을 결정하는 적절한 방법을 학생들이 배우게 된다. 그러나 모든 과정에서 5씩 뛰어 세기 또는 관련된 곱셈 지식이 중요하다. 5씩 뛰어 세기와 관련된 교수는 제4장에 제시되어 있다.

시침과 분침의 구별은 각각을 설명(짧은 바늘이 시간을 나타내고, 긴 바늘이 분을 나타냄)하면서 가르치고, 학생들이 바늘을 정확히 알 수 있는 연습을 제공한다. 교사는 시계 그림을 제시하고 각각의 바늘에 대해 질문한다. "이것은 어떤 바늘인가요? 어떻게 이것이 분침인지 알았나요? 네, 긴 바늘이 분침이에요." 상업적인 교구용 시계는 교사가 시곗바늘을 조작할 수 있어서 이런 연습에 적합하다. 교수 초기에 사용되는 시계는 바늘을 움직이기 쉬워야 한다.

5분 단위

학생들이 시계를 보면서 몇 분(5분 단위)인지 알 수

있도록 가르치는 단계는 5개의 단계로 나뉜다(〈수업 형식 15-1〉 참조). Part A에서 학생들에게 시각 읽는 방법을 가르친다. 교사는 학생들에게 짧은 바늘이 시침이고, 시계의 맨 윗부분에서 시작해서 시침이 위치한 곳까지 시계에 있는 숫자를 말함으로써 시각을 알수 있다는 것을 가르친다.

Part B에서는 학생들이 몇 시 몇 분인지 결정할 수 있도록 가르친다. 교사는 학생들에게 긴 바늘이 분침이고 5분 단위로 센다는 것을 가르친다. 그다음에 교사는 분을 이해할 수 있도록 시범보이고 문제를 제시한다. 학생들은 숫자 12에서 0부터 시작하여 숫자마다 5씩 뛰어 세면서 분침이 가리키는 숫자에서 멈춰야 한다는 것을 배운다. 이 형식에 있는 모든 예는 분침이 정확히 한 숫자를 가리키는 것이다.

Part C는 시간과 분을 확인하는 각각의 방법이 어떻게 합쳐져 시각을 확인하는지 보여 주는 것을 포함한다. Part D와 E는 구조화된 학습지와 덜 구조화된 학습지를 주고 문제에 따라 시계를 보고 시각을 쓰게 하는 것이다. 학생들이 잘할 때까지 몇 주 동안 매일 연습해야 한다.

학생들의 시침과 분침 구별을 돕기 위한 유도로, 처음 며칠 동안 교사는 다음 그림과 같이 분침을 원래보다 길게 그린 그림을 사용하는 것이 좋다. 그림에서처럼 시계에 있는 숫자를 학생들이 잘 볼 수 있도록 분침을 얇은 선으로 시계 밖까지 그리도록 한다.

예를 제시할 때, 교사는 다양한 형태의 예를 보여 줄 수 있도록 해야 한다. 제시한 시계의 반은 시침이 시계의 오른쪽을 가리키고, 나머지 반은 시계의 왼쪽을 가리키도록 한다. 분침에 대해서도 같은 맥락이다. 이것은 학생들이 시곗바늘이 항상 시계의 특정한

위치에만 있다는 고정 관념을 갖지 않게 하는 것을 돕는다.

또한 시침보다 분침이 더 큰 숫자를 가리키는 예가 절반이 되도록 해야 한다. 만약 모든 예가 분침이 시침보다 작은 숫자를 가리킨다면 학생들은 더 작은 숫자를 가리키는 것이 분침이라고 무의식중에 배우게 될지도 모른다.

처음 1, 2주 동안에는 분침이 12를 가리키는 경우에는 0분이라고 표현하도록 한다. 학생들이 시-분 방법을 잘 사용하게 되면 교사는 정각이라는 표현을 가르친다. "4시 0분을 4시 정각이라고 말합니다."

곱셈을 배운 학생들은 분을 알아볼 때 항상 12에서 시작하여 5씩 뛰어 세는 것보다 곱셈을 사용할 수 있도록 해야 한다. 교사는 시계 숫자의 5의 배수가 분을 나타낸다는 것을 설명해야 한다. 결과적으로 분침이 4를 가리키면 5의 4배와 같다. 뛰어 세는 것을 대신해 분은 4×5를 통해 알 수 있다.

1분 단위

분침이 정확한 숫자를 가리키는 경우를 연습하고 몇 주가 지나면 학생들은 분침이 숫자를 정확히 가리키지 않는 경우의 시각을 표현할 수 있도록 배워야 한다. 다음에 제시된 예를 보자.

이것은 정교한 수업 형식 없이도 가르칠 수 있다. 학생들은 숫자 사이의 칸을 1씩 세는 것으로 분을 말할 수 있다. 교사는 5씩 뛰어 세다가 1씩 세는 것으로 바꾸는 과정을 시범으로 보여 준다. "5, 10, 15, 20, 21, 22, 23. 시간은 7시 23분입니다."

시각의 다른 표현 방법

$\frac{1}{4}$과 반

시간-분 표현에 학생들이 익숙해지면 $\frac{1}{4}$과 반이라는 용어를 가르친다. $\frac{1}{4}$은 15분, 반은 30분을 의미한다. 교사는 저성취 학생들에게 두 어휘를 동시에 가르쳐서는 안 된다. $\frac{1}{4}$(quarter after)를 먼저 가르치도록 한다. 교수 절차는 여러 예를 시범과 검사로 구성한다.

1. 2시 15분의 다른 표현 방법은 2시 $\frac{1}{4}$
2. 2시 15분의 다른 표현 방법은 무엇인가요?
3. 8시 15분의 다른 표현 방법은 무엇인가요?

다음으로, 교사가 $\frac{1}{4}$로 시간을 표현하면 학생은 몇 시 몇 분인지로 표현하는 연습을 한다. "만약 2시 $\frac{1}{4}$이면, 2시 몇 분인가요?" 같은 절차로 반(half past)을 가르칠 수 있다. 마지막으로 $\frac{1}{4}$과 반을 포함하는 연습을 해야 한다.

1. 6시 15분의 다른 표현은 무엇인가요?
2. 6시 30분의 다른 표현은 무엇인가요?
3. 4시 반은 4시 몇 분이라고 말할 수 있나요?
4. 4시 $\frac{1}{4}$이라면 4시 몇 분이라고 말할 수 있나요?

콜론(:) 사용하기

학생들이 시-분 표현에 익숙해지면 시(hour)를 먼저 쓰는 콜론 사용법을 알려 준다. "3:14는 3시 14분이라고 읽어요." 시-분 표현을 몇 시 몇 분이라는 표현으로 바꾸는 콜론이 들어간 문제와 시범을 보여 줌으로써 학생들에게 시각을 확실히 가르칠 수 있다. "5시 28분을 다르게 말하는 방법은 5:28. 5시 28분을 다르게 표현하는 방법은 무엇이지요?"

교사는 더 많은 예로 시범과 검사를 한다. 그런 다음 교사가 시-분 표현을 말하고, 학생들에게 시(hour)를 먼저 말하고 분을 그다음에 말하도록 질문하는 4~6개의 예로 학생들을 검사한다(예, "4시 35분의 다른 표현을 말해 보세요."). 교사는 학생들이 모두 정확하게 말할 때까지 일련의 예를 반복한다.

몇 번의 수업 후에 교사는 학생들이 다양한 방법으로 시각을 표현하도록 연습시킨다.

내가 한 방법으로 시각을 말할 거예요. 그러면 다른 표현 방법으로 말해 보세요. 들어 보세요. 8:24. 내가 다른 방법으로 시각을 말할 거예요. 8시 24분. 다른 표현으로 시각을 말해 보세요.
4:15, 7:32, 9:28로 반복하기

시(hour)를 말하고 분을 말하는 것을 배운 후에, 학생들은 콜론을 사용하여 어떻게 시각을 읽고 쓰는지 배울 수 있다. 다음에 제시된 문제처럼 학생들에게 시-분 표현을 먼저 제시하고, 콜론을 사용하여 시각을 표현하는 것은 후에 제시되어야 한다.

_____시 _____분

_____ : _____

[그림 15-1] 시각 말하기의 오류

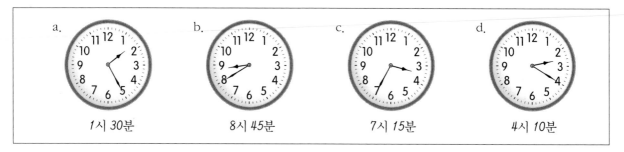

a.	b.	c.	d.
1시 30분	8시 45분	7시 15분	4시 10분

10분 이하의 시간은 쓸 때와 말로 표현할 때 0을 덧붙여야 하기 때문에 특히 어렵다. 예를 들어, 6시 8분은 6:08로 써야 하고 육 영 팔(six oh eight)로 말해야 한다. 이런 예는 학생들이 쉬운 것을 완전히 익혔을 때까지 연습해서는 안 된다. 이렇게 어려운 형태는 학습지에서도 뒷부분에 나와야 한다.

몇 시 몇 분 전

교사는 학생들이 시-분 표현을 정확하고 유창하게 할 때까지 몇 시 몇 분 전 표현을 가르쳐서는 안 된다.

학생들은 시계 문제 1개당 6~7초 동안에 최소 90%의 정확도로 학습지를 풀 수 있을 때 준비가 된 것이다.

몇 시 몇 분 전 말하기를 학생들에게 가르치는 과정은 시-분 표현을 가르치는 것과 다소 유사하다. 첫째, 교사는 시간을 이해할 수 있는 방법을 가르친 다음에 분을 알 수 있는 방법을 가르친다. 그런 다음 두 방법을 적용할 수 있는 문제를 제시한다(〈수업 형식 15-2〉 참조).

교사는 시침이 두 숫자 사이에 있는 예를 제시하고, 몇 시 전과 몇 시 후인지 질문한다. 예를 들어, 만약 시침이 5와 6 사이에 있다면 시간은 5시 후, 6시 전

적용 문제 │ 시각 말하기

1. 다음의 예는 시-분으로 시각 말하기를 가르치기 위해 초기의 연습에서 사용하도록 교사가 준비한 것이다. 어떤 것이 적당하지 않으며, 그 이유는 무엇인가요?

   세트 A: 8시 15분   7시 10분
   　　　　 9시 10분   7시 5분
   세트 B: 2시 13분   4시 25분
   　　　　 10시 37분   9시 10분
   세트 C: 7시 20분   4시 35분
   　　　　 2시 15분   8시 30분

2. 각 학생의 오류 원인을 말해 보시오.

   a. Tom

3시 30분	8시 50분	11시 10분

b. Jessica

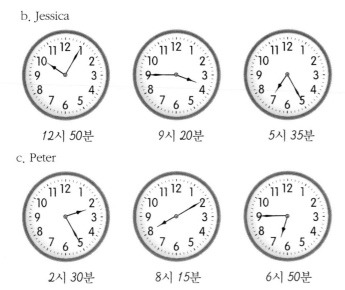

12시 50분   9시 20분   5시 35분

c. Peter

2시 30분   8시 15분   6시 50분

3. 2번에서 각 학생의 첫 번째 오류를 교정할 때 교사가 사용할 말을 제시해 보시오. 그 말은 학생에 따라 다를 것이다.

이라고 말할 수 있다. 다음으로, 교사는 몇 시 몇 분 전인지 이해하는 방법을 학생들에게 가르친다. 교사는 시계 반대 방향을 가리키면서 12에서 시작해서 시계 반대 방향으로 세면서 몇 분인지 계산하도록 한다. 교사는 몇 가지 예를 시범 보이고 검사해야 한다. 다음은 몇 시 몇 분 전을 이용한 시각 말하기를 구조화된 예로 연습하는 것이다.

몇 시 몇 분 전 말하기를 연습하는 첫째 주 동안에는 분침은 정확히 숫자(모두 5의 배수로 계산됨)를 가리키는 것만 제시해야 한다. 분침이 숫자 사이의 선에 있는 예들은 나중에 제시해야 한다. 예시는 30분 이상의 시간으로 제한해야 한다(즉, 분침이 가운데 또는 시계 왼쪽 부분을 가리키는 것).

진단과 교정

시각 말하기 오류는 보통 시계 구성물을 잘못 알고

있기 때문이다. 교정 절차는 구성물을 다시 가르치고 난 다음에 여러 형태의 구조화된 학습지를 제시하고, 그런 다음 덜 구조화된 학습지를 제시하고, 마지막으로 감독하에서 연습문제를 제시한다. [그림 15-1]에 특정한 구성물에 대한 오류를 보이는 예 몇 가지가 제시되어 있다.

제시된 예 a와 b에서 학생은 정답보다 5분 더 이른 시각으로 대답했다. 그 학생은 아마도 12를 가리키면서 0이 아니라 5라고 말하면서 세기 시작했을 것이다. 교정은 시-분을 이해하는 형식부터 시작되어야 할 것이다.

c와 d의 오류는 학생이 시침과 분침을 혼동한 것일 것이다. 이런 형태의 오류는 종종 일어나는데, 교사는 시침과 분침을 구별하는 데 중점을 두고 가르쳐야 한다. 만약 혼동이 심하면 분침의 길이를 늘려 예를 제시할 수 있다.

〈수업 형식 15-1〉 시 – 분으로 시각 말하기(5분 단위)

교사	학생

Part A: 시각 결정하기

1. (다음과 같이 시계를 칠판에 그린다)

2. 시계에 바늘 하나가 없습니다. (시침을 가리키며) 이 짧은 바늘이 시침입니다. | 시침입니다.
   짧은 바늘은 무엇인가요? |

3. 바늘이 가리키는 시간을 계산해 봅시다. 시계 맨 위에서 시작해서 시침이 |
   있는 곳까지 숫자를 말합니다. 내가 가리키면 숫자를 말하세요. 내가 시침 |
   까지 갔을 때, 그만이라고 말하세요. (12에서 시작하여 각 숫자를 가리키고, 시침 |
   이 있는 곳까지 학생들이 숫자를 말한다) | 12, 1, 2, 3, 4, 5, 그만

4. 내가 마지막으로 가리킨 숫자는 무엇인가요? | 5

5. 시침은 5 다음에 있어요. 그래서 시각은 5시예요. 시각을 말해 보세요. | 5시
   (8시를 이용해 단계 1~4를 반복한다) |

6. (시침을 가리키며) 지금 세지 않고, 빠른 방법으로 시각을 이해해 봅시다. 시계 |
   를 보세요. 시침은 어떤 숫자 다음에 있나요? | 5
   그러면 시각을 말해 보세요. | 5시
   (더 많은 예를 가지고 단계 5를 반복한다. 9시, 2시, 6시, 3시, 10시) |

Part B: 분 말하기

1. (다음과 같이 시계를 칠판에 그린다)

2. 이 긴 바늘은 분침입니다. 긴 바늘을 무엇이라고 하나요? | 분침입니다.
   분침은 매우 재미있어요. 이것은 5씩 뛰어 세어야 해요. 분침은 어떻게 세어 |
   야 하죠? | 5씩 뛰어 셉니다.

3. 분을 어떻게 알 수 있는지 보세요. (분침을 가리키며) 시계 맨 위에서 0이라고 |
   말하면서 분침이 있는 곳까지 5씩 뛰어 셀 거예요. (시계의 12 위를 가리키며) |
   0. (1에서 시작하여 숫자를 가리킬 때마다 숫자를 세어 보세요. 5, 10, 15, 20, 25) |

4. 몇 분입니까? | 25분입니다.

5. 이제 해 보세요. 숫자를 가리키면 5씩 세어 보세요. | 0, 5, 10, 15, 20, 25

시계 맨 위를 가리키면 0이라고 말해야 한다는 것을 기억하세요. (12위를 가
리키고 각 숫자를 가리킬 때마다 학생들은 숫자를 센다)

6. 몇 분입니까?   25분입니다.
   네, 25분입니다.
   (단계 4~5를 5개 이상의 예로 반복한다. 바늘이 3, 7, 2, 10, 4를 가리킬 경우)

Part C: 구조화된 칠판 수업

1. (다음과 같이 시계를 칠판에 그린다)

2. 이 시계가 가리키는 시각을 알아보려고 합니다. 첫 번째, 분을 알아봅시다.
   그런 다음 시간을 알아봅시다.

3. 먼저 몇 분인지 알아봅시다. 짧은 바늘과 긴 바늘 중 어떤 것이 분침인가요?   긴 바늘입니다.

4. 분침은 어떻게 세어야 한다고 했나요?   5씩 뛰어 셉니다.
   어디에서부터 세기 시작하나요?   시계의 맨 윗부분입니다.
   몇이라고 말해야 하나요?   0입니다.
   (모든 질문에 정확하게 대답할 때까지 단계 3을 반복한다)

5. 분침은 5씩 셉니다. (시계의 맨 윗부분을 가리키며 학생들이 숫자를 센다)   0, 5, 10, 15
   몇 분입니까?   15
   답을 적어 볼게요. (시계 밑에 15분이라고 적는다)

6. 우리는 15분이란 것을 알았지만, 몇 시인지는 모르고 있어요. 시침을 보세
   요. 시각을 말해 보세요.   6시
   (잠시 멈춘 다음 신호를 준다)

7. 네, 6시예요. 답을 적어 볼게요. (6시라고 적는다) 6시 15분이 시계가 가리키는
   시각이에요. 시계가 가리키는 시각이 몇 시입니까? 시각을 말해 보세요.   6시 15분입니다.
   (7시 5분, 4시 45분, 2시 20분, 10시 25분을 이용해 단계 1~6을 반복한다)

Part D: 구조화된 학습지

_____시 _____분   _____시 _____분

1. (앞의 그림과 같이 6~8개의 시계가 있는 학습지를 학생에게 준다)

2. 학습지의 첫 번째 시계를 가리킨다. 분을 먼저 계산한 후 시각을 알아봅시다.

3. 분침은 어떤 것인가요?	긴 바늘입니다.
분침은 어떻게 세어야 하나요?	5씩 뛰어 세어야 합니다.
어디에서부터 세기 시작해야 하나요?	시계의 맨 윗부분입니다.
시계의 맨 윗부분은 몇이라고 말해야 하나요?	0입니다.
분을 알아봅시다.	
4. 12를 가리켜 보세요. 손뼉을 칠 때마다 세어 보세요. (1초 간격으로 손뼉치기)	0, 5, 10, 15, 20, 25, 30, 35
몇 분인가요?	35분입니다.
분 앞에 35라고 적으세요.	
5. 시침을 보세요. 시각을 말해 보세요 (잠시 멈춘 다음 신호를 준다)	4시입니다.
맞아요. 4시입니다. 다음 칸에 4라고 쓰세요.	
6. 시계가 몇 시를 가리키는지 말해 보세요.	4시 35분입니다.
(나머지 시계로 단계 1~5를 반복한다)	

Part E: 덜 구조화된 학습지

1. (다음과 같은 문제로 구성된 학습지를 학생들에게 준다)

_____시 _____분

2. a 시계를 보고 몇 시 몇 분인지 알아본 다음, 시계 밑에 시각을 적으세요.

3. 분을 계산하고 두 번째 빈칸에 분을 적으세요. (답을 확인한 후) 몇 분인가요?	20분입니다.
4. 시각을 알아보고, 첫 번째 빈칸에 시각을 적으세요.	
5. 몇 시인지 읽어 보세요.	6시 20분입니다.

〈수업 형식 15-2〉 몇 시 몇 분 전으로 표현하기

교사	학생

Part A: 시각 결정하기

1. (칠판에 다음과 같이 시계를 그린다)

2. 시각을 말할 때, 몇 시 몇 분으로 표현하는 것을 배웠어요. 시각을 말하는 다
른 방법은 몇 시 몇 분 전으로 표현하는 거예요.

3. 시계를 보세요. 몇 시입니까?　　　　　　　　　　　　　　　　4

4. 시침 다음에 오는 더 큰 숫자는 몇 시 전인지를 말해 줍니다.
　　몇 시 전인지 말해 보세요.　　　　　　　　　　　　　　　　　5
　　네, 5시 전입니다. 몇 시입니까?　　　　　　　　　　　　　　5시 전

5. (시침을 7시와 8시 사이에 놓는다) 몇 시 전인지 말해 보세요. (잠시 멈춘 다음 신호　　8시 전
　　를 준다)

　　(바늘을 5번 이상 위치를 바꾸어 단계 4를 반복한다. 2와 3 사이, 10과 11 사이, 6과
　　7 사이, 11과 12 사이, 12와 1 사이)

Part B: 몇 시 몇 분 전

1. (다음과 같이 시계를 칠판에 그린다)

2. 자, 이제 다음 시각이 되려면 몇 분 전인지 알아보도록 합시다. 몇 시 몇 분
　　전인지 알려면 12에서 시작하지만, 이런 방향으로[시계 반대 방향(↰)을 가리
　　키며] 분침이 있는 곳까지 세어야 합니다. 0, 5, 10, 15, 20분 전. 몇 분 전입니
　　까?　　　　　　　　　　　　　　　　　　　　　　　　　　　20분 전입니다.

3. 몇 시 몇 분 전인지 알려면 어떤 방향으로 세어야 하는지 답해 보세요. 어디
　　에서부터 세기 시작해야 하나요?　　　　　　　　　　　　　　12에서
　　처음에 뭐라고 말하나요?　　　　　　　　　　　　　　　　　0
　　(분침을 10으로 옮긴다) 몇 분 전인지 말해 보세요. (잠시 멈춘 다음 신호를 준다)　　10분 전
　　교정하기: 몇 분 전인지 알기 위해서 이 방향(↰)으로 세어야 합니다. 내가
　　가리키면 여러분이 숫자를 세어 보세요.
　　(4개 이상의 예제로 단계 2를 반복한다. 바늘이 10, 8, 11, 7를 가리킬 때)

Part C: 구조화된 칠판 수업

1. (다음과 같이 시계를 칠판에 그린다)

　　_____시 전 _____분

2. 시계가 가리키는 시각이 몇 시 몇 분 전인지 알아봅시다.

3. (시침을 가리키며) 이것은 어떤 바늘입니까?　　　　　　　　　시침
　　몇 시 전인가요? (잠시 멈춘다, 4를 쓴다)　　　　　　　　　　4

4. (분침을 가리키며) 이것은 어떤 바늘입니까?   분침

    4시가 되려면 몇 분이 남았나요? (잠시 멈춘다, 20을 쓴다)   20분

    교정하기: 몇 분 전인지 알려면 어떤 방향으로 숫자를 세어야 하는지 답해 보

    세요. 내가 가리키는 방향으로 셉니다.

5. 시계가 가리키는 시각은 몇 시입니까?   4시 20분 전

    (다른 시각으로 단계 1~4를 반복한다. 2시 5분 전, 8시 25분 전, 11시 15분 전, 12시

    10분 전, 5시 20분 전)

Part D: 구조화된 학습지

1. (6~8개의 시계가 그려진 학습지를 학생들에게 준다)

    시계 각각에는 ＿＿＿시 ＿＿＿분 전이라고 쓰여 있습니다.

2. 시계가 가리키는 시각이 몇 시 몇 분 전인지 알아봅시다.

3. a 시계에서 시침을 찾으세요. 몇 시 전입니까?   8시 전

    (잠시 멈춘 다음 신호를 준다)

4. 8시가 되려면 몇 분이 남았는지 보세요. 시계 맨 윗부분에서 시작하세요. -

    어떤 방향으로 세어야 하는지 기억하세요. 8시가 되기 몇 분 전입니까? (잠시   20분

    멈춘 다음 신호를 준다)

5. 시계는 몇 시를 나타내나요?   8시 20분 전

    빈칸을 채우세요.

    (나머지 문제로 반복한다)

제**16**장

돈

일상생활에서 돈을 사용하는 것은 중요하기 때문에 돈과 관련된 기술을 가르치는 것이 필요하다. 이번 장에서 다룰 것들은 (a) 동전 종류별로 값 인식하기 (b) 거스름돈 계산하기 (c) 돈에서의 십진기수법 (d) 소비 기술 등이다. 이러한 것들의 문제 유형은 '수업 순서와 평가 차트'에서 단계별로 좀 더 깊이 있게 제시하였다.

동전 종류별로 값 인식하기

동전 종류별로 값을 인식할 수 있으려면 각각의 동전 값을 인식하고 말할 수 있는 능력과 5, 10, 25의 뛰어 세기에 대한 지식이 사전에 학습되어야 한다.

학생들은 일반적으로 1학년 때 동전을 인식하는 것을 배운다. 많은 학생이 각각의 동전을 인식할 수 있게 되면 교사는 동전의 종류에 따라 값을 인식하는 기술을 쉽게 가르칠 수 있다. 동전 인식하기를 가르치는 것은 수학 기호 인식하기를 가르쳤을 때의 형식과 유사하다. 교사는 동전의 이름을 학생들에게 알려 주고, 이를 확인한 후에 동전의 값을 알려 주고 확인한다. "이것은 니켈입니다. 이것은 무엇입니까? … 니켈은 5센트입니다. 니켈은 얼마입니까?" 이러한 활동을 할 때 실제 동전이나 동전 사진을 이용할 수 있다.

처음에 가르쳐야 하는 것은 페니와 니켈이다. 학생들이 페니와 니켈을 명명하고 그 값을 말할 수 있게 되면 다임과 쿼터를 소개한다. 동전들을 순차적으로 소개하려면, 교사가 새로운 예를 제시하기 전에 학생들이 새로 배우는 동전과 전에 배운 것들을 구별할 수 있어야 한다.

유사한 동전 종류를 세기 위해서는 5, 10, 25의 뛰어 세기를 할 수 있어야 한다. 일단 학생들이 뛰어 세기를 배우고 나면 동전 세기에 대한 어려움은 줄어든다. 유사한 동전 종류 세기를 학생들에게 처음으로 가르칠 때, 교사는 동전의 값을 알려 주고 세는 것을 보여 준다. 예를 들면, "여기 니켈이 있습니다. 각각의 니켈의 값은 5센트입니다. 여기 있는 니켈이 몇 센트가 되는지 알아보기 위해 선생님은 5씩 셀 거예요. 선생님을 보세요." 교사는 각각의 동전을 가리키며 5씩 센다. 교사는 시범을 보이고 난 후에 학생들이 동일한 동전들을 셀 수 있는지 확인한다. [그림 16-1]과 같은 학습지는 구두 설명이 수반되어야 한다.

학생들은 여러 종류의 동전이 섞여 있는 그룹의 값을 구하는 문제를 보통 2학년에서 접하게 되는데, 이때의 동전 개수는 2~3개다. 학년이 올라가면서 세어야 하는 동전의 개수가 늘어난다. 이럴 때는 다음과 같은 2단계 전략을 이용할 수 있다. (a) 같은 종류의

〈수업 순서와 평가 차트〉

학년 단계	문제 유형	수행 지표
1a	낱개 동전의 값	= _____ ¢ = _____ ¢ = _____ ¢ = _____ ¢
1b	같은 종류의 동전으로만 구성된 그룹의 값 구하기	= _____ ¢ = _____ ¢
2a	다른 종류의 동전이 섞여 있는 그룹의 값 구하기	= _____ ¢ = _____ ¢ = _____ ¢ = _____ ¢
2b	달러와 센트로 구성된 돈 더하기	1.32달러 4.78달러 + 2.43달러 + 6.92달러
3a	1달러보다 적은 거스름돈	0.5달러, 판매원이 여러분에게 다음과 같은 거스름돈을 주었습니다. 맞습니까? 27센트짜리 음료를 샀습니다. 판매원에게 35센트를 주었습니다. 판매원이 다음과 같이 거슬러 주었습니다. 맞습니까?
3b	소비 기술: 거스름돈 확인하기	27센트를 만들기 위해 필요한 동전을 쓰세요. 79센트를 만들기 위해 필요한 동전을 쓰세요. 43센트를 만들기 위해 필요한 동전을 쓰세요.
3c	십진기수법: 10달러보다 작은 달러와 센트의 값을 소수점을 이용하여 쓰고 읽기	4달러 6센트를 써 보세요. _____ 9달러 30센트를 써 보세요. _____ 1달러 5센트를 써 보세요. _____
4a	십진기수법: 달러로만 이루어진 값에서 달러와 센트로 구성된 값 빼기	15.00 − 1.35 = 9.00 − 8.20 = 10.00 − 6.16 =

4b	소비 기술: 달러로만 구성된 값과 달러와 센트로 구성된 값의 덧셈과 뺄셈	Jack은 6달러를 가지고 있었는데, 3.25달러를 사용하였습니다. 그에게 남아 있는 돈은 얼마입니까? 여러분이 4달러를 가지고 있었는데, 2.15달러가 더 생겼습니다. 여러분이 가지고 있는 돈은 모두 얼마입니까? Jan은 2.85달러짜리 셔츠를 사고 판매원에게 5달러를 주었습니다. 얼마의 돈을 거슬러 받아야 합니까?
4c	소비 기술: 두 종목을 구매할 때의 값 구하기	여러분은 15센트짜리 연필 3자루와 10센트짜리 연필 5자루를 샀습니다. 지불해야 하는 돈은 얼마입니까? 여러분은 30센트짜리 펜 4자루와 12센트짜리 지우개 2개를 샀습니다. 지불해야 하는 돈은 얼마입니까? 여러분은 15센트짜리 펜 5자루와 8센트짜리 지우개 3개를 샀습니다. 지불해야 하는 돈은 얼마입니까?
4d	소비 기술: 가지고 있는 돈으로 얼마만큼 살 수 있는지 알기	Bill은 7센트짜리 연필을 사고 싶습니다. 그에게는 2달러 지폐와 1개의 다임이 있습니다. 연필을 몇 개 살 수 있겠습니까? Kate는 3개의 쿼터가 있습니다. 스푼이 5센트라면 스푼을 몇 개 살 수 있겠습니까? Ray는 3.5달러를 가지고 있습니다. 스푼이 5센트라면 스푼을 몇 개 살 수 있겠습니까?
4e	소비 기술: 가격표 읽기	(아래 표 참조)

햄버거		아이스크림	
플레인	35 센트	콘	
치즈	50센트	소	40센트
베이컨	70센트	대	60센트
감자튀김 추가	20센트		
음료		컵	
소	30센트	소	60센트
중	40센트	대	80센트
대	50센트		

Anna는 2개의 치즈 버거와 감자튀김을 추가하고, 음료는 '대' 1개, 아이스크림 콘은 '대' 2개를 주문하였습니다. 주문한 것은 모두 얼마입니까?

5a	소비 기술: 품목별 단가 비교하기	ABC 회사의 쌀 6온스는 96센트입니다. XYZ회사의 쌀 5온스는 90센트입니다. 어느 쌀을 사는 것이 더 나을까요? 이유를 말해 보세요.

동전끼리 그룹 짓기 (b) 우선 가장 가치가 큰 것부터 세고, 이어서 한 단계 작은 동전 그룹을 세는 것이다. 예를 들면, 2개의 쿼터와 3개의 다임, 2개의 니켈을 계산할 때, 학생들은 2개의 쿼터를 먼저 계산하고(25, 50), 그다음으로 다임(60, 70, 80), 니켈(85, 90)을 계산하면 된다.

가치가 큰 동전을 먼저 세는 것이 작은 가치의 동전을 세는 것보다 유리하다. 마지막에 큰 값을 더하는 것이 더 어려운 계산이기 때문이다. 예를 들어, 1개의 쿼터, 다임, 니켈, 2개의 페니가 있을 때, 학생들은 1, 2, 7, 17, 42로 셈할 수 있는데, 25, 35, 40, 41, 42로 셈하는 것이 더 쉽다.

같은 종류의 동전이 아닌 다른 종류의 동전들을 계산하는 것은 0과 5로 끝나는 두 자리의 수에 10, 5, 1을 더할 수 있는 덧셈 지식이 있어야 한다(예, 70에 10을 더하면 …, 70에 5를 더하면 …). 이러한 사전 학습 요소는 교사가 몇 개의 문제를 풀어 시범을 보이고 학생들이 이러한 문제를 풀 수 있는지 확인하는 절차로 가르칠 수 있다(예, 40에 10을 더하면, 40에 5를 더하면, 40에 1을 더하면, 45에 5를 더하면, 45에 1을 더하면, 80에 5를 더하면, 80에 1을 더하면, 20에 10을 더하면, 20에 5를 더하면).

일의 자리가 5인 두 자릿수(35 + 10, 65 + 10)에 10을 더하는 것은 특히 어렵다. 교사는 학생들이 좀 더 쉬운 것에 숙달된 후에 이러한 것들을 소개해야 한다. 이를 위해 교사는 여러 주 동안 매일 구두 시험과 학습지를 제공해야 한다. 만약 교사가 이러한 연습을 하게 하려고 학습지를 제공한다면 문제를 수평으로 제시하고 학생들이 문제를 머리로 풀 수 있게(수직으로 재정렬하지 말고 계산하기) 해야 한다.

학생들이 여러 종류의 동전들로 구성된 그룹의 값을 구할 수 있도록 가르치기 위해, 교사는 손가락으로 동전을 가리키며 세는 시범을 보인 후 확인을 해야 한다. 이때, 교사는 학생들에게 각각의 동전 값을 말해 줌으로써 학생들을 격려할 수 있다. 예를 들어, 2개의 쿼터, 3개의 다임, 1개의 니켈 값을 구하는 문제가 있

을 때, 교사는 첫 번째 쿼터를 가리키며 시작한다.

교사	학생
25와 *(다음 쿼터를 가리키며)*	
25가 더 있으면 …	50
50과 *(처음의 다임을 가리키며)*	
10이 더 있으면 …	60
60과 *(다음의 다임을 가리키며)*	
10이 더 있으면 …	70
70과 *(다음의 다임을 가리키며)*	
10이 더 있으면 …	80
80과 *(다음의 니켈을 가리키며)*	
5가 더 있으면 …	85

거스름돈 계산하기

이 부분에서는 거스름돈과 관련된 2가지 기술에 대해 다루고자 한다. 이 2가지 기술은 (a) 서로 다른 가치의 동전 그룹으로 동일한 가치 그룹 만들기(예, 쿼터는 2개의 다임과 1개의 니켈로 교환할 수 있음) (b) 구매한 것의 거스름돈 확인하기다. 거스름돈 계산하기의 사전 기술은 동전 그룹을 계산하는 것이다.

거스름돈 동일하게 만들기

큰 가치의 동전으로 거스름돈 받기를 가르치는 것은 어렵지 않다. 그러나 이러한 것에 숙달되기 위해서는 연습이 필요하다. 이러한 연습은 두 가지 형태가 있는데, 첫 번째는 교사가 학생에게 큰 가치의 동전 값을 확인하게 하는 것이다. 그다음에 원래의 동전 값을 만들기 위해 작은 가치의 동전은 몇 개가 필요한지 확인하면 된다. 이러한 연습에서 학생들은 언제나 작은 가치의 동전을 계산한다. 거스름돈 만들기의 두 번째 연습 형태는 동전의 종류가 같지 않더라도 받은 것이 받아야 하는 것과 같은지 아닌지를 학생들이 확인하게 하는 것이다. 이러한 두 가지 형태의 연습은 [그림 16-1]에 제시하였다.

[그림 16-1] 동전 계산하기 학습지

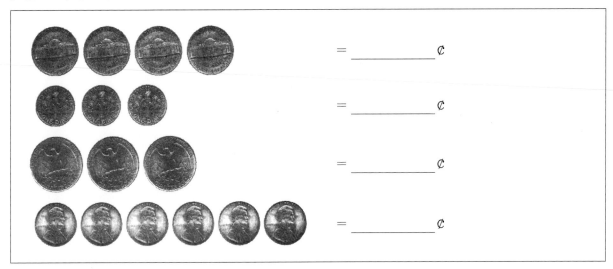

처음에는 동전 가치를 동일하게 만드는 문제에 페니, 니켈, 다임, 쿼터를 포함해야 한다(예, 쿼터는 2개의 다임과 1개의 니켈과 같음). 달러 지폐와 같은 큰 가치의 돈은 나중에 소개된다.

[그림 16-2]의 학습지는 가치가 다른 동전으로 같은 값의 거스름돈 만들기 기술이 다르게 적용됨을 보여 준다. 이러한 연습에서 학생들은 양쪽의 동전 그룹 사이에 놓인 '더 크다' '더 작다' '같다'의 기호에 적절하게 동그라미를 친다. 이러한 연습을 위해 교사는 학생들이 양쪽의 동전 그룹의 값을 각각 계산하도록 이끌어야 한다. 동전 계산하기가 끝나면 학생들은 두 그룹의 동전 사진 위에 동전의 값을 적는다. 만일 두 동전 그룹의 값이 같다면 학생들은 '같음'에 동그라미를 친다. 두 동전 그룹의 값이 같지 않다면 '더 크다' 또는 '더 작다'의 기호에 동그라미를 친다.

거스름돈 확인하기

받은 거스름돈을 확인하는 가장 쉬운 방법은 물건 가격에 거스름돈으로 받은 동전을 가장 작은 것부터 더하여 세기 시작하는 것이다. 이때 학생들은 지불한 돈과 거슬러 받은 돈의 가치를 확인한다([그림 16-2] 참조). 예를 들어, 학생의 구매액이 36센트일 때 계산원에게 50센트를 지불한다면 4개의 페니와 2개의 니켈을 받을 수 있고, 37, 38, 39, 40, 45, 50으로 셀 수 있다. 이때 학생은 50센트로 끝났기 때문에 거스름돈이 맞았음을 확인할 수 있다.

처음에는 동전 개수가 적은 예를 제시하는 것이 상대적으로 쉽다. 그러다가 차츰 동전의 개수를 늘린다. 예를 들어, 처음에는 36센트의 물건을 구매하기 위해 40센트를 지불하는 예를 제시할 수 있다. 이러한 예에서 학생들이 거스름돈을 확인하는 방법은 페니를 세는 것이다. 37, 38, 39, 40. 다음은 36센트의 물건을 구매하기 위해 1달러를 지불하는 예를 제시한다. 이때 학생들은 페니, 다임, 쿼터를 셀 수 있어야 한다. 37, 38, 39, 40, 50, 75, 100([그림 16-2] 참조).

1달러 이상의 돈을 포함한 문제는 나중에 제시된

[그림 16-2] 거스름돈 비교하기 학습지

다. 달러 역시 같은 전략이 적용된다. 학생은 물건 값에 거스름돈을 합한 것이 지불한 돈과 일치하는지 확인해야 한다. 예를 들어, 물건의 값이 37센트인데 10달러를 지불하였다면 거스름돈을 다음과 같이 확인할 수 있다. 38, 39, 40, 50, 75, 1달러, 2, 3, 4, 5, 10달러. 이와 같은 연습은 학습지나 동전 모형을 직접 거슬러 보는 활동을 통해 할 수 있다.

돈에서의 십진기수법

일반적으로 십진기수법으로 표현되는 돈에 관한 문제는 3학년 과정에 도입된다. 이것과 관련된 전형적인 문제는 39센트짜리 장난감을 사기 위해 5달러를 지불하였을 경우 얼마를 거슬러 받아야 하는가와 같은 것이다. 답은 5달러에서 39센트를 뺀 4.61달러가 된다. 이 문제가 학생들에게 거슬러 받아야 할 돈의 종류를 명확하게 하라고 묻지 않는 한 정확한 돈의 종류를 열거하는 것은 이 문제에 대한 적절한 답이 아니다. 많은 적용 문제들은 거스름 돈의 종류보다는 정확한 금액을 묻기 때문에 초기 학년에서는 십진기수법이 도입되지 않았다 하더라도 돈에서의 십진기수법은 가르쳐야 한다.

다행히 돈에서의 십진기수법은 보다 종합적인 십진기수법이 가르쳐지기 전에 도입되는 것이 상대적으로 안전하다. 학생들은 왼쪽에 있는 숫자가 달러이고, 오른쪽에 있는 두 개의 숫자가 센트인 것을 구별할 수 있다. 십진기수법으로 표현된 달러를 읽고 쓰는 방법에 대한 지도안은 [그림 16-3]에 제시되어 있다. 이러한 두 가지 방법은 2~3주 동안 매일 가르쳐야 한다. 각각의 Part에는 6~8개의 예가 있어야 한다.

연습할 때의 예로는 달러가 없는 것(예, 0.45달러, 0.30달러)과 센트가 없는 것(예, 5.00달러, 13.00달러)을 모두 포함해야 한다. 학생들은 소수점 뒤에 0을 써야 하는 것 때문에 1과 9센트 사이에 수를 쓰는 것에 어려움을 겪을 것으로 예상된다. 7.03달러, 14.08달러. 그러므로 이러한 예는 처음 연습할 때 제시해서는 안

되고 나중에 제시해야 한다. 그때 교사는 돈의 값을 쓸 때는 항상 소수점 뒤에 두 자리로 써야 함을 설명해야 한다. 그리고 나서 동전 값이 10센트보다 작을 때 교사는 0을 쓰고 센트 값을 의미하는 숫자를 0 옆에 써야 함을 시범 보여야 한다.

학생들이 십진기수법을 적용하여 돈을 읽고 쓸 수 있게 된 후에 교사는 십진기수법과 관련된 문장제 문제를 제시하여야 한다. 집중력을 필요로 하는 일반적인 문장제 문제는 다음과 같다.

Jim은 3.62달러짜리 셔츠를 샀습니다. 계산원에게 10달러를 주었습니다. 얼마를 거슬러 받아야 할까요?

Jill은 6달러를 가지고 있었습니다. 정원 일을 하는 데 3.50달러를 지불하였습니다. 현재 있는 돈은 얼마입니까?

이러한 문제에서 1달러는 소수점 뒤에 센트가 없는 것으로 표현된다. 이러한 문제를 해결할 때 학생들은 소수점 뒤에 2개의 0을 써서 1달러를 표현해야 한다. 소수점에 따라 숫자의 자릿수를 맞추는 것은 제13장에서 논의하였다. 교사는 학생들이 혼자서 이러한 형태의 문제를 풀기 전에 시범을 보여야 한다.

돈으로 물건 사기 기술

이 부분에서는 세 가지의 소비 기술에 대해서 논의하고자 한다. 첫 번째는 2~3학년 학생들에게 가르치는 것으로 구매한 것을 동전으로 지불하는 기술이다. 두 번째는 3~4학년 학생들에게 가르치는 기술로 가격표와 메뉴판에 있는 가격을 읽는 것이다. 세 번째는 4~5학년 학생들에게 가르치는 것으로 쇼핑할 때 단가를 비교하는 기술이다.

동전으로 구매하기

학생들은 가게에서 품목을 구매할 때 지불해야 할 동전을 되도록 빨리 확인해야 한다. 이때 가치가 가장 큰 동전부터 계산하는 것이 더 좋다. 예를 들어, 학생이 여러 종류의 동전을 가지고 있고 28센트짜리를 구매하고자 한다면 정확한 금액을 계산하는 가장 빠른 방법은 1개의 쿼터와 3개의 페니를 사용하는 것이다. 이 기술은 실제 돈이나 모형 돈을 이용하여 가르칠 수 있다. 교사는 이 기술을 가르칠 때 다음과 같이 하는 것이 좋다. "여러분이 물건을 사기 위해 돈을 지불할 때는 가치가 가장 큰 것부터 지불하세요." 다음에 교사는 몇 가지의 예를 들어 시범하고 나서 학생에게 문제를 제시하여야 한다. 이러한 기술을 가르치는 단계는 [그림 16-4]에 제시되어 있다.

학생들이 자주 범하는 실수는 동전의 값(사용한 여러 동전과 관계없이)을 오직 페니로만 계산하는 것이다. 예를 들어, 38센트를 계산할 때 학생들은 30센트를 만들기 위해 1개의 쿼터(25), 1개의 다임(35), 3개의 페니를 사용하는 대신에 1개의 쿼터와 1개의 니켈, 8개의 페니로 38센트를 만들 수 있다. 학생들이 좀 더 큰 단위의 동전을 사용할 수 있도록 하는 방법은 가능하면 그들에게 페니를 적게 주는 것이다(즉, 학생들에게 단 4개의 페니만 주기). 이를 통해 학생들은 니켈과 다임을 좀 더 현명하게 사용할 수 있게 된다. 학생들이 효율적인 동전 셈에 적응할수록 교사는 학생들에게 좀 더 많은 페니를 줄 수 있다. 종종 학생들이 가지고 있는 동전과 물건의 금액이 일치하지 않을 수 있다. 이러한 상황을 위해 물건 금액보다 큰 금액을 지불하고 거스름돈을 돌려받는 방법을 가르쳐야 한다.

〈수업 형식 16-5〉는 학생들에게 물건 금액을 가장 적은 수의 동전으로 지불하는 것을 보여 준다. 예를 들어, 69센트와 가장 가깝고 적은 수의 동전 조합은 2개의 쿼터와 2개의 다임이다. 그러나 이러한 경우에는 3개의 쿼터를 이용하는 것이 더 쉽다.

거스름돈 계산하기

거스름돈 계산은 보통 판매원이 한다. 판매원은 주로 받아야 할 거스름돈을 보여 주기 때문에 학생들은 가장 적은 수의 동전으로 금액을 맞출 수 있어야 한다. 〈수업 형식 16-6〉은 이러한 기술을 가르치는 절차를 보여 준다. 이 표는 동전으로만 거스름돈을 계산하는 것을 보여 주고 있지만 달러로 거스름돈을 계산하는 것으로도 쉽게 전환할 수 있다. 이러한 방법을 달러에 적용할 때는 달러로만 구성된 예를 학생들에게 제시해야 한다. 학생들은 지폐에 나온 값을 쓸 때 동전을 의미하는 약자로 쓰지 말고 숫자로 써야 한다(예, 20, 10, 5, 1). 지금까지 사용된 말이 동일하게 쓰인다. "가장 큰 가치의 지폐로 시작하고, 얼마나 가깝게 도달할 수 있는지 보세요. 그리고 나서 그다음으로 큰 가치의 지폐로 시도하세요." 학생들은 동전과 지폐로 각각 거스름돈을 계산할 수 있게 된 후에 동전과 지폐가 섞인 금액을 제시해야 한다. 교사는 처음에 학생들에게 지폐를 확인해 보라고 말하고 답을 확인한다. 그런 다음 동전을 확인하게 하고 답을 확인한다.

가격표와 메뉴

일반적으로 가격표나 메뉴에는 하위 그룹을 상위 그룹보다 들여 써서 나타낸다. 이는 일반적인 범주에서 하위 범주를 구분하여 나타내기 위해서다. [그림 16-3]은 학생들이 패스트푸드 음식점에서 볼 수 있는 간단한 메뉴다. 교사는 제시된 품목의 가격을 학생들에게 물어보면서 다양한 가격표와 메뉴를 읽을 수 있는지 확인해 보아야 한다. 그러고 나서 학생들에게 문장제 문제를 제시할 수 있는데, 예를 들면 "Jerry는 2달러를 가지고 있습니다. 그는 햄버거는 '소', 프렌치 프라이는 '대', 아이스크림 콘은 '소'를 주문하고 싶어 합니다. Jerry에게는 이것들을 살 만큼의 충분한 돈이 있습니까? 만약 그렇다면 그가 받아야 하는 거스름돈은 얼마입니까?"

[그림 16-3] 메뉴 읽기 학습지

XYZ 패스트 푸드 음식점 메뉴			
햄버거		**아이스크림**	
플레인-소	.60달러	콘	
플레인-대	1.25달러	대	.60달러
치즈 추가	10센트	소	.50달러
		컵	
프렌치 프라이		대	.50달러
대	.60달러	소	.30달러
소	.35달러		

단가

상품의 단가 비교는 양을 달리하여 포장된 같은 유형의 제품이 있을 때 상대적인 값을 구하는 것이다.

예를 들어, 10온스의 ABC 비누는 97센트이고, 8온스의 XYZ 비누는 86센트다. 어떤 비누를 사는 것이 더 나은 것일까? 교사는 다음과 같은 공식을 제시할 수 있다. "다른 크기로 포장되어 있는 비슷한 품목을 비교할 때 단가를 알아내기 위해서는 나누기를 이용할 수 있습니다." 그리고 나서 교사는 몇 가지의 예로 시범을 보인다. 예를 들어, 42센트의 6파운드 제품과 40센트짜리 5파운드 제품을 비교하기 위해 교사는 파운드당 가격(단가)을 알아내도록 해야 한다. 그리고 다음과 같이 가격을 온스로 나누면서 단가를 어떻게 구하는지 보여 주어야 한다. $42 \div 6 = 7$, $40 \div 5 = 8$. 문제의 값을 구한 후에는 파운드당 페니의 값이 적기 때문에 학생들은 6파운드짜리 제품을 사는 것이 더 낫다는 것을 쉽게 알 수 있다.

적용 문제 돈

1. 쿼터, 다임, 2개의 니켈을 계산할 때, 학생들이 다음과 같이 계산을 한다. 여기에 나타난 오류의 원인을 말해 보시오. 각각의 학생들을 교정하기 위해 교사가 해야 할 말을 제시해 보시오. (학생들이 각각의 동전의 값을 알고 있다고 가정한다)

    Jill-25, 30, 35, 40

    Jim-5, 10, 20, 35

2. 다음에 제시된 오류의 원인을 말해 보시오. 각각의 학생을 교정하기 위해 교사가 해야 할 말을 제시해 보시오. Jill은 5달러를 가지고 있습니다. 4센트짜리 연필을 샀습니다. 얼마가 남아 있습니까?

    Tom   4   Ann

       5.00달러   5

       − .04   − 4

       4.06달러   1

〈수업 형식 16-1〉 한 자릿수와의 곱셈

교사	학생
Part A: 비슷한 동전 계산하기	
1. (실제 또는 모형 동전을 학생에게 보여 주며) 1다임과 같아지기 위해서 몇 개의 니켈이 필요한지를 알고 싶습니다. 다임은 얼마이지요?	10센트
그러면 10이 될 때까지 니켈을 셀게요. 니켈을 셀 때 나는 무엇을 세야 하지요?	5
10이 될 때 나에게 그만이라고 말하세요. 5, 10 …	그만.
내가 센 니켈은 몇 개이지요?	2개
그렇다면 1다임은 몇 개의 니켈과 같지요?	2개
(학생들이 1다임과 같기 위해서 몇 개의 페니가 필요한지 알 때까지 단계 1을 반복한다)	
2. (이전에 배운 같은 값을 복습한다)	
페니가 몇 개 있으면 1니켈이 될까요?	5개
니켈이 몇 개 있으면 1다임이 될까요?	2개
페니가 몇 개 있으면 1다임이 될까요?	10개
Part B: 여러 종류의 동전 계산하기	
1. 나는 남자에게 1쿼터를 주었고, 그는 나에게 2다임과 1니켈을 주었습니다. 이 동전의 값은 쿼터와 같습니다. 1쿼터의 값은 얼마입니까?	25센트
동전을 세어서 25센트가 되는지를 알아봅시다.	
내가 손가락으로 가리키면 여러분은 그것이 25센트가 되는지 알아보세요.	
내가 가리키겠습니다. 여러분은 세어 보세요.	10, 20, 25
저 동전들은 25센트입니까?	예.

〈수업 형식 16-2〉 거스름돈 확인하기

교사	학생
1. (칠판에 다음의 것들을 쓴다) 36센트 P P P P D Q Q	
2. (P를 가리키며) 이것은 페니를 의미합니다. (D를 가리키며) 이것은 다임을 의미합니다. (Q를 가리키며) 이것은 쿼터를 의미합니다. (무작위로 각각의 글자를 가리키며 묻는다) 이것은 무엇인가요?	
3. (36센트를 가리키며) John은 36센트짜리 사과를 샀습니다. 그리고 1달러를 지불하였습니다. 우리는 존이 받게 될 거스름돈을 계산하고, 그것이 맞는지를 알아볼 것입니다. 36센트부터 셈을 시작하여 1달러가 되는지를 봅시다. (페니들을 가리키며) 이것들은 얼마로 계산하나요?	1센트

(다임들을 가리키며) 이것들은 얼마로 계산하나요?	10센트
(쿼터들을 가리키며) 이것들은 얼마로 계산하나요?	25센트

4. 거스름돈을 계산하여 봅시다. 36부터 세기 시작하세요. (학생들이 세는 대로 동전을 가리킨다) 37, 38, 39, 40, 50, 75, 100

   1달러로 끝냈습니까? 예.

   (몇 가지의 예를 가지고 단계 2와 3을 반복한다)

〈수업 형식 16-3〉 돈에서의 십진기수법

교사	학생
Part A: 십진기수법 읽기	
1. (칠판에 다음과 같이 쓴다)	
4.32달러	
2. 달러와 센트를 쓰는 방법입니다. (4.32달러에서 소수점을 가리키며) 이 점은 소수점입니다. 그것은 달러와 센트를 나누어 줍니다. (32를 가리키며) 이 숫자는 센트입니다. 금액을 읽어 보겠습니다. 4달러 32센트.	
3. (칠판에 다음과 같이 쓴다)	
3.62달러	
1달러가 몇 개입니까?	3
1센트가 몇 개입니까?	62
전체 금액을 말해 보세요.	3달러 62센트
(7.20달러, .45달러, *6.00달러, .30달러*로 단계 2를 반복한다)	
Part B: 십진기수법 쓰기	
1. (학생들에게 줄이 쳐진 종이를 나누어 준다) 여러분은 달러 표시와 소수점을 사용하여 돈의 액수를 쓸 것입니다.	
2. 들어 보세요. 8달러 32센트. 그것을 말해 보세요.	8달러 32센트
1달러가 몇 개입니까?	8
달러 표시와 8을 쓰세요.	
3. 8달러 32센트. 1센트가 몇 개입니까?	32
줄 위에 소수점을 쓰세요. 그리고 32를 쓰세요.	
4. 여러분은 얼마를 썼습니까?	8달러 32센트
(다음의 예로 단계 2~4를 반복한다. 6.42달러, .32달러, 4.10달러, 7.00달러, .57달러, 9.00달러)	

* 달러 없이, 교사는 첫날에 이러한 예를 제시하여 대답하는 것을 시범 보여야 한다.

〈수업 형식 16-4〉 정확한 값을 만들기 위한 동전 세기

교사	학생
1. 오늘은 여러분의 자리에서 돈을 셀 거예요. 내가 어떤 금액을 말하면 여러분은 그것을 사기 위해 돈을 세어야 합니다. 물건을 사기 위해 돈을 셀 때는 가장 가치가 큰 동전부터 세기 시작하세요. 만약 내가 25센트짜리를 사고자 한다면, 25페니와 1쿼터 중 어느 것을 사용해야 할까요? 왜 그렇다고 생각합니까? 맞습니다. 쿼터는 페니보다 가치가 큽니다. 만약에 내가 20센트를 사고자 한다면, 니켈과 다임 중 어느 것을 사용해야 할까요? 왜 그렇다고 생각합니까?	1쿼터 1쿼터가 페니보다 가치가 크기 때문입니다. 다임 다임이 니켈보다 가치가 크기 때문입니다.
2. 내 차례입니다. 나는 31센트짜리 풍선을 사고자 합니다. 쿼터부터 세겠습니다. 25, 30, 31(칠판에 Q, N, P를 쓴다)	
3. 이제 여러분 차례입니다. (실제 또는 모형 동전을 나누어 준다) 장난감 자동차는 28센트입니다. 가치가 가장 큰 것부터 세어서 28센트를 세어 보세요. (학생들의 답을 점검한다) (다른 예로 단계 3을 반복한다)	학생들은 1쿼터와 3페니를 내놓아야 한다.

〈수업 형식 16-5〉 정확한 금액을 갖지 못했을 때의 동전 세기

교사	학생
1. 나는 56센트짜리를 사기 위해 동전을 사용할 것입니다. (56센트를 쓰고, 밑에 Q Q Q D D D를 쓴다) 이것이 내가 사용할 수 있는 돈입니다. 가능하면 56센트에 가깝게 되도록 가치가 큰 것부터 세기 시작하겠습니다. 만약에 정확한 값이 되지 않으면 가격보다 더 많이 지불해야겠지요. 거스름돈을 돌려받게 될 거예요. 자, 보세요. (셀 때마다 칠판에 쓴 동전 약자에 동그라미를 친다) 25, 50, 75 56센트보다 많이 냈네요. 그러면 거스름돈을 받겠지요.	
2. 여러분 차례입니다. 학습지에 문제를 풀어 보세요. a. 36센트, Q D D N 가장 가치가 큰 동전부터 세기 시작하세요. 만약에 여러분이 정확히 36센트를 갖고 있지 않다면, 36보다 많이 세어야 합니다. 여러분이 사용한 동전에 동그라미하세요. 다 한 사람은 손을 드세요. (대부분의 학생이 손을 들었을 때) 동그라미 한 동전을 말해 보세요.	Q, D, N
3. (다음의 문제로 단계 2를 반복한다) b. 72센트 Q D D D N N P c. 29센트 D D D N N P P	

〈수업 형식 16-6〉 거스름돈 계산하기

교사	학생
(칠판에 다음과 같이 쓴다)	

73센트 Q

D

N

P

1. 여러분이 거스름돈을 계산할 때, 사용할 수 있는 동전에는 어떤 것이 있는지 확인해야 합니다. (말하는 대로 각각의 글자를 가리킨다) 나는 73센트를 만들기 위해 몇 개의 쿼터, 다임, 니켈, 페니가 있는지를 확인할 거예요. 가장 가치가 큰 쿼터부터 세기 시작할게요. 가능하면 73에 가까워질 수 있도록 셀 거예요. 25, 50. 나는 2번 세었지요. 2쿼터임을 보여 주기 위해 Q Q를 쓰겠어요. (Q Q를 쓴다) 이번에는 다임을 세어 보겠어요. 나는 이미 50을 가지고 있습니다. 60, 70. 나는 2번 세었어요. 그래서 2개의 다임 DD를 쓰겠어요. 이번에는 니켈을 세어 보겠어요. 나는 이미 70을 가지고 있습니다. 나는 니켈을 셀 수 없어요. 내가 처음에 5를 세어 75가 되기에는 75가 너무 큽니다. 나는 N을 안 썼어요. 이번에는 페니를 셀 거예요. 나는 여전히 70을 가지고 있습니다. 71, 72, 73, 3번을 세었지요. 그래서 마지막 D 뒤에 P P P를 쓰겠습니다. (P P P를 쓴다)

   나는 다 했어요. 정답은 2쿼터와 2다임, 3페니입니다. 이것들은 73센트가 됩니다. 자, 보세요. (손가락으로 각각의 글자를 가리키며 동전의 값을 센다. 25, 50, 60, 70, 71, 72, 73)

2. 여러분 차례입니다.

   (첫 문제에 다음과 같이 쓴다. 48센트)

   쿼터로 시작하세요. 가능하면 48센트에 가까워지도록 하세요. 몇 개의 쿼터가 있어야 하는지 아는 사람은 손을 드세요. (대부분의 학생이 손을 들었을 때) 쿼터는 몇 개 있어야 하지요?   **1개**

   (48센트 뒤에 한 개의 Q를 쓴다)

   이제 48센트에 가능하면 가깝게 되기 위해 몇 개의 다임이 필요한지 알아보도록 하겠습니다. 기억하세요, 이미 쿼터를 세었으므로 여러분에게는 25센트가 있습니다. (대부분의 학생이 손을 들었을 때) 다임은 몇 개 필요하지요? (Q 뒤에 D D를 쓴다)   **2개**

   지금은 48에 가능하면 가깝게 되기 위해 몇 개의 니켈이 필요한지 알아보도록 하겠습니다. 기억하세요. 여러분에게는 이미 25, 35, 45센트가 있습니다. (대부분의 학생이 손을 들었을 때) 니켈은 몇 개 필요한가요?   **필요 없습니다.**

   니켈은 필요 없습니다. 한 번에 5를 센다면, 여러분은 50센트를 갖게 됩니다. 그것은 48센트보다 큽니다. 따라서 여러분은 니켈을 사용할 필요가 없습니다. 48이 되기 위해 페니가 몇 개 필요한지 맞혀 보세요. 기억하세요. 여러분은 이미 45센트를 가지고 있습니다. (대부분의 학생이 손을 들었을 때) 페

니는 몇 개 필요한가요?   3개

(마지막 D 뒤에 P P P를 쓴다)

48센트가 되었는지 확인해 봅시다. Q부터 시작해서 동전을 세어 보세요.

3. (55센트와 82센트로 단계 2를 반복한다)

제**17**장

측정

관습법과 미터법

측정에는 두 가지 기본적 시스템이 있다. 관습법은 미국과 몇몇 나라에서 사용되고 있고, 다른 방법인 미터법은 세계 대부분의 나라에서 사용되고 있다.

미터법은 관습법보다 몇 가지의 이점이 있다. 첫째, 미터법은 십진법을 사용하기 때문에 소수 수업이 측정 기술과 직접 관련된다. 관습법에서는 무게(16온스), 길이(12인치, 3피트) 등에 대해서 각각 다른 기초 시스템을 요구한다. 둘째, 관습법에서는 다양한 측정 단위 간에 공통점이 없지만, 미터법에서는 다양한 측정 단위 사이에 공통점이 있다. 미터법에서는 길이, 무게, 용량 등의 각 영역에서 접두사(밀리-, 센티-, 디씨-, 데카-, 벡토-, 킬로-)가 쓰인다.

〈표 17-1〉은 다양한 관습법과 미터법이 길이, 무게, 용량을 어떻게 표현하는지 보여 주고 있다. 미터법의 일관성에 주목해야 한다. 각 단위의 앞에 붙는 접두사는 가장 기본적 단위들 사이에 관계가 있음을 보여 준다. 동시에 관습법의 단위들은 서로 얼마나 다른지도 유의해야 한다.

교사들은 각자의 교실에서 미터법 사용의 정도와 유형과 관련해 교육청이나 학교의 방침이 어디까지 허용하는지를 점검해 둘 필요가 있다. 대부분의 교사가 직면하는 문제는 미터법을 가르칠 것인지가 아니고 오히려 두 방법 모두를 동시에 가르쳐야 하는지, 아니라면 어떤 것을 먼저 가르쳐야 하는지다. 불행하게도, 이 질문에 간단한 답은 없다. 그러나 저성취 학생들은 두 가지가 동시에 소개될 때 서로 혼돈하기 쉽다는 것을 알아야 한다. 이는 우리에게 이 두 방법을 독립적으로 가르쳐야 하며, 1년 동안 서로 다른 시기에 가르쳐야 한다는 것을 알려 준다. 저성취 학생들은 한 방법이 소개되기 전에 다른 방법의 공통 단위에 친숙해져야 한다.

초등학교 저학년에서의 측정 지도는 비교적 간단하다. 공통 단위와 같은 값이 소개되며 학생들은 전체 단위를 측정하기 위해 도구를 사용한다. 중간 학년에서의 측정 지도는 덜 공통적인 단위가 소개되어 좀 더 복잡해지고, 더 복잡한 측정 도구가 사용된다. 초기 학년에서 학생들은 전체 단위를 측정하고, 나중 학년에서는 부분적인 단위(예, 3과 8분의 1인치)를 측정하는 것을 배운다. 또한 중간 학년에서는 전환하는 문제가 소개되면서 학생들은 한 단위로 표현된 양을 더 큰 혹은 더 작은 단위로 전환해야 한다(5미터 ＝ 500센티미터).

〈수업 순서와 평가 차트〉

학년 단계	문제 유형	수행 지표
2a	관습법: 길이	_____인치는 1피트
		_____피트는 1야드
		스푼 하나의 길이는?
		6인치　　6피트　　6야드
		사람의 키는?
		5인치　　5피트　　5야드
2b	관습법: 무게	_____온스는 1파운드
		_____파운드는 1톤
		고양이 한 마리의 무게는?
		8온스　　8파운드　　8톤
		차 한 대의 무게는?
		2온스　　2파운드　　2톤
2c	관습법: 액체의 용량	_____컵은 1파인트
		_____파인트는 1쿼트
		_____쿼트는 1갤런
3a	미터법: 길이	_____센티미터는 1미터
		펜 한 자루의 길이는?
		8밀리미터　　8센티미터　　2미터　　2킬로미터
		차 한 대의 길이는?
		2밀리미터　　2센티미터　　2미터　　2킬로미터
3b	미터법: 무게	_____그램은 1킬로그램
		연필 한 자루의 무게는?
		75밀리그램　　75그램　　75킬로그램　　75센티그램(100분의 1그램)
		새로 태어난 아기의 무게는?
		4밀리그램　　4그램　　4킬로그램　　4센티그램
3c	미터법: 용량	_____밀리리터는 1리터
		아기 젖병 1개에 넣는 물의 양은?
		250밀리리터　　250데시리터　　250리터　　250킬로리터
		농구공 하나에 담을 수 있는 물의 양은?
		3밀리리터　　3데시리터　　3리터　　3킬로리터
3d	관습법: 길이 (도구-1인치가 눈금 2개로 나누어진 자)	이 선은 얼마나 긴가? 맞는 답에 동그라미 하시오. 2인치　　$2\frac{1}{2}$인치 3인치　　$3\frac{1}{2}$인치
3e	관습법: 길이	이 선은 얼마나 긴가?

	(도구-1인치가 눈금 4개로 나누어진 자)	

(도구-1인치가 눈금 4개 로 나누어진 자)

3인치 $2\frac{3}{4}$ 인치

$3\frac{1}{4}$ 인치 $2\frac{1}{4}$ 인치

4a   관습법: 길이
전환-인치, 피트, 야드

4피트 = _____인치

2야드 = _____피트

36인치 = _____피트

4b   관습법: 길이
(도구-1인치가 눈금 8개 로 나누어진 자)

$2\frac{1}{4}$ 부분에 X 표시를 하시오.

$1\frac{1}{2}$ 부분에 R 표시를 하시오.

$2\frac{3}{8}$ 부분에 T 표시를 하시오.

$2\frac{1}{4}$ 부분에 B 표시를 하시오.

4c   관습법: 연산 — 받아올 림 필요

맞는 답에 동그라미 하시오.

    4피트 5인치
+ 3피트 8인치
    8피트 3인치
    8피트 1인치
    7피트 3인치

맞는 답에 동그라미 하시오.

    3주 4일
−   1주 6일
    1주 8일
    2주 8일
    1주 5일

4d   관습법: 면적-부피

길이 8피트, 너비 10피트인 방의 면적은 얼마인가? _____

길이 6인치, 너비 8인치, 높이 4인치인 상자의 부피는 얼마인가? _____

4e   관습법: 문장제 문제 — 받아내림하기

Jill은 끈 6인치로 리본을 만들고 싶어 한다. 8개의 리본을 만들려면 몇 피트의 끈이 필요한가?

Jill의 키는 6피트 2인치다. 동생의 키는 4피트 10인치다. Jill은 동생보다 얼마나 더 큰가?

5a   미터 등량 — 더 작은 공 통 단위

맞는 답에 동그라미 하시오.
1킬로그램은 무엇과 같은가?
1그램   10그램   100그램   1000그램
1헥토그램은 무엇과 같은가?
1그램   10그램   100그램   1000그램
1데카리터는 무엇과 같은가?
1리터   10리터   100리터   1000리터
1밀리리터는 무엇과 같은가?
    1리터의 10분의 1

1리터의 100분의 1

1리터의 1000분의 1

1센티그램은 무엇과 같은가?

1그램의 10분의 1

1그램의 100분의 1

1그램의 1000분의 1

1데시미터는 무엇과 같은가?

1미터의 10분의 1

1미터의 100분의 1

1미터의 1000분의 1

5-6   미터법 전환   20미터 = _____센티미터

5000센티그램 = _____그램

500킬로미터 = _____센티미터

3.6미터 = _____센티미터

46그램 = _____킬로그램

2.7리터 = _____데시리터

주요 기술의 순서는 '수업 순서와 평가 차트'에 나타나 있다. 모든 관습법과 미터법의 단위를 포함시킨 것은 아니지만, 각 항목의 유형은 두 시스템 중 최소한 하나의 단위는 포함하고 있다.

개념 소개

측정에 아무런 사전 경험이 없는 초기 유치원생이나 1학년 학생들과 수업을 하는 교사는 측정에서 표준 단위를 어떻게 사용하는지 구체물을 가지고 설명해 주어야 한다. 길이가 제일 먼저 소개될 수 있다. 길

〈표 17-1〉 길이, 무게, 질량을 측정하는 미터법과 관습법의 단위

관습법 단위		
길이	무게	용량
12인치 = 1피트	16온스 = 1파운드	2컵 = 1파인트
3피트 = 1야드	2,000파운드 = 1톤	2파인트 = 1쿼트
5,280피트 = 1마일		4쿼트 = 1갤런

미터법 단위			
접두사의 의미	길이	무게	용량
1000분의 1	밀리미터(mm)	밀리그램(mg)	밀리리터(ml)
100분의 1	센티미터(cm)	센티그램(cg)	센티리터(cl)
10분의 1	데시미터(dm)	데시그램(dg)	데시리터(dl)
1(whole)	미터(m)	그램(g)	리터(l)
10배(wholes)	데카미터(dkm)	데카그램(dkg)	데카리터(dkl)
100배(wholes)	헥토미터(hm)	헥토그램(hg)	헥토리터(hl)
1000배(wholes)	킬로미터(km)	킬로그램(kg)	킬로리터(kl)

이 측정을 실례로 설명하기 위해서 교사는 학생들이 인치와 피트에 대한 추상적인 개념을 배우기 전에 학생들에게 측정 기준으로 종이 클립을 사용하여 가느다란 여러 개의 종이의 길이를 측정하는 연습을 하게 한다. 교사는 클립을 종이의 모서리에 쭉 늘어놓으면서 종이를 어떻게 측정하는지를 그리고 종이는 'X개의 클립만큼 길다.'라고 결정하는 것을 시범 보인다. 예를 들어, 다음 예에서 종잇조각은 3개의 클립만큼 길다는 것을 알 수 있다.

교사가 시범을 보여 준 다음, 학생들은 종이 클립을 사용하여 몇 장의 종잇조각의 길이를 재는 기회를 갖는다.

이 연습에는 두 가지 목적이 있다. 먼저, 이것은 학생들에게 구체적인 특성을, 이 경우에는 길이를 측정하는 개념을 소개할 수 있다. 둘째, 이것은 측정에 사용된 단위가 어떻게 동등한지를 설명해 준다. 길이 측정에 사용된 종이 클립은 항상 같은 크기다.

교사는 윗접시 저울을 가지고 같은 방법으로 무게 측정을 소개할 수 있다. 먼저, 교사는 천칭 저울의 양쪽 접시가 높이가 같아지면, 양쪽 접시의 무게가 같다는 것을 보여 주면서 저울이 어떻게 작동되는지 보여 준다. 비슷하게, 양쪽 접시의 높이가 다를 때에는 더 밑으로 내려간 쪽이 더 무겁다는 것을 보여 주어야 한다. 시범을 보인 다음, 교사는 무게라는 단위가 다양한 사물을 측정할 수 있다는 것을 소개한다. 예를 들어, 1온스가 나가는 벽돌을 다른 사물들의 측정 기준으로 사용할 수 있다.

액체의 양을 재는 들이를 소개할 때 교사는 빈 컵을 많이 준비해서 측정해야 할 용기에 물이 가득 차 있는 것을 보여 준다. 그리고 한 번에 한 컵씩 물을 컵에 옮겨 담는다. 그런 다음 교사는 그 용기에 담았던 물은 컵 몇 개들이의 양인지 물어본다. 이 활동은 물을 부을 때 교실이 더러워질 가능성이 있기 때문에 교사

의 시범으로만 보여 주는 것이 가장 좋다.

저학년

공통 단위와 등가

저학년 동안에 학생들은 공통 단위들과 그들의 등가에 대해 더 배운다. [그림 17-1]은 공통적으로 교수되는 측정에 대한 기본적인 사실을 나타낸 것이다. 학생들에게 새로운 단위를 도입하는 기본적인 절차는 다음 5단계다. 교사는 다음 단계를 수행한다.

1. 특정한 단위의 기능을 말해 준다. 예를 들면, "인치는 그 물건이 얼마나 긴가를 말해 줍니다. 우리는 너무 크지 않은 사물의 길이를 잴 때 인치를 사용합니다. 피트도 그 물건이 얼마나 긴지 말해 줍니다. 우리는 꽤 큰 사물의 길이를 잴 때 피트 단위를 사용합니다."
2. 단위를 증명해 준다. 예를 들면, 교사는 학생들에게 1인치나 1피트가 얼마만큼의 길이가 되는지 보여 주기 위해 그만큼의 길이의 선을 칠판에 그린다. 무게를 시범 보이기 위해 교사는 학생들에게 1온스나 1파운드 되는 블록을 제공할 수 있다.
3. 측정 도구를 어떻게 사용하는지 시범을 보인다.
4. 학생들이 한 물체를 측정할 때에 어떤 적절한 측정 도구를 사용해야 하는지 적용 연습을 제시한다. 예를 들어, "기다란 종이 한 장의 길이를 측정하기 위해 어떤 단위를 사용해야 할까요? 칠판의 길이를 말할 때는 어떤 단위를 사용해야 할까?"
5. 12인치가 1피트와 같다는 것처럼 같은 값의 실제를 보여 준다.

적용 연습(4단계)과 등가(5단계) 단계에서는 모든 영역에서 이전에 가르쳤던 단위에 대한 복습을 포함해야 한다. 예를 들어, 학생들이 인치, 피트, 온스, 파운드, 파인트를 배웠다면, 그 안에는 대표적인 문제

[그림 17-1] 측정의 실제

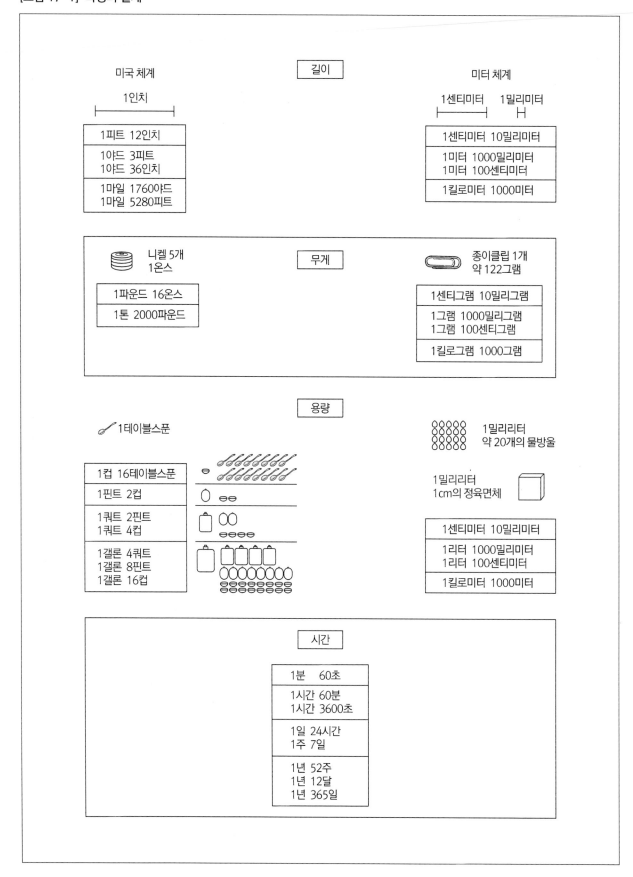

[그림 17-2] 측정 복습 학습지

맞는 답에 동그라미 하거나 빈칸을 채우시오.

1. 연필 한 자루의 길이는 6_____.　　　피트　파운드　인치　파인트
2. 고양이 한 마리의 몸무게는 약 8_____.　피트　파운드　인치　파인트
3. 여자 한 명의 키는 약 5_____.　　　　피트　파운드　인치　파인트
4. 그는 우유 일 _____를 매일 마신다.　피트　파운드　인치　파인트
5. 1피트는 몇 인치인가?　　　　　_____
6. 1야드는 몇 피트인가?　　　　　_____
7. 1파운드는 몇 온스인가?　　　　_____
8. 1쿼터는 몇 파인트인가?　　　　_____
9. 개 한 마리의 무게는 몇 파운드인가?　2　20　200
10. 문 하나의 높이는 몇 피트인가?　　8　80　800

가 포함되어야 한다. 예를 들어, "사람의 키를 잴 때는 어떤 단위를 사용하는가? 한 사람의 무게가 얼마나 나가는지 잴 때는 어떤 단위를 사용하는가? 편지 하나가 얼마의 무게가 나가는지 잴 때는 어떤 단위를 사용하는가? 연필이 얼마나 긴지 잴 때는 어떤 단위를 사용하는가?"

등가에 대한 복습은 다음과 같은 문제를 포함해야 한다. "1파운드는 몇 온스인가? 1피트는 몇 인치인가? 1쿼트는 몇 파인트인가?" 복습은 학습지 연습으로 매일매일 제공될 수 있다. 학습지의 예가 [그림 17-2]에 나타나 있다.

학습지 연습에 더하여, 교사는 측정하는 과제들을 매일 활동에 통합시켜야 한다. 저울, 온도계, 자 그리고 액체를 담는 용기들이 쉽게 이용될 수 있어야 한다. 학생들은 구체적인 사물과 함께 측정하는 기술을 적용하도록 독려되어야 한다.

측정에 대한 기본적인 사실과 기술들을 교수하는 순서와 속도는 세심하게 통제되어야 한다. 새로운 정보는 누가적으로 소개되어야 한다. 다시 말하면, 새로운 정보는 사전 기술과 정보가 완전히 습득되어야 소개될 수 있다. 또한 사전 정보의 복습은 새로운 기술을 소개하는 과제에 통합되어야 한다. 길이 단위, 인치와 피트 등은 대개 처음에 소개된다. 몇 주가 지

나서 온스와 파운드가 소개되며, 그리고 몇 주가 지나야 파인트와 쿼트가 소개된다.

학생들이 더 작은 단위를 완전히 습득했다는 것을 보이면, 더 큰 단위(야드, 톤, 갤런)가 소개될 수 있다. 새로운 단위의 세트들은 학생들이 사전 세트를 모두 습득한 후에야 소개된다.

측정 도구

눈금이 있는 측정 도구들은 자, 저울, 온도계, 속도계 등등이다. 눈금이 있는 모든 도구는 특정한 양을 나타내는 부분으로 나뉘어 있다. 제일 쉬운 유형의 도구는 한 개의 눈금이 하나의 단위를 나타내는 것이다. 예를 들어, 대부분의 온도계는 각 눈금이 1도를 나타내고, 마찬가지로 목욕탕 저울도 각각의 선은 1파운드를 나타낸다. 종종 도구들은 양을 나타내는 선 중 몇 개에만 명칭을 붙인다.

이 도구들은 학생들이 눈금을 읽을 수 있기 전에 표시되지 않은 선이 무엇을 나타내는지를 알아내는 것을 필요로 한다. 식품점에서 볼 수 있는 자나 저울

같은 도구들은 한 단위의 작은 부분(예, $\frac{1}{4}$인치, $\frac{1}{8}$파운드)을 나타내는 선을 갖고 있다.

초기 저학년 때, 학생들은 인치(또는 센티미터)에 가까운 길이를 재는 것과 파운드(또는 킬로그램)에 가까운 무게를 재는 것을 배운다. 후기 저학년과 중간 학년에서, 학생들은 더 정밀한 측정을 배운다.

자로 길이를 재는 것이 가장 먼저 소개될 수 있다. 교사는 재고자 하는 선에 자를 갖다 대었을 때 자의 끝부터 시작해서 대응되는 자의 숫자가 그 선의 길이라는 것을 설명해 준다. 그런 다음, 교사는 자를 사용하여 선이나 사물을 측정하는 시범을 보여 준다. 측정하려는 선이나 사물의 앞부분에 자의 앞부분 끝을 적절하게 맞출 필요가 있다는 것을 설명하면서 자를 이용하여 선이나 사물을 어떻게 측정하는지 시범보인다. 마지막으로, 교사는 학생들이 스스로 자를 사용할 수 있도록 한다. 제일 처음 교수하여 더 익숙해지는 과정에서 교사는 학생들에게 다양한 길이(인치에 가깝게)의 선을 잴 수 있는 학습지를 제공한다.

무게의 경우, 학생들은 저울에 사물을 올려놓고 바늘이 가리키는 가장 가까운 곳의 눈금을 읽는다. 용량에서는, 학생들은 용기를 물로 채운다. 그 물을 눈금이 있는 병에 붓고는 물 높이에 가까운 눈금의 수를 읽는다. 학생들에게 측정 도구들을 사용하는 것을 가르칠 때, 다음과 같이 각 눈금의 값이 쓰여 있지 않을 경우가 있다.

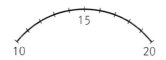

교사는 마지막 단위부터 읽고자 하는 표적 단위까지 어떻게 세는지 시범을 보여 준다. 다음 예에서 교사는 25부터 세기 시작해서 목표 양까지 각 눈금을 짚어 가며 25, 26, 27, 28까지 세는 것을 시범 보인다.

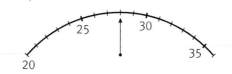

중간 학년

중간 학년 동안 교사는 다음 단계를 따른다.

1. 모든 같은 값을 제시하고 복습한다.
2. 학생들에게 측정 도구의 좀 더 복잡한 사용을 가르친다(예, 1인치의 $\frac{1}{8}$ 측정하기).
3. 학생들에게 단위를 더 크거나 작은 단위로 전환하는 것을 가르친다.
4. 측정의 연산과 문장제 문제를 제시한다.

이전에 소개된 관습법의 등가를 복습하기 위해서, 교사는 기준이 되는 등가를 써 놓은 것과 함께 [그림 17-1]에 이미 제시된 것처럼 학습지를 준비할 수 있다. 아직 기준 등가를 모르는 학생들은 이 기준 등가를 외우도록 한다. 어려움을 느끼는 학생들의 경우, 교사는 자료를 복습하기 위해 언어적 연습을 제시할 수 있다.

학생들이 여러 물체를 측정하기 위해 가장 적합한 단위를 판별하게 하는 연습은 외우는 연습 다음에 한다. 좀 더 일반적인 미터법을 복습할 때도 비슷한 절차가 사용되어야 한다.

미터법의 등가

5~6학년에서 십진법을 다 배우고 나서 미터법 체계의 구조를 가르치기 위해 학생들에게 연습이 제시되어야 한다. 〈수업 형식 17-1〉은 학생들에게 미터법 체계의 접두사를 가르치는 단계를 보여 준다. Part A와 B에서 교사는 단순히 접두사의 의미를 제시한다. 1보다 작은 단위의 접두사(밀리, 센티, 데시)는 Part A에 제시되고 있다. 교사는 단어 1000분의 1(thousandth), 100분의 1(hundredth), 10분의 1(tenth)의 끝(th)을 강

<요약 17-1> 기본적인 전환 문제의 단계

	문제 a	문제 b	문제 c	문제 d
1. 새로운 단위가 원래의 단위보다 더 큰지(더 높은 순서) 더 작은지(더 낮은 순서)지를 알기	48인치 = ___피트. 인치를 피트로 바꾼다. 피트는 더 큰 단위다.	3파운드 = ___온스. 파운드를 온스로 바꾼다. 온스는 더 작은 단위다.	5킬로그램 = ___그램. 킬로그램을 그램으로 바꾼다. 그램이 더 작은 단위다.	300센티미터 = ___미터. 센티미터를 미터로 바꾼다. 미터는 더 큰 단위다.
2. 더 작은 단위로 바뀌어야 한다면 곱하기. 더 큰 단위로 바꿔야 한다면 나누기	더 큰 단위로 바꾸는 것이므로 나눗셈을 해야 한다. 48인치 ÷ 12 = 4피트	더 작은 단위로 바꾸는 것이므로 곱셈을 해야 한다. 3파운드 × 16 = 48온스	더 작은 단위로 바꾸는 것이므로 곱셈을 해야 한다. 5킬로그램 × 1000 = 5000그램	더 큰 단위로 바꾸는 것이므로 나눗셈을 해야 한다. 300센티미터 ÷ 100 = 3미터
3. 계산한 답의 양이 같은지 확인하기	1피트는 12인치	16온스는 1파운드	1킬로그램은 1000그램	100센티미터는 1미터

조해야만 한다. 그래야 학생들이 그것들이 분수라는 것을 알고 그것을 정확하게 읽으려고 유의할 것이다. Part B에서 교사는 1보다 큰 단위(데카, 벡토, 킬로)를 가리키는 접두사를 제시한다. 이러한 접두사의 의미를 가르치는 데는 학생들의 수준에 따라서 한 주 또는 더 많은 주의 연습이 필요하다. 교사는 학생들이 미터법의 접두사 지식을 완전히 습득한 후에 Part C로 간다.

Part C는 학생들이 미터법 단위의 값을 말할 때 미터법 접두사의 지식을 사용하는 법을 가르친다. 예를 들어, 교사는 "밀리가 1000분의 1을 뜻하므로 밀리그램은 1그램의 1000분의 1을 뜻하는 것이다."라고 시범을 보인다. Part D는 학생들이 특정한 미터법 단위의 숫자가 나타내는 것을 찾아서 동그라미 하는 학습지 연습이다. 예를 들면, 학습지의 문제에는 1센티미터와 같은 값을 찾는 문제가 나올 수 있고, 선택지는 다음과 같다. 100미터, 0.01미터, 0.10미터. 소수를 읽는 능력이 이 과제의 사전 요건이라는 것을 유의해야 한다. 매일 하는 학습지 연습은 몇 주 동안 계속된다.

미터법 단위의 약자 또한 학습지 연습에 포함되어야 한다. 교사들은 학생들이 약자를 읽을 수 있을 것이라고 당연하게 여겨서는 안 된다. 약자를 가르치는 몇 번의 수업이 있어야 한다.

전환 문제

이 부분은 한 단위의 양을 더 큰 혹은 작은 단위를 가진 같은 양으로 전환하는 문제에 역점을 두어 다루고 있다. 예를 들어, 3피트는 36인치로 전환할 수 있고, 2미터는 200센티미터로 전환할 수 있다.

이 전환 문제에 대한 사전 기술은 같은 값 지식이다. 학생들은 1킬로그램이 몇 그램인지를 모르고서는 5킬로그램을 그램으로 전환할 수 없다. 전환 문제는 학생들이 등가를 배운 다음에 가르쳐야 한다.

전환 문제에는 세 가지 기본 단계가 있다. (a) '새로운' 단위가 원래의 단위보다 더 큰지 혹은 작은 단위인지 알기 (b) 더 큰 단위가 더 작은 단위의 몇 배인지 알기 (c) 더 작은 단위로 전환할 때는 곱하기 하기 혹은 더 큰 단위로 전환할 때는 나누기 하기. 이러한 단계는 <요약 17-1>에 목록으로 제시되어 있다.

미터법 단위 전환하기. 초등-중간 학년 초기에는 작은 양에 관한 단위들로만 전환 문제들을 제한해야 한다(예, 5미터 = ___센티미터). 그러나 중간 학년 후기에서는 더 큰 숫자들로 전환 전략을 보여 줄 수 있다. 미터법 단위의 전환을 가르치는 절차는 다음과 같다. 미터법 전환 전략이 소개되기 전에 학생들은 미터법 단위의 등가를 알고 있어야 하며, 대소수와 소수를 읽고 쓸 줄 알아야 하고, 소수점을 오른쪽 혹은 왼쪽으로 움직여서 10의 배수를 곱하거나 나눌 수 있어야 한다. 예를 들어, 10으로 나누면 소수점이 왼쪽으로 한 자리 옮겨 가며($75 \div 10 = 7.5$), 100으로 나누면 왼쪽으로 두 자리 옮겨 가고($75 \div 100 = .75$), 1000으로 나누면 왼쪽으로 세 자리 옮겨 간다($75 \div 1000 = .075$). 곱할 때는 소수점이 오른쪽으로 옮겨 간다. 소수에 10의 배수를 곱하는 것을 가르치는 수업은 제13장의 〈수업 형식 13-9〉에 나타나 있다. 비슷한 연습이 10의 배수로 나누는 것을 학생들에게 가르칠 때 사용된다.

전환 연습문제를 시작하기 전에 교사는 학생들에게 [그림 17-3]과 같은 학습지를 주어야 한다. 이것은 10의 배수로 곱하고 나누는 연습을 제공하기 위해서 만들어진 것이다. 특정한 소수에 10의 배수를 곱하는 것에 대한 제13장의 논의에서 학습지 연습에 포함시킬 예의 유형을 자세히 기술한 바 있다. 학생들은 그것을 완전히 학습하기 위해 여러 주 동안 연습을 해야 할 것이다. 어떤 곱셈 문제에서 학생들은 한 개 이상의 0을 더해야만 한다(예, $100 \times 3.5 = 350.0$). 어떤 나눗셈에서 학생들은 원래 숫자 앞에 0을 더해야만 할 것이다(예, $3.5 \div 100 = .035$). 이런 예들은 어려우며 시범을 필요로 한다.

전환 전략을 보여 주는 수업 형식은 〈수업 형식 17-2〉에 나타나 있다. 앞에서 언급했듯이, 이 형식은 학생들이 미터법의 등가(예, 1헥토그램은 무엇과 같은가라고 물으면, 학생들은 100그램이라고 대답할 것이다)를 이미 모두 알고 있어야 함을 전제로 한다. 만약 학생들이 사전 기술을 배우지 않았다면 이런 전환 연습문제를 꽤 어렵게 느끼고 좌절할 것이다. 이 수업 형식은 네 개의 부분으로 구성되어 있다. Part A와 B에서는 중요한 구성 요소 기술을 가르친다. Part A에서는 학생들에게 원래의 단위를 더 큰 단위로 바꾸는지 아니면 더 작은 단위로 바꾸는지를 결정하는 것을 가르친다. Part B에서는 규칙을 제시한다. 더 큰 단위로 바꿀 땐 나누고, 더 작은 단위로 바꿀 땐 곱한다. Part B에서는 센티그램 → 그램과 같이 교사가 단위 세트를 칠판에 써서 하는 연습을 하고, 적절한 조작을 결정하도록 학생들을 이끈다.

그램을 밀리그램으로 전환하기 위해 교사는 "우리는 그램보다 더 작은 단위인 밀리그램으로 바꾸고 있습니다. 그러므로 곱해야 합니다."라고 말할 수 있다. 미터를 킬로미터로 바꾸기 위해 비슷한 말들이 필요하다 "우리는 킬로미터로 바꿀 것입니다. 그것은 미터보다 큰 단위입니다. 그러므로 나누어야 합니다." 미국에서 자란 교사들은 미터법에 익숙하지 않으므로 이러한 규칙을 배우는 것 자체가 상당한 노력을 요한다.

Part C는 교사가 전환 전략의 모든 단계를 보여 주는 구조화된 칠판 수업이다. 학생들이 곱하기를 할지 아니면 나누기를 할지를 확실하게 결정한 다음, 교사는 곱하기 혹은 나누기로 그 수를 유도하도록 학생들을 이끈다. "1그램에는 100센티그램이 있습니다. 그러므로 우린 100으로 나누어야 합니다." 마지막으로, 교사는 10의 배수를 곱하거나 나누는 빠른 방법으로

[그림 17-3] 10 곱하기와 나누기에 대한 학습지

a. $37 \times 100 = $ _____	b. $4 \div 1000 = $ _____	c. $53.2 \times 100 = $ _____	d. $7.04 \times 10 = $ _____
e. $4.8 \times 1000 = $ _____	f. $28.5 \div 10 = $ _____	g. $72 \times 1000 = $ _____	h. $.37 \times 100 = $ _____
i. $7 \div 100 = $ _____	j. $.37 \times 100 = $ _____	k. $5.43 \times 10 = $ _____	l. $4 \times 1000 = $ _____
m. $37 \div 10 = $ _____	n. $4.2 \div 10 = $ _____	o. $72 \div 10 = $ _____	p. $38 \div 10 = $ _____
q. $52 \times 100 = $ _____	r. $4.8 \div 1000 = $ _____	s. $400 \div 1000 = $ _____	t. $52 \div 100 = $ _____

소수를 이동하는 것을 보여 준다. 예를 들어, 2,135센티그램이 몇 그램인지 계산하는 문제는 나누기를 요한다. 뒤의 단위가 더 크기 때문이다. 학생들은 1그램이 100센티그램이므로 100으로 나눈다. 그러므로 소수점을 왼쪽으로 두 칸 움직이고, 답은 21.35그램이다. Part D는 구조화된 학습지 연습이다. 이 연습은 몇 가지 어려운 구성 요소 기술을 통합하고 있기 때문에 완전히 학습하기 위해서는 매우 많은 양의 연습이 필요하다.

예 선정. 전환 문제를 가르치는 데는 예를 선정하는 4가지 지침이 있다.

1. 모든 문제에서 둘 중에 하나의 단위는 기본 단위여야 한다. 기본 단위는 그램, 미터 또는 리터다.
2. 문제의 반은 학생들이 한 단위를 더 큰 단위로 바꾸는 문제여야 한다. 나머지 반은 학생들이 더 작은 단위로 바꾸는 문제여야 한다.
3. 문제의 반은 원래 단위의 양이 자연수가 되어야 한다. 나머지 반은 소수 혹은 대분수가 되어야 한다.
4. 곱하거나 나누는 양(amount)은 문제마다 다양해야 한다. 한 문제에서 10이면, 다음 문제에서는 1000, 그다음 문제에서는 100이다.

지침에 따라 구성한 적절한 문제 세트의 한 예가 다음에 있다. 답은 괄호 안에 있다.

142센티그램 = _____그램 (1.42)
9.8그램 = _____밀리그램 (9800)
35데시그램 = _____그램 (3.5)
20헥토그램 = _____그램 (2000)
4.35그램 = _____밀리그램 (4340)

〈수업 형식 17-2〉에 나타난 예는 모두 그램을 나타낸다는 것을 유의해야 한다. 다음 날에는 리터나

미터 단위를 언급할 수 있다. 각 수업에서 다른 유형의 단위가 사용되어야 한다.

관습법 단위 전환하기. 학생들에게 한 단위에서 다른 단위로 전환하는 것을 가르치는 것은 미터법 체계보다 관습법 체계에서 더 어려운데, 다음 3가지 이유 때문이다. 첫째, 미터법 전환은 어떤 것이든 학생은 항상 10의 배수를 곱하거나 나누면 되는데, 관습법 단위의 전환은 문제마다 곱하거나 나누는 수가 다르다. 인치를 피트로 전환할 때는 12로 나누고, 피트를 야드로 전환할 때는 3으로 나눈다.

두 번째 어려운 이유는 전환된 단위가 원래 단위에 곱하는 것이 아닐 때 사용된 절차와 관련이 있다. 관습법 체계에서는 두 가지 다른 단위의 결합으로 나타나야 한다(예, 7피트 = 2야드, 1피트).

마지막으로, 더 어려운 이유는 관습법 전환이 어떤 때에는 두 단계 이상을 옮겨야 하기 때문이다. 미터법에서는 원래 단위가 10, 100, 1000으로 간단하게 곱해지거나 나누어진다. 관습법에서는 몇 차례의 전환이 필요하다. 예를 들어, 갤런을 컵으로 전환할 때, 학생들은 첫 번째로 갤런을 쿼터로, 쿼터를 파인트로, 파인트를 컵으로 바꿔야 한다.

이런 관습법 단위를 전환하는 문제는 소개하는 순서를 세심하게 통제해야 한다. 더 쉬운 문제가 처음에 소개된다. 관습법 체계에서의 전환 문제의 기본 3가지 유형이 다음에 제시되어 있다.

1. 특정한 단위의 양을 더 크거나 더 작은 단위로 전환하기(예로는 자연수만을 포함한다)
   28일은 _____주와 같다.
   6피트는 _____야드와 같다.
   4주는 _____일과 같다.
   2야드는 _____피트와 같다.
   2피트는 _____인치와 같다.
2. 한 단위를 더 큰 단위 혹은 더 작은 단위를 포함하는 대분수로 전환하기(그리고 반대로)
   27인치는 _____피트 _____인치와 같다.

19 온스는 ____파운드 ____온스와 같다.

13일은 ____주 ____일과 같다.

2피트 3인치는 ____인치와 같다.

1파운드 3온스는 ____온스와 같다.

3. 한 단위를 두 번 옮겨서 전환하기

2야드는 _____인치와 같다.

2쿼트는 ____컵과 같다.

72인치는 ____야드와 같다.

16컵은 ____쿼트와 같다.

관습법 단위에 대한 전환 문제를 가르치기 위한 사전 기술은 등가에 대한 지식과 곱하기와 나누기가 각각 몇 배가 되어야 하는지에 대한 지식이다. 측정 전환 과제들은 대개 학생들이 두 자릿수로 나누는 것을 할 수 있기 전에 배우므로 교사는 학생들이 12까지 세는 것을 가르칠 것인지 선택해야 한다. 이렇게 세는 것은 학생들이 인치를 피트로 전환하고, 더즌(dozns)을 결정하는 것을 도와줄 것이다.

관습법 전환 문제(한 단위가 더 크거나 더 작은 다음 단위로 평탄하게 전환되는 문제)의 첫 번째 유형을 소개하는 수업 형식은 기본적으로 미터법의 전환 문제 때와 같다(〈수업 형식 17-2〉 참조). 교사는 학생들이 (a) 더 큰 단위로 아니면 더 작은 단위로 전환하고 있는지를 말하게 하고 (b) 곱해야 하는지 아니면 나누어야 하는지를 말하게 하고 (c) 어떤 수를 곱하거나 나누어야 하는지를 말하게 한다. "우리는 6파운드가 몇 온스인지 알기를 원해요. 우리는 더 작은 단위로 바꾸고 있어요. 그러므로 곱해야 해요. 1파운드는 16온스이므로 우리는 16을 곱해야 해요."

전환 결과 나머지(예, 27인치는 2피트 3인치와 같다)가 있는 문제에 대한 수업 형식은 교사가 나머지를 가지고 무엇을 해야 하는지를 설명해야 하는 것만 빼고는 이전의 문제 유형과 같다. 예를 들어, '27인치 = _____피트'란 문제를 풀 때, 학생들이 27을 12로 나누어야 한다는 것을 결정하면, 교사는 27을 12로 나눌 때 나머지가 생긴다는 것을 알려 주고, 이 나머지

는 인치로 남아 있다는 것을 말해 준다. 나머지가 있는 더 작은 단위에서 더 큰 단위까지 전환하는 것에 대한 구조화된 학습지 수업은 〈수업 형식 17-3〉에 나타나 있다.

혼합된 것을 더 작은 단위로 전환하는 수업 형식은 〈수업 형식 17-4〉에 나타나 있다. 2피트 11인치를 인치로 전환할 때, 교사는 학생들이 2를 지우고 그 위에 바로 인치 단위로 24를 쓰게 한다. 그러면 학생들은 24인치에 11인치를 더해서 결국 35인치가 된다는 것을 알게 된다.

학생들이 2단계의 단위를 옮기며 전환해야 하는 문제는 꽤 어렵다(예, 2야드 = _____인치). 우리가 추천하는 전략은 학생들이 그 양을 단위에서 그다음 단위로 전환하게 하는 것이다. 예를 들어, 2야드를 인치로 전환할 때, 학생들은 먼저 2야드를 6피트로 전환하고, 6피트를 72인치로 전환하는 것이다.

연산

이 부분에서는 측정 단위의 더하기, 빼기, 곱하기, 나누기를 다룬다. 거의 모든 측정 관련 기술들에서, 관습법 단위를 조작하는 것이 미터법 단위를 조작하는 것보다 어렵다. 이 둘 간의 차이는 받아올림과 내림이 필요할 때 발생한다. 미터법은 0부터 10까지의 자릿값을 갖기 때문에 받아올림과 내림이 문제가 되지 않는다. 학생들은 소수 수업에서 미리 배웠기 때문에 받아올림과 내림 기술을 적용하는 것을 알고 있다. 그러나 관습법 단위를 다룰 때, 이를 위한 일관된 기초가 없다: 온스의 기본은 16, 인치는 12, 피트는 3 등등이다. 그래서 학생들은 십진법보다는 오히려 이런 단위를 배워야만 한다.

측정 단위의 더하기와 빼기 문제는 대개 4학년 또는 5학년 과정에서 소개된다. 받아올림과 내림을 하지 않는 측정 문제는 거의 어렵지 않다.

```
  6 lb  4 oz        6 lb  4 oz        6 lb  4 oz
+ 1 lb  1 oz      - 1 lb  1 oz      ×      2
  7 lb  5 oz        5 lb  3 oz       12 lb  8 oz


    3 lb  2 oz        6.4 kg           6.4 kg
  2)6 lb  4 oz     + 1.1 kg         - 1.1 kg
                     7.5 kg           5.3 kg

    6.4 kg             3.2 kg
  ×    2           2)6.4 kg
   12.8kg
```

반면 받아올림이나 내림을 필요로 하는 문제는 아주 어렵다.

```
  4    18            1                4    14
  5 lb  2 oz       3 주  4 일         5 ft  2 in
- 3 lb  4 oz     + 1 주  5 일       - 2 ft  8 in
  1 lb 14 oz       5 주  9 일         2 ft  6 in
                        2
```

받아올림과 내림을 위한 사전 기술은 단위를 전환하는 것이다. 이것은 이미 앞에서 다루었다. 덧셈 문제를 풀 때 교사는 학생들이 항상 작은 단위부터 시작하도록 가르쳐야 한다. 덧셈 문제에서 어려운 점은 작은 단위의 합이 큰 단위로 전환하고도 남을 만큼 클 때다. 다음 예를 살펴보자.

```
    3 ft  8 in
  + 2 ft  6 in
        14 in
```

학생들은 8에 6을 더하면 결국 14인치라는 답을 얻는데, 이것은 1피트보다 큰 것이다. 학생들은 1을 피트로 올려야 하는데, 14를 지우고, 1피트를 하나 올리고 남은 2인치를 써야만 한다.

```
       1
     3 ft  8 in
   + 2 ft  6 in
         14
          2
```

교사는 학생들에게 이러한 문제 세트를 제공하고, 그

들이 옮겨야 할 때 받아올림이나 내림을 하도록 이끈다. "기억하세요, 우리는 인치를 더하고 있어요. 1피트는 몇 인치인가요? 맞아요, 12인치가 1피트예요. 그래서 만일 12 이상의 인치를 갖고 있으면, 우리는 1피트를 만들어 받아올림해야 해요."

〈수업 형식 17-5〉는 받아올림이 있는 덧셈 문제를 어떻게 가르치는지를 보여 주고 있다. 관습법 단위의 연산을 가르치는 것의 핵심은 언제 받아올림을 하는지, 그리고 어떤 수를 사용해야 하는지를 학생들에게 가르치는 것이다. 구조화된 칠판 수업의 Part A는 언제 받아올림을 하면 적합한지에 역점을 두고 있다. Part B는 적합한 수들로 받아올림을 하는 연습을 제공하고 있다. 예는 받아올림이 필요한 것과 필요하지 않은 문제로 구성되어 있다. 수업 형식에 있는 예는 무게 단위를 포함하고 있다. 즉, 비슷한 연습이 길이와 용량 단위와 함께 이루어져야 한다.

학생들이 더하기에서 다양한 단위를 받아올림할 수 있게 되면 뺄셈 문제를 제공한다. 뺄셈의 어려운 부분은 받아내림이다. 예를 들어 다음 문제를 살펴보자.

```
  8 lb  4 oz
- 3 lb  8 oz
```

이 문제를 풀기 위해 학생들은 먼저 8파운드 4온스를 받아내림해야만 한다. 8파운드에서 1파운드를 빌려와 7파운드로 남겨 두고, 1파운드를 16온스로 바꾸고, 4온스에 16온스를 더해 20온스로 만든다.

```
  7    20
  8 lb  4 oz
- 3 lb  8 oz
```

우리는 교사들이 전체 단위에서 혼합된 단위를 빼는 것을 먼저 제시하여 이 기술을 소개하는 것을 권장한다. 다음은 그런 문제의 예다.

```
    3 ft            8 lb
- 1 ft  4 in    - 2 lb  5 oz
```

교사는 받아내림의 필요성과 어떻게 받아내림을 하는지를 설명해 주면서 이런 문제를 풀면서 학생들을 이끈다. "우리는 3피트에서 1피트를 빌려 와야 해요. 나는 3을 지우고 2를 쓸 거예요. 나는 3피트에서 1피트를 빌려올 거예요. 1피트는 몇 인치인가요? … 그래서 나는 세로식에서 인치 위에 12를 쓸 거예요." 이 연습을 며칠 한 후에 두 가지 단위가 혼합되어 있는 더 어려운 문제를 소개한다. 받아내림을 하는 뺄셈 문제를 위한 구조화된 학습지 부분의 예는 〈수업 형식 17-6〉에 나타나 있다.

측정 단위에서 받아올림이나 내림을 필요로 하는 곱셈과 나눗셈 문제는 상당히 어렵다. 곱셈 문제를 푸는 하나의 전략은 먼저 각 단위를 곱하는 것이다. 예를 들면 다음 문제를 살펴보자.

$$5 \text{ ft} \quad 7 \text{ in}$$
$$\times \qquad 4$$

이 문제에서 학생들은 먼저 4와 7인치를 곱하고, 이어서 4와 5피트를 곱한다. 각각의 단위를 곱한 숫자를 쓴다.

$$5 \text{ ft} \quad 7 \text{ in}$$
$$\times \qquad 4$$
$$\overline{20 \text{ ft} \quad 28 \text{ in}}$$

각 단위의 곱한 결과를 쓴 후에 학생들은 더 작은 단위를 전환하면서 받아올림을 하고, 그런 다음 더한다.

$$5 \text{ ft} \quad 7 \text{ in}$$
$$\times \qquad 4$$
$$\overline{20 \text{ ft} \quad 28 \text{ in}}$$
$$\underline{2 \text{ ft} \quad 4 \text{ in}}$$
$$22 \text{ ft} \quad 4 \text{ in}$$

반대로, 나눗셈 문제들은 독특한 전략을 요한다. 학생들은 문제를 풀기 전에 더 작은 단위로 양을 다시 쓴다. 예를 들어, 3파운드 4온스를 2로 나눈다면 3파운드 4온스를 52온스로 전환하고, 그런 다음 52를 2로 나누고, 26온스가 나온다면 26온스를 1파운드 10온스로 전환하는 것을 제안한다.

문장제 문제

측정 단위를 포함하는 문장제 문제는 학생들이 연산을 배우자마자 소개하는 것이 좋다. 이 전략들은 제11장에서 소개한 것과 같다. 다음의 예는 문장제 문제의 예다.

나누기

a. James는 2피트의 리본을 갖고 있다. 그는 연을 만들기를 원한다. 하나의 연을 만들려면 4인치의 리본이 필요하다. James는 몇 개의 연을 만들 수 있는가?

빼기

b. Tania는 처음 태어났을 때 8 파운드 4온스의 무게가 나갔다. 3개월 후 그녀는 11파운드 7온스 나갔다. 3개월 동안 무게가 얼마나 늘었는가?

복합 계산

c. Bill이 키우는 식물의 키는 4피트다. 이 식물이 1년에 3인치씩 큰다면 5년 동안에는 얼마나 클 것인가?

교사들은 최소한 몇 주 동안 매일 다섯 문제를 주어야 한다. 새로운 문장제 문제가 나오면, 교사는 학생들이 풀 수 있도록 유도해야 한다. 특히 앞에서 제시한 것과 같은 나누기 문제들은 특별히 어렵기 때문에 더 강조되어야 한다. 예는 새로운 문제 유형과 이전에 배운 문제 유형을 모두 포함해야 한다.

측정 도구

학생들은 초기 저학년에서는 원단위(unit)에 거의 가까운 측정 도구를 사용해 재고 읽는 것을 배운다. 후기 저학년에서, 학생들은 한 단위를 몇 개의 부분으로 나누어 읽는 것을 배운다. 우리는 학생들에게 관습법에서 사용되는 자 읽는 것을 가르치는 절차를 논의하고 있다. 일단 학생들이 자를 읽을 수 있게 되면, 저울이나 계량컵과 같은 다른 도구를 읽는 데도 거의 어려움이 없을 것이다.

관습법의 자는 거의 1인치가 16개의 눈금으로 나누어져 있다. 자의 각각 다른 눈금은 학생들을 혼란시키는 경향이 있기 때문에 학생들이 1인치를 몇 개의 눈금으로 측정하기 위해서는 체계적인 접근이 이루어져야 한다. 우리는 한 세트의 자를 준비할 것을 권한다. 첫 번째 자는 각 인치가 반으로 나뉘어 있다. 두 번째 자는 각 인치가 4개의 눈금으로 나뉘어 있다. 세 번째와 네 번째 자는 각각 8개와 16개의 눈금으로 나뉘어 있다. [그림 17-4]는 네 개의 자를 보여 주고 있다. 이러한 도구를 읽는 데 필요한 사전 기술은 대분수를 읽고 쓰는 능력이다.

[그림 17-4] 추천된 자의 세트

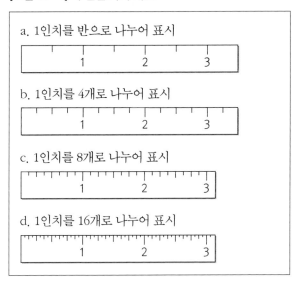

a. 1인치를 반으로 나누어 표시

b. 1인치를 4개로 나누어 표시

c. 1인치를 8개로 나누어 표시

d. 1인치를 16개로 나누어 표시

1인치가 더 큰 숫자로 나누어져 있는 자는 학생들이 이러한 자의 사용을 먼저 완전히 습득한 후에 소개되어야 한다.

간단한 시범-검사 절차가 학생들에게 반으로 나눈 단위를 읽는 것을 가르치기 위해 사용될 수 있다. 교사는 선이 두 개의 동등한 부분을 나누고 있으므로 각 칸의 길이를 나타내는 선은 $\frac{1}{2}$인치라는 것을 알려 준다. 1인치가 4칸으로 나뉘어 있는 것도 같은 절차를 사용해서 설명한다. 교사는 각 인치가 4개로 나뉘어

있기 때문에 각 눈금이 1인치를 4로 나눈 것과 같다는 것을 말해 준다. 그러고 나서 교사는 시범하고 $\frac{1}{4}$인치로 표시되어 있는 자로 $\frac{1}{4}$, $\frac{2}{4}$, $\frac{3}{4}$, 1, $1\frac{1}{4}$, $1\frac{2}{4}$, $1\frac{3}{4}$, 2 등을 읽을 수 있는지를 검사한다. 교사는 처음에는 학생들이 $\frac{2}{4}$를 $\frac{1}{2}$로 읽지 않게 하는 것에 유의해야 한다. 그런 다음, 교사는 자를 대고 자의 처음부터 끝까지 줄을 긋게 한 다음 이 선의 길이가 얼마나 되는지를 결정하게 하는 활동을 제시한다.

학생들이 다양한 선의 길이를 알아볼 수 있을 때, 교사는 $\frac{2}{4}$인치와 $\frac{1}{2}$인치가 같은 길이라는 것을 나타내 보여 준다. 교사는 선이 인치의 중간에 있으므로 반으로 나누고 있는 것이라고 설명한다. 교사는 더 나아가, 학생들이 자를 사용할 때, 길이는 항상 가장 작은 분모로 말한다는 것을 가르쳐 준다. 그러므로 선이 $3\frac{2}{4}$인치라고 말하는 대신, "이 선은 $3\frac{1}{2}$인치라고 말해요."라고 설명해 준다. 교사가 학생들에게 여러 가지 거리를 나타내는 자에서 선을 찾게 하는 연습 활동을 다음과 같이 설명할 수 있다(예, "$4\frac{1}{2}$인치를 나타내는 선을 자에서 찾아 보세요. 그리고 $2\frac{1}{4}$인치를 나타내는 선을 자에서 찾아 보세요." 등등). 연습은 [그림 17-5]에 나와 있는 것처럼 학습지 연습으로 제공될 수 있다.

[그림 17-5] 길이를 결정하기 위한 학습지 연습

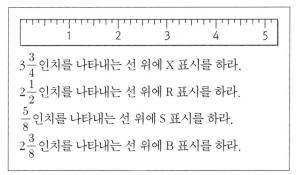

$3\frac{3}{4}$인치를 나타내는 선 위에 X 표시를 하라.

$2\frac{1}{2}$인치를 나타내는 선 위에 R 표시를 하라.

$\frac{5}{8}$인치를 나타내는 선 위에 S 표시를 하라.

$2\frac{3}{8}$인치를 나타내는 선 위에 B 표시를 하라.

각 인치가 8개로 나누어져 있는 자는 학생들이 (a) 1인치가 4개로 나누어져 있는 자를 사용할 수 있을 때 (b) 분수의 등가 기술을 배웠을 때 도입할 수 있다. 학생들은 $\frac{6}{8}$을 $\frac{3}{4}$으로, $\frac{4}{8}$는 $\frac{1}{2}$로, $\frac{2}{8}$는 $\frac{1}{4}$로 다시

쓰는 연습을 충분히 해야 한다. 그래서 학생들이 쉽게 전환할 수 있게 해야 한다. 교사는 학생들에게 각 인치가 8개로 나뉘어 있기 때문에 각 선은 1인치의 $\frac{1}{8}$과 같다는 것을 설명하면서 각 인치가 8등분으로 된 자를 소개한다. 그리고 나서 교사는 학생들에게 자에 있는 선을 읽게 한다. $\frac{1}{8}, \frac{2}{8}, \frac{3}{8}, \frac{4}{8}, \frac{5}{8}, \frac{6}{8}, \frac{7}{8}, 1, 1\frac{1}{8}$ 등등.

며칠이 지난 후에, 교사는 학생들에게 $\frac{2}{8}, \frac{4}{8}, \frac{6}{8}$ 을 각각 $\frac{1}{4}, \frac{1}{2}, \frac{3}{4}$ 으로 표현하는 것을 가르친다. 교사는

길이는 항상 가장 간단하고, 가능하면 가장 작은 숫자로 나타낸다는 것을 학생들에게 상기시키고 나서 여러 가지 같은 값을 시범 보여 준 후 검사를 한다.

각 인치가 16개로 나누어진 자를 소개할 때 같은 기본적인 절차가 사용된다. 그러나 이러한 자들은 학생들이 1인치를 8로 나눈 자를 유창하게 사용할 수 있을 때 소개할 수 있다. 학생들이 이러한 기술에 유창해질 때까지 긴 시간 동안 매일 연습이 필요하다.

적용 문제 측정

1. 야드를 소개하는 수업 형식을 쓰시오. 학생들이 이전에 인치, 피트, 온스와 파운드를 배웠다고 가정하자. 431쪽에 논의된 5단계를 모두 포함시키시오. 4단계에 대한 6문제를 쓰시오.

2. 다음은 전환 과제에서 학생이 오류를 보인 것이다. 각 오류에 대해서 가능한 원인을 말하고, 교정 절차를 구체적으로 기술하시오.

   Ann
   6 피트 = 75 인치

   $$\begin{array}{r} \overset{1}{12} \\ \times \ \ 6 \\ \hline 75 \end{array}$$

   Janet
   6피트 = 60 인치

   $$\begin{array}{r} \overset{1}{10} \\ \times \ \ 6 \\ \hline 60 \end{array}$$

   Tim
   9야드 = 3 피트

   $$3\overline{)9}$$

3. 어떤 학생이 X는 $1\frac{1}{2}$ 인치를 나타내는 선 위에 있다고 말한다. 교사가 교정하기 위해 해야 할 말을 구체적으로 기술하시오.

4. 교사가 교정하기 위해 해야 할 말을 구체적으로 기술하시오.

   $$\begin{array}{r} 1\text{피트} \quad 7\text{인치} \\ + \qquad \ 8\text{인치} \\ \hline 2\text{피트} \quad 5\text{인치} \end{array}$$

5. 각 오류에 대해서 가능한 원인을 말하고, 교사가 교정하기 위해 해야 할 말을 구체적으로 기술하시오.

   Jim   148미터는 _____킬로미터와 같다. $148 \div 1000 = 1.48$

   Tina   148미터는 _____킬로미터와 같다. $148 \times 1000 = 148,000$

6. 다음 문제를 풀면서 학생들을 유도하기 위한 구조화된 칠판 수업을 써 보시오.
   348센티미터는 몇 미터와 같은가?

〈수업 형식 17-1〉 미터법 접두사

교사	학생

Part A: 1보다 작은 접두사

1. (다음을 칠판에 쓴다)

   밀리- 1000분의 1

   센티- 100분의 1

   데시- 10분의 1

   원단위(one whole, 1)

   데카-

   헥토-

   킬로-

2. 이것은 미터법에서 사용되는 접두사예요. 접두사는 우리에게 기본 단위가
   얼마인지를 말해 주지요.

3. (밀리-, 센티-, 데시-를 가리킨다) 이런 접두사들은 1보다 작은 단위예요. 이
   런 접두사들은 무엇을 말하나요?   1보다 작다.

   (데카-, 헥토-, 킬로-를 가리킨다) 이런 접두사들은 1보다 큰 단위예요. 이런
   접두사들은 무엇을 말하나요?   1보다 크다.

4. (밀리를 가리킨다) 이것을 무엇이라고 말하나요?   밀리
   밀리는 1000분의 1을 의미해요. 밀리는 무엇을 의미하나요?   1000분의 1

   (센티, 데시도 단계 3을 반복한다)

5. 접두사를 읽고 그것들이 무엇을 의미하는지 읽어 봅시다.

   (밀리, 센티, 데시를 가리킨다)

6. (1000분의 1, 100분의 1, 10분의 1을 지운다)

   (밀리를 가리킨다) 이 접두사는 무엇인가요?   밀리

   밀리는 무엇을 의미하나요?   1000분의 1

   (센티를 가리킨다) 이 접두사는 무엇인가요?   센티

   센티는 무엇을 의미하나요?   100분의 1

   (데시를 가리킨다) 이 접두사는 무엇인가요?   데시

   데시는 무엇을 의미하나요?   10분의 1

   (학생들이 세 접두사를 정확하게 알 수 있을 때까지 무작위로 접두사를 지적한다)

Part B: 접두사 소개하기(1보다 큰)

1. (다음을 칠판에 쓴다)

   밀리-

   센티-

   데시-

   원 단위(one whole, 1)

   데카- 10배

   헥토- 100배

   킬로- 1000배

2. 밀리는 무엇을 의미하나요?   1000분의 1

   센티는 무엇을 의미하나요?   100분의 1

   데시는 무엇을 의미하나요?   10분의 1

3. 1보다 큰 접두사를 같이 읽어 봅시다.

   (데카를 가리킨다) 이것은 데카라고 읽어요. 이 접두사는 무엇이라고 읽나요?   데카

   데카는 무엇을 의미하나요?   10배

   (헥토를 가리킨다) 이것은 헥토라고 읽어요. 이 접두사는 무엇이라고 읽나요?   헥토

   헥토는 무엇을 의미하나요?   100배

   (킬로를 가리킨다) 이것은 킬로라고 읽어요. 이 접두사는 무엇이라고 읽나요?   킬로

   킬로는 무엇을 의미하나요?   1000배

   (10배, 100배, 1000배라는 단어를 모두 지운다)

4. (데카를 가리킨다) 이것은 무엇이라고 읽나요?   데카

   데카는 무엇을 의미하나요?   10배

   (헥토와 킬로에 대해 단계 3을 반복한다)

5. 이제 접두사가 의미하는 것을 말해 보세요. (밀리를 가리킨다)

   이 접두사는 무엇이라고 읽나요? 이것의 의미는 무엇인가요? (멈춘 후, 신호
를 준다. 모든 접두사를 무작위 순서로 이와 같이 제시하면서 단계 4를 반복한다. 그런
다음 개별적으로 기회를 준다)

Part C: 구조화된 칠판 수업

1. 킬로는 무엇을 의미하나요?   1000배

2. 킬로는 1000배를 의미해요. 그러므로 킬로미터는 1000미터를 의미해요. 킬
로미터는 무엇을 의미하나요?   1000미터

   그래요, 1킬로미터는 1000미터와 같아요. 다시 말해 보세요.   1킬로미터는 1000미터와 같다.

   (밀리미터, 헥토그램, 센티그램에도 단계 1과 2를 반복한다)

3. 데시리터는 무엇을 의미하나요? (멈춤)   1리터의 10분의 1

   교정하기: 데시는 무엇을 의미하나요? (단계 3을 반복한다)

   (다음의 예로 단계 3을 반복한다)

   데카리터- 10리터

   센티그램- 100분의 1그램

   킬로리터- 1000리터

   데카그램- 10그램

   센티리터- 100분의 1리터

Part D: 구조화된 학습지

1. (학생들에게 다음과 같은 문제가 있는 학습지를 준다)

   a. 1킬로그램은 무엇과 같은가요?

     1000그램   .001그램   100그램

    b. 1밀리미터는 무엇과 같은가요?

      1000미터   .001미터   .01미터

    c. 1센티그램은 무엇과 같은가요?

      100그램   .001그램   .01그램

    d. 1헥토리터는 무엇과 같은가요?

      .01리터   .1리터   10리터   100리터

2. 문제 a를 보세요. 여러분은 1킬로그램이 무엇과 같은지 동그라미를 해야 해요. 킬로는 무엇을 의미하나요?   1000배

   그러므로 1 킬로그램은 무엇과 같은가요?   1000그램

3. 답에 동그라미 하세요.

   (몇 가지 예로 단계 1과 2를 반복한다)

〈수업 형식 17-2〉 미터법 전환

교사	학생

Part A: 단위의 관계

1. (다음의 표를 칠판에 적는다)

밀리그램	센티그램	데시그램	그램	데카그램	헥토그램	킬로그램
$\frac{1}{1000}$ 그램	$\frac{1}{100}$ 그램	$\frac{1}{10}$ 그램	1그램	10그램	100그램	1000그램

2. 이러한 미터법 단위는 무게를 측정합니다. 밀리그램은 1000분의 1그램을 의미해요. 이것은 가장 작은 단위예요. 가장 작은 단위는 무엇인가요?   밀리그램

   킬로그램은 1000그램을 의미해요. 이것은 가장 큰 단위예요. 가장 큰 단위는 무엇인가요?   킬로그램

3. (그램에서부터 시작하고 왼쪽을 가리킨다) 만일 우리가 이쪽으로 움직인다면, 우리는 더 작은 단위로 가는 거예요.

   (오른쪽을 가리킨다) 이쪽으로 움직인다면, 우리는 더 큰 단위로 가는 거예요.

4. (왼쪽을 가리킨다) 이쪽으로 바꾸는 것이면 무엇을 의미하나요?   더 작은 단위

   (오른쪽을 가리킨다) 이쪽으로 바꾸는 것이면 무엇을 의미하나요?   더 큰 단위

5. (센티그램을 가리킨다) 만약 센티그램을 그램으로 바꾸길 원한다면, 우리는 어느 쪽으로 바꾸고 있는 것인가요? (멈춘 후, 신호를 준다)   더 큰 단위 쪽으로요

   (그램을 킬로그램으로, 그램을 밀리그램으로, 헥토그램을 그램으로, 킬로그램을 그램으로, 그램을 데시그램으로 단계 4를 반복한다)

6. (칠판을 지운다) 센티그램을 그램으로 바꾸려고 합니다. 1센티그램은 무엇과 같은가요?   1그램의 100분의 1

   내가 센티그램을 그램으로 바꿀 때 어떤 방법이 좋은가요? (멈춘 후, 신호를 준다)   더 큰 단위 쪽으로요

   (단계 4의 것과 같은 예로 단계 5를 반복한다)

Part B: 적합한 연산 결정하기

1. 여기에 중요한 규칙이 있어요. 더 큰 단위로 바꿀 때 나눈다. 반복하세요. 더 작은 단위로 바꿀 때, 곱한다. 반복하세요.

   더 큰 단위로 바꿀 때 나눈다.
   더 작은 단위로 바꿀 때, 곱한다.

2. 더 큰 단위로 바꿀 때 어떻게 하나요?
   더 작은 단위로 바꿀 때 어떻게 하나요?

   나눈다.
   곱한다.

3. (칠판에 쓴다. 그램을 센티그램으로 바꾼다) 그램을 센티그램으로 바꿀 때 어느 방향으로 바꾸는가요?(멈춘 후, 신호를 준다)

   그램을 센티그램으로 바꿀 때 곱하나요, 나누나요?

   (멈춘 다음, 신호를 준다)

   교정하기: 그램을 센티그램으로 바꿀 때 어느 방향으로 바꾸고 있는가요? 더 작은 단위로 바꾸고 있다면, 무엇을 해야 하는가요?

   (다음의 예로 단계 3을 반복한다. 그램을 킬로그램으로, 그램을 밀리그램으로, 헥토그램을 그램으로, 킬로그램을 그램으로, 그램을 데시그램으로)

   더 작은 단위 쪽으로요
   곱한다.

Part C: 구조화된 칠판 수업

1. (다음의 문제들을 칠판에 적는다)

   350센티그램 = _____그램

2. 이 문제는 '350센티그램은 몇 그램과 같은가?'를 말합니다. 우리는 센티그램을 그램으로 바꾸고 있습니다. 우리는 무엇을 하고 있나요?

   센티그램을 그램으로 바꾸기

3. 우리는 더 큰 단위로 바꾸나요? 아니면 더 작은 단위로 바꾸나요? (멈춘 후, 신호를 준다)

   더 큰 단위

4. 더 큰 단위로 바꾸어요. 그럼 곱하나요, 나누나요?

   맞아요, 더 큰 단위로 바꾸므로 나눕니다.

   나누어요.

5. 1그램은 몇 센티그램인가요?

   그러므로 100으로 나누어요. 1소수점을 옮기며 나누기를 합시다. 100으로 나눌 때 소수점에 어떻게 하나요?

   100

   왼쪽으로 2자리 옮긴다.

6. (그램 옆에 350을 쓴다) 우리가 왼쪽으로 소수점을 두 자리 옮기면 어디가 될까요?

   (칠판에 쓴다: 350센티그램 = 3.50그램)

   3과 5 사이
   350센티그램＝3.50그램

7. 자, 이제 다음 문제를 읽어 보세요.

   (다음의 문제로 단계 1~5를 반복한다)

   314그램 = _____밀리그램

   (소수점을 오른쪽으로 세 자리 옮긴다)

   315그램 = _____킬로그램

   (소수점을 왼쪽으로 세 자리 옮긴다)

   7센티그램 = _____그램

   (소수점을 왼쪽으로 두 자리 옮긴다)

   18킬로그램 = _____그램

   (소수점을 왼쪽으로 세 자리 옮긴다)

30미터 = _____데시미터

(소수점을 오른쪽으로 한 자리 옮긴다)

Part D: 구조화된 학습지

1. (학생들에게 다음과 같은 문제가 있는 학습지를 준다)

   a. 232센티리터는 _____리터와 같다.

2. 문제 a를 읽어 보세요. 여러분은 더 큰 단위로 바꾸나요. 아니면 더 작은 단   더 큰 단위로요
   위로 바꾸나요? (멈춘 후, 신호를 준다)

3. 그러므로 곱하나요? 나누나요? (멈춘 후, 신호를 준다)   나눕니다.

4. 몇으로 나누나요?   100
   소수점을 어떤 방향으로 옮길 것인가요?   왼쪽으로
   몇 자리 옮기나요?   두 자리

5. 답을 쓰세요.   2.32를 쓴다.
   문제를 읽어 보세요.   232센티리터는 2.32리터와 같다.
   (나머지 문제로 단계 1~4를 반복한다)

⟨수업 형식 17-3⟩ 혼합수로 전환하기

교사	학생
1. (다음의 문제들을 칠판에 쓴다) 　　a. 27인치 = _____피트 _____인치 　　b. 32일 = _____주 _____일 　　c. 달걀 28개 = _____더즌 _____개 　　d. 7피트 = _____야드 _____피트	
2. 문제 a를 읽으세요. 이 문제에서 여러분은 27인치를 피트와 인치로 바꾸어야 합니다.	27인치는 _____피트 _____인치와 같다.
3. 이 문제를 풀 때, 먼저 여러분은 27인치가 몇 피트나 되는지 알아내야 하고, 그러면 몇 인치나 남았는지 알게 됩니다.	
4. 우리는 더 큰 단위로 바꾸고 있나요, 아니면 더 작은 단위로 바꾸고 있나요? (멈춘 후, 신호를 준다) 그래서 곱하나요, 아니면 나누나요?	더 큰 단위 나눕니다.
5. 1피트는 몇 인치인가요? 그래서 12로 나눕니다.	12
6. 12는 27에 몇 번 들어가나요? (멈춘 후, 신호를 준다) 27인치에는 2피트가 있습니다. 단어 피트 앞에 2를 쓰세요. 남은 인치가 있나요? 여러분은 24인치를 사용했습니다. 27에서 24를 빼고 얼마가 남았는지 알아 보세요. (멈춘 후) 몇 인치 남았나요?	2 예

인치 단어 앞에 3을 쓰세요. 그래서 27인치는 무엇과 같은가요?	3인치
(나머지 문제를 가지고 단계 1~5를 반복한다)	2피트 3인치

〈수업 형식 17-4〉 혼합수로부터 전환하기

교사	학생
1. (다음 문제를 칠판에 쓴다) a. 3피트 4인치 = _____인치 b. 2주 3일 = _____일 c. 2파운드 3온스 = _____온스 d. 3갤런 1쿼트 = _____쿼트	
2. 문제 a를 읽어 보세요. 이 문제는 3피트 4인치를 모두 인치로 바꾸라고 요구하고 있습니다. 먼저 3피트가 몇 인치인지를 알아낼 것입니다. 그런 다음 그것을 4인치에 더할 겁니다. (첫 번째 문제 위에 in. +를 쓴다) 　　　　　　　in. + 3피트 4인치 = _____ 인치 무엇을 먼저 해야 하나요? 그런 다음 무엇을 하나요?	3피트가 몇 인치인지를 알아냅니다. 4인치를 더해요.
3. 3피트를 인치로 바꿉시다. 더 큰 단위로 바꾸나요, 아니면 더 작은 단위로 바꾸나요? 그렇다면 무엇을 해야 하나요?	더 작은 단위 곱해요
4. 1피트는 몇 인치인가요? 그러므로 여러분은 12를 곱할 거예요. 3피트는 몇 인치인가요? 3피트를 사선으로 지우고 그 위에 36을 쓰세요.	12 36인치
5. 자, 이제 무엇을 해야 하나요?	그것을 4인치에 더해요.
6. 모두 몇 인치인가요? 그것을 인치 앞에 쓰세요.	40을 쓴다.
7. 문제를 읽으세요.	3피트 4인치는 40인치와 같다.

〈수업 형식 17-5〉 관습법 단위 받아올림하기

교사	학생
Part A: 식별 연습	
1. (온스 앞에 빈칸이 있는 다음 문제를 칠판에 쓴다) 　　　3 lbs _____ oz 　+　2 lbs _____ oz 　　　　　　_____ oz	

2. 먼저 온스를 더합니다. 그런 다음 파운드를 더할 거예요. 1 파운드에 몇 온
   스가 있나요?   16온스
   만약 16온스 혹은 더 많은 온스면, 받아올림해야 한다는 것을 뜻합니다.

3. 온스에 숫자를 쓸 것입니다. 받아올림을 해야 하는지를 말해 보세요.

4. (7과 5를 빈칸에 쓴다) 온스에 대한 답은 몇인가요?   12
   우리는 12온스를 파운드로 받아올림해야 하는가요?   아니요.
   (9 +9, 9+5, 8+9, 8+8, 9+6 문제로 단계 3을 반복한다)

Part B: 구조화된 학습지

1. (학생들에게 다음과 같은 8~10개의 문제가 있는 학습지를 준다)
   a.   5 lb 9 oz   b.   4 lb 2 oz
      + 3 lb 9 oz   + 3 lb 11 oz

2. a 문제를 가리킨다. 문제를 읽어 보세요.

3. 온스를 더하는 것으로 시작합니다.

4. 9 + 9는 몇인가요? 선 밑에 18을 쓰세요.   18

5. 1파운드는 몇 온스인가요?   16온스

6. 18온스를 파운드로 받아올림해야 하나요?   예.

7. 18을 사선을 그어 지우고 세로식에서 파운드에 1을 씁니다.

8. 우리는 18온스를 갖고 있었습니다. 1파운드를 받아올림하였습니다. 받아
   올림을 할 때 18온스에서 얼마나 뺐습니까?   16
   교정하기: 1파운드는 16온스입니다.

9. 우리는 18온스가 있어요. 그중에서 16온스를 옮겼습니다. 몇 온스가 남았
   습니까?   2온스
   네, 온스 밑에 2를 쓰세요.

10. 이제 파운드를 더하세요. 몇 파운드인가요?   9파운드

11. 답을 읽어 보세요.   9파운드 2온스

〈수업 형식 17-6〉 받아내림이 있는 뺄셈

교사	학생

1. (다음 문제를 칠판에 쓴다)
 	
    5 lb 2 oz
  − 2 lb 9 oz	

2. 문제를 읽어 보세요.	5파운드 2온스 빼기 2파운드 9온스
3. 2온스에서 9온스를 뺄 수 있나요?	아니요.
4. 여러분은 받아내림을 해야 합니다. 5파운드를 사선으로 지우고 4를 쓰세요.	

5. 우리는 1파운드를 빌려 왔습니다. 1파운드는 몇 온스인가요?　　　　16

6. 2온스 앞에 16 + 를 쓰세요.

7. 이제 우리는 몇 온스에서 시작하나요?　　　　18

8. 16 + 2온스를 사선으로 지우고 그 위에 18을 쓰세요.

9. 그리고 18에서 9를 빼면 얼마인가요?　　　　9

　그렇다면 결과는 몇 온스인가요? 그것을 쓰세요.　　　　9

10. 파운드는 몇 파운드인가요? 그것을 쓰세요.　　　　2파운드

11. 답은 무엇인가요?　　　　2파운드 9온스

제18장

수학 학습 기술:
그래프, 표, 지도, 통계

수학을 이해하기 위해서는 종종 과학, 사회 또는 체육과 같은 다른 교과목 자료를 사용할 필요가 있다. 이러한 자료에는 주로 그래프, 도표, 지도, 통계 등이 있다. 예를 들어, 체육 교과서에는 폐암 발생의 변화와 흡연 여성 비율의 변화를 설명하는 그래프가 나와 있고, 단원의 마지막에 학생들로 하여금 1988년부터 1998년까지 흡연 비율의 변화와 폐암 발생의 변화를 설명할 수 있도록 한 문제가 제시되어 있다. 과학 교과서에서의 표는 행성의 크기, 태양으로부터의 거리, 질량 등 태양계 행성들에 대한 정보를 제시하고 있다. 역사 교과서에서의 지도에는 식민지 시대 미국의 주요 도시들이 나오고 학생들로 하여금 각 도시 간의 거리를 말하게 하는 문제가 제시되어 있다. 특정 수학 학습 기술이 부족한 학생들에게는 이러한 것들이 어려울 수밖에 없다. 따라서 수학 학습 기술은 종합적인 수학 교수 프로그램에 포함되어야 한다. 18장에서 논의될 수학 학습 기술은 그래프 읽기와 해석, 도표 읽기, 지도 해석, 통계 수치 해석과 결정 등이다. '수업 순서와 평가 차트'는 이 장에서 논의하는 문제 유형을 제시하고 있다.

그래프

그래프는 둘 또는 그 이상의 일련의 수 사이의 관계를 그림으로 나타낸 것을 말한다. [그림 18-1]에서는 초등학교에서 배우게 되는 여러 형태의 그래프를 제시하고 있다. 초등학교에서 주로 다루는 그래프는 그림 그래프, 막대 그래프, 꺾은선 그래프, 원 그래프다.

그래프는 일반적으로 3학년 말이나 4학년 초 과정에서 도입된다. 그림 그래프가 처음 도입되고, 막대 그래프, 꺾은선 그래프, 원 그래프 순으로 도입된다.

두 가지 주요 요소 — (a) 그래프상에 제시된 정보의 양 (b) 그 양을 추측하고 어림잡는 것 — 로 인해 꺾은선 그래프와 막대 그래프를 해석하는 데 어려움을 겪게 된다. 하나 이상의 관계를 나타내려고 할 때 그래프는 복잡해진다. 예를 들어, 간단한 꺾은선 그래프는 학생이 하나의 과업을 수행하는 것을 나타내는데, 더 복잡한 꺾은선 그래프는 각 학생을 표시하는 개별 선들이 제시된 그래프를 통해 여러 명의 학생이 수행하는 모든 것을 나타낸다. 한 개 이상의 정보가 제시된 그래프를 해석할 때 학생은 어느 선이 어떤 학생과 관련 있는지를 파악할 단서를 이용할 수 있어야 한다. [그림 18-2]에 둘 이상의 일련의 정보를 포함한 그래프가 제시되어 있다.

〈수업 순서와 평가 차트〉

학년 단계	문제 유형	수행 지표
3a	꺾은선 그래프 해석하기	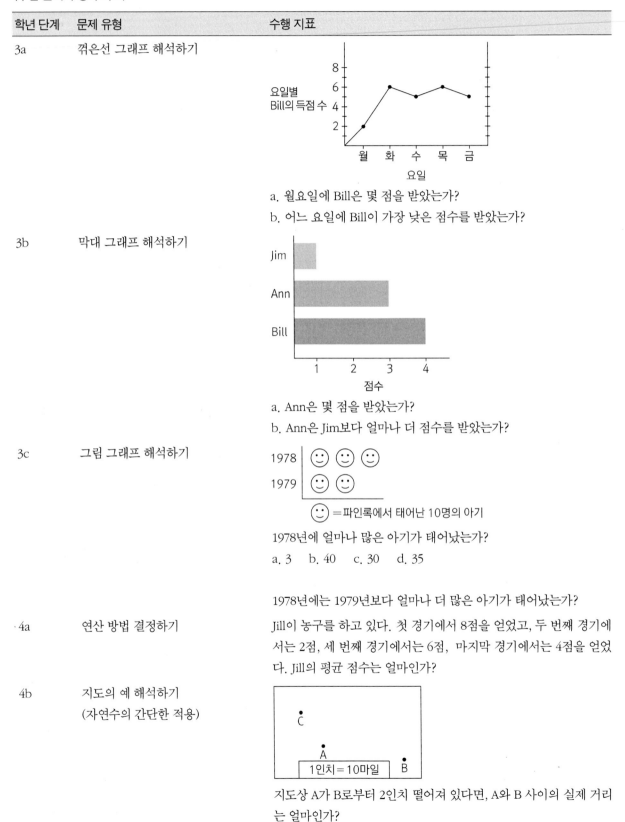

a. 월요일에 Bill은 몇 점을 받았는가?

b. 어느 요일에 Bill이 가장 낮은 점수를 받았는가?

3b	막대 그래프 해석하기	

a. Ann은 몇 점을 받았는가?

b. Ann은 Jim보다 얼마나 더 점수를 받았는가?

3c	그림 그래프 해석하기	

1978년에 얼마나 많은 아기가 태어났는가?

a. 3   b. 40   c. 30   d. 35

1978년에는 1979년보다 얼마나 더 많은 아기가 태어났는가?

4a	연산 방법 결정하기	Jill이 농구를 하고 있다. 첫 경기에서 8점을 얻었고, 두 번째 경기에서는 2점, 세 번째 경기에서는 6점, 마지막 경기에서는 4점을 얻었다. Jill의 평균 점수는 얼마인가?
4b	지도의 예 해석하기 (자연수의 간단한 적용)	

지도상 A가 B로부터 2인치 떨어져 있다면, A와 B 사이의 실제 거리는 얼마인가?

5a 1개의 변수를 지닌 복잡한 그래프
    해석하기 – 막대 그래프

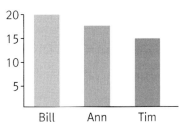

Ann은 몇 점을 받았는가?

a. 15   b. 19   c. 17   d. 20

Bill은 몇 점을 받았는가?

a. 20   b. 15   c. 19   d. 16

5b 1개의 변수를 지닌 복잡한 그래프
    해석하기 – 꺾은선 그래프

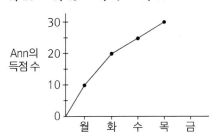

수요일에 Ann은 몇 점을 받았는가?

a. 20   b. 22   c. 28   d. 25

월요일에 Ann은 몇 점을 받았는가?

a. 15   b. 10   c. 9   d. 12

5c 1개의 변수를 지닌 복잡한 그래프
    해석하기 – 그림 그래프

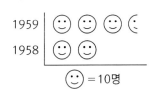

1959년에 태어난 아기의 수는?

a. 30   b. 3   c. 40   d. 35

5d 표 해석하기

태프트 고등학교의 농구팀 선수

이름	태어난 해	키	체중
Jill	1980	5′7″	134
Tammy	1981	5′4″	128
Jackie	1980	5′2″	140
Tanya	1982	5′8″	132

a. 팀에서 체중이 가장 많이 나가는 선수는 누구인가?

b. Tanya는 Tammy보다 체중이 얼마나 더 나가는가?

c. Tammy는 Jill보다 몇 살 더 어린가?

6a   시간표 읽기

	버스 A	버스 B	버스 C	버스 D
다운타운	9:09	9:18	9:36	9:47
25번가	9:14	9:23	9:41	9:52
34번가	9:18	9:26	9:44	9:55
41번가	9:21	9:29	9:47	9:58
49번가	9:24	9:32	9:49	10:00
62번가	9:31	9:39	9:56	10:07

a. 버스 C가 41번가에 도착하는 시간은?

b. 버스 B가 34번가에서 62번가까지 가는 데 얼마나 걸리는가?

c. 10시 이전에 62번가에 가려면 몇 시에 시내에서 출발해야 하는가?

6b   일련의 2개의 정보를 포함한 복잡
            한 그래프 해석하기

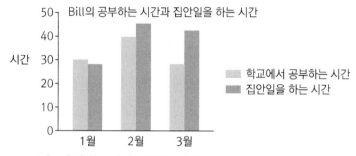

a. Bill이 2월에 학교에서 공부한 시간은?

b. Bill이 집안일보다 학교 공부를 더 많이 한 것은 어느 달인가?

6c   일련의 2개의 정보를 포함한 복잡한
            그래프 해석하기 — 꺾은선 그래프

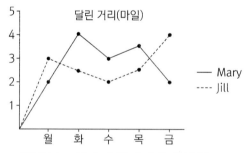

a. Jill이 Mary보다 더 많이 달린 요일은?

b. 수요일에 Jill은 얼마나 달렸는가?

6d   통계 계산하기(범위, 중앙값, 최빈값)

James 선생님은 9명의 학생을 대상으로 시험을 실시했다. 점수는 다음과 같았다.

Ann	23	Monica	41
Cathy	18	Naomi	35
David	41	Paul	41
James	23	Sarah	42
		Tom	38

a. 범위는 얼마인가?

b. 중앙값은 얼마인가?

c. 최빈값은 얼마인가?

6e 　　　　지도의 예 해석하기
　　　　　（분수를 이용하는 복잡한 적용）

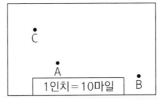

a. 지도상 C 도시가 B 도시로부터 21/2인치 떨어져 있다면, C와 B 도시는 실제로 얼마나 떨어져 있나?

학생들이 제시된 양을 추측해야 할 때 그래프는 복잡해진다. [그림 18-3]은 4개의 그래프에서 발췌된 부분이다. 문제 a와 b를 보면, 막대의 끝과 그래프에 표시된 눈금이 맞닿아 있다. 하지만 그래프에 표시된 눈금에는 숫자가 쓰여 있지 않기 때문에 학생들은 그 수를 추측해야만 한다. 문제 a의 경우에는 20과 30 사이를 똑같은 간격 5개로 나누고 있기 때문에 하나의 간격이 2를 나타낸다고 말할 수 있다. 문제 b의 경우에는 20과 30 사이를 두 개의 똑같은 간격으로 나누고 있기 때문에 하나의 간격이 5를 나타낸다고 말할 수 있다.

[그림 18-3]의 문제 c와 d의 경우와 같이 막대의 끝이 그래프에 표시된 눈금과 맞닿아 있지 않을 경우에는 훨씬 복잡해진다. 값을 결정하기 위해 학생들은 머릿속으로 눈금 사이를 똑같은 간격으로 나누어야 한다. 문제 c의 경우 막대의 끝과 가장 가까운 값이 20과 22다. 막대의 끝이 대략 그 중간쯤에 위치하고 있기 때문에 막대의 끝은 2의 절반인 1을 가리키고 있다고 봐야 한다. 즉, c의 경우 막대가 나타내는 값은 21이 된다. 문제 d의 경우에는 숫자가 매겨진 눈금 사이의 간격이 더 크고 막대의 끝이 간격의 절반과 맞아떨어지지 않기 때문에 훨씬 어렵다. 값을 추측하기 위해서 먼저 학생들은 눈금 사이를 똑같은 간격 10개로 나누어야 한다.

그림 그래프는 (a) 각 그림이 하나 이상의 양을 표시할 때(예, 그림 하나가 5개를 나타내는 경우가 그림 하나당 1개를 나타낼 때보다 더 어렵다) (b) 그림의 일부분이 제시될 때 더 어려워진다. 예를 들어, '웃는 얼굴 그림 1개가 100명의 학생과 같다.'라고 가정하고 다음의 그림을 보자.

마지막 그림의 경우 절반만 제시되어 있기 때문에 이 그림이 나타내는 양은 100의 절반이라고 추측해야 한다. 절반보다 크거나 작은 부분이 제시될 경우에는 더 어려워진다.

이와 같은 경우에 학생들은 제시된 그림의 일부분을 보고 그것이 나타내는 양을 추측할 수밖에 없다. 앞의 예를 보면, 얼굴의 $\frac{1}{4}$ 정도 제시되어 있기 때문에 100의 $\frac{1}{4}$인 25를 나타낸다고 추측할 수 있다.

수 읽기와 분수 실력에 맞게 여러 형태의 그래프를 순차적으로 도입하여 학생들이 그래프를 해석하기 전에 그래프의 구성 요소들을 익힐 수 있도록 해야 한다. 먼저 간단한 그래프가 도입되어야 한다. 어려운 그래프를 가르칠 때는 한 번에 한 개 정도의 어려운 요소를 가르쳐야 한다.

수업에서는 주어진 문제를 가지고 그래프상에 제시된 정보를 어떻게 찾는지 시범을 보인다. 예를 들어, 매일 휴식 시간에 Sarah가 농구 경기에서 획득한 점수를 나타낸 그래프에 'Sarah가 화요일에 몇 점을 획득했는가?'라는 문제가 제시되었다고 가정해 보자. 먼저 교사는 숫자가 의미하는 바를 설명한다. "이 숫자들은 Sarah가 획득한 점수를 말해요." 그런 다음 교사는 각 막대의 아래에 있는 문자가 의미하는 바를 설명한다. "M은 월요일(Monday)을 말하고, T는 화요일(Tuesday)을 말해요…." 마지막으로 교사는 특정 요일에 Sarah가 몇 점을 획득했는지 알아내는 방법에 대해 시범 보여 준다. "Sarah가 화요일에 획득한 점수를 알아내기 위해서 먼저 손가락을 T로 옮겨요. 그리고 나서 막대 끝으로 손가락을 이동해요. 마지막으로 막대 끝과 맞닿은 숫자로 손가락을 이동시키면 6이란 숫자가 나와요. 즉, 그래프를 통해 Sarah가 화요일에 6점을 획득한 사실을 알 수 있어요." 더 복잡한 그래프가 사용될 경우에도 동일한 절차를 사용한다. 교사는 그래프상에 제시된 다양한 정보를 설명하고 난 후, 특정 문제를 해결하는 데 필요한 정보를 찾는 방법을 학생들에게 시범 보여 준다.

초기에는 사실을 묻는 문제가 많이 제시되어야 한다. 사실에 충실한 문제들은 특정 시간에 해당하는 양(예, 'Sarah는 월요일에 몇 점을 획득했는가?') 또는 구체적 양이 제시된 특정 시간(예, 'Sarah가 8점을 획득한 날은 무슨 요일인가?')에 관한 것이다. 비교를 요하는 문제들을 점차 증가시켜 제시해야 하고, 그 비율도 점차 증가시켜야 한다(예, 'Sarah는 월요일에 화요일보다 얼마나 더 많은 점수를 획득했는가?' 'Sarah가 가장 많은 점수를 획득한 날은 어느 요일인가?' '가장 적은 점수를 획득한 날은 어느 요일인가?').

표 또는 도표

그래프와 마찬가지로 표는 일련의 수 사이의 관계를 설명한다. 표 읽기는 버스, 기차, 비행기 시간표나 소득세, 대출 금리, 연금 적격 여부를 다루는 재무도표, 혹은 요리나 약 복용 지시 사항과 같이 성인의 일상생활에 종종 필요하다.

표를 사용하는 데 필요한 사전 기술은 열과 행의 개념에 대한 이해다. 교사는 다음과 같은 방식으로 용어를 설명할 수 있다. "페이지 세로로 내려가면서 제시된 정보를 열이라고 해요. 페이지 가로로 제시된 정보를 행이라고 해요."

표 읽기를 위한 수업 절차는 표의 많은 구성 요소(제목, 항목, 행, 열)에 대한 시범-평가 순서를 따른다. 교사는 먼저 표의 제목과 뜻을 설명한다. 그런 다음 각 열의 항목에서 알 수 있는 정보를 논의하면서 각 항목을 설명한다. 학생들이 항목을 해석한 다음 교사는 열을 읽는 방법을 설명한다. 마지막으로 교사는 행과 열의 교차점에 위치한 정보를 찾는 방법에 대해 시범 보여 준다.

[그림 18-1] 간단한 그래프

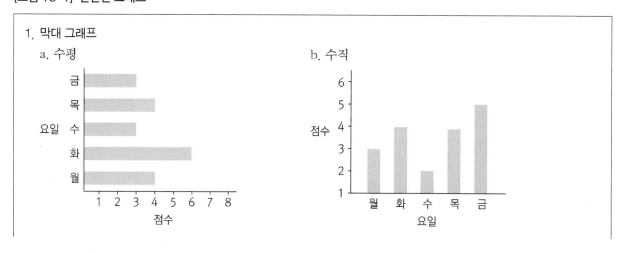

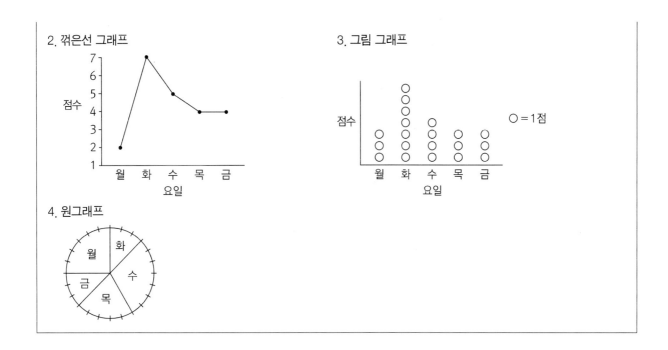

[그림 18-2] 복잡한 그래프

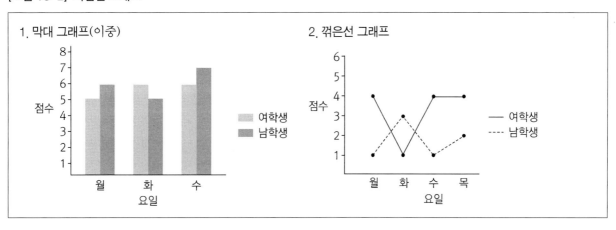

교사는 학생들이 표를 사용할 수 있도록 하는 문제를 신중하게 만들어야 한다. 초기 중간 학년 과정에서는 사실을 묻는 문제나 비교하는 문제가 제시되어야 한다. 사실을 묻는 문제는 차트를 이용하여 간단하게 답하는 것이다(예, '834번 버스는 몇 시에 145번가에 도착하는가?'). 반면 비교하는 문제는 두 개의 다른 정보를 보고 차이점을 말해야 한다(예, '837번과 849번 버스가 135번가에 도착하는 데는 몇 분 차이가 나는가?').

[그림 18-3] 추측이 필요한 그래프

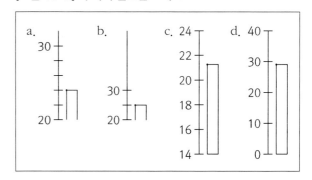

중간 학년 후반에서는 추론적 문제가 제시되어야 한다. 추론적 문제에 답하기 위해서는 차트에 제시된 정보와 다른 정보를 결합할 수 있어야 한다(예, '눈이 오는 날, 오후 5시 35분에 125번가에 가려면 어느 버스를 타야 하는가?'). 차트를 보면 5시 34분과 5시 25분에 도착하는 두 대의 버스가 있다. 그러면 눈 오는 날에는 버스가 천천히 운행되기 때문에 5시 25분 버스가 더 나을 것이라고 추론해야 한다.

〈수업 형식 18-1〉에는 시간표를 도입하는 단계가 제시되어 있다. Part A는 교사가 표에서 어떻게 정보를 찾는지에 대해 교사가 시범을 보여 주고 평가하는 구조화된 연습이다. 이를 위해 교사는 칠판에 표를 다시 그리거나 혹은 OHP를 활용하여 모든 학생이 볼 수 있도록 해야 한다. 학생들도 자기 자리에서 표를 보고 정보를 찾는 연습을 해야 한다. Part A 다음에는 표와 관련 있는 문제로 구성된 학습지를 학생들에게 나누어 주고, 교사 지도하에 이를 완성하도록 한다. 몇 주간 매일 1~2개의 표가 제시되어야 한다.

다음에 제시된 예인 버스 시간표 읽기에서, 학생들은 버스 정류장의 위치를 알려 주는 행을 먼저 찾아야 한다. 그리고 나서 시간에 맞는 행을 찾은 다음 열을 찾으면 타야 할 버스를 알아낼 수 있다. 버스 시간표상의 행이나 열의 위치는 표에서의 행과 열의 위치와 다르기 때문에 학생들은 행과 열의 교차 지점에서 정보를 찾아야 한다. 예를 들어, 다음의 표에서 스프링필드에서 세일럼까지의 거리를 알아내기 위해 학생들은 스프링필드 행을 찾고 세일럼에 해당하는 열을 찾는다. 그리고 나서 행과 열이 만나는 교차 지점에서 거리를 발견한다. 학생들에게 다양한 표를 이용하여 학습할 기회를 제공해야 한다.

	포틀랜드	올버니	세일럼
유진	118	30	62
스프링필드	123	35	67
크레스웰	132	44	76

지도

지도를 읽는 데 관련된 기술은 다양하다. 그러나 지도 읽기와 직접적 관련이 있는 수학 기술은 지도에 있는 두 지점 사이의 거리를 계산하는 것이다.

지도에서 거리를 계산할 때 생기는 어려움은 다음 두 요소에 의해 영향을 받는다.

1. 첫째, 분수다. 만약 1인치가 20마일과 같고, 두 지점 간의 거리가 $1\frac{1}{4}$인치라면, 학생들은 $1\frac{1}{4}$과 20을 곱해야 한다.

$$1\frac{1}{4} \times 20 = \frac{5}{4} \times 20 = \frac{100}{4} = 25$$

$$또는 (1 \times 20) + (\frac{1}{4} \times 20)$$

2. 둘째, 수의 상대적 크기다. 두 지점 간의 거리를 정하는 것은 1인치가 5마일을 나타낼 때보다 500마일을 나타낼 때 훨씬 어렵다.

간단한 지도 문제를 풀기 위한 사전 기술은 자를 이용해 가장 가까운 인치(또는 센티미터)를 측정하고 각 요소를 곱한다는 것을 아는 것이다. 복잡한 지도 문제에서 학생들은 1인치에 가장 가까운 분수 부분을 측정하고 전체 수와 혼합된 분수를 곱할 수 있어야 한다.

교사는 학생들이 세 가지 구성 요소 기술을 적용할 수 있도록 적절하게 시범을 보이고 학생들을 격려해야 한다.

1. 위치 찾기와 축척 읽기
2. 지도상 두 지점 간의 거리 측정하기
3. 축척 비율로 거리 계산하기

초기에 제시되는 지도 문제는 분수와 관련이 없어야 한다. 분수의 곱셈을 배운 후에 분수 단위가 도입되어야 한다.

통 계

초등학교에서 도입되는 기초 통계 개념은 범위, 평균, 최빈값, 중앙값이다.

범위는 일련의 수 중에서 가장 작은 수와 가장 큰 수의 차이를 말한다. 예를 들어, Adams의 학급에서 여학생들이 투포환을 던질 수 있는 거리가 32, 29, 41, 18, 27, 42피트일 때, 범위는 가장 큰 수인 42에서 가장 작은 수인 18을 빼서 계산하면 된다. 42 − 18 = 24, 즉 범위는 24피트다.

평균은 가장 자주 사용되는 통계로서 전체 수의 합을 각 그룹의 수의 합으로 나누어서 계산한다. 예를 들어, 24, 26, 20, 30의 평균은 각 수를 모두 더한 100을 각 그룹이 수의 합인 4로 나누면 된다. 즉, 평균은 100 ÷ 4인 25가 된다.

중앙값은 일련의 수 중 가운데(중간)에 위치한 값을 말한다. 예를 들어, 교사가 9명의 학생을 대상으로 시험을 보고 가장 낮은 점수부터 가장 높은 점수까지(64, 70, 70, 70, 78, 92, 94, 94, 98) 정리하였다면, 중앙값은 가운데 있는 78점이 된다. 4명의 학생은 78점보다 낮은 점수를 얻었고, 다른 4명의 학생은 78점보다 높은 점수를 얻었다. 중앙값은 자료값의 수가 홀수일 때 상대적으로 찾기 쉽다. 만약 17개의 점수가 있다면, 중앙값은 9번째 수가 된다. 즉, 8개의 수는 더 작고, 다른 8개의 수는 더 크다. 13개일 경우에는 7번째 수가 중앙값이 된다. 즉, 6개의 수는 더 작고, 다른 6개의 수는 더 크다. 중앙값은 자료값의 수가 짝수일 경우 중앙에 있는 2개의 수들의 평균을 계산해야 하기 때문에 다소 어려울 수 있다. 예를 들어, 8명의 학생이 13, 17, 19, 20, 24, 28, 31, 37이라는 점수를 받았다면, 중앙값은 중앙에 있는 2개의 수인 20과 24의 평균을 계산하여 구해야 한다.

$$\frac{20 + 24}{2} = \frac{44}{2} = 22$$

즉, 중앙값은 22다.

최빈값은 가장 많이 나타나는 값을 말한다. 예를 들어, 앞 문단에서 제시된 학생들의 점수를 보면 1명이 84점, 3명이 70점, 1명이 78점, 1명이 92점, 2명이 94점, 1명이 98점을 받았다. 가장 많이 나타난 점수는 70점이고, 이것이 바로 최빈값이 된다.

통계 개념은 가장 일반적인 통계치인 평균에서 시작하여 누가적으로 도입되어야 한다. 학생들이 평균을 계산하는 방법을 학습하게 되면 교사는 범위를 도입할 수 있다. 범위는 비교적 계산하기 쉽고 평균과 혼동할 염려가 없기 때문이다. 그다음으로 중앙값이 도입되고, 최빈값이 가장 나중에 도입된다. 최빈값이 가장 적게 사용되기 때문이다. 평균은 일반적으로 4학년이나 5학년 과정에서 도입된다.

수업 절차

평균, 중앙값, 범위, 최빈값을 가르칠 때 비슷한 수업 절차가 사용된다. 교사는 먼저 용어를 정의하고 특정 통계 수치를 계산하는 법에 대해 시범을 보인다. 그런 다음 몇 개의 문제를 가지고 학생들을 안내하며 문제를 푼다.

일련의 문제는 누적해서 계속 복습해야 한다. 각각의 새로운 통계 개념이 소개된 후, 교사는 학생들이 모은 통계 개념을 적용할 수 있는 연습문제를 제시해야 한다. 예를 들어, 만약 범위와 평균을 이전 시간에 배웠고 중앙값을 방금 배웠다면 교사는 학생들이 세 가지 통계(범위, 평균, 중앙값)를 모두 계산할 수 있도록 연습문제를 제시해야 한다.

모든 통계의 수업 절차가 비슷하기 때문에 가장 어렵고 일반적으로 많이 사용되는 통계인 평균을 구하는 형식만 제시하였다(〈수업 형식 18-2〉 참조). 이 수업 형식은 평균값을 구하는 과정을 보여 준다. 교사는 2단계를 제시한다. 즉, (a) 총합을 구한다 (b) 총합을 숫자의 총 개수의 합으로 나눈다.

이 형식을 제시할 때, 평균이 자연수가 되는 예를 먼저 준비해야 한다. 다시 말하자면, 총합이 제수의 배수여야 한다. 총합이 24이고 제수가 5인 문제는

〈수업 형식 18-2〉 평균 계산하기

교사	학생
Part A: 구조화된 칠판 수업	
1. 들어보세요: Ben은 월요일에 4점, 화요일에 7점, 수요일에 3점, 목요일에 6점을 받았습니다. (4, 7, 3, 6을 쓴다) Ben이 하루에 받은 점수의 평균을 알아내려고 해요. 우리는 무엇을 알아내려고 하나요?	Ben이 하루에 받은 점수의 평균
2. 평균을 구하는 방법이 있습니다. 먼저, 수를 더하고, 그런 다음 우리가 더했던 횟수로 총합을 나눕니다. 첫 번째 더합니다, 그런 다음 무엇을 해야 하나요?	우리가 더했던 횟수로 총합을 나눕니다.
3. 첫 번째 더합니다. (칠판에 문제를 쓴다) 　　4 　　7 　　3 　+6	
4. 총합은 20입니다. 우리는 더했습니다. 이제 우리가 더했던 횟수로 나눌 거예요. (말하면서 4, 7, 3, 6을 가리킨다) 우리는 1, 2, 3, 4번 더했습니다.	
5. 우리는 4번 더했습니다. 그래서 20을 4로 나누어. 어떻게 나누나요? 20에는 4가 몇 번 들어가나요? 맞아요. Ben이 하루 받은 평균은 5점입니다. Ben의 평균은 얼마인가요? Ben은 매일 정확하게 5점을 받았나요? 하루에 5점은 Ben의 평균이에요. (아래에 있는 예들로 단계 1-5를 반복한다) Jill은 각 게임에서 다음과 같은 점수를 받았다: 6, 8, 9, 5, 0, 10, 4 Tom은 매일 다음과 같은 마일을 달렸다: 3, 1, 1, 7, 0, 0.	20을 4로 나누어요. 5 5점 아니요.
Part B: 구조화된 학습지	
1. (학생들에게 다음과 같은 여러 문제로 된 학습지를 준다) Jack은 월요일에 5마일, 화요일에 2마일, 수요일에 4마일, 목요일에 0마일, 금요일에 9마일을 달렸다. Jack이 하루에 달린 평균은 얼마인가? □ _____ _____ _____	
2. 문제를 읽으세요. 문제는 무엇을 묻고 있나요?	그가 하루에 달렸던 평균 마일이요.
3. 평균을 구하기 위해서 우리는 첫 번째 무엇을 해야 하나요? 마일을 모두 더하세요. (멈춤) Jack은 모두 몇 마일을 달렸나요?	마일을 더합니다. 20
4. 총합을 구한 후 무엇을 해야 하나요?	우리가 더했던 횟수로 나누어요.
5. 우리가 몇 번을 더했나요? (잠시 멈추고 나서 신호를 준다) 나눗셈 문제를 말해보세요. 20에는 5가 몇 번 들어가나요? 박스에 그 수를 쓰세요.	5 20 나누기 5 4

6. 이제 우리는 말을 써야 합니다. 마지막 문장을 읽어보세요.   Jack이 하루에 달린 평균은 몇 마일인가?

   그래서 답에 넣을 말은 하루의 마일입니다.

   답에 들어갈 말은 무엇인가요?   하루의 마일

   답은 무엇인가요? 전체 답을 말해보세요.   하루 4마일

   말을 쓰세요.

   (남은 문제로 단계 1-5를 반복한다)

제**19**장

기하

이 장에서는 기하의 목적을 세 개의 주요 범주로 나누어 논의하였다.

1. 다양한 도형과 개념에 대한 확인과 정의하기
2. 도형의 둘레, 넓이, 원주 등을 구하기
3. 각과 선으로 작업할 때 논리 사용하기
4. 컴퍼스나 각도기와 같은 도구를 사용하여 도형 그리기

배우게 될 특정한 기술은 '수업 순서와 평가 차트'에서 찾을 수 있다. '수업 순서와 평가 차트'의 중요한 목표는 한 개, 두 개, 세 개의 별표(*)로 나타내었다. 이 별표는 특정한 기술이 요구되는 일반적인 교수 절차의 사용을 나타낸다. 한 개의 별표는 기하학적인 도형과 개념에 대한 정의와 확인에 담긴 목적을 나타낸다. 이러한 영역의 기술에 사용되는 특정한 교수 절차는 교재 477~485쪽에서 논의하였다. 두 개의 별표는 기하학적인 도형의 측정 결과를 구하는 목적을 나타낸다. 이러한 측정 결과를 찾는 절차는 교재 485~488쪽에서 논의된다. 세 개의 별표는 기하학적인 도형을 만드는 목적을 나타낸다. 기하학적인 도형 만들기를 나타내는 교수 절차는 교재 488~489쪽에서 논의하였다.

도형과 개념의 확인과 정의

〈표 19-1〉은 초등학교 수준에서 배우게 되는 많은 도형과 관계를 나타낸다. 이 표는 다양한 도형과 개념 간의 관계를 보여 준다. 그러나 기술 소개를 위한 순서는 제시하지 않을 것이다. 기술 소개를 위해 제안된 순서는 '수업 순서와 평가 차트'에 제시되어 있다.

학생들에게 새로운 도형과 개념을 가르치는 것은 단순히 어휘를 가르치는 일이다. 이 장에서는 개념과 어휘를 가르치는 세 가지 방법을 사용한다. 즉, (a) 단순한 예 (b) 동의어 (c) 정의다. 단순한 예 방법은 동의어나 정의를 통해서 쉽게 설명할 수 없는 용어나 개념을 나타낼 때 사용된다. 예를 통해 용어를 가르칠 때, 교사는 절반은 개념(긍정적인 예: positive examples)을 사용하고 그 외 나머지는 비슷하지만 다른 개념(비예: nonexamples, 적절하지 않은 예)을 사용하여 다양한 예를 제시한다. 이러한 것들은 긍정적인 예들로 조심스럽게 구성해야 하고, 잘못된 해석이 가능한 것들은 제외해야 한다. 예를 들어, 타원형이 소개될 때 타원형이라는 도형의 범위가 입증될 수 있도록 다양한 종류의 타원형이 제시되어야 한다.

〈수업 순서와 평가 차트〉

학년 단계	문제 유형	수행 지표
1a	원 확인하기*	원에 × 표시를 하시오.
1b	직사각형 확인하기*	직사각형에 × 표시를 하시오.
1c	삼각형 확인하기*	삼각형에 × 표시를 하시오.
1d	정사각형 확인하기*	정사각형에 × 표시를 하시오.
1e	도형의 내부 확인하기*	내가 이 도형의 내부를 짚을 때 말하시오.
1f	도형의 외부 확인하기*	내가 이 도형의 외부를 짚을 때 말하시오.
2a	정육면체 확인하기*	정육면체에 × 표시를 하시오.
2b	구 확인하기*	구에 × 표시를 하시오.
2c	원뿔 확인하기*	원뿔에 × 표시를 하시오.
2d	원의 지름 확인하기*	지름은 무엇입니까? 원의 지름이 표시된 선에 × 표시를 하시오.
2e	부분에 선분 긋기***	CD에 선분을 그으시오. C A B D
3a	둘레 구하기**	이 정사각형의 둘레를 구하시오. 4in 4in

| 3b | 직사각형이나 정사각형의 넓이 구하기** | 이 직사각형의 넓이를 구하시오. |
| | | 3in, 6in |

3c 각뿔 확인하기*　　　　　각뿔에 X 표시를 하시오.

3d 원기둥 확인하기*　　　　원기둥에 X 표시를 하시오.

3e 상자의 부피 구하기*　　　이 도형의 부피를 구하시오.

　　　　　　　　　　　　　　2ft, 3ft, 10ft

4a 반지름을 정의하고 확인하기*　　원의 반지름은 무엇입니까? 반지름을 나타낸 선에 X 표시를 하시오.

4b 컴퍼스를 사용하여 반지름이 주어진 원 그리기***　　반지름이 2인치인 원을 그리시오. 컴퍼스를 사용하시오.

4c 각의 명칭*　　　　　　　각 예에 각의 이름을 쓰시오.

　　　　　　　B < A C　　　_____

　　　　　　　R T S　　　_____

　　　　　　　D F E　　　_____

4d 각도기를 사용하여 각도 정의하기/ 각도 측정하기**　　각각의 각을 측정하시오.

4e 각도기를 사용하여 각 그리기***　　다음 각을 그리시오.

　　　　　　　90° _____

　　　　　　　45° _____

4f 직각 정의/확인하기*　　　직각은 무엇입니까? 직각에 동그라미를 하시오.

4g 예각 정의/확인하기*　　　예각은 무엇입니까? 예각에 동그라미를 하시오.

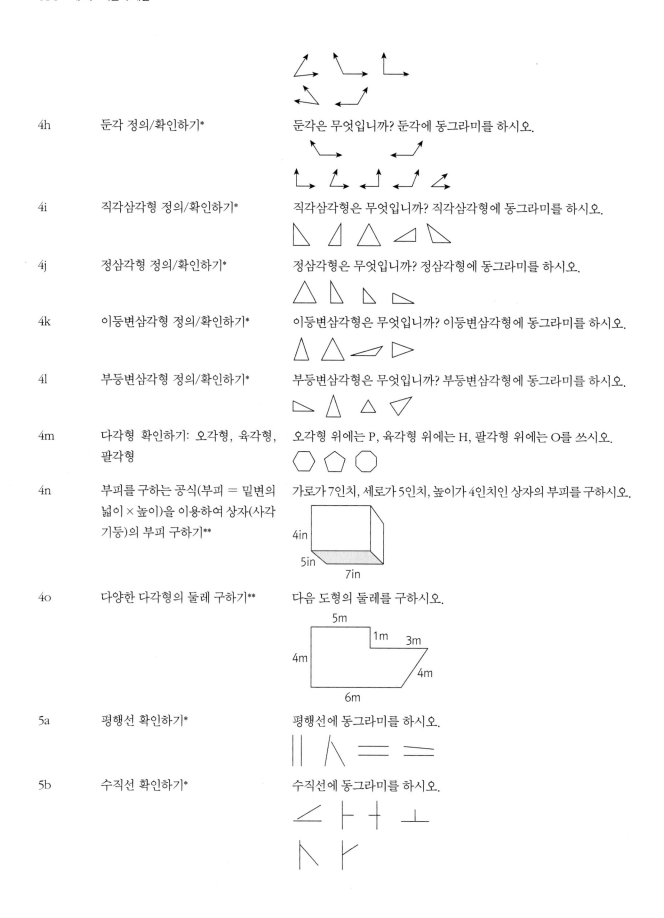

4h　　　　둔각 정의/확인하기*　　　　　둔각은 무엇입니까? 둔각에 동그라미를 하시오.

4i　　　　직각삼각형 정의/확인하기*　　직각삼각형은 무엇입니까? 직각삼각형에 동그라미를 하시오.

4j　　　　정삼각형 정의/확인하기*　　　정삼각형은 무엇입니까? 정삼각형에 동그라미를 하시오.

4k　　　　이등변삼각형 정의/확인하기*　이등변삼각형은 무엇입니까? 이등변삼각형에 동그라미를 하시오.

4l　　　　부등변삼각형 정의/확인하기*　부등변삼각형은 무엇입니까? 부등변삼각형에 동그라미를 하시오.

4m　　　다각형 확인하기: 오각형, 육각형,　오각형 위에는 P, 육각형 위에는 H, 팔각형 위에는 O를 쓰시오.
　　　　　팔각형

4n　　　부피를 구하는 공식(부피 = 밑변의　가로가 7인치, 세로가 5인치, 높이가 4인치인 상자의 부피를 구하시오.
　　　　　넓이 × 높이)을 이용하여 상자(사각
　　　　　기둥)의 부피 구하기**

4o　　　다양한 다각형의 둘레 구하기**　　다음 도형의 둘레를 구하시오.

5a　　　평행선 확인하기*　　　　　　　평행선에 동그라미를 하시오.

5b　　　수직선 확인하기*　　　　　　　수직선에 동그라미를 하시오.

5c	평행사변형 확인하기*	평행사변형에 동그라미를 하시오.

5d	공식을 사용하여 삼각형의 넓이 구하기** $$넓이 = \frac{밑변 \times 높이}{2}$$	다음 삼각형의 넓이를 구하시오.

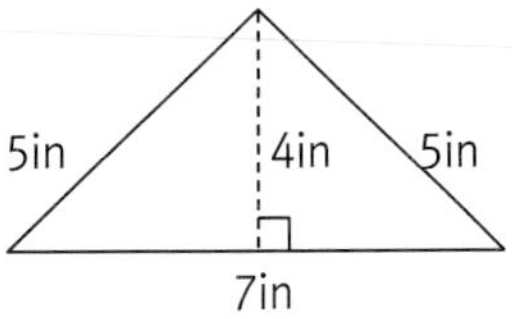

5e	공식을 사용하여 평행사변형의 넓이 구하기** $$넓이 = 밑변 \times 높이$$	다음 평행사변형의 넓이를 구하시오.

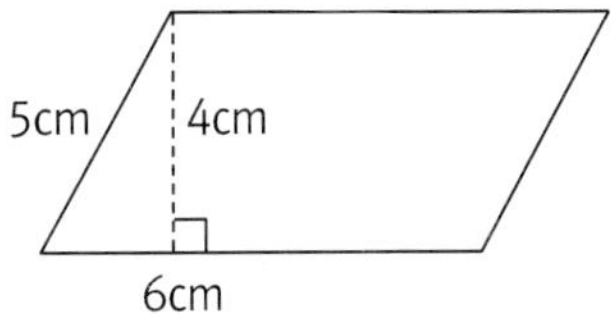

5f	다음에 주어진 직각과 평각, 완전한 원의 각도 쓰기*	$\angle A$, $\angle B$, $\angle C$의 각도는 얼마인가?

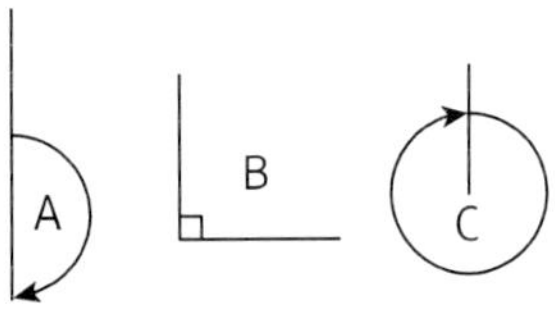

5g	주어진 사실을 사용하여 제시되지 않은 각 구하기*	$\angle A$가 완전한 원의 $\frac{1}{3}$이라면 $\angle B$는 얼마인지 구하시오.

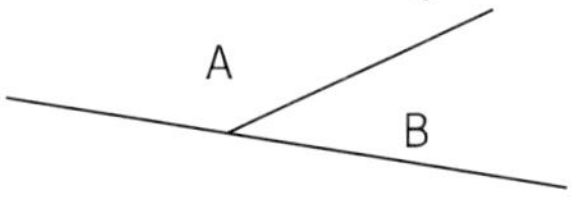

5h	다음에 제시된 것과 같은 각 찾기*	다음 그림에서 각$\angle A$와 같은 각을 찾으시오.

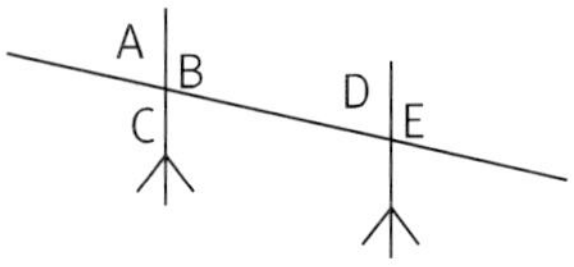

5i	다음에 제시되는 것들이 같을 때, 맞꼭지각(반대쪽의 각) 확인하기*	다음 그림에서 $\angle A$와 같은 각을 찾으시오.

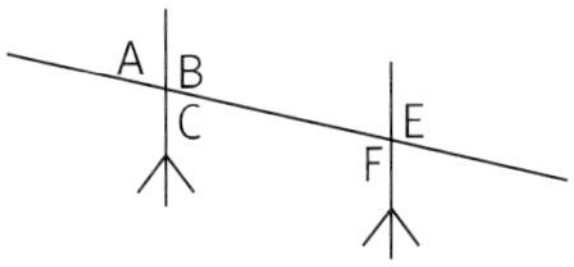

5j	복잡한 그림에서 각의 값을 계산할 때 알고 있는 지식 사용하기	$\angle A$가 원의 5분의 1일 때, 다음 그림의 $\angle C$ $\angle D$를 계산하시오.

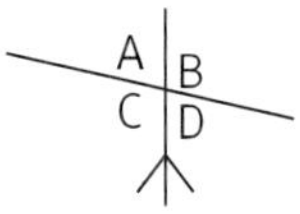

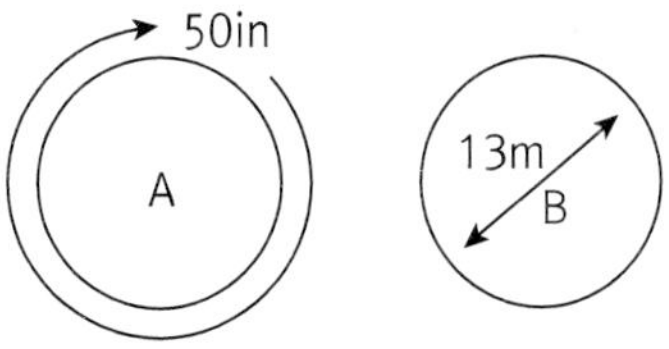

5k	π, D, C를 구하는데 $\pi \times D = C$라는 공식 사용하기	원 A의 원주와 원 B의 지름을 구하시오.

| 5l | 반지름과 지름으로 원의 넓이를 구할 때 넓이 = π × 반지름 × 반지름이라는 공식 사용하기 | 다음 원의 넓이를 구하시오. |

14cm

| 5m | 상자(사각기둥)의 겉넓이 구하기 | 다음 상자의 겉넓이를 구하시오. |

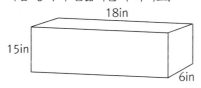
18in
15in
6in

| 5n | 사각뿔의 겉넓이 구하기 | 다음 뿔의 겉넓이를 구하시오. |

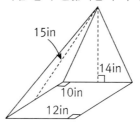
15in
14in
10in
12in

| 5o | 삼각뿔의 겉넓이 구하기 | 삼각형을 밑변으로 가지고 있는 뿔의 겉넓이를 구하시오. |

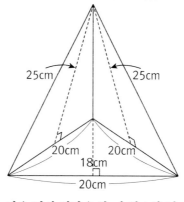
25cm 25cm
20cm 20cm
18cm
20cm

| 6a | 복잡한 도형의 넓이 구하기 — 도형 안에 하나 이상의 빈 곳을 가지고 있음 | 다음 벽의 외장을 할 때 필요한 넓이가 얼마인지 구하시오. |

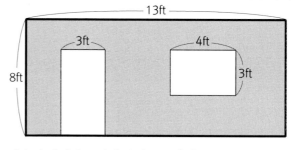
13ft
3ft 4ft
8ft 3ft

| 6b | 다음 공식을 사용하여 도형의 부피 구하기 $$부피 = \frac{밑넓이 \times 높이}{3}$$ | 다음에 제시된 도형의 부피를 구하시오. |

10in
3in

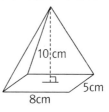
10cm
8cm
5cm

〈표 19-1〉 초등학교 수준의 도형과 관계

Ⅰ. 열린 도형

    A. 선분 – 두 점 사이의 가장 짧은 거리(선은 2개의 방향이 있는 공간에서 무한히 늘어난다)

    B. 반직선 – 한 점에서 시작되어 공간 속에서 무한히 늘어나는 선

    C. 각 – 꼭짓점이라고 불리는 같은 점을 동시에 가지고 있는 두 개의 선으로 형성됨

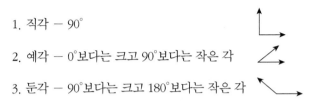

        1. 직각 – 90°

        2. 예각 – 0°보다는 크고 90°보다는 작은 각

        3. 둔각 – 90°보다는 크고 180°보다는 작은 각

        4. 평각 – 180°

Ⅱ. 닫힌 도형

    A. 다각형 – (교차된 선이 아닌) 단순히 몇 개의 선분으로 이루어진 닫힌 도형

        1. 삼각형 – 세 개의 면으로 이루어진 도형

            a. 정삼각형 – 모든 변이 같은 길이로 이루어짐

            b. 직각삼각형 – 하나의 직각을 가지고 있음

            C. 이등변삼각형 – 2개의 변의 길이가 같음

            d. 부등변삼각형 – 같은 길이의 변이 없음

        2. 사각형 – 네 면으로 이루어진 도형

            a. 직사각형 – 4개의 직각, 2쌍의 변의 길이가 같음

            b. 정사각형 – 4개의 직각, 4개의 변의 길이가 같음

            c. 평행사변형 – 2쌍의 평행선을 가지고 있음

            d. 마름모-인접한 2개의 변이 합동인 평행사변형

            e. 사다리꼴-직각이 없고, 한 쌍의 마주 보는 변이 평행함(한 쌍의 마주 보는 변이 평행하지 않음)

        3. 또 다른 다각형

            a. 오각형 – 다섯 개의 면으로 이루어진 도형

            b. 육각형 – 여섯 개의 면으로 이루어진 도형

            c. 팔각형 – 여덟 개의 면으로 이루어진 도형

    B. 곡면체

        1. 타원형

        2. 원

            a. 원의 중심 – 원의 중심점

            b. 반지름 – 중심에서 끝으로 확장되는 선분

            c. 지름 – 원을 반으로 나눌 수 있는 선분

III. 입체 형태
- A. 정육면체
- B. 각뿔
- C. 원뿔
- D. 원기둥
- E. 구

IV. 선의 관계
- A. 수선 — 90°를 이루며 교차하는 선
- B. 평행선 — 서로 교차되는 것 없이 나란히 존재하는 선

V. 도형과의 관계
- A. 닮음 — 같은 형태를 가지고 있음
- B. 합동 — 같은 형태와 크기를 가지고 있음
- C. 대칭 — 두 부분이 일치하며 하나의 선에 따라서 접히는 도형

학생들이 타원을 원으로 잘못 이해하기 때문에 비예들을 원에 포함시켜야 한다. 이러한 예들을 제시할 때, 교사는 각각의 예를 말을 하면서 제시해야 한다. "이것은 타원입니다." "이것은 타원이 아닙니다." 그런 다음, "이것은 타원인가요?"라며 교사는 학생에게 질문하여 점검해야 한다.

예와 비예의 제시는 기하학적 개념을 가르치는 데 효과적인 방법이라는 것이 증명되어 왔다. Petty와 Janson(1987)의 연구에서 한 집단의 학생들에게는 기하학의 다양한 도형을 예와 비예의 합리적인 순서를 사용하여 가르쳤고, 다른 집단의 학생들에게는 도형의 정의만을 주었다. 놀랍지도 않게, 전통적인 교수를 경험한 학생보다 예와 비예를 사용하여 체계적인 순서의 교수를 받은 학생이 개념 성취 평가에서 현저히 높게 수행한 것으로 나왔다.

동의어를 통해 어휘를 가르치는 것은 학생이 이미 알고 있는 단어나 구를 통해 새로운 용어를 설명하는 것을 말한다. 예를 들어, 내부(interior)라는 단어는 '~안에(inside)'라는 것으로 설명될 수 있다. 반면에 정의를 통해서 어휘를 가르치는 것은 설명 시간이 많이 필요하다. 예를 들어, 오각형은 '다섯 개의 직선으로 이루어진 닫힌 도형'으로 정의될 수 있다. 동의어나 정의 수업에서, 교사는 "이것은 _____인가요?"라고 물으면서 예 혹은 비예를 제시한다.

선정된 동의어나 정의는 개념의 정확한 정의를 모두 충족시켜야 하는 것은 아니다. 교사는 처음에는 기술적으로 정확하지 않은 단순화된 정의를 선택하겠지만, 이것은 학생들이 개념을 정확하게 이해하는 데 큰 도움이 될 것이다(예, 직사각형은 4개의 면을 가지고 있고, 4개의 직각을 가지고 있다). 좀 더 정교한 정의는 다음 학년에 사용될 수 있다.

개념을 예, 정의, 혹은 동의어 중 어느 것으로 가장 잘 가르칠 수 있든지 간에, 지도 형식은 같은 부분들로 구성된다. 〈수업 형식 19-1〉은 기초적인 확인/정의에 대한 수업 절차를 확실하게 보여 준다. Part A에서 교사는 먼저 (예를 통해 가르친다면) 몇몇의 예를 통해 확인하는 시범을 보여 주고 동의어나 정의를 검사해야 한다. 그런 다음 교사는 학생들에게 개념의 예와 예가 아닌 것을 구두로 물어보아야 한다. Part B에서는 학생들이 바로 배운 정보를 사용해야 하는데 학습지를 통해서 연습하게 한다. 예를 들어, 평행사변형의 정의에 대한 시범-점검을 하고 평행사변형의

여러 예와 비예를 학생들에게 시험해 본 후에, 교사는 학생들에게 평행사변형의 모든 예에 동그라미를 하도록 요구하여 학습지를 완성하게 할 수 있다.

학습지는 두 부분으로 되어 있다. 한 부분은 새로운 정의의 응용을 평가하고, 다른 부분은 이전에 배운 개념을 검토한다. 이렇게 계속되는 검토는 두 가지의 중요한 기능을 제공한다. 첫째는 학생들이 이전에 배운 개념을 잊어버리지 않게 한다. 둘째는 비슷한 도형이 제시되었을 때 이를 식별할 수 있는 연습을 할 수 있다. 학습지 검토 부분에서의 학생들의 수행이 언제 새로운 개념이 소개될 수 있는지를 결정해 준다. 일반적으로 새로운 정보는 학생들이 이전에 배운 정보들을 확실하게 숙달하기 전까지는 제시되지 않아야 한다. 학습지 검토뿐만 아니라, 특별한 연습들은 전시나 게임의 형태로 교실 속에서 계속적으로 포함될 수 있다.

예를 들어, 학생들이 도형의 정의를 연습하는 방법으로 플래시 카드를 사용하는 것이 있다. 플래시 카드 연습에서 카드의 한쪽 면에는 도형의 그림이 그려져 있고 다른 면에는 도형의 이름이 쓰여 있는 것을 사용한다. 학생들은 카드를 공부하고 나서 서로 다른 도형을 확인하기 위해서 교대로 물어본다.

도형 측정하기

초등학교에서 학생들은 (a) 다각형의 둘레 (b) 원의 둘레, 반지름, 지름 (c) 삼각형, 직사각형, 정사각형, 평행사변형, 원, 복잡한 다각형의 넓이 (d) 사각기둥(상자들), 사각뿔, 삼각뿔의 겉넓이 (e) 삼각기둥, 사각기둥, 사각뿔의 부피 (f) 각도기를 사용하여 각도 측정 등을 하는 방법을 배운다. 언제 각 측정 기술들을 소개하는지에 대한 권장 사항은 '수업 순서와 평가 차트'에서 찾을 수 있다.

다각형의 둘레는 각 면의 길이를 합하는 것이다. 원의 반지름은 원의 중심과 원의 끝 사이의 거리다. 원의 지름은 한쪽 면에서 원의 중심을 지나 다른 면까지의 거리다. 원의 둘레는 원의 바깥쪽을 둘러싼 거리다.

교사가 학생들에게 닫힌 도형의 둘레를 계산하는 방법을 가르칠 때, 둘레에 대해서 정의하고 그것을 계산하는 방법을 시범 보인다. 이와 같은 절차는 원의 반지름, 지름을 측정할 때도 사용된다.

넓이는 평면도형에 의해 채워진 표면 부분을 말한다. 〈수업 형식 19-2〉는 교사가 직사각형의 넓이를 계산하는 과정을 가장 효과적으로 가르칠 수 있는 방법을 보여 주고 있다. 교사가 먼저 단위 간격으로 수평선과 수직선으로 그려진 직사각형의 예를 제시함으로써 직사각형이 정사각형 단위로 나뉠 수 있다는 것을 보여 주는 연습을 한다. 이러한 예는 학생들이 이미 알고 있는 곱셈을 넓이를 구하는 새로운 기술과 연결시키는 데 중요한 역할을 한다. 수업 형식은 인치, 피트, 센티미터, 미터 등 보통의 다양한 단위를 사용한다. 다른 단위를 사용하는 것은 학생들이 다른 문제에 일반화할 수 있게 해 준다.

교사는 정사각형의 예를 실제로 보여 줌으로써 정사각형 단위의 용어를 설명한다. 예를 제시한 후에, 교사는 넓이를 구하는 공식을 알려 주고(즉, 밑변×높이), 몇몇의 직사각형과 정사각형을 계산하여 이를 입증해 보인다. 교사는 넓이의 단위로 답하는 것을 강조한다(제곱인치, 제곱피트 등).

학생들이 직사각형의 넓이에 대해서 완벽하게 알게 된 후에, 교사는 넓이뿐만 아니라 둘레에 대해서 알 수 있도록 연습문제를 소개한다. 학습지 연습의 예시가 [그림 19-1]에서 제시되어 있다. 이러한 연습을 제공하는 목적은 학생들이 두 개의 비슷한 측정을 구별해 낼 수 있도록 하는 데 있다.

다양한 공식이 넓이를 가르칠 때 사용될 수 있다. 그러나 우리는 교사가 밑변 × 높이만을 사용할 것만을 권한다. 이 공식은 길이 × 너비보다 효과적이다. 다른 도형의 넓이를 구할 때 이 공식이 더 가깝게 관련되어 있기 때문이다. 예를 들어, 삼각형의 넓이를 구하는 공식에서, 밑변에서 높이를 곱한 다음 2로 나눈다(〈수업 형식 19-3〉 참조). 직사각형의 넓이를 밑변 × 높이로 가르친다면, 직사각형과 삼각형 사이의 넓이를 이해하는 것이 훨씬 쉽다. 〈수업 형식 19-3〉은 직사각형의 넓이를 구할 때(밑변 × 높이) 직사각형은 두 개의 삼각형 넓이로 나뉘어 있다는 것을 학생들에게 명확하게 보여 주는 단계를 포함하고 있다. 이러한 시범은 학생들이 고등학교 기하학에서 완성해야 할 종류의 증명과 비슷하다.

일단 학생들이 공식에 의해 삼각형과 사각형의 넓이를 구할 수 있게 되면, 복잡한 도형(내부에 도형을 가지고 있는 도형)의 넓이를 구하는 방법도 쉽게 배울 수 있다. 이것은 창문이나 문을 가지고 있는 벽(페인트를 칠하거나 벽지를 붙일 때)의 넓이를 구하는 데 필요한 기술이다. 학생들은 우선 도형 안에 있는 도형의 넓이를 구하는 방법을 배운다. 그런 다음에 전체 도형(창문이나 문)의 넓이를 구한다. 그런 후, 전체의 도형 안에 있는 작은 도형의 넓이를 뺀다. 이 과정은 매우 쉽다(〈수업 형식 19-4〉 참조). 그러나 학생들은 이 수업 형식으로 배우기 전에 두 종류의 도형의 넓이를 찾는 것에 편안할 정도로 매우 익숙해져 있어야 한다. '수업 순서와 평가 차트'에서 추천하는 것처럼 이러한 기술은 학생들이 삼각형의 넓이를 계산하는 방법을 6개월 이상 습득할 때까지 소개하지 않는 것이 좋다.

[그림 19-1] 측정 학습지의 예

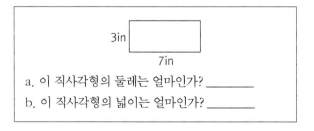

평행사변형의 넓이를 구하는 공식도 밑변 × 높이다. 평행사변형의 경우, 이 공식은 길이와 너비(〈수업 형식 19-5〉 참조)와는 다른 것을 사용한 결과라는 것에 주목해야 한다. 만약 학생들이 처음에 이 공식을 사용하여 직사각형의 넓이를 구했다면 밑변 × 높이의 공식을 사용하여 평행사변형의 넓이를 구하는 것이 훨씬 쉬울 것이다. 평행사변형의 넓이를 찾는 형식은 왜 공식이 만들어졌고, 직사각형의 넓이를 구하는 공식과 어떻게 관련되었는지를 모두 입증한다.

밑변 × 높이라는 공식을 사용하는 것은 수학 지도에서 큰 개념 중 하나일 뿐이다. 이 큰 개념은 직사각형, 삼각형, 평행사변형의 넓이를 알아내는 서로 다른 이질적인 공식을 통일해 준다. 밑변 × 높이라는 큰 개념은 이 세 가지 계산을 모두 연결하고 있다. 더불어, 비슷한 개념이 나중에 입체도형의 부피를 찾는 공식 간의 관계를 입증하는 데도 사용된다.

원의 치수를 측정하는 것은 다음 용어, 즉 반지름, 지름, 둘레, π(파이 또는 3.14)라는 용어를 배운 후에 제시된다. 학생들은 원의 예를 사용하여 원주와 지름 간의 일정한 관계를 배운다. 이 예들은 몇 개의 다른 원을 통해 원주와 지름의 길이를 찾을 수 있다. 학생들은 계산기를 사용하여 원주를 지름으로 나누면 파이(pi) 또는 3.14가 산출된다는 것을 알게 된다. 그런 다음, 학생들은 지름 × π = 원주라는 공식을 배우게 된다.

겉넓이는 입체도형의 모든 표면적에서 넓이를 나타내는 정사각형 단위의 수를 말한다. 학생들은 정사각형 단위를 쉽게 찾을 수 있는 전개도(펼친) '상자'의 예를 통해 5학년 때 겉넓이를 배우기 시작한다. 게다가 전개도에서 사각기둥의 상대되는 쪽의 표면을 같은 색으로 칠한다. 그러면 학생들은 짝을 이루는 넓이의 겉넓이를 쉽게 찾을 수 있다. 그런 후에 학생들은 한 쌍의 넓이를 찾아 2로 곱할 수 있다. 몇 번의 수업 후에 학생들은 전개도가 주어지지 않은 문제를 풀 준비가 된다. 이때 학생들은 면들은 쌍으로 되어 있다는 것을 이미 이해하고 있을 것이다. 학생들은 그들이 보았고 각 면에 2를 곱한 세 개의 겉넓이를 찾을 수 있다.

삼각뿔이나 사각뿔 같은 다른 도형의 겉넓이를 찾을 때도 이와 같은 절차로 가르칠 수 있다. 이 절차는 전개도와 색칠해서 구분한 면으로 시작한다. 그런 다음, 도형의 한 면만 보이고 나머지는 추론해야 하는 도형으로 옮겨 간다.

원의 넓이는 공식으로 잘 배울 수 있다. 만약 교사가 아직 원의 구성 요소를 설명하지 않았다면 이 공식을 사용하여 원의 넓이를 구하는 것을 가르칠 수 있다(π × 반지름 × 반지름). 이 공식이 주어지고 간단히 적용되는 〈수업 형식 19-6〉과 비슷한 형식이 이 기술을 가르치는 데 가장 효율적이다.

부피는 도형 안에 있는 공간의 입방체(주사위)의 수를 말한다. 상자의 부피를 가르칠 때는 삼각형의 넓이를 구할 때와 비슷한 절차가 사용된다. 이때, 사각기둥이라는 좀 더 복잡한 용어를 사용하는 것보다는 상자와 같은 친근한 용어를 사용하는 것이 중요하다. 그러면 학생들은 용어 때문에 혼란스러워하지 않을 것이다. 상자라는 용어를 사용하여 부피의 개념을 완전히 습득하고 나면, 상자 모양이라는 또 다른 용어가 사각기둥이라는 것을 가르치기는 쉬울 것이다. 학생들이 부피를 계산하기 전에 반드시 배웠어야 하는 중요한 사전 기술은 세 개의 숫자를 어떻게 곱하는지를 아는 것이다. 학생들은 우선 두 개의 숫자를 곱하고 난 후, 그 수에 세 번째 숫자를 곱한다.

부피에 대한 개념을 가르칠 때, 교사는 먼저 하나의 상자를 통해서 하나의 상자가 직육면체 단위로 어떻게 나누어져 있는지 증명해 주고, 정육면체 단위에 높이 채워진다는 것을 보여 준다. 교사는 모든 상자에는 높이와 너비, 깊이가 있다는 것을 보여 준다. 그리고 도형에서 높이와 너비, 깊이를 곱하는 것이 어떻게 정육면체 단위의 수를 제공해 주는지 증명해 준다. 그런 다음, 정육면체 단위를 보여 주지 않으면서 공식을 제시한다. 그러나 교사는 정육면체 단위를 통해 정답을 표현하는 것이 꼭 필요하다고 강조해야 한다.

상자의 부피를 구하는 방법을 처음 설명할 때 앞에서 추천한 방법을 따르는 것은 좋다. 하지만 더 좋은 공식은 **밑넓이 × 높이**다. 이 공식은 〈수업 형식 19-6〉에서 가르친다. 일단 학생들이 이 형식의 공식과 삼

각형의 넓이를 구하는 공식을 안다면, 학생들은 삼각형의 밑변을 가지고 삼각기둥의 넓이를 구하기 위해서 이 공식을 사용할 수 있다. 학생들은 단순히 삼각형의 밑면의 넓이를 구한 후 높이를 곱한다. 학생들은 원의 밑넓이를 구하고 거기에다 높이를 곱하면서 원기둥의 넓이도 같은 형식으로 구할 수 있다.

마지막으로 학생들은 원뿔이나 각뿔 모양의 입체 모양의 부피를 밑넓이 × 높이 ÷ 3으로 계산하여 구할 수 있다는 것을 배운다. **밑넓이 × 높이**라는 공식을 사용하는 것은 도형마다 다른 공식을 가르치는 것보다 훨씬 효과적인 방법이다.

학생들에게 각도를 측정하는 것을 가르칠 때는 각도기가 필요하다. 교사는 우선 나란히 하는 방법을 시범한다. (a) 각도기의 밑변과 각의 밑변 (b) 각도기의 밑변의 중심에 꼭짓점 맞추기다.

다음 단계는 어떤 열의 숫자를 읽을 것인지 결정해야 한다. [그림 19-2]에 제시된 바와 같이, 각도기에는 2개의 숫자열이 존재한다. 만약 각의 기저선이 다음과 같이 오른쪽을 향해 있는 경우를 보자.

이 경우에는 아래 쪽의 숫자를 읽어야 한다. 각의 기저선이 다음과 같이 왼쪽을 향해 있다면 위쪽의 숫자를 읽어야 한다.

마지막 단계는 반직선과 각도기가 교차하는 곳을 확인하여 각도를 읽어야 한다. [그림 19-2]에서 보면 반직선이 70°를 향하고 있다. 그러므로 각은 70°다.

[그림 19-2] 각도기 사용하기

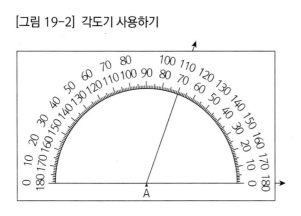

각과 선으로 작업할 때 논리 사용하기

학생들은 다양한 문제를 해결하기 위해 각과 선에 관한 다양한 사실들을 쉽게 사용할 수 있다. 기하와 관련된 이런 사실들은 좀 더 심화된 문제 해결을 위한 전제 조건이 된다. 학생들은 각은 도(degree)로 측정될 수 있으며, 그리고 직각은 90도, 전체 원은 360도, 반원 또는 평각은 180도라는 사실을 알아야 한다. 또한 학생들은 두 부분으로 나뉜 한 각은 수 집단에서 큰 수로 보일 수 있으며, 두 부분(또는 부분 각)은 그 집단에서 작은 수라는 것을 알 필요가 있다.

이러한 사실들로 모르는 각의 값을 찾아낼 수 있다. 학생들은 큰 수와 두 개의 작은 각이 더해지면 큰 수와 같다는 수 방정식(식) 혹은 수 가족을 만드는 것을 배운다. 두 각이 주어지면 학생은 세 번째 각을 계산할 수 있다. 예를 들어, 학생은 큰 각에서 작은 각을 빼서 다른 각을 구할 수 있다.

학생들은 평각이 180도인 것을 알기 때문에 평각에서 다른 한 각의 값을 구할 수 있으려면 한 각의 값을 알고 있어야만 한다. 학생들은 간단하게 큰 수는 180°이고 이 큰 수와 같아지기 위해서 작은 각 두 개를 더하는 수 방정식 혹은 수 가족을 만든다. 학생들은 180도에서 아는 각을 빼어 나머지 각의 값을 알게 된다.

학생들이 이런 한 단계 유형의 문제를 해결한 후에, 좀 더 복잡한 문제를 해결할 수 있는 방법을 배운다. 먼저 학생들은 주어진 정보를 가지고 좀 더 작은

각의 값을 찾는다. 예를 들어, 학생들에게 작은 각은 원의 $\frac{1}{6}$이라는 정보가 주어진다면, 그들은 360도의 $\frac{1}{6}$(60도)로 계산하여 각을 찾을 수 있다. 두 번째 단계에서는, 학생들은 알지 못하는 두 번째 각을 찾는다. 두 단계의 문제 유형을 해결하는 절차는 〈수업 형식 19-7〉에 제시되어 있다. 이와 같은 절차로 직각이나 완전한 원에서 모르는 각을 구해 낼 수 있다.

다음 두 가지 내용이 소개되면 학생들은 문제를 풀 때 더욱 어려워할 수 있다. 이 두 가지의 사실은 '수업 순서와 평가 차트'의 학년 단계 5h, 5i에서 볼 수 있다. 첫 번째 사실은(학년 단계 5h) 두 개의 평행선에서 하나의 교차선은 같은 크기의 각들을 만들어 낸다는 것이다. 학년 단계 5h의 도형에서 각 A와 각 D는 같은 크기의 각이다. 각 B와 각 E 또한 같은 크기의 각이 된다. 이러한 사실은 단순하기 때문에 이러한 목표를 가르치는 최선의 방법은 어휘를 가르치는 데 사용한 것과 같은 방법을 이용하는 것이다.

두 번째 사실은(학년 단계 5i), 두 개의 선이 교차하면 반대편의 각의 크기가 같다는 것이다. 학년 단계 5i의 도형에서 각 C와 반대편의 각 A는 서로 같다. 두 선이 교차할 때, 그 선에 의해 4개의 각이 만들어진다. 그러나 각은 두 개의 크기만 주어진다. 나머지 두 개의 각은 합쳐서 180도가 된다.

두 가지 내용(학년 단계 5h, 5i)은 주어진 정보로부터 4개의 각 중 1개 각의 값을 알 수 있으면 나머지 세 각의 크기를 구하는 데 사용할 수 있다. 학생들이 이러한 문제 유형을 다룰 수 있도록 안내하는 절차가 〈수업 형식 19-8〉에 나타나 있다. 만약 2개의 평행선과 하나의 교차선으로 이루어진 8개의 각과 같은 복잡한 문제가 제시된다면 학생들은 이러한 문제를 통해 추리력을 기를 수 있다. 이러한 복잡한 문제들은 나중에 기하학적인 증명을 해 나가기 위한 가치 있는 준비가 될 것이다.

도형 그리기

도형 그리기는 자, 컴퍼스, 각도기와 같은 도구가 필요하다. 학생들이 이러한 도구를 사용하여 기하 도형을 그리거나 측정하기 위해서는 충분한 연습뿐만 아니라 분명한 시범도 제시해 주어야 한다. 이러한 연습은 교사가 가능한 한 많은 학생에게 피드백을 줄 기회를 제공한다. 예를 들어, 컴퍼스 사용을 시범 보일 때, 교사는 학생들에게 원을 그릴 때에는 컴퍼스를 기울이지 않고 똑바로 유지할 것을 강조한다. 교사는 도구를 어떻게 정확하게 사용하는지뿐만 아니라 원이 어떻게 잘못된 방법으로 그려질 수 있는지를 보여 줄 수 있다.

적용 문제 기하

1. 모델로서 〈수업 형식 19-1〉을 사용하여 평행사변형의 개념을 가르치는 형식을 쓰시오.
2. 직각의 개념을 가르치는 데서 사용할 예와 비예를 만들어 보시오.
3. 학생들에게 측정하는 것을 가르치기 위한 수업 형식을 쓰시오.
   a. 사각형의 둘레
   b. 정사각형의 넓이
   c. 원의 반지름
4. 사각형, 삼각형, 평행사변형의 넓이를 구하는 방법과 학생들이 이 세 가지가 어떻게 관련 있는지를 이해할 수 있도록 가르치는 방법을 연결하는 큰 개념을 설명하시오.
5. 창문이 있는 벽처럼 복잡한 도형의 넓이를 구하는 세 가지 단계를 말하시오.
6. 왜 학생들이 처음에 좀 더 정확한 사각기둥이라는 용어보다 상자의 부피를 구하는 것을 배워야 하는지를 설명하시오.
7. 사각기둥의 부피는 길이 × 너비 ×높이와 같다는 것을 그림으로 그려서 학생에게 보여 주는 것은 무엇을 돕기 위한 것인가?
8. 상자, 원기둥, 사각기둥 혹은 삼각기둥의 부피를 구하는 방법을 연결시키는 큰 개념과 학생들이 이것들이 어떻게 관련되어 있는지를 이해할 수 있도록 어떻게 가르칠 수 있는지 설명하시오.
9. 처음에 학생들에게 입체도형의 겉넓이를 구하는 방법을 가르칠 때 어떤 도형을 사용해야 하는가?
10. 학생들에게 각도기 사용법을 가르치는 단계를 간략하게 설명하시오. 교사들이 시범을 보여 확실하게 해야 할 때 어떤 예와 비예를 사용해야 하는가?

〈수업 형식 19-1〉 확인/정의 – 삼각형

교사	학생
Part A: 구조화된 칠판 수업	
1. 다음 정의에 대해 들어 보세요. 삼각형은 세 개의 면으로 된 닫힌 도형입니다. 삼각형에는 몇 개의 면이 있나요?	3
2. 내가 몇 개의 도형을 가리킬 때, 그것이 삼각형이면 말하세요. (△을 가리킨다) 이것은 삼각형인가요?	예.
3. 어떻게 알았나요?	세 개의 면이 있습니다.
(연속해서 다음 도형을 가리킨다)	

Part B: 덜 구조화된 학습지

1. (다음과 같은 문제가 담긴 학습지를 학생들에게 나누어 준다)

   a. 각 삼각형에 동그라미를 하세요.

   b. 직사각형에 R이라고 적으세요.
      정사각형에 S라고 적으세요.
      삼각형에 T라고 적으세요.
      원에 C라고 적으세요.

교사	학생
학습지에 있는 문제를 보세요. 그리고 지시를 읽으세요.	삼각형에 동그라미를 하세요.
2. 첫 번째 도형을 짚어 보세요. 이것이 삼각형인가요? 그러면 무엇을 할 것인가요? 그렇게 하세요.	예. 그것에 동그라미를 해요.
3. 다음 도형을 짚어 보세요. 이것이 삼각형인가요? 그러면 무엇을 할 것인가요?	아니요. 아무것도 하지 않아요.

4. (학생들은 남은 학습지를 완성한다)

〈수업 형식 19-2〉 직사각형의 넓이 구하기

교사	학생
Part A: 구조화된 칠판 수업	
1. 직사각형과 같은 도형의 넓이는 직사각형을 덮고 있는 (제곱인치 혹은 제곱피트와 같은) 정사각형의 수입니다. 다시 들어 보세요. 도형의 넓이는 그 도형을 덮고 있는 정사각형의 수입니다.	
2. 도형의 넓이란 무엇인가요?	도형을 덮고 있는 정사각형의 수

3. 정사각형의 수는 각각의 열과 행에 있는 정사각형을 곱해서 알아낼 수 있습니다. 각 열에 있는 정사각형의 개수를 밑변이라고 합니다. 이 직사각형의 밑변에는 몇 개의 정사각형이 있나요?　　　　13개의 정사각형

4	40	41	42	43	44	45	46	47	48	49	50	51	52
3	27	28	29	30	31	32	33	34	35	36	37	38	39
2	14	15	16	17	18	19	20	21	22	23	24	25	26
1	1	2	3	4	5	6	7	8	9	10	11	12	13
	1	2	3	4	5	6	7	8	9	10	11	12	13

4. 각 열의 개수를 높이라고 합니다. 이 직사각형의 열은 몇 개가 있나요?　　　4개의 열

5. 이 직사각형의 넓이를 구하려면 밑변에 높이를 곱합니다. 넓이를 구하기 위해 우리는 무엇을 곱해야 합니까?　　　밑변 × 높이

6. 직사각형의 넓이를 구하는 공식은 밑변 × 높이입니다. 이 직사각형의 넓이를 구하는 공식은 무엇인가요?　　　밑변 × 높이

7. 우리는 답을 정사각형 단위로 말합니다. 직사각형이 13피트의 밑변과 4피트의 높이를 가지고 있습니다. 어떤 두 수를 곱해야 하나요?　　　13 × 4

8. 우리의 답은 정사각형 단위로 할 거예요. 이 경우에는 제곱피트입니다. 우리의 답을 말할 때 어떤 종류의 단위를 사용해야 하나요?　　　제곱피트

9. 그러면 이 직사각형의 넓이는 얼마인가요?　　　52제곱피트

10. (칠판에 다음 직사각형을 그린다)

3							
2							
1	2	3	4	5	6	7	8

11. 이 직사각형의 밑변은 밑의 부분입니다. 이것은 피트로 측정되었습니다. 밑변은 몇 피트인가요?　　　8피트

12. 직사각형의 높이는 얼마인가요?　　　3피트

13. 이 직사각형의 넓이는 몇 제곱피트인가요?　　　24제곱피트

　　(칠판에 다음 직사각형을 그린다)

| 2 | | | | | | | | | |
| 1 | 2 | 3 | 4 | 5 | 6 | 7 | 8 | 9 | 10 |

14. 이 직사각형은 센티미터로 측정되었습니다. 직사각형의 밑변은 얼마인가요?　　　10센티미터

15. 직사각형의 높이는 얼마인가요?　　　2센티미터

16. 직사각형의 넓이는 얼마인가요?　　　20제곱센티미터

공식 가르치기

1. 직사각형 넓이의 공식이 다음과 같이 쓰일 수 있어요.

　　(칠판에 적는다)

　　직사각형의 넓이 = 밑변 × 높이

　　이 공식을 읽으세요.　　　직사각형의 넓이 = 밑변 × 높이

2. 자, 여러분이 이 공식을 기억하는지 봅시다.

   (칠판을 지운다) 직사각형의 넓이를 구하는 공식은 무엇인가요?　　　　　직사각형의 넓이 = 밑변 × 높이

Part B: 덜 구조화된 칠판 수업

1. 몇 개의 직사각형의 넓이를 구해 봅시다. 직사각형 넓이를 구하는 공식은

   무엇인가요? (학생들이 말할 때 칠판에 적는다)　　　　　　　　　　　직사각형의 넓이 = 밑변 × 높이

   직사각형의 넓이 = 밑변 × 높이

2. 여기에 직사각형이 있어요.

   (직사각형을 그리고 밑변과 높이의 단위를 적는다)

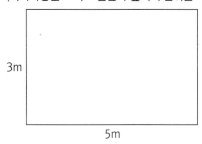

3. 직사각형의 밑변은 얼마인가요?　　　　　　　　　　　　　　　　　5미터

4. 직사각형의 높이는 얼마인가요?　　　　　　　　　　　　　　　　　3미터

5. 직사각형의 넓이는 얼마인가요?　　　　　　　　　　　　　　　　　15제곱미터

6. (도형에 수치를 바꾸어 제시하면서 단계 3~5를 반복한다)

   높이: 4센티미터　　밑변: 9센티미터

   높이: 8피트　　　　밑변: 10피트

   높이: 3인치　　　　밑변: 4인치

   높이: 1야드　　　　밑변: 2야드

Part C: 구조화된 학습지

(다음의 도형이 제시된 학습지를 학생들에게 나누어 준다)

A.
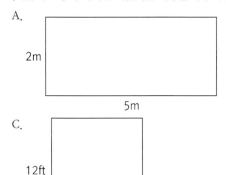

B.

C.

D.
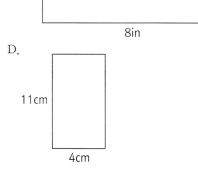

1. 직사각형의 넓이를 구하는 공식을 말해 보세요.　　　　　　　　직사각형의 넓이 = 밑변 × 높이

2. 직사각형의 넓이를 구하는 공식을 쓰세요.　　　　　　　　　　직사각형의 넓이 ＝ 밑변 × 높이

3. 도형 A를 보세요. 밑변은 얼마인가요?　　　　　　　　　　　　5미터
　　높이는 얼마인가요?　　　　　　　　　　　　　　　　　　　　2미터

4. 도형 A의 넓이는 얼마인가요?　　　　　　　　　　　　　　　　10제곱미터

5. 도형 B를 보세요. 이 도형의 종류는 무엇인가요?　　　　　　　직사각형

6. 그러면 이 도형 B의 넓이는 어떻게 구하나요?　　　　　　　　밑변 × 높이

7. 이 직사각형의 넓이를 구하세요.

8. (학생들의 답을 점검한다)

Part D: 덜 구조화된 학습지

(다음 직사각형이 있는 학습지를 학생들에게 나누어 준다)

A.
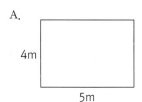
4m
5m

B.
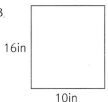
16in
10in

C.
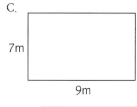
7m
9m

D.
12ft
9ft

E.
12in
3in

F.
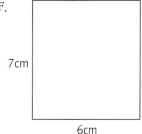
7cm
6cm

1. 직사각형의 넓이를 구하는 공식을 쓰세요.　　　　　　　　　직사각형의 넓이 ＝ 밑변 × 높이

2. 학습지에 있는 직사각형의 넓이를 구하세요.

3. 학생들의 답을 점검한다.

〈수업 형식 19-3〉 삼각형의 넓이 구하기

교사	학생
1. (칠판에 다음 직사각형을 그린다) 직사각형 넓이를 구하는 공식은 무엇인가요?	밑변 × 높이

3ft
8ft

2. 직사각형의 넓이를 구하려면 무엇을 곱해야 하나요?
   넓이는 얼마인가요?

3 × 8
24제곱피트

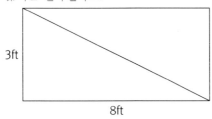

3. 만약 직사각형의 한 꼭짓점에서 반대편의 꼭짓점으로 선을 긋는다면, 직사
   각형은 몇 개의 부분으로 나눌 수 있나요?

2

4. 나는 2개의 삼각형을 만들었습니다. 각 삼각형의 넓이는 전체 사각형을
   2 부분으로 나눈 것 중에 한 부분입니다. 그 분수는 얼마인가요?

2분의 1

5. 삼각형의 넓이가 직사각형의 넓이의 반이라면 각 삼각형의 넓이는 직사각
   형을 얼마로 나눈 것과 같은가요?

2

6. 이 직사각형의 넓이를 구하는 공식은 무엇인가요?

직사각형의 넓이 = 밑변 × 높이

7. 그래서 직사각형의 넓이를 2로 나누어서 삼각형의 넓이를 구할 수 있습니
   다. (이 공식을 칠판에 적는다)

$$\triangle\text{의 넓이} = \frac{\text{밑변} \times \text{높이}}{2}$$

삼각형의 넓이를 구하는 공식을 읽으세요.
(또 다른 직사각형을 그린다)

삼각형의 넓이는 밑변 × 높이 ÷ 2와
같다.

8. 이 직사각형을 보세요. 넓이를 어떻게 구하나요?

밑변 × 높이

9. 내가 수직선을 어떻게 그리는지 보세요. 이 직사각형은 몇 개의 직사각형으
   로 나뉘었나요? (이 직사각형 안에 수직선을 그린다)

2

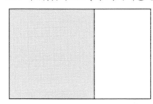

선생님이 왼쪽 직사각형에 빗금을 칠할 거예요. (각 직사각형은 바깥쪽 꼭짓점
에서 사각형을 나눈 선 꼭대기로 대각선을 그린다. 그런 다음 각각의 삼각형에 A, B,
C, D라고 적어 넣는다)

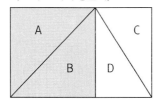

10. 만약 그 직사각형들을 꼭짓점에서 꼭짓점으로 선으로 나눈다면 하나의 직사각형이 2개의 삼각형으로 나뉠 거예요. 왼쪽에 빗금 친 직사각형은 삼각형 A, B예요. 삼각형A의 넓이는 왼쪽의 빗금 친 직사각형의 넓이의 얼마가 되나요?   2분의 1

11. 삼각형 B의 넓이는 왼쪽의 빗금을 친 직사각형의 넓이의 얼마인가요?   2분의 1

12. 삼각형 C의 넓이는 오른쪽 직사각형의 넓이의 얼마인가요?   2분의 1

13. 삼각형 D의 넓이는 오른쪽 직사각형의 넓이의 얼마인가요?   2분의 1

    (삼각형 B와 D의 주변에 두꺼운 선을 그린다)

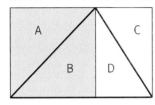

14. 삼각형 B와 D를 합쳐 더 큰 삼각형을 만들면, 합쳐진 삼각형의 넓이는 우리가 처음 시작한 전체 직사각형의 넓이에 얼마를 차지하나요?   2분의 1
    맞아요. 이 큰 삼각형의 넓이는 큰 직사각형의 넓이의 2분의 1입니다. 그러면 우리가 밑변 × 높이라는 공식에 기초하였을 때 얼마를 나누어야 삼각형의 넓이를 구할 수 있나요?   2

15. 그러면 삼각형의 넓이를 구하는 공식은 무엇인가요?   삼각형의 넓이 = 밑변 × 높이 ÷ 2

    (학생들이 공식을 말할 때 칠판에 적는다)

    $$\triangle \text{의 넓이} = \frac{\text{밑변} \times \text{높이}}{2}$$

Part B: 덜 구조화된 칠판 수업

1. 몇 개의 삼각형의 넓이를 구해 봅시다. 삼각형의 넓이를 구하는 공식은 무엇인가요?   삼각형의 넓이 = 밑변 × 높이 ÷ 2

    (학생들이 말할 때 칠판에 적는다)

    $$\triangle \text{의 넓이} = \frac{\text{밑변} \times \text{높이}}{2}$$

2. 여기 직사각형 안에 삼각형이 있습니다.

    (도형을 그린다. 그리고 밑변과 높이에 다음의 치수를 적는다)

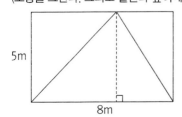

3. 이 삼각형과 직사각형의 밑변은 얼마인가요?   8미터

4. 이 삼각형과 직사각형의 높이는 얼마인가요?   5미터

5. 전체 직사각형의 넓이는 얼마인가요?   40제곱미터

6. 안에 있는 삼각형의 넓이는 어떻게 구하면 되는가?　　　　　　　　　　2로 나눕니다.

7. 안에 있는 삼각형의 넓이는 얼마인가요?　　　　　　　　　　　　　　20제곱미터

8. (다음에 제시된 도형의 치수로 바꾸어 가면서 단계 3~7을 반복한다)

　　높이: 3인치　　　밑변: 4인치

　　높이: 10피트　　밑변: 12피트

　　높이: 4센티미터　밑변: 9센티미터

　　높이: 8야드　　　밑변: 10야드

Part C: 구조화된 학습지

학생들은 다음의 도형이 제시된 학습지를 가지고 있다.

A.　　　　　　　　　B.

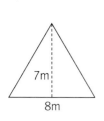
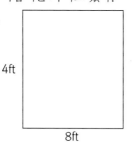

C.　　　　　　　　D.　　　　　　E.

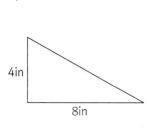
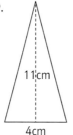
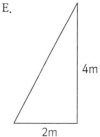

1. 삼각형의 넓이를 구하는 공식을 말해 보세요.　　　　삼각형의 넓이 = 밑변 × 높이 ÷ 2

2. 삼각형의 넓이를 구하는 공식을 쓰세요.

$$\triangle \text{의 넓이} = \frac{\text{밑변} \times \text{높이}}{2}$$

3. 도형 A를 보세요. 밑변은 얼마인가요? 높이는 얼마인가요?　　8미터, 7미터

4. 도형의 넓이를 구하세요. 도형 A의 넓이는 얼마인가요?　　28제곱미터

5. 도형 B를 보세요. 이 도형의 종류는 무엇인가요?　　직사각형

6. 그러면 도형 B의 넓이는 어떻게 구하나요?　　밑변 × 높이

7. 도형 C를 보세요. 이 도형의 종류는 무엇인가요?　　삼각형

8. 그러면 도형 C의 넓이는 어떻게 구하나요?　　밑변 × 높이 ÷ 2

9. 이 도형들의 각각의 넓이를 구하세요. 각 도형의 넓이를 구하는 데 적합한
　공식을 사용하세요.

10. (학생의 답을 점검한다)

Part D: 덜 구조화된 학습지

(삼각형과 사각형이 혼합된 학습지를 학생들에게 나누어 준다)

A.
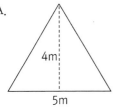

B.
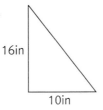

C.
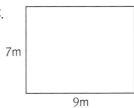

D.
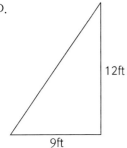

E.
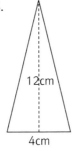

F.
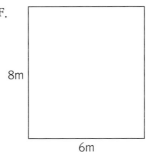

1. 직사각형의 넓이를 구하는 공식을 쓰세요.

2. 삼각형의 넓이를 구하는 공식을 쓰세요.

□ 넓이 = 밑변 × 높이

$$\triangle 의\ 넓이 = \frac{밑변 \times 높이}{2}$$

3. 이 학습지에 있는 도형들의 넓이를 구하세요. 각각의 도형에 적합한 공식을
   사용하세요.

4. (학생들의 답을 점검한다)

〈수업 형식 19-4〉 복잡한 도형의 넓이 계산하기

교사	학생

Part A: 구조화된 칠판 수업

1. (칠판에 다음의 도형을 그린다)

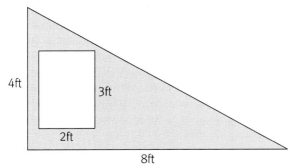

빈 부분이 포함된 이 도형의 넓이를 구하는 가장 간단한 방법은 전체 도형의
넓이와 빈 부분의 넓이를 구하는 거예요. 그런 다음 전체 도형의 넓이에서
빈 부분의 넓이를 뺍니다.

빈 곳이 포함된 도형의 넓이를 구하는 첫 번째 단계는 무엇인가요?

전체 도형의 넓이를 계산하는 것이다.

2. 두 번째 단계는 무엇인가요?　　　　　　　　　　빈 부분의 넓이를 계산하는 것이다.

3. 세 번째 단계는 무엇인가요?　　　　　　　　　　전체도형의 넓이에서 빈 부분의 넓이를 빼는 것이다.

4. 빈 부분이 포함된 도형의 넓이를 구하기 위해 제일 먼저 무엇을 계산해야 할까요?　　　　　　　　　　삼각형의 넓이

5. 삼각형의 넓이를 구하는 공식은 무엇인가요?　　삼각형의 넓이 = 밑변 × 높이 ÷ 2
   (학생들이 말할 때 칠판에 적는다)

$$\triangle\text{의 넓이} = \frac{b \times h}{2}$$

6. 삼각형의 밑변과 높이를 곱하면 무엇인가요?　　32

7. 이 삼각형의 넓이는 얼마인가요?　　　　　　　　16제곱미터

8. 빈 부분이 포함된 도형의 넓이를 구할 때의 두 번째 단계는 무엇인가요?　　빈 부분의 넓이를 계산한다.

9. 이 도형에서 빈 부분은 밑변이 2피트이고 높이는 몇 피트를 가진 직사각형인가요?　　3피트

10. 이 도형에서 빈 부분의 넓이는 얼마인가요?　　6제곱피트

11. 빈 부분이 포함된 도형의 넓이를 구할 때 세 번째 단계는 무엇인가요?　　전체 도형의 넓이에서 빈 부분의 넓이를 빼는 것입니다.

12. 그러면 어디에서 6제곱피트를 빼야 하나요?　　16제곱피트

13. 이 빈 부분이 포함된 도형의 넓이는 얼마인가요?　　10제곱피트

Part B: 구조화된 학습지

1. (다음과 같은 문제가 포함된 학습지를 학생들에게 나누어 준다)

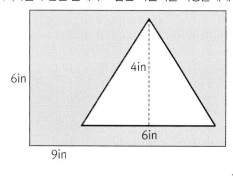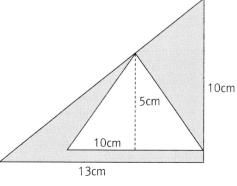

우리가 다음과 같이 빈 부분이 포함된 도형의 넓이를 계산할 때, 첫 번째 단계는 무엇인가요?　　전체 도형의 넓이를 계산합니다.

2. 두 번째 단계는 무엇인가요?　　　　　　　　　　빈 부분의 넓이를 계산합니다.

3. 세 번째 단계는 무엇인가요?　　　　　　　　　　전체 도형의 넓이에서 빈 부분의 넓이를 뺍니다.

4. 그러면 우선 무엇을 계산해야 하나요?　　　　　전체 도형의 넓이

5. 그것을 도형 A에서 계산하세요.	
6. 도형 A의 전체 넓이는 얼마인가요?	54제곱미터
7. 그다음에 무엇을 계산해야 하나요?	빈 부분의 넓이
8. 그것을 도형 A에서 계산하세요.	
9. 도형 A의 빈 부분의 넓이는 얼마인가요?	12제곱미터
10. 빈 부분이 포함된 도형 A의 넓이를 구할 때 세 번째 단계는 무엇인가요?	전체 도형의 넓이에서 빈 부분의 넓이를 뺍니다.
11. 그것을 도형 A에서 계산하세요.	
12. 빈 부분이 포함된 도형 A의 넓이는 얼마인가요?	42제곱미터
13. (도형 B로 단계 4~13을 반복한다)	

Part C: 덜 구조화된 학습지

(다음과 같은 문제가 제시된 학습지를 학생들에게 나누어 준다)

A.
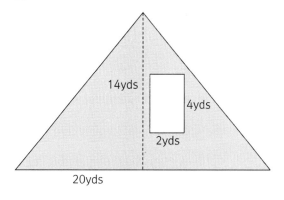

B.
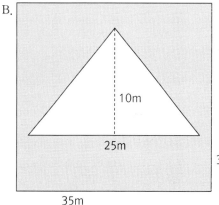

1. 우리가 빈 부분이 포함된 도형의 넓이를 구할 때, 첫 번째 단계는 무엇인가요?	전체 넓이를 계산합니다.
2. 두 번째 단계는 무엇인가요?	빈 부분의 넓이를 계산합니다.
3. 세 번째 단계는 무엇인가요?	전체 도형의 넓이에서 빈 부분의 넓이를 뺍니다.
4. 도형 A의 넓이를 구하세요. 도형 A의 넓이는 얼마인가요?	272제곱야드
5. 도형 B의 넓이를 구하세요. 도형 B의 넓이는 얼마인가요?	800제곱미터

〈수업 형식 19-5〉 평행사변형의 넓이 계산하기

교사	학생

Part A: 구조화된 칠판 수업

1. (칠판에 다음의 직사각형을 그린다) 이 직사각형의 넓이를 구하는 공식은 무엇 인가요?

밑변 × 높이

2. 이 직사각형의 넓이를 구하려면 무엇을 곱해야 하나요? 넓이는 얼마인가요?

9 × 5 = 45제곱센티미터

3. 이 직사각형으로 같은 넓이를 지니고 있는 평행사변형을 만드는 것을 보세 요. 나는 왼쪽 면의 삼각형을 잘라서 오른 쪽으로 옮길 거예요. 나는 이 도형의 넓이를 바꾸는 것일까요? 아니면 단지 옮기는 것일까요? (다음 도형을 그린다)

단지 옮기는 것뿐입니다.

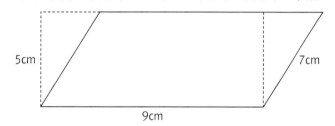

4. 이 직사각형의 넓이를 구하려면 어떤 두 수를 곱해야 하나요?

9 × 5

5. 이와 같은 평행사변형의 넓이를 구할 때, 평행사변의 밑변의 길이는 9센티미터 로 하고 높이의 길이를 5센티미터로 할까요? 아니면 7센티미터로 할까요?

높이는 5센티미터로 해야 한다.

6. 맞아요. 평행사변형의 넓이를 구하는 공식은 밑변 × 높이입니다. 평행사변 형의 넓이를 구하는 공식은 무엇인가요?

평행사변형의 넓이 = 밑변 × 높이

(학생들이 평행사변형의 넓이 = 밑변 × 높이라고 말할 때 이를 적는다)

(다른 평행사변형을 그린다)

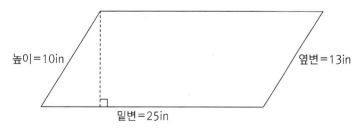

7. 이 평행사변형을 보세요. 넓이를 구하기 위해, 25인치에다 무엇을 곱해야 하는가요?

높이 10인치

8. 평행사변형의 넓이를 구하는 공식은 무엇인가요?

밑변 × 높이

Part B: 덜 구조화된 칠판 수업

1. 몇 개의 평행사변형의 넓이를 구해 봅시다. 평행사변형의 넓이를 구하는 공
   식은 무엇인가요?   평행사변형의 넓이 = 밑변 × 높이

   (학생들이 말할 때, 칠판에 적는다. A▱ = 밑변 × 높이)

2. 여기 평행사변형이 있습니다.

   (도형을 그리고 밑변과 높이의 치수를 적는다)

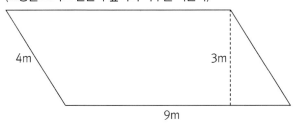

3. 평행사변형의 밑변은 얼마인가요?   9미터

4. 평행사변형의 높이는 얼마인가요?   3미터

5. 평행사변형의 넓이는 얼마인가요?   27제곱미터

6. (다음에 제시된 도형의 치수로 바꾸어 가면서 단계 3~7을 반복한다)

   높이: 5인치   옆변: 6인치   밑변: 8인치
   높이: 10피트   옆변: 12피트   밑변: 20피트
   높이: 8센티미터   옆변: 9센티미터   밑변: 10센티미터
   높이: 2야드   옆변: 3야드   밑변: 4야드

Part C: 구조화된 학습지

(다음의 도형이 제시되어 있는 학습지를 학생들에게 나누어 준다)

a.
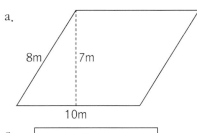

b.

c.
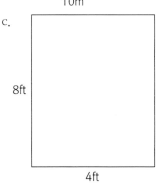

d.
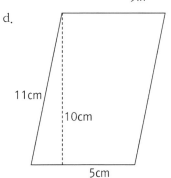

1. 평행사변형의 넓이를 구하는 공식을 말해 보세요.   평행사변형의 넓이는 밑변 곱하기 높
                                                            이입니다.

2. 평행사변형의 넓이를 구하는 공식을 적으세요.

넓이 ▱ = 밑변 × 높이

3. 도형 A를 보세요. 밑변은 얼마인가요? 높이는 얼마인가요?

10미터, 7미터

4. 도형의 넓이를 구하세요. 도형 A의 넓이는 얼마인가요?

70제곱미터

5. 도형 B를 보세요. 이 도형의 종류는 무엇인가요?

평행사변형

6. 도형 B의 넓이는 어떻게 구하나요?

밑변 × 높이

7. 도형 C를 보세요. 이 도형의 종류는 무엇인가요?

직사각형

8. 그러면 도형 C의 넓이는 어떻게 구하나요?

밑변 × 높이

9. 각각의 도형의 넓이를 구하세요.

10. (학생들의 답을 점검한다)

Part D: 덜 구조화된 학습지

(직사각형과 평행사변형이 같이 있는 학습지를 학생들에게 나누어 준다)

a.
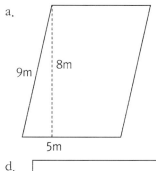

b.
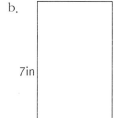

c.
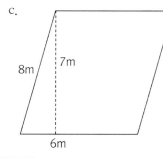

d.
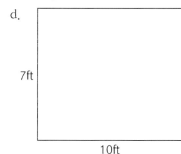

e.
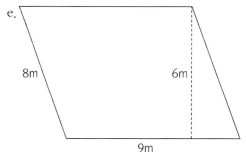

1. 직사각형이나 평행사변형의 넓이를 구하는 공식을 적으세요.

넓이 = 밑변 × 높이

2. 평가지에 도형의 넓이를 구하세요.

3. (학생들의 답을 점검한다)

〈수업 형식 19-6〉 **상자의 부피 계산하기**

교사	학생
Part A: 구조화된 칠판 수업	

1. (칠판에 다음의 정육면체를 그린다)

2. 이것은 정육면체입니다. 각 면은 정사각형으로 이루어져 있어요. 정육면체는 입방체(주사위) 모양입니다. 상자에 얼마나 많은 정육면체가 있는지 알게 되면, 상자의 부피를 구할 수 있어요. 상자에 얼마나 많은 정육면체가 있는지 알게 될 때 무엇을 구할 수 있나요?

부피

(다음 상자를 칠판에 그린다)

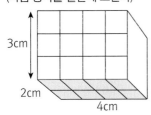

3. 상자의 부피를 구하는 공식은 부피 = 밑넓이 × 높이입니다. 상자의 부피를 구하는 공식은 무엇인가요?

부피 = 밑넓이 × 높이

4. 밑면은 어둡게 칠해진 바닥입니다. 이 상자는 밑면이 2센티미터 × 4센티미터로 이루어져 있습니다. 이 상자의 밑넓이는 얼마인가요?

8제곱센티미터

5. 맞아요. 밑넓이는 8제곱센티미터입니다. 그러면 높이를 구해 봅시다. 상자의 높이는 얼마인가요?

3센티미터

6. 그러면 부피를 구하기 위해 어떠한 두 수를 곱해야 하나요?

8 × 3

7. 이 상자의 부피는 얼마인가요? 이때 답이 세제곱센티미터를 사용해야 한다는 것을 기억하세요.

24세제곱센티미터

(칠판에 다음의 상자를 그린다)

이것은 또 다른 상자예요.

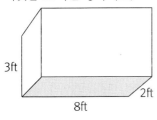

8. 이 상자의 부피를 구하는 공식은 무엇인가요?

부피 = 밑넓이 × 높이

9. 상자의 밑넓이를 구하기 위해 어떤 두 수를 곱해야 하나요?

8 × 2

10. 상자의 밑넓이는 얼마인가요?

16제곱피트

11. 밑넓이를 알고 있다면 여기에 왜 3을 곱해야 하나요?

밑넓이에 높이를 곱해야 하기 때문이다.

12. 이 상자의 부피는 몇 세제곱피트인가요?   48세제곱피트

Part B: 덜 구조화된 칠판 수업

1. 다음 상자들의 부피를 구해 봅시다. 상자의 부피를 구하는 공식은 무엇인가요?   부피 = 밑넓이 × 높이

   (학생들이 말할 때 칠판에 적는다)

   부피 = 밑넓이 × 높이

2. 여기 상자가 있습니다. (도형을 그리고 밑면과 높이에 해당하는 치수를 적는다)

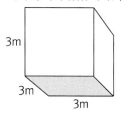

3. 이 상자의 밑넓이는 몇 제곱미터인가요?   9제곱미터

4. 이 상자의 높이는 얼마인가요?   3미터

5. 이 상자의 부피는 얼마인가요?   27세제곱미터

6. (다음 도형의 치수로 바꾸어 가면서 단계 3~5를 반복한다)

높이: 5인치	옆변: 6인치	밑변: 7인치
높이: 10피트	옆변: 12피트	밑변: 11피트
높이: 4센티미터	옆변: 5센티미터	밑변: 6센티미터
높이: 2야드	옆변: 3야드	밑변: 4야드

〈수업 형식 19-7〉 모르는 부분의 각 구하기

교사	학생
1. (칠판에 다음의 그림을 그린다) 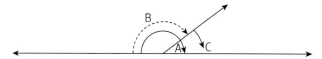	
2. 직선의 한쪽 면에 각 A가 있어요. 각 A는 반원입니다. 반원은 몇 도인가요?	180도
3. 각 B와 C는 각 A의 부분입니다. 그러면 각 B와 각 C는 합쳐서 몇 도인가요?	180도
4. 그래서 우리는 이것을 수식으로 적을 수 있습니다. (칠판에 적는다) 각 B + 각 C = 180도	
5. 만약 우리가 각 C가 원의 $\frac{1}{9}$ 이라는 것을 알면, 각 C의 값을 구할 수 있고, 각 B의 값을 구할 수 있습니다. 원은 몇 도인가요?	360도

6. 각 C는 원의 $\frac{1}{9}$ 입니다. 그래서 각 C의 값을 구하기 위해서 우리는 360도에 $\frac{1}{9}$ 을 곱하면 됩니다. 이것과 같이 됩니다.

(칠판에 적는다)

$$\frac{1}{9} \times \frac{360}{1} = \frac{360}{9}$$

7. 360을 9로 나누세요.
   360을 9로 나누면 얼마인가요?   40

8. 우리는 각 C가 40도라는 것을 알 수 있어요. 다음 식을 말해 보세요.

(칠판에 적는다)

각 B + 40 = 180

9. 각 B는 어떻게 찾아야 하나요? 더해야 하나요, 아니면 빼야 하나요?   빼니다.

10. 답을 구하면 손을 들어 주세요. 각 B의 값은 얼마인가요?   140도

〈수업 형식 19-8〉 **모르는 각 구하기**

교사	학생

1. (칠판에 다음을 그린다)

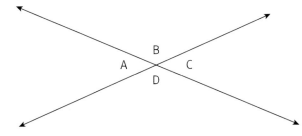

2. 2개의 교차된 선으로 4개의 각이 생겼습니다. 만약 하나의 각을 알고 있다면 우리는 다른 각의 값도 알 수 있어요. 각 A와 각 B는 평행선 또는 반원에서 생긴 각입니다. 각 A와 각 B를 합하면 몇 도가 되는가요?   180도

3. 우리는 다음과 같은 수식을 세울 수 있어요.

(칠판에 적는다)

각 A + 각 B = 180도

4. 만약 각 B가 원의 $\frac{1}{3}$ 이라면 우리는 각 A와 각 B가 얼마인지를 구할 수 있습니다. 한 원의 각은 얼마인가요?   360도

5. 각 B의 값은 원의 $\frac{1}{3}$ 입니다. 그러면 각 B는 360도에 $\frac{1}{3}$ 을 곱한 값입니다.

$$\frac{1}{3} \times \frac{360}{1} = \frac{360}{3}$$

6. 360을 3으로 나누세요. 360을 3으로 나누면 얼마인가요?   120

7. 각 B의 값은 120도입니다. 다음의 식을 말해 보세요.

각 A +120 = 180

8. 각 A의 값은 어떻게 구할 수 있나요? 더해야 하나요, 아니면 빼야 하나요?   뺍니다.

9. 각 A의 값은 얼마인가요?   60도

10. 각 A와 C의 값은 얼마인가요?   둘의 값은 같다.

11. 각 A가 60도라 하면 각 C의 값은 얼마인가요?   60도

12. 각 B와 D의 값은 얼마인가요?   둘의 값은 같다.

13. 그러면 각 D의 값은 얼마인가요?   120도

제**20**장
기초 대수

기초 대수(Pre-Algebra)에 대해 이번 단원에서는 세 가지를 언급한다. 즉, (a) 좌표와 함수 (b) 비(비율), 비례식 그리고 비례 함수를 이용한 문장제 문제, (c) 소수, 약수, 양의 정수, 음의 정수, 지수와 같은 '다른 종류의 수'다. 또한 분수, 비와 백분율, 기하, 문제 해결 같은 이전 단원에서 다룬 보다 복잡한 기술들도 포함하고 있다.

이 단원에 제시된 구체적 기술은 '수업 순서와 평가 차트'에 대략적으로 제시되어 있다. 각 기술의 숫자는 처음 배우는 학년을 나타낸다. 목록으로 제시된 기초 대수 기술은 필요한 사전 기술을 습득하였다면 6학년도 배울 수 있다. 그러나 대부분의 학교에서는 흔히 기초 대수 기술을 중학교 1~2학년 과정에서 가르친다.

우리는 교사들이 목록에 제시된 각 주제별 기술들의 순서를 따를 것을 제안한다. 예를 들어, 다른 종류의 수(OT) 과정에서 소수(OT 5a)는 함수(OT 5b) 이전에 가르쳐야 한다는 것을 나타낸다. 그러나 네 가지 주제는 순차적으로 혹은 동시에 가르칠 수 있다.

좌표와 함수

좌표는 빠르면 3학년이나 4학년 학생들에게 소개될 수 있다. 시작 단계에서 학생들은 오직 양의 정수만을 사용한다. 학생들은 수직선상에서 x값은 0에서부터 x까지의 오른쪽 방향의 거리라는 것과 y값은 0에서부터 y지점까지의 위쪽으로의 거리라는 것을 배운다. 학생들은 좌표에서 주어진 점에 대한 x값과 y값을 찾는 것을 시작한다. x, y값을 찾아내는 여러 번의 수업 후에 학생들은 주어진 값을 좌표에 표시한다.

전통적인 대수 수업은 좌표의 점들을 (x, y)로 찾는 것이다. 예를 들면, (5, 6)은 좌표에서 첫 번째 숫자가 x값이고 두 번째 숫자가 y값이라는 것을 학생들이 기억해야 한다. 그러나 학생들이 만약 처음에 $(x = 5, y = 6)$라고 쓰인 점들로 배우게 되면 좌표를 좀 더 쉽게 배운다. 학생들은 시간이 지남에 따라 순서를 배울 수 있지만, 굳이 좌표에 대해 학습하는 동시에 그 순서를 기억해야 할 필요까지는 없을 것이다.

다음으로 학생들은 다음과 같은 함수표를 완성하는 것을 배운다.

〈수업 순서와 평가 차트〉

학년 단계	문제 유형	수행 지표

좌표와 함수

CSF 4a 주어진 x, y값을 좌표에 표시하고, 표시된 점을 좌표로 나타내기

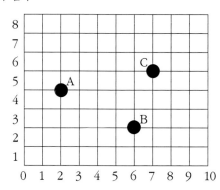

$(x = 7, y = 5)$는 어느 점인가?

점 A의 좌표를 쓰시오.

CSF 4b 함수표를 완성하고 좌표를 찾아서 점들을 직선으로 연결하기

x	함수 $x+3$	답 y
4	4+3	7
1	1+3	
5		
2		
3		

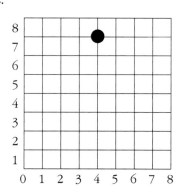

함수표를 완성하시오.

좌표를 찾고 직선으로 연결하시오.

CSF 4c 주어진 2쌍의 (x, y)값으로 함수식을 결정하고, 함수표를 완성하여 그래프 그리기

x	함수	답 y
4		8
1		5
5		
2		
0		

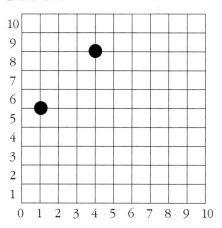

함수표를 완성하고 좌표를 찾고 직선으로 좌표를 연결하시오.

CSF 4d | 주어진 좌표평면의 직선을 이용하여 좌표를 찾고, 함수표를 완성하고, 함수식을 찾기

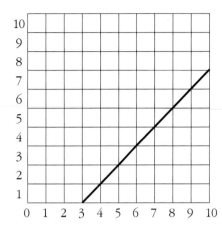

직선상의 좌표를 이용하여 함수표를 완성하시오.

비(비율)와 비례식

R/P 4a | 단순 비율 | 가게에는 3대의 TV와 7대의 라디오가 있다. 만약 라디오가 28대라면 TV는 몇 대인가?

R/P 5a | 비율표 | 혼합물에 모래와 자갈의 비는 4:9다. 만약 혼합물의 무게가 260파운드라면 모래와 자갈의 무게는 각각 얼마인가?

R/P 5b | 범주에 대해 분수를 이용한 비율표 문제 | 공장 종업원 중 $\frac{3}{5}$ 은 여자이고, 나머지는 남자다. 890명의 종업원이 있다면 남자와 여자의 수는 얼마인가?

R/P 5c | 비교하는 분수를 이용한 비율표 문제 | 어베이 언덕의 높이는 하워드 언덕 높이의 $\frac{3}{5}$ 이다. 어베이 언덕의 높이는 240피트다. 하워드 언덕은 어베이 언덕보다 얼마나 높은가?

R/P 5d | 범주에 대해 백분율을 이용한 비율표 문제 | 베이글의 55%는 치즈 베이글이고, 나머지는 플레인 베이글이다. 9개의 플레인 베이글이 있다면 치즈 베이글은 몇 개인가? 베이글은 모두 몇 개인가?

R/P 5e | 비교하는 백분율을 이용한 비율표 문제 | A 기차는 B 기차보다 40% 더 길다. 만약 B 기차가 400미터라면 A 기차의 길이는 얼마인가? A 기차는 B 기차보다 얼마나 더 긴가?

다른 형태의 수

OT 5a | 소수 | 12 이하의 소수를 쓰시오.

OT 5b | 인수분해 | 다음과 같은 식으로 수들의 소인수를 쓰시오.
$12 = 2 \times 2 \times 3$: 36, 27, 51

OT 6a | 답이 양수일 때, 몇 개의 덧셈과 뺄셈을 계산하여 답을 찾기(정수의 사전 기술) | 답을 쓰시오.
$0 + 18 - 12 + 6 - 5 - 4 + 9 =$

OT 6b | 덧셈과 뺄셈이 있는 곱셈 문제 풀기(정수에 대한 사전 기술) | a. $4 + 6 + 1$ b. $8 - 5 + 2$
$\times \qquad 4$ $\times \qquad 4$

-10 -9 -8 -7 -6 -5 -4 -3 -2 -1 0 1 2 3 4 5 6 7 8 9

OT 6c | 수직선을 이용하여 양수와 음수를 계산하기. 답은 음수 혹은 양수가 됨 | 다음 수식을 수직선에 표시하시오.
a. $-6 + 5 =$ b. $-4 - 2 =$ c. $8 - 10 =$

OT 6d	절댓값	다음 짝 지어진 수 중 영(zero)에서 더 멀리 떨어져 있는 수는 어떤 것인지 쓰시오. a. $-8, +5$ b. $+7, -4$ c. $-2, +9$
OT 6e	수직선 없이 음과 양의 정수 계산하기	a. $+2$ b. -3 c. -8 $\underline{-9}$ $\underline{-4}$ $\underline{+3}$
OT 6f	음의 정수와 양의 정수의 곱셈	a. $2+4-1$ b. 6 c. $9-8+4$ $\underline{\times \quad\quad -3}$ $\underline{\times \;\; -4}$ $\underline{\times \quad\quad -7}$
OT 6g	음의 정수와 양의 정수의 덧셈과 뺄셈	a. $-4 + -3 =$ b. $-7 - -2 =$
OT 6h	제시된 거듭제곱의 밑과 지수를 말하고, 반대로 거듭제곱을 확장식으로 풀어 나타내기	다음 수식의 밑과 지수를 말하시오. a. $4 \times 4 \times 4 =$ b. $34 \times 34 \times 34 \times 34 \times 34 =$ c. $M \times M \times M \times M \times M =$ 다음 수식을 확장식으로 풀어서 나타내시오. d. 1^4 e. D^3 f. 71^5
OT 6i	지수 계산하기	다음 수식을 밑줄 친 부분과 나머지 부분으로 나누어 나타내시오. $\underline{6 \times 6 \times 6} \times 6 \times 6 \times 6 \times 6$ $6^7 = \underline{\quad\quad} \times \underline{\quad\quad}$ 다음 두 항을 하나로 결합하시오. $4^5 \times 4^3 = \underline{\quad\quad}$
OT 6j	지수를 간단하게 하기	다음 항들을 간단하게 하시오. a. $\dfrac{3 \times 3 \times 3 \times 3 \times 3 \times 3 \times 3}{3 \times 3 \times 3 \times 3} =$ b. $\dfrac{7 \times 7 \times 7}{7 \times 7 \times 7 \times 7 \times 7 \times 7} =$

x	함수 $x + 2$	y
0	$0 + 2$	2
1	$1 + 2$	3
2	$2 + 2$	4
3		
4		
5		

교사는 x값이 주어졌을 때 y값이 결정되는 일차 함수를 시범보여 준다. 앞의 예에서 교사는 y값을 유도하기 위해 $x + 2$ 함수에서 x값에 0을 치환하는 것을 시범보여 준다($0 + 2 = 2$; $y = 2$). 표를 완성한 후에 학생은 좌표계에 좌표를 지정하고 직선으로 그 좌표를 연결한다.

함수표를 완성하는 몇 번의 수업 후, 학생은 주어진 두 쌍의 좌푯값에 대한 함수관계를 끌어낼 준비가 된다. 처음에는 학생들에게 함수관계식 둘 중에서 두 번째 쌍의 값을 만족시킬 수 없는 함수관계식을 제거하면서 첫 번째 쌍의 값에 맞는 것을 선택하는 것을 묻는다. 정확한 함수관계식을 고르는 몇 번의 수업 후, 학생들은 최소한 두 쌍 이상의 좌푯값이 주어졌을 때 함수식을 도출해 낼 수 있게 된다. 학생들은 또한 함수표의 점들을 좌표에 표시하고, 함수로 나타난 선을 그리는 것도 배우게 된다. 〈수업 형식 20-1〉은 학생들이 함수식을 찾고 좌표를 표시하고, 함수의 직선을 그리는 학습 전략을 나타낸다. 마지막으로, 학생들은 이러한 수업을 통하여 좌표계에 주어진 점들이 있을 때 선을 그리고 함수식을 끌어내는 방법을 배울 수 있다.

비율과 비례식

비율은 동치 분수(수는 다르지만 크기가 같은 분수)의 특별한 종류로 이해하는 것이 좋다. 그러므로 비율과 비례식을 배울 때 필요한 사전 기술은 동치 분수를 찾아내는 능력이다. 만약 학생이 동치 분수를 찾아내는 과정을 배우지 않았다면 이 장에서 다루는 비례식을 푸는 전략을 사용하지 못할 것이다. 동치 분수를 찾는 전략은 이 책의 제12장에서 다루고 있다.

비율 문제를 성공적으로 풀기 위해서 먼저 요구되는 것은 학생이 문제를 정확하게 이해하는 것이다. 우리는 학생들에게 등식을 쓰고 그 양쪽의 분자와 분모 자리에 명칭을 쓰는 것을 가르칠 것을 권한다. 다음 문제에서 학생들은 분자로 TV를, 분모로 라디오의 명칭을 쓴다. 그런 다음, 등식의 다른 쪽에 다시 한 번 라디오를 분모로, TV를 분자로 쓴다.

가게는 라디오 7대당 TV 3대를 갖고 있습니다. 만약 가게에 28대의 라디오가 있다면 TV는 몇 대가 있습니까?

$$\frac{TV}{라디오} = \frac{TV}{라디오}$$

명칭은 학생들이 성공적으로 분자(TV의 수)와 분모(라디오의 수)의 수를 정확하게 쓸 수 있는 단서를 제공해 준다. 일단 숫자를 명칭과 함께 쓰면, 문제는 동치 분수를 사용하여 풀 수 있게 된다.

$$\frac{3TV}{7라디오} = \frac{\square TV}{28라디오}$$

다음으로, 교사는 학생들에게 비율표를 이용하여 문제를 푸는 방법을 안내한다. 다음의 예는 비율 문제를 표를 이용하여 푸는 방법이다.

공장에서 SUV와 승용차를 만듭니다. SUV를 5대 만들 때마다 승용차는 3대를 만듭니다. 작년에 공장에서 1600대의 자동차를 생산했다면 승용차와 SUV는 각각 몇 대가 생산되었습니까?

종류	비율	
승용차	3	*600*
SUV	5	*1000*
자동차	*8*	1600

표 안에 진하게 표시된 정보는 문제에서 학생들에게 제공된다. 학생들은 문제에서 요구하는 답인 이탤릭체로 된 숫자들(*600, 1000*)을 찾아내야 한다.

학생들은 표의 비율에 관한 문장제 문제에 분류형 문장제 문제에 관해 배운 것을 적용할 수 있다. (분류형 문장제 문제와 표 문제에 관한 내용은 제11장 참조) 학생들은 이미 분류형 문장제 문제를 배웠기 때문에 승용차와 SUV는 더 작은 범주이고 자동차가 더 큰 범주라는 사실에 익숙하다. 그리고 작은 수의 개념들(승용차와 SUV의 수)을 더해야 큰 수의 개념(자동차의 수)이 된다는 것을 안다. 그래서 만일 두 개의 작은 수들이 주어진다면(즉, 승용차와 SUV), 더 큰 수(자동차)를 구하기 위해 더해야만 한다는 것을 안다.

일단 표가 완성되면, 비율 열에 있는 숫자는 두 행 간의 비율을 식으로 나타내기 위해 사용될 수 있다. 승용차와 SUV의 비가 3:5라는 것이 문제에서 이미 주어졌다. 자동차의 수를 결정한 후, 비율표에서 SUV와 자동차의 비가 5:8이고, 승용차와 자동차의 비가 3:8이라는 것을 알 수 있다. 이 정보는 학생들에게 문제에서 필요하지만 주어지지 않은 정보를 찾아내기 위해 간단한 비율을 세울 수 있도록 해 준다.

$$\frac{\text{승용차}}{\text{자동차}} \frac{3 \times (\quad)}{8 \times (\quad)} = \frac{\square}{1600}$$

$$\frac{\text{승용차}}{\text{자동차}} \frac{3 \times (200)}{8 \times (200)} = \frac{600}{1600}$$

생산된 SUV의 수를 구할 때도 이와 유사한 과정을 거친다.

학생들은 전체와 부분을 범주화하는 과정에 익숙하기 때문에 만약 큰 범주의 수를 안다면 식을 만들어 작은 범주의 수도 찾아낼 수 있다는 것을 알기 때문이다. 예를 들어, 만약 문제에서 SUV와 자동차의 비가 5:9라면 학생들은 9에서 5를 뺌으로써 다른 범주 개념인 승용차의 비가 4인 것을 알 수 있다. 문제에서 주어진 양과 요구되는 양 사이의 비율 문제를 해결하는 것은 학생들에게 익숙해질 것이다.

교사는 범주를 나타내는 분수를 포함한 좀 더 복잡한 비율표를 제시할 수 있다. 교사는 먼저 하나의 범주를 분수로 표시한 문제를 제시한다. 예를 들어, 식물의 $\frac{1}{3}$은 나무다. 학생들은 모든 식물의 양이 $\frac{3}{3}$이라는 것을 알고 있기 때문에 쉽게 나머지 $\frac{2}{3}$는 나무가 아니라는 것을 이해한다. 큰 범주(class)는 항상 1과 같고, 더 작은 두 범주는 서로를 더하면 1이 된다. 분수로 나타나는 범주 문제가 주어지면 학생들은 비율로서의 분수의 분자를 이용하여 비율표를 만들어 낼 수 있다. 다음에 나오는 문제는 비율표를 완성하고 문제를 이러한 방식으로 푸는 방법을 나타낸다.

학교 학생의 5분의 3은 교장 선생님보다 키가 작다. 만약 128명의 학생이 교장 선생님보다 키가 크다면, 교장 선생님보다 키가 작은 학생은 몇 명인가? 또 이 학교의 학생 수는 몇 명인가?

분류	비(비율)	
작은 학생	3	*192*
큰 학생	*2*	128
전체 학생 수	*5*	*320*

만약 키가 작은 학생이 $\frac{3}{5}$이라면 모든 학생의 수는 분수로 $\frac{5}{5}$라는 것을 학생들은 배웠다. 학생들은 키가 큰 학생의 비율이 $\frac{2}{5}$라는 것을 알기 위해 뺄셈을 한다. 분자들은 각 항목의 비를 나타낸다. 효율적으로, 비율표에 대한 수업 형식(〈수업 형식 20-2〉)은 학생들에게 각 비율표의 칸에 분수의 분자를 구하여 써 넣는 것을 간단하게 가르치고 있다. 학생 중에는 왜 분자가 단지 비의 의미로 쓰이는지 궁금해할 수도 있다. 왜 분자가 비로 쓰일 수 있는지를 설명하고자 하는 교사는 비율을 간단하게(약분) 하면, 그 결과는 분자와 같다는 것을 증명해 줌으로써 궁금증을 해결할 수 있다. 교사는 다음과 같은 등식을 사용하여 비율을 간단하게(약분) 하는 과정을 보여 주어 증명할 수 있다.

$$\frac{\text{작은 학생} \quad \frac{3}{5}}{\text{전체 학생} \quad \frac{5}{5}} \quad \text{약분하면} \quad \frac{\text{작은 학생 } 3}{\text{전체 학생 } 5}$$

또는

$$\frac{\text{큰 학생} \quad \frac{2}{5}}{\text{전체 학생} \quad \frac{5}{5}} \quad \text{약분하면} \quad \frac{\text{큰 학생 } 2}{\text{전체 학생 } 5}$$

분자는 범주의 각 항목에 대한 비를 나타내므로, 키 작은 학생 대 전체 학생의 비는 3:5가 되고, 키 큰 학생 대 전체 학생의 비는 2:5가 되는 것이다. 비율이 한번 정해지면, 학생들은 알고 있는 정보(이 문제에서는 '128명이 키가 더 크다')와 알고 있지 않은 정보(이 문제에서는 '키가 작은 학생은 몇 명인가?') 간의 비율을 구조화함으로써 답을 찾을 수 있다. 다음 식은 비례식을 이용하여 문제를 푼 방법이다.

$$\frac{\text{큰 학생}}{\text{작은 학생}} \frac{2 \times (\quad)}{3 \times (\quad)} = \frac{128}{\square}$$

$$\frac{\text{큰 학생}}{\text{작은 학생}} \frac{2 \times (64)}{3 \times (64)} = \frac{128}{192}$$

비율표는 비교 문제를 푸는 데도 이용될 수 있다.

다음 문제는 비교를 위한 근거를 나타내는 문장으로 이루어져 있다. Louise는 사장이 받는 급여의 $\frac{5}{6}$를 받는다. Louise는 그녀의 사장과 비교되고 있다. 그러므로 그녀의 사장의 급여는 전체, 즉 $\frac{6}{6}$이다. 다음의 수 가족은 완성된 비교를 나타낸다.

급여의 차이   Louise   사장

$$\frac{1}{6} \quad + \quad \frac{5}{6} \quad = \quad \frac{6}{6} \longrightarrow$$

일단 수 가족이 완성되면, 학생들은 비율표에 분자를 써 넣을 수 있다. 세 가지 값이 정해지면(Louise의 급여, 급여의 차이, 사장의 급여), 학생들은 다른 두 가지 값을 결정하여 비례식을 세울 수 있다. Louise가 한 달에 1800달러를 받는 문제의 완성된 비율표가 있다.

Louise는 사장 급여의 $\frac{5}{6}$를 받는다. 만약 그녀가 한 달에 1800달러를 받는다면, 사장과 Louise의 급여의 차이는 얼마이고, 사장이 받는 급여는 얼마인가?

급여의 차이	*1*	*360*
Louise	5	1800
사장	*6*	*2160*

학생들이 배우게 될 다음의 비율표의 형식은 백분율을 이용한 것이다. 학생들은 전체 중 백분율을 한 범주로, 나머지를 두 번째 범주로 받는다. 예를 들어, '어떤 가게에서 파는 오렌지의 40%는 캘리포니아산이고, 나머지는 플로리다산이다.'라고 한다면 학생들은 큰 범주(모든 오렌지의 수)는 항상 100%라는 것을 배운다. 큰 범주가 100%라는 것을 알고 있기 때문에 이것은 뺄셈 문제다. 플로리다산 오렌지의 백분율은 뺄셈으로 결정된다(100% − 40% = 60%). 다음 식은 이 문제를 나타내는 완성된 수 가족이다.

캘리포니아산   플로리다산   전체 오렌지의 수

40%   +   60%   =   100% $\longrightarrow$

그런 다음, 학생들은 이 정보를 비율표에 넣는다. 세 가지 변인이 주어졌으므로(전체 오렌지의 양, 캘리포니아산 오렌지, 플로리다산 오렌지) 학생들은 문제를 풀 수 있다.

어떤 가게의 오렌지 중 40%는 캘리포니아산이고 나머지는 플로리다산이다. 만약 가게에 170개의 오렌지가 있다면 캘리포니아산 오렌지와 플로리다산 오렌지의 수는 각각 몇 개인가?

캘리포니아산	40%	*68*
플로리다산	*60%*	*102*
전체	*100%*	170

캘리포니아산 오렌지의 수를 구하는 비례식은 다음과 같다.

$$\frac{\text{캘리포니아산}}{\text{전체}} \quad \frac{4 \times (\ \ )}{10 \times (\ \ )} = \frac{\square}{170}$$

$$\frac{\text{캘리포니아산}}{\text{전체}} \quad \frac{4 \times (17)}{10 \times (17)} = \frac{68}{170}$$

결국, 학생들은 백분율을 이용하여 비교 문제를 푸는 방법을 배울 수 있다. 이러한 문제들을 푸는 것은 아마도 반직관적이고 어려운 문장제 문제다. 적합한 숫자들을 이용하여 수식을 만들어 내는 것이 이런 유형의 문제를 푸는 데 기본이라고 할 수 있다. 학생들은 비교되는 변인 중 하나는 100%와 같다는 것을 이해해야 한다. 예를 들어, 다음의 문제에서 학생들은 여성용 자전거의 판매량과 남성용 자전거의 판매량을 비교해야 한다. 문제에서는 여성용 자전거의 판매량은 남성용 자전거의 판매량보다 적다는 것을 알려주고 있다. 그러므로 이 문제에서 남성용 자전거의 판매량은 100%와 같다.

어떤 자전거 가게에서 여성용 자전거의 판매량은 남성용 자전거의 판매량보다 25% 적었다. (힌트: 남성용 자전거의 판매량과 여성용 자전거의 판매량을 비교했을 때, 어느 변인이 100%와 같을까?) 만약 여성용 자전거의 판매량이 남성용 자전거의 판매량에 비해 175대 차이가 난다면 남성용 자전거의 판매량과 여성용 자전거의 판매량은 각각 몇 대인가?

〈요약 20-1〉 전체에 대한 분수를 이용한 비율표

1. 학생들은 문제를 읽고 분수 가족을 알아낸다.

커피숍에 있는 사람 중에 $\frac{2}{3}$는 커피를 마시고, 나머지는 차를 마시고 있다. 만약 15명이 차를 마시고 있다면, 커피를 마시는 사람은 몇 명인가? 또 커피숍에 있는 사람은 모두 몇 명인가?

	분수 가족	비	수량
커피			
차			
사람			

2. 학생들은 분수 가족 열을 완성한다.

	분수 가족	비	수량
커피	2/3		
차	1/3		
사람	3/3		

3. 학생들은 비의 열을 완성하기 위해 분수의 분자를 이용한다.

	분수 가족	비	수량
커피	2/3	2	
차	1/3	1	
사람	3/3	3	

4. 학생들은 알려진 양을 기입한다.

	분수 가족	비	수량
커피	2/3	2	
차	1/3	1	15
사람	3/3	3	

5. 학생들은 비례식을 적는다.

$$\frac{2 \text{ 커피}}{1 \text{ 차}} = \frac{\square \text{ 커피}}{15 \text{ 차}}$$

6. 학생들은 커피를 마시는 사람에 대한 질문에 답하기 위해 비례 문제를 푼다.

	분수 가족	비	수량
커피	2/3	2	30
차	1/3	1	15
사람들	3/3	3	

7. 학생들은 커피숍에 있는 사람은 모두 몇 명인지를 결정하기 위해 수 가족 전략을 사용하고 표를 완성한다.

	분수 가족	비	수량
커피	2/3	2	30
차	1/3	1	15
사람들	3/3	3	45

판매량의 차이　　여성용 자전거　　남성용 자전거

$$\xrightarrow{\quad 25\% \quad + \quad 75\% \quad = \quad 100\% \quad}$$

판매량의 차이	25%	175
여성용 자전거 판매량	75%	525
남성용 자전거 판매량	100%	700

$$\frac{\text{판매량의 차이}}{\text{남성용 자전거 판매량}} \quad \frac{25 \times (\ \ )}{100 \times (\ \ )} = \frac{175}{\square}$$

$$\frac{\text{판매량의 차이}}{\text{남성용 자전거 판매량}} \quad \frac{25 \times (7)}{100 \times (7)} = \frac{175}{700}$$

$$\frac{\text{판매량의 차이}}{\text{여성용 자전거 판매량}} \quad \frac{25 \times (\ \ )}{75 \times (\ \ )} = \frac{175}{\square}$$

$$\frac{\text{판매량의 차이}}{\text{여성용 자전거 판매량}} \quad \frac{25 \times (7)}{75 \times (7)} = \frac{175}{525}$$

다른 종류의 수: 소수와 약수, 정수, 지수

소수와 약수

성공적으로 학생들이 소수(prime numbers)와 인수(factors)를 이해하도록 가르치는 것은 학생들이 구구단을 유창하게 잘 할 수 있는지에 크게 달려 있다. 구구단을 유창하게 하지 못하는 학생은 소수와 소수가 아닌 인수를 쉽게 결정하지 못할 뿐 아니라 특정한 숫자가 소수인지를 알아내는 방법도 사용할 수 없다.

학생들은 '이 수가 1과 자기 자신 이외의 수로 나뉘는가?'를 스스로 물어 그 수가 자기 자신과 1이외의 수로 나뉜다면 그것은 소수가 아니라는 것을 배운다. 교사는 학생에게 숫자 목록을 주고 이 방법을 적용하게 한다. 이 숫자 목록의 반은 소수로, 나머지 반은 소수가 아닌 수로 구성해야 한다. 교사는 학생에게 목록에 적혀 있는 수가 20 이하의 소수(즉, 2, 3, 5, 7, 11, 13, 17, 19)로 나뉘는지를 계산기를 사용하여 알아볼 수 있도록 지도한다.

분수와 달리 덧셈이나 뺄셈을 할 때 학생들은 두 수의 모든 인수를 찾는 것을 배운다. 그러나 기초 대수에서 학생들은 숫자의 소인수를 찾고 소인수의 곱셈으로만 숫자를 나타내는 것을 함께 배운다. 15의 소인수는 3과 5다. 두 수 모두 소수이고 $3 \times 5 = 15$이기 때문이다. 12의 소인수는 2, 2, 3이다. 모든 인수는 소수이고 $2 \times 2 \times 3 = 12$다. 2와 6은 서로 소인수가 아닌데, $2 \times 6 = 12$지만, 6은 소수가 아니기 때문이다. 6의 소인수는 2와 3이다. 그러므로 12의 소인수는 2, 2, 3이다.

소인수를 찾는 과정은 가능한 한 많이 순서대로 각각의 소수로 나누는 시도를 포함한다. 35의 소인수를 찾기 위해 학생들은 우선 (첫 번째 소수인) 2와 3으로 나눈다. 그러나 2나 3으로는 35를 나머지 없이 나눌 수 없다. 다음으로 학생들은 35를 (그다음 소수인) 5로 나누어 본다. 35는 7로 나누어 떨어지고, 5와 7은 소수이기 때문에 5와 7은 35의 소인수가 된다.

36의 경우, 학생들은 36을 2로 나누어 18을 얻게 되지만 18은 소수가 아니므로 각각의 인수가 소수가 될 때까지 계속해서 나누는 과정을 반복해야 한다. 36의 소인수는 2, 2, 3 그리고 3이다. (다음의 나누기 참조)

$$36 \div 2 = 18$$
$$18 \div 2 = 9$$
$$9 \div 3 = 3$$
$$2 \times 2 \times 3 \times 3 = 36$$

소인수를 찾기 위해 학생들은 분수를 줄이는, 즉 '약분'하는 대수적인 방법을 사용할 수 있다. 학생들은 분수에서 약분을 해도 그 값이 변하지 않기 때문에 약분이 가능하다는 것을 배운다. 예를 들어, $\frac{24}{36}$를 약분하면 학생들은 24와 36의 소인수가 분자와 분모에 나타날 때까지 약분할 수 있다는 것을 알 수 있다.

$$\frac{24}{36} = \frac{2 \times 2 \times 2 \times 3}{2 \times 2 \times 3 \times 3} = \frac{2 \times 2 \times 2 \times 3}{2 \times 2 \times 3 \times 3} = \frac{2}{3}$$

정수

정수(intergers)는 양의 정수와 음의 정수를 포함한다. 많은 학생은 음의 정수를 이해하기 어려워한다. 음의 정수의 개념을 간단히 하기 위해 교사는 수직선을 사용할 것을 권장한다. 비록 많은 학생이 수직선과 친숙하지만, 교사는 학생들에게 덧셈을 할 때는 수직선의 오른쪽으로 이동하고 뺄셈을 할 때는 수직선의 왼쪽으로 이동한다는 개념을 확실하게 이해시켜야 한다. 학생들은 수직선을 이용하여 $(-6 + 5 = \square)$ 또는 $(-1 - 3 = \square)$와 같은 양수와 음수의 문제를 쉽게 풀 수 있다. 처음에는 학생들에게 덧셈, 뺄셈 연산 기호와 부호로서의 양수, 음수 표기의 형태상의 혼동을 피하기 위해 하나의 덧셈 결합식으로만 제시해야 한다. 처음의 예를 제한하는 것은 새로운 개념은 한 번에 하나씩만 소개하는 것을 확실하게 해 준다.

절댓값의 개념을 학생들에게 이해시키기 위해 '0에서부터의 거리'로 소개한다. 이 개념은 새롭고 어렵기 때문에 '절댓값'이라는 용어는 나중까지 사용하지 않는다. 일단 학생들이 0에서부터의 거리라는 개념을 이해하고 나서, 교사는 음수와 양수 문제를 가르칠 때 이 개념을 사용한다. 이러한 전략을 사용하는 것은 〈수업 형식 20-3〉에 제시되어 있다. 구조화된 칠판 수업을 사용하는 첫 번째 단계는 학생들에게 다음의 규칙들을 가르치는 것이다.

1. 두 수의 부호가 같으면 더하기를 한다.
2. 두 수의 부호가 다르면 뺄셈를 한다.
3. 뺄셈를 할 때는 0에서 더 멀리 떨어진 수에서 나머지 수를 뺀다.
4. 정답의 부호는 언제나 0에서 더 멀리 떨어진 수의 부호를 따른다.

구조화된 칠판 수업의 나머지 부분은 이 규칙의 적용에 초점이 맞추어져 있다. 학생들이 이러한 규칙을 이용하여 양수와 음수의 계산 문제를 풀기 위해서는 상당한 연습이 필요하다.

다음으로 학생들은 정수의 곱셈을 배운다. 학생들은 먼저 $5 \times (7 - 2 - 3)$과 같이 양의 정수와 다항수의 곱셈을 배운다. 학생들은 각 항의 부호를 베껴 쓰고 분배법칙을 이용하여 양의 정수와 각 항의 값을 $(35 - 10 - 15)$처럼 곱한다. 학생들이 이러한 문제에 익숙해진 다음, 음의 정수의 곱셈 규칙을 배운다. 음의 정수를 곱할 때는 부호를 반대로 쓴다. 이 규칙을 이용하면 $-5 \times (7 - 2 - 3)$은 $(-35 + 10 + 15)$가 된다. 이 규칙은 학생들이 전통적인 다음 네 가지 규칙보다 오히려 하나만 배울 필요가 있어서 간단하고 유용하다.

더하기 × 더하기 = 더하기
빼기 × 더하기 = 빼기
빼기 × 빼기 = 더하기
더하기 × 빼기 = 빼기

다음으로, 학생들은 덧셈과 뺄셈 문제에서 양의 정수와 음의 정수가 결합된 것(예, $-8 + -3 = \square$)에 대한 전통적인 표기법을 배운다. 처음에 이 표기법을 쉽게 가르치기 위해 교사는 더하기나 빼기 부호를 조작하여 과장되게 나타내는 방법을 사용할 수 있다. 예를 들어, 위의 문제를 $-8 + -3$처럼 문제를 쓰는 것이다. 학생들은 두 가지 규칙을 적용하는 것을 배운다. 첫째, 큰 빼기 부호는 첫 번째 수와 부호를 바꾼 두 번째 수와의 결합을 나타내 준다. 그래서 $-4 - -5$는 $-4 + 5$가 된다. 학생들이 배우는 두 번째 규칙은 큰 더하기 부호는 그대로 두 항을 결합하는 것을 의미한다. 그래서 $-4 + -5$는 그대로 $-4 + -5$다.

학생들이 과장된 부호의 규칙 적용을 모두 배운 후에는 학생들이 문제를 풀기 전에 부호를 과장되게 확대시키지 않은 문제들을 다시 써 보는 연습을 할 것을 권장한다.

지수

지수(exponents)를 쓰는 것과 지수를 결합하는 것은 복잡한 문제에서 요구하는 기본적인 기술이다. 처음에는 학생들에게 지수의 개념을 이해하도록 돕는 확장식을 사용할 것을 권한다. 확장식은 반복된 곱셈과 지수 간의 관계를 보여 준다. 교사는 학생에게 $4 \times 4 \times 4$ 또는 $D \times D \times D$와 같은 반복된 곱셈의 여러 예를 제공한다. 이런 예를 사용해서 교사는 반복되는 수를 밑수(base number)라고 말하고, 밑이 몇 번 반복되었는가를 나타내는 수가 지수(exponent)라는 것을 설명한다. 지수는 밑수 위에 쓰는 작은 수다. 그러므로 $4 \times 4 \times 4$에서 4는 밑수이고, 지수는 3이다. 이것을 4^3이라고 쓴다.

학생들이 밑수와 지수의 관계에 대해 이해를 확실히 다지게 하기 위해 교사는 반복되는 곱셈의 많은 예를 제공하는 것이 필요하다. 학생들은 가능한 밑수와 지수를 쓰는 연습을 해야 한다. 마지막으로 학생들은 밑수와 지수가 주어졌을 때 확장식을 풀어서 쓰는 연습을 해야 한다.

지수를 결합하는 것은 그룹으로 나뉜 확장된 식의 예(예, $6 \times 6 \times 6 \times 6 \times 6$)들을 제시함으로써 설명할 수 있다. 교사는 밑줄 친 곳과 밑줄 치지 않은 곳을 두 그룹으로 나누어 보여 준다. 그런 다음, $6^3 \times 6^2 = 6^5$이라는 예를 보여 준다.

유사하게, 확장식은 지수를 간단하게 하는 방법을 보여 주기 위해서 사용될 수 있다. 지수를 간단히 하는 것은 소인수를 이용하여 분자와 분모를 같은 수로 약분하는 과정과 비슷하다(분수는 1과 같기 때문이다).

예를 들어,

$$\frac{5^9}{5^6} = \frac{5 \times 5 \times 5 \times 5 \times 5 \times 5 \times 5 \times 5 \times 5}{5 \times 5 \times 5 \times 5 \times 5 \times 5} = 5^3$$

약분한 후에 학생들은 밑수와 지수를 결정할 수 있다.

〈요약 20-2〉 정수의 결합

1. 학생들은 더하기를 할지 빼기를 할지 결정하기 위해 규칙을 사용한다.
   같을 때: 더하기
   다를 때: 빼기

   $-13 + 7 = \Box$
   학생들은 두 수의 부호가 다르므로 두 수를 빼야 한다는 것을 결정한다.

2. 학생들은 규칙에 따라 어느 수에서 계산을 시작할지 결정한다.
   0에서 더 멀리 떨어진 수에서부터 시작한다.

   학생들은 -13부터 시작한다.

3. 학생들은 규칙에 따라 정답이 양수일지 음수일지 결정한다.
   정답은 0에서 더 멀리 떨어진 수의 부호를 따른다.

   정답은 음수다. 13이 0에서부터 더 멀리 떨어져 있기 때문이다.

4. 학생들은 문제를 푼다.

   $-13 + 7 = -6$

적용 문제 기초 대수

1. 다음의 함수표를 완성하시오.

x	함수	답 y
0		0
1		4
2		8
3		
4		
5		

2. 정수의 결합을 위한 〈수업 형식 20-3〉을 이용하여 문제를 만들어 보시오.

3. 학생들이 어떤 수가 소수인지를 결정하는 데 사용할 수 있는 예와 비예를 만들어 보시오.

4. 절댓값이라는 개념을 처음에 가르치고 연습할 때 절댓값이라고 명명하기보다 '0에서부터의 거리'라고 하는 것을 이용하는 것이 왜 최고로 효과적인지 이유를 설명해 보시오.

5. 학생들에게 소수를 찾도록 가르치는 과정을 간략하게 말해 보시오.

6. 비율표를 이용하여 풀 수 있는 문제를 만들고 그 풀이 과정을 제시해 보시오.

7. 제시된 비율표를 이용하여 다음 백분율 비교 문제의 풀이 과정을 제시해 보시오.

Ben은 키가 엄마보다 35% 더 크다. 만약 Ben이 엄마보다 21인치가 더 크다면 엄마와 Ben의 키는 얼마인가? (힌트: Ben의 키는 엄마의 키와 비교되고 있다. 누구의 키를 100%와 같다고 보면 되겠는가?)

차이	35%	21인치
엄마		
Ben		

〈수업 형식 20-1〉 함수 사용하기와 만들기

교사	학생

Part A: 구조화된 칠판 수업

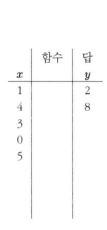
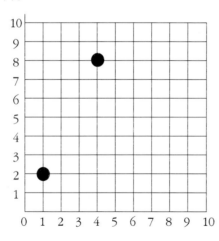

1. 여러분은 x값과 y값을 보여 주는 표를 사용하여 좌표계에 점을 찍어야 합니다. 찍은 점을 이으면 직선이 생길 거예요. 여러분이 직선을 구해야 하는 이유는 모든 점이 같은 함수 규칙을 갖기 때문입니다. 만약 여러분이 같은 규칙을 이용하여 x값을 더하기, 빼기, 곱하기, 나누기하여 y값을 얻는다면 좌표평면에 직선이 만들어집니다. 자, 이 표의 함수식을 찾고, 표를 완성하고, 값을 찾아보고 직선이 되는지 알아봅시다. 처음 x값이 1입니다. y값은 얼마지요?

2

2. 1에서 2가 될 수 있는 방법은 무엇일까요? 더하기를 해 볼까요?

1을 더합니다.

3. 1을 더하면 모든 표에 있는 숫자들을 만족시키는지 봅시다. 두 번째 x값은 무엇이지요?

4

y값은 무엇인가요?

8

그 y값을 구하기 위해 x값 4에 1을 더할 수 있나요?	아니요.
만약 더하기가 아니라면 곱하기를 해 봅시다. 4에 무엇을 곱하면 8이 되지요?	2
돌아가서 첫 번째 값을 점검해 봅시다. x의 값이 1입니다. 2로 곱하면 y값인 2를 구할 수 있나요?	예.

4. 왜 함수식이 $x \times 2$라고 생각합니까?

처음 x값을 2배 했을 때 y값이 2였고 두 번째 4×2를 했을 때 y값이 8이 나왔기 때문입니다.

5. 그렇다면 함수표에 $x \times 2$라고 써넣읍시다.

세 번째 x값은 무엇이지요?	3
그렇다면 3×2는 무엇인가요?	6
6은 어느 쪽에 써넣어야 할까요?	y값 자리에 써야 합니다.

6. 네 번째 x값은 무엇이지요?

	0
그렇다면 0×2는 무엇인가요?	0
네 번째 y값은 무엇인가요?	0

7. 다섯 번째 y값을 찾아봅시다. 다섯 번째 y값을 무엇이라고 썼나요?   10

8. 이제 점을 찍어 봅시다. 첫 번째 좌표는 이미 주어졌어요. 세 번째 x값은 무엇인가요?

	3
그렇다면 x값은 오른쪽으로 옮겨 가야겠네요. 얼마만큼 옮길까요?	3칸입니다.
그 y값은 얼마만큼 옮길까요?	6칸입니다.

이제 점을 찍고 다른 두 점도 구해 봅시다.

9. 자를 이용하여 점들을 이어 봅시다. 직선을 만들었으면 손을 들어 주세요.

Part B: 구조화된 학습지

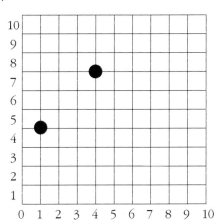

x	함수	답 y
1		4
4		7
3		
0		
5		

1. 이 표에 알맞은 함수식을 구해 봅시다. 표를 완성하고, 값을 찾아보고, 직선이 되는지 알아봅시다.

첫 번째 x값은 1입니다. y값은 얼마지요?   4

2. 1에 얼마를 더해 4가 되었나요?   3

3. 두 번째 수를 봅시다. 두 번째 x값에 4를 더할 수 있나요?	예.
y값을 구하세요.	
그 값들에 대한 수식은 무엇인가요?	$4 + 3 = 7$입니다.
4. 그렇다면 함수식은 무엇일까요?	$x + 3$입니다.
5. 나머지 값도 구해 봅시다. 다 한 사람은 손을 들어 주세요.	
네 번째 값은 무엇인가요?	$x = 0, y = 3$입니다.
다섯 번째 값은 무엇인가요?	$x = 5, y = 8$입니다.
6. 모든 값을 구하여 점을 찍고 자로 이어 봅시다. 직선을 구한 사람은 손을 들어 주세요.	
7. (다른 함수표를 이용하여 단계 4~13을 반복한다)	

〈수업 형식 20-2〉 범주에 대해 분수를 이용한 비율표

교사	학생
Part A: 구조화된 칠판 수업-분수 찾기	
1. (다음 문제를 칠판에 쓴다) 가게에 있는 풀의 $\frac{3}{5}$은 물풀이고 나머지는 딱풀입니다. 만약 26개의 딱풀이 있다면 가게에 있는 물풀은 몇 개인가요? 그리고 가게 안의 풀은 모두 몇 개인가요? (학생들과 같이 문제를 읽는다)	
2. 이것은 단어를 분류하는 문제입니다. 이 문제에 있는 단어의 범주들은 무엇인지 말해 보세요.	풀, 물풀, 딱풀입니다.
3. 이 문제에 나온 첫 번째 단어는 무엇일까요? 밑줄을 그으세요.	풀입니다.
4. 다음에 나온 단어는 무엇인가요? 밑줄을 그으세요.	물풀입니다.
5. 그 다음에 나온 단어는 무엇인가요? 밑줄을 그으세요. (이것을 칠판에 적는다) ___ + ___ = ___	딱풀입니다.
6. 칠판에 써 있는 것처럼 수식을 써 보세요. 더 넓은 범주의 단어가 무엇일까요? 마지막 빈칸에 그것을 쓰세요.	풀입니다.
7. 더 작은 범주의 단어는 무엇인가요?	물풀과 딱풀입니다.
8. 이것들은 어느 칸에 쓸까요?	첫 번째와 두 번째 칸입니다.
9. 써 보세요.	
10. 한 번에 한 범주씩 살펴봅시다. 물풀부터 시작합시다. 전체 풀에서 물풀이 차지하는 비율은 얼마이지요?	$\frac{3}{5}$
11. $\frac{3}{5}$을 어디에 쓸까요?	물풀의 칸에 씁니다.
12. 분수를 쓰세요. 문제에 딱풀의 분수가 나와 있나요?	아니요.

13. 그렇다면 딱풀 자리에는 무엇으로 표시할 수 있을까요? 네모(혹은 박스)입니다.

14. 네모를 쓰세요. 더 큰 범주인 풀은 분수로 어떻게 나타낼 수 있을까요? $\dfrac{5}{5}$

15. 맞아요. $\dfrac{5}{5}$입니다. 문제에는 $\dfrac{5}{5}$라는 말이 없지요. 그런데 우리는 $\dfrac{5}{5}$인 것을 알았어요. 어떻게 알았는지 누가 말해 볼까요? 큰 범주는 모든 풀의 개수이고, 그것은 전체, 1 또는 $\dfrac{5}{5}$와 같기 때문입니다.

16. 큰 수가 정해졌어요. 그렇다면 더하기를 해야 할까요, 빼기를 해야 할까요? 빼기입니다.

17. 그렇다면 답은 무엇인가요? $\dfrac{2}{5}$

Part B: 구조화된 칠판 수업−비율표

1. 이제 그림을 그리고 비율표를 이용하여 문제를 풀어 봅시다. (칠판에 다음 비율표를 그리고 학생들도 그리게 한다)

	분수	비율	양
물풀			
딱풀			
풀			

2. 자, 이제 분수로 나타내 봅시다. 물풀의 비율을 분수로 나타내면 무엇인가요? $\dfrac{3}{5}$

3. $\dfrac{3}{5}$을 물풀 옆의 분수 칸에 쓰세요.

4. 딱풀은 분수로 나타내면 무엇인가요? $\dfrac{2}{5}$

5. 딱풀 칸에 쓰세요.

6. 큰 범주인 전체 풀의 양을 분수로 나타내면 무엇일까요? $\dfrac{5}{5}$

7. 분수 칸에 $\dfrac{5}{5}$를 쓰세요.

8. 이제 비율표를 완성할 준비를 모두 마쳤어요. 이제 비율 칸에 분자를 써 봅시다.
   물풀의 분수는 얼마이지요? $\dfrac{3}{5}$
   물풀의 분자는 얼마이지요? 3
   비율 칸에 분자를 쓰세요. 3

9. 딱풀의 분수는 얼마이지요? $\dfrac{2}{5}$
   딱풀의 분자는 얼마이지요? 2
   비율 칸에 분자를 쓰세요. 2

10. 풀의 분수는 얼마이지요?

$\dfrac{5}{5}$

풀의 분자는 얼마이지요?

5

비율 칸에 분자를 쓰세요.

5

(완성된 표는 다음과 같이 제시된다)

	분수	비율	양
물풀	3/5	3	
딱풀	2/5	2	
풀	5/5	5	

11. 이제 문제를 풀 준비가 되었습니다. 이 비례식을 이용할 것입니다. 우리가 알고 있는 수량을 표에 써넣어 봅시다. 문제를 읽으세요. 문제에 나와 있는 풀의 수량은 몇 상자이지요?

26개의 딱풀입니다.

딱풀의 수량 칸에 써넣어 보세요.

딱풀의 수량을 알고 있기 때문에 딱풀의 수량을 우리가 알고 있는 수량이라고 부릅시다.

12. 먼저 문제에서 구하고자 하는 것은 무엇입니까?

가게에 있는 물풀의 양입니다.

13. 문제를 풀기 위해 우리는 알고 있는 양, 즉 딱풀의 양과 우리가 모르는 양인 물풀의 양으로 표를 만들었습니다. 먼저 적합한 이름을 붙여 비례식을 만들고, 우리가 알고 있는 양을 채워 넣어 봅시다.

여기 비례식을 쓰는 방법이 있습니다. 첫 번째 분수의 분자와 분모에 이름을 붙여 이렇게 써 봅시다. (칠판에 다음과 같이 식을 쓴다)

$$\dfrac{\text{딱풀}}{\text{물풀}}$$

그다음 등호를 쓰고 옆의 분수에 이름을 써넣는다. (칠판에 다음 등식을 쓴다)

$$\dfrac{\text{딱풀}}{\text{물풀}} = \dfrac{\text{딱풀}}{\text{물풀}}$$

이제 첫 번째 분수에 알맞은 비율을 채워 봅시다. 비율 칸을 보세요. 물풀에 대한 딱풀의 비율은 얼마입니까?

$\dfrac{2}{3}$

다음과 같이 첫 번째 분수의 비율을 완성한다.

$$\dfrac{2\text{딱풀}}{3\text{물풀}} = \dfrac{\text{딱풀}}{\text{물풀}}$$

이제 두 번째 분수에 우리가 알고 있는 수를 써 봅시다. 수량 칸을 보고 알고 있는 수량을 찾아보세요. 알고 있는 수량은 얼마지요?

딱풀의 수량은 26상자입니다.

알고 있는 수량을 등식에서 두 번째 분수의 적당한 위치에 써 봅시다. (칠판에 양을 쓴다)

$$\dfrac{2\text{딱풀}}{3\text{물풀}} = \dfrac{26\text{딱풀}}{\text{물풀}}$$

14. 이제 물풀의 수량을 구할 준비가 되었어요. 등식에서 물풀의 양이 들어갈 곳에 네모 표시하세요.

$$\frac{2딱풀}{3물풀} = \frac{26딱풀}{\square물풀}$$

이 등식을 갖고 문제를 풀어 봅시다. 등식을 완성해 봅시다. 2에 어떤 숫자를 곱해야 26이 되나요?　　　　　　　　　　　　　　　　　　　13

자, 이제 첫 번째 분수의 분자와 분모에 13을 곱해 봅시다.

$$\frac{2딱풀}{3물풀} \times \left(\frac{13}{13}\right) = \frac{26딱풀}{\square물풀}$$

여러분이 구해야 할 것이 여기 있어요. 어떤 숫자를 곱해야 우리가 구할 물풀의 개수가 나올까요?　　　　　　　　　　　　　　　　　3×13

답은 무엇인가요?　　　　　　　　　　　　　　　物풀의 개수는 39개입니다.

15. 이제 표에 물풀의 수량을 써넣을 수 있겠군요. 39를 어디에 써넣어야 할까요?　　　　　　　　　　　　　　　　　　　물풀의 수량 칸에 씁니다.

16. 이제 26개의 딱풀과 39개의 물풀의 개수를 구했습니다. 모든 풀의 개수는 어떻게 구할 수 있을까요?　　　　　　　　　　　26과 39를 더합니다.

정답은 무엇인가요?　　　　　　　　　　　　　　　　65개입니다.

답을 표에 써넣어 완성하세요.

〈수업 형식 20-3〉 정수의 결합

교사	학생
Part A: 구조화된 칠판 수업	

1. 여러분은 수직선에서 양의 정수와 음의 정수를 배웠어요. 오늘은 수직선을 사용하지 않고 문제를 풀기 위해 사용할 수 있는 몇 가지 규칙을 배워 볼 거예요. (다음을 칠판에 혹은 포스터에 쓴다)

   a. 정수의 부호가 같으면 더하기를 한다.
   b. 정수의 부호가 다르면 빼기를 한다.
   c. 빼기를 할 때, 수직선에서 더 멀리 떨어져 있는 수에서 다른 수를 뺀다.
   d. 정답의 부호는 두 수 중 0에서 더 멀리 떨어져 있는 수의 부호를 따른다.

2. (다음 문제를 칠판에 쓴다)

$$\begin{array}{r} -9 \\ +\ \ 20 \\ \hline \end{array}$$

3. 두 수의 부호가 같은가요, 다른가요?　　　　　　　　　　다릅니다.

4. 두 수의 부호가 다르면 더하기를 해야 할까요, 빼기를 해야 할까요?　　빼기를 해야 합니다.

5. 0에서부터 더 멀리 떨어져 있는 수부터 찾아봅시다. 9와 20중 0에서 더 멀리 떨어져 있는 수는 무엇일까요?　　　　　　　　　　　20

6. 20에서 9를 빼야겠군요. 답은 얼마인가요?　　　　　　　11

7. 마지막 규칙은 정답의 부호에 대하여 말하고 있어요. 규칙을 읽어 보세요.

> 정답의 부호는 두 수 중 0에서 더 멀리 떨어져 있는 수의 부호를 따른다.

8. 그렇다면 11은 양수일까요, 음수일까요? 왜 그렇게 생각하나요?

> 양수 11입니다.
> 20은 0에서부터 더 멀리 떨어져 있고 양수이기 때문입니다.

9. (다음 문제를 칠판에 쓴다)

$$-7$$
$$\underline{-9}$$

10. 두 수의 부호가 같은가요, 다른가요?

> 같습니다.

11. 두 수의 부호가 같으면 더하기를 해야 할까요, 빼기를 해야 할까요?

> 더하기를 해야 합니다.

12. 7과 9를 더해 봅시다. 정답은 무엇입니까?

> 16

13. 마지막 규칙은 정답의 부호에 대하여 말하고 있어요. 규칙을 읽어 보세요.

> 정답의 부호는 두 수 중 0에서 더 멀리 떨어져 있는 수의 부호를 따른다.

14. 그렇다면 16은 양수일까요, 음수일까요?

> 음수입니다.

15. 왜 그렇게 생각합니까?

> 9가 0에서 더 멀리 떨어져 있고 음수 이기 때문입니다.

16. (다음 문제를 칠판에 쓴다)

$$12$$
$$\underline{-7}$$

17. 두 수의 부호가 같은가요, 다른가요?

> 다릅니다.

18. 두 수의 부호가 다르면 더하기를 해야 할까요, 빼기를 해야 할까요?

> 빼기를 해야 합니다.

19. 0에서부터 더 멀리 떨어져 있는 수부터 찾아봅시다. 12와 7 중에 0에서 더 멀리 떨어져 있는 수는 무엇인가요?

> 12

20. 12에서 7를 빼 봅시다. 정답은 무엇입니까?

> 5

21. 마지막 규칙이 무엇인지 말해 볼까요?

> 정답의 부호는 두 수 중 0에서 더 멀리 떨어져 있는 수의 부호를 따른다.

22. 그렇다면 5는 양수인가요, 음수인가요?

> 양수입니다.

23. 왜 그렇게 생각합니까?

> 12가 0에서 더 멀리 떨어져 있고 양수 이기 때문입니다.

Part B: 덜 구조화된 칠판 수업

1. (네 가지 규칙을 다음과 같이 간단하게 쓴다)

  같을 때: 더한다.

  다를 때: 뺀다.

  0에서부터 더 멀리 떨어진 수를 찾는다.

  0에서부터 더 멀리 떨어진 수의 부호를 따른다.

2. 여기에 정수의 덧셈과 뺄셈의 규칙을 간단하게 기억할 수 있게 요약해 보았어요. 누가 첫 번째 규칙을 읽어 볼까요?

정수의 부호가 같으면 더하기를 한다.

3. 누가 두 번째 규칙을 읽어 볼까요?

정수의 부호가 다르면 빼기를 한다.

4. 누가 세 번째 규칙을 읽어 볼까요?

빼기를 할 때, 수직선에서 더 멀리 떨어져 있는 수에서 다른 수를 뺀다.

5. 누가 마지막 규칙을 읽어 볼까요?

정답의 부호는 두 수 중 0에서 더 멀리 떨어져 있는 수의 부호를 따른다.

6. (다음 문제를 칠판에 쓴다)

$$-5$$
$$+7$$

7. 자, 이제 우리가 해야 할 일에 대해 이야기해 보세요. 더하기를 해야 할까요, 빼기를 해야 할까요?

빼기입니다.

8. 왜 그렇게 생각합니까?

부호가 서로 다르기 때문입니다.

9. 어떤 숫자부터 시작할까요?

7

10. 왜 그렇게 생각합니까?

0에서 더 멀리 떨어져 있기 때문입니다.

11. 정답은 양수일까요, 음수일까요?

양수입니다.

12. 왜 그렇게 생각합니까?

7이 양수이기 때문입니다.

13. 문제를 풀어 보세요. 정답은 무엇입니까?

2

14. (다음 문제를 칠판에 쓴다)

$$-3$$
$$-9$$

15. 더하기를 해야 하나요, 빼기를 해야 하나요?

더하기입니다.

16. 왜 그렇게 생각합니까?

두 수의 부호가 같기 때문입니다.

17. 정답은 양수일까요, 음수일까요?

음수입니다.

18. 왜 그렇게 생각합니까?

9가 음수이기 때문입니다.

19. 문제를 풀어 보세요. 정답은 무엇입니까?

-12

20. (다음 문제를 칠판에 쓴다)

$$-13$$
$$+7$$

21. 더해야 할까요, 빼야 할까요?

빼야 합니다.

22. 왜 그렇게 생각합니까?

두 수의 부호가 다르기 때문입니다.

23. 어떤 수에서 빼야 할까요?

13

24. 왜 그렇게 생각합니까?

13이 0에서 더 멀리 떨어져 있기 때문입니다.

25. 정답은 양수입니까, 음수입니까?

음수입니다.

26. 왜 그렇게 생각합니까?

13이 음수이기 때문입니다.

27. 문제를 풀어 보세요. 정답은 무엇입니까?   −6

Part C: 구조화된 학습지

1. (학생들은 다음과 같은 문제가 있는 학습지를 받는다)

a. −7	b. +4	c. +9	d. −3
−8	−2	−13	+6

2. 문제를 풀기 전에 규칙을 복습해 봅시다. 두 수의 부호가 같으면 어떻게 하지요?   더하기를 합니다.

3. 만약에 더하기를 하면 답의 부호는 무엇으로 정하지요?   0에서 더 멀리 떨어져 있는 수(즉, 절댓값이 큰 수)의 부호

4. 어떤 때 빼기를 하지요?   숫자의 부호가 서로 다를 때 합니다.

5. 빼기를 할 때, 어떤 수에서 빼기를 하나요?   0에서 더 멀리 떨어진 수에서 빼기를 합니다.

6. 정답의 부호는 어떻게 정하나요?   0에서 더 멀리 떨어진 수의 부호를 따릅니다.

7. 문제를 풀어 보세요.

부록

부록 **A**

직접교수 수학 프로그램: 개요 및 연구 요약

Angela M. Przychodzin, Nancy E. Marchand-Martella, Ronald C. Martella, and Diane Azim, Eastern Washington University.

요약

여기서는 직접교수(DI) 수학 프로그램, 즉 DISTAR Arithmetic Ⅰ·Ⅱ(Engelmann & Carnine, 1975, 1976)와 Corrective Mathematics(Engelmann & Carnine, 1982), Connecting Math Concepts(CMC)(Engelmann, Carnine, Kelly, & Engelmann, 1996a)의 개요 및 연구 요약을 제공하고 있고, 수학교수에 대한 구성적 접근과 직접적이거나 명시적인 접근을 비교하였다. DI 수학 프로그램의 개요와 방법은 미국의 전국 수학교사협회(NCTM, 2000b)가 제공한 수학교수 향상을 위한 6가지 원리와 서로 일치하고 있음은 주목할 만하다. 마지막으로, 1990년 이후에 발표된 DI 수학 프로그램들(12개의 연구)에 대한 문헌 고찰과 분석이 이루어졌다. 12개 중 7개의 연구는 DI 수학 프로그램과 다른 수학 프로그램을 비교하였고, 4개의 연구는 다른 수학 프로그램과의 비교 없이 DI 수학 프로그램의 효과를 연구하였다. Adams와 Engelmann(1996)이 수행한 메타분석도 언급하고 있다. 12개 연구를 대상으로 연구 특징(즉, 참고문헌, 프로그램이나 프로그램 비교, 연구 대상, 연구설계, 종속변인과 측정, 연구 결과)이 조사되었다. 12개 중 11개 연구에서는 DI 수학 프로그램에 대해서 긍정적인 결과를 보여 주고 있다. 후속연구를 위한 제언을 8가지 제시하였다.

여기서는 DISTAR Ⅰ·Ⅱ와 Corrective Mathematics, Connecting Math Concepts(CMC)를 포함하는 DI 수학 프로그램을 고찰하였다. 더불어 수학교수법에서의 구성적 접근과 직접적이거나 명시적 접근을 비교하였다. 주로 직접적 접근을 강조하고 있으며, DI 수학 프로그램이 수학 학습 향상을 위한 NCTM의 6가지 원리와 어떻게 일치하는지를 다루고 있다. 또한 이 프로그램을 사용한 연구 중 1990년 이후에 출판된 연구들에 대한 문헌 고찰도 하였다. 마지막으로 DI 수학 프로그램에 대한 후속 연구를 위한 제언을 제공하였다.

수학 통계 자료의 개요

급변화하는 정보기술 사회에서 우리는 확고한 수학적 기술과 개념의 이해에 대한 요구에 직면하고 있다. 이러한 요구는 더 이상 과학적이고 기술적인 분야에만 국한되지 않는다. 대부분의 직업 유형에서 더욱 정교한 수학적 이해를 요구하고 있다. 예를 들어,

Przychodzin, A. M., Marchand-Martella, N. E., Martella, R. C., & Azim, D. (2004). Direct instruction mathematics programs: An overview and research summary. *Journal of Direct Instruction,* *4(1)*, 53-84.

1989년 국립연구위원회(National Research Council)의 보고에 따르면, 75%가 넘는 직업에서 훈련 프로그램의 필수 조건 혹은 면허 시험의 일부로 기초 대수와 기하의 유창성을 요구하였다. 게다가 좀 더 최근의 노동통계국(the Bureau of Labor Statics, 2002)의 보고에 따르면, 성장 분야의 상위 5개 직업 중 4개는 수학이나 컴퓨터 과학과 같은 기술 분야의 학사 학위 취득을 필요로 할 것으로 추정하였다. 우리 사회에서 수학적 기술에 대한 강조는 우리 학생들이 현재와 미래 사회 환경에서 성공하기 위해서는 기초 수학적 기술과 상위 수준의 사고 기술을 갖추어야 한다는 점에서 중요한 것으로 여겨진다.

1995년 학업 성취도에 관한 최대의 국제 연구(제3 국제 수학과 과학 연구)가 보스턴 대학교의 국제연구소(ISC)에서 수행되었다. 이 연구는 41개국의 학생 50만 명이 참가하였다. ISC의 보고서(2001)에서는 다른 참가국과 비교해서 미국의 수학 점수가 참가국 중 중하위권에 있음을 보여 주고 있다. 평가에 참여한 나라 중에서 미국의 4학년 학생들은 26개국 중 12위에, 8학년은 41개국 중 28위에, 12학년은 21개국 중 19위에 올라 있었다.

미국교육성과평가(The National Center for Education Statics, 2001)는 교육 향상을 위한 2000년 국가 평가에 관한 최근 결과들을 발표하였다. 『국가 성적표(The Nation's Report Card)』로 알려진 이 보고서에서 4, 8, 12학년 학생의 수학 성취 수준이 평가되었다. 다음 3가지 수행 단계로 평가되었다.

1. 기초 단계: 각 단계의 능숙한 수행을 위해 기본이 되는 필수 지식과 기술의 부분적 숙련을 나타낸다.
2. 숙달 단계: 평가되는 각 단계의 완전한 수학적 성취를 나타낸다. 이 단계에 도달한 학생들은 수학적 지식, 실생활에의 지식 적용, 분석적 기술을 포함하는 것을 요구하는 연구 주제에 능숙함을 나타낸다.

3. 발전 단계: 상위 수준의 성취를 나타낸다(p. 9).

숙달 단계가 모든 학생의 궁극적인 성취 목표나. 평가 결과 4학년의 26%, 8학년의 27%, 12학년의 17%만이 숙달 단계를 수행한 것으로 나타났다.

NCTM의 원리

미국의 국내외에서 실시된 다양한 평가와 비교에서 나타난 학생들의 수학적 성취도는 공립학교에서 수학을 가르치는 가장 좋은 방법에 관한 검토가 시급함을 보여 준다. NCTM은 1920년에 설립된 세계 최대의 수학교육기관으로, 그 역할은 "모든 학생에게 최고의 수학 교육을 보장할 비전과 리더십을 제공(p. 1)"하는 것이다. 이를 위해 NCTM(2000b)은 수학에서 학생의 성공을 위한 5개의 종합적 교육과정 목표를 제시하였다. (a) 수학의 가치를 학습한다. (b) 수학을 학습하거나 활용하는 데 자신감을 갖는다. (c) 수학적으로 문제를 해결한다. (d) 수학적으로 의사소통하는 방법을 학습한다. (e) 수학적으로 추론하는 방법을 배운다. NCTM(2000b)은 이런 5개 목표에 부합하는 교육 전문가를 위한 안내 지침으로 『학교 수학 교육원리와 표준(Principles and Standards for school Mathematics)』을 개발하였다. 이 기준은 학생들이 학습해야만 하는 수학적 내용과 방법에 대해 기술하는 반면, 원리들은 고급 수학 교육의 특징에 대해서 기술하고 있다(2000b). 초기 논문에서 Kelly(1994)는 CMC를 통해서 어떻게 이 기준들이 부합하는지 설명하기 위해 다양한 CMC 단계의 예를 제공하고 있다. 이 글에서는 CMC, DISTAR I·II, Corrective Mathematics에서 이 원리(기준)가 어떻게 충족되고 있는지에 대해 초점을 두고 있다. NCTM(2000b)에 따르면, 교육과정의 선정과 개발, 교수 설계, 평가 설계, 교육전문가들의 전문성 개발 프로그램 수립에 영향을 주기 위해서는 이 6가지 원리가 적용되어만 한다(〈표 1〉 참조). 이것은 교육전문가가 질 높은 수학 교육에 관한 복합적인 주제들을

〈표 1〉 수학 교수 향상을 위한 NCTM 원리

평등 원리	수학 교육에서의 수월성은 모든 학생에 대한 높은 기대와 강도 높은 지원이 서로 평등하게 이루어진다.
교육과정 원리	교육과정은 학습 지침들을 모아 놓은 것보다 많은 것을 포함한다. 교육과정은 모든 학년에 걸쳐 일관적이어야 하고, 중요한 수학에 초점을 두어야 하며, 명료하게 기술되어야 하고, 학년 간에 유기적으로 잘 구성되어 있어야 한다.
교수 원리	효과적인 수학 지도를 위해서는 학생들이 알고 있는 것이 무엇인지, 학습하기 위해 무엇이 필요한지, 무엇을 지원해 주어야 하고 무엇에 도전하게 해야 하는지에 대한 이해가 필요하다.
학습 원리	학생들은 사전 지식과 경험으로부터 능동적으로 새로운 지식을 구성하도록 이해를 수반한 수학 학습을 해야 한다.
평가 원리	평가는 중요한 수학 학습을 지원해 주어야 하고, 교사와 학생 모두에게 유용한 정보를 제공해야 한다.
공학 원리	공학은 수학을 학습하고, 지도하는 데에 본질적인 것이다. 공학은 학습하게 될 수학에 영향을 미치고 학생들의 학습을 향상시킨다.

다루기 위해 시작해야만 하는 6가지 원리에 관한 내용이다.

수학 교수의 주요 접근

수학 교수법에는 2가지 주요 접근이 있는데 구성주의적 접근과 직접적이거나 명시적 접근이 그것이다(표 2 참조). Applefield, Huber와 Moallem(2000/2001)에 따르면, 구성주의는 학생의 지식이 4가지 주요 요인에 의해 영향을 받게 된다는 가정에 기반을 둔다. (a) 학생들은 그들 자신의 지식을 구성한다. (b) 새로운 학습은 외부 세계에 대한 학생들의 이해에 달려 있다. (c) 이질적인 협력 학습 집단 내에서 학생들의 사회적 상호작용이 주요 역할을 한다. (d) 유의미한 학습 활동을 위해 실제적인 학습 과제들이 활용된다. 이 구성주의적 접근법은 근본적으로 탐구나 발견을 중점에 둔 접근법이다. 학생들은 가장 효과적인 문제해결 전략을 발견할 수 있도록 실제 상황에 놓이게 된다. 또한 문제해결 전략과 수학적 개념들을 일반화하도록 귀납적 추리를 이용한다. 다음 구성주의적 수업의 예는 「수학의 선구자들(Math Trailblazers)」에서 가져왔다 (TIMS Project: University of Illinois at Chicago, 1998, p. 61).

100개의 캔을 재활용하기: 재활용을 위해 아이들이 알루미늄 캔을 수집한다. 첫 번째 목표는 10개의 캔을 수집하는 것이다. 그리고 50개, 최종적으로 100개를 수집하는 것이다. 물론 이것은 학급 내에서 지속적인 과제여야 한다. 100개의 캔을 수집하는 목표를 달성하기 위해 아이들 각각이 얼마나 많은 캔을 모아야 하는지, 만일 모든 아이가 매일 수집해 오면 100개의 캔 수집을 위해서 며칠이 걸리는지에 대해 이해할 수 있다. 먼저, 학생들에게 문제해결에 어떤 전략이 가장 효과적인지 아이디어를 떠올리도록 장려한다. 그러면 시도나 시행착오를 통해서 문제해결에 접근하게 된다.

수학교수의 두 번째 접근은 명시적 혹은 직접적 접근으로 알려져 있다. 이 접근법에서 교사들은 학생들이 개념, 원리·규칙, 인지적 전략, 물리적 조작 방법에 대한 지식을 습득하도록 돕는다(Kozloff, LaNunziata, Cowardin, & Bessellieu, 2000/2001). 이러한 지식은 다음과 같은 방식을 통해 가장 효과적으로 학습된다. (a) 명확한 목표와 함께 지도한다. (b) 명시적이고 체계적으로 개념, 원리, 전략들을 지도한다. (c) 진전도를 지속적으로 점검한다(Kozloff et al., 2000/2001). Stein, Silbert와 Carnine(1997)은 명시적인 교수를 분명하고, 정확하며, 명백한 것으로 언급하였다. 그러

〈표 2〉 수학 교수의 2가지 주요 접근법에 대한 요약

구성주의적 접근	명시적 혹은 직접적 접근
• 교사는 실제 상황을 제시하고, 탐구나 발견에 기초한 문제해결을 장려한다.	• 교사는 직접적으로 개념, 원리, 규칙, 인지적 전략, 물리적 조작 방법을 가르친다.
• 학생은 대부분 이질적인 협력적 학습 집단 내에서 외부 세계 이해에 기반을 둔 자기 지식을 스스로 구성한다.	• 학생의 새로운 지식을 습득, 유지, 일반화로 안내할 조직화된 교수법을 위한 맞춤형 종합 세트
• 학생의 학습과정 단계: 1) 실생활 상황이 제시된다. 2) 가능한 문제해결 전략을 떠올린다. 3) 시행착오를 통해 문제해결에 접근한다.	• 효과적인 교수를 위한 3가지 변인(stein et al., 1997) 1) 효과적인 교수 설계 2) 효과적인 수업 기술(기법) 3) 논리적으로 조직된 교수
• 나선형 교육과정 설계	• 스트랜드(strand) 교육과정 설계

므로 교수법이 더 명시적일 때, 더욱 효과적이 되는 것이다. 이 접근법은 가능한 한 학문적이며, 직접적이고, 효과적인 방식으로 학생들이 새 지식을 습득하고, 유지하고, 일반화하도록 조직화된 교수법에 관한 맞춤형 종합 세트를 제공하고 있다. 다음은 Stein 등(1997, p. 65)이 제시하고 있는 명시적 혹은 직접적인 교수법이 활용되는 수업 장면의 예다.

교사	학생
1. (종이와 연필을 나누어 준다)	
2. 여러분은 문제를 쓸 거예요. 먼저 그것을 말로 표현해 봅시다. 잘 들어 보세요. 6 더하기 2는 얼마인가요? 따라 해 보세요. 교정하기: 학생들이 문장을 정상 속도로 정확하게 말할 수 있을 때까지 학생들과 반복한다.	6 더하기 2는 얼마인가요?
3. 이제 우리는 느리게 문제를 말해 볼 거예요. 내가 손뼉을 칠 때마다 문제를 부분으로 나누어 말해 보세요. (학생들에게 반응해 준다) 자! 준비! (박수) 6 (2초간 멈춤, 박수) 더하기 (2초간 멈춤, 박수) 2	6 더하기 2

(2초간 멈춤, 박수)는 (2초간 멈춤, 박수) 얼마인가요? (앞의 세 단계를 학생 스스로 반응할 때까지 반복한다)	는 얼마인가요?
4. 자! 이제 내가 박수를 칠 때, 여러분이 문제를 말해 보세요. (멈춤) 준비! (2초 간격으로 박수를 친다) 교정하기: 학생들에게 반응해 준다.	6 더하기 2는 얼마인가요?
5. 문제를 써 보세요.	학생들은 6 + 2 = ___ 를 쓴다.
6. (같은 방법으로 단계 1~5를 3번 이상 반복한다)	

수학 교수 향상을 위한 NCTM 원리들과 부합하는 직접적 접근의 효과성

〈표 1〉에서 제시된 대로, NCTM(2000b)은 수학 교수에서 중요한 결정을 내려야 하는 교사들에게 지침을 주기 위해 6가지 원리들을 권고하고 있다. 수학교수법에서 직접적 접근은 효과적이고, 이 원리에 부합되는 효과적인 수단이 된다. Stein 등(1997)은 직접 교수법에서 효과적인 지도를 위한 3가지 변인을 밝히고 있다. 즉, (a) 효과적인 교수 설계 (b) 효과적인 수업 기술(기법) (c) 논리적으로 조직화된 교수다. 이 변인들에 대한 설명은 다음과 같다.

효과적인 교수 설계.   효과적인 교수 설계는 9가지 요소로 구성된다. 첫째, 장단기 목표들이 명시되어야 한다. 장단기 목표들은 관찰 가능한 행동, 성취 기준, 행동 수행 조건들이 명시적으로 기술되어야 한다. 장단기 목표는 교육 프로그램의 종결 부분에서 학생들이 무엇을 할 수 있어야 하는가에 대해 명확히 제시해야 한다. Lignuaris/Kraft, Marchand-Martella와 Martella (2001)가 제시한 장기 목표에 관한 한 예는 다음과 같다. "Larry는 학급에서의 연습 활동에서 받아올림이 있는 문제와 없는 문제 20개를 주면, 3주 연속해서 90% 정확하게 정답을 쓸 것이다."(p. 56) 반면 단기 목표는 장기 목표에 도달하는 데 필요한 구성 요소 기술에 기반을 둔다. Lignuaris/Kraft 등의 단기 목표 예는 다음과 같다. "Larry는 학급에서의 연습 활동에서 합이 19보다 작고, 양쪽 더해지는 수가 10보다 작은 덧셈문제 10개를 주면, 3주 연속해서 90% 정확하게 정답을 쓸 것이다."(p. 56)

둘째, 효과적인 절차 전략들이 계획되어야 한다. Kame'enui와 Carnine(1998)은 지식을 습득하고 이용할 때 활용되는 기술의 세트로서 전략을 정의하고 있다. 학생의 학습과 교수 효과를 최대화하기 위해 가능한 한 최소의 단계를 거쳐 가장 많은 문제 수를 해결할 수 있도록 학생들에게 전략들을 가르치는 것은 꼭 필요한 일이다(Kame'enui & Carnine, 1998; Stein et al., 1997). 다음은 Stein 등에 의해 기술된 수 가족(number-family) 문제해결 전략이다.

수 가족 전략은 4개의 수식을 만들기 위해서는 3개의 수가 필요하다는 개념에 기반을 둔다. 예를 들어, 2, 5, 7을 가지고 $2 + 5 = 7, 5 + 2 = 7, 7 - 5 = 2, 7 - 2 = 5$를 만들어 낼 수 있다. 전형적 문제에서는 조합 내에서 2개의 수가 제시된다. 학생들은 이런 수들을 조합 내에 배치하고, 더하거나 뺌으로써 얻게 될 빠진 수를 결정하게 된다. 전략은 만일 실제 조합에서 총합이 주어진다면 그 문제는 배기를 필요로 한다는 점에서 문장제에서도 적용할 수 있다. 예를 들어, 'Kyle이 2마리의 뱀을 가지고 있었다. 지금 Kyle이 7마리의 뱀을 가지고 있다면, 얼마나 많은 뱀을 더 가지게 된 것인가?'에서 마지막 문장은 총 합계가 아니라 얼마나 더 많아졌는가를 묻고 있다. 2나 7처럼 문제에서 나온 수 중 더 큰 수는 총합을 나타낸다. 지금 그가 7마리를 가졌다는 구절은 7이 총합임을 암시한다. 학생은 총합에서 2를 빼서, Kyle이 5마리를 더 가지게 되었다는 것을 이해하게 된다.(p. 221)

셋째, 필요한 사전 기술이 결정되어야만 한다. 전략 자체를 소개하기 전에 그 요소 기술들을 먼저 가르치는 방식으로 수업이 전개되어야 한다. 예를 들어, 덧셈 문제나 반복되는 덧셈식 문제해결 전략들은 세로식 형태의 덧셈 문제 학습 이전에 가르쳐야 한다. 따라서 전략의 일부로 전략 요소 기술의 활용을 기대하기 전에 그 기술들이 먼저 숙달되어야만 한다.

넷째, 사전 기술들은 학습의 최대화를 위해 논리적으로 배열되어야 한다. 학생들에게 새로운 정보를 도입하고자 할 때 3가지 지침을 사용할 것을 권한다. 첫째, 전략에 관한 사전 기술들이 전략 이전에 지도되어야 한다. 예를 들어, 합이 20을 넘는 한 자리 숫자와 십몇 숫자의 더하기를 배울 때, 학생들은 기호 확인(symbol identification), 자릿값 정하기(place value), 기본 덧셈 연산(basic addition facts), 받아올림하기(renaming)의 사전 기술을 습득해야 한다. Carnine (1980)은 지침에 따라 곱셈 연산의 부분 기술을 미리 가르치는 것은 그 부분 요소와 복잡한(complex) 기술을 동시에 지도했을 때보다 복잡한 기술을 더 빨리 학습하게 하였다는 결과를 발견하였다. 둘째, 쉬운 기술들은 보다 어려운 기술을 학습하기 이전에 먼저 지도되어야 한다. 예를 들어, 학생들에게 불규칙한 10자리 숫자인 11(eleven), 12(twelve), 13(thirteen), 15(fifteen)를 가르치기 이전에 규칙적인 숫자인 14(fourteen), 16(sixteen), 17(seventeen), 18(eighteen), 19(nineteen)를 먼저 가르쳐야 한다. 숫자 17이 "seventeen"인 것처럼, 수의 이름 익히기가 쉽다. 반대로 숫자 11은 불규칙적이어서 더 배우기가 어렵다(one-teen이 아니라 eleven이므로). 마지막으로, 혼동을 주는 정보는 연속적으로 소개되어서는 안 된다. 예를 들어, 혼동을 줄 수 있는 6과 9와 같은 두 수를 연속적으로 도입하면 안된다.

다섯째, 과제의 3가지 유형에 따라 교수 절차를 선택해야 한다. 즉, 활동(moter), 명명(labeling), 전략 과제(strategy task)다. 각 과제의 유형은 다른 과정으로 지도해야 하기 때문이다(Stein et al., 1997). 학생들에게 규칙을 설명하고, 정확한 움직임을 수행하도록 하는 활동 과제는 연속된 4단계, 즉 시범(model), 안내(lead), 평가(test), 지연된 평가(delayed test) 과정으로 가르친다. [그림 1]은 덧셈에서 등호 규칙을 설명하기 위

한 과정에 관한 예다(Engelmann, Carnine, Kelly, & Englemann, 1996b, p. 50). 활동 과제 절차에서 학습지 연습은 지연된 평가 단계로 제공한다.

학생들에게 사물을 정확하게 명명하는 단어를 말하게 하는 명명 과제는 일련의 3단계 과정으로 가르친다. 시범, 대안적 평가(alternating test) 그리고 지연된 평가(delayed test)다. 학생들이 천 자리 숫자를 어떻게 읽어야 하는지를 가르치는 데 사용된 이 절차의 예가 다음에 제시되어 있다(Stein et al., p. 76).

[그림 1] 학생들에게 규칙을 설명하기 위한 활동 과제의 예

연습1: 등호

a. (칠판에 등호를 쓴다)

=

- 우리가 어려운 문제를 풀 때 사용되는 중요한 부호입니다. 이 부호를 등호라고 부릅니다.

b. 이것을 무엇이라고 부르나요? (신호) 등호
   (확실하게 할 때까지 이 단계를 반복한다)

c. (등호 양옆에 원을 그린다)

◯ = ◯

- 여기에 등호에 대한 법칙이 있습니다. 등호의 양옆에는 똑같은 수가 놓여야 합니다. 다시 들어 보세요. 등호 양옆에는 똑같은 수가 놓여야 합니다. 잘 보세요.
- (왼쪽 원 안에 3개의 선을 표시한다)

- 등호 한쪽에 선을 표시했어요. 자! 내가 표시한 선은 모두 몇 개일까요? (신호) 3개
- 등호 양쪽에 같은 숫자를 놓아야 합니다. 그러면 등호의 다른 한쪽에는 몇 개의 선을 그어야 할까요? (신호) 3개
- (오른쪽 원 안에 3개의 선을 표시한다)

- 등호의 양옆에 선을 3개씩 표시했어요. 그래서 이것을 '3은 3과 같다.'라고 말합니다. 이것을 어떻게 말해야 한다고요? (신호) 3은 3과 같다.
- (선들을 지운다)

d. 새로운 문제: 나는 등호 한쪽 옆에 어떤 표시를 하려고 합니다. 잘 보세요.
   (오른쪽 원 안에 2개를 표시한다)

◯ = ⦿

- 내가 등호 한쪽 옆에 그린 표시는 모두 몇 개인가요? (신호) 2개
- 등호 양옆에는 같은 수가 놓여야 합니다. 그러면 다른 한쪽에 몇 개의 표시를 그려야 할까요? (신호) 2개
- (왼쪽 원 안에 2개를 표시한다)

- 등호 양쪽 옆에 똑같이 2를 표시했어요. 그래서 이것을 '2는 2와 같다.'라고 말합니다. 어떻게 말해야 할까요? (신호) 2는 2와 같다.
- (칠판을 지우지 않는다)

출처: From Engelmann, S., Carnine, D., Kelly, B., & Engelmann, O. (1996b). *Connecting Math Concepts: Level A, p. 50*. Columbus, OH: SRA/McGraw-Hill. Reproduced with permission of The McGraw-Hill Companies의 허가를 받아 게재함.

교사	학생
1. 큰 숫자가 한 개의 콤마를 갖고 있을 때, 그 콤마는 천 자리임을 나타내는 표 시입니다. 여기에 규칙이 있어요. 콤마 앞의 수는 몇천인지를 말해 줍니다. 콤마 앞의 수는 무엇을 말해 주나요? (칠판에 6,781을 쓴다)	몇천이요.
2. 콤마 앞의 수는 얼마인가요? 그래서 수의 첫 자리 부분은 얼마를 나타내나요?	6 6000
3. (781을 가리키며) 수의 나머지 부분을 읽어 보세요.	781
4. 이제 전체 수를 읽어 보세요. (6, 콤마, 781을 순서대로 가리키며)	6,781
5. (2,145, 3,150, 5,820, 6,423과 같은 수들로 단계 2~4를 반복한다)	
6. (학생들에게 개별적 연습 기회를 준다)	

[그림 2] 전략 과제의 예

짧은 형태의 연산에서의 기본 단계

교사	학생
1. 문제를 읽으세요.	238 나누기 7
2. 처음에 계산을 해야 할 부분에 밑줄을 그으세요.	$7)\overline{238}$ 에 밑줄을 긋는다.
3. 밑줄 그은 부분을 말해 보세요.	23 나누기 7
4. 밑줄 그은 숫자의 맨 뒷자리 위쪽에 답을 쓰세요.	$\begin{array}{r} 3 \\ 7)\overline{238} \end{array}$
5. 3과7을 곱하고, 빼기 한 수를 아래쪽에 내려서 쓰세요.	$\begin{array}{r} 3 \\ 7)\overline{238} \\ 21 \\ 28 \end{array}$
6. 새 문제를 읽어 보세요.	28 나누기 7
7. 직전에 내려쓴 숫자의 위쪽에 답을 쓰세요.	$\begin{array}{r} 34 \\ 7)\overline{238} \\ 21 \\ 28 \end{array}$
8. 나머지를 결정하기 위해서 곱하고 빼세요.	$\begin{array}{r} 34 \\ 7)\overline{238} \\ 21 \\ 28 \\ 28 \\ 0 \end{array}$
9. 답을 말하세요.	238 나누기 7은 34입니다.

출처: From Stein, M., Silbert, J., & Carnine, D. (1997). DESIGNING EFFECTIVE MATHEMATICS INSTRUCTION 3/e, ⓒ1997, p. 204. Upper Saddle River, New Jersey. Pearson Education, Inc.의 허가를 받아 게재함.

마지막으로, 일반화된 전략 형성을 위한 일련의 단계들을 통합하는 것을 필요로 하는 전략 과제는 시범, 안내된 연습, 감독하에 이루어지는 개별적 연습 순으로 지도한다. [그림 2]의 전략 과제 예는 짧은 형태의 연산 과정을 사용하여 어떻게 나누기를 하는지 보여

주고 있다(Stein et al., 1997, p. 204).

여섯째, 지도 형식은 교사가 어떻게 말하고 행동할지 명확하게 알 수 있게 고안되어야 한다. 이러한 과정은 교사로 하여금 학생의 수행에 더욱 집중할 수 있게 해 준다. [그림 3]은 학생에게 어떻게 부피를 구

[그림 3] *Connecting Math Concepts*의 부피 구하기 지도를 위한
수업 형식의 예: F 단계

연습문제 5. 부피
혼합 문제
a. Part 5를 봅시다.
- 이 도형 중에 어떤 것은 꼭짓점을 가지고 있습니다. 다른 것은 그렇지 않아요. 기억하세요. 꼭짓점이 없는 도형은 밑넓이에 높이를 곱해야 합니다. 꼭짓점이 있는 도형은 밑넓이에 높이를 곱한 다음 무엇으로 나누지요? (신호) 3.
b. 도형 A의 부피를 구하세요. 부피 등식으로 시작해 봅시다. 끝나면 손을 들어 주세요.
(교사는 학생들을 관찰하고 피드백을 준다)
- (칠판에 적는다)

> a. b의 넓이 × 높이 = 부피
> 51×22 = 부피
> | 부피 = 1,122 m^3 |

- 도형 A는 삼각형 모양의 밑면입니다. 밑면의 넓이는 51m^{2}입니다. 여기에 높이인 22를 곱하세요. 부피는 1,122m^{3}가 됩니다.
c. 도형 B 역시 삼각형 모양의 밑면입니다. 그러나 이 도형은 꼭지점을 갖고 있습니다.
- 도형 B의 부피를 구하세요. 끝나면 손을 들어 주세요.
(교사는 학생들을 관찰하고 피드백을 준다)
- (칠판에 적는다)

> b. $\dfrac{\text{b의 넓이} \times \text{높이}}{3}$ = 부피
>
> $\dfrac{27.5 \times 16}{3}$ = 부피
>
> | 부피 = 146.67 in^3 |

- 반드시 거쳐야 할 과정은 다음과 같습니다. 밑면의 넓이는 27.5in^{2}입니다. 여기에 높이인 16을 곱합니다. 그러면 440이 됩니다. 이것을 3으로 나누세요. 부피는 146.67in^{3}가 됩니다.
d. 여러분 차례입니다. Part 5에 있는 나머지 문제를 풀어 보세요. 끝나면 손을 들어 주세요.
(교사는 학생들을 관찰하고 피드백을 준다)

> 핵심

> c. $\dfrac{\text{b의 넓이} \times \text{h}}{}$ = 부피
> 113.04×6 = 부피
> | 부피 = 678.24 in^3 |
>
> d. $\dfrac{\text{b의 넓이} \times \text{높이}}{3}$ = V
> $\dfrac{9.45 \times 3.3}{3}$ = V
> | 부피 = 10.40 ft^3 |
>
> e. $\dfrac{\text{b의 넓이} \times \text{높이}}{3}$ = V
> $\dfrac{254.34 \times 2.8}{3}$ = V
> | 부피 = 2373.84 cm^3 |

e. 교과서 361쪽에서 Part J를 보세요. 문제 C, D, E에 대한 답이 나와 있습니다. 모든 문제를 맞힌 사람은 손을 들어 주세요.

출처: From Engelmann, S., Carnine, D., Kelly, B., & Engelmann, O. (1996d). *Connecting Math Concepts: Level F*, p. 348-349. Columbus, OH: SRA/McGraw-Hill. the McGraw-Hill Companies의 허가를 받아 게재함.

하는지에 대해 가르치는 형식이다(Engelmann, Carnine, Kelly, & Engelmann, 1996d, pp. 348-349).

일곱째, 활동, 명명, 전략 과제를 위해 적절한 예를 골라야 한다. Stein 등(1997)은 적절한 예를 고르기 위해 다음과 같은 방법을 추천하였다. 예는 현재의 전략이나 이전에 숙달된 전략을 포함하고 있어야 한다. 더불어 이전에 소개된 문제 유형도 포함되어야 한다. 교수 설계의 이러한 특징은 학생들에게 새로운 전략을 연습하고 이전의 전략을 복습할 수 있게 해 준다. 또한 비슷한 유형의 다양한 문제를 풀면서 언제 어떤 특정한 전략을 사용해야 하는지 구분하는 법을 배울 수 있게 해 준다.

여덟째, 안내된 연습과 복습은 기술이 확실하게 숙달되게 해 준다. 다음의 두 가지 방법은 습득된 기술이 장기적으로 유지되는 것을 도와준다. (a) 기술을 유창하게 사용하고, 완전히 숙달할 때까지 집중적인 연습을 해야 한다. (b) 체계적인 복습이 포함되어야 한다. Dixon(1994)은 체계적인 복습은 지식의 장기 기억과 자동화에 도움이 될 수 있도록 시간에 걸쳐 복습 기회를 분산시켜야 한다고 하였다. 또한 체계적인 복습은 학습한 정보를 누적시켜야 하고(A와 B를 배운 후, A와 B를 함께 복습), 학습의 일반화와 전이를 촉진하기 위해 복습의 종류를 다양화해야 한다.

마지막으로, 학습의 진전도를 모니터링하는 절차는 일정한 간격을 두고 해야 한다. 이러한 절차는 학습 목표에 집중해야 하며 실제로 교실에서 가르치고 있는 내용의 진전 정도를 평가해야 한다. 학생이 숙달할 필요가 있는 특정 기술을 파악함으로써 그 기술을 가르치려는 목적을 가진 교수 전략이 개발될 수 있다. 이러한 절차의 예는 [그림 4]에서 볼 수 있다(Engelmann, Carnine, Kelly, & Engelmann, 1996c, p. 22).

효과적인 수업 기술. Stein 등(1997)이 언급한 효과적인 교수 방법의 세 가지 변인 중 두 번째는 교사의 효과적인 수업 기술을 포함하고 있다. 이 기술은 집단 지도를 할 때 학생들의 주의 집중을 유지하는 방법과 정해진 기준에 도달하도록 가르치는 것들을 포함하고 있다. 학생들의 주의 집중을 유지하기 위해서는 짧고 간결하게 설명해야 한다. 또한 학생들에게 수업 시간 동안 반응할 기회를 자주 주어야 한다(Paine, Radicchi, Rosellini, Deutchman, & Darch, 1983). 한 목소리로 제창하여 대답하는 것은 모든 학생을 수업에 적극적으로 참여하게 하는 확실한 방법이다. 이런 종류의 수업 기술은 신호의 사용을 필요로 한다. 제창하여 대답하라는 신호를 주기 위하여 교사는 지시를 내려 학생들에게 생각할 시간을 준다. 그리고 손가락으로 가리키거나, 연필을 가볍게 두드리거나 손가락으로 딱 소리를 내는 등으로 학생들에게 대답하라고 단서 신호를 보낸다. 이에 더하여, 이야기할 때는 꾸준한 속도를 유지하는 것이 필요하다. 속도를 유지하면서도 교사는 자료를 제시할 때는 활기찬 태도로, 주저 없이 해야 한다. 마지막으로, 학생들의 자리 배치를 고려해야 한다. 많은 학생으로 이루어진 집단을 가르칠 때 낮은 수행을 보이는 학생은 교사가 그들의 행동을 더 효과적으로 볼 수 있도록 앞에 앉도록 해야 한다. 적은 수의 학생이라면 반원의 형태로 앉게 하고, 낮은 수행을 보이거나 주의가 산만한 학생이 가운데에 있도록 한다.

학생의 주의를 유지하는 것과 더불어 교사는 모든 학생이 기술을 확실히 숙달하게 하기 위해서 학생들이 정해진 기준에 도달할 때까지 가르쳐야 한다. Stein 등(1997)은 학생들이 모든 질문과 예에 정확하게 말할 수 있을 때까지 특별한 지도 형식으로 수업해야 한다고 하였다. 이러한 단계는 효과적인 점검과 오류 수정 그리고 문제에 대한 적합한 진단과 보충을 수반한다. 교수에 대한 기준은 NCTM(2000b)에서 언급한 교수 원리와 일치한다.

논리적으로 조직화된 교수. Stein 등(1997)은 효과적인 교수의 세 번째 변인으로 논리적으로 조직된 교수에 대해 언급하였다. 수학 수업을 구성하는 데는 두 가지의 주요한 방법이 있다. 첫 번째는 오늘날 구성주의 기반 수학 프로그램에서 나타나는 나선형에 기초한 교육과정 설계를 수반한다. 이러한 설계에서는 며칠에 걸친 수업 동안에 단 하나의 주제에만 중심을 맞춘다. 그리고 이 주제들을 매년 반복해서 깊이를 더해 다시 다룬다. 종종 '노출을 통한 교수'라고 불리는 방법의 이러한 교육과정 설계는 많은 주제를 매년 간단하게 다룰 수 있게 해 준다. Carnine(1990)

에 따르면, 나선형 교육과정의 의도는 매년 깊이를 더하는 것이지만 실제로는 매년 많은 양의 주제를 빠르게, 피상적으로만 다룬다. 실제로, Porter(1989)는 70%에 달하는 수학 주제들이 매년 수업 시간에서 30분보다 적은 시간 동안 다루어진다는 것을 밝혀냈다.

수학 수업을 구성하는 두 번째 방법은 직접교수 프로그램에서 나타나는 주요 주제 설계(strand design)

[그림 4] 『*Connecting Math Concepts*: 단계 C, 교사 지도서』에서 발췌한 교육과정중심측정(CBM)의 예

a. 학습지를 펴고 평가 6을 찾으세요. 이것은 여러분이 공부한 내용에 관한 시험입니다. 시험을 잘 보면 최대 20점을 받을 수 있습니다. 집중해서 하도록 하세요.

b. Part 1을 봅시다.
문제의 답을 쓰세요. 빠른 속도로 풀어야 합니다.

c. A로 가세요.
문제는 47 더하기 10 입니다. 문제의 답을 옆에 쓰세요. √
  • B로 갑니다.
  문제를 들으세요. 63 더하기 5. 답을 적으세요. √
  • C입니다.
  문제를 들으세요. 52 더하기 4. 답을 적으세요. √
  • D입니다.
  문제를 들으세요. 29 더하기 10. 답을 적으세요. √

d. Part 2와 3를 봅시다.
Part 2와 3을 푸는 데 1분 30초를 주겠습니다. 준비하고 시작하세요.
(교사는 학생을 관찰하지만 피드백을 주지는 않는다)
  • (1분 30초 후 말한다) 멈추세요. 해결하지 못한 문제는 사선으로 지우세요. √

e. (학생이 수업하고 있는 항목 중 읽기 어려워하는 것이 있으면 교사가 읽어

준다)

f. 시험지의 나머지 부분은 여러분 스스로 끝내세요. 다한 사람은 손을 들어 주세요.

Part 1
a. ___ b. ___
c. ___ d. ___

Part 2
a. $7 - 6 =$ ___ b. $11 - 6 =$ ___ c. $9 - 6 =$ ___
d. $12 - 6 =$ ___ e. $9 - 6 =$ ___ f. $10 - 6 =$ ___

Part 3

a. 5	b. 3	c. 2	d. 5	e. 5	f. 5	g. 4	h. 5
$\times 1$	$\times 5$	$\times 5$	$\times 4$	$\times 5$	$\times 2$	$\times 5$	$\times 3$

Part 4 각 자리의 수를 적으세요.

	천	백	십	일
a. 100이 32개				
b. 10이 7개				
c. 100이 7개				
d. 100이 35개				
e. 10이 36개				
f. 10이 15개				

Part 5 덧셈이나 뺄셈 문제를 쓰고 답을 쓰세요. 그런다음 빈칸에 알맞은 수를 쓰세요.

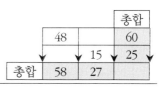

		총합
48		60
	15	25
총합 58	27	

Part 6 각 문제에 대한 수 가족을 쓰세요. 덧셈이나 뺄셈을 하여 답을 쓰세요.

a. □가 있습니다.
여기에 23을 더했습니다.
그랬더니 97이 되었습니다.

b. 206이 있습니다.
여기에서 13을 잃었습니다.
그랬더니 □가 되었습니다.

Part 7 분수를 적으세요.

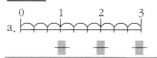

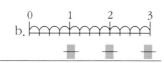

Part 8 소리 내어 9씩 뛰어 세면서 수를 적어 보세요.

9 — — — — — — — — 90

출처: From Engelmann, s., Carnine, D., Kelly, B., & Engelmann, O. (1996c). *Connecting Math Concepts: Level C, teacher's guide*, P. 22. Columbus, OH: SRA/McGraw-Hill. the Mcgraw-Hill Companies의 허가를 받아 게재함.

다. 이러한 설계는 '큰 개념(big ideas)'이라는 개념과 그것을 둘러싼 기술을 발달시키는 것들로 조직되어 있는데, 이것은 30분 수업의 맥락 안에서 중요한 몇 개의 주제를 5~10분 안에 다룰 수 있도록 해 준다. Carnine(1990)은 스트랜드로 조직된 교육과정을 구성하는 것의 여러 장점을 언급하였다. (a) 학생들은 한 수업을 들으면서도 다양한 주제에 더 쉽게 몰두할 수 있다. (b) 통합된 구성 개념들의 순서를 더욱 잘 조정할 수 있도록 해 준다. (c) 이렇게 여러 개의 주제로 구성된 수업은 점차적인 도입이 가능하도록 해 준다.

직접교수(DI) 수학 프로그램

직접교수(DI) 프로그램은 주요 주제별 접근법을 취한다. DI 프로그램은 효과적인 교수 설계와 효과적인 수업 능력 그리고 교수의 논리적인 조직(앞에서 Stein 등에 의해 이미 언급된 것처럼, 1997)으로 이루어진 명시적인 혹은 직접적인 교수 접근법이다. 『DISTAR Arithmetic I 과 II』(Engelmann & Carnine, 1975)와 『Corrective Mathematics』(Engelmann & Carnine, 1982) 그리고 『Connecting Math Concepts』(Engelmann et al., 1996a)는 과학연구협회(Science Research Associates: SRA)에서 출판한 연구 검증된 3개의 수학 프로그램이다.

DISTAR Arithmetic I. 이 프로그램은 초기 배치고사, 160개의 시험, 160개의 수업, 140개의 집에서 하는 과제물 그리고 72개의 프로그램 안에서의 숙달 시험으로 구성되어 있다. 이 프로그램은 유치원부터 초등학교에 이르기까지 어느 단계의 능력을 가진 학생에게나 효과적이다. 학생들은 프로그램을 시작하기 전에 배치고사를 치른다. 그리고 한 집단 안에 속하게 되는데, 이 집단은 추후에 바뀌어 배치될 수 있는 융통성을 지닌다. 저성취 학생들은 학교 수업일수만 계산했을 때 200일 안에 프로그램을 마칠 수 있다. 높은 수행을 보이는 학생들은 108일 안에 끝낼 수도 있다. 특정한 수업을 건너뜀으로써, 이 학생들은 그들이 할 수 있는 한 빨리 진도를 나갈 수 있다.

DISTAR Arithmetic II. 이 프로그램은 160개의 수업과 160개의 집에서 하는 과제물, 3개의 배치고사 그리고 15개의 프로그램 내에서의 숙달 시험으로 구성되어 있다. Engelmann과 Carnine(1976)는 다음과 같이 언급했다.

> DISTAR Arithmetic I 이나 DISTAR가 아닌 기초적인 대수 프로그램에서 10개나 혹은 그 이상의 수업을 받은 학생들은 두 번째 단계를 성공적으로 끝낼 수 있다. 그 이유는 배치고사와 DISTAR Arithmetic I 을 복습하는 과정이 프로그램 안에 설계되어 있기 때문이다.(p. 1)

DISTAR Arithmetic I 에서와 같이, 학생들은 배치고사를 프로그램이 시작하기 전에 치른다. 그리고 역시 추후 변경될 수 있는 융통성 있는 집단 안에 배정받는다. 집단은 하루 동안의 수업과 프로그램 내의 숙달 시험에서의 개인 성적에 기초하여 바뀌게 된다. 〈표 3〉은 DISTAR Arithmetic I 과 II 를 위한 발달 단계를 요약해서 보여 주고 있다.

Corrective Mathematics. 이 프로그램은 초등학교 3학년부터 중학교까지의 학생들을 위해서 설계되었다. 이 프로그램은 보충 학습이나 발달 단계의 일부로 사용될 수 있다. 예를 들어, 4학년부터 중학생까지의 학생 중 덧셈, 뺄셈, 곱셈, 나눗셈을 숙달하지 못한 학생이 이 프로그램을 사용할 수 있다. 초등학교 3학년부터 6학년의 학생 중 기본적인 수 세기나 부호 이해를 할 줄 아는 학생은 더 어려운 덧셈, 뺄셈, 곱셈이나 나눗셈 기술을 발달시키기 위해서 이 프로그램을 사용할 수 있다. 이 프로그램은 4개의 기본적인 모듈(덧셈, 뺄셈, 곱셈, 나눗셈) 그리고 3개의 보충적인 모듈(기본 분수인 분수와 소수, 백분율, 비율과 방정식)로 이루어져 있다. 4개의 기본 모듈에는 65개의 수업이 있고, 각각의 수업에는 학생 혼자서 푸는 학습지가

있다. 보충적인 기본 분수 모듈에는 55개의 수업이 있다. 분수, 소수, 백분율 모듈에는 70개의 수업이 있다. 그리고 비율과 방정식 모듈에는 60개의 수업이 있다. 7개의 모듈 각각은 최소한 15개의 숙달 시험과

〈표 3〉 *DISTAR Arithmetic I*과 *II*를 위한 발달 단계 요약

기술 발달 단계	DISTAR I	DISTAR II
단순 수 세기(rote counting)		
짝 짓기(matching)	×	×
기호 인식(symbol identification)	×	
줄 긋기 게임(cross-out game)	×	×
기호 쓰기(symbol writing)	×	
두 수의 관계(pair relations)	×	
수직선(numerals and lines)	×	
등식(equality)	×	
짝 짓기(matching)	×	
덧셈(addition)	×	×
대수의 덧셈(algebra addition)	×	×
거꾸로 세기(counting backward)	×	×
뺄셈(subtraction)	×	
받아쓰기(dictation)	×	
단순 연산(facts)	×	×
문장제 문제(story problems)	×	×
기호 인식 위한 수 구구(연산의 의미)(facts for symbol identification)	×	
세로셈 문제(problems in columns)	×	×
수학적 사실 생각해 내기(figuring out facts)	×	
비교하기(more or less)	×	×
문장제 문제(written story problems)	×	×
서수 세기(ordinal counting)	×	
합동(consolidation)	×	
단순 연산 유도(fact derivation)		×
곱셈(multiplication)		×
분수의 계산(fraction operations)		×
길이와 무게 측정(length and weight measurement)		×
연산의 응용(applications of operations)		×
음수(negative numbers)		×

보충 학습을 위한 제안을 수반하고 있다. 숙달 시험은 기본적인 개념, 연산 그리고 문장제 문제에 대한 학생의 습득을 평가한다.

일반적으로, 학교에서 1년 동안 2개의 모듈을 가르친다. 또한 이 프로그램은 높은 수행을 보이는 학생의 학습을 촉진하기 위해서 3가지 대비책을 마련해 두고 있다. 첫째, 각각의 모듈은 숙달 시험의 결과에서 월등한 발전으로 먼저 성취한 학생을 위해 건너뛰는 일정(skippng schedule)을 포함한다. 둘째, 교사들은 하루에 한 개 이상의 수업을 할 수 있다. 셋째, 학생이 현재 모듈에서 45개나 50개 정도의 수업을 받았다면, 나머지는 이미 배운 것과 중복될 수 있다.

Corrective Mathematics에는 2가지의 학생 배치 방법이 있다. 첫째는 교사가 각각의 특정한 모듈 안에서 사전 기술 시험과 배치고사를 시행하는 것이다. 둘째는 교사가 모든 모듈에 해당하는 기술을 개관할 수 있는 포괄적인 배치고사를 시행하는 것이다. 〈표 4〉는 덧셈, 뺄셈, 곱셈, 나눗셈 모듈에서의 발달 단계를 요약해서 보여 주고 있다.

보충적인 모듈이 상급 수준의 수학 기술을 가르치기 위해서 설계되어 있다. 이 모듈들은 연속하여 가르칠 수도 있고 독립적으로 가르칠 수도 있다. 기본적인 분수 모듈은 4학년 교육과정에 더하여 가르칠 수 있다. 분수, 소수 그리고 백분율 모듈과 비율, 방정식 모듈은 5학년이나 6학년 교육과정에 더할 수 있다. 〈표 5〉는 보충적인 모듈의 발달 단계를 요약해서 보여 준다.

Connecting Math Concepts(CMC). 이 프로그램은 7개의 모듈이나 단계[A~F와 브리지(Bridge)]로 구성되어 있다. CMC에서 다루어지는 개념이 여러 개의 연속적인 수업에 걸쳐 나뉘어 있는데, 이것은 개념 간의 중요한 연결이 이루어지도록 하며 각각의 전략에 능통할 수 있는 충분한 시간을 제공한다. Engelmann과 동료들(1996c)에 따르면, CMC는 특별히 수학에 어려움이 있는 학생들에게 효과적이다. CMC 단계

〈표 4〉 기본 모듈에서의 발달 단계 요약

기술 발달 단계	덧셈	뺄셈	곱셈	나눗셈
단순 연산(facts)	×	×	×	×
자릿값(place value)	×	×	×	×
연산(operations)	×	×	×	×
문장제 문제(story problems)	×	×	×	×

A~D는 120개의 수업과 한 개의 배치고사 그리고 10번째 수업마다 한 번씩 이루어지는 숙달 시험으로 구성되어 있다. 단계 A는 1학년 학생들을 위해 고안되었으며, 다양한 맥락 안에서 수 세기 경험을 기를 수 있도록 해 준다. 단계 B는 2학년을 위해 고안되었고 수학적 개념과 실제 생활의 상황들을 연결하고 있다. 단계 C는 3학년을 위해 고안되었고 더욱 고차원적인 사고 기술들을 매우 강조하고 있다. 단계 D는 4학년들을 위한 것이며, 단계 A~C의 기초를 다지는 방식으로 학생들의 수학적 이해도를 확장시킨다.

CMC 단계 E는 125개의 수업과 한 개의 배치고사 그리고 10번째 수업마다 한 번씩 이루어지는 숙달 시험으로 구성되어 있다. 5학년을 위한 것이며, 이전의

단계에서 배운 개념과 기술을 확장시키는 과정에서 학생들은 더욱 복잡한 문제도 분석하고 풀 수 있다.

브리지 모듈은 단계 E와 단계 F 사이에 있으며, 5학년이나 6학년 단계의 학생 중 CMC 단계 E를 거치지 않고 브리지 배치고사를 통과한 학생들을 위해 사용할 수 있다. 이 모듈은 기초적인 대수 이전의 학습을 준비하기 위한 독립적인 과정이나, 혹은 오히려 CMC 단계 F와 혼합하여 더욱 완전한 수학적 기초를 쌓기 위해 사용될 수 있다. 브리지 모듈에는 70개의 수업, 10번째 수업마다 한 번씩 이루어지는 숙달 시험이 들어 있다.

CMC 단계 F는 100개의 수업과 10개의 수업마다 치르는 숙달 시험으로 구성되어 있다. 6학년을 위한

〈표 5〉 보충적 모듈의 발달 단계

기술 발달 단계	기본 분수	분수, 소수 & 백분율	비율 & 방정식
분수의 덧셈과 정수	×	×	
분수의 뺄셈과 정수	×	×	
분수의 곱셈과 정수	×	×	
대분수 쓰기	×		
크기가 같은 분수 찾기	×		
대분수의 덧셈과 뺄셈		×	
대분수의 곱셈과 나눗셈		×	
분수의 약분		×	
분수를 소수나 백분율로 나타내기		×	
소수를 분수나 백분율로 나타내기		×	
백분율을 분수나 소수로 나타내기		×	
비율 구하기			×
비율과 거리 문제 풀기			×
기본적인 문제풀이 전략을 사용하여 문장제 문제 풀기			×
기본적인 문제풀이 전략을 사용하여 대수 문제 풀기			×

〈표 6〉 *CMC* 발달 단계 요약

기술 발달 단계	단계 A	B	C	D	E	브리지	F
수 세기(counting)	×	×					
기호(symbols)	×						
비교하기(more/less/equal)	×		×				
덧셈/뺄셈(addition/subtraction)	×						
자릿값(place value)	×	×	×	×	×		
문제해결(problem solving)	×	×	×	×	×	×	×
문장제 문제(word problems)	×	×	×	×	×	×	
적용: 돈(application: Money)	×						
지시 따르기(following directions)		×					
덧셈, 뺄셈에 관한 단순 연산(facts)							
숫자들의 관계(number relationships)		×	×		×	×	×
수 가족 표(number family tables)				×	×	×	
측정(measurement)		×					×
세로셈 덧셈(column addition)		×	×				
세로셈 뺄셈(column subtraction)		×	×	×			
암산(mental arithmetic)		×	×	×	×		
돈(money)		×	×				
곱셈(multiplication)		×				×	
기하학: 모양 구분, 둘레와 넓이 구하기(geometry: identifying shapes, finding perimeter be area)		×		×		×	
표(tables)		×					
덧셈, 뺄셈 수 가족(number families)			×				
곱셈, 나눗셈에 관한 단순 연산(facts)			×	×			
세로셈 곱셈(column multiplication)			×	×	×		
나머지가 있는 나눗셈(division with remainders)			×	×	×	×	
예상과 확인(estimation)			×			×	
계산기 사용(calculator skills)			×	×	×		
방정식의 개념(equation concepts)			×				
데이터 분석: 표			×				
분수(fractions)			×	×	×	×	
좌표(coordinate system)			×	×	×	×	×
그래프(graphs)			×				×
넓이(area)			×				×
부피(volume)			×	×			×
시간(time)		×	×				
통계: 범위(statistics: range)			×				
정수 계산(whole number operations)				×	×	×	×
등식과 비례관계(equation & relationships)				×			
소수(decimals)				×		×	×
백분율(percents)						×	
비(비율)와 비례(ratios & proportions)				×		×	
비율표(ratio tables)						×	×
분수 수 가족(fraction number families)				×	×	×	
분수의 계산(fraction operations)							×
확률(probability)				×			×
확률 기하(probability geometry)				×	×		
계산 관계식(operational relationships)					×	×	×
어림수 계산(rounding)					×		
정수의 특성(whole number properties)					×		
대분수의 계산(mixed number operations)					×		×
소수의 계산(decimal operations)					×		
원(circles)					×	×	
각도와 선 도형(angles & lines)					×	×	
기하학적 지식(geometry facts)							×
부호 달린 숫자들(signed numbers)							×
지수(exponents)							×

단계이며, 단계 F의 학생들이라면 단계 E와 브리지 모듈을 성공적으로 마쳤을 것이라고 가정하기 때문에 배치고사는 포함되어 있지 않다. 단계 F는 학생들이 더 높은 수준의 수학을 성공적으로 배울 수 있도록 준비시킨다. 〈표 6〉은 CMC의 발달 단계를 요약해서 보여 준다.

CMC의 각각의 7개의 단계에서, 학생들은 각각의 수업을 위한 독립적인 과제를 부여받는다. 교사들에게는 숙달 시험의 결과에서 나타나는 학생들이 경험하는 어려움들을 어떻게 교정해 줄 수 있는지에 대한 권고가 제공된다.

DI 수학 프로그램의 구조

DISTAR Arithmetic I·II 그리고 CMC는 트랙, 수업 형식, 과제의 사용을 통해 구성된다.

트랙(track).   트랙(기술 발달 스트랜드라고 불리는 것처럼)은 주요한 기술이나 전략으로 구성되어 있다.

DISTAR Arithmetic I의 한 트랙의 예가 문장제 문제다 (수업 140부터 159까지). Engelmann과 Carnine (1975)에 따르면, 이 트랙의 목적은 학생들에게 간단한 문장제 문제를 스스로 풀 수 있도록 가르치는 것이다.

학생들이 필요한 사전 기술들을 복합적인 전략에서 사용되기 이전에 배워야 한다는 신념에 맞추어 문장제 문제 트랙을 위한 사전 기술은 다음과 같다. (a) 덧셈에서 적절한 전략을 사용하며 문제 풀기(수업 51에서 소개됨), 대수의 덧셈(수업 61에서 소개됨), 뺄셈(수업 83에서 소개됨) (b) 교사가 말한 수식을 받아 적기(수업 84에서 소개됨) (c) 언어적인 이야기 문제를 수식으로 적기(수업 102에서 소개됨)다. 각각의 트랙 전체에 걸쳐, 시범에서 안내된 연습으로 그리고 독립적인 연습으로 주안점이 바뀐다.

수업 형식(formats).   Engelmann과 Carnine(1975)은 지도 형식을 여러 개의 연속적인 수업에서 반복되는 교수 단계의 패턴이라고 정의하였다. [그림 5]는 DISTAR Arithmethic I의 '사건과 사물의 수 세기'를 위

[그림 5] *DISTAR Arithmetic I*의 수업 형식 예시

과제 4. 사건과 사물의 수 세기: 여러분이 수를 셀 때 학생들은 박수를 친다(강조되는 단어는 굵게 표시되어 있다).

집단 활동

a. 여러분은 수를 세고 나서 박수를 치고, 다음 수를 세기 전에 1초 쉽니다.

박수 치기 게임을 해 봅시다. 선생님은 수를 셀 때마다

박수를 한 번씩 칠 거예요. 준비하세요.

하나 … 둘 … 셋 …넷.

b. 수를 세면서 다음 수를 세기 전에 2초를 쉽니다.

여러분 차례입니다. 선생님이 수를 셀 테니 **여러분이** 박수를 치세요.

(잠시 멈춘다) 준비하세요. 하나 … 둘 … 셋 … 넷 … 멈추세요.

(학생들은 수를 세지 않고 교사가 수를 세는 것에 따라 박수를 친다)

교정하기   학생들이 교사가 수 세는 것에 따라 박수를 치는 것을 어려워하면

신체적으로 학생들의 손을 잡고 박수를 치는 것을 도와준다.

---

c. 반응이 확실할 때까지 b를 반복한다.

개별 시험

몇몇 학생에게 b를 시켜 본다.

출처: Fromn Engelmann, S., & Carnine, D. (1975). *DISTAR Arithmetic I: Teacher's guide*, p. 22 Columbus, OH: SRA/Macmilan/ McGraw-Hill. the McGraw-Hill Companies의 허가를 받아 게재함.

[그림 6] *DISTAR Arithmetic I*에서 새로운 숫자를 수업 형식 안에 어떻게 넣는지를 보여 주는 두 과제 예시

과제 2. 기호 구별하기 새로운 기호를 소개하기 교사는 새로운 기호를 **가리킬 때**는, 해당 쪽 위의 1~2인치 정도에서 손가락으로 가리킨다. 기호의 바로 아래쪽을 손가락으로 분명하게 **짚는다**. 강조되는 단어는 **굵게 표시한다**. 집단 활동 a, b, c를 한다. a. 가리킨다. 이것은 4입니다. 　이것은 무엇인가요? 4를 짚는다. 4. 　맞아요, 이것은 4입니다. b. 가리킨다. 이것은 4입니까? 　개를 짚는다. 아니요. 　교정하기: 이것은 4가 **아닙니다**. 　이것이 4인가요? 아니요. c. 가리킨다. 이것은 4입니까? 　4를 짚는다. 네. 　교정하기: a를 반복하고 다시 c로 돌아온다. 　반응이 확고할 때까지 a, b, c를 무작위로 반복한다. d. 선생님이 짚는 것이 무엇인지 말해 주세요. e. a나 c를 가리킨다. 잠시 멈춘다. 준비하고 시작한다. 　반응이 안정적일 때까지 a와 c를 무작위로 가리킨다. f. 무작위로 a, b, c를 가리킨다. 개별 시험: 몇몇 학생에게 두 기호를 구분하라고 시켜 본다.	과제 2. 기호 구별하기 새로운 기호를 소개하기 교사는 새로운 기호를 **가리킬 때**는, 해당 쪽 위의 1~2인치 정도에서 손가락으로 가리킨다. 기호의 바로 아래쪽을 손가락으로 분명하게 **짚는다**. 강조되는 단어는 굵게 표시한다. 집단 활동 a, b, c를 한다. a. 가리킨다. 이것은 2입니다. 　이것은 무엇인가요? 2를 짚는다. 2. 　맞아요. 이것은 2입니다. b. 가리킨다. 이것은 2입니까? 　4를 짚는다. 아니요. 　교정하기: 이것은 2가 아닙니다. 　이것이 2인가요? 아니요. c. 가리킨다. 이것은 2입니까? 　2를 짚는다. 예. 　교정하기: a를 반복하고 다시 c로 돌아온다. 　반응이 확고할 때까지 a, b, c를 무작위로 반복한다. d. 선생님이 짚는 것이 무엇인지 말해 주세요. e. a나 c를 가리킨다. 잠시 멈춘다. 준비하고 시작한다. 　반응이 안정적일 때까지 A와 c를 무작위로 가리킨다. f. 무작위로 a, b, c를 가리킨다. 개별 시험: 몇몇 학생에게 두 기호를 구분하라고 시켜 본다.

출처: Fromn Engelmann, s., & Carnine, D. (1975) *DISTAR Arithmetic I: Teacher's guide*, pp. 108, 133 Columbus, OH: SRA/Macmilan/McGraw-Hill. the McGraw-Hill Companies의 허락을 받아 게재함.

한 수업 형식이다. 수업 형식은 교수의 초점이 교사의 시범에서 안내된 연습으로 전환되기 전에 3개 혹은 그 이상의 수업에 걸쳐 유지된다.

과제(task). 과제는 말(단어들)은 바꾸지 않으면서 새로운 숫자를 수업 형식 안에 넣어서 만든다. 예를 들어, 숫자 4의 기호를 구별하는 법을 가르치는 수업 형식이 [그림 6]에 제시되어 있다. 같은 수업 형식 안에서 숫자 2를 구별하는 방법을 가르칠 때(역시 [그림 6]에 나타나 있는) 용어가 어떻게 변하는지 유의해야 한다. 과제는 학습자가 혼동하지 않도록 하기 위해 가장 간단한 방법으로 제시되며, 5개의 프로그램 목표를 확실히 숙달하게 하기 위해 분명한 순서를 따른다. 이후에 이어지는 과제 역시 비슷한 과정을 필요로 하며, 일반화를 촉진하기 위해 가르치는 것이다.

DI 수학 프로그램이 수학 학습 향상을 위한 NCTM의 원칙과 어떻게 부합하는가

수학 학습 향상을 위한 NCTM의 원리들은(NCTM, 2000b) 각각의 DI 수학 프로그램과 부합하고 있다. 첫째, NCTM의 평등 원리는 모든 학생에게 똑같이 높은 기대와 강력한 지원을 지닌 우수한 수학 교육을 요구하고 있다. NCTM은 인식된 수학 능력에 기초해서 트랙 안에서 장기간, 흔히 영구적인 배치로 정의되는 능력별 학급 편성을 반대한다. DI 수학 프로그램은 매일의 진전도 점검에 의해 결정되는 현재 수행의 단계에 근거하여 집단을 융통성 있게 편성한다. 그러한 점검에는 수업 중 관찰, 집에서 하는 과제의 수행, 그리고 프로그램 내의 숙달 시험에서의 수행이 포함된다. 개별 학생의 수행 정도에 따라 집단은 바뀔 수 있다. 평등 원리에서 NCTM은 모든 학생에게 같은 수준의 기대감을 가지고 있어야 한다는 것을 강력하게 권하고 있다. DI 수학 프로그램은 학생들이 프로그램을 통해 진보해 갈 때, 모든 학생은 완전히 습득해야 한다는 특정 수행 목표에 기초하고 있다.

둘째, NCTM의 **교육과정** 원리는 교육과정은 교육 활동들의 집합체 그 이상이라고 언급하고 있다. 교육과정은 일관성이 있어야 하며, 중요한 수학적 내용에 초점을 맞추어야 하고, 여러 학년을 통틀어 논리 정연해야 한다. DI 수학 프로그램은 주제별 설계를 사용함으로써 이러한 원칙과 일치한다. DI 프로그램 설계에서, 수업은 주요 개념이나 '큰 개념'을 중심으로 조직되어 있다. Dixon(1994)에 따르면, 큰 개념은 학생들에게 가장 많이 그리고 가장 효율적으로 배울 수 있게 해 준다. 특히 DI 수학 프로그램은 각 단계나 학년 전체에 걸쳐 학생들이 기초적인 연산이나 전략, 더 복잡한 응용 원리에 적용하는 법을 배울 수 있도록 설계되었다. 더불어 NCTM은 학교에서 수학 교육과정 자료를 선정하기 전에 광범위한 현장 검증(다양한 실제 사용 환경에서 시험해 보는 것)이 이루어져야 한다고 언급하였다. DI 수학 프로그램은 30년이 넘는 동안 매우 다양한 환경에서 시행되고 연구되었다(Adams &

Engelmann, 1996).

셋째, NCTM의 **교수** 원리는 교사는 학생들이 현재 알고 있는 것과 배워야 할 것을 파악하고, 학생들이 그것을 잘 배울 수 있도록 자극하며 또한 지지해 주어야 한다고 말한다. NCTM은 교사들이 또래 코칭 모델로 동료들끼리 서로 지원하며 수업에 대해 반성하고 개선하도록 독려한다. 이 모델은 교사들이 모든 학생이 성공하는 수업을 계획할 수 있게 해 준다. DI 수학 프로그램은 교사에게 광범위한 사전 지원 훈련을 제공하여 적절한 교수의 시행과 효과적인 교수적 전달이 이루어질 수 있도록 함으로써 NCTM의 원리와 부합한다. 훈련 이후에, 교사에게는 개선해야 하는 분야가 무엇인지 판단하기 위해 관찰을 해 줄 코치가 주어진다. 코치와 교사들은 함께 일하며 학생과 교사 모두 최대한의 성공을 거둘 수 있도록 노력한다. NCTM에 따르면, 교사는 학생들이 특정한 문제나 과업에 직면했을 때 무엇을 할 것인지 예상할 수 있어야 한다. DI의 사전 지원 훈련, 프로그램 안내 그리고 교사 수업 지도서는 일반적으로 예견되는 오류들을 최소화하기 위해 사전 교정적인 전략을 제공한다. DI 수학 수업 지도 형식은 명확하게 처방된 오류 교정 절차를 포함하고 있다. 이 절차의 예는 〈표 5〉에 제시되어 있다.

넷째, NCTM의 **학습** 원리는 학생들은 수학을 이해하면서 경험과 선행 지식으로부터 적극적으로 새로운 지식을 형성해 가며 배워야 한다고 말한다. NCTM은 초등학생들이 잘 준비된 교사에게 수학을 적어도 하루 한 시간은 배워야 한다고 권고한다. DI 프로그램이 이러한 기준에 어떻게 부합하는지는 DISTAR Arithmetic I · II에서 확인해 볼 수 있다. 이 프로그램에서 교사는 매일 30~35분 정도 집단 교수를 하며, 시범과 안내된 연습 모두를 제공한다. 학생들은 20~30분(혹은 필요하다면 더 많은 시간)을 독립적인 연습 과제를 완수하는 데 사용한다. DI 수학 프로그램에서는 학생들이 필요한 사전 기술을 완전히 학습하면, 독립적인 수행을 위해 집에서 하는 과제가 추가로 부

여된다. DI 수학 프로그램은 잘 준비된 교사가 사전 설계된 수업 형식을 가지고 교육함으로써 NCTM의 권고에 부합한다. 수업 준비에는 최소한의 시간이 유지되며, 따라서 교사는 학생의 수행에 집중할 수 있는 소중한 시간과 에너지를 남겨 두게 된다. NCTM의 또 다른 걱정 중 한 가지는 학생들이 점점 수학 학습에 자신감을 잃어 간다는 것이다. DI 수학 프로그램은 이 걱정에 대해서 두 가지 방법으로 대처하고 있다. 첫째, 더 높은 수준의 학생들은 각각의 프로그램을 자신이 필요한 속도에 맞추어 통과할 수 있다. 실제로, Vreeland와 그의 동료들(1994)은 학습 능력이 뛰어난 2개 집단을 CMC를 사용하여 가르쳤을 때 카우프만 종합 학업성취도검사(Kaufman Test of Educational Achievement-Comprehensive Form: KTEA-C)에서 1년에 2개 학년 수준에 해당하는 성과를 얻은 것을 밝혀냈다. 둘째, DI 프로그램은 스트랜드 설계에 바탕을 두며, 여러 개의 주제로 이루어져 있고 빠른 속도로 돌아가는 형식이기 때문에 학생들이 집중력과 학습 동기를 잃지 않게 해 준다.

더불어, NCTM은 학습자의 경험과 선행 지식으로부터 새로운 지식을 적극적으로 구성해 가며 개념에 관한 이해와 문제해결 기술을 형성해 갈 것을 장려한다. DI 프로그램에서는 틀에 박힌 기술 대신에 전략을 가르치며 이전에 완전히 습득한 기술을 새로운 상황에 일반화하는 것을 촉진하기 위해 특화된 방법을 사용한다. Carnine과 Engelmann(1990)에 따르면, 전략을 명시적으로 가르치는 것은 학생들이 문제 전체의 구조를 볼 수 있도록 해 준다고 한다. DI 수학 프로그램은 기술 발달 트랙이나 큰 개념을 중심으로 구성되어 있다. 이러한 큰 개념들은 각각의 트랙 안의 한 수업에서 다음 수업으로 넘어가는 작은 단계로 나뉘어 소개된다. 집중적인 연습을 통해 숙달되는 과정에서, 중요 개념들은 끊임없이 복습된다. 비슷한 맥락에서 DI 프로그램의 스트랜드 설계는 학생들에게 같은 전략적 해결이 필요한 상황과 그렇지 않은 상황을 구별할 수 있도록 가르친다. 이러한 집중된 연습

과 누적적인 복습을 결합해서 하는 것은 학생들에게 이전에 배운 지식을 잊지 않으면서도 중요한 수학적 개념과 전략을 위한 새로운 지식을 적극적으로 형성해 갈 수 있게 해 준다.

다섯째, NCTM의 평가 원리는 평가란 중요한 수학 지식을 배우는 데 도움이 되어야 하며 교사와 학생 모두에게 유용한 정보를 제공해야 한다고 말한다. DI 수학 프로그램에는 교사가 학생들의 개인적인 발전 상황에 관해 매일의 결정을 내릴 수 있는 프로그램 내의 숙달 시험이 자주 있기 때문에 이러한 원리에 부합한다. 또한 국가 수준 성취도 평가에서 낮은 점수를 받았을 경우 학생과 교사 모두에게 불이익을 줌으로써 '시험을 위한 교수(teaching to the test)'에 관한 쟁점은 큰 관심사가 되고 있다. DI 수학 프로그램은 표준화된 검사 점수에서 긍정적인 효과를 보여 주고 있다. 특별히 Brent와 DiObilda(1993)는 DI 수학 프로그램의 학생과 교육구청에서 이루어지는 표준화된 검사에 의도적으로 맞추어진 교육과정으로 공부한 학생들이 비슷한 점수를 받았다는 것을 밝혀냈다. 또한 NCTM은 여러 형태의 시험을 보는 것이 학생의 진전도를 점검하는 데 더 유용한 정보를 줄 수 있을 것이라고 말한다. DI 수학 프로그램은 프로그램 내의 숙달 시험을 자주 보는 것, 집에서 하는 과제 그리고 개념 맞히기를 포함한 다양한 형태의 평가를 제공한다.

마지막으로, NCTM의 **공학 원리**는 공학은 학습된 기술(skills)에 영향을 끼쳐야 하며 학생의 학습을 끌어올릴 수 있어야 한다고 말한다. 그러므로 공학은 공학 기술 자체를 학습하는 것이 아니라 수학 학습을 뒷받침하는 데 사용되어야 한다. 이와 같이, NCTM은 공학은 보충적인 요소로 제공되는 것이 아니라 수학 프로그램 안에 포함되어 있어야 한다고 권고하고 있다. 동시에, 미국의 교육성과 평가 보고서(The National Assessment of Educational Progress, 2001)는 2000년에 8학년 학생 중 계산기를 사용하도록 허용한 학생들이 계산기를 사용하지 못하게 한 교사의 학

생들보다 높은 평균 점수를 기록했다고 밝히고 있다. CMC의 단계 C~F의 학생들은 더욱 복잡한 연산을 위해서 계산기를 사용하도록 배운다. 예를 들어, CMC 단계 C에서 학생들은 덧셈, 뺄셈, 곱셈, 분수 문제들을 풀기 위해 계산기를 사용한다. CMC 단계 F에서 학생들은 정수 개념이 포함되지 않은 나눗셈 문제나 분수에 정수나 소수를 곱하는 문제를 풀기 위해 계산기를 사용한다. DI 프로그램에서 계산기의 사용은 기본적인 연산(즉, 덧셈, 뺄셈, 곱셈, 나눗셈)과 문장제 문제를 풀 때 이러한 도구 사용법을 돕기 위한 것이다.

DI 수학 프로그램에 대한 연구 종합 및 분석

연구들을 종합하고 분석하는 것의 목적은 DI 수학 프로그램을 사용한 연구에 대해 조사하는 것이다(SRA). DISTAR I · II, Corrective Mathematics 그리고 CMC를 포함한 연구들은 First Search, ERIC, PsycINFO, Education ABS 그리고 Pro-Quest databases를 사용해 선정하였다. 검색어는 직접 교수, DISTAR Arithmetic I, DISTAR Arithmetic II, 직접 교수(direct instruction, direct teaching), 직접적인 언어 교수, 명시적 교수, 수학 교육, Corrective Mathematics, Connecting Math Concepts였다. 참고 문헌의 원전에 대한 검색이 가능한 다른 연구들을 판별해 내기 위해서 사용되었다. 심사를 통과한 학술지인 『Effective School Practices』, 『Journal of Direct Instruction』 그리고 『Education and Treatment of Children』은 직접 읽고 조사하였다. 논문 심사를 통과한 학술지의 연구 논문들이 고찰을 위해 사용되었다. 1990년 이전에 출판된 논문은 비평에 포함되지 않았다. 총 12개의 연구가 분석되어 있다.

직접교수의 메타 분석. Adams와 Engelmann(1996)은 DISTAR Arithmetic I · II, Corrective Mathematics, CMC 그리고 다른 DI 프로그램들에 대해 메타 분석을 실시하였다. 포함된 연구들은 다음의 요소, 즉 집단의 평균과 표준편차, 적절한 비교 집단의 사용, 연구 대상자들을 무작위로 구성한 논문들이었다. 37개의 연구 중 34개는 DI 프로그램의 적극적인 중재 방법을 포함하고 있었다. 3개의 후속연구는 통계 분석에 포함되지는 않았지만 다른 장에서 고찰하였다. 중재 도구에 관한 표본 조사에서 87%의 연구가 DI 프로그램을 선호했으며, 12%가 DI 프로그램이 아닌 프로그램을 선호했고, 1%는 둘 다 선호하는 것으로 나왔다. 통계적으로 유의한 결과를 나타낸 표본 조사에서는 64%가 통계적으로 유의하게 DI 프로그램을 선호하는 것으로 나타났다. 마지막으로 수학 학습 결과에 관한 통계 분석을 요약한 것을 보면 비교한 연구(수학적 구성요소를 포함한 연구들) 중 33개의 연구들이 DI 프로그램을 지지하는 것으로 나왔고 효과 크기(effect size)는 1.11이었다는 것을 밝히고 있다.

DISTAR Arithmetic. 〈표 7〉은 DISTAR Arithmetic I을 사용한 연구를 보여 주고 있다. Young, Baker와 Martin(1990)은 DISTAR Arithmetic I의 처음 60개 수업을 교사가 제작한 변별 학습 이론(discrimination learning theory: DLT) 프로그램과 비교하였다. 대상 학생들은 지적장애가 있는 5명이었다. 이 학생들은 개정된 웩슬러 지능 검사(WISC-R)에서 지능 지수 35~54에 있었다. 5명 모두 언어 표현에 문제가 있었다(2개나 3개의 단어로만 대답할 수 있었다). 기초선 단계에서, DISTAR Arithmetic I이 프로그램 절차에 따라서 도입되었다. 기초선 단계에서 숙달 시험의 평균 정답율은 18~73%였으며, 학습에 몰입하는 시간의 비율은 18~31%였다. DLT 단계에서 숙달 시험의 평균 수행 정도는 69~96%였고, 학습에 몰입하는 시간은 56~84%였다. 일주일에 5일, 5주 후에 유지 검사를 한 결과 숙달 시험 결과와 학습에 몰입하는 시간 모두 기초선보다 높게 나타났다. 결과적으로, 연구자는 언어 표현에 문제가 있는 학생에게 수학 기술을 가르칠 때 DISTAR Arithmetic I을 응용하여 DLT 형식에 맞게 사용한 것이 효과적이라는 결론을 얻었다.

Corrective Mathematics. Corrective mathematics (CM)를 사용하여 이루어진 연구는 3가지로 살펴볼 수 있다(〈표 7〉 참조). 첫째는 Parsons, Marchand-Martella, Waldron-Soler, Martella와 Lignuaris/Kraft(2004)가 중학교 일반 학급에서 수학에 어려움을 겪고 있는 학생들에게 CM 프로그램을 또래교수를 통해 사용한 연구다. 학교 상담자가 위탁하여 10명의 학생이 집단에 배치되었다. 대상자들은 모두 학교에서 실시하는 가장 낮은 단계의 수학 시험에 통과하지 못한 학생들이었다. 9명의 학생이 CM 또래교수자로 선발되었고, 학교 상담자와 고등학교 수학 교사들이 또래 교수자를 교육하였다. 모든 참가자는 사전-사후에 개정된 Woodcock Johnson(WJ-R)의 하위 검사인 계산과 응용 문제로 평가를 받았다. 60일의 교육이 이루어진 뒤, 연구자들이 학습자와 또래교수자에게 모두 WJ-R의 하위 검사인 계산과 응용 문제를 실시한 결과 한 개 이상의 영역에서 향상을 보인 것으로 나타났다.

두 번째 연구는 Glang, Singer, Cooley와 Tish(1991)가 외상성 뇌손상 장애를 가진 8살 학생에게 CM 프로그램을 이용해 수학을 가르친 후 그 효과성을 검증한 것이다. 이 연구에서 학생은 사고력 향상을 위해 Corrective Reading Comprehension(단계 A)으로도 학습하였다. 교육은 주 2회씩 6주에 걸쳐 이루어졌다. 12시간을 교육한 후, 연구자들은 학생의 수학적 지식과 문장제 문제 해결의 정확성이 향상되었음을 발견하였다.

마지막 연구는 Sommers(1991)가 2년이 넘는 동안 위기에 처한 중학생들의 수행을 향상시키는 것에 대해 전반적인 DI 프로그램의 효과성을 검증한 것이다. CM 곱셈, 나눗셈, 기초 분수, 분수-소수-백분율 그리고 비율과 방정식 모듈이 다양한 DI 읽기, 철자 그리고 글쓰기 프로그램과 결합하여 사용되었다. 또한 학생들은 다양한 보충 자료를 사용하였다. 스스로 선택한 읽기 자료, Journeys(Harcourt Brace Jovanovic), Warriner's English Grammar and Composition, DLM Growth in Grammar 워크북 그리고 Heath Mathematics가 이에 해당한다. 연구자에 의하면 학생들은 한 달의 교육 동안 평균적으로 1.2달 정도의 수학적 성과를 얻었다.

세 연구 모두 다양한 환경에서 모두 다른 특성을 가진 학생들을 대상으로 수행되었다. 각각의 연구에서 연구자들은 CM이 늘어나는 수학 기술들을 배우는 데 효과적임을 밝혀냈다. 그러나 Sommers(1991)의 연구에서는 학습자에 대한 다양한 처치가 연구의 외적 타당도를 위협하고 있다. 이러한 이유로, DI 프로그램과 학생의 학업 성취 간의 관계를 분명하게 관련시키기는 어렵다고 할 수 있다.

Connecting Math Concepts. 7개의 연구가 CMC 프로그램을 사용하여 이루어졌다(〈표 7〉 참조). 첫째, Snider와 Crawford(1996)가 두 개의 일반 학급에 무작위로 배정된 4학년 학생 46명을 대상으로 한 연구다. 한 집단의 교사는 CMC의 단계 D를 사용했고, 다른 교사는 Scott Foresman이 만든 Invitation to Mathematics(SF)를 사용했다. CMC 학생들이 SF 학생들보다 국가 수준 성취도 평가의 하위 검사인 계산에서 더 높은 점수를 보였다. 또한 CMC 학생들은 곱셈 시험과 CMC와 SF에 기초한 교육과정중심측정평가 모두에서 유의하게 높은 점수를 받았다.

둘째, Crawford와 Snider(2000)의 후속 연구에서 두 교사는 모두 CMC를 사용하였다. CMC를 1년간 사용한 후, SF를 사용하던 교사는 학생들이 곱셈 시험과 교육과정중심측정평가 모두에서 그 전년도보다 훨씬 높은 향상을 보였다는 것을 확인하였다. 국가 수준 성취도 평가에 대한 사후 검사에서 현저한 차이는 없었다. 연구자는 사전과 사후 검사에서 주목할 만한 차이가 나타나지 않은 여러 이유를 언급하였다. 이런 이유 중 몇 가지는 (a) CMC를 최적의 방법으로 사용하지 못한 점 (b) 국가 수준 성취도 평가의 개념 및 문제해결 검사와 교육과정 간의 불일치 그리고 (c) 표준화된 검사의 수행은 계산보다는 읽기 이해력과 더 높게 상관이 있다는 것들을 포함하고 있다. 그러나 비록 국가 수준 성취도 평가의 결과는 의미 있게 나타나지 않았지만, 데이터가 보여 주는 긍정적 효과들은 많은 지역 교육청에 CMC 프로그램의 도입을 촉진했다.

셋째, Tarver와 Jung(1995)이 CMC를 MTW(Math Their Way)와 CGI(Cognitively Guided Instruction: 인지적으로 안내된 교수)를 결합한 프로그램과 비교하였다. 1학년에 입학한 119명의 학생이 5개의 반에 배정되었다. 실험집단은 CMC를 사용하였고, 통제집단은 MTW와 CGI를 결합하여 사용하였다. 연구는 2년 이상 진행되었다. 1학년을 마칠 때쯤, 학생들은 사후 검사로 수학 기본 기술에 대한 종합검사(Comprehensive Test of Basic Skills-Mathematics: CTBS-M)를 실시하였다. CMC 학생들은 계산과 종합검사에서의 수학 점수가 통제집단보다 높았지만 수학 개념과 응용 분야에서는 그렇지 못했다. CMC 학생들은 2학년을 마칠 때쯤 모든 시험에서 통제집단보다 높은 점수를 받았으며, 학생들에게 실시된 수학적 태도 검사에서도 높은 점수를 나타냈다. Tarver와 Jung은 수행이 낮은 학생과 높은 학생 모두에게서 긍정적인 효과가 있었다고 언급하였다.

넷째, Brent와 DiObilda(1993)가 뉴저지 주의 캠던(Camden)에서 전통적인 기본(basal) 교육과정과 DI 교육과정의 효과를 비교하였다. 당시, 캠던은 가난으로 어려움을 겪는 학생의 수가 많은 지역으로 분류되었다. 캠던 지역의 주민 이동 수치 역시 국가의 평균보다 높았다. 이러한 이유로 이 연구는 안정적인 환경의 학생들과 자주 이사 다니는 환경의 학생들에 대한 각 교육과정의 효과도 조사하였다. 학생들의 표준점수를 향상시키려는 노력으로서 학교 교직원들은 학교의 기본 교육과정을 수학 기본 기술에 대한 종합검사(Comprehensive Test of Basic Skills-Form U, Level D: CTBS)의 내용과 일치시켰다. 이 연구는 CMC 프로그램을 Holt Math Series와 비교하였다. 종속 측정은 CTBS와 메트로폴리탄 성취도 검사(MAT)로 하였다. DI 프로그램을 사용한 안정적인 환경집단과 이사를 자주 다니는 환경집단 그리고 안정적인 환경의 통제

집단은 CTBS 전체 수학 점수에서 비슷하였다. CTBS의 하위 검사인 계산 점수는 통제집단보다 DI 프로그램을 사용한 두 집단의 점수가 더 높았고, 반면 수학 개념 점수는 안정적인 환경의 통제집단이 더 높았다. MAT 검사에서는 안정적인 환경의 학생들에게만 실시되었는데, 모든 하위 검사에서 DI 집단의 학생들이 통제집단보다 유의하게 더 높은 점수를 받았다. 전반적으로, 잦은 이동은 DI 집단과 통제집단 모두에서 학생들의 학업 성취에 부정적인 영향을 미친 것으로 나타났다.

다섯째, McKenzie, Marchand-Martella, Martella와 Tso(출판 중)는 발달지체 유치원 아동과 발달지체가 없는 유치원 아동들을 대상으로 CMC 단계 K(출판 이전 사본; Englemann & Becker, 1995)의 효과를 조사하였다. 대상자들은 주 5일 수업을 듣는 16명의 유치원 아동이었다. 모든 아동은 CMC 단계 K의 30개 수업을 마친 상태였다. 아동들은 바텔 발달 목록(Battelle Developmental Inventory: BDI)과 교육과정중심 배치검사(CMC 단계 A)를 사용하여 사전, 사후 검사를 받았다. BDI의 결과, 발달지체가 없는 아동들은 .61의 효과 크기를 보였고, 발달지체 아동들은 .54의 효과 크기를 보였다. CMC 단계 A 배치고사는 10개의 문항으로 이루어졌으며, 모든 대상자에게 실시되었다. 발달지체가 없는 아동들은 사전과 사후 검사에서 각각 4.55, 7.9의 평균을 보였다. 발달지체 아동들은 사전 검사에서는 평균 3.8, 사후 검사에서는 평균 7.2가 나왔다.

여섯째, Vreeland 등(1994)은 CMC를 Addison-Wesley Mathematics 프로그램과 비교하였다. 연구 대상은 3학년 5학급과 5학년 4학급이었다. CMC를 사용한 3학년과 5학년 학생들이 CMC와 Addison-Wesley에 기초한 CBM 사후 검사에서 통제집단보다 더 높은 점수를 받았다. CMC를 사용한 3학년 학생들은 ITBS에서 거의 백분위가 변하지 않았고, 3학년 통제집단의 백분위는 하위로 15%의 변화가 있었다. CMC를 사용한 5학년 학생들의 ITBS 백분위 변화는

전혀 없었으며, 5학년 통제집단 학생들의 ITBS 점수는 측정하지 못했다. KTEA-C 사후 검사 결과는 3학년이 끝날 때쯤 CMC를 사용한 3학년 학생들이 4학년 수준 혹은 그 이상의 높은 점수를 얻은 것으로 나타났다. CMC를 사용한 5학년 학생을 대상으로 한 사전·사후 검사와 5학년 통제집단을 대상으로 한 KTEA-C 사후 검사 점수는 얻지 못하였다. 또한 이 연구는 영재학생을 대상으로도 CMC의 효과를 조사하였다. 3학년 영재학생들은 KTEA-C 사후 검사에서 수학 계산에서 5.7, 수학 응용 문제에서 6.1의 평균 점수를 받았다. 5학년 영재학생들은 KTEA-C 사후 검사에서 수학 계산에서 8.0, 수학 응용 문제에서 8.5의 평균 점수를 받았다. 전반적으로, 결과는 학교 교직원들이 1학년에서 6학년에 이르기까지 CMC 프로그램 사용을 결정하기에 충분한 성과를 보였다. 1년 후 후속 연구에서는 1학년에서 6학년까지의 12개 학급에서 CMC 단계 A~E를 사용하였다. 사후 검사 결과 CMC 학생들이 많은 성과를 얻었고, 특히 프로그램의 높은 단계에서 성취도가 높게 나왔다. 이러한 연구 결과들은 교사와 학부모의 만족도와 함께 그다음 해 1학년에서 6학년까지 거의 모든 학급에서 CMC 프로그램을 사용하도록 했다.

마지막으로, Wellington(1994)은 1년간 사회경제적으로, 그리고 인종이 다양한 학교 지역에서 CMC의 효과를 조사하였다. 해당 교육청에 있는 8개의 초등학교 모두가 연구에 참여하였다. 학교당 1학년 1개 학급, 4학년 1개 학급이 실험집단으로 참여하였고, 1학년, 4학년 비교집단도 각 학교에서 선정되었다. 사전 검사는 CMC 배치고사로 치러졌고, 사후 검사는 CMC와 비교집단이 사용한 전통적인 기본(basal) 교육과정에 기초하여 교사가 제작한 CBM을 사용하였다. 8개의 1학년 집단 중 2개 집단의 사후 검사에서 통계적으로 유의한 차이가 나타났다. 2개 집단 중 한 집단은 CMC를 사용했으며, 다른 집단은 비교집단이었다. 4학년의 실험 결과는 8개의 CMC 집단 중 6개의 집단에서 통계적으로 유의한 차이를 보였다.

연구자는 1학년 단계에서 사용된 자료의 범위가 4학년 단계에서 사용된 개념의 폭에 비해 제한적이었던 점이 1학년의 결과가 미흡하게 나타난 원인으로 보고 있다. 교육청에서 제작한 숙달 검사도 학년 말에, 1학년에서 5학년까지 실시되었다. 그 결과 더 높은 학년에서 숙달 정도가 감소한 것으로 나타났다(숙달 정도는 70%). 이 검사 결과와 사후 검사 결과는 지역의 모든 학교에서 1학년부터 5학년 학생들에게 CMC를 도입하도록 하였다.

7개의 연구는 모두 CMC를 사용했을 때 긍정적인 결과를 얻은 것으로 밝혔다. 7개의 연구 중 3개(즉, Brent & DiObilda, 1993; Mckenzie et al., 출판 중; Vreeland et al., 1994)는 다양한 집단을 조사하였다. Brent와 DiObilda는 특별히 CMC가 자주 이사를 다니고, 저소득층, 도시의 소수 계층 학생들에게 긍정적인 효과가 있었다는 것을 밝혔다. McKenzie 등은 CMC 단계 K가 발달지체 아동과 발달지체가 없는 아동을 포함한 다양한 유치원 아동들에게 긍정적인 효과가 있었다는 것을 밝혔다. 마지막으로, Vreeland 등은 CMC가 일반학생이나 영재학생 모두에게 긍정적인 효과가 있다는 결과를 얻었다. 7개의 연구 중 3개 연구(즉, Crawford & Snider, 2000; Snider & Crawford, 1996; Wellington, 1994)가 CMC의 광범위한 도입을 가능하게 했다는 점에 주목해야 한다.

요약. 출판된 12개의 연구는 모두 1990년부터 DI 프로그램을 사용한 것으로 조사되었다. 대부분의 연구는(12개 중 11개) 다양한 환경의 다양한 학생들의 수학 기술을 향상시키는 데 DI 수학 프로그램이 효과가 있음을 밝혔다. 나머지 1개의 연구(Young et al., 1990)에서는 DISTAR Arithmetic I의 원래 수업 형식보다 DISTAR Arithmetic I을 바탕으로 한 DLT 응용 프로그램이 더 효과적인 성과가 있었다는 것을 밝혔다.

후속 연구를 위한 제언

최근 국내 그리고 국제적인 평가들은 학교에서 타

당한 수학 교육과정에 대한 연구를 수행할 필요가 있다는 것을 지적해 왔다. NCTM은 학교 수학 교육을 위한 원리와 기준을 발표함으로써 이러한 필요에 부응했다(NCTM, 2000b). 이 원리와 기준들은 높은 수준의 수학 교육과정을 개발하고 선택하는 것에 영향을 미칠 수 있는 내용을 담고 있다. 이 연구 요약에 포함된 연구들은 이 원리와 기준을 사용하여 수학을 직접 혹은 명시적으로 가르쳤을 때 긍정적인 효과가 있다는 증거를 제공해 주었다. 그러나 후속 연구에 대한 중요한 시사점을 제시하고 있다.

적용 대상. 직접교수 교육과정은 원래 특수교육 대상 학생들에게 사용되는 것처럼 흔히 오해를 받기도 한다(즉, Adams & Engelmann, 1996; Schieffer, Marchand-Martella, Martella, Simonsen, & Waldron-Soler, 2002). 그러나 11개의 연구 중 7개에서는(메타 분석은 제외. 즉, Brent & DiObilda, 1993; Crawford & Snider, 2000; Parsons et al., 2004; Snider & Crawford, 1996; Sommers, 1991; Tarver & Jung, 1995; Vreeland et al., 1994; Wellington, 1994) 일반학생들을 대상으로 DI 프로그램의 효과를 조사하였다. 11개 연구 중 2개는(즉, Glang et al., 1991; Young et al., 1990) 장애학생을 대상으로 DI 프로그램의 효과를 조사하였다. 남은 한 개 연구(McKenzie et al., 2004)는 발달지체 아동과 발달지체가 없는 아동들을 포함한 집단을 대상으로 DI의 효과를 조사하였다. Adams와 Engelmann(1996)은 DI 메타 분석에서 일반교육과 특수교육에 따른 DI의 평균 효과 크기를 계산하였는데, 비슷한 효과 크기가 나온 것으로 밝혀졌다(각각 .82, .90). 한층 더 나아가, Vreeland 등(1994)은 약 2년 동안 2개의 영재집단에 CMC를 사용하여 학년 단계가 발전하는 성과를 거두었다. 이러한 결과는 특정 학습자 특성(예, 정서 및 행동 장애 학생, 주의력결핍장애 학생, 비행 청소년이나 소년원 등에 있는 학생, 영재학생)을 대상으로 하여 DI 수학 프로그램의 효과를 검증하는 후속 연구가 필요함을 시사해 준다.

실험 분석. DI 수학 프로그램에 관한 연구를 고찰하는 과정에서 내적 타당도나 외적 타당도를 위협할 수 있는 요소들이 발견되었다. 표집의 문제는 무작위로 선택할 수 있는 대상 학생들이 많지 않다는 데서 오는 문제로, 많은 연구에서 나타나고 있었다(즉, Brent & DiObilda, 1993; Glang et al., 1991; Mckenzie et al., 2004; Parsons et al., 2004; Sommers, 1991; Tarver & Jung, 1995; Wellington, 1994; Young et al., 1990). 두 개의 연구(즉, Crawford & Snider, 2000; Snider & Crawford, 1996)에서는 연구 대상자를 임의로 배정하고 집단을 동일한 조건으로 맞추려고 시도했다. 후속 연구에서는 표적집단에서 무작위로 연구 대상자들을 표집하고 집단에 배치하는 것이 필요하고, 집단의 조건을 맞추어야 할 것이다.

종속변인과 측정. 다양한 표준화된 검사가 수학 기술(예, 응용 수학, 기본 사실, 계산, 개념, 문제해결 능력)을 평가하는 데 사용되었다. 12개의 연구 중 6개에서는(즉, Crawford & Snider, 2000; Glang et al., 1991; Snider & Crawford, 1996; Vreeland et al., 1994; Wellington, 1994; Young et al., 1990) 지역 교육과정 내에서의 학생들의 수학 수행 수준을 결정하기 위해서 CBM을 사용하였다. 12개의 연구 중 4개만이(즉, Brent & Diobilda, 1993; Crawford & Snider, 2000; Snider & Crawford, 1996; Vreeland et al., 1994) 종속측정으로 교육청 수준의 평가를 사용하여 보고하였다. 현재 국내 및 국제적인 평가의 입장에서 고려해 볼 때, 후속 연구에서는 종속측정으로 교육청과 국가 수준의 평가를 사용해야 할 것이다.

두 개의 연구(즉, Sommers, 1991; Vreeland et al., 1994)에서는 학년 수준의 성과가 나타났음을 보고하였다. Cohen과 Spenciner(1998)와 McLouglhin과 Lewis(2001)에 따르면, 이와 같이 서열척도는 해석할 때 주의가 필요하다. 학년 수준의 성과는 잘못 해석되기 쉬운데, 그 이유는 학년 등가에서의 간격이 꼭 동등한 간격의 단위를 나타낸다고는 말할 수 없기 때문이

〈표 7〉 DI 수학 프로그램을 포함한 연구 프로그램에 대한 요약

출처	프로그램	연구대상/특징	연구설계	독립변인	결과
Adams & Engelman (1996)	DI 메타 분석	37개의 연구	메타 분석	전반적인 프로그램 효과	연구의 64%가 DI 프로그램을 사용했을 때 통계적으로 유의한 성과를 보였음. 수학을 포함한 연구에 대한 통계 분석에 따르면 DI 수학 프로그램을 사용했을 때 효과의 크기는 1.11이었음
Young, Baker, & Martin (1990)	DISTAR Arithmetic I 대 DISTAR Arithmetic I의 앞부분 60개의 수업을 토대로 교사가 개발한 DLT 프로그램	경도 지적장애와 언어 문제를 가진 5명의 학생	대상자 간 중다 기초선 설계	DISTAR Arithmetic I 배치고사, 교사 제작 검사(수세기, 짝짓기, 선택하기, 숫자, 쓰기, 등식 포함), 실제 학습 시간	일주일에 5일, 5주에 걸친 연구 결과 DLT 단계에서 교사가 고안한 속답 시험의 수학 성적이 더 높음. 실제 학습에 몰입하는 시간은 DLT를 시행할 동안 더 낮게 나타남
Glang, Singer, Cooley, & Tish (1991)	CM	외상성 뇌손상 장애를 가진 8세 아동	내용 영역 간 중다 기초선 설계	수학적 지식 & 문장제 문제	수학적 지식이 향상되었지만 3학년 평균보다는 여전히 낮음. 문장제 문제의 정확성이 11.4%에서 91.25%로 상승함
Parsons, Marchand-Martella, Waldron-Soler, Martella, & Lignugris/Kraft(2004)	CM	19명의 학생: 10명은 학습자, 9명은 교수자	단일집단 사전-사후 검사 설계	WJ-R 수학 계산 & 응용 수학 영역 하위 검사	학습자와 또래교수자 모두 수학 계산과 응용 수학 문제 해결 능력이 향상됨
Sommers (1995)	CM	112명의 6학년, 7학년, 8학년 학습부진 학생	단일집단 사전-사후 검사 설계	사전 검사: Standford Math 사후 검사: Key Math Diagnostic	한 달의 교육당 평균적으로 1.2달 정도의 성과를 얻음
Brent & DiObilda (1993)	CMC 대 Holt Math Series	189명의 1학년에 입학한 학생: 실험집단은 23명은 안정적인 학생, 76명은 이주가 잦은 학생, 통제 집단은 27명은 안정적인 학생, 63명은 이주가 잦은 학생	통제집단이 동등하지 않음	CTBS & 도시 학업 성취도 검사(MAT)(개념/응용/계산 & 전체 수학이 포함된 시험). MAT는 안정적인 환경의 학생들만 보았다(계산, 개념/응용, 문제 해결, 전체 수학이 포함된 시험).	안정적인 집단과 잦은 CTBS 점수는 모두 안정적 환경이 통제집단과 비슷함. 반면 이동이 잦은 통제집단은 개념 분야의 점수가 현저하게 낮음. DI 집단은 MAT 평가(안정적 환경의 학생들에게만 제공)의 모든 분야에서 통제집단보다 점수가 높음. 이동은 모든 학생에게 부정적인 영향을 미쳤으나 CTBS 점수에 따르면 통제집단에게 더욱 부정적인 것으로 드러남

연구	프로그램	표본	설계	측정	결과
Crawford & Snider (2000)	CMC 대 *Invitation to Mathematics*	4학년 학생 15명	사전-사후 통제집단 설계	NAT: 계산, 개념, 문제 해결 ①CBM에 기초한 CMC, ②CBM에 기초한 SF, 곱셈	CMC 집단이 CBM과 곱셈 지식 시험 모두에서 작년보다 월등한 성취를 보였음. NAT 사후 평가에서 유의한 결과는 나타나지 않음
McKenzie, Marchand-Martella, Martella, & Tso (출판 중)	CMC 단계 K	장애, 비장애 유지 원생 16명	단일집단 사전-사후 설계	BDI와 CMC 단계 A 배치검사를 포함한 사전-사후 검사	BDI 전체 개념 점수는 장애, 비장애에 이동 모두 종합 점수가 1.52의 효과 크기를 보임. CMC단계 A 배치 검사의 종합 점수는 사전 검사 평균 4.31에서 사후 검사 평균 7.69로 향상됨
Snider & Crawford (1996)	CMC 대 *Invitation to Mathematics*	4학년 학생 46명	사전-사후 통제집단 설계	NAT: 계산, 개념, 문제 해결 ①CBM에 기초한 CMC, ②CBM에 기초한 SF, 곱셈	NAT 계산 검사에서 CMC 집단이 SF집단보다 높은 점수를 받음. CMC 집단은 3개의 교육과정중심측정 전부에서 SF집단보다 현저하게 높은 점수를 기록함
Tarver & Jung (1995)	CMC 대 *MTW/CGI*	1학년에 입학하는 학생 119명	통제집단이 동등하지 않음	CTBS 수학: 개념과 응용, 계산, 전체 수학(두 하위 검사의 평균)	1학년을 마칠 때 CMC 집단의 계산의 전체 수학 점수는 통제집단보다 높았지만 수학 개념과 응용 분야에서는 그렇지 못함. 2학년을 마칠 때를 때문 모든 검사에서 통제집단보다 높은 점수를 받음
Vreeland 등 (1994)	CMC 대 *Addison-Wesely Mathematics*	3학년 5개 학급 & 5학년 4개 학급	통제집단이 동등하지 않음	ITBS 전체 수학(3개의 하위 검사로 구성: 계산, 개념, 문제해결); KTEA-C: 계산과 응용 하위 검사(응용 분야 하위 검사는 6개의 하위영역에만 제공됨) CMC와 *Addision-Wesley*에 기초한 CBM 문제 해결 검사	ITBS에서 CMC 집단의 백분위 변화는 없었음. 통계집단은 15%의 변화를 보임. CMC 3학년 학생들은 KTEA-C 검사에서 성과를 보였으나 5학년은 성과가 없었음. 통계집단의 KTEA-C 점수는 연을 수 없었음. 3학년과 5학년 영재학생들이 KTEA-C에서 평균보다 높은 성취를 보임
Wellington (1994)	CMC	1학년 16개 학급 & 4학년 16개 학급	통제집단이 동등하지 않음	사전 검사: CMC 배치 시험 사후 검사: CMC와 전통 교육과정에 근거하여 교육청에서 제작한 숙달 시험	CMC 집단 17개와 통계집단 17개가 사후 향상도 평가에서 유의한 성취를 보임. 4학년 하급 6개는 사후 검사에서 등계적 향상성을 보였음. 교육청에서 제작한 숙달 시험은 고 하학년수록 숙달이 떨어진다는 것을 밝힘

다. 따라서 Cohen과 Spenciner은 학년 수준에서의 1.0의 성과는 해당 학년의 평균 범위에 있는 학생들을 대표할 뿐이라고 밝혔다(개인의 차이를 밝히지는 못함). 앞으로 후속 연구들은 나이나 학년 등가와 같은 서열척도를 보고하는 것을 삼가야 한다. 평균은 계산될 수 없으며, 사용된다면 기껏해야 사전 검사와 사후 검사의 중앙값(수학적으로 차이를 조작하는 것 없이)이 기록되어야 한다.

중재 충실도. DI 프로그램 설계의 고유한 점은 짜인 각본에 따른 지도 형식과 훈련의 기회가 제공된다는 것이다. Adams와 Engelmann(1996)에 따르면, 짜인 각본에 따른 교사의 수업을 이론적으로 설명하였다. 교사가 적절한 예시들로 이루어진 명확하고 일관된 언어로 수업을 제공한다면 학생들은 덜 혼란스럽게 배울 것이다. 이러한 교수의 전달 방식이야말로 프로그램의 효과에서 가장 중요한 요소다. 그러나 여러 연구를 조사해 본 결과, 독립변인과 연구자가 미치는 효과에 대한 검증이 우려되고 있다. 7개의 연구(즉, Crawford & Snider, 2000; Glang et al., 1991; Mckenzie et al., 2004; Snider & Crawford, 1996; Tarver & Jung, 1995; Vreeland et al., 1994; Young et al., 1990)에서 프로그램 실행 과정에 대한 설명을 제공한 것으로 나타났다. 후속 연구에서는 연구자가 미치는 효과를 제한하고 프로그램 실행의 충실도에 관한 신뢰성을 확보하기 위해서 DI 교육과정의 실행을 모니터해야 할 것이다.

DI 수학 프로그램과 다른 DI 프로그램을 함께 사용하기. 12개의 연구 중 3개의 연구(즉, Brent & DiObilda, 1993; Glang et al., 1991; Sommers, 1991)는 다른 DI 프로그램들(예, Corrective Reading, Corrective Spelling Through Morphographs, DISTAR Language I, Expressive Writing, Reading Mastery, Reasoning and Writing)과 DI 수학 프로그램을 결합하여 사용하였다. 후속 연구들은 DI 수학 프로그램 단독의 효과를 이렇게 결합한

상태에서 얻는 효과와 비교해야 할 것이다. 한편, Sommers(1991)는 다른 수학 교육과정(즉, Heath Mathematics)을 더해 DI 수학 프로그램을 보완했다. 따라서 이 연구는 하나의 독립변인에 의해 효과를 얻었다고 말하기 어렵다. 후속 연구에서는 다중 처치의 결합된 효과라고 기술하거나 한 독립변인만을 사용하여 다중 처치에 의한 간섭 효과를 피해야 할 것이다.

효과 크기의 계산. 주어진 변인의 효과성을 제시하는 것은 통계적 유의성 검증에 달려 있다. 그러나 통계적으로 유의한 데이터는 결과가 우연에 의한 것인지 아닌지에 대한 정보를 제공하기 위해서 사용된다. 연구를 사용할 때, 너무나 많은 경우에 이런 연구 결과들을 잘못 해석하고 있다. 통계적으로 유의하다고 하는 것이 꼭 교육적으로 유의한 성과가 있다는 것을 의미하지는 않는다. 효과적인 수학 교육과정을 찾는 탐색 과정에서 교육자들은 연구 자료를 검토할 때 효과 크기(effect size)를 반드시 고려해야 한다. Martella, Nelson과 Marchand-Martella(1999)는 효과 크기는 집단 간의 차이 크기에 대한 표준화된 측정을 의미한다고 하였다. 다시 말하면, 효과 크기는 그 차이가 얼마나 큰지를 측정해 주며 그래서 교육적인 유의성에 대한 지표로 사용될 수 있다. 12개의 연구 중 6개의 연구(즉, Adams & Engelmann, 1996; Brent & DiObilda, 1993; Mckenzie et al., 2004; Parsons et al., 2004; Tarver & jung, 1995; Wellington, 1994)는 효과 크기를 측정하여 제시하고 있다. DI 수학 프로그램에 관한 후속 연구는 교육 프로그램을 통해 어느 정도로 변화가 일어났는지 보기 위해서 효과 크기를 측정해야 할 것이다.

유지와 일반화. 수학 교육과정 선택에서 가장 중요하게 고려해야 할 2가지는 유지와 일반화다. 수학 기술과 전략을 오랫동안 유지하는 것은 학업적 성공뿐만 아니라 미래에 성공적으로 직업을 갖는 데도 중

요하다. 학생들에게 다양한 주제와 실생활 상황에서 일반화된 기술을 보여 주는 것 역시 중요하다. 12개의 연구 중 3개의 연구(즉, Vreeland et al, 1994; Wellington, 1994; Young et al., 1990)가 유지와 일반화를 위한 평가를 하였다. DI 수학 프로그램에 관한 후속 연구들은 교육자들이 가치 있는 정보인 유지와 일반화를 조사할 수 있도록 이에 대한 자료를 제시해야 할 것이다.

사회적 타당도. 양적 측정이 상당히 강조되고 있는 가운데, 사회적 타당도는 연구 문제와 결과가 사회적으로 얼마나 관련이 있는지에 대한 것으로 중요한 정보다. Wolf(1978)에 따르면, "우리 문화에서 많은 중요한 개념들, 아마도 가장 중요한 개념조차도 주관적이다."(p. 210) 12개의 연구 중 5개의 연구(즉, Crawford & Snider, 2000; Snider & Crawford, 1996; Tarver & Jung, 1995; Vreeland et al., 1994; Wellington, 1994)는 DI 수학 프로그램에 대한 학생과 교사들의 태도와 의견에 대한 연구 결과를 보고하였다. Brent와 DiObilda(1993)의 연구는 이사를 자주 다니는 도시 아동을 대상으로 한 CMC의 효과에 관하여 사회적으로 관련 있는 정보를 제공하고 있다. 그러나 다양한 사회적 맥락에서 효과적인 수학 교육과정의 요구를 충족시키기 위해서, 후속 연구에서는 사회적 타당도를 측정해야 할 것이다.

결론

미국교육성과평가(National center for Educational Statistics, 2001)에 의해 보고된『교육 향상을 위한 국가 수준 성취도 평가: 수학을 강조하여(Mathematics Highlights)』에서는 4학년과 8학년 학생의 수학 성적이 이전의 국가 수준 평가에서보다 높게 나타났다. 그러나 12학년의 평균 수학 점수는 더 낮게 나타났다. 더불어, 미국 학생들의 수학 성적은 1995년 TIMMS Project(International Study Center, 2001)에 참가한 세계 국가 중 하위 50%를 기록하였다. 여기에 미래의 직업에는 점점 기술적 복잡성이 증가하고 있다는 사실을 종합해 볼 때, 미국의 학생들은 효과적인 수학 교육을 절실히 필요로 한다고 할 수 있다.

『학교 수학 교육을 위한 원리와 표준(Principles and Standards for school mathematics)』(2000b)에서 NCTM은 수학에서의 학생들의 성공을 위해 5개의 전반적인 교육과정 목표를 개발하였다. 첫째, 학생들은 수학의 가치를 알도록 교육받아야 한다. 수학에서의 성공 경험은 학생들이 수학의 가치를 알고 소중히 여길 수 있도록 돕는 역할을 한다. DI 수학 프로그램은 학생들이 매일의 학습에서 성공을 경험하고, 그 사실을 스스로 알 수 있도록 설계되었다. 둘째, 학생들은 자신의 수학적 능력에 대해 자신감을 가져야 한다. DI 수학 프로그램은 지식과 응용 기술 그리고 개념을 발전시키고 유지할 수 있도록 설계되었다. 학생들은 교실이나 실제 생활에서 다양한 수학 문제를 접하고, 성공적으로 해결해 감으로써, 자기 자신의 능력에 대한 자신감을 키워 나간다. 셋째, 학생들은 수학 문제 해결사가 되어야 한다. DI 수학 프로그램은 다양한 범주의 문장제 문제나 실제 생활 문제를 해결할 수 있는 필요한 도구들을 학생에게 제공하고 있다. 넷째, 학생들은 수학적으로 의사소통을 하는 법을 배워야 한다. DI 수학 프로그램은 수학적 용어와 전략을 직접적으로 가르침으로써 학생들이 수학에 대해 효과적으로 의사소통하는 능력을 강화시킨다. 마지막으로, 학생들은 수학적으로 추론할 수 있는 법을 배워야 한다. DI 수학 프로그램은 학생들이 점차 복잡한 문제에 직면하면서 여러 문제 유형을 구별할 수 있도록 가르친다. 이렇게 문제 유형과 필요한 연산이 무엇인지 구별하는 능력은 학생들의 수학적 추론 능력을 발달시킨다. DI 수학 프로그램은 교실과 실생활 모두에서 자신감과 기술을 가지고 효과적으로 수학 문제를 풀게 하여 학생이 성공할 수 있게 한다는 점에서 NCTM과 맥을 같이한다.

NCTM의『학교 수학 교육을 위한 원리와 기준』

(2000b)은 또한 교사들에게 수학 교육을 향상시키기 위한 6개의 원리를 제시하였다. 이전에 기술된 바와 같이, DI 수학 프로그램은 이러한 NCTM의 원리와 결과에 긍정적인 효과가 있었다는 것을 요약된 다수의 연구들에서 확인할 수 있다. 우리는 공립 및 사립 학교의 교육자들과 학자들이 우리가 제시한 권고를 고려하여 DI 수학 프로그램의 효과성을 지속적으로 연구해 갔으면 하는 바람이다. 우리 학생들의 요구에 가장 잘 부합하는 수학 교육과정의 사용을 위해 이러한 연구의 맥은 계속 이어져 나갈 것이다.

참고문헌

Adams, G., & Engelmann, S. (1996). *Research on Direct Instruction: 25 years beyond DISTAR*. Seattle, WA: Educational Achievement Systems.

Applefield, J., Huber, R., & Moallem, M. (2000/ 2001, December/January). Constructivism in theory and practice: Toward a better understanding. *The High School Journal, 84*(2), 35-53.

Brent, G., & DiObilda, N. (July/August, 1993). Curriculum alignment versus Direct Instruction: Effects on stable and mobile urban children. *The Journal of Educational Research, 86*(6), 333-338.

Bureau of Labor Statistics. (2002). *Occupational outlook handbook: Tomorrow's jobs*. Retrieved April 4, 2002, from http://www.bls.gov/oco/ oco2003.htm

Carnine, D. (1980). Preteaching versus concurrent teaching of the component skills of a multiplication algorithm. *Journal for Research in Mathematics Education, 11*(5), 375-379.

Carnine, D. (1990). Reforming mathematics instruction: The role of curriculum materials. *ADI News, 10*(1), 5-16.

Carnine, D., & Engelmann, S. (1990). Making connections in third-grade mathematics: *Connecting Math Concepts. ADI News, 10*(1), 17-27.

Cohen, L. G., & Spenciner, L. J. (1998). *Assessment of children and youth*. New York: Addison- Wesley Longman.

Crawford, D. B., & Snider, V. E. (2000). Effective mathematics instruction: The importance of curriculum. *Education and Treatment of Children, 23*(2), 122-142.

Dixon, B. (1994). Research-based guidelines for selecting a mathematics curriculum. *Effective School Practices, 13*(2), 47-61.

Engelmann, S., & Carnine, D. (1975). *DISTAR arithmetic I: Teacher presentation book A*. Columbus, OH: Science Research Associates.

Engelmann, S., & Carnine, D. (1976). *DISTAR arithmetic II: Teacher's guide*. Columbus, OH: Science Research Associates.

Engelmann, S., & Carnine, D. (1982). *Corrective mathematics: Series guide*. Columbus, OH: SRA/ Macmillan/McGraw-Hill.

Engelmann, S., Carnine, D., Kelly, B., & Engelmann, O. (1996a). *Connecting math concepts: Lesson sampler*. Columbus, OH: SRA/McGraw-Hill.

Engelmann, S., Carnine, D., Kelly, B., & Engelmann, O. (1996b). *Connecting math concepts: Level A Presentation book 1*. Columbus, OH: SRA/ McGraw-Hill.

Engelmann, S., Carnine, D., Kelly, B., & Engelmann, O. (1996c). *Connecting math concepts: Level C, teacher's guide*. Columbus, OH: SRA/McGraw- Hill.

Engelmann, S., Carnine, D., Kelly, B., & Engelmann, O. (1996d). *Connecting math concepts: Level F presentation book*. Columbus, OH: SRA/McGraw-Hill.

Glang, A., Singer, G., Cooley, E., & Tish, N. (1991). Using Direct Instruction with brain injured students. *Direct Instruction News, 11*(1), 23-28.

International Study Center. (2001). *International test scores*. Retrieved April 5, 2002, from http://4brevard.com/choice/international-test- scores.htm

Kameenui, E., & Carnine, D. (1998). *Effective teaching*

strategies that accommodate diverse learners. Upper Saddle River, NJ: Simon & Schuster.

Kelly, B. (1994). Meeting the NCTM standards through Connecting Math Concepts. Worthington, OH: SRA/McGraw-Hill.

Kozloff, M. A., LaNunziata, L. L., Cowardin, J., & Bessellieu, F. B. (2000/2001, December/ January). Direct Instruction: Its contributions to high school achievement. The High School Journal, 84(2), 54–63.

Lignugaris/Kraft, B., Marchand-Martella, N., & Martella, R. (2001). Strategies for writing better goals and short-term objectives or benchmarks. Teaching Exceptional Children, 34(1), 52–58.

Martella, R., Nelson, R., & Marchand-Martella, N. (1999). Research methods: Learning to become a critical research consumer. Needham Heights, MA: Allyn & Bacon.

McKenzie, M., Marchand-Martella, N., Martella, R. C., & Moore, M. E. (2004). Teaching basic math skills to preschoolers using Connecting Math Concepts: Level K. Journal of Direct Instruction, 4, 85–94.

McLoughlin, J. A., & Lewis, R. B. (2001). Assessing students with special needs. Upper Saddle River, NJ: Prentice Hall.

National Center for Education Statistics. (2001). The nation's report card: Mathematics highlights 2000. Washington, DC: U.S. Department of Education/ Office of Educational Research and Improvement.

National Council of Teachers of Mathematics. (2000a). About NCTM: Mission. Retrieved March 20, 2002, from http://www.nctm.org/ about/mission.htm

National Council of Teachers of Mathematics. (2000b). Principles and standards for school mathematics: An overview of principles and standards. Retrieved November 10, 2001, from http://standards.nctm.org

National Research Council. (1989). Everybody counts: A report to the nation on the future of mathematics education. Washington, DC: National Academy Press.

Paine, S., Radicchi, J., Rosellini, L., Deutchman, L., & Darch, C. (1983). Structuring your classroom for academic success. Champaign, IL: Research Press Company.

Parsons, J., Marchand-Martella, N., Waldron-Soler, K., Martella, R., & Lignugaris/Kraft, B. (2004). Effects of a high school-based peer-delivered Corrective Mathematics program. Journal of Direct Instruction, 4, 95–103.

Porter, A. (1989). A curriculum out of balance: The case of elementary school mathematics. Educational Researcher, 18(5), 9–15.

Schieffer, C., Marchand-Martella, N. E., Martella, R. C., Simonsen, F. L., & Waldron-Soler, K. M. (2002). An analysis of the Reading Mastery program. Effective components and research review. Journal of Direct Instruction, 2, 87–119.

Snider, V., & Crawford, D. (1996). Action research: Implementing Connecting math Concepts. Effective School Practices, 15(2), 17–26.

Sommers, J. (1991). Direct Instruction programs produce significant gains with at-risk middle- school students. Direct Instruction News, 11(1), 7–14.

Stein, M., Silbert, J., & Carnine, D. (1997). Designing effective mathematics instruction: A Direct Instruction approach. Upper Saddle River, NJ: Prentice-Hall.

Tarver, S., & Jung, J. (1995). A comparison of mathematics achievement and mathematics attitudes of first and second graders instructed with either a discovery-learning mathematics curriculum or a Direct Instruction curriculum. Effective School Practices, 14(1), 49–57.

TIMS Project: University of Illinois at Chicago. (1998). Math Trailblazers: A mathematical journey using science and language arts: Teacher implementation guide. Chicago: Kendall/Hunt.

Vreeland, M., Vali, J., Bradley, L., Buetow, C., Cipriano, K., Green, C., Henshaw, P., et al. (1994). Accelerating cognitive growth: The Edison school math project. *Effective School Practices, 13*(2), 64-69.

Wellington, J. (1994). Evaluating a mathematics program for adoption: *Connecting Math Concepts. Effective School Practices, 13*(2), 70-75.

Wolf, M. M. (1978). Social validity: The case of subjective measurement or how applied behavior analysis is finding its heart. *Journal of Applied Behavior Analysis, 11*, 202-214.

Young, M., Baker, J., & Martin, M. (1990). Teaching basic number skills to students with a moderate intellectual disability. *Education and Training in Mental Retardation, 25*, 83-93.

이 책의 초고에 조언해 주신 Bernadette Kelly와 Sorrentino에게 깊은 감사를 드립니다. 또한 학술지인『직접교수 연구(Journal of Direct Instruction)』에 논문 출판을 위해 심사한 분들에게도 감사드리고, 이 책을 쓰는 동안 용어를 분명하게 해 준 Marcy Stein에게도 감사드립니다. 마지막으로, ADI 뉴스와『효과적인 학교 교육사례(effective school practices)』에 대한 오래된 자료로부터 필요한 자료를 편집해준 Erica Eden에게도 감사드립니다.

직접교수법에 관해 자주 하는 질문

직접교수법은 1960년대 그 초기 단계에서부터 많은 의문과 논란, 비판을 받아 왔다. 그리하여 우리는 이 부록에서 특히 수학 과목과 관련한 직접교수법의 질문과 의문, 비판을 포함하여 자주 하는 질문에 대해 답하고자 한다. 이 부록은 '교수적 질문과 그에 대한 이슈'와 '교수 조직과 운영 방법'의 두 가지 절로 구성되어 있다. 많은 질문의 해답은 문헌 자료를 통해 얻을 수 있지만, 몇몇 질문은 상식 선에서 해결할 수 있는 문제다. 게다가 대부분의 경우 단순한 질문이라기보다는 집합적인 문제 해결을 요하는 교수적 이슈에 관련된 것들이다.

교수적 질문과 이슈

A. NCTM의 기준을 따르면서 직접교수법을 어떻게 수업에 적용해야 하나요?

NCTM의 목표는 다음과 같다.

- 수학의 가치를 높이기 위한 수업
- 수학적으로 사고하는 수업
- 수학적으로 의사소통하는 수업
- 문제 해결력을 높이는 수업
- 수학적 자신감을 높이는 수업

교사는 직접교수법을 활용하여 이와 같은 NCTM의 목표에서 크게 벗어나지 않도록 지도할 수 있다. 하지만 교사는 수업 목표와 마치 다른 것처럼 보이는 NCTM의 목표에 도달할 수 있는 교수방법을 찾아야 한다. 예를 들어, 직접교수법을 활용하는 교사는 수학적 개념과 방법을 학습하기 위한 다양한 전략을 주의 깊게 검증하고, 그중 일반적이면서 명료한 하나의 전략을 선택해야 한다. NCTM의 기준을 따르는 교사는 일반적으로 학생들이 그들만의 전략을 만들어 내고, 그 전략들을 학급 내에서 공유하기를 바랄 것이다. 문제 해결을 위해 스스로 전략을 수립하는 방법이 학생들의 적극적인 참여를 독려할 수는 있으나, 현존하는 여러 전략이 학생들을 혼란스럽게 할 것이다. 또한 우리는 학생들이 수학적 개념들 간의 관계를 배우기를 원한다. 따라서 우리는 의도적으로 수학적 개념 간의 관계를 가르치기 위해 지금까지 여러 지도법을 개발해 왔다. 학생들 스스로 자신의 전략을 만드는 것은 자신의 전략이 자칫 오개념을 형성할 수 있다는 점에서 위험하다. 학생들은 다른 수학적 개념을 배우기 전까지는 자신들의 오개념을 확인할 수 없을 것이다. 따라서 우리는 NCTM의 목표를 지지하지만, NCTM에서 제안하는 방법을 적용하기까지는 심사숙고하여 검증하는 과정이 필요하다고 생각한다.

NCTM의 목표에 도달하기 위한 직접교수법의 활용

에 대한 더 자세한 논의는 부록 A를 참고하기 바란다.

B. 직접교수법의 결과는 단지 암기일 뿐 아닌가요?

직접교수법이 많은 비판을 받는 것은 직접교수법이 단지 암기 위주의 단순한 방식을 사용한다고 인식하기 때문이다. 이러한 비판은 단순 암기(rote) 교수와 명시적(explicit) 교수의 개념을 혼동하기 때문에 생겨난 것이다. 또한 이러한 비판은 직접교수법에서 이루어지는 내용보다 직접교수법의 표면적인 형식(예, 기술된 수업 형식의 사용)을 잘못 이해해서 발생하였을 것이다. 직접교수법에서는 교사가 실제 수업을 하기 전에 가르칠 수업 형식을 써 보도록 격려하고, 수업 형식이 단계적 형식으로 교수가 연결되기 때문에 어떤 교육자들은 수업 구조와 교수 전략의 내용을 혼동한다. 수업 지도안이 구체화될수록, 암기 방식을 띤 교수가 이루어지고 있다고 인식될 수 있다.

실제로, 직접교수법에서는 명시적 교수법이 활용 가능한 때는 수학적 개념이나 문제해결 방법을 단순 암기식으로 지도하지 않는다. 분명, 직접교수법은 연속적으로(예, 1 2 3 4 5) 세는 것과 6을 '육'이라고 읽는 것을 가르칠 때 모두 암기를 통해 지도한다. 하지만 이와 같은 과제는 본질적으로 암기를 통해 목표에 도달할 수 있는 과제다. 직접교수법 프로그램은 몇 가지의 암기 방식을 포함하고 있지만, 이는 과제의 특성에 따라 결정되는 것이지 처음부터 그 교수 방법으로 고안된 것은 아니다.

직접교수법에는 수학의 기본 개념을 가르치기 위한 암기 방법 외의 유용한 프로그램도 있다. 직접교수법을 활용하는 교사들은 수 가족(number family) 전략을 활용함으로써 수 가족에 대한 학생들의 이해를 돕고, 반드시 암기되어야 하는 수 지식에 대한 부담을 덜어 준다. 예를 들어, 4, 3, 7을 통해 단순 연산 가족을 소개하는 경우 다음과 같은 수학적 개념을 배울 수 있다. $4 + 3 = 7, 3 + 4 = 7, 7 - 4 = 3$ 그리고 $7 - 3 = 4$. 각각 분리된 개념을 암기하는 대신, 학생들은 수 가족 중에서 하나를 잘 모를 때 어떤 수인지

를 이끌어 내는 전략을 배울 수 있다. 예를 들어, 학생들이 더해야 하는 큰 숫자를 모르거나, 빼야 하는 작은 숫자를 모를 때 학생들은 숫자들 간의 관계를 통해 모르는 숫자를 유추해 낼 수 있다(여기서 크고, 작다는 의미는 덧셈, 뺄셈과 더불어 곱셈, 나눗셈에서도 사용할 수 있는 용어다).

앞의 예의 핵심은, 직접교수법이 단순 암기 방식처럼 보일지라도, 교사들이 수업의 지도 형식보다는 내용에 집중하여 지도한다면 일반적인 전략을 바탕으로 직접교수법을 활용할 수 있을 것이라는 점이다(전략 교수에 대해서는 제1장, 기초적인 단순 연산에 대해서는 제6장에 더 자세한 설명이 제시되어 있다). 여기에는 계산과 문제풀이에 활용되는 일반적인 전략을 제시하고 있다. 이러한 전략은 수학적 개념 이해와 논리적 사고 기술을 신장시켜 줄 것이다.

C. 직접교수법이 효과적임을 어떻게 알 수 있나요?

이 책에 제시된 직접교수법의 여러 전략은 실행 가능성과 유용성을 확신하기 위해서 현장 연구를 통해 다양한 연령과 다양한 수준의 학생들에게 적용하여 효과가 검증된 전략들이다. 이 전략들의 근간을 이루는 연구들은 제3장과 부록 A에 제시되어 있다. 제3장에서 고찰된 연구는 수학교수법과 더불어 교사의 효과성에 관한 문헌, 직접교수법의 특정 전략들을 포함하고 있다. 그러나 책에 제시된 전략들은 또한 교사와 학생들의 의견을 받아 계속 수정 · 발전하고 있다. 프로그램을 현장 검증하는 데 참여한 교사들은 수학 전략을 고안하고 수정하는 데 중요한 피드백을 주었다. 또한 학생들의 오류가 면밀히 조사되었는데, 그 결과 교수법의 문제로 발생한 오류를 확인하고 전략을 수정하였다. 교육 관련 출판에서 현장 검증을 거의 하지 않기 때문에 현장 검증의 피드백을 통한 효과적인 전략 개발은 수학 직접교수를 두드러지게 하는 중요한 특징이다. 대부분의 상업적 프로그램은 출판 전에 학생들을 대상으로 현장 검증을 하지 않은 것들이다. 부록 A는 여기에 설명하고 있는 전략들이 나오

게 된 직접교수법 수학 프로그램에 대한 연구들의 요약을 제공하고 있다.

D. 직접교수법을 활용한 수학 수업에서 조작적 활동은 어떤 역할을 하는가?

먼저, 초등학교 수학에서 사물의 조작적 활동과 구체물의 사용에 대한 문헌 연구들에는 서로 다른 의견이 있다는 것을 인정하는 것이 중요하다. 몇몇 연구자는 최소한의 조작적 활동을 지원하는 것이 효과적이라고 연구해 온 반면(Sowell, 1989), 다른 연구자들은 구체적인 표현의 숙달은 상징적 표현을 숙련되게 하는 것을 가능케 한다고 주장한다(Resnick & Omanson, 1978). 이 조작적 활동은 그 자체로 이롭기도 하고 그렇지 않기도 하다. 조작적 활동을 교수활동에서 어떤 방법으로 활용하느냐에 따라서 조작활동의 가치가 결정되기 때문이다. 직접교수 접근에서 일관성 있게 거론되는 것은, 조작적 활동은 연산을 배운 후에 가장 유용하다는 점이다. 구체물은 수학에서의 상징적 표현의 이해를 검증하는 도구로 사용될 수 있다. 많은 교수 프로그램은 상반되기도 하는데, 다시 말해 초기 교수 활동은 때때로 학생들이 연산을 배우기 이전에, 학생들이 연산을 만들거나 표현할 때 조작적 활동을 사용하게 한다. 이와 같이 연산 교수를 지연시키는 것의 문제는 학생들이 연산을 배우지 못하게 하거나 구체적인 표상을 상징적인 것으로 전환하는 것을 할 수 없게 한다는 점이다. 즉, 학생들은 오직 조작적 활동을 통해서만 문제를 해결할 수 있고, 상징적 표현만을 사용할 때에는 답을 어떻게 계산하는지 이해하지 못하는 경우가 있다.

조작적 활동을 했을 때 효과의 측면에서 또 다른 잠재적 문제가 있다. 뺄셈과 관련된 연구에서, Evans와 Carnine(1991)은 뺄셈 연산을 배운 학생과 조작적 활동을 배운 학생 간에 숙달 수준에는 큰 차이가 없었으나, 숙달 수준에 도달하기 위한 시간의 양에서 큰 차이를 보였다고 보고하였다. 이 연구자들은 어떤 방법으로 문제를 해결하였어도 학생들의 문제 이해

를 위한 개념 학습에는 문제가 없다는 결론을 내렸다. 하지만 초기의 교수법에서 구체적인 표현을 사용할 때에는 유의하게 더 많은 시간이 걸린다.

마지막으로, 많은 교사가 특히 어린 아동들을 지도할 때 느끼는 바와 같이, 조작적 활동은 개별 학생들의 수행을 파악하는 데 어려움이 있다. 제7장에서 구체물 대신 선을 그려 초기 덧셈 연산을 가르치는 방법을 제안하였다. 이 선 긋기 방법은 학생들에게 문제를 그림을 통해 해결하도록 돕는다. 그러나 무엇보다 중요한 것은 이 선 긋기 전략은 교사로 하여금 개별 학생들의 수행을 쉽게 조사하고 적시에 지도를 해줄 수 있게 한다는 점이다.

E. 학생들로 하여금 단순 연산을 외우도록 해야 하나요?

제6장은 교육자에게 추천하는 수학 교수법과 함께 기본적인 단순 연산(math facts)을 가르치는 합리적인 방법을 제시한다. 단순 연산을 가르치는 것은 기본적인 단순 연산이 상위의 계산 방법을 익히고 문제 해결력을 키울 때 기초가 되기 때문이다. 만약 학생이 간단한 수 계산에서 어려움을 겪을 경우, 문제 해결보다는 그러한 단순 연산을 계산하는 데 얽매이게 된다. 이러한 과정이 계속될 경우, 새로운 문제 해결을 위해 필요한 단계들을 익히는 데 방해가 된다. 단순 연산에 대한 풍부한 지식은 상위 수준의 기술 습득뿐만 아니라 학습에서의 독립심과 자신감을 갖게 한다.

단순 연산을 가르치는 것이 중요하다는 것을 주장하는 반면, 우리는 이 교수가 특히 학습에 특별한 도움이 필요한 학생들에게는 시간 낭비라는 것을 알고 있다. 따라서 단순 연산 교수는 교사 중심 수업에서 보충적으로 사용할 것을 제안한다. 또한 만약 특별한 지도가 필요한 학생이라면 단순 연산을 명확하게 습득하기 위해 사용하는 단순 연산표(예, 곱셈표)와 같이 다른 대안을 선택할 것을 제안한다.

F. 수학 시간에 계산기를 사용하게 해도 되나요?

수학 시간에 계산기 사용의 문제는 조자적 활동과

마찬가지로 학생이 계산기를 사용할 것인지 아닌지가 중요한 쟁점이 아니라 언제, 어떻게 사용하는지가 중요한 문제다. 교사는 계산에서 계산기를 사용할 수준을 미리 의식적으로 결정해야 한다. 만약 교사가 계산기 사용을 허락했을 때는 필히 적절한 때에 적절한 방법으로 계산기를 활용하도록 지도해야 한다.

교수 조직과 운영 방법에 대한 이슈

A. 직접교수법은 저성취 학생에게만 효과적인가요?

직접교수법이 저성취 학생들과 장애학생에게 효과적이라고 생각하는 것은 교수자가 단지 그 교수법을 오직 수학을 어려워하는 학생들에게 적합하다고 가정하기 때문이다. 반면에 우리는 이 직접교수법이 잘 고안되었고, 일반적이고 명확하게 표현되기 때문에 다른 학생에게도 효과적일 것이라 생각한다. 모든 학생은 잘 고안된 지도법을 통해 도움을 받는다. 많은 교사가 직접교수법을 성취가 높은 학생들에게 적용할 때 너무 천천히 지도한다는 실수를 거듭한다. 이와 같은 교사는 학생들에게 필요 이상으로 연습과 반복을 시켰거나, 이미 학생들이 알고 있는 방법으로 지도했을 가능성이 높다. 학생의 학습 진보 과정을 면밀하게 점검하여 교사는 다양한 수준의 학생들에게 적절한 교수법을 제시해야 한다.

B. 장애학생이 있는 교실에서는 직접교수법을 활용한 수학 수업을 어떻게 할 수 있을까요?

수학교육에서 직접교수법을 고안하고 적용할 때, 대부분의 교실에서 활용할 수 있도록 학생들의 다양한 수준을 고려하였다. 이 책에서 직접교수법을 활용할 수 있는 학생들의 다양한 범위에 대해 높고 낮은 학업 성취의 학생들을 언급하였다. 직접교수법의 기본적인 철학은 모든 학생이 잘 고안된 교수법을 제공받고 높거나 낮은 학업 성취를 보이는 학생들이 각각 자신의 수준에 맞는 연습의 기회를 제공받는다면 배울 수 있다는 것이다. 저성취 학생들은 (a) 잘 고안되고, 명확하며, 교사 중심인 교수법과 (b) 기술을 완전히 습득하기 위한 더 많은 연습 기회가 필요한 학생들이다.

우리는 장소에 따른 모델(학습이 일반교실에서 이루어지는지, 개별 학습실에서 이루어지는지)은 성공적인 학습과 관련된 중요한 요인을 간과하고 있다고 본다. 우리는 훌륭한 개별 학습 프로그램과 통합 학급 프로그램을 관찰하여 결론을 얻었다. 즉, 장애학생을 포함하여 저성취 학생들을 위해 서비스를 고안할 때는 교실이냐 개별 학습실이냐 하는 학습 장소에 대한 논쟁보다 교수 전략과 일치하는 연습 활동을 먼저 정하는 것이 우선이라고 생각한다.

앞서 언급한 것과 같이, 이 책에 소개된 직접교수법 전략은 다양한 수준의 학생들에게 적용하여 효과를 확인한 프로그램이다. 하지만 교수법은 학생의 성공적인 학습을 위한 3가지 요건 중 하나일 뿐이다. 다른 두 가지 요건은 평가와 서비스 전달(service delivery)이다. 평가 요소는 적절한 초기 선별 과정, 진단 평가 그리고 지속적인 진전도 점검 시스템을 포함해야 한다. 이러한 맥락에서의 서비스 전달은 공동 책임과 협력적 문제해결 과정을 포함한 일반교육과 특수교육의 체계적인 노력을 의미한다.

잘 고안된 교수 방법을 활용하고 더 많은 연습 기회를 제공하기 위해 모든 교사와 특별한 도움이 필요한 학생들은 누가, 무엇을, 어디서, 어떻게 가르치고 배워야 하는지 의논을 반드시 해야 한다. 교사 중심의 직접교수법의 책임자는 누구인가? 무엇을 배우는가? 학생은 어디에서 지도를 받는가? 교사는 어떻게 추가적인 연습 기회를 제공할 수 있는가? 앞선 모든 질문은 저성취 학생들의 교육과 관련 있는 것들이다.

평가, 교수, 서비스 전달의 구성요소를 제시한 서비스 전달 모델은 학교마다 다양하며, 일반교사와 특수교사 이외에 전체 집단과 소규모 집단 교수; 또래교수, 상급자 또래교수, 학급 차원의 또래교수; 수업 전, 방과 후 프로그램; 부모, 봉사자, 보조원에 의한 교수 등을 포함한다. 학생들을 위해 효과적인 교수 프로그램을 고안하기 위한 실현 가능성은 다양하다.

참고문헌

Adams, G. L., & Engelmann, S. (1996). *Research on Direct Instruction: 25 years beyond DISTAR*. Seattle, WA: Educational Achievement Systems.

Ashlock, R. B. (1971). Teaching the basic facts: Three classes of activities. *The Arithmetic Teacher, 18*, 359.

Baker, D. E. (1992). The effect of self-generated drawings on the ability of students with learning disabilities to solve mathematical word problems. (Doctoral dissertation, Texas Tech University, 1992). *University Microfilms International*, 9238973.

Baker, S., Gersten, R., & Lee, D. (2002). A synthesis of empirical research on teaching mathematics to low-achieving students. *The Elementary School Journal, 103*, 51-73.

Barron, B., Bransford, J., Kulewicz, S., & Hasselbring, R. (1989, March). *Uses of macrocontexts to facilitate mathematics thinking*. Paper presented at the American Educational Research Association Conference, San Francisco, CA.

Becker, W. C., & Gersten, R. (1982). Follow up on Follow Through: Behavior-theory-based programs come out on top. *Education and Urban Society, 10*, 431-458.

Bransford, J. D., Sherwood, R. S., Hasselbring, T. S., Kinzer, C. K., & Williams, S. M. (1990). Anchored instruction: Why we need it and how technology can help. In D. Nix & R. Spiro (Eds.), *Cognition, education, and multi-media: Exploring ideas in high technology*. (pp. 115-141). Hillsdale, NJ: Lawrence Erlbaum.

Brown, J. L. (1970). Effects of logical and scrambled sequences in mathematical sequences on learning with programmed instruction materials. *Journal of Educational Psychology, 61*, 41-45.

Cacha, F. B. (1975). Subtraction: Regrouping with flexibility. *The Arithmetic Teacher, 22*, 402-404.

Cardelle-Elawar, M. (1992). Effects of teaching metacognitive skills to students with low mathematics ability. *Teaching and Teacher Education, 8*(2), 109-121.

Cardelle-Elawar, M. (1995). Effects of metacognitive instruction on low achievers in mathematics problems. *Teaching and Teacher Education, 11*(1), 81-95.

Carnine, D. (1980). Preteaching versus concurrent teaching of the component skills of a multiplication algorithm. *Journal of Research in Mathematics Education, 11*(5), 375-378.

Carnine, D. (1997). Instructional design in mathematics for students with learning disabilities. *Journal of Learning Disabilities, 30*, 130-141.

Carnine, D., Jones, E. D., & Dixon, R. (1994). Mathematics: Educational tools for diverse learners. *School Psychology Review, 23*, 406-427.

Carnine, D. W., & Stein, M. (1981). Organizational strategies and practice procedures for teaching basic facts. *Journal of Research in Mathematics Education, 12*(1), 65-69.

Christensen, C. A., & Cooper, T. J. (1991). The effectiveness of instruction in cognitive strategies in developing proficiency in single-digit addition. *Cognition and Instruction, 8*, 363-371.

Darch, C., Carnine, D. W., & Gersten, R. (1989). Explicit instruction in mathematics problem solving. *Journal of Educational Research, 77*, 351-358.

Dixon, B. (1994). Research based guidelines for selecting

mathematics curriculum. *Effective School Practices, 13*(2), 47-61.

Dixon, R. C., Carnine, D. W., Lee, D., Wallin, J., & Chard, D. (1998). *Report to the California State Board of Education and Addendum to Principal Report Review of High Quality Experimental Mathematics Research.*

Engelmann, S. E. (1969). *Conceptual learning.* San Rafael, CA: Dimensions Publishing.

Engelmann, S., & Carnine, D. (1991). *Theory of instruction: Principles and applications.* Eugene, OR: ADI Press.

Fantuzzo, J. W., Davis, G. Y., & Ginsburg, M. D. (1995). Effects of parent involvement in isolation or in combination with peer tutoring on student self-concept and mathematics achievement. *Journal of Educational Psychology, 87*, 272-281.

Fuchs, L. S., Fuchs, D., Hamlett, C. L., Phillips, N. B., & Gentz, J. (1994). Classwide curriculum-based measurement: Helping general educators meet the challenges of student diversity. *Exceptional Children, 60*, 518-537.

Fuchs, L. S., Fuchs, D., Hamlett, C. L., & Stecher, P. M. (1990). The role of skills analysis in curriculum-based measurement in math. *School Psychology Review, 19*(1), 6-22.

Fuchs, L. S., Fuchs, D., Kaarns, K., Hamlett, C. L., Katzaroff, M., & Dutka, S. (1997). Effects of task-focused goals on low-achieving students with and without learning disabilities. *American Educational Research Journal, 34*, 513-543.

Fuchs, L. S., Fuchs, D., Phillips, N. B., Hamlett, C. L., & Kaarns, K. (1995). Acquisition and transfer effects of classwide peer-assisted learning strategies in mathematics for students with varying learning histories. *School Psychology Review, 24*, 604-620.

Gersten, R. (2002). *Mathematics education and achievement.* Retrieved August 6, 2002, from www. ed.gov/offices/OESE/esea/research/gersten/html.

Gersten, R., & Carnine, D. (1984). Direct Instruction

mathematics: A longitudinal evaluation of low-income elementary school students. *The Elementary School Journal, 84*(4), 395-407.

Gersten, R., Chard, D., Baker, S. K., Jayanthi, M., Flojo, J. R., Lee, D. S. (under review). Experimental and quasi-experimental research on instructional approaches for teaching mathematics to students with learning disabilities: A research synthesis. *Review of Educational Research.*

Good, T., & Grouws, D. (1979). The Missouri Mathematics Effectiveness Project: An experimental study in fourth-grade classrooms. *Journal of Educational Psychology, 74*, 355-362.

Good, T., Grouws, D., & Ebmeier, H. (1983). *Active mathematics teaching.* New York: Longman.

Harniss, M. K., Carnine, D. W., Silbert, J., & Dixon, R. C. (2002). Effective strategies for teaching mathematics. In E. J. Kame'enui, D. W. Carnine, R. C. Dixon, D. C. Simmons, & M. C. Coyne, *Effective teaching strategies that accommodate diverse learners* (pp. 121-148). Upper Saddle River, NJ: Merrill/Prentice Hall.

Harniss, M. K., Stein, M., & Carnine, D. (2002). Promoting mathematics achievement. In M. R. Shinn, G. Stoner, & H. M. Walker (Eds.), *Inter- vention for academic and behavior problems II: Preventive and remedial approaches* (pp. 571-587). Bethesda, MD: National Association of School Psychologists.

Heller, L. R., & Fantuzzo, J. W. (1993). Reciprocal peer tutoring and parent partnerships: Does parent involvement make a difference? *School Psychology Review, 22*, 517-534.

Hofmeister, A. M. (2004). Education reform in mathematics: A history ignored? *Journal of Direct Instruction 4*, 5-12.

Jackson, M. B., & Phillips, E. R. (1983). Vocabulary instruction in ratio and proportion for seventh graders. *Journal of Research in Mathematics Education, 14*(4), 337-343.

Jerman, M. E., & Beardslee, E. (1978). *Elementary mathematics methods*. New York: McGraw-Hill.

Jitendra, A. K., Griffin, C. C., McGoey, K., & Gardill, M. G. (1998). Effects of mathematical word problem solving by students at risk or with mild disabilities. *Journal of Educational Research, 91*, 345-355.

Johnson, D. W., Skon, L., & Johnson, R. (1980). Effects of cooperative, competitive, and individualistic conditions on children's problem-solving performance. *American Educational Research Journal, 17*, 83-93.

Kame'enui, E. J., Carnine, D. W., Darch, C., & Stein, M. L. (1986). Two approaches to the development phase of mathematics instruction. *The Elementary School Journal, 33*(2), 103-115.

Kame'enui, E. J., Carnine, D. W., & Dixon, R. C. (2002). Introduction. In E. J. Kame'enui, D. W. Carnine, R. C. Dixon, D. C. Simmons, and M. C. Coyne, *Effective teaching strategies that accommodate diverse learners* (pp. 1-21). Upper Saddle River, NJ: Merrill/ Prentice Hall.

Kelly, B., Carnine, D., Gersten, R., & Grossen, B. (1986). The effectiveness of videodisc instruction in teaching fractions to learning-disabled and remedial high school students. *Journal of Special Education Technology, 8*(2), 5-17.

Kelly, B., Gersten, R., & Carnine, D. (1990). Student error patterns as a function of curriculum design: Teaching fractions to remedial high school students with learning disabilities. *Journal of Learning Disabilities, 23*, 23-29.

Klein, D. (2003). A brief history of American K-12 mathematics education in the 20th century. In J. M. Royer (Ed.), *Mathematical cognition* (pp. 175-225). Greenwich, CT: Information Age Publishing.

Leinhardt, G., Zaslavsky, O., & Stein, M. K. (1990). Functions, graphs, and graphing: Tasks, learning, and teaching. *Review of Educational Research, 60*(1), 1-64.

Loveless, T., & Diperna, P. (2000). *The Brown Center Report on American Education: 2000. How well are American students learning?* The Brookings Institute. Retrieved on September 15, 2004, from www.brookings.edu/press/books/brown_report.htm

Ma, L. (1999). *Knowing and teaching elementary mathematics*. Mahwah, NJ: Lawrence Erlbaum.

Markle, S. K., & Tiemann, P. W. (1970). Problems of conceptual learning. *Journal of Educational Technology, 1*, 52-62.

Moore, L. J., & Carnine, D. W. (1989). A comparison of two approaches to teaching ratio and proportions to remedial and learning disabled students: Active teaching with either basal or empirically validated curriculum design material. *Remedial and Special Education, 10*(4), 28-37.

National Center for Educational Statistics. (2000). *NAEP 1999 trends in academic progress: Three decades of student performance*. Retrieved September 15, 2004, from nces.ed.gov

National Center for Educational Statistics. (2003). *The nation's report card: Mathematics highlights 2003*. Retrieved September 15, 2004, from nces.ed.gov

National Commission on Excellence in Education. (1983). *A nation at risk: The imperative for educational reform*. Washington, DC: U.S. Government Printing Office.

National Council of Teachers of Mathematics. (1980). *An agenda for action: Recommendations for school mathematics of the 1980s*. Reston, VA: Author.

National Council of Teachers of Mathematics. (2000). *Principles and standards for school mathematics* [Online]. Available: standards.nctm.org/index.htm

National Research Council. (2001). *Adding it up: Helping children learn mathematics*. J. Kilpatrick, J. Swafford, and B. Findell (Eds.), Mathematics Learning Study Committee, Center for Education, Division of Behavioral and Social Sciences and Education. Washington, DC: National Academy Press.

Nichols, J. D. (1996). The effects of cooperative learning on student achievement and motivation in a high school geometry class. *Contemporary Educational Psychology, 21*, 467-476.

O'Melia, M. C., & Rosenberg, M. S. (1994). Effects of cooperative homework teams on the acquisition of mathematics skills by secondary students with mild disabilities. *Exceptional Children, 60*, 538-548.

Organization for Economic Co-Operation and Development. (2004). *Knowledge and skills for life: First results from PISA 2000*. [online]. Available: www.oecd.org

Paine, S. C., Carnine, D. W., White, W. A. T., & Walters, G. (1982). Effects of fading teacher presentation structure (covertization) on acquisition and maintenance of arithmetic problem-solving skills. *Education and Treatment of Children, 5*(2), 93-107.

Petty, O. S., & Jansson, L. C. (1987). Sequencing examples and nonexamples to facilitate attainment. *Journal for Research in Mathematics Education, 18*(2), 112-125.

Porter, A. (1989). A curriculum out of balance: The case of elementary school mathematics. *Educational Researcher, 18*(5), 9-15.

Przychodzin, A. M., Marchand-Martella, N. E., Martella, R. C., & Azim, D. (2004). Direct Instruction mathematics programs: An overview and research summary. *Journal of Direct Instruction, 4*, 53-84.

Rosenshine, B. (1983). Teaching functions in instructional programs. *The Elementary School Journal, 83*, 335-351.

Rzoska, K. M., & Ward, C. (1991). The effects of cooperative and competitive learning methods on the mathematics achievement, attitudes toward school, self-concepts and friendship choices of Maori, Pakeha and Samoan children. *New Zealand Journal of Psychology, 20*(1), 17-24.

Schmidt, W., Houang, R., & Cogan, L. (2002, Summer). A coherent curriculum: The case of mathematics. *American Educator*, 1-18.

Shinn, M. R. (Ed.). (1998). *Advanced applications of curriculum-based measurement*. New York: Guilford Press.

Shinn, M. R., & Bamonto, S. (1998). Advanced applications of curriculum-based measurement: "Big ideas" and avoiding confusion. In M. R. Shinn (Ed.), *Advanced applications of curriculum-based measurement* (pp. 1-31). New York: Guilford Press.

Slavin, R. E., & Karweit, N. L. (1984). Mastery learning and student teams: A factorial experiment in urban general mathematics classes. *American Educational Research Journal, 21*, 725-736.

Slavin, R. E., Madden, N. A., & Leavey, M. (1984). Effects of cooperative learning and individualized instruction on mainstreamed students. *Exceptional Children, 50*, 434-443.

Snider, V. E. (2004). A comparison of spiral versus strand curriculum. *Journal of Direct Instruction, 4*, 29-40.

Stebbins, L., St. Pierre, R. G., Proper, E. L., Anderson, R. B., & Cerva, T. R. (1977). *Education as experimentation: A planned variation model*. (Vols. IV-A). Cambridge, MA: Abt Associates.

Stein, M., Silbert, J., & Carnine, D. (1997). *Designing effective mathematics instruction: A direct instruction approach* (3rd ed.). Upper Saddle River, NJ: Merrill/Prentice Hall.

Stein, M. L., Stuen, C., Carnine, D., & Long, R. M. (2001). Textbook evaluation and adoption practices. *Reading and Writing Quarterly, 17*(1), 5-23.

Trafton, P. R. (1984). Toward more effective, efficient instruction in mathematics. *The Elementary School Journal, 84*, 514-530.

Underhill, R. G. (1981). *Teaching elementary school mathematics* (3rd ed.). Columbus, OH: Merrill Publishing.

University of Chicago School Mathematics Project. (1995). *Third grade everyday mathematics: Teacher's manual and lesson guide*. Evanston, IL: Everyday Learning Corporation.

Van Patten, J., Chao, C., & Reigeluth, C. M. (1986). A review of strategies for sequencing and synthesizing instruction. *Review of Educational Research, 56*, 437-471.

Walker, D. W., & Poteet, J. A. (1989/1990). A comparison of two methods of teaching mathematics story problem-solving with learning disabled students. *National Forum of Special Education Journal, 1*(1), 44-51.

Watkins, C. L. (1997). *Project Follow Through: A case study of the contingencies influencing instructional practices of the educational establishment.* (Monograph). Concord, MA: Cambridge Center for Behavioral Studies.

Watkins, C., & Slocum, T. (2004). The components of Direct Instruction. In N. E. Marchand-Martella, T. A. Slocum, & R. C. Martella (eds.), *Introduction to Direct Instruction* (pp. 28-65). Boston, MA: Allyn & Bacon.

Woodward, J., Baxter, J., & Robinson, R. (1999). Rules and reasons: Decimal instruction for academically low-achieving students. *Learning Disabilities Research and Practice, 14*, 15-24.

Woodward, J., Carnine, D., & Gersten, R. (1988). Teaching problem-solving through computer simulations. *Educational Research Journal, 25*(1), 72-86.

Wu, H. (1999). Basic skills versus conceptual understanding. *American Educator, 23*(3), 14-19, 50-52.

찾아보기

저자 소개

MARCY STEIN

University of Washington, Tacoma

DIANE KINDER

University of Washington, Tacoma

JERRY SILBERT

University of Oregon

DOUGLAS W. CARNINE

University of Oregon

역자 소개

이대식(Lee, Daesik) 🖋

서울대학교 사범대학 교육학과(B.A.)
서울대학교 대학원 교육방법전공(교육학, M.A.)
미국 University of Oregon 특수교육전공(학습장애, Ph. D.)

Eugene Research Institute 연구원
미국 University of Oregon Behavioral Research & Teaching(BRT) 연구원
한국통합교육학회 회장
현 경인교육대학교 특수(통합)교육학과 교수

〈저서 및 역서〉
DSM-5에 기반한 학습장애아동의 이해와 교육(3판, 공저, 학지사, 2016)
학습부진학생의 이해와 지도(2판, 공저, 교육과학사, 2014)
통합교육의 이해와 실제(2판, 공저, 학지사, 2011)
아동발달과 교육심리의 이해(공저, 학지사, 2010)
학업성공을 위한 학습전략(공역, 시그마프레스, 2010)
영어읽기 학습부진 직접교수법(역, 학지사, 2009)
정신지체(공역, 시그마프레스, 2008)
모든 수준의 학생들을 위한 수업설계와 교재개발의 원리(공역, 시그마프레스, 2005)

강옥려(Kang Ock-Ryeo) 🖋

이화여자대학교 사범대학 특수교육과(B.A.)
이화여자대학교 대학원 특수교육전공(지적장애, B.A.)
미국 University of Oregon 특수교육전공(학습장애, B.A.)
미국 University of Oregon 특수교육전공(학습장애, Ph. D.)

서울장애인종합복지관 교육부 특수교사
인제대학교 특수교육과 교수
인제대학교 교수학습개발센터 소장
서울교육대학교 대학생활문화원 원장
한국학습장애학회 회장
현 서울교육대학교 유아 · 특수교육과 교수

〈저서 및 역서〉
학습장애 총론(공저, 학지사, 2014)
명시적 교수(공역, 교육과학사, 2014)
학업성공을 위한 학습전략(공역, 시그마프레스, 2010)
주의력 결핍 · 과잉행동장애(역, 파라다이스복지재단, 2004)

직접교수법에 따른 효과적인 수학 수업
수학 학습부진 및 학습장애 학생 지도법
Designing Effective Mathematics
Instruction: A Direct Instruction Approach (4th ed.)

2017년 3월 20일 1판 1쇄 발행
2022년 2월 10일 1판 3쇄 발행

지은이 • Marcy Stein · Diane Kinder · Jerry Silbert · Douglas W. Carnine
옮긴이 • 이대식 · 강옥려
펴낸이 • 김 진 환
펴낸곳 • (주) 학지사
　　　　04031 서울특별시 마포구 양화로 15길 20 마인드월드빌딩 5층
대표전화 • 02) 330-5114　　　팩스 • 02) 324-2345
등록번호 • 제313-2006-000265호
홈페이지 • http://www.hakjisa.co.kr
페이스북 • https://www.facebook.com/hakjisabook

ISBN 978-89-997-1208-1 93370

정가 24,000원

이 도서의 국립중앙도서관 출판시도서목록(CIP)은 서지정보유통지원시스템
홈페이지(http://seoji.nl.go.kr)와 국가자료공동목록시스템(http://www.nl.go.kr/kolisnet)
에서 이용하실 수 있습니다.
(CIP제어번호: CIP2017004940)

출판 · 교육 · 미디어기업 **학지사**
간호보건의학출판 **학지사메디컬** www.hakjisamd.co.kr
심리검사연구소 **인싸이트** www.inpsyt.co.kr
학술논문서비스 **뉴논문** www.newnonmun.com
원격교육연수원 **카운피아** www.counpia.com